Brigitte Melms

Relevanz rechtlicher Regelungen für die Qualitätssicherung der Weiterbildung auf Ebene der Länder in der Bundesrepublik Deutschland

Schriftenreihe
des Bundesinstituts
für Berufsbildung
Der Generalsekretär • Bonn

Bundesinstitut für Berufsbildung **BiBB**
▶ Forschen
▶ Beraten
▶ Zukunft gestalten

Die Deutsche Bibliothek – CIP-Einheitsaufnahme

Melms, Brigitte:
**Relevanz rechtlicher Regelungen für die Qualitätssicherung
der Weiterbildung auf Ebene der Länder in der Bundesrepublik Deutschland**
Hrsg.: Bundesinstitut für Berufsbildung, Der Generalsekretär. –
Bielefeld: Bertelsmann, 2002
    ISBN 3-7639-0967-2

Vertriebsadresse:
W. Bertelsmann Verlag GmbH & Co. KG
Postfach 10 06 33, 33506 Bielefeld
Telefon: (05 21) 9 11 01-11
Telefax: (05 21) 9 11 01-19
Bestell-Nr.: 110.408

© 2002 by Bundesinstitut für Berufsbildung, Bonn
Herausgeber: Bundesinstitut für Berufsbildung, Der Generalsekretär
53043 Bonn
Internet: www.bibb.de
E-Mail: zentrale@bibb.de

Umschlaggestaltung: MIC GmbH, Köln
Textbearbeitung und Gestaltung: Bonner Universitäts-Buchdruckerei, Bonn
Druck und Weiterverarbeitung: Bonner Universitäts-Buchdruckerei, Bonn
Verlag: W. Bertelsmann Verlag, Bielefeld
Printed in Germany

ISBN 3-7639-0967-2

Gedruckt auf Recyclingpapier, hergestellt aus 100% Altpapier

Inhaltsverzeichnis

	Vorwort	5
1	Einführung *(Christel Alt)*	6
2	Dokumentation der Situation in der Weiterbildung in den einzelnen Ländern *(Brigitte Melms)*	12
2.1	Baden-Württemberg	13
2.2	Bayern	30
2.3	Berlin	43
2.4	Brandenburg	60
2.5	Bremen	86
2.6	Hamburg	104
2.7	Hessen	122
2.8	Mecklenburg-Vorpommern	143
2.9	Niedersachsen	167
2.10	Nordrhein-Westfalen	195
2.11	Rheinland-Pfalz	222
2.12	Saarland	247
2.13	Sachsen	281
2.14	Sachsen-Anhalt	300
2.15	Schleswig-Holstein	318
2.16	Thüringen	343
3	Workshop „Relevanz rechtlicher Regelungen für die Qualitätssicherung in der Weiterbildung auf Länderebene" vom 24. Oktober 2001 im Bundesinstitut für Berufsbildung *(Christel Alt/Brigitte Melms)*	363
3.1	Steuerung des Staates vs. Deregulierung im Weiterbildungsbereich – Erfahrungen mit dem „Bremer Modell" und Perspektiven *(Marion Seevers, Senator für Bildung und Wissenschaft, Bremen)*	364

3.2 Bedeutung von Gremien und Supportinstitutionen der
    Weiterbildung für die Qualitätssicherung
    (Rudolf Epping, Landesinstitut für Schule und Weiterbildung, NRW) 371

3.3 Qualitätssicherung in der Weiterbildung in den neuen Bundesländern
    *(Michael Ranft, Ministerium für Arbeit, Soziales, Gesundheit
    und Frauen, Brandenburg)* 378

3.4 Es geht auch ohne Weiterbildungsgesetz
    – Das Modell „Weiterbildung Hamburg e. V."
    (Thomas Krüger, Verein Weiterbildung Hamburg e. V.) 390

3.5 Selbst- und Externevaluation von Weiterbildungseinrichtungen
    und Vergleichbarkeit zwischen Einrichtungen durch Qualitätstestat
    *(Jürgen Heinen-Tenrich, Landesverband der
    Volkshochschulen Niedersachsens e. V.)* 397

Vorwort

Die Bedeutung rechtlicher Regelungen für die Qualität in der Weiterbildung wurde in der öffentlichen Qualitätsdiskussion in den letzten Jahren kaum thematisiert. Im Vordergrund standen die verschiedenen Qualitätsmanagementsysteme und Qualitätssicherungsverfahren auf der Ebene der Weiterbildungseinrichtungen. Die Verantwortung der öffentlichen Hand und Körperschaften des öffentlichen Rechts gegenüber Bürgerinnen und Bürgern auch im Bereich der beruflichen Weiterbildung wurde zwar mit dem Fernunterrichtsschutzgesetz und dem darin in besonderer Weise verankerten Teilnehmerschutz oder mit den Qualitätsrichtlinien der Bundesanstalt für Arbeit für die von ihr geförderten Maßnahmen anerkannt, blieb aber ansonsten im öffentlichen Bewusstsein eher unbeachtet. Diese geringe Aufmerksamkeit erfährt sie trotz der teils beachtlichen öffentlichen Förderung von Einrichtungen der Weiterbildung durch Personal- und Sachkostenzuschüsse, durch Zuwendungen für die Fortbildung des Weiterbildungspersonals, durch die Förderung von Investitionen oder durch Aufwendungen für Forschungsprojekte, Modellvorhaben, Weiterbildungsberatungsstellen und Weiterbildungsdatenbanken. Diese ordnungspolitisch begründete Zurückhaltung im Bereich der beruflichen Weiterbildung gab und gibt es so im Bereich der allgemeinen Weiterbildung und damit in der Zuständigkeit der Länder nicht. Das hat sich bei der Mehrzahl der Länder in Gesetzen zur Förderung der Erwachsenenbildung/Weiterbildung und den zugehörigen Durchführungsbestimmungen sowie in entsprechenden Förderrichtlinien niedergeschlagen.

In den einschlägigen neueren rechtlichen Regelungen der Länder spielt die Qualität der Weiterbildung eine besondere Rolle. Für das Bundesinstitut für Berufsbildung war es deshalb reizvoll zu untersuchen, welche qualitätssichernden Elemente und Vorgaben in den rechtlichen Regelungen für die Weiterbildung in den Ländern enthalten sind, welches Qualitätsbewusstsein in den Ländern besteht und welche Qualitätsstrategien sich entwickelt haben, um diese Informationen auch für die berufliche Weiterbildung nutzbar zu machen. Mit der im vorliegenden Band aufbereiteten Dokumentation wird ein entsprechender Beitrag zur Transparenz der Qualitätsbemühungen in der Weiterbildung geleistet. Diese Dokumentation wäre ohne die bereitwillige Kooperation der Fachleute aus den einzelnen Ländern nicht möglich gewesen. Ihnen gebührt daher besonderer Dank.

Prof. Dr. Helmut Pütz

Christel Alt

1 Einführung

Die Relevanz rechtlicher Regelungen für die Qualitätssicherung in der Weiterbildung auf Länderebene stand im Mittelpunkt eines Vorhabens, das seine Arbeit mit dem hier vorliegenden Übersichtsband abgeschlossen hat. Ausgangspunkt war die Überlegung, sich in der Qualitätsdiskussion zur Weiterbildung nicht wie bisher auf die bundesseitigen Aktivitäten allein zu beziehen. Vielmehr interessierte, welche Qualitätssicherungsstrategien von den Ländern im Bereich der beruflichen, allgemeinen und politischen Weiterbildung genutzt werden und welche Anstöße hieraus ggf. für die Qualitätsentwicklung in der beruflichen Bildung im Zuständigkeitsbereich des Bundes zu erhalten sind.

In dem Vorhaben wurden gesetzliche und förderrechtliche Rahmenbedingungen der allgemeinen und beruflichen Weiterbildung, im Besonderen Weiterbildungsgesetze, Durchführungsverordnungen und Förderrichtlinien, in Hinsicht auf ihre qualitätsfördernden Elemente ausgewertet und dokumentiert. Auch sonstige Aktivitäten zur Qualitätssicherung auf Länderebene, und hier insbesondere trägerübergreifende Aktivitäten, werden in dem Übersichtsband dokumentiert. Dazu gehören z.B. Projekte und Modellversuche, in denen Qualitätsringe und Qualitätsnetzwerke versuchen, träger- bzw. einrichtungsübergreifende Ansätze von Selbst- und Fremdevaluation zu implementieren und Systeme und Verfahren der Qualitätssicherung zu entwickeln, die übergreifend eingesetzt und den individuellen Gegebenheiten jeder Einrichtung angepasst werden können. Umfangreiche Qualitätskriterienkataloge und Checklisten für Mitarbeiter/innen von Einrichtungen der Weiterbildung sowie für Teilnehmer/innen zur Beurteilung von Weiterbildungsangeboten liegen inzwischen aus diesen Projekten vor und sind in die Dokumentation eingeflossen.

Die Übersicht über die 16 Bundesländer zeigt deutlich die Beispiele, in denen die Kriterien und Vorgaben bereits in den einschlägigen Rechtsvorschriften explizit und inhaltlich ausgeführt sind. In den Weiterbildungsgesetzen, die in den letzten Jahren erlassen wurden, werden z. B. Regelungen zum Teilnehmerschutz, zur Evaluation, zur Förderung von Kooperation zwischen den Einrichtungen und zu Gremien unter dem Aspekt der Qualitätssicherung in der Weiterbildung genauer ausformuliert.

In der Auswertung wurde versucht, die unterschiedlichen Qualitätsansätze und -strategien der Länder durch eine einheitliche Systematik in der Darstellung transparenter zu machen. Bei der Sichtung der Materialien aus den Ländern wurde bald deutlich, dass ohne direkte Rückkoppelung mit den unterschiedlichen Länderministerien und der Klärung der in den Ländern unterschiedlich geregelten Zuständigkeiten das komplexe Feld der Qualitätssicherung in der Weiterbildung unter Einbeziehung der dafür neben den rechtlichen Regelungen besonders bedeutsamen Förderpraxis nicht zu erfassen war. Leider konnte bis zum Abschluss dieses Bandes nicht in allen Fällen auf die Unterstützung aller zuständigen Ministerien der Länder zurückgegriffen werden. Da, wo es im Rückkoppelungsprozess stockte, lässt die Übersicht zu wünschen übrig und enthält Lücken. Herzlich gedankt sei an dieser Stelle um so mehr allen Koopertionspartnerinnen und -partnern in den Ländern, die die Arbeiten des Bundesinstituts für Berufsbildung unterstützt und nicht auf formale Zuständigkeitsgrenzen geschaut haben.

Die Entwicklungen der letzten Jahre haben gezeigt, dass die Grenzen zwischen den Bereichen der Weiterbildung unscharf geworden sind und berufliche und allgemeine Weiterbildung näher zusammenrücken. Besonders deutlich wird dies bei den Volkshochschulen, die meist in den verschiedenen Bereichen der Weiterbildung tätig sind. Unter dem Blickwinkel sinnvoller und praktikabler Qualitätsansätze für die unterschiedlichen Bereiche und der länderübergreifenden Vergleichbarkeiten erschienen uns die Qualitätsbemühungen der Volkshochschulen besonders interessant. Sie wurden deshalb als gesonderter Komplex in die Auswertung aufgenommen.

Bei unserer Bitte an die zuständigen Länderministerien und an die Volkshochschulverbände um Unterstützung und Materialien haben wir bewusst keine Vorgaben für das Verständnis von Qualität in der Weiterbildung gemacht. Es gab also keine Einschränkungen, und die angeschriebenen Stellen konnten ihr Verständnis von Qualität, Qualitätsentwicklung und die Qualität fördernden Maßnahmen in die Beschreibung ihrer Aktivitäten einbringen. Dies führte dazu, dass eine Fülle von Vorstellungen zusammengekommen sind und die unterschiedlichen Vorgehensweisen der Länder eingefangen werden konnten. Bei der Auswertung von Gesetzen und anderen rechtlichen Regelungen, Richtlinien und Materialien wurden alle Qualitätsaspekte berücksichtigt, die wir darin entdecken konnten – von der Servicequalität über die Angebots-, Programm- und Durchführungsqualität, von (Mindest-)Standards und Teilnehmerschutz bzw. Verbraucherschutzgedanken bis zur regionalen Vernetzung, Qualitätszirkeln, qualitätsorientierter Gremienarbeit und qualitätsorientierten Kooperationsformen in der Region oder der Weiterbildungsberatung und Schaffung von Angebotstransparenz mittels regionaler Datenbanken. Es sind alles Elemente, die aus Sicht unserer Kooperationspartner in den Ländern und auch aus unserer Sicht zur Qualitätssicherung in der Weiterbildung beitragen können. Zu überlegen, ob und ggf. wie sie in ein ganzheitliches Qualitätssicherungskonzept des jeweiligen Landes oder auch von Bundeseinrichtungen oder vom Bund geförderten Weiterbildungsaktivitäten passen und eingefügt werden können, bleibt Aufgabe künftiger Aktivitäten. Als Bundeseinrichtung werben wir bewusst nicht für eine länderübergreifende Vereinheitlichung oder für entsprechende Initiativen, aber wir nehmen sie zur Kenntnis. Ziel dieser Dokumentation ist in diesem Zusammenhang die Sensibilisierung für mögliche Qualitätsentwicklung. Schon die Arbeit an dieser Dokumentation hatte bei unseren Kooperationspartnern und bei uns diesen Nebeneffekt und führte teilweise zu einer Neubewertung der Weiterbildungsaktivitäten unter dem Focus „Was tun wir für die Qualitätssicherung?".

Welches Material liegt der Dokumentation zugrunde?

I. Material, welches von uns ausgewertet wurde:

– Weiterbildungsgesetze der Länder und zugehörige Richtlinien und Durchführungsverordnungen

– Durchführungsverordnungen zur Förderung von Einrichtungen der Weiterbildung oder von Bildungsveranstaltungen

– Broschüren, Veröffentlichungen (hrsg. von den zuständigen Ministerien und Landesinstitutionen)

– Materialien, die die Landesverbände der Volkshochschulen zur Verfügung gestellt haben

– ausgewählte Projektberichte

– Flyer, Prospekte

– Angaben im Internet.

II. Texte, die uns die Ministerien oder Volkshochschulverbände zu ihren Qualitätssicherungsaktivitäten zuschickten, die teilweise oder ganz im Wortlaut übernommen wurden. Diese Selbstdarstellungen sind im Text entsprechend gekennzeichnet.

Der Auswertungsbericht wurde den jeweiligen Ländern zur Rückkoppelung übermittelt.

Die vorliegende Dokumentation von Rahmenbedingungen für die Qualität in der Weiterbildung erhebt keinen Anspruch auf Vollständigkeit, vor allem nicht hinsichtlich der aufgenommenen Informationen und Materialien zu Projekten, Programmen, Modellversuchen, Tagungen usw.

Welche Qualitätsstrategien und Konzeptionen zeigen sich in den Rechtsvorschriften und Materialien der einzelnen Länder?

Anknüpfungspunkt für die Auswertung war u. a. ein Statement von DIE-Vertretern auf einer Fachtagung 1999 in Potsdam zum Thema „Perspektiven der Qualitätsentwicklung und Qualitätssicherung für die Weiterbildung im Land Brandenburg", worin festgestellt wurde, „... dass sich eine Umorientierung von Inputfaktoren hin zum Verbraucherschutz und zur Evaluation von Veranstaltungen in den Ländergesetzen zeige. Statt Standardisierung gehe es mehr um Selbstevaluation und Entwicklung von Qualitätsmanagementsystemen. Die Qualitätsentwicklung setze stärker an den pädagogischen Schlüsselsituationen an und verbinde Organisations- und Personalentwicklung."[1] Aus den Materialien, die uns für die Dokumentation vorgelegen haben, erschließt sich solch ein genereller Trend nicht. Vielmehr stehen die einzelnen Qualitätssicherungs- und Qualitätsentwicklungsansätze meist nebeneinander. Sie können sich ergänzen, tun dies aber nicht notwendigerweise.

Zwischen den Ländern gibt es markante Unterschiede in den Qualitätsstrategien, die sich auf folgende Haupttypen verdichten lassen:

① In den rechtlichen Regelungen, insbesondere im Weiterbildungsgesetz und den dazugehörigen Richtlinien und Durchführungsverordnungen, wird das Qualitätsziel explizit ausgewiesen und mit Kriterien und Vorgaben untersetzt. Diese Kriterien/Vorgaben sind als Mindeststandards der Input- und Durchführungsqualität zu betrachten. Z. T. wird auch das Vorhandensein eines Qualitätsmanagementsystems (nicht unbedingt die Zertifizierung nach DIN ISO 9000 ff.) vorausgesetzt. Beispiele dafür: Bremen, Brandenburg, Hessen

② In den rechtlichen Regelungen wird das Qualitätsziel nicht explizit genannt, ist aber gleichwohl implizit enthalten: Kriterien und Vorgaben sind mehr oder weniger die gleichen wie im Typ (1).
Beispiel dafür: Mecklenburg-Vorpommern

③ Die Weiterbildungsqualität „regelt der Markt". Das Land vertraut auf einen funktionierenden Marktmechanismus und auf die Kraft guter Beispiele aus Modellprojekten/Modellversuchen sowie die Transparenz des Angebots.
Beispiel dafür: Bayern

④ „Selbststeuerung" der Qualitätsbemühungen über Selbstverpflichtung und Selbstevaluation sowie Gremien und Arbeitsgemeinschaften der Weiterbildung mit qualitätsförderndem Anspruch.
Beispiele dafür: Baden-Württemberg, Hamburg

⑤ Förderung der Einführung von prozessorientierten Qualitätsmanagementsystemen wie die Zertifizierung nach den DIN ISO Normen 9000 ff.
Beispiel dafür: Sachsen

⑥ Integrierte Qualitätsentwicklung mit einer programmbezogenen Qualitätssteuerung.
Beispiel dafür: Brandenburg

Diese Typen sind in der Praxis meist im Mix vertreten bzw. werden kombiniert. Die Umsetzung erfolgt in den meisten Ländern über dezidierte Vorgaben (Mindeststandards) für die als Fördervoraussetzung notwendige „Anerkennung der

---

[1] PLIB-Info-Dienst „Weiterbildung in Brandenburg, Heft 3/1999 S. 4 (Zusammenfassung der Referate von Frau Küchler und Herrn Meisel, DIE, auf der Fachtagung am 9.6.1999 in Potsdam)

Einrichtung" und über Qualitätsvorgaben für und Evaluierung von Maßnahmen. Mehrere Länder sehen in der Weiterbildungsberatung und eigenen regionalen Weiterbildungsdatenbanken einen spezifischen Qualitätsbeitrag durch Schaffung von Transparenz und regionaler Akzentuierung des Angebots wie auch unter Berücksichtigung der individuellen Wünsche und Möglichkeiten einen Beitrag in den Qualitätselementen „Bedarfsorientierung", „Teilnehmerorientierung" und „Teilnehmerschutz/Verbraucherschutz". Die fachliche und pädagogische Kompetenz des Weiterbildungspersonals wird von den meisten Ländern als Fördervoraussetzung verlangt, und es werden Qualifizierungsangebote und z. T. Bemühungen um die weitere Professionalisierung des Personals gefördert. Ferner setzen fast alle Länder auf Modellprojekte zur Förderung der Qualität in den Einrichtungen und auf maßnahmebezogene Qualitätssicherungs- und Qualitätsentwicklungsprojekte. Auf die Kraft des guten Beispiels für den Transfer von Qualitätsentwicklungsprojekten „aus der Praxis für die Praxis" wird ebenfalls gesetzt. Dies findet seine Fortsetzung in unter Qualitätsgesichtspunkten elaborierten Programmen (z. B. in Brandenburg und Rheinland-Pfalz).

Auffällig ist: Die einzelnen Länder engagieren sich z. T. sehr dezidiert für die Qualitätssicherung und Qualitätsentwicklung in der Weiterbildung in ihrem Bereich. Allerdings stehen die Aktivitäten der einzelnen zuständigen Ministerien und Akteure häufig noch unverbunden nebeneinander. Kein Land verlässt sich nur auf einen Ansatz. Die Vorgaben von Mindeststandards, die Förderung von prozessorientierten Qualitätssicherungs- und Qualitätsmanagementverfahren und die Qualitätsentwicklung über Information, Transparenz und gute Beispiele laufen nebeneinander und ergänzen sich im Idealfall.

Die Qualitätsstrategien der Länder, wie sie in Weiterbildungsgesetzen, den dazu gehörigen Richtlinien und Durchführungsverordnungen sowie in Förderrichtlinien und -grundsätzen zum Ausdruck kommen, waren auch Thema eines vom Bundesinstitut für Berufsbildung am 24. Oktober 2001 durchgeführten Workshops mit Vertretern/Vertreterinnen aus den Ländern. Zur Focussierung der Diskussion wurden beispielhaft fünf Praxisberichte vorgetragen:

- **Frau Seevers** zeigte anhand des Bremer Modells auf, in welcher Weise der Bremer Senator für Bildung und Wissenschaft die Voraussetzungen zur Anerkennung von Weiterbildungseinrichtungen mittels eines Qualitätsleitfadens inhaltlich ausformuliert und ausführliche Rahmenbedingungen für das Anerkennungsverfahren festgelegt hat.

- **Herr Epping** stellte anhand der Praxis in Nordrhein-Westfalen und den Aufgabenzuweisungen im Weiterbildungsgesetz die Bedeutung von Gremien und Supporteinrichtungen der Weiterbildung für die Qualitätssicherung heraus.

- **Herr Ranft** präsentierte das Qualitätssicherungskonzept Brandenburgs, welches besonders bei Projekten im Rahmen der Arbeitsmarktpolitik bei der Vergabe von Landes- und ESF-Mitteln ein detailliertes Verfahren begleitender und abschließender Evaluation vorsieht.

- **Herr Krüger** erläuterte mit dem Modell „Weiterbildung Hamburg e. V." das Beispiel eines freiwilligen Zusammenschlusses von Weiterbildungsanbietern, in dessen Rahmen ein Katalog von Qualitätsstandards für die Beurteilung von Weiterbildungseinrichtungen erarbeitet wurde. Diese Qualitätsstandards bilden die Grundlage für das Aufnahme- und Begutachtungsverfahren des „Weiterbildung Hamburg e. V.".

- **Herr Dr. Heinen-Tenrich** stellte das BLK-Projekt „Lernerorientierte Qualitätstestierung in Weiterbildungsnetzwerken" vor und berichtete über die Erfahrungen mit der Selbst- und Fremdevaluation in Niedersachsen.

Die Beiträge dieses Workshops werden im Kapitel 3 des vorliegenden Bandes vorgestellt.

Nicht geleistet werden konnte und sollte in dieser Arbeit eine Untersuchung der Auswirkungen der jeweiligen Rahmenbedingungen für die tatsächliche Qualitätsentwicklung in der Weiterbildungspraxis. Wie beeinflussen die in den Weiterbildungsgesetzen, Förderrichtlinien usw. gesetzten Mindeststandards der Qualität die Qualitätsbemühungen der Einrichtungen der Weiterbildung und wie wirken sie sich praktisch auf die Durchführungs- und Ergebnisqualität der Weiterbildung aus? Dieser Frage nachzugehen wäre ein (Gemeinschafts-)Projekt für die Zukunft. Unterstützt werden könnte ein solches Evaluierungsprojekt auch dadurch, dass die Themen Evaluation und Teilnehmerschutz zunehmend Eingang in die rechtlichen Regelungen finden und sich dementsprechend die Datenlage verbessert.

Brigitte Melms

2 Dokumentation der Situation in der Weiterbildung in den einzelnen Ländern

2.1 Baden-Württemberg

I. Gesetzliche Situation

Die folgenden in Baden-Württemberg für die (berufliche) Weiterbildung einschlägigen Rechtsvorschriften wurden in Hinsicht auf ihre qualitätsfördernden Rahmenbedingungen untersucht:

- das Weiterbildungsgesetz: „Gesetz zur Förderung der Weiterbildung und des Bibliothekswesens", in Kraft getreten am 1. Januar 1976, in der Fassung vom 20. März 1980, letzte Änderung vom 17. Juni 1997[1]

- die „Verordnung der Landesregierung zur Durchführung des Gesetzes zur Förderung der Weiterbildung und des Bibliothekswesens", vom 19. Dezember 1978, in Kraft getreten am 1. Februar 1979, in der Änderung vom 18. Dezember 1995[2]

- das Gesetz zur Mittelstandsförderung vom 19. Dezember 2000[3]

- Richtlinien des Wirtschaftsministeriums für die Gewährung von Zuwendungen zur Förderung der beruflichen Bildung vom 28. Juni 1988[4]

Das **Weiterbildungsgesetz**, in der Fassung von 1980, benennt in § 1 Stellung und Aufgaben der Weiterbildung. Hier heißt es in Abs. 2: „... sie umfasst auf der Grundlage des Grundgesetzes und der Landesverfassung die allgemeine Bildung, die berufliche Weiterbildung und die politische Bildung."

So kann davon ausgegangen werden, dass die qualitätsrelevanten Standards im Gesetz auch für die berufliche Weiterbildung gelten.

Bei einer Förderung der beruflichen Weiterbildung auf der Grundlage des Weiterbildungsgesetzes und der darauf basierenden „Verordnung der Landesregierung zur Durchführung des Gesetzes zur Förderung der Weiterbildung und des Bibliothekswesens" gelten dessen Förderkriterien.

---

[1] Gesetz zur Förderung der Weiterbildung und des Bibliothekswesens in der Fassung vom 20. März 1980, letzte Änderung vom 17. Juni 1997. In: Gesetzblatt für Baden-Württemberg 1997, S. 278

[2] Verordnung der Landesregierung zur Durchführung des Gesetzes zur Förderung der Weiterbildung und des Bibliothekswesens, vom 19. Dezember 1978, Änderung vom 18. Dezember 1995. In: Gesetzblatt für Baden-Württemberg 1996, S. 29

[3] Gesetz zur Mittelstandsförderung vom 19. Dezember 2000, in Kraft getreten am Tage nach seiner Verkündung. In: Gesetzblatt für Baden-Württemberg 2000, Nr. 23, S. 745. Das neue Gesetz hat das Mittelstandsförderungsgesetz von 1975 abgelöst.

[4] Richtlinien des Wirtschaftsministeriums für die Gewährung von Zuwendungen zur Förderung der beruflichen Bildung vom 28. Juni 1988 (GABl. S. 593) i.d.F. vom 27. Mai 1991 (GABl. S. 781) zuletzt geändert am 8. Mai 1995. In: Gemeinsames Amtsblatt Baden-Württemberg vom 19. Juni 1995 Nr. 7, S. 322

§ 5 nennt neun *Voraussetzungen für die Förderung*, die Einrichtungen erhalten können, wenn sie z. B.

- „mit anderen Einrichtungen der Weiterbildung in den Kreiskuratorien für Weiterbildung bzw. in den Arbeitsgemeinschaften für berufliche Fortbildung (§ 14) oder in anderen geeigneten Kooperationsgremien zusammenarbeiten,
- zur Offenlegung der Arbeitsinhalte, der Arbeitsergebnisse, der Finanzierung und zu Angaben über Art und Zahl der Teilnehmer sowie des Personals gegenüber dem Land bereit sind,
- grundsätzlich von einer nach Ausbildung oder Berufserfahrung geeigneten Fachkraft geleitet werden,
- planmäßig und kontinuierlich arbeiten und nach Umfang und Dauer der Bildungsmaßnahmen, Gestaltung des Lehrplans, Lehrmethode, Ausbildung und Berufserfahrung der Lehrkräfte sowie nach der räumlichen und sachlichen Ausstattung eine erfolgreiche Weiterbildung erwarten lassen,
- ihre Leistungsfähigkeit angemessen nachgewiesen haben."

Einrichtungen, die die im Gesetz genannten Fördervoraussetzungen erfüllen, dürfen neben ihrer Bezeichnung den Zusatz führen „als staatlich förderungswürdig anerkannt" (§ 5 Abs. 4). Darüber hinaus erhalten sie Zuwendungen vom Land zu den anerkannten Personalkosten für die haupt- und nebenberuflich tätigen Leiter, Fach-, Verwaltungs- und leitenden Wirtschaftskräfte (§ 6 Abs. 1).

Bei Erfüllung der in § 5 genannten Voraussetzungen besteht auch die Möglichkeit, dass das Land sonstige Zuwendungen gewährt (§ 7).

Ein weiterer Aspekt, der als qualitätssteuernd interpretiert werden kann, ist die Einrichtung von Gremien der Weiterbildung nach dem Weiterbildungsgesetz. § 13 beschreibt die Bildung eines *Landeskuratoriums für Weiterbildung*, dessen Aufgabe es ist, „die Landesregierung durch Vorschläge, Empfehlungen und Gutachten auf dem Gebiet der Weiterbildung zu beraten und im Interesse der Gesamtentwicklung zur Koordinierung und Kooperation der Weiterbildungseinrichtungen untereinander beizutragen." Im gleichen Paragrafen wird beschrieben, mit welchen anderen Einrichtungen das Landeskuratorium eine enge Zusammenarbeit haben sollte, wie sich das Landeskuratorium zusammensetzt und wie es organisatorisch funktionieren soll.

Die Bildung von *Kreiskuratorien für Weiterbildung* und *Arbeitsgemeinschaften für berufliche Fortbildung* ist nach § 14 vorgesehen. Sie sollen insbesondere die Aufgaben der einzelnen Trägerorganisationen und Einrichtungen der Weiterbildung im gemeinsamen Wirkungsbereich so abgrenzen, dass sachlich nicht gerechtfertigte Doppelangebote vermieden werden, auf eine Zusammenarbeit bei der Planung und Durchführung von Bildungsvorhaben hinwirken und für eine möglichst einheitliche und umfassende Information über alle Bildungsprogramme sorgen.

Durch § 17 wird die Landesregierung ermächtigt, u. a. die Bildung von Kreiskuratorien für Weiterbildung und von Arbeitsgemeinschaften für berufliche Fortbildung (§ 14), insbesondere ihre Aufgabenstellung, Zusammensetzung und Geschäftsordnung sowie die Erstattung der durch die Geschäftsführung notwendigen Auslagen durch Rechtsverordnung zu regeln.

Das Gesetz zur Förderung der Weiterbildung und des Bibliothekswesens enthält in § 2 auch Ausführungen zu den Förderungsgrundsätzen für *Volkshochschulen*. Hier heißt es in Abs. 1: „Das Land fördert in Ausführung von Artikel 22 der Landesverfassung nach Maßgabe dieses Gesetzes und des Staatshaushaltsplanes nach gleichen Grundsätzen den Ausbau von Volkshochschulen sowie von Weiterbildungseinrichtungen, die von den Kirchen, Gewerkschaften, der Wirtschaft oder anderen in der Weiterbildung tätigen gesellschaftlichen Gruppen getragen werden". Weiter heißt es in Abs. 5: „Gemeinden und Landkreise fördern die Erwachsenenbildung in Ausführung von Artikel 22 der Landesverfassung insbesondere durch die Errichtung und Unterhaltung von Volkshochschulen und kommunalen Bibliotheken. Es handelt sich dabei um eine freiwillige Aufgabe der Gemeinden und Landkreise."

(Näheres zu den Qualitätssicherungs-Aktivitäten der Volkshochschulen unter Punkt III.)

In der **Verordnung der Landesregierung zur Durchführung des Gesetzes zur Förderung der Weiterbildung und des Bibliothekswesens**[5] werden einzelne Paragrafen des Weiterbildungsgesetzes zu ihrer Umsetzung genauer ausgeführt:

„Für die Einrichtungen der beruflichen Weiterbildung im Bereich der gewerblichen Wirtschaft mit Ausnahme der beruflichen Umschulung....." ist das Landesgewerbeamt Baden-Württemberg zuständige Bewilligungsbehörde für entsprechende Zuwendungen. (§ 3)

In Abschnitt 3 der Verordnung werden die formalen Voraussetzungen der Zuschussgewährung an Einrichtungen genannt:

Nach § 5 dürfen sich Einrichtungen durchaus spezialisieren, z. B. auf allgemeine oder politische oder berufliche Weiterbildung. Sie müssen aber jeweils über ein breitgefächertes Weiterbildungsangebot verfügen und sich nicht auf einen bestimmten Einzelberuf beschränken.

Die allgemeine Zugänglichkeit zu den Angeboten der Weiterbildungseinrichtungen muss gewährleistet sein. § 6 beschreibt, wie das zu geschehen hat.

Die Kooperation der Weiterbildungseinrichtungen nimmt § 8 auf.

---

[5] Vgl. Fn 2)

Die Offenlegung der Arbeitsinhalte erfolgt laut § 9 aufgrund der von den zuständigen Ministerien festgelegten Erhebungsbogen und Verwendungsnachweise.

Paragrafen 10 und 11 beschreiben die notwendige Qualifikation des Leiters einer Einrichtung sowie den gewünschten Umfang des Weiterbildungsangebots.

Die Abschnitte 4 bis 7 widmen sich den Zuwendungen und der Förderung, wobei neben der Förderung der Landesorganisationen, Kreiskuratorien für Weiterbildung und der Arbeitsgemeinschaften für berufliche Fortbildung für die Entwicklung von Qualität der Weiterbildung besonders folgender Aspekt wichtig sein könnte:

- die Fortbildung der Fachkräfte anerkannter Bildungseinrichtungen kann mit sonstigen Zuwendungen unterstützt werden.

II. Förderung der (beruflichen) Weiterbildung aus Landes- und kofinanzierten ESF-Mitteln

1. Förderung aus Landesmitteln

1.1 Ausgangslage und Rahmenbedingungen

Ressortspezifische Maßnahmen der Weiterbildung werden von allen Ministerien behandelt. Allgemeine Fragen der Weiterbildung sind beim Ministerium für Kultus, Jugend und Sport Baden-Württemberg angesiedelt. Der Staatssekretär im Kultusministerium ist gleichzeitig Weiterbildungsbeauftragter der Landesregierung.

Das Ministerium für Kultus, Jugend und Sport stellt Fördermittel für Einrichtungen, die nach dem *Gesetz zur Förderung der Weiterbildung und des Bibliothekswesens* gefördert werden, für Sondermaßnahmen sowie Projekte des Landeskuratoriums und der Kreiskuratorien zur Verfügung.

Das Wirtschaftsministerium fördert z. B. die überbetriebliche berufliche Weiterbildung aus Landesmitteln. Ferner unterstützt die Wirtschaftsverwaltung in ihrem Zuständigkeitsbereich finanziell die berufliche Qualifizierung auf der Basis entsprechender Förderprogramme der Europäischen Union, so z. B. des Europäischen Sozialfonds Ziel 3.

Die Förderung der (überbetrieblichen) beruflichen Weiterbildung durch die Wirtschaftsverwaltung erfolgt vor allem auf der Basis des **Gesetzes zur Mittelstandsförderung**[6] sowie der **Richtlinien des Wirtschaftsministeriums für die Gewährung von Zuwendungen zur Förderung der beruflichen Bildung**[7].

---

[6] Vgl. Fn 3)

[7] Vgl. Fn 4)

Zweck des Gesetzes zur Mittelstandsförderung nach § 1 ist es u. a., zur Sicherung einer ausgewogenen Wirtschaftsstruktur des Landes die Leistungskraft kleiner und mittlerer Unternehmen (KMU) der gewerblichen Wirtschaft zu erhalten und zu stärken, Wettbewerbsnachteile auszugleichen, die Eigenkapitalausstattung zu verbessern und die Anpassung an den wirtschaftlichen und technologischen Wandel zu fördern sowie Arbeits- und Ausbildungsplätze in der mittelständischen Wirtschaft zu sichern und auszubauen.

Die u. a. hierzu erforderlichen Maßnahmen der beruflichen Weiterbildung werden nach § 9 gefördert: „Das Land fördert zur beruflichen Bildung von Unternehmern, Mitarbeitern und Auszubildenden der mittelständischen Wirtschaft

1. die Durchführung anerkannter überbetrieblicher Kurse und Lehrgänge sowie sonstiger Maßnahmen, die der beruflichen Ausbildung oder Fortbildung dienen,

2. die Errichtung, Erweiterung und Ausstattung von überbetrieblichen Einrichtungen, die der Ergänzung der beruflichen Ausbildung, der beruflichen Fortbildung oder der beruflichen Umschulung dienen, auf der Grundlage eines Entwicklungsprogramms für überbetriebliche Berufsbildungsstätten,

3. die Zusammenarbeit von Weiterbildungsträgern auf regionaler Ebene."

Neu in das Gesetz zur Mittelstandsförderung aus dem Jahre 2000 (gegenüber dem Mittelstandsförderungsgesetz von 1975) aufgenommen, ist ein Paragraf über die *Evaluation* der Fördermaßnahmen. In § 24 „Mittelstandsbericht, Evaluation" heißt es u. a.: „Zur Sicherstellung der Effizienz der Förderprogramme und -maßnahmen werden diese evaluiert."

Die Förderung der beruflichen Weiterbildung ist überbetrieblich angelegt (§ 9). Träger der Fördermaßnahmen sind in der Regel die Organisationen und Selbsthilfeeinrichtungen der Wirtschaft (§ 8).

Gefördert werden – laut Angaben des Wirtschaftsministeriums – z. B. die Entwicklung neuer überbetrieblich angelegter Schulungskonzeptionen sowie deren Durchführung, Modellvorhaben der beruflichen Weiterbildung und die Durchführung von überbetrieblichen Lehrgängen.

Die 41 Arbeitsgemeinschaften für berufliche Fortbildung haben in Baden-Württemberg eine lange Tradition und arbeiten flächendeckend bereits seit 1968. Im Weiterbildungsgesetz von 1976 werden sie unter § 5 aufgeführt (s. o.) sowie explizit in den „Richtlinien für die Gewährung von Zuwendungen zur Förderung der beruflichen Bildung". In den regionalen Arbeitsgemeinschaften für berufliche Fortbildung arbeiten auf freiwilliger Basis die regionalen Einrichtungen der beruflichen Weiterbildung zusammen. Die Aufgabe der Arbeitsgemeinschaften ist es,

- die Zusammenarbeit der Träger und die Abstimmung der beruflichen Fortbildung zu fördern,
- die Transparenz des regionalen Weiterbildungsmarktes durch einen Weiterbildungskalender zu verbessern und
- durch Informationsveranstaltungen, wie z. B. Berufsbildungstage, sowie durch weitere Aktivitäten für berufliche Weiterbildung zu werben.

Darüber hinaus sollen die Arbeitsgemeinschaften in Abstimmung mit den Unternehmen eine Bedarfsermittlung vornehmen und feststellen, welche Maßnahmen in der beruflichen Fortbildung erforderlich und anzuregen sind.

Die Arbeitsgemeinschaften für berufliche Fortbildung haben ihre Qualitätskriterien im INTERNET[8] veröffentlicht und ihr Selbstverständnis in einer Präambel gefasst:

„Die Arbeitsgemeinschaft für berufliche Fortbildung und ihre angeschlossenen Bildungsträger verstehen sich auch als Qualitätsgemeinschaft. Sie haben sich auf die nachstehenden Qualitätsstandards verpflichtet und wollen durch deren Veröffentlichung Interessentinnen und Interessenten sowie Teilnehmerinnen und Teilnehmern an Bildungsmaßnahmen ein Instrument zur Qualitätsprüfung an die Hand geben.

Die Arbeitsgemeinschaft haftet nicht für Qualitätsmängel bei Veranstaltungen und deren Trägern. Auftretende Probleme sind direkt zwischen Teilnehmer und Veranstalter zu klären.

Personalqualifikation

- Die leitenden Mitarbeiterinnen und Mitarbeiter sind aufgrund ihrer Ausbildung und Berufserfahrung befähigt, die Bildungseinrichtung wirtschaftlich und pädagogisch effizient zu führen.
- In den Lehrgängen werden durch Ausbildung und Berufserfahrung fachlich und pädagogisch für die Erwachsenenbildung qualifizierte Lehrkräfte eingesetzt.
- Die Bildungseinrichtung sorgt für die fachliche bzw. pädagogische Fortbildung der Mitarbeiterinnen, Mitarbeiter und Lehrkräfte.

Unterrichtsqualität

- Die Bildungseinrichtung stellt sicher, dass die erforderlichen Vorkenntnisse für Lehrgänge den Teilnehmerinnen und Teilnehmern transparent sind und achtet

---

[8] www.fortbildung.bw/qualit.html

bei der Gruppenzusammensetzung darauf, dass das Lehrgangsziel erreichbar ist.
- Die Bildungseinrichtung berücksichtigt aktuelle Arbeitsmarkt- und berufliche Qualitätsanforderungen sowie den Bezug zur Praxis.
- Den Veranstaltungen liegen einsehbare Programme bzw. Lehr- und Stoffverteilungspläne zugrunde.
- Didaktik, Methodik, Lehr- und Lernmaterial entsprechen dem aktuellen fachlichen und wissenschaftlichen Stand.
- Beim Einsatz multimedialer Lernprogramme wird eine tutorielle Betreuung gewährleistet.
- Der Lernfortschritt wird regelmäßig überprüft. Bei Prüfungen besteht im Rahmen der zutreffenden Prüfungsordnung die Möglichkeit der Wiederholung.

Ausstattungsqualität

- Art, Anzahl und Ausstattung der Lernräume stellen erwachsenengerechtes Lernen sicher und entsprechen den gesetzlichen Vorschriften.
- Die Bildungseinrichtung gewährleistet die regelmäßige Anpassung der technischen und medialen Ausstattung an den aktuellen Standard.
- Bei Qualifizierungsmaßnahmen im technischen und DV-Bereich wird sichergestellt, dass Systeme zum Einsatz kommen die den Praxisbezug gewährleisten.

Transparenz des Angebots

- Die Bildungseinrichtung stellt sicher, dass den Interessentinnen und Interessenten eine individuelle Beratung angeboten wird.
- Die Bildungseinrichtung informiert vor Vertragsabschluss die Interessentinnen und Interessenten über alle relevanten Daten eines Lehrganges, wie Ort, Zeit, Dauer, Voraussetzungen, Ausstattung und Zahl der Arbeitsplätze, Ziel, ggf. Art des Abschlusses und Prüfungsordnung, Zielgruppe, Kosten, Teilnahmebedingungen.
- Den Teilnehmenden werden für jede Veranstaltung verantwortliche Ansprechpartnerinnen bzw. Ansprechpartner benannt, die für Beratung und Reklamationen zur Verfügung stehen.
- Es findet eine angemessene Evaluation der Veranstaltungen statt, an der die Teilnehmerinnen und Teilnehmer beteiligt werden.

Teilnahmenachweise

- Teilnehmerinnen und Teilnehmer erhalten einen Nachweis über die Teilnahme an einer Veranstaltung, aus der mindestens Umfang und Inhalte hervorgehen.

Vertragsbedingungen

- Die Vertragsbedingungen, insbesondere Zahlungsmodalitäten und Rücktrittsrechte, werden Interessentinnen und Interessenten vor Vertragsabschluss zugänglich gemacht."[9]

Die Arbeitsgemeinschaften haben die Qualitätskriterien als *freiwillige Selbstverpflichtung* der Träger definiert. Sie dienen insbesondere der Orientierung und Sensibilisierung der Weiterbildungsinteressierten.

Im Aufnahmeverfahren für Mitglieder gelten weitere landeseinheitliche Kriterien, wie z. B., dass der Träger mindestens drei Jahre im Gebiet der Arbeitsgemeinschaft aktiv und bereit zur Kooperation und Abstimmung des Weiterbildungsangebotes innerhalb der Arbeitsgemeinschaft ist.

Das *Landesgewerbeamt*[10] ist in seiner Funktion als Leitstelle für die berufliche Bildung eine Besonderheit des Landes Baden-Württemberg.

Es ist eine Landesoberbehörde und ist direkt dem Wirtschaftsministerium zugeordnet. Es ist die zentrale Stelle des Landes für überbetriebliche Mittelstandsförderung in Baden-Württemberg. Das Landesgewerbeamt hat die Aufgabe, größenbedingte Nachteile der kleinen und mittleren Unternehmen auszugleichen, ihnen die Anpassung an den technischen Wandel zu erleichtern und durch Fördermaßnahmen „Hilfe zur Selbsthilfe" zu geben. Aufgrund dieser Aufgabenstellung gibt das Landesgewerbeamt ideelle und finanzielle Anstöße.

Im Bereich der beruflichen Weiterbildung setzt es beispielsweise folgende Schwerpunkte:

- Die Verbreitung von Informationen zu neuen Trends in der beruflichen Weiterbildung gemeinsam mit dem Expertengremium „Landesarbeitskreis für berufliche Fortbildung";
- die Betreuung der regionalen Arbeitsgemeinschaften für berufliche Fortbildung;
- die Abwicklung von Förderprogrammen im Auftrag des Wirtschaftsministeriums.

---

[9] www.fortbildung.bw/qualit.html
[10] Internetadresse: www.Lgabw.de

Beim Landesgewerbeamt wurde durch das Wirtschaftsministerium Baden-Württemberg die Einrichtung eines *Landesarbeitskreis für berufliche Fortbildung* initiiert. Ziel des Landesarbeitskreises ist u. a., sich Trends und aktueller Themen der beruflichen Weiterbildung anzunehmen. Die Mitglieder des Landesarbeitskreises werden durch die Wirtschaftsverwaltung berufen. Ziel der Mitgliederauswahl ist, ein möglichst breites Spektrum von Experten zur beruflichen Weiterbildung in Baden-Württemberg zu versammeln und Vertreter aus Einrichtungen der verschiedenen Interessengruppen ausreichend einzubinden. Im Landesarbeitskreis sind Arbeitgeber- und Arbeitnehmerorganisationen, Fachverbände, Unternehmen, die Arbeitsverwaltung, die berührten Ministerien etc. vertreten. Die Arbeit im Landesarbeitskreis ist ehrenamtlich.

Spezielle Themenstellungen werden von Projektgruppen des Landesarbeitskreises bearbeitet. So hat die Projektgruppe „Qualität in der beruflichen Bildung" eine Broschüre mit gleichem Titel erarbeitet. Diese Broschüre enthält Tipps aus der Praxis für eine Qualitätsverbesserung in der beruflichen Weiterbildung. Sie wendet sich an Bildungseinrichtungen und hat sich zur Aufgabe gemacht, den Verantwortlichen Entscheidungskriterien und Materialien für die Einführung von Qualitätsmanagementsystemen an die Hand zu geben. Aufgezeigt werden einerseits der Weg bis zur Erlangung eines Zertifikats nach DIN EN ISO 9000 ff. und Alternativen andererseits, die besonders für kleinere Träger sinnvoll sein können. Vor- und Nachteile von Fremdkontrolle und Selbstkontrolle werden benannt.

Diese Broschüre wurde an die Träger der beruflichen Weiterbildung in Baden-Württemberg verteilt.[11]

Der Landesarbeitskreis ist neben den regionalen Arbeitsgemeinschaften für berufliche Fortbildung ein weiteres Instrument der Mittelstandsförderungspolitik im Bereich der beruflichen Fortbildung. Außer den engen informellen Beziehungen zwischen diesen Gremien bestehen keine direkten Abhängigkeiten. Insbesondere ist der Landesarbeitskreis kein Dachgremium der selbstständigen und auf regionale Identität orientierten Arbeitsgemeinschaften.

1.2 Förderkriterien und Qualitätskriterien des Förderers für Einrichtungen/Träger und/oder Weiterbildungsmaßnahmen bei der Vergabe von Landesmitteln

Die Fördervoraussetzungen des Gesetzes für Mittelstandsförderung bzw. der entsprechenden Richtlinien sowie der jeweiligen Förderprogramme müssen erfüllt sein. Ansonsten gelten die weiter vorne beschriebenen wirtschafts- und arbeitsmarktpolitischen Voraussetzungen.

---

[11] Landesarbeitskreis für berufliche Fortbildung Baden-Württemberg (Hrsg.): Qualität in der beruflichen Bildung. Tipps aus der Praxis für eine Qualitätsverbesserung in der beruflichen Weiterbildung. Schriftenreihe des Landesarbeitskreises für berufliche Fortbildung, Band Nr. 4. Zu beziehen über: Landesgewerbeamt Baden-Württemberg, Referat 31, Tel.: 0711/123-2628

1.3 Verfahrensweise bei der Vergabe von Landesmitteln

Neue Förderprogramme werden durch geeignete Informationskanäle bekannt gemacht. Die Förderkriterien werden beispielsweise in Förderrichtlinien bzw. in Merkblättern veröffentlicht. Ferner wird das Internet als Informationsmöglichkeit genutzt.[12]

Berufliche Weiterbildungsträger, die eine Förderung aus Landesmitteln anstreben, richten sich an das Wirtschaftsministerium bzw. an das Landesgewerbeamt. Sofern ein Antrag nicht formlos gestellt werden kann, werden die entsprechenden Formulare für Förderanträge durch das Landesgewerbeamt – in Einzelfällen durch das Wirtschaftsministerium – versandt.

Die Auswahl der Maßnahmen, die aus Landesmitteln gefördert werden, erfolgt anhand der vom Projektträger vorzulegenden Maßnahmebeschreibung einschließlich Finanzierungsplan sowie aufgrund ergänzender Abstimmungsgespräche durch das Wirtschaftsministerium bzw. das Landesgewerbeamt mit dem Träger.

Die Angaben der Träger in den Förderanträgen werden durch die Bewilligungsbehörde geprüft. Für umfangreiche Investitionsprojekte werden externe Gutachter eingesetzt. Am Ende der Maßnahme muss durch den Träger dem Landesgewerbeamt ein Verwendungsnachweis vorgelegt werden. Dieser Nachweis wird vom Landesgewerbeamt geprüft.

2. Förderung aus kofinanzierten ESF-Mitteln

2.1 Ausgangslage und Rahmenbedingungen

Durch den Europäischen Sozialfonds (ESF) werden den Mitgliedstaaten EU-Mittel zur Verfügung gestellt, um die Umsetzung der jährlich fortgeschriebenen beschäftigungspolitischen Leitlinien der EU und des jährlichen nationalen beschäftigungspolitischen Aktionsplans der Bundesrepublik (NAP) finanziell zu unterstützen.

Aufgabe des ESF ist es, Maßnahmen zu fördern, die darauf abzielen, die Perspektiven derjenigen zu verbessern, die auf Hindernisse stoßen, wenn sie Arbeit suchen, behalten oder wieder aufnehmen wollen.

Im neuen Förderzeitraum des ESF (2000 bis 2006) hat der Bildungsbereich als Instrument einer präventiven Beschäftigungspolitik erheblich an Bedeutung gewonnen.

---

[12] Vgl. Internetadresse: Marktplatz für berufliche Fortbildung sowie www.Lgabw.de/Bildung

Rechtsgrundlage der ESF-Förderung sind insbesondere die Verordnung (EG) Nr. 1260/1999 des Rates vom 21.06.1999 sowie die Verordnung (EG) 1784/1999 des Europäischen Parlaments und des Rates vom 12.07.1999.

2.2 Förderkriterien und Qualitätskriterien des Förderers für Einrichtungen/Träger und/oder Weiterbildungsmaßnahmen bei der Vergabe von kofinanzierten ESF-Mitteln

Am 10. Oktober 2000 nahm die Europäische Kommission das Bundesprogramm zur Umsetzung des ESF in Deutschland (Einheitliches Programmplanungsdokument, EPPD) für den Förderzeitraum 2000 bis 2006 an. Für die Durchführung ist das Bundesministerium für Arbeit und Sozialordnung verantwortlich, das hierbei von den jeweiligen Arbeits- und Sozialministerien der Länder unterstützt wird.

In Baden-Württemberg erfolgt die Umsetzung des Bundesprogramms auf der Grundlage des „Gemeinsamen Leitfadens des Sozialministeriums, des Wirtschaftsministeriums, des Kultusministeriums, des Ministeriums Ländlicher Raum und des Wissenschaftsministeriums für die Förderung aus dem Europäischen Sozialfonds – Ziel 3 – in der Förderperiode 2000 bis 2006"[13].

Die Gesamtstrategie für die Umsetzung des ESF in Baden-Württemberg folgt dem Grundsatz, dass die Arbeitsmarkt- und Beschäftigungspolitik durch ein gezieltes, die spezifischen Problemkonstellationen der Zielgruppen berücksichtigendes und möglichst frühes Handeln geprägt sein muss. Besonders berücksichtigt werden:

- Maßnahmen, die verstärkt einen aktiven und präventiven Ansatz mit Blick vor allem auf die Eingliederung junger Menschen in das Ausbildungs- und Beschäftigungssystem verfolgen;

- Unternehmensgründungen;

- Die Verwendung moderner Kommunikations- und Informationstechniken;

- Innovative Maßnahmen und Methoden;

- Maßnahmen mit Zielrichtung erster Arbeitsmarkt.

2.3 Verfahrensweise bei der Vergabe von kofinanzierten ESF-Mitteln

Bei der Umsetzung der Gesamtstrategie des Europäischen Sozialfonds in der neuen Förderperiode verfolgt das Land Baden-Württemberg einen überwiegend dezentralen Ansatz durch die stärkere Einbindung der auf lokaler und regionaler Ebene für die Arbeits- und Beschäftigungspolitik verantwortlichen Partner. Zu diesem Zweck wurden für den Bereich des Kultusministeriums auf der Ebene der Stadt- und Landkreise bzw. für den Bereich des Wirtschaftsministeriums auf Kammerbezirksebene

---

[13] http://www.sozialministerium-bw.de (dann weiter über „Organisation" und „Abteilung2")

regionale Arbeitskreise eingerichtet, die zu einem zielgenauen und bedarfsorientierten Einsatz der ESF-Mittel beitragen sollen. Projektanträge werden über die regionalen Arbeitskreise eingereicht, die diese mit einem Votum versehen und an die jeweils entsprechende Bewilligungsbehörde weiterleiten. Bewilligt werden die Projekte für den Bereich des Kultusministeriums durch das Sozialministerium und für den Bereich des Wirtschaftsministeriums durch das Landesgewerbeamt.

Darüber hinaus werden zentrale Maßnahmen mit landesweiter Bedeutung gefördert. Das Verfahren läuft in diesem Fall nicht über die regionalen Arbeitskreise, sondern auf Landesebene.[14]

III. Weitere Aktivitäten und Besonderheiten zur Qualitätssicherung auf Landesebene

- Tag der Weiterbildung Baden-Württemberg 1997, *Fachtagung* am 13.2.1997, in Stuttgart, Thema: „Qualitätsförderung durch Selbstevaluation". Die Dokumentation dieser Fachtagung liegt vor[15].

- Die *Volkshochschulen* in Baden-Württemberg haben in ihrem „Leitbild"[16] der Qualität einen Extrapunkt gewidmet. Ihr Qualitätskonzept enthält folgende Elemente:

   - „pädagogische Kompetenz, verbunden mit der konsequenten Orientierung an der Souveränität der Teilnehmenden,

   - neutrale, nicht kommerziel orientierte Bildungsberatung,

   - Offenheit gegenüber neuen Lehr- und Lernformen,

   - die Betonung der Bedeutung sozialen Lernens gegenüber rein selbstorganisiertem Lernen,

   - zeitliche Flexibilität ihres Angebots,

   - konsequente Auswahl und Fortbildung der Kursleitenden,

   - kooperative Programmplanung,

   - zielorientierte Organisations- und Personalentwicklung,

   - kontinuierliche Dokumentation und Evaluation".

---

[14] Angaben (Punkt 2.1-2.3) vom Ministerium für Kultus, Jugend und Sport für diesen Übersichtsband vom Juni 2001

[15] Ministerium für Kultus, Jugend und Sport Baden-Württemberg (Hrsg.): Tag der Weiterbildung Baden-Württemberg 1997 – Qualitätsförderung durch Selbstevaluation – Dokumentation der Fachtagung am 13. Februar 1997 in Stuttgart. Oktober 1997.

[16] Leitbild der Volkshochschulen in Baden-Württemberg. In: vhs info 2/2000 (Informationen und Fortbildungen). Leinfelden-Echterdingen

Der Volkshochschulverband hat ein prozessorientiertes Qualitätsentwicklungsverfahren für die Volkshochschulen in Baden-Württemberg ausgearbeitet, das ab Ende 2000 die Einrichtungen mit allen Schlüsselprozessen erfassen soll.[17] Grundlage des Konzepts sind vier Essentials:

- Die Umsetzung des Konzepts soll kleine Volkshochschulen weder vom Personal-, noch vom sonstigen Ressourceneinsatz her überfordern;

- es sollen keine abstrakten festen Qualitätsstandards vorgeschrieben werden, sondern jede Einrichtung definiert selbst Qualitätsziele und begibt sich in ein prozessorientiertes Qualitätsentwicklungsverfahren;

- das Qualitätsentwicklungsverfahren wird von außen begutachtet;

- es spiegelt den derzeitigen Stand der Qualitätsentwicklungsdiskussion wider.

Das prozessorientierte Modell der Qualitätsentwicklung besteht aus drei Phasen:

1. einer Stärken-Schwächen-Analyse,

2. dem Eintritt in den kontinuierlichen Verbesserungsprozess,

3. einer Dokumentation des Qualitätsentwicklungsprozesses und seiner Wirksamkeit.

Bei der Stärken-Schwächen-Analyse wird das europäische Modell für Qualitätsmanagement der European Foundation for Quality Management (EFQM) mit seinen neun Kriterien zugrunde gelegt. EFQM gliedert die gesamten Arbeitsprozesse und Strukturen einer Institution in neun Kriterien und unterscheidet nach fünf Potenzialkriterien und vier Ergebniskriterien. Der Volkshochschulverband Baden-Württemberg baut auf das von Christiane Schiersmann und Arbeitsgruppe (Uni Heidelberg) für Familienbildungsstätten umgearbeitete Neun-Kriterien-Modell der EFQM auf.

Die Stärken-Schwächen-Analyse wird als Selbstevaluationsverfahren anhand von Frage- und Bewertungsbögen bei den Volkshochschulen – angepasst an die jeweiligen Bedingungen – durchgeführt.

Nach Feststellung der Schwächen beginnt der Qualitätsentwicklungsprozess, indem jede Volkshochschule die Qualitätsziele definiert, die sie erreichen möchte. Die Qualitätsziele werden mit Hilfe von Methoden des Projektmanagements abgearbeitet. Geschwindigkeit und Umfang der Projekte werden im Rahmen der zur Verfügung stehenden Ressourcen von den Mitarbeitenden der VHS selbst festgelegt.

---

[17] Volkshochschulverband Baden-Württemberg e.V.: Prozessmodell der Qualitätsentwicklung an der Volkshochschulen in Baden-Württemberg. Leinfelden-Echterdingen, Oktober 2000

Das Konzept des Volkshochschulverbandes geht von der Notwendigkeit aus, dem selbstgesteuerten Qualitätsentwicklungsprozess externe Impulse zuzuordnen, und zwar wird erstens von einem Fortbildungsbedarf aller am Qualitätsentwicklungsprozess Beteiligten ausgegangen und zweitens wird der Vorteil einer zusätzlichen externen Beratung beschrieben: so könnten die eigenen Qualitätsbestrebungen im Rahmen des Marketings gegenüber den Kunden besser verwendet werden.

Um eine externe Begutachtung zu ermöglichen, ist in dem Konzept vorgesehen, dass die Volkshochschulen ihre durchgeführten und noch angestrebten Qualitätsverbesserungen dokumentieren. Eine externe Begutachtungsstelle ist vom VHS-Verband eingerichtet.

Das zweistufige Verfahren, in das die Volkshochschulen eintreten müssen, wird folgendermaßen beschrieben:

1. Voraussetzung der Teilnahme an der „Qualitätsinitiative des Volkshochschulverbandes Baden-Württemberg" ist die Selbstverpflichtung der Einrichtung, das Qualitätssiegel anzustreben und hierfür den Qualitätsentwicklungsprozess einzuleiten.

2. Die Einrichtung erhält das Qualitätssiegel des Volkshochschulverbandes Baden-Württemberg nach positiver Begutachtung der eingereichten Dokumentation.

Es ist vorgesehen, dass die jeweilige VHS in einem dreijährigen Rhythmus neue Qualitätsentwicklungsergebnisse an die Begutachtungsstelle einreicht, damit das Qualitätssiegel weiter verwendet werden kann.

Im Kapitel „Rahmenbedingungen und Instrumente" werden u.a. folgende Empfehlungen gegeben:

- die Einsetzung einer(s) Qualitätsbeauftragten zur Koordination und Moderation des Prozesses. In kleinen Einrichtungen kann der Qualitätsentwicklungsprozess auch in einer regionalen Kooperation reflektiert werden;

- die Einsetzung einer Qualitätsgruppe, in der Betroffene aller Bereiche vertreten sein sollen. Auch die Teilnehmenden sollten bei sie direkt betreffenden Qualitätsfragen einbezogen werden.

Fortbildung und externe Beratung werden als wichtige Instrumente zur Sicherung des Prozesses gesehen. Bedarf an Fortbildung zur Einführung des Konzepts wird für folgende Personengruppen gesehen:

- die VHS-Leitungen,

- für vorgesehene Qualitätsbeauftragte,

- für Qualitätsbeauftragte.

Die Beratung soll entweder durch externe Berater geleistet werden oder durch Mitarbeiter/innen des Verbandes. Mitglieder der externen Begutachtungsstelle dürfen nicht zugleich Berater/innen sein.

Um die Umsetzung des oben beschriebenen Ansatzes an den Volkshochschulen zu erleichtern, bietet der Verband in seinen aktuellen Fortbildungsinformationen[18] u. a. Fortbildungen für hauptberufliche VHS-Mitarbeiter/innen und nebenberufliche Kursleiter/innen mit den Themen „Initiieren und Organisieren eines Qualitätsentwicklungsprozesses" und „Grundqualifikation für Kursleitende – Qualitätssicherung an Volkshochschulen" an. Der Volkshochschulverband geht davon aus, dass Fortbildung für die Kursleitenden ein wesentliches Element der Qualitätsentwicklung und -sicherung der Volkshochschulen ist. Mittelpunkt der Grundqualifikation für Kursleitende soll deshalb die Vermittlung von erwachsenenpädagogischen, didaktischen und sozialen Kompetenzen sein, die neben der fachlichen Qualifikation als zentrale Faktoren für das Gelingen von Lernprozessen gesehen werden. Für neue Kursleitende an einer VHS soll dieses Seminar obligatorisch sein.

Der Volkshochschulverband hat für seine Mitgliedsvolkshochschulen darüber hinaus u. a. folgende Maßnahmen bzw. Instrumente für die Qualitätsentwicklung und Qualitätssicherung des Volkshochschulangebots erarbeitet:

- Ein „Planungshandbuch Gesundheitsbildung"[19], in dem Kriterien für ein qualitätsbewusstes Angebot in diesem Bereich genannt werden.

- Die Handreichung „Kriterien zur Qualitätssicherung in der beruflichen Weiterbildung"[20], in der anhand von Fragen die qualitätsrelevanten Aspekte für die Programmplanenden skizziert werden.

- Die „Leitlinien für die Verpflichtung neuer Kursleitender"[21] stellen den Programmverantwortlichen eine Handreichung zur Verfügung, die Hilfen für die Verpflichtung neuer Kursleitender gibt. Die richtige Auswahl eines Kursleitenden wird – bezogen auf Gestaltung und Steuerung des Angebotsprofils – als zentrales Instrument von Qualitätsmanagement für die VHS gesehen.

---

[18] Volkshochschulverband Baden-Württemberg e. V. (Hrsg.): vhs info 2/2000, Leinfelden-Echterdingen, Erscheinungsweise zwei Mal jährlich

[19] Volkshochschulverband Baden-Württemberg e. V. (Hrsg.): vhs praxis Planungshandbuch Gesundheitsbildung, Heft 11 (Mai 1995)

[20] Fragenkatalog im Hinblick auf die Qualität des Programmangebotes, erarbeitet von einer Arbeitsgruppe des Arbeitskreises der für die berufliche Weiterbildung zuständigen Referenten/innen der Landesverbände der Volkshochschulen

[21] Volkshochschulverband Baden-Württemberg e. V. (Hrsg.): Leitlinien für die Verpflichtung neuer Kursleitender

- Der Leitfaden „Grenzen des vhs-Angebots insbesondere im Gesundheitsbereich und in der Psychologie" gibt orientierende Empfehlungen, um „auch in einem unübersichtlichen und kontrovers diskutierten Angebotsbereich auf verantwortbare und damit qualitätsbewusste Planung (zu) achten".[22]
- Der Volkshochschulverband Baden-Württemberg entwickelte in Gemeinschaft mit anderen Landesverbänden die Arbeitshilfe „Qualitäten in der kulturellen Bildung"[23], die Materialien zur Qualitätssicherung und Qualitätsentwicklung zusammenstellt, wie z. B. Qualitätsmerkmale in der kulturellen Bildung und Qualitätskriterien für interkulturelles Lernen in der Kulturellen Bildung.

- *Weiterbildungsberatungsstellen:* Das Ministerium für Kultus, Jugend und Sport Baden-Württemberg weist darauf hin, dass es insbesondere Weiterbildungsberatungsstellen bei den IHKs und Handwerkskammern gibt. Volkshochschulen, kirchliche und gewerkschaftliche Weiterbildungseinrichtungen bieten eine zielgruppenorientierte Weiterbildungsberatung an. Des Weiteren hat die VHS Reutlingen ein Modell-Projekt zur „Weiterbildungsberatung" durchgeführt. Das Kultusministerium geht davon aus, dass „zukünftig die Bedeutung der Weiterbildungsberatung gerade wegen der Herausforderungen durch das selbstgesteuerte, lebenslange Lernen zunehmen (wird)."[24]

Stichworte: Weiterbildungsgesetz: Anerkennungsvoraussetzungen für die Förderungswürdigkeit von Einrichtungen, Zusatz in der Bezeichnung der Einrichtungen, Landeskuratorium für Weiterbildung, Kreiskuratorien für Weiterbildung, Arbeitsgemeinschaften für berufliche Fortbildung als Qualitätsgemeinschaften; Verordnung der Landesregierung zur Durchführung des Gesetzes zur Förderung der Weiterbildung und des Bibliothekswesens: Landesgewerbeamt als Leitstelle für die berufliche Fortbildung; Gesetz zur Mittelstandsförderung; Richtlinien des Wirtschaftsministeriums für die Gewährung von Zuwendungen zur Förderung der beruflichen Bildung; Qualitätskriterien der Arbeitsgemeinschaften als Mindeststandards, freiwillige Selbstverpflichtung der Einrichtungen; Landesarbeitskreis für berufliche Fortbildung; Kooperation der Einrichtungen; ESF-Auswahlkriterien; Fachtagung „Qualitätsförderung durch Selbstevaluation"; VHS-Aktivitäten zur Qualitätssicherung; Weiterbildungsberatungsstellen.

---

[22] Volkshochschulverband Baden-Württemberg e. V. (Hrsg.): Grenzen des VHS-Angebots insbesondere im Gesundheitsbereich und in der Psychologie. Beschlossen am 10.5.1999

[23] Bundesarbeitskreis Kultur der VHS-Landesverbände im DVV (Hrsg.): Qualitäten in der Kulturellen Bildung. Materialien zur Qualitätssicherung und Qualitätsentwicklung. Zu beziehen über den Landesverband der Volkshochschulen Niedersachsens, Postfach 3720, 30037 Hannover. Bestell-Nr. 10-01-08

[24] Angaben des Ministeriums für Kultus, Jugend und Sport Baden-Württemberg für diesen Übersichtsband vom Juni 2001

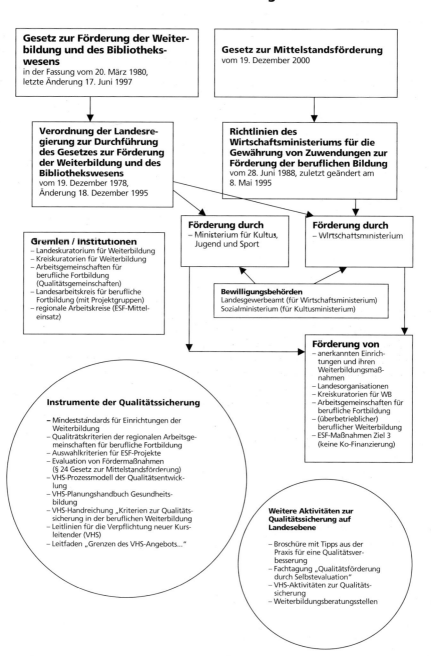

2.2 Freistaat Bayern

I. Gesetzliche Situation

Im Freistaat Bayern bildet das

- „Gesetz zur Förderung der Erwachsenenbildung" vom 24. Juli 1974[1] den Rahmen für die Weiterbildung. Dieses Gesetz wurde in Hinsicht auf qualitätsfördernde Elemente für die allgemeine und berufliche Weiterbildung ausgewertet.

Das **Gesetz zur Förderung der Erwachsenenbildung** bezieht sich schwerpunktmäßig auf die allgemeine und politische Erwachsenenbildung (Weiterbildung). Jedoch findet in Art. 1 auch das Bildungsangebot im beruflichen Bereich Erwähnung. Zu den Aufgaben der Erwachsenenbildung wird u. a. ausgeführt: „... Sie (die Erwachsenenbildung, d. V.) gibt mit ihren Bildungsangeboten Gelegenheit, die in der Schule, in der Hochschule oder in der Berufsausbildung erworbene Bildung zu vertiefen, zu erneuern und zu erweitern; ihr Bildungsangebot erstreckt sich auf persönliche, gesellschaftliche, politische und berufliche Bereiche."

Landesorganisationen der Erwachsenenbildung im Sinne dieses Gesetzes sind Vereinigungen von Trägern (Art. 3 Abs. 1). In Art. 5 Abs. 1 werden ihre Aufgaben folgendermaßen beschrieben: „Sie müssen rechtsfähig sein und ihrem Vereinszweck nach ausschließlich der Erwachsenenbildung dienen. Ihre Tätigkeit soll sich grundsätzlich auf das Staatsgebiet erstrecken. Sie beraten insbesondere die einzelnen Einrichtungen, führen zentrale Bildungsveranstaltungen durch, sorgen für geeignete Fortbildungsmaßnahmen, für Kooperation, wirken bei der Verteilung der staatlichen Förderungsmittel mit und nehmen die Vertretung der ihnen angeschlossenen Einrichtungen gegenüber der Öffentlichkeit und im Landesbeirat wahr."

Ebenfalls in Art. 5 ist die *staatliche Anerkennung von Trägern und Landesorganisationen* geregelt. Hierzu heißt es in Abs. 2: „Landesorganisationen werden auf Antrag staatlich anerkannt, wenn

1. sie in mindestens fünf bayerischen Regierungsbezirken Mitglieder haben und

2. sie und ihre Mitglieder Gewähr bieten für

   a) eine den Zielen des Grundgesetzes und der Verfassung des Freistaates Bayern förderliche Arbeit,

---

[1] Gesetz zur Förderung der Erwachsenenbildung vom 24. Juli 1974, abgedruckt in: Bayerisches Gesetz- und Verordnungsblatt Nr. 16/1974

b) eine sachgerechte, zweckentsprechende und wirtschaftliche Verwendung der ihnen zugewiesenen öffentlichen Mittel.

Fällt eine dieser Voraussetzungen weg, so ist die Anerkennung zurückzunehmen."

Über die Erteilung und Rücknahme der Anerkennung entscheidet das Staatsministerium für Unterricht und Kultus nach Anhörung des Landesbeirats für Erwachsenenbildung. (Art. 5 Abs. 3)

Die staatliche Anerkennung von Trägern der Erwachsenenbildung hängt laut Art. 5 Abs. 4 davon ab, dass sie „in mindestens fünf bayerischen Regierungsbezirken Einrichtungen betreiben und keiner Landesorganisation angeschlossen sind (Träger auf Landesebene)", sie stehen den Landesorganisationen gleich, für sie gelten die Ausführungen der Abs. 2 und 3.

Die Einhaltung der gesetzlich vorgeschriebenen Voraussetzungen wird im Verwendungsnachweis festgestellt.[2]

Zur *örtlichen und regionalen Kooperation und Koordination* sollen die Träger der Einrichtungen der Erwachsenenbildung auf der Ebene des Landkreises oder der kreisfreien Städte, erforderlichenfalls auch des Bezirks, Arbeitsgemeinschaften bilden und insbesondere gemeinsame Veranstaltungsverzeichnisse erstellen (Art. 6 Abs. 1). Abs. 2: „Eine Kooperation auf Landesebene erfolgt im Rahmen des Landesbeirats für Erwachsenenbildung. ..."

Laut III. Abschnitt Art. 7 des Gesetzes zur Förderung der Erwachsenenbildung werden staatliche Zuschüsse bei der *institutionellen Förderung von Einrichtungen der Erwachsenenbildung* sowie „für die staatlich anerkannten Landesorganisationen zur Erfüllung ihrer zentralen Aufgaben" gewährt. Die Zuschüsse für die Einrichtungen der Erwachsenenbildung werden über die staatlich anerkannten Landesorganisationen verteilt (Art. 8).

Die Verteilung der Zuschüsse regelt sich wiederum nach einem Schlüssel, der sich unter Berücksichtigung der im Gesetz genannten Grundsätze für die Förderung der einzelnen Träger und Einrichtungen „aus dem Zahlenverhältnis der innerhalb der Landesorganisation und der Träger auf Landesebene im zweiten Kalenderjahr vor dem laufenden Haushaltsjahr geleisteten Teilnehmerdoppelstunden ... ergibt. ... Der Schlüssel wird vom Staatsministerium für Unterricht und Kultus nach Anhörung des Landesbeirats für Erwachsenenbildung festgelegt. ..." (Art. 9 Abs. 1)

In Art. 10 „Grundsätze für die Förderung der einzelnen Träger und Einrichtungen" werden folgende *Voraussetzungen der Förderung* genannt:

---

[2] Angabe des Bayerischen Staatsministeriums für Unterricht und Kultus vom Juni 2001

1. Der Träger muss

   a) seine Aufgaben im Rahmen der verfassungsmäßigen Ordnung und der Gesetze erfüllen,

   b) zur Offenlegung seiner Finanzen und seiner Arbeitsergebnisse gegenüber den zuständigen staatlichen Behörden bereit sein,

   c) um partnerschaftliche Zusammenarbeit mit Trägern anderer Einrichtungen der Erwachsenenbildung nach Art. 6 Abs. 1 bemüht sein.

2. Die Einrichtung muss

   a) ihren Tätigkeitsbereich in Bayern haben,

   b) für jedermann offen stehen,

   c) von einer nach Ausbildung, beruflichem Werdegang oder praktischer Erfahrung geeigneten Person geleitet sein,

   d) geeignete Lehrkräfte verwenden,

   e) einen Mindestarbeitsumfang aufweisen,

   f) sich während eines angemessenen Zeitraums als leistungsfähig erwiesen haben oder – bei Neugründungen – die Gewähr der Leistungsfähigkeit auf sonstige Weise bieten.

Die Einhaltung dieser Voraussetzungen wird anhand der operationalisierten „Grundsätze" vom Rechnungshof und seinen Rechnungsprüfungsämtern geprüft.

In Abs. (3) heißt es: „Nicht nach diesem Gesetz gefördert werden 1. Einrichtungen der Erwachsenenbildung oder deren Veranstaltungen, die ganz oder überwiegend der beruflichen Fortbildung oder Umschulung dienen, 2. ..., 3. ...".

Die Definition von beruflicher Bildung hat sich seit der Entstehung des EbFöG im Laufe der Jahre geändert. So wurden 1974 z. B. Kurse zu Stenographie und Maschinenschreiben als Maßnahmen der beruflichen Bildung und damit als nicht förderfähig angesehen. Zu Beginn der PC-Technologie traf dies auch auf Kurse zur EDV-Einführung zu. Mit der Verbreitung des PC in Wirtschaft und Verwaltung wurde EDV-Wissen als Einstellungsvoraussetzung für Bewerber/innen unabdingbar so wie z. B. allgemeine Grundqualifikationen zum Lesen und Schreiben. Seither werden Schlüsselqualifikationen im EDV-Bereich und in persönlichen Kompetenzen (Office-Standard, Rhetorik, Arbeitsverhalten) als allgemeine berufliche Bildung nach dem EbFöG als förderfähig anerkannt. Voraussetzung der Förderung der beruflichen Weiterbildung nach EbFöG im oben beschriebenen Sinn ist die Mitgliedschaft eines Trägers in einer staatlich anerkannten Landesorganisation nach Art. 3 bzw. Art 5.

Fragen der Erwachsenenbildung schließen mehr und mehr die berufliche Weiterbildung ein. So findet sich auf der Homepage des Bayerischen Staatsministerium für Unterricht und Kultus unter „Themen und Trends in der Erwachsenenbildung" (www.stmuk.bayern.de/) die Aussage: „Abgesehen vom klassischen Bereich der Erwachsenenbildung zeigt sich ein Trend zur zunehmenden Verzahnung mit der beruflichen Weiterbildung: Im Angebot sind in steigendem Maße berufsbezogene Qualifikationsmaßnahmen. Sie geben Gelegenheit, Kenntnisse zu vertiefen und in der modernen Arbeitswelt wichtige Schlüsselqualifikationen zu erwerben."[3]

Zur Qualifikation der Leiter und Lehrkräfte in der Erwachsenenbildung wird in Art. 14 ausgeführt: „Das Staatsministerium für Unterricht und Kultus kann nach Anhörung des Landesbeirats für Erwachsenenbildung allgemeine Empfehlungen für die erforderlichen Qualifikationen der hauptberuflichen Leiter und hauptberuflichen Lehrkräfte an Einrichtungen der Erwachsenenbildung geben. Dabei ist von dem Grundsatz auszugehen, dass neben einer akademischen Ausbildung auch in einem Beruf erworbene geeignete Kenntnisse und Erfahrungen, wenn sie hinreichend nachgewiesen werden, zu einer Lehrtätigkeit oder leitenden Stellung befähigen."

Im VI. Abschnitt, in dem Errichtung, Zusammensetzung und Aufgaben eines *Landesbeirats für Erwachsenenbildung* beschrieben werden, wird in Art. 19, Abs. (3) folgende Aussage gemacht: *„Fragen der beruflichen Erwachsenenbildung* gehören nicht zum Aufgabenbereich des Landesbeirats der Erwachsenenbildung."

Die **Volkshochschulen** werden nicht explizit im bayerischen Erwachsenenbildungsgesetz genannt, jedoch gelten für sie die gesetzlichen Rahmenbedingungen zur Förderung der Erwachsenenbildung. (Näheres zu den qualitätssichernden Aktivitäten der Volkshochschulen in Bayern siehe unter Punkt III.).

II. Förderung der (beruflichen) Weiterbildung aus Landes- und kofinanzierten ESF-Mitteln

1. Förderung aus Landesmitteln

1.1 Ausgangslage und Rahmenbedingungen

Nach dem „Gesetz zur Förderung der Erwachsenenbildung" ist das *Staatsministerium für Unterricht und Kultus* für die Förderung der anerkannten Landesorganisationen und anerkannten Träger der Erwachsenenbildung zuständig. Art. 11 des Gesetzes regelt das Verfahren der Vergabe von Mitteln: „(1) Das Staatsministerium für Unterricht und Kultus weist die staatlichen Mittel auf Grund jährlicher

---

[3] Angaben des Bayerischen Volkshochschulverbandes für diesen Übersichtsband vom Juli 2001

Vorschläge der staatlich anerkannten Landesorganisationen der Erwachsenenbildung und der staatlich anerkannten Träger auf Landesebene zu. Den Vorschlägen sind die erforderlichen Unterlagen beizufügen. Beabsichtigt das Staatsministerium für Unterricht und Kultus von einem Vorschlag abzuweichen, so hat es vorher die Landesorganisation oder den Träger auf Landesebene zu hören."

Bei der Prüfung der Vorschläge bezieht das Staatsministerium für Unterricht und Kultus die Ausführungsbestimmungen zum EbFöG ein. Seit Einführung des EbFöG ist kein Fall bekannt, in dem von den Vorschlägen der staatlich anerkannten Landesorganisationen und Träger der Erwachsenenbildung abgewichen wurde.[4]

Für die Vergabe von Landesmitteln für die berufliche Weiterbildung ist das Bayerische *Staatsministerium für Wirtschaft, Verkehr und Technologie* zuständig.

1.2 Förderkriterien und Qualitätskriterien des Förderers für Einrichtungen/Träger und/oder Weiterbildungsmaßnahmen bei der Vergabe von Landesmitteln

Bei der Vergabe von *Mitteln für die berufliche Weiterbildung* verfährt das Bayerische Staatsministerium für Wirtschaft, Verkehr und Technologie wie folgt:

Die Mittel, die zur Förderung der beruflichen Bildung zur Verfügung stehen, werden in der Regel für Vorhaben der Bildungsträger der gewerblichen Wirtschaft, also im Wesentlichen für die Bildungseinrichtungen der Kammern und Wirtschaftsverbände oder andere der gewerblichen Wirtschaft nahestehende qualifizierte Bildungsträger verwendet. In Ausnahmefällen können auch andere Institutionen dann Berücksichtigung finden, wenn die Kammern der gewerblichen Wirtschaft feststellen, dass das jeweilige berufsbezogene Bildungsangebot qualitativ und quantitativ dem Bedarf der Betriebe entspricht.

Wesentliche Bedingungen für die Förderung von Weiterbildungsangeboten sind:

- ein flächendeckendes, möglichst wohnortnahes Angebot zur Verfügung zu stellen;
- vorhandene Kapazitäten an neue Entwicklungen (z. B. neue Technologien) anzupassen und neue Kapazitäten zu schaffen;
- Initialwirkung zu erzielen.

Förderrichtlinien oder festgeschriebene Fördergrundsätze liegen – lt. Mitteilung des Bayerischen Staatsministeriums für Wirtschaft, Verkehr und Technologie – nicht vor. Über die Fördermittel wird im Einzelfall entschieden, wobei auch die jeweiligen Verhältnisse entsprechend berücksichtigt werden (z. B. Finanzkraft des Trägers, Beteiligungsmöglichkeiten anderer Zuwendungsgeber, öffentliches Interesse).

---

[4] Vgl. Fn 3)

Bei der Vergabe der Fördermittel wird die Qualität der Träger nicht gesondert überprüft. Aufgrund des geforderten erheblichen Eigenmittelanteils des Förderadressaten und des Wettbewerbs auf dem Weiterbildungsmarkt wird davon ausgegangen, dass ein ausreichend hoher Qualitätsstandard gewährleistet ist.[5]

1.3 Verfahrensweise bei der Vergabe von Landesmitteln

Siehe unter Punkt 1.2

2. Förderung aus kofinanzierten ESF-Mitteln

2.1 Ausgangslage und Rahmenbedingungen

Für die ESF-Fondsverwaltung ist in Bayern das Bayerische Staatsministerium für Arbeit und Sozialordnung, Familie und Frauen (StMAS) zuständig. An der Umsetzung des ESF sind in Bayern außerdem beteiligt:

- das Bayerische Staatsministerium für Wirtschaft, Verkehr und Technologie,
- das Bayerische Staatsministerium für Landwirtschaft und Forsten,
- das Bayerische Staatsministerium für Unterricht und Kultus,
- das Bayerische Staatsministerium für Wissenschaft, Forschung und Kunst,
- das Bayerische Staatsministerium für Landesentwicklung und Umweltfragen.

Die genannten Ministerien vergeben eigenverantwortlich im Rahmen des ESF für Maßnahmen der beruflichen Weiterbildung Landes- und ESF-Mittel.[6]

2.2 Förderkriterien und Qualitätskriterien des Förderers für Einrichtungen/Träger und/oder Weiterbildungsmaßnahmen bei der Vergabe von kofinanzierten ESF-Mitteln

Das Bayerische Staatministerium für Arbeit und Sozialordnung, Familie und Frauen schildert das Vorgehen bei der Beantragung von ESF-Mitteln folgendermaßen:

„Eine Antragstellung im Bereich des ESF steht allen Trägern der beruflichen Bildung und auch interessierten Unternehmen offen. Eine Überprüfung neuer Trä-

---

[5] Angaben des Bayerischen Staatsministerium für Wirtschaft, Verkehr und Technologie für diesen Übersichtsband

[6] Das Vorgehen des Bayerischen Staatsministeriums für Arbeit und Sozialordnung, Familie und Frauen bei der Vergabe von ESF-Mitteln wird beispielhaft für die Darstellung in diesem Übersichtsband herangezogen.

ger bezüglich der Seriosität, Kompetenz im Bereich der beruflichen Weiterbildung u. Ä. erfolgt vor Bewilligung des Projekts über die Prüfung des Antrags, Vorlage der Satzung o. Ä. und/oder Bestätigung von Arbeitsamt, Handwerkskammer, Industrie- und Handelskammer oder ähnlichen Institutionen. Eine Zertifizierung des Trägers nach DIN ISO 9000 ff. ist für die Umsetzung von ESF-Maßnahmen keine Voraussetzung.

Gefördert werden im StMAS im Rahmen des ESF Weiterbildungsprojekte für benachteiligte Personengruppen sowie Beschäftigte, wobei es teilweise Förderrichtlinien gibt bzw. diese geplant sind und teilweise eine Einzelfallentscheidung praktiziert wird. In manchen Bereichen sind Rahmenbedingungen vorgegeben, die eine gewisse Qualität der Weiterbildungsmaßnahmen gewährleisten sollen."[7]

2.3 Verfahrensweise bei der Vergabe von kofinanzierten ESF-Mitteln

Die Projektträger treten mit einem Projektvorschlag an das StMAS bzw. die Bewilligungsstellen[8] heran, der dann auf die Förderfähigkeit im Rahmen des ESF überprüft und evtl. in Zusammenarbeit mit dem Projektträger entsprechend angepasst wird. Erfahrungen aus alten Projekten fließen hier ein. Anschließend erfolgt die detaillierte Ausarbeitung der Antragsunterlagen und der Gesamtfinanzierung, die dann beim StMAS bzw. bei den Bewilligungsstellen eingereicht und geprüft werden und, sofern das Projekt gefördert wird, die Erteilung des Zuwendungsbescheids. Eine Auszahlung der Mittel erfolgt dann, entsprechend den Vorgaben der Europäischen Kommission, mit einem Auszahlungsantrag auf Basis der tatsächlich getätigten Ausgaben.[9]

III. Weitere Aktivitäten und Besonderheiten zur Qualitätssicherung auf Landesebene

- Zu den Aktivitäten der Qualitätsentwicklung und -sicherung im *Bayerischen Volkshochschulverband* e. V. zählt das ausgebaute System der *Qualifizierung der Erwachsenenbildner/innen*. Die Fortbildung der über 30 000 Kursleiter/innen und hauptamtlich beschäftigten VHS-Mitarbeiter/innen gehört zu den traditionellen Aufgaben des Bayerischen Volkshochschulverbandes. Es handelt sich um jährlich ca. 200 Seminare mit über 3 000 Teilnehmern/Teilnehmerinnen. Die Fortbildungsangebote betreffen auch die Kursleiter/innen der beruflichen

---

[7] Angaben des Bayerischen Staatsministeriums für Arbeit und Sozialordnung, Familie und Frauen für diesen Übersichtsband vom Juli 2001

[8] Mit der Bewilligung der ESF-Mittel sind außer dem StMAS noch das Bayerische Landesamt für Versorgung und Familienförderung sowie die Regierungen befasst.

[9] Vgl. Fn 6)

Weiterbildung. Hinzu kommt die gezielte Vorbereitung auf abschlussbezogene Lehrgänge und Prüfertrainings.[10]

Der Bayerische Volkshochschulverband nennt darüber hinaus weitere Aspekte der Qualitätssicherung an bayerischen Volkshochschulen, z. B. bezogen auf den „Programmbereich Beruf":

- (indirekte) Qualitätssicherung durch standardisierte Angebote mit überregional einheitlichen Abschlüssen (seit 1987 führen bayerische Volkshochschulen standardisierte Lehrgänge durch, die mit überregional einheitlichen Prüfungen abschließen),

- Qualitätssicherung durch Erfüllung externer Firmenstandards im EDV-Bereich (Microsoft, Autodesk, etc.),

- Qualitätssicherung im Rahmen des Projektes „Qualitätsmanagement für die bayerischen Volkshochschulen".

Das genannte Projekt, das im Juli 2000 angelaufen ist, nennt als Elemente des Qualitätsmanagements im Bereich Programmentwicklung und -planung:

> Neu- und Weiterentwicklung von einzelnen Maßnahmen (z. B. Lehrgängen) unter Berücksichtigung von inhaltlichen Kriterien und standardisierten Kurskonzepten für die Programmbereiche

> programmbereichsbezogene Kriterien/Instrumente, die die Kursleiterauswahl und Weiterqualifizierung sicherstellen

> regelmäßige Kursleitertreffen, die durch Erfahrungsaustausch einen kontinuierlichen Verbesserungsprozess bewirken

> Instrumente, die eine systematische Bedarfsermittlung und Marktbeobachtung garantieren.

Selbst- und Fremd-Evaluierung sind vorgesehen. Ziel dieses Projektes ist es, den Volkshochschulen ab 2004 flächendeckend ein Qualitätsmanagementsystem zur Verfügung zu stellen. Dieses Projekt wird vom Bayerischen Staatsministerium für Unterricht und Kultus bezuschusst.[11]

- Ein Beispiel für die Förderung des Landes von Vorhaben, die sich mit Fragen der Qualitätssicherung in der beruflichen Weiterbildung beschäftigen, ist der vom Bundesinstitut für Berufsbildung mit Mitteln des Bundesministeriums für Bildung und Forschung (BMBF) geförderte Modellversuch *Qualitätssicherung in der Weiterbildung – Anwendungsorientierung und Integration aller Beteiligten als Qualitätskriterien im Weiterbildungsprozess*, abgeschlossen 1998. Durch-

---

[10] Vgl. 3)

[11] Vgl. 3)

führungsträger waren die Beruflichen Fortbildungszentren der Bayerischen Arbeitgeberverbände e.V. (bfz) in Nürnberg.

Der Modellversuch, an dem zwei weitere Bildungsträger aus Rheinland-Pfalz und Nordrhein-Westfalen[12] beteiligt waren (s. auch Punkt III der Beiträge zu Rheinland-Pfalz und Nordrhein-Westfalen), hat ein Konzept zur Qualitätssicherung erarbeitet und erprobt, das auf die Sicherung und Verbesserung von Weiterbildung durch die am Weiterbildungsprozess Beteiligten zielt. Im Mittelpunkt steht eine den Weiterbildungsprozess in allen Phasen begleitende Selbstevaluation entlang eines Qualitätsregelkreises. Die sechs wichtigsten Elemente des Qualitätssicherungskonzepts sind:

1. Anwendungsorientierung der Weiterbildung (als Qualitätskriterium und Zielbestimmung),

2. Rückkopplungsprozesse mit den am Weiterbildungsprozess Beteiligten (als Basiselement der formativen Prozessevaluation),

3. Phasenmodell des Gesamtprozesses der Weiterbildung (als Operationalisierung der Leistungserbringung der Weiterbildung),

4. Leitfäden mit Handreichungen und Arbeitshilfen für Bildungsträger (als Bestandteil des Qualitätssicherungskonzepts mit segmentspezifisch konzeptionellen Überlegungen zur Qualitätssicherung in der Weiterbildung und exemplarischen Umsetzungshilfen),

5. Organisations- und Personalentwicklung beim Bildungsträger,

6. „Szenariogruppen" (durch Besetzung mit Mitarbeitern/Mitarbeiterinnen verschiedener Funktionsbereiche und Hierarchieebenen ein Instrument zur Implementierung des Qualitätssicherungskonzepts beim Bildungsträger).

Im Modellversuch wurde für Bildungsträger aus den Marktsegmenten „Öffentlich geförderte Weiterbildung", „Weiterbildung für Betriebe" und „Individuelle Weiterbildung" je ein Leitfaden herausgegeben, der für die einzelnen Phasen des Weiterbildungsprozesses den Mitarbeiterinnen und Mitarbeitern von Bildungsträgern Handreichungen und Instrumentarien zur Verfügung stellt.[13] Ein weiterer Leitfaden gibt Klein- und Mittelbetrieben (KMU) praktische Hinweise für die Kooperation mit Bildungsanbietern.[14] Darüber hinaus liegt der

---

[12] Technologie- und Berufsbildungszentrum Paderborn (tbz), Nordrhein-Westfalen, und die Handwerkskammer Koblenz, Rheinland-Pfalz

[13] Berufliche Fortbildungszentren der Bayerischen Wirtschaft (bfz), Technologie- und Berufsbildungszentrum Paderborn (tbz), Handwerkskammer Koblenz (Hrsg.): Qualitätssicherung in der Weiterbildung. Modellversuchsergebnisse. Leitfaden für Bildungsträger, 3 Bände. Bielefeld 1998

[14] Marchl, Gabriele; Stark, Gerhard: Bedarfsgerechte Weiterbildung für Ihren Betrieb. Praktische Hinweise zur Kooperation mit Bildungsanbietern. Hrsg.: Bundesinstitut für Berufsbildung, Der Generalsekretär. Bielefeld 1999

Evaluationsbericht der wissenschaftlichen Begleitung vor.[15] Die Ergebnisse des Modellversuchs werden den Bildungsträgern in Bayern auf folgende Weise zur Verfügung gestellt:

- Die Leitfäden sind über den Verlag (W. Bertelsmann, Bielefeld) zu beziehen.
- Eine ausführliche Beschreibung des Modellversuchs und der Erfahrungen findet sich im Internet unter http://bildungsforschung.bfz.de
- Auf Fachtagungen wurden und werden die Ergebnisse vorgestellt.

- Das Projekt *E-Quality Management*, das die bfz Bildungsforschung, Nürnberg, im Rahmen der europäischen Gemeinschaftsinitiative „Beschäftigung NOW (New Opportunities for Women)" durchgeführt hat (Laufzeit: 01.01.1998 - 30.06.2001), wurde von der bayerischen Staatsregierung gefördert. Ziel des Projekts war die Integration von chancengleichheitsorientierter Personalplanung und -entwicklung für Frauen und Männer in bayerischen Unternehmen. Hierfür wurden gemeinsam mit Unternehmen maßgeschneiderte Modelle und Instrumentarien für strategisch angelegte Personalentwicklung im Sinne eines integrativen Qualifikationsmanagements konzipiert und umgesetzt. Der Schwerpunkt lag dabei auf der Entwicklung der Kompetenzen von weiblichen Mitarbeitern. Die Erfahrungen mit der Implementierung der Qualifizierungskonzepte in Unternehmen sind in einem Leitfaden[16] veröffentlicht worden.[17]

- Die Handwerkskammer Niederbayern-Oberpfalz und die Handwerkskammer für Oberfranken haben – lt. Angaben des Bayerischen Staatsministeriums für Wirtschaft, Verkehr und Technologie – ein *Qualitätsmanagement-System nach DIN EN ISO 9001 für den gesamten Bildungsbereich* entwickelt.

- An dem Modellversuch *Qualitätsentwicklung an Berufsschulen (QUABS)* (Laufzeit: 1.10.1999 – 30.9.2002), der im Rahmen des BLK-Programms „Neue Lernkonzepte in der dualen Berufsausbildung" gefördert wird, sind die Bundesländer Bayern (federführend), Rheinland-Pfalz und Schleswig-Holstein beteiligt[18]. Bayern und Rheinland-Pfalz befassen sich im Rahmen des Modellversuchs mit der Frage, inwieweit sich das EFQM-Modell (European Foundation for Quality Management) auf Berufsschulen übertragen lässt. Dieses Verfahren, hier genutzt zur Selbstbewertung, bietet Organisationen die Möglichkeit zu lernen, wo ihre Stärken und Verbesserungsbereiche liegen. Das Verfahren zur Zertifizierung einer Organisation nach DIN EN ISO 9000 ff., angewandt auf Berufs-

---

[15] Stark, Gerhard: Qualitätssicherung in der beruflichen Weiterbildung durch Anwendungsorientierung und Partizipation. Ergebnisse aus einem Modellversuch. Hrsg.: Bundesinstitut für Berufsbildung, Der Generalsekretär. Bielefeld 2000

[16] Leitfaden „E-Quality Management", erschienen bei: W. Bertelsmann Verlag (wbv), Bielefeld, Reihe „Wirtschaft und Weiterbildung", 2001

[17] Vgl. Fn 7)

[18] s. auch unter Punkt III. der Beiträge zu den Ländern Rheinland-Pfalz und Schleswig-Holstein

schulen, steht im Mittelpunkt der Untersuchungen in Schleswig-Holstein. Es geht um die innere Reform der Berufsschulen durch Umsetzung von Konzepten zur Qualitätsentwicklung.[19]

- An der Förderung des BLK-Projekts *Qualitätssicherung in der Weiterbildung*, das 1999 abgeschlossen wurde, war auch das Land Bayern beteiligt. In das Projekt waren sieben weitere Bundesländer[20] einbezogen, das Deutsche Institut für Erwachsenenbildung (DIE) führte das Projekt durch. Während der Projektlaufzeit wurden in zehn unterschiedlich strukturierten Weiterbildungseinrichtungen Konzepte zur Qualitätsentwicklung erarbeitet und die Erfahrungen ausgewertet. Die Ergebnisse sind in zwei Publikationen dargestellt.[21] Im Projektzusammenhang entstand eine „Checkliste für Weiterbildungsinteressierte"[22], die im 2 Jahres-Turnus aktualisiert wird. Diese Checkliste gliedert sich in vier Komplexe:

  1. Welche Möglichkeiten bietet die Weiterbildung?

  2. Vor der Entscheidung für eine Weiterbildungsmaßnahme

  3. Die Entscheidung für ein Weiterbildungsangebot

  4. Die Prüfung des Weiterbildungsvertrags. Zu diesen vier Bereichen werden Informationen und Hinweise gegeben, die Weiterbildungsinteressierten die Auswahl und Entscheidung für eine bedarfsgerechte Weiterbildungsmaßnahme erleichtern sollen.

- Die GAB, Gesellschaft für Ausbildungsforschung und Berufsentwicklung GbR, München, hat einen *Leitfaden zur Qualitätssicherung* mit dem Titel „Das GAB-Verfahren zur Qualitätssicherung und Qualitätsentwicklung in pädagogischen und sozialen Einrichtungen" vorgelegt, der in Zusammenarbeit mit sozialen Einrichtungen entstanden ist und praktisch erprobt wurde. Aus dem Inhalt: Überblick über das GAB-Verfahren; Information der Mitarbeiter; Qualitätskoordinatoren; Leitbildarbeit; Arbeitskonzepte, Qualitätsziele und Qualitätspolitik; Handlungsleitlinien; Kollegiale Beratung; Qualitätszirkel; Qualitätsmoderatoren; Moderation der Qualitätszirkel; Teilnahme von Klienten, Eltern, etc.; Pe-

---

[19] Staatsinstitut für Schulpädagogik und Bildungsforschung, Abteilung Berufliche Schulen (Hrsg.): ISB-News Informationen für Berufliche Schulen. München. November 1999, S. 1

[20] s. auch unter Punkt III. der Beiträge zu: Hamburg, Niedersachsen, Mecklenburg-Vorpommern, Rheinland-Pfalz, Sachsen-Anhalt, Schleswig-Holstein, Thüringen

[21] Küchler, Felicitas von; Meisel, Klaus (Hrsg.): Qualitätssicherung in der Weiterbildung I. Auf dem Weg zu Qualitätsmaßstäben. Deutsches Institut für Erwachsenenbildung (DIE). Frankfurt/M. 1999 Küchler, Felicitas von; Meisel, Klaus (Hrsg.): Qualitätssicherung in der Weiterbildung II. Auf dem Weg zu besserer Praxis. Deutsches Institut für Erwachsenenbildung (DIE). Frankfurt/M. 1999

[22] Deutsches Institut für Erwachsenenbildung e.V. (DIE) (Hrsg.): Checkliste für Weiterbildungsinteressierte. Frankfurt a. M., o. J.

riodische Überprüfung der Qualitätssicherung; Qualitätsdokumentation; Fremdevaluation; Zertifizierung.[23]

- Die Beruflichen Fortbildungszentren der Bayerischen Wirtschaft, Zentralabteilung Bildungsforschung, führen das Projekt ComQua T – Competence for Quality Assurance in Training (Laufzeit: 12/99-05/2001) durch. Gefördert wird das Projekt durch die Europäische Kommission im Rahmen des LEONARDO-Programms. Ziel des Projekts ist die Entwicklung von Strategien zur Information und Sensibilisierung von Weiterbildungsverantwortlichen bei KMU. Im Mittelpunkt steht die Qualitätssicherung der betrieblichen Weiterbildung durch Kooperation mit Bildungsanbietern.[24]

Stichworte: Gesetz zur Förderung der Erwachsenenbildung; Landesbeirat für Erwachsenenbildung; staatliche Anerkennung von Landesorganisationen und Trägern; Anerkennungsvoraussetzungen; Fördervoraussetzungen: regionale Kooperation und Koordination; Institutionelle Förderung von Einrichtungen der Erwachsenenbildung; Zuständigkeit des Staatsministerium für Unterricht und Kultus in der allgemeinen und politischen Erwachsenenbildung; Zuständigkeit des Staatsministerium für Wirtschaft, Verkehr und Technologie für die berufliche Weiterbildung; Förderungsgesichtspunkte; ESF-Fondsverwaltung beim Staatsministerium für Arbeit und Sozialordnung, Familie und Fragen; beteiligt an der ESF-Umsetzung: Staatsministerium für Wirtschaft, Verkehr und Technologie, Staatsministerium für Landwirtschaft und Forsten, Staatsministerium für Unterricht und Kultus, Staatsministerium für Wissenschaft, Forschung und Kunst, Staatsministerium für Landesentwicklung und Umweltfragen; VHS-Aktivitäten zur Qualitätssicherung: Qualifizierung der Erwachsenenbildner/innen, QM-Projekt; Modellversuch zur Qualitätssicherung in der Weiterbildung: Leitfäden für Bildungsträger; Leitfaden für KMU; NOW-Projekt E-Quality Management: Leitfaden; QMS für den gesamten Bildungsbereich; Modellversuch QUABS; BLK-Projekt Qualitätssicherung in der Weiterbildung; GAB-Leitfaden zur Qualitätssicherung, LEONARDO-Projekt ComQua T

---

[23] Zu beziehen ist das 700 Seiten umfassende Loseblattwerk über GAB Gesellschaft für Ausbildungsforschung und Berufsentwicklung GbR, Bodenseestr. 5, 81241 München.

[24] Forschungsdokumentation (FoDokAB) des Instituts für Arbeitsmarkt- und Berufsforschung, 1/2000

Bayern

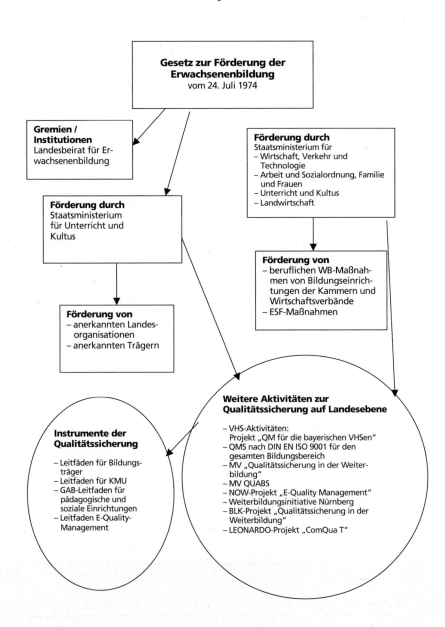

2.3 Berlin

I. Gesetzliche Situation

Im Land Berlin bilden den gesetzlichen und förderpolitischen Rahmen der (beruflichen) Weiterbildung

- das „Berliner Bildungsurlaubsgesetz" (BiUrlG) vom 24. Oktober 1990,[1]
- die „Ausführungsvorschriften über die Anerkennung von Bildungsveranstaltungen nach dem Berliner Bildungsurlaubsgesetz (AV BiUrlG)" vom 3. September 1991,[2]
- das „Schulgesetz für Berlin (SchulG) in der Fassung vom 20. August 1980[3]
- das Arbeitsmarktpolitische Rahmenprogramm (ARP) der zuständigen Senatsverwaltung.[4]

In den Gesetzen finden sich von der Berliner Senatsverwaltung formulierte qualitätsrelevante Kriterien für die Anerkennung von Bildungsveranstaltungen, Ausführungen zu den Aufgaben der Volkshochschulen sowie Qualitätskriterien bei der Förderung landeseigener beruflicher Weiterbildungsmaßnahmen und von Modell- und Pilotprojekten.

Das **Berliner Bildungsurlaubsgesetz (BiUrlG)** ist seit 1. Januar 1991 in Kraft.

Nach diesem Gesetz „haben alle Berliner Arbeitnehmer und Auszubildenden unabhängig vom Lebensalter einen Rechtsanspruch auf bezahlte Freistellung von der Arbeit für Bildungszwecke."[5]

Seit dem 9. Dezember 1999 ist die Senatsverwaltung für Arbeit, Soziales und Frauen zuständig für dieses Gesetz.

---

[1] Berliner Bildungsurlaubsgesetz (BiUrlG) vom 24. Oktober 1990. In: Gesetz- und Verordnungsblatt für Berlin 46. Jahrgang Nr. 78, 1. November 1990, S. 2209

[2] Ausführungsvorschriften über die Anerkennung von Bildungsveranstaltungen nach dem Berliner Bildungsurlaubsgesetz (AV BiUrlG) vom 3. September 1991. In: Amtsblatt für Berlin 41. Jahrgang, Nr. 43, 13. September 1991

[3] Schulgesetz für Berlin (SchulG) in der Fassung vom 20.8.1980 – geändert durch Gesetz vom 20. April 2000 (GVBl. S. 286, 287). Im vorliegenden Band herangezogen: Abschnitt VII: Volkshochschulen, Musikschulen § 52, in: Schulrecht Berlin Erg.-Lfg. 126 Aug. 1999

[4] Senatsverwaltung für Arbeit und Frauen (Hrsg.): Arbeitsmarktpolitisches Rahmenprogramm 1991; 1. Fortschreibung 1992; 2. Fortschreibung 1994; Senatsverwaltung für Arbeit, Berufliche Bildung und Frauen (Hrsg.): 3. Fortschreibung 1996; Senatsverwaltung für Arbeit, Soziales und Frauen (Hrsg.): 4. Fortschreibung in Vorbereitung (Stand: Juli 2001)

[5] Senatsverwaltung für Arbeit, Soziales und Frauen, Abt. I – Arbeit – (Hrsg.): Das Berliner Bildungsurlaubsgesetz. Berlin, November 2000, 4. überarbeitete Auflage

Veranstaltungen der politischen und/oder beruflichen Weiterbildung, bei denen die Teilnahme auf der Grundlage dieses Gesetzes genehmigt werden kann, bedürfen der *Anerkennung* durch die für Berufsbildung zuständige Senatsverwaltung. Für die Anerkennung müssen bestimmte Voraussetzungen erfüllt sein. Nach den **"Ausführungsvorschriften über die Anerkennung von Bildungsveranstaltungen nach dem Berliner Bildungsurlaubsgesetz (AV BiUrlG)"** erfolgt eine Anerkennung, "wenn es sich grundsätzlich um eine Veranstaltung handelt,

a) der eine inhaltliche Veranstaltungsbezeichnung (Hauptthema, Zielsetzung) vorangestellt ist;

b) der ein Arbeits- und Zeitplan nach einem didaktischmethodischen Konzept zugrunde liegt, das eine hinreichende Bildungsintensität aufweist;

c) für deren Durchführung dem Antragsteller eine ausreichende Zahl fachlich qualifizierter Kursleiter und Lehrkräfte zur Verfügung steht;

d) die den Teilnehmern, gemessen an dem vorgesehenen täglichen Arbeitsprogramm und der zeitlichen Gesamtdauer der Bildungsveranstaltung, das Erreichen der Lernziele ermöglicht;

e) für deren Durchführung dem Antragsteller ausreichende Räumlichkeiten mit einer geeigneten Ausstattung und die erforderlichen Lehrmittel zur Verfügung stehen."

§ 12 des Berliner Bildungsurlaubsgesetzes schreibt die Berichtspflicht des Veranstalters vor. Für diesen Bericht hält die zuständige Senatsverwaltung[6] einen Statistikbogen[7] bereit, der vollständig ausgefüllt innerhalb von vier Wochen nach der Veranstaltung bei der Senatsbehörde eingegangen sein soll. Der Statistikbogen enthält u. a. Angaben über die Dauer der Veranstaltung, die Teilnehmer/innenzahl, Alter der Teilnehmer/innen, schulische Vorbildung und berufliche Qualifikation der Teilnehmer/innen.

Im **Schulgesetz für Berlin (SchulG)** befasst sich § 52 mit den *Volkshochschulen* und beschreibt ihre Aufgabe u. a. so: "Die Volkshochschulen dienen vor allem der Information und der allgemeinen und beruflichen Fortbildung der Bürger ...".

Mindeststandards für das Angebot der Volkshochschulen werden nicht formuliert.

Laut Angaben der zuständigen Senatsverwaltung ist beabsichtigt, den § 52 im SchulG im Rahmen einer Schulgesetzreform dahingehend auszubauen, dass die

---

[6] Senatsverwaltung für Arbeit, Soziales und Frauen, Abt. I – Arbeit –, Storkower Straße 134, 10407 Berlin

[7] Statistikbogen veröffentlicht in: Senatsverwaltung für Arbeit, Soziales und Frauen, Abt. I – Arbeit – (Hrsg.): Das Berliner Bildungsurlaubsgesetz. Berlin, November 2000, 4. überarbeitete Auflage

Aufnahme von Bestimmungen zur Qualitätssicherung – vorrangig über interne Evaluation und Weiterentwicklung der Professionalität – vorgenommen wird. Das neue SchulG liegt im Entwurf vor (Stand: Juni 2001).

Als Stadtstaat verfügt Berlin über keinen Volkshochschulverband. Zuständig für die Volkshochschulen ist die Senatsverwaltung für Schule, Jugend und Sport, Abteilung Weiterbildung. (Näheres zu den Qualitätssicherungsaktivitäten der Volkshochschulen siehe unter Kapitel III dieses Beitrages).

Die Bildung eines *Landesweiterbildungsbeirates* wird – laut Senatsverwaltung – zur Zeit vorbereitet (Stand: Juli 2001). Zu seinen Aufgaben soll auch die Qualitätssicherung gehören.

II. Förderung der (beruflichen) Weiterbildung aus Landes- und kofinanzierten ESF-Mitteln

1. Förderung aus Landesmitteln

1.1 Ausgangslage und Rahmenbedingungen

Grundsätzlich muss jede Bildungsmaßnahme, die ganz oder teilweise aus Landesmitteln gefördert wird, den arbeitsmarktpolitischen Intentionen des Arbeitsmarktpolitischen Rahmenprogramms (ARP), den in Anlehnung an die im SGB III definierten Qualitätsstandards, den haushaltsrechtlichen Bestimmungen und den Regelungen des Europäischen Sozialfonds (ESF) entsprechen. Die Förderung des Landes Berlin erfolgt nachrangig bzw. in Ergänzung zur Förderung der Bundesanstalt für Arbeit sowie nach arbeitsmarktpolitischen Sonderprogrammen des Bundes und der Europäischen Union. Die Durchführung der Maßnahmen kann ergänzend aus Mitteln des Europäischen Sozialfonds (ESF) und anderen Förderprogrammen der Europäischen Union unterstützt werden.

Im Arbeitsmarktpolitischen Rahmenprogramm (ARP) ist auch die Förderung von modell- und pilothaften Maßnahmen und Methoden der beruflichen Weiterbildung unter besonderer Beteiligung des ESF vorgesehen. Hier bietet sich die Möglichkeit, z. B. Projekte zum Thema „Qualitätssicherung in der Weiterbildung" zu fördern (siehe auch unter Punkt III.).

Den Förderschwerpunkt der Fortschreibungen des ARP bilden jeweils unterschiedliche Zielgruppen und Maßnahmen, wie sie sich aus der Situation und den Anforderungen des aktuellen Arbeitsmarktes des Landes Berlin ergeben.

Zu jeder Fortschreibung gibt die Senatsverwaltung Informationsbroschüren heraus. Hier werden die Intentionen des Förderschwerpunkts bezogen auf die aktuelle Arbeitsmarktsituation, Modellprojekte und -maßnahmen für die Zielgruppen sowie Qualitätskriterien und Qualitätssicherungsverfahren bei der Vergabe von Landes- und ESF-Mitteln für die berufliche Weiterbildung beschrieben.

Das **ARP von 1991**[8], dessen 4. Fortschreibung in Vorbereitung ist (Stand: Juli 2001), legte seinen Schwerpunkt auf die Förderung der beruflichen Weiterbildung und antwortete damit auf die Anforderungen an die Arbeitnehmer und Arbeitnehmerinnen, die sich durch den Strukturwandel in Ost und West und die neuen Bedingungen des Berliner Arbeitsmarktes ergaben. Maßnahmekatalog sowie die maßnahmebezogenen Voraussetzungen für eine Förderungsfähigkeit trugen dieser besonderen Situation Rechnung.

So standen arbeitsmarktpolitische Zielsetzungen im Vordergrund, wie z. B.

– staatliche Unterstützung in Beratung,

– Anschubfinanzierung,

– zielgerichtete Qualifizierungsmaßnahmen,

– regionale Orientierung,

– gezielte Frauenförderprogramme.

Der Zielgruppe der Frauen widmet sich der V. Abschnitt des ARP „Qualifizierungsmaßnahmen für Frauen". Hier geht es insbesondere um „frauengerechte Weiterbildungsbedingungen, die generell in die Ausgestaltung gemischter Maßnahmen eingehen sollen, wie z. B. die Anpassung der Methodik, Didaktik sowie der zeitlichen Organisation der Maßnahmen an frauen- bzw. familienspezifische Lebensbedingungen. Als weiterer Aspekt der Frauenförderung wird die „Förderung von modellhaften Betreuungseinrichtungen für Kinder von Teilnehmern/Teilnehmerinnen an beruflichen Bildungs- und Beschäftigungsmaßnahmen" genannt.

Im IX. Abschnitt „Trägerübergreifende Maßnahmen und Dienstleistungen" werden weitere Förderungsschwerpunkte genannt, gefördert werden sollen z. B.:

– ein umfassendes Informationssystem,

– dezentrale trägerübergreifende Koordinations- und Entwicklungsaufgaben,

– ein Kooperationsverbund von Frauenberatungsprojekten,

– die Organisation von Kooperationen zwischen freien Trägern, Bildungsträgern, Industrie und Handwerk.

---

[8] Senatsverwaltung für Arbeit und Frauen (Hrsg.): Arbeitsmarktpolitisches Rahmenprogramm „Arbeitsplätze für Berlin" vom April 1991. In: Abgeordnetenhaus von Berlin – 12. Wahlperiode – Drucksache 12/327

Die **dritte Fortschreibung** des Arbeitsmarktpolitischen Rahmenprogramms[9] vom Dezember 1996 setzt die Anpassung des Programms an die aktuelle Arbeitsmarkt- und Beschäftigungssituation in Berlin fort. Kosteneinsparungen zwingen z. B. zur Einstellung der Förderung von Existenzgründungen. Was die Förderung der beruflichen Weiterbildung angeht, wird die Notwendigkeit gesehen, die betriebliche Weiterbildung zu forcieren. Wegen der einschneidenden kostensparenden Maßnahmen des Bundes bei der Beschäftigungsförderung sieht sich das Land Berlin noch stärker verpflichtet, Langzeitarbeitslose und andere Zielgruppen des Arbeitsmarkts zu fördern.

Die *Ermittlung von Weiterbildungsbedarfen* ist die Grundlage der Förderung beruflicher Weiterbildungsmaßnahmen im Land Berlin. Zur Analyse durch das zuständige Fachreferat der Senatsverwaltung werden folgende Quellen herangezogen:

– Aussagen und Einschätzungen von Kammern und Verbänden (insbesondere IHK, HWK und Vereinigung der Unternehmensverbände in Berlin und Brandenburg e. V.),

– aktuelle Veröffentlichungen und wissenschaftliche Gutachten, Studien,

– Aussagen anderer Senatsverwaltungen und des Landesarbeitsamtes sowie

– statistische Erhebungen der Weiterbildungsdatenbank Berlin sowie anderer Bildungsträger. Zusammen mit den Bildungsträgern wird dann versucht, entsprechend der ermittelten Bedarfe Maßnahmen einzurichten.[10]

Zum Stellenwert der Qualitätssicherung der beruflichen Weiterbildung in den Fortschreibungen des ARP macht die Senatsverwaltung für Arbeit, Soziales und Frauen folgende Angaben:

„Die Förderung beruflicher Weiterbildungsmaßnahmen richtete sich immer an eine hohe Integration der Teilnehmer/-innen in den 1. Arbeitsmarkt. Neben der fachlichen Qualifikation gewinnen auch zunehmend soziale, methodische, sprachliche und kulturelle Kompetenzen an Bedeutung (Konzept des lebenslangen Lernens). Die berufliche Weiterbildung muss immer dazu beitragen, vorhandene berufliche Fertigkeiten an die jeweils aktuellen arbeitsplatzspezifischen Erfordernisse anzupassen und Erschließungsfunktionen für neue Berufs- und Beschäftigungsfelder zu übernehmen; sie muss wirtschaftsnah und bedarfsorientiert gestaltet sein.

---

[9] Senatsverwaltung für Arbeit, Berufliche Bildung und Frauen (Hrsg.): Arbeitsmarktpolitisches Rahmenprogramm (ARP), Förderinstrumente. Dritte Fortschreibung. Berlin, Dezember 1996

[10] Angaben der Senatsverwaltung für Arbeit, Soziales und Frauen vom April 2001

Für die Sicherung der internationalen Wettbewerbsfähigkeit, die Verbesserung und Erweiterung der beruflichen Kompetenzen der Arbeitnehmer/-innen kommt der beruflichen Weiterbildung eine immer größere Bedeutung zur Entwicklung Berlins als Dienstleistungsmetropole zwischen Ost- und Westeuropa und der Umstrukturierung der Region zu. Die Entwicklung und Förderung internationaler Qualifizierungsprojekte und -maßnahmen muss deshalb verstärkt vorangetrieben werden. Grundsätzlich orientiert sich die landesseitig geförderte berufliche Weiterbildung an folgende Kriterien:

– Bedarfsorientiert zur Besetzung offener Stellen

– Zukunftsorientiert zur Schaffung neuer Arbeitsplätze

– Anpassungsorientiert zum Erhalt der Arbeitsplätze

– Chancengleichheit von Frauen und Männern

Aufgabe der beruflichen Weiterbildung als einem zentralen Element im Rahmen aktiver Arbeitsmarktpolitik ist es, Arbeitplätze zu sichern bzw. neue berufliche Perspektiven zu schaffen. Notwendig dafür ist, die existierenden Qualifikationsdefizite zu beheben, neue fachliche Kenntnisse zu erwerben bzw. bereits vorhandene berufliche Fertigkeiten zu festigen und zu erweitern, um sie an aktuelle arbeitsplatzspezifische Erfordernisse anzupassen. Berufliche Weiterbildung wird immer mehr zum Katalysator zwischen dem in der Ausbildung erworbenen, im Verlauf des strukturellen Wandels teilweise entwerteten und dem für die berufliche Zukunft notwendigen Wissen. Ein besonderer Schwerpunkt der Aufgaben der beruflichen Weiterbildung des Landes Berlin liegt in der Erhaltung und Erweiterung der Beschäftigungsfähigkeit von Arbeitslosen, insbesondere benachteiligten Zielgruppen auf dem Arbeitsmarkt."[11]

Den Angaben der Senatsverwaltung ist zu entnehmen, dass der Bedarfsermittlung und Entwicklung von bedarfsorientierten Maßnahmen große Bedeutung beigemessen wird. Bedarf wird insbesondere unter arbeitsmarktpolitischen Gesichtspunkten definiert.

1.2 Förderkriterien und Qualitätskriterien des Förderers für Einrichtungen/Träger und/oder Weiterbildungsmaßnahmen bei der Vergabe von Landesmitteln

Bei der Entscheidung zur Förderung landeseigener *beruflicher* Weiterbildungsmaßnahmen legt die Senatsverwaltung folgende Qualitätskriterien (In- und Output-Kriterien) zugrunde:

- „arbeitsmarktliche Bedarfseinschätzung der angebotenen Bildungsmaßnahme, insbesondere

---
[11] Angaben der Senatsverwaltung für Arbeit, Soziales und Frauen vom Juli 2001

- Anpassungsorientierheit zum Erhalt der Arbeitsplätze,
- Bedarfsorientiertheit zur Besetzung offener Stellen,
- Zukunftsorientiertheit zur Schaffung neuer Arbeitsplätze;

- trägerbezogene Kriterien, z. B. materielle und technische Bedingungen beim Bildungsträger, Qualifikation des Leiters und der Lehrkräfte, Erfahrungen bei der Durchführung ähnlicher Maßnahmen, Kooperationsbereitschaft, Erfolgsdaten über abgeschlossene Maßnahmen (Zahl der Absolventen, Zahl der Abbrecher), Unterstützung der Teilnehmerinnen und Teilnehmer bei der Arbeitsplatzsuche;

- maßnahmebezogene Kriterien, z. B. zielgruppenorientiertes Curriculum, methodischdidaktische Umsetzung, Qualifikation der Lehrkräfte für die Bildungsmaßnahme, Einsatz moderner und erwachsenengerechter Lehr- und Lernmethoden und entsprechender Materialien sowie Lern- und Erfolgskontrollen, sozialpädagogische Betreuung;

- Kostenkriterien (Preis-Leistungs-Vergleich)" [12]

- Kontrolle der ESF-Förderfähigkeit[13]

Berufliche Weiterbildungsmaßnahmen, die aus Landes- bzw. ESF-Mitteln gefördert werden, werden prozessual begleitet (Controlling).

„Die prozessuale Begleitung erfolgt sporadisch und findet u. a. in folgenden Formen statt:

- Gespräche mit Vertretern der Bildungsträger,

- Kontrollen bei den Bildungsträgern zur vertragsmäßigen inhaltlichen und kostenmäßigen Umsetzung der Maßnahmen, z. B. Hospitation, Befragung der Teilnehmer, Befragung der Dozenten, Kostenkontrollen,

- schriftliche Berichterstattung, z. B. Zwischen- und Abschlussberichte im Rahmen der Landes- und ESF-Förderung,

- Fachbeiräte bei der Durchführung von Pilot- und Modellmaßnahmen.

Die Qualitätskriterien (In- und Output-Kriterien) und die prozessuale Begleitung (Controlling) sind in einem 1992 vom Referat „Berufliche Weiterbildung" entwickelten Handlungsleitfaden skizziert. Dieser Handlungsleitfaden dient als

---

[12] Walch, Peter: Qualitätskriterien staatlich geförderter beruflicher Weiterbildung – Anforderungen an Bildungsträger. In: Berufliche Bildung – Kontinuität und Innovation. Herausforderungen, Perspektiven und Möglichkeiten beim Start ins nächste Jahrhundert. Dokumentation des 3. BIBB-Fachkongresses vom 16.–18. Oktober 1996 in Berlin, Teil II. Bundesinstitut für Berufsbildung (Hrsg.), Berlin und Bonn 1997, S. 954 – 956

[13] Vgl. 10)

Grundlage zur Förderung landeseigener beruflicher Weiterbildungsmaßnahmen für die Senatsverwaltung für Arbeit, Berufliche Bildung und Frauen und für die Servicegesellschaften in Berlin."[14] Der Handlungsleitfaden war ein internes Arbeitspapier der Senatsverwaltung und ihrer Servicegesellschaften, die mit der Umsetzung des ARP betraut waren.

Das Controlling-Verfahren hat sich in den letzten Jahren weiterentwickelt. Mit der Veränderung von ESF-Förderkriterien und der Fortschreibung des Arbeitsmarktpolitischen Rahmenprogramms (ARP) wurden auch die Kontroll- und Bewertungsmechanismen geändert: Die Kontrollen werden nicht mehr sporadisch, sondern prozessbegleitend durchgeführt.

Die bewilligenden Stellen führen die Kontrollen zur vertragsmäßigen inhaltlichen und kostenmäßigen Umsetzung der Maßnahmen durch.

An die Stelle der reinen Kostenkontrolle ist eine Finanzkontrolle getreten, die durch eine unabhängige Stelle vorgenommen wird.

Es finden Kontrollen zur Projektverwaltung und ESF-Kontrollen durch die Fondsverwaltung statt.

Ein halbes Jahr nach Maßnahmeabschluss wird eine standardisierte Teilnehmer/innen-Verbleibsuntersuchung durchgeführt.[15]

Der Bewilligung von Maßnahmen geht ein formalisiertes Antragsverfahren voraus. Dieses Antragsverfahren wurde in den jeweiligen Förderperioden den ESF-Förderkriterien angepasst. Als neues Instrument ist ein Scoring-Bogen entwickelt worden, der durch die jeweilige Bewilligungsbehörde auszufüllen ist.[16] Dieser Scoring-Fragebogen enthält vier Förderdimensionen mit den jeweils dazugehörigen Fragestellungen:

– Förderung der lokalen Entwicklung,

– Förderung der sozialen und arbeitsmarktspezifischen Dimensionen der Informationsgesellschaft,

– Gender-Mainstreaming,

– Nachhaltigkeit.[17]

---

[14] Vgl. Fn 12), S. 954 – 956

[15] Vgl. Fn 10)

[16] Vgl. Fn 10)

[17] Scoring-Fragebogen, von der Senatsverwaltung für Arbeit, Soziales und Frauen, Berlin, im April 2001 zur Auswertung zur Verfügung gestellt

1.3 Verfahrensweise bei der Vergabe von Landesmitteln

Interessierte Bildungsträger können sich im Zuge eines einmal jährlich öffentlich ausgeschriebenen Teilnahmewettbewerbs für die Durchführung beruflicher Weiterbildungsmaßnahmen bewerben.[18]

2. Förderung aus kofinanzierten ESF-Mitteln

2.1 Ausgangslage und Rahmenbedingungen

Die Grundlage für die ESF-Kofinanzierung von Arbeitsmarkt- bzw. Bildungsmaßnahmen bilden das genehmigte Operationelle Programm Ziel 1, das Einheitliche Programmplanungsdokument Ziel 3 und das „en principe" genehmigte (Stand: Juli 2001) Einheitliche Programmplanungsdokument Ziel 2 für Berlin.

Die Senatsverwaltung für Arbeit, Soziales und Frauen wird bei der Gestaltung der ESF-Förderperiode 2000-2006 von folgenden externen Dienstleistern unterstützt:

- ECG: European Consulting Group als Agentur Technische Hilfe,
- SÖSTRA: Institut für sozialökonomische Strukturanalysen, wissenschaftliche Begleitung des ESF in Berlin.

2.2 Förderkriterien und Qualitätskriterien des Förderers für Einrichtungen/Träger und/oder Weiterbildungsmaßnahmen bei der Vergabe von kofinanzierten ESF-Mitteln

Das zuständige Fachreferat der Senatsverwaltung für Arbeit, Soziales und Frauen bewertet im Ausschreibungsverfahren für die Vergabe von Landes- und ESF-Mitteln für Weiterbildungsmaßnahmen, Modell- und Pilotprojekte, Integrationsmaßnahmen sowie Transnationale und internationale Maßnahmen die Angebote der Träger nach vier Hauptkriterien:

1. arbeitsmarktliche Einschätzung (z.B.: Zuordnung zum ARP, Akzeptanz/Befürwortung von potenziellen Arbeitgebern/Verbänden, Ziele/Inhalte entsprechen Aufgaben bei Gestaltung des Strukturwandels),

2. trägerbezogene Kriterien (z.B.: Qualifikation der Lehrkräfte, Räumlichkeiten und technische Bedingungen, Zuverlässigkeit und Kooperationsbereitschaft, Erfahrungen und Erfolg bei der Durchführung analoger Maßnahmen),

3. maßnahmebezogene Kriterien (z.B.: Curriculum entspricht Zielstellung, didaktisch-methodische Vorgaben, Zeit- und Ablaufplanung ist Zielgruppen adäquat

---

[18] Vgl. 12), S. 955

- auf fachliche Eingangsvoraussetzungen aufbauend, Einsatz moderner Lehr- und Lernmaterialien und Methoden),

4. Kostenkriterien (z. B.: Vergleich mit Maßnahmen der BA und des Landes, Höchstsätze werden eingehalten, Verwaltungskostenanteile liegen zwischen 10-15 %, 15-20 %, über 20 %, Kofinanzierung, Bankauskunft).[19]

2.3 Verfahrensweise bei der Vergabe von kofinanzierten ESF-Mitteln

Die Senatsverwaltung für Arbeit, Soziales und Frauen führt vor Ausschreibungsverfahren für landes- und ESF-geförderte Weiterbildungsmaßnahmen Veranstaltungen für Bildungsträger durch, um das Ausschreibungsverfahren zu erläutern.

Ausschreibende Stelle ist die Senatsverwaltung für Arbeit, Soziales und Frauen, unterstützende Einrichtung die ECG Berlin GmbH „als Technische Hilfe und Beliehenes Unternehmen der Senatsverwaltung".

Das Ausschreibungsverfahren ist ein zweistufiges: Teil 1: Öffentlicher Teilnahmewettbewerb, Teil 2: Beschränkte Ausschreibung.

In Teil 1 ergeht die Aufforderung zur Interessenbekundung im Amtsblatt von Berlin sowie einer Berliner Tageszeitung. Informiert wird über Inhalt, Rahmenbedingungen, Termine, Einreichungsform und Einreichungsort. Die Servicegesellschaft ECG erfasst die Teilnahmeanträge, erstellt Übersichten für das zuständige Fachreferat und übergibt dem Referat einen Beurteilungsbogen je Teilnahmeantrag.

In Teil 2 entscheidet das zuständige Fachreferat über die Teilnahmeanträge. Die Entscheidungen werden bei der ECG registriert, die Träger zur Angebotsabgabe aufgefordert. Die Träger erarbeiten ihre Angebote als formgebundene ESF-Anträge. Das zuständige Fachreferat beurteilt die Anträge unter vier Hauptkriterien (siehe unter Punkt 2.2) und füllt einen Bewertungsbogen aus.

Die ECG erfasst die ESF-Anträge in EDV, beurteilt sie auf ESF-Förderfähigkeit und Beachtung der Vorgaben des ARP, und zwar

- inhaltlich (allgemeine Verständlichkeit, Übereinstimmung mit den Ausschreibungsbedingungen, Gliederung und Vollständigkeit der Anlagen, Übereinstimmung Antrag, Kalkulationshilfen und Anlagen, ggf. zusätzliche Erläuterungen zum Antrag, Abweichungen zum Teilnahmeantrag),

- kostenkalkulatorisch,

- finanzierungsseitig

und macht einen Prüfvermerk.

---

[19] Bewertungsbögen von der Senatsverwaltung für Arbeit, Soziales und Frauen im April 2001 zur Verfügung gestellt

Ein Entscheidungsgremium befindet unter Beachtung des vom zuständigen Fachreferat erstellten Bewertungsbogens sowie des Prüfvermerks der ECG über Zuschlag oder Ablehnung. Der ECG fällt auch die Aufgabe zu, die Entscheidungen in EDV zu registrieren und die Träger über die Zuschläge zu informieren.[20]

III. Weitere Aktivitäten und Besonderheiten zur Qualitätssicherung auf Landesebene

Die Senatsverwaltung für Arbeit, Berufliche Bildung und Frauen hat im Zeitraum 1997-1999 regelmäßig Broschüren herausgegeben, die ihre jeweils aktuelle Weiterbildungs- oder Arbeitsmarktpolitik bekannt machten, Projekte aus den jeweiligen Förderprogrammen präsentierten sowie qualitätssichernde Maßnahmen der Senatsverwaltung bei der Förderung von Weiterbildungsmaßnahmen nannten. Diese Informationspolitik kann für mehr Transparenz auf dem Weiterbildungsmarkt sorgen und das Augenmerk von Weiterbildungsinteressierten auf qualitätssichernden Aktivitäten in diesem Bereich lenken.

Beispielhaft sind folgende *Broschüren* zu nennen:

- Im Februar 1997 erschien die Broschüre *Förderung der beruflichen Weiterbildung – Qualifizierung in Berlin*, in der ein Überblick gegeben wurde über die Fördermöglichkeiten landeseigener Weiterbildungsmaßnahmen. Adressaten waren potenzielle Teilnehmerinnen und Teilnehmer an Weiterbildungsmaßnahmen, Unternehmen und Bildungsträger. U. a. wurden bei der Förderung der beruflichen Weiterbildung im Rahmen des Arbeitsmarktpolitischen Rahmenprogramms Instrumente/Projekte wie die Weiterbildungsdatenbank Berlin und Beratungsstellen für berufliche Weiterbildung berücksichtigt und in der Broschüre präsentiert.[21]

- Im März 1999 gab die Senatsverwaltung die Broschüre *Perspektiven betrieblicher Arbeit. Innovative Modellprojekte in Berlin 1998 – 2000* heraus, die zweite Ausgabe einer Broschüre aus dem Förder- und Programmschwerpunkt „Perspektiven betrieblicher Arbeit". Hier wird anhand der dargestellten Projekte über den Programmansatz informiert, kleine und mittlere Unternehmen zu befähigen, auf die veränderten wettbewerblichen Anforderungen zu reagieren, indem das betriebliche Know-how und Potenzial der Beschäftigten genutzt und ausgeweitet wird.[22]

- Im September 1999 veröffentlichte die Senatsverwaltung die Broschüre *Berufliche Qualifizierung in Berlin – Innovative Projekte – Erkenntnisse, Erfahrungen,*

---

[20] Angaben und Unterlagen der Senatsverwaltung für Arbeit, Soziales und Frauen, Berlin, vom April 2001

[21] Senatsverwaltung für Arbeit, Berufliche Bildung und Frauen (Hrsg.): Förderung der beruflichen Weiterbildung – Qualifizierung in Berlin. Berlin, Februar 1997

[22] Senatsverwaltung für Arbeit, Berufliche Bildung und Frauen (Hrsg.): Perspektiven betrieblicher Arbeit. Innovative Modellprojekte in Berlin 1998 – 2000. Berlin, März 1999

Transfer. Diese Broschüre stellt u. a. die Projekte „Weiterbildungsdatenbank Berlin im Internet", sowie „Selbstevaluation – unbedingte Notwendigkeit für die Erreichung der gesetzten Ziele" vor.[23], die im Folgenden kurz beschrieben werden.

Die beiden folgenden Projekte wurden von der Senatsverwaltung für Arbeit, Berufliche Bildung und Frauen gefördert und mit Mitteln des Europäischen Strukturfonds (ESF) kofinanziert. Sie leisten einen Beitrag zur Qualitätssicherung und Transparenz auf dem Weiterbildungsmarkt:

- *Weiterbildungsdatenbank Berlin/Weiterbildungsberatungsstellen*: Die Senatsverwaltung für Arbeit, Berufliche Bildung und Frauen hat die Weiterbildungsdatenbank Berlin im Januar 1997 initiiert; sie wird von ihr, der Europäischen Union und der Deutschen Telekom AG gefördert. Seit ihrem Bestehen haben mehr als 25.000 Weiterbildungsinteressierte Informationen zu Angeboten und Maßnahmen eingeholt. Inzwischen wurde die Weiterbildungsdatenbank mit Unterstützung der Deutschen Telekom AG im Rahmen des Projektes „MediaPolis" zu einer multimedialen Mediathek erweitert.[24] Sie ist seit Oktober 1998 verfügbar und besteht aus einem Media-Katalog und einer virtuellen Videothek. Seit 1999 ist die Datenbank im Internet unter der Adresse wdb-berlin.de zu finden. Gegenwärtig bieten ca. 330 Bildungsträger ca. 3.300 Kurse und Seminare im Internet unter dieser Adresse an.

Die verbesserte technische Anbindung der Weiterbildungsdatenbank an die von der Senatsverwaltung für Arbeit, Soziales und Frauen geförderten Informations- und Beratungsstellen erlaubt auch Besuchern der Beratungsstellen, die selbst nicht das Internet nutzen können, sich aktuell und schnell zu informieren, indem sie an den PC-Terminals selbstständig und kostenfrei in der Weiterbildungsdatenbank recherchieren.[25] Weiterbildungsberatung wird im Jahr 2001 in Berlin von zehn Beratungsprojekten wahrgenommen. Zu den ältesten Beratungsstellen gehören „LIFT – Beratungsstelle für berufliche Weiterbildung" und „KOBRA – Koordinierungs- und Beratungszentrum für die Weiterbildung von Frauen". KOBRA hat 1993 einen Kriterienkatalog für die Qualität von Weiterbildung für Frauen herausgegeben.[26] Des Weiteren wären – laut Angaben der Senatsverwaltungen – zu nennen:

- die Informations- und Beratungsstelle für Weiterbildung der Senatsverwaltung für Schule, Jugend und Sport,

---

[23] Senatsverwaltung für Arbeit, Berufliche Bildung und Frauen (Hrsg.): Berufliche Qualifizierung in Berlin – Innovative Projekte – . Erkenntnisse, Erfahrungen, Transfer. Berlin, September 1999

[24] Flyer zur Weiterbildungsdatenbank Berlin, zu beziehen unter: Weiterbildungsdatenbank Berlin, Neue Schönhauser Str. 10, 10178 Berlin

[25] Vgl. Fn 23), S. 35 f.

[26] Balli, Christel; Jungkunz, Roswitha; Wielpütz, Renate: Weiterbildung für Frauen. Strukturen und Begriffe des Bildungssystems. Beurteilungskriterien für die Qualität von Weiterbildung. KOBRA – Koordinierungs- und Beratungszentrum für Weiterbildung von Frauen (Hrsg.). Berlin, Oktober 1993

- Berufsinformationszentren des Landesarbeitsamtes in Berlin,

- Konflikt- und Bildungsberatung für Jugendliche und junge Erwachsene. „Die Informations- und Beratungsstelle für Weiterbildung bei der Senatsverwaltung für Jugend und Sport ist eine trägerübergreifende Beratungsstelle. Als Möglichkeit für alle gemeinnützigen Weiterbildungseinrichtungen, sich mit ihrem Profil in der Öffentlichkeit darzustellen, und zur Unterstützung der Arbeit der Informations- und Beratungsstelle gibt die Senatsverwaltung für Schule, Jugend und Sport einen immer wieder aktualisierten „Wegweiser zur Weiterbildung" heraus. Zur Qualitätssicherung der Arbeit der Beratungsstelle werden Evaluationsbögen an Ratsuchende herausgegeben. 1998 arbeitete ein Qualitätszirkel zu überwiegend organisatorischen Fragen der Beratungsstelle (Raumsituation, Öffnungszeiten, zeitliche Abläufe und Schwerpunktsetzungen, Öffentlichkeitsarbeit). Die Diskussionsergebnisse wurden partiell, den Möglichkeiten entsprechend umgesetzt."[27]

- Projekt *Selbstevaluation – unbedingte Notwendigkeit für die Erreichung der gesetzten Ziele*[28]. Das Projekt (Laufzeit: Mai 1999-Oktober 2000) wird von der Senatsverwaltung für Arbeit, Berufliche Bildung und Frauen im Rahmen des Arbeitsmarktpolitischen Rahmenprogramms (ARP), dritte Fortschreibung, gefördert und mit Mitteln des Europäischen Strukturfonds (ESF) kofinanziert. Der Träger, FUBe – Fortbildung – Umschulung – Beratung GmbH, Berlin, erprobt anhand einer konkreten Weiterbildungsmaßnahme die prozessbegleitende Evaluierung. Bei der hier betroffenen Zielgruppe (Spätaussiedler) soll der Zugang zum ersten Arbeitsmarkt erreicht werden. Der Träger prüft – nach eigenen Angaben – in der Projektevaluation folgende Schwerpunkte:

1. Effektivität der Maßnahme –
ausgerichtet auf die Zielstellung, die Teilnehmer/innen auf dem ersten Arbeitsmarkt zu integrieren, d. h. Hauptkriterium ist das Vermittlungsergebnis nach Abschluss eines Lehrgangs.

2. Qualität der Ausbildung –
gemessen an
- Verhältnis von Theorie und praktischer Ausbildung,
- Methodenvielfalt in der Ausbildung,
- Stellenwert des Praktikums,
- Einbeziehung der Praxispartner in die Ausbildung,

---

[27] Angaben der Senatsverwaltung für Schule, Jugend und Sport, Berlin, vom Juni 2001

[28] Selbstevaluation – unbedingte Notwendigkeit für die Erreichung der gesetzten Ziele. Projektdarstellung. In: Senatsverwaltung für Arbeit, Berufliche Bildung und Frauen (Hrsg.): Berufliche Qualifizierung in Berlin – Innovative Projekte – Erkenntnisse, Erfahrungen, Transfer. Berlin, September 1999, S. 27 ff.

- Notwendigkeit und Wirksamkeit der sozialpädagogischen Betreuung bei dieser speziellen Zielgruppe,
- Anteil der Vermittlung an Fachwortschatz in deutscher Sprache.

3. *Effizienz der Maßnahme –*
bewertet am Verhältnis von Aufwand und Nutzen.

Darüber hinaus beginnt für den Träger die Bewertung der Ausbildungsqualität mit der Bedarfsermittlung anhand von ständiger Beobachtung des Arbeitsmarktes, der Auswertung des aktuellen Stellenmarktes sowie den Rückmeldungen aus der Fachbranche (Betriebe, Innungen und ggf. Kammern). Eine möglichst genaue Bedarfsermittlung ist die Voraussetzung für eine gezielte Gewinnung von Teilnehmern/Teilnehmerinnen. Die kontinuierliche Überprüfung und Bewertung dieser Qualitätsaspekte nimmt der Träger im Rahmen seines Qualitätsmanagementsystems vor. 1998 hat er sich nach DIN ISO 9001 zertifizieren lassen.

- Im Land Berlin gibt es nach der Bezirksreform zwölf fusionierte *Volkshochschulen*. Die Funktion eines Landesverbandes wird von der Senatsverwaltung für Schule, Jugend und Sport, Abteilung Weiterbildung wahrgenommen. Die folgenden Ausführungen beruhen auf Angaben der zuständigen Senatsverwaltung.[29]

Im Frühjahr 2000 fand eine von den Berliner Volkshochschulen und der Senatsverwaltung für Schule, Jugend und Sport gemeinsam veranstaltete Fachtagung „Studientag Qualitätsentwicklung" statt. Ein Ergebnis dieser Veranstaltung ist es, dass sich die Volkshochschulen Charlottenburg-Wilmersdorf und Neukölln neben anderen Berliner Weiterbildungseinrichtungen an dem bundesweit ausgeschriebenen Projekt *Lernerorientierte Qualitätstestierung von Weiterbildungseinrichtungen* beteiligen werden.[30] Dem vorausgehend arbeitet eine Projektgruppe des Deutschen Volkshochschulverbandes. Ziel der Arbeit dieser Projektgruppe ist die Entwicklung eines trägerübergreifenden Testierungssystems für die öffentlich verantwortete und gemeinnützige Erwachsenenbildung. Das Land Berlin ist in dieser Projektgruppe durch einen pädagogischen Referenten der Abteilung Weiterbildung der Senatsverwaltung für Schule, Jugend und Sport vertreten.

Die Senatsverwaltung fördert darüber hinaus die Ausbildung von zwei Mitarbeiterinnen der Volkshochschulen zu Qualitätsentwicklerinnen im Rahmen eines Projekts des Deutschen Instituts für Erwachsenenbildung (DIE). Das Konzept zur Tätigkeit des/der Qualitätsentwicklers/in sieht eine einrichtungsübergreifende Arbeit vor, in der vor allem auch beratende Fähigkeiten erwartet werden.[31]

---

[29] Angaben der Senatsverwaltung für Schule, Jugend und Sport vom September 2000 und Juni 2001
[30] Näheres zu dem BLK-Projekt siehe im Beitrag zu Niedersachsen, Punkt III.
[31] Näheres zu dem Projekt siehe im Beitrag zu Hessen, Punkt III.

Zur *Qualität* des Angebots der Berliner Volkshochschulen *in der Gesundheitsbildung* macht die Senatsverwaltung für Schule, Jugend und Sport folgende Ausführungen:

„Die Gesundheitsbildung an den VHS'n ist einem ganzheitlichen Gesundheitsverständnis verpflichtet, das sich an den Prinzipien der Weltgesundheitsorganisation orientiert. Die Gesundheitsbildung will die Teilnehmenden dabei unterstützen, den individuell passenden gesundheitsfördernden Weg zu finden. [...] Es ist eine zentrale Aufgabe, die Seriosität des Angebots zu gewährleisten. Die Volkshochschulen verzichten auf Kursangebote, die dem Erwerb esoterischer, astrologischer und vergleichbarer Techniken dienen. Alle Methoden und Verfahren werden hinsichtlich ihrer Eignung von der zuständigen Fachkommission kontinuierlich überprüft, beraten und bewertet. Bei der Auswahl von Kursleitenden spielen deshalb nicht nur die nachweislichen fachlichen Qualifikationen sondern auch die persönliche und pädagogische Eignung eine entscheidende Rolle."[32]

Zur *Qualitätssicherung* der Volkshochschulen *im Bereich Fremdsprachen* macht die Senatsverwaltung für Schule, Jugend und Sport folgende Angaben:

„Das Fortbildungsprogramm für Dozent/innen im Bereich Fremdsprachen, mit dem ein wesentlicher Beitrag zur erwachsenenpädagogischen Professionalisierung von Dozent/innen geleistet wird, ist zum überwiegenden Teil nach einem Konzept strukturiert, das von der International Certificate Conference (ICC) mit Lingua-Mitteln entwickelt wurde. Nach dem erfolgreichen Besuch aller Module kann eine Abschlussprüfung zum Erwerb des „ICC-Certificate in the Teaching of Modern Languages to Adults – Level One –" bei der Senatsverwaltung für Schule, Jugend und Sport abgelegt werden. Dieses Zertifikat wird in allen Ländern, die der ICC angeschlossenen sind, als erwachsenenpädagogische Zusatzqualifizierung von Dozent/innen anerkannt. [...] Für die Teilnehmer/innen von Sprachkursen werden von der WeiterbildungsTestsysteme GmbH (WBT) in zahlreichen Zielsprachen allgemein- und fachsprachliche Zertifikatsprüfungen angeboten. Auf diese Prüfungen wird an den Volkshochschulen von besonders geschulten Dozent/innen vorbereitet. Jeder Prüfer/jede Prüferin wiederum verfügt über eine Prüfungslizenz der WBT und nimmt regelmäßig an Prüferschulungen teil, um den Qualitätsstandard zu sichern. [...]"[33]

Die Abteilung Weiterbildung der Senatsverwaltung für Schule, Jugend und Sport arbeitet z. Zt. mit den Berliner Volkshochschulen und weiteren nichtstaatlichen Weiterbildungsträgern gemeinsam an folgenden *Modellprojekten:*

- Einführung eines einheitlichen und vernetzten DV-Verfahrens an Volkshochschulen zur Herstellung von Transparenz des Weiterbildungsangebots

---

[32] Vgl. Fn 27)
[33] Vgl. Fn 27)

- Selbstgesteuertes Lernen und Organisationsentwicklung in Weiterbildungseinrichtungen (im Rahmen des BLK-Förderprgramms „Lebenslanges Lernen")

In den Zielstellungen beider Projekte sieht die Senatsverwaltung Qualitätssicherung als integrierten Bestandteil. Darüber hinaus wird an den Berliner Volkshochschulen Qualitätssicherung des Angebots angestrebt, u. a. durch

- regelmäßige Selbstevaluation,
- Beteiligung der Lehrenden und Teilnehmenden an der Programmentwicklung,
- regelmäßige Fortbildung der Mitarbeiter/innen,
- Evaluation der Angebote, z. B. in Form von Befragungen der Teilnehmenden.

Stichworte: Berliner Bildungsurlaubsgesetz (BiUrlG); Ausführungsvorschriften über die Anerkennung von Bildungsveranstaltungen nach dem Berliner Bildungsurlaubsgesetz (BiUrlG); Schulgesetz für Berlin (SchulG); Arbeitsmarktpolitisches Rahmenprogramm (ARP) in Fortschreibung; Anerkennungsvoraussetzungen für Bildungsveranstaltungen; Qualitätskriterien der Senatsverwaltung (In- und Output-Kriterien); prozessuale Begleitung (Controlling) von beruflichen Weiterbildungsmaßnahmen durch die Senatsverwaltung; Handlungsleitfaden als Grundlage für die Förderung landeseigener beruflicher Weiterbildungsmaßnahmen; Ermittlung von Weiterbildungsbedarfen; formalisiertes Antragsverfahren für ESF-Maßnahmen: Scoring-Bogen; Instrumente für Transparenz auf dem Weiterbildungsmarkt: Informationsbroschüren der Senatsverwaltung, Weiterbildungsdatenbank Berlin, Weiterbildungsberatungsstellen; Projekt „Selbstevaluation – unbedingte Notwendigkeit für die Erreichung der gesetzten Ziele"; VHS-Aktivitäten zur Qualitätssicherung

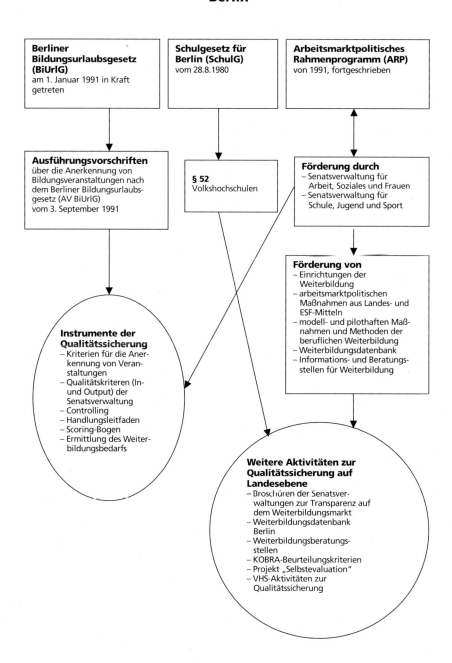

2.4 Brandenburg

I. Gesetzliche Situation

Folgende Gesetze und Verordnungen zur Weiterbildung im Land Brandenburg wurden in Hinsicht auf ihre qualitätsfördernde und qualitätssichernde Funktion bezogen auf die (berufliche) Weiterbildung untersucht:

- Gesetz zur Regelung und Förderung der Weiterbildung im Land Brandenburg (Brandenburgisches Weiterbildungsgesetz – BbgWBG) vom 15. Dezember 1993[1]
- Erste Änderungsverordnung der Bildungsfreistellungsverordnung vom 9. November 2000[2]
- Weiterbildungsverordnung (WBV) vom 24. Juni 1994, geändert durch Zweite Verordnung zur Änderung der Weiterbildungsverordnung vom 11. September 1998[3]

Bereits in der Verfassung des Landes Brandenburg wird durch Artikel 33 die Weiterbildung als Aufgabe des Landes definiert. Förderpflicht, Gewährleistung pluralistischer Trägerstrukturen sowie Bildungsfreistellung werden in Absatz 1 und 2 des Artikels 33 der Verfassung festgelegt.

Das **Brandenburgische Weiterbildungsgesetz (BbgWBG)** nimmt den in der Verfassung festgeschriebenen Anspruch auf Weiterbildung der erwachsenen Bevölkerung Brandenburgs auf und gliedert sich in fünf Regelungsbereiche:

- Angebotssicherung,
- Qualitätssicherung,
- Kooperation und Koordination,

---

[1] Gesetz zur Regelung und Förderung der Weiterbildung im Land Brandenburg (Brandenburgisches Weiterbildungsgesetz – BbgWBG) vom 15. Dezember 1993, abgedruckt in: Gesetz- und Verordnungsblatt für das Land Brandenburg, Teil I – Nr. 26 vom 17. Dezember 1993, S. 498

[2] Erste Änderungsverordnung der Bildungsfreistellungsverordnung vom 9. November 2000 (GVBl. II S. 410), hier: Lesefassung zur Information über die Bildungsfreistellungsverordnung vom 22. November 1995 (GVBl. II S. 686) in der Fassung der Ersten Änderungsverordnung vom 9. November 2000 (GVBl. II S. 410). In: Amtsblatt des Ministeriums für Bildung, Jugend und Sport – Nr. 1 vom 31. Januar 2001

[3] Verordnung zur Grundversorgung und Förderung nach dem Brandenburgischen Weiterbildungsgesetz (Weiterbildungsverordnung – WBV) vom 24. Juni 1994, abgedruckt in: Gesetz- und Verordnungsblatt für das Land Brandenburg Teil II – Nr. 45 vom 19. Juli 1994, S. 608; Zweite Verordnung zur Änderung der Weiterbildungsverordnung vom 11. September 1998, abgedruckt in: Gesetz und Verordnungsblatt für das Land Brandenburg Teil II – Nr. 25 vom 8. Oktober 1998, S. 581

- Anspruch auf bezahlte Bildungsfreistellung,
- Grundsätze der Förderung von Weiterbildung.[4]

Das BbgWBG bezieht sich in seinen Regelungen nicht ausdrücklich auf die berufliche Weiterbildung, jedoch wird in § 2 „Ziele, Aufgaben und Inhalte der Weiterbildung" in Abschnitt 3 ausgeführt: „Weiterbildung umfasst neben abschlussbezogenen Lehrgängen insbesondere Angebote der allgemeinen, beruflichen, kulturellen und politischen Bildung."

Unter Qualitätsgesichtspunkten sind die in Abschnitt 2 (§§ 7-9) genannten Kriterien zu sehen, die Einrichtungen und Landesorganisationen erfüllen müssen, wenn sie anerkannt und damit gefördert werden wollen:

- keine Gewinnorientierung, keine ausschließlich organisations- oder betriebsbezogenen Weiterbildungsveranstaltungen;
- freier Zugang für alle Personen, unabhängig von ihrer gesellschaftlichen und beruflichen Stellung, Nationalität, Geschlecht oder Religion;
- Vorbildungsnachweise dürfen ausschließlich bei schulabschlussbezogenen Maßnahmen und Maßnahmen der beruflichen Weiterbildung als Zugangsvoraussetzungen verlangt werden;
- Gewährleistung der freien Meinungsäußerung;
- angemessene Programm- und Veranstaltungsplanung sowie den Aufgaben entsprechende räumliche und fachliche Ausstattung;
- Mitwirkung von Lehrenden und Lernenden sowie von Beschäftigten;
- Sitz und Tätigkeitsbereich im Bundesland mit einem auf Personen aus dem Bundesland gerichteten Maßnahmeangebot;
- Offenlegung der Arbeitsprogramme, Arbeitsergebnisse, Personalausstattung, Teilnehmerzahlen und Finanzierung gegenüber dem für Bildung zuständigen Ministerium und dem Landesrechnungshof;
- Verpflichtung zur Mitarbeit im regionalen Weiterbildungsbeirat;
- regelmäßige Fortbildungen für Lehrende und Mitarbeiter/innen; Leitung durch eine nach Ausbildung und Berufserfahrung geeignete Fachkraft.

Die Anerkennung einer Einrichtung oder Landesorganisation ist Voraussetzung für die Teilnahme an der „Grundversorgung"[5] und ermöglicht damit auch kleine-

---

[4] Ministerium für Bildung, Jugend und Sport (Hrsg.): Weiterbildungsbericht für das Land Brandenburg, Potsdam 1996, S. 7 ff.

[5] Die „Grundversorgung" umfasst laut § 6 Abs.2 BbgWBG die in § 2 Abs. 3 aufgeführten Bereiche: „... neben abschlussbezogenen Lehrgängen insbesondere Angebote der allgemeinen, beruflichen, kulturellen und politischen Bildung..."

ren Einrichtungen, unter denselben Bedingungen wie Einrichtungen in kommunaler Trägerschaft an der Grundversorgung teilzunehmen und somit staatlich gefördert zu werden.

Das Gesetz sieht die Errichtung eines *regionalen Weiterbildungsbeirates* für jeden Kreis und für jede kreisfreie Stadt vor (§ 10). Darüber hinaus beruft das für Bildung zuständige Ministerium einen *Landesbeirat für Weiterbildung* (Abschnitt 3, §§ 10-13).

Hier werden insbesondere Fragen der Kooperation und Koordination der anerkannten Einrichtungen der Weiterbildung geregelt.

Aufgaben des *regionalen Weiterbildungsbeirates* sind u. a.:

- Ermittlung des jeweiligen regionalen Bedarfs an Weiterbildung;
- Hinwirken auf die Planung und Durchführung gemeinsamer Veranstaltungen sowie Maßnahmen der Bildungswerbung und Beratung im Bildungsbereich;
- Herausgabe gemeinsamer Veranstaltungsprogramme, die über die Weiterbildungsangebote aller im Kreis- oder Stadtgebiet tätigen, anerkannten Einrichtungen Auskunft geben;
- Unterbreitung von Vorschlägen zur Verteilung der Mittel zur Förderung der Grundversorgung gemäß § 27 BbgWBG;
- Kooperation mit anderen regionalen Bildungseinrichtungen zur Abstimmung von Programmen und Koordination der gemeinsamen wirtschaftlichen Nutzung von Räumen, Gebäuden sowie Lehr- und Lernmitteln.

Dem regionalen Weiterbildungsbeirat gehören Personen der anerkannten Einrichtungen der Weiterbildung sowie des Kreises oder der kreisfreien Stadt an.

Die Öffnung für nicht anerkannte Weiterbildungseinrichtungen aus dem Kreis- oder Stadtgebiet ist prinzipiell vorgesehen.

Der *Landesbeirat für Weiterbildung* berät die Landesregierung in allen grundsätzlichen Fragen der Weiterbildung und ihrer finanziellen Förderung. Er hat u. a. folgende Aufgaben (§ 12 BbgWBG):

- die Entwicklung der Weiterbildung im Land zu fördern;
- die Zusammenarbeit der anerkannten Einrichtungen der Weiterbildung und deren Kooperation mit öffentlichen und privaten Einrichtungen des Bildungs-, Kultur und Sozialwesens zu fördern;
- die Arbeit der regionalen Weiterbildungsbeiräte zu unterstützen;
- bei der Erarbeitung von Kriterien für die Anerkennung von Weiterbildungsveranstaltungen (gemäß § 24 BbgWBG) mitzuwirken.

§ 13 BbgWBG regelt die Zusammensetzung des Landesbeirats für Weiterbildung. Vertreten sind die anerkannten Landesorganisationen für Weiterbildung, die regionalen Weiterbildungsbeiräte, die kommunalen Spitzenverbände, die im Landesausschuss für berufliche Bildung vertretene Arbeitnehmer- und Arbeitgeberschaft und andere mit der Weiterbildung befasste Organisationen.

Die Geschäftsführung des Landesbeirats für Weiterbildung wird durch das Pädagogische Landesinstitut Brandenburg (PLIB) seit August 1995 wahrgenommen. Das Institut ist auch für die fachliche Förderung der Weiterbildung im Land Brandenburg zuständig. Diese Aufgabe hat es bei seiner Gründung im Jahre 1991 durch Errichtungserlass[6] übertragen bekommen.

Das Pädagogische Landesinstitut Brandenburg (PLIB) stellt in seinem INFO-Dienst[7] im Rahmen einer Diskussion um die Entwicklung und Sicherung der Qualität der Weiterbildung in Brandenburg folgendes fest:

„Das Land hat im Brandenburgischen Weiterbildungsgesetz und in verschiedenen Verwaltungsvorschriften bzw. Richtlinien Anforderungskriterien formuliert z. B. für die Anerkennung als Einrichtung, die Zulassung von Einrichtungen zur Grundversorgung, die Anerkennung und Bezuschussung von Maßnahmen im Rahmen der Grundversorgung und die Anerkennung von Maßnahmen der Bildungsfreistellung.

In diesen Regelungen werden z. B. folgende Kriterien für die Angebotsqualität genannt:

- Bedarfsgerechtigkeit der Angebote
- Mitwirkung der Beteiligten
- Kontinuierliche Programm- und Veranstaltungsplanung
- Didaktisch-methodisches Konzept als Grundlage
- Genaue Beschreibung des Weiterbildungsangebotes
- Geeignete räumliche, finanzielle und personelle Ausstattung
- Leitung der Einrichtung durch eine geeignete Fachkraft
- Regelmäßige Fortbildung der Mitarbeiter/innen

Eine Konkretisierung oder die Festlegung eines Mindeststandards erfolgt nicht. Es bedarf also der einrichtungsspezifischen Interpretation und Ausgestaltung. Die in den für die Weiterbildung interessanten Qualitätsentwicklungsverfahren enthal-

---

[6] Kabinettvorlage 157/91 vom 18. Juni 1991, Potsdam; siehe auch BbgWBG § 13 Abs. 6

[7] Aus: Qualitätsentwicklung in der Weiterbildung: Ergebnisse und Empfehlungen einer Entwicklungsgruppe am PLIB. In: INFO-Dienst „Weiterbildung in Brandenburg", Heft 1/2000, S. 24

tenen Kriterien gehen weit über die in Brandenburg für die staatliche Finanzierung gestellten Anforderungen hinaus bzw. schlüsseln die Art, wie ein bestimmtes Kriterium konkret zu erfüllen ist, genauer auf."[8]

(Näheres zum PLIB siehe unter Punkt III. dieses Beitrages.)

Die **Bildungsfreistellung** ist in Abschnitt 4, §§ 14 – 26 des Weiterbildungsgesetzes geregelt. Der § 30 des BbgWBG stellt fest, dass der Anspruch auf Bildungsfreistellung ab 1. Januar 1996 besteht.

Die Bildungsfreistellungsverordnung vom 22. November 1995 und die Änderungsverordnung vom 9. November 2000 wurden erlassen auf Grund des § 24 Abs. 5 des Brandenburgischen Weiterbildungsgesetzes vom 15. Dezember 1993.[9]

§ 1 der **Ersten Änderungsverordnung der Bildungsfreistellungsverordnung**[10], der das Antragsverfahren regelt, nennt Antragsfrist, Antragsform, Adressat der Antragsstellung, Voraussetzungen bei der ersten Antragsstellung für bisher nicht anerkannte Veranstalter. § 2 der Ersten Änderungsverordnung nennt die Arten der Weiterbildungsveranstaltungen, in Abs. 2 die der beruflichen Weiterbildung.

§ 3 macht Ausführungen zu den Anerkennungsvoraussetzungen. Laut Abs. 1 „(werden) vom für Bildung zuständigen Ministerium Weiterbildungsveranstaltungen anerkannt, die der beruflichen, kulturellen oder politischen Weiterbildung gemäß den jeweiligen Voraussetzungen des § 2 entsprechen, für die ein Antragsverfahren gemäß § 1 durchgeführt wurde und die die Voraussetzungen gemäß Absatz 2 erfüllen."

Folgende *Voraussetzungen für eine Anerkennung von Weiterbildungsveranstaltungen* werden in Absatz 2 formuliert:

„(2) Die Anerkennung einer Weiterbildungsveranstaltung erfolgt, wenn

1. ihr eine inhaltliche Veranstaltungsbezeichnung vorangestellt ist,

2. ihr ein didaktisch-methodisches Konzept zugrunde liegt, das mindestens Angaben über die Zielgruppe, die Lernziele, den inhaltlichen Aufbau, die zeitliche Ablaufplanung, das methodische Vorgehen und die Verwendung von Medien beinhaltet und das mindestens sechs Unterrichtsstunden täglich nachweist,

3. sie vom Veranstalter eigenverantwortlich geplant und organisiert wird und die fachlich-pädagogische Durchführung bei der Einrichtung liegt, die die Anerkennung beantragt: die Einrichtung hat hinsichtlich ihrer Ausstattung, Lehrenden, Bildungsziele und der Qualität ihrer Bildungsarbeit eine sachgemäße Weiterbildung zu gewährleisten,

---

[8] Vgl. Fn 7)

[9] Vgl. Fn 2)

[10] Vgl. Fn 2)

4. für deren Durchführung dem Veranstalter geeignete und ausreichende Räumlichkeiten mit einer geeigneten Ausstattung und die erforderlichen Lehrmittel zur Verfügung stehen,

5. deren Ziele mit dem Grundgesetz der Bundesrepublik Deutschland und der Verfassung des Landes Brandenburg in Einklang stehen,

6. sie offen zugänglich ist und eine Veröffentlichung gewährleistet wird,

7. sie an mindestens drei aufeinanderfolgenden Tagen stattfindet. An- und Abreisetag können als ein Tag berechnet werden. Wenn die Art der Bildungsveranstaltung es erfordert, kann diese innerhalb von höchstens zwölf Wochen auch in Form von Tagesveranstaltungen durchgeführt werden. Die Bildungsveranstaltung muss dann insgesamt mindestens fünf Tage umfassen. Auch eintägige Veranstaltungen können anerkannt werden, wenn sie mit einer Mindestanzahl von sechs Unterrichtsstunden eindeutig der politischen Weiterbildung zuzuordnen sind,

8. gewährleistet ist, dass bei deren Abschluss den Teilnehmerinnen und Teilnehmern eine Bescheinigung über die Teilnahme unter Verwendung der Vordrucke unentgeltlich ausgestellt wird und

9. gewährleistet wird, dass Bediensteten oder Beauftragten des für Bildung zuständigen Ministeriums der Zutritt zu den anerkannten Weiterbildungsveranstaltungen möglich ist.

Die Teilnahme an den Veranstaltungen muss freiwillig erfolgen, sie darf nicht von der Zugehörigkeit zu einer Partei, Gewerkschaft, Religionsgemeinschaft oder sonstigen Vereinigung oder Institution abhängig gemacht werden. Dies schließt die Anerkennung einer Veranstaltung in Trägerschaft derartiger Vereinigungen oder Institutionen nicht aus. Die Teilnahme darf von pädagogisch begründeten Voraussetzungen sowie einer begründeten Zielgruppenorientierung abhängig gemacht werden."

§ 6 der Änderungsverordnung regelt die Beteiligung in grundsätzlichen Fragen der Anerkennung. Hier heißt es:

„(1) In allen Fragen der Anerkennung, die vom Landesbeirat für Weiterbildung und dem für Bildung zuständigen Ministerium als grundsätzlich eingeordnet werden, beteiligt das für Bildung zuständige Ministerium

1. die Vereinigung der Unternehmensverbände Berlin-Brandenburg,

2. den Landesbeirat für Weiterbildung,

3. die Spitzenorganisationen der Gewerkschaften (Deutscher Gewerkschaftsbund, Deutscher Beamtenbund),

4. das für Arbeit zuständige Mitglied der Landesregierung,

5. das für Kultur zuständige Mitglied der Landesregierung,

6. die Brandenburgische Landeszentrale für politische Bildung.

(2) Die Beteiligung umfasst insbesondere die Abgabe von Stellungnahmen und Empfehlungen zur Praxis und zum Verfahren der Anerkennung.

(3) Davon unberührt bleibt die Funktion des Landesbeirates gemäß § 12 Abs. 5 und 6 des Brandenburgischen Weiterbildungsgesetzes."

II. Förderung der (beruflichen) Weiterbildung aus Landes- und kofinanzierten ESF-Mitteln

1. Förderung aus Landesmitteln

1.1 Ausgangslage und Rahmenbedingungen

Das Ministerium für Bildung, Jugend und Sport hat folgende Förderrichtlinien erlassen:

- Richtlinien über die Gewährung von Zuwendungen zur Förderung der Grundversorgung nach dem Brandenburgischen Weiterbildungsgesetz vom 28. September 1999[11]

- Richtlinien über die Gewährung von Zuwendungen zur Förderung der Landesorganisationen nach dem Brandenburgischen Weiterbildungsgesetz vom 28. September 1999[12]

- Richtlinien über die Gewährung von Zuwendungen zur Förderung von Modellvorhaben mit aktueller Schwerpunktsetzung nach dem Brandenburgischen Weiterbildungsgesetz vom 28. September 1999[13]

---

[11] Richtlinien über die Gewährung von Zuwendungen zur Förderung der Grundversorgung nach dem Brandenburgischen Weiterbildungsgesetz vom 28. September 1999, in Kraft seit dem 1. Januar 2000 (außer Kraft am 31. Dezember 2001)

[12] Richtlinien über die Gewährung von Zuwendungen zur Förderung der Landesorganisationen nach dem Brandenburgischen Weiterbildungsgesetz vom 28. September1999, in Kraft seit dem 1. Januar 2000 (außer Kraft am 31. Dezember 2001)

[13] Richtlinien über die Gewährung von Zuwendungen zur Förderung von Modellvorhaben mit aktueller Schwerpunktsetzung nach dem Brandenburgischen Weiterbildungsgesetz vom 28. September 1999, in Kraft seit dem 1. Januar 2000 (außer Kraft am 31. Dezember 2001)

- Richtlinien über die Gewährung von Zuwendungen zur Förderung von Veranstaltungen von Heimbildungsstätten gemäß § 24 des Brandenburgischen Weiterbildungsgesetzes vom 28. September 1999[14]

Das *Ministerium für Arbeit, Soziales, Gesundheit und Frauen (MASGF)*, befragt zu seiner Qualitätspolitik und seinen Strategien zur Qualitätssicherung in der beruflichen Weiterbildung/Qualifizierung, bezieht sich auf folgende übergeordnete Verfahren der Qualitätssicherung, die das Ministerium anwendet und verweist auf:

- die in der Arbeitsmarktpolitik des Landes praktizierte adressatenorientierte Evaluation

- auf die Entwicklung der angewandten Qualitätssicherungsverfahren bei (früheren) Projekten im Rahmen der Gemeinschaftsinitiativen und der Modellprojektförderung

- auf ein unter Qualitätssicherungsgesichtspunkten elaboriertes Programm der Regelförderung des MASGF (Kurssystem contra Langzeitarbeitslosigkeit)

- auf die (zukünftige) Qualitätssicherungspolitik im neuen Landesprogramm „Qualifizierung und Arbeit für Brandenburg"

Um seine aktuelle Politik und Praxis der Qualitätssicherung im Bereich der beruflichen Weiterbildung zu verdeutlichen, nennt das MASGF drei Bausteine:

- INNOPUNKT, ein neues Förderprogramm mit intensiver Begleitung und Qualitätssicherung sowohl auf Programm- als auch auf Projektebene

- Die Informations- und Beratungsstellen für berufliche Weiterbildung und die Weiterbildungsdatenbank Brandenburg

- Die 2001 novellierte Richtlinie zur Förderung der Qualifizierung in Klein- und Mittelunternehmen[15]

Nähere Einzelheiten zu den Verfahren sowie der aktuellen Qualitätspolitik siehe unter Punkt II., 1.2.

---

[14] Richtlinien über die Gewährung von Zuwendungen zur Förderung von Veranstaltungen von Heimbildungsstätten gemäß § 24 des Brandenburgischen Weiterbildungsgesetzes vom 28. September 1999, in Kraft seit dem 1. Januar 2000 (außer Kraft am 31. Dezember 2001). Sämtliche Richtlinien über die Gewährung von Zuwendungen sind im PLIB-INFO-Dienst „Weiterbildung in Brandenburg", Heft 3/1999, veröffentlicht und zu beziehen über den Herausgeber: Pädagogisches Landesinstitut Brandenburg (PLIB), Abteilung 4, 14974 Ludwigsfelde/Struveshof

[15] Ausführungen des Ministeriums für Arbeit, Soziales, Gesundheit und Frauen des Landes Brandenburg für diesen Übersichtsband vom Februar 2001

1.2 Förderkriterien und Qualitätskriterien des Förderers für Einrichtungen/Träger und/oder Weiterbildungsmaßnahmen bei der Vergabe von Landesmitteln

Gemeinsam ist den o. g. Förderrichtlinien des *Ministeriums für Bildung, Jugend und Sport*, dass sie die im Weiterbildungsgesetz enthaltenen Anerkennungsanforderungen an Maßnahmen und Einrichtungen als Fördervoraussetzung nennen. Auf diese Weise nutzen die Förderrichtlinien die im Weiterbildungsgesetz genannten Qualitätskriterien.

In den Richtlinien zur Förderung der Grundversorgung heißt es: „Gefördert werden Maßnahmen der Grundversorgung ..., die von anerkannten Weiterbildungseinrichtungen, die gemäß § 3 WBV zur Grundversorgung zugelassen wurden, durchgeführt werden." Und weiter: „Antragsteller sind Landkreise, kreisfreie Städte sowie anerkannte und zugelassene Weiterbildungseinrichtungen, die ihren Sitz und ihren Tätigkeitsbereich im Land Brandenburg haben. Landkreise und kreisfreie Städte sind Zwischenempfänger und Letztempfänger. Als Zwischenempfänger leiten sie die Zuwendungen an anerkannte und zugelassene Weiterbildungseinrichtungen weiter. Diese sind Letztempfänger." Folgende Zuwendungsvoraussetzungen werden genannt: „(1) Voraussetzung für die Förderung der Grundversorgung gegenüber dem Letztempfänger ist die Genehmigung der Maßnahme zur Grundversorgung gemäß § 4 Abs. 3 WBV durch den Landkreis oder die kreisfreie Stadt. (2) Eine Förderung von Weiterbildungsmaßnahmen gemäß § 5 Abs. 3 WBV ist ausgeschlossen[16]."

In den Richtlinien zur Förderung der Landesorganisationen werden als Gegenstand der Förderung „Personalkosten für pädagogische Mitarbeiterinnen oder Mitarbeiter, die Geschäftsführung und hauptamtliche Verwaltungskräfte, die für die Landesorganisation tätig sind, sowie Sachkosten zur Erfüllung des Satzungszweckes der Landesorganisation" genannnt. Im Abschnitt über die Zuwendungsvoraussetzungen heißt es:

„(1) Voraussetzung der Förderung ist, dass die Landesorganisationen der Weiterbildung die Weiterbildungsarbeit ihrer Mitglieder gemäß § 3 Abs. 3 Satz 2 BbgWBG fördern und koordinieren. Dies erfolgt insbesondere durch

– die Beratung der Mitglieder in pädagogischen, organisatorischen und finanziellen Fragen,

– die Förderung der Kooperation der Mitglieder,

– die Fortbildung der hauptamtlichen, nebenamtlichen und ehrenamtlichen pädagogischen Mitarbeiterinnen und Mitarbeiter sowie der in den Einrichtungen tätigen Verwaltungsmitarbeiterinnen und Verwaltungsmitarbeiter,

---

[16] Das sind diejenigen Weiterbildungsmaßnahmen, die laut § 5 Abs. 3 WBV nicht zur Grundversorgung zählen.

– die Erstellung pädagogischer Materialien und die Wahrnehmung weiterbildungspolitischer Anliegen.

(2) Weitere Zuwendungsvoraussetzung bei erstmaliger Antragsstellung ist der Nachweis, innerhalb der letzten drei Jahre als anerkannte Landesorganisation im Sinne des Absatzes 1 kontinuierlich tätig gewesen zu sein.

(3) Voraussetzung für die Zuwendung ist ferner die Summe von mindestens 10.000 durchzuführenden Unterrichtsstunden im Sinne des BbgWBG im laufenden Haushaltsjahr durch die der Landesorganisation angeschlossenen Mitgliedsorganisationen. Die Mitgliedsorganisationen müssen ihren Sitz im Land Brandenburg haben. Berücksichtigt werden Unterrichtsstunden, die im Land Brandenburg durchgeführt werden.

(4) ..."

Die potenziellen Zuwendungsempfänger richten ihren Antrag auf Gewährung einer Zuwendung in Form eines dafür vorgesehen Antragsformulars an das für Bildung zuständige Ministerium.

Die Richtlinie über die Gewährung von Zuwendungen zur Förderung von Modellvorhaben regelt die Zuwendungen zur Förderung von Modellvorhaben mit aktueller Schwerpunktsetzung, die über die Maßnahmen der Grundversorgung hinausgehen und Themenbereiche von aktueller Bedeutung für das Land Brandenburg behandeln (Nr. 1 Abs. 1).

Gegenstand der Förderung sind „Weiterbildungsprojekte, die der Qualitätsentwicklung oder der Auseinandersetzung mit sonstigen Themen dienen, die für das Land Brandenburg von aktueller Bedeutung sind. Inhalt, Form und Methode der Modellmaßnahme müssen geeignet sein, neue Konzeptionen oder Methoden in der Weiterbildung zu entwickeln und zu erproben oder bestehende zu überprüfen. Ein Modell liegt vor, wenn das Vorhaben beispielhaft ist und zur Nachahmung anregt (Nr. 2 Abs. 1).

Die Zuwendungsvoraussetzungen (Nr. 4) sind die folgenden:

„(1) ... eine angemessene Eigenbeteiligung des Trägers der Weiterbildungseinrichtung sowie die Entscheidung des für Bildung zuständigen Ministeriums, dass die beantragte Förderung im Hinblick auf aktuelle gesellschaftliche Entwicklung und Bedürfnisse einem Modellvorhaben mit aktueller Schwerpunktsetzung gilt. Das Vorhaben muss in sich abgeschlossen sein und den Anforderungen genügen, die gemäß Nr. 2 Abs. 1 an Weiterbildungsprojekte gestellt werden.

(2) Eine Modellmaßnahme kann nur einmal und höchstens für die Dauer von zwei Jahren gefördert werden. Nachfolgemaßnahmen gelten nicht als Modell."

Die Richtlinien informieren auch über Art, Umfang und Höhe der Zuwendung.

Die **Qualitätssicherungsverfahren des Ministeriums für Arbeit, Soziales, Gesundheit und Frauen (MASGF)** beschreibt das Ministerium im Einzelnen folgendermaßen:

„a) Adressatenorientierte Evaluation

Die Matrix für die Qualitätssicherungspolitik der arbeitsmarktpolitischen Förderprogramme des MASGF bildet die Konzeption der adressatenorientierten Evaluation. Die Konzeption der adressatenorientierten Evaluation basiert auf einem mehrstufigen Ansatz, der die drei Elemente

- verwaltungsinternes Monitoring,

- vertiefende Evaluation durch Vergabe von Evaluationsstudien an Dritte sowie

- die gezielte Aufbereitung und Nutzung von Erkenntnissen aus der politikberatenden Arbeitsmarktforschung

umfasst und systematisch aufeinander bezieht:

- Das verwaltungsinterne Monitoring hat vorwiegend die Funktion der prozessbegleitenden Dokumentation, Programmanalyse und Programmsteuerung. Im Mittelpunkt steht die laufende Beobachtung der unmittelbaren Ergebnisse der Förderung anhand ausgewählter finanzieller und materieller Indikatoren, wie zum Beispiel die Ausschöpfung des Programms, Teilnehmerzahlen oder Zielgruppenberücksichtigung. Bei dem Aufbau und der Weiterentwicklung der Monitoringsysteme ist insbesondere auch die Europäische Union mit ihren Anforderungen zur Begleitung und Bewertung ESF-kofinanzierter Förderprogramme eine treibende Kraft.

- Daten aus dem Monitoring können angesichts der hohen Anzahl von Kontextvariablen und der Spezifik einzelner Programme nur eine schmale Basis für Evaluationen bieten. Die Vergabe von Evaluierungsstudien an Dritte dient daher der vertiefenden Analyse zur Passfähigkeit, Akzeptanz, Wirkung und Wirksamkeit bestehender Programme, deren Weiterentwicklung sowie die Entwicklung neuer Programme mittels sozialwissenschaftlicher Analysen.

- Die vorliegenden Ansätze und Erkenntnisse der politikberatenden Arbeitsmarktforschung sind systematisch zu nutzen. Hierzu zählen programmbezogene Wirkungsstudien ebenso wie etwa international vergleichende Untersuchungen zur Ausgestaltung der Arbeitsmarktpolitik. Nicht zuletzt sind hierunter auch Kosten-Nutzen- oder Kosten-Wirksamkeitsanalysen zu fassen, die sowohl aus Gründen der Effizienz als auch aus konzeptionell-methodischen Gründen einen gesamtgesellschaftlichen Analyseansatz erfordern.

Bevor die auch hierauf basierende Qualitätssicherungsstrategie im neuen Landesprogramm „Qualifizierung und Arbeit für Brandenburg" dargestellt wird, ist mit Blick auf die Erfahrungen im Rahmen von Modellprojekten und am Beispiel eines etablierten Standardprogramms zuerst der Aspekt der projektbegleitenden Qualitätssicherung näher zu beleuchten.[17]

b) Qualitätssicherungsverfahren im Rahmen der GI-Projekte und A3-Modellprojektförderung

Im Auftrag des Ministeriums für Arbeit, Soziales, Gesundheit und Frauen hat die ESF-Technische Hilfe bei der BBJ Servis GmbH eine Vielzahl von Modellprojekten beraten, die über den Europäischen Sozialfonds (ESF) gefördert wurden und zwar in den EU-Gemeinschaftsinitiativen (GI) 1994-1999 sowie im Rahmen der (früheren) marktorientierten ESF-Förderung des MASGF zur Schaffung und Stabilisierung erwerbswirtschaftlicher Arbeitsplätze. Mit diesen Projekten wurden in unterschiedlichen Arbeitsmarktprojekten neue Ansätze erprobt.

Unter Mitwirkung des MASGF und in Hinblick auf ein effizienteres Qualitätsmanagement entwickelte und etablierte die BBJ Servis GmbH als Teil ihrer Aufgabenstellung sukzessive eine Systematik der Projektbegleitung für GI- und A3-Modellvorhaben[18]. In Abstimmung mit dem Fachreferat des MASGF respektive des Projektbeirates wurde dabei bereits bei Erteilung der Förderempfehlung der Status der Begleitung festgelegt. Unterschieden wurde zwischen einer „Standardbegleitung" oder einer „prozesshaften engen Begleitung" des jeweiligen Modellprojekts. Zu den Elementen der „Standardbegleitung" zählte vor allem die Erstberatung mit Projektbeschreibung im Rahmen der Stellungnahme des Beraters zum Antragsprüfvermerk, das telefonische Kontakthalten mit dem Projektträger während der Projektlaufzeit, im Bedarfsfall der Vor-Ort-Besuch durch einen Berater sowie die systematische Einbeziehung des Modellprojektes in Workshops und Erfahrungsaustausche. Demgegenüber wurde bei ca. 15 Prozent ausgewählter Modellprojekte eine „prozesshafte enge Begleitung" durchgeführt, die folgende Elemente vorsah:

– Orientierungsgespräch mit dem Träger nach Erteilung der Förderempfehlung mit genauer Zielformulierung und Festsetzung von Meilensteinen,

– ausführliche Projektbeschreibung aufbauend auf der Stellungnahme des Beraters zum Antragsprüfvermerk,

---

[17] Vgl. ausführlicher dazu: Bangel, Bettina: Evaluierung der Arbeitsmarktpolitik aus Ländersicht. Die Brandenburger Konzeption der adressatenorientierten Evaluation. In: Ministerium für Arbeit, Soziales, Gesundheit und Frauen (Hrsg.): Evaluierung der Arbeitsmarktpolitik aus Ländersicht. Konzepte, Möglichkeiten und Grenzen der politikberatenden Wirkungsforschung, Reihe Forschungsberichte Nr. 17, Potsdam 2000, S. 7-14

[18] Die Bezeichnung „A3" ergibt sich aus der Systematik des früheren Landesförderprogramms „Qualifizierung und Arbeit für Brandenburg" des MASGF

– regulärer Vor-Ort-Besuch mit Träger- und Teilnehmerinterview (auf der Basis elaborierter Leitfäden und Fragenkataloge),

– regelmäßiges telefonisches Kontakthalten mit dem Projekt, gegebenenfalls weitere Vor-Ort-Besuche sowie Teilnahme unter anderem an Veranstaltungen und Gesprächsrunden,

– Sichtung und Auswertung der im Rahmen der Verwendungsnachweise durch den Träger erstellten Sachberichte.

Insbesondere im Fall der „prozesshaften engen Begleitung" ermöglichte die Präsenz der Berater vor Ort sowie der engere Kontakt zum Projektträger ein unmittelbares Reagieren auf Problemsituationen. Die Bündelung von Erkenntnissen über Stärken und Schwachstellen sowie typische Verläufe von Projekten zog die Initiierung von Ergebnistransfers- und Fortbildungsveranstaltungen nach sich.

Die Erfahrungen aus den früheren GI-Projekten und der A3-Förderung sind in die neue Modellprojektförderung des MASGF eingeflossen. Siehe hierzu an späterer Stelle das für den Bereich der beruflichen Weiterbildung zentrale neue INNOPUNKT-Programm („Innovative arbeitsmarktpolitische Schwerpunktförderung in Brandenburg", d. Verf.).

c) Kurssystem contra Langzeitarbeitslosigkeit

Qualitätssicherung ist ein konstitutives Element des Kurssystems von seinem Beginn, Ende 1993, an. Qualitätssicherung des Kurssystems heißt vor allem: In Bezug auf den Austausch zwischen allen beteiligten Akteuren Strukturen partnerschaftlicher Kommunikation über sämtliche Belange der Kurssystem-Implementation und -Entwicklung organisieren und in geregelten Verfahren praktisch nutzen. Dazu gehört auch, Transparenz über den Verlauf des Kurssystems herzustellen.

Zur Implementation der Qualitätssicherung und zur Unterstützung der Steuerung des Kurssystems wurde ein Qualitätssicherungsteam eingesetzt. Das Qualitätssicherungsteam hat eine „Scharnierfunktion". Einerseits übt es steuernde, moderierende und kontrollierende Funktionen gegenüber den Trägern des Kurssystems aus, andererseits ist es für das zuständige Ministerium, das Ministerium für Arbeit, Soziales, Gesundheit und Frauen der Ansprechpartner zu allen kurssystemrelevanten Fragen.

Die Elemente der Qualitätssicherung sind insbesondere: Rückkopplungsgespräche mit allen Kurssystem-Koordinatoren, Vor-Ort-Besuche, Durchführung von Rückkopplungs-foren mit den Kurssystem-Mitarbeitern/Mitarbeiterinnen, Durchführung von Teilnehmer/innen-Workshops, gegenseitige Hospitationen der Kurssystem-Mitarbeiter an den unterschiedlichen Standorten des Kurssystems, laufende Auswertung der statistischen Daten und Arbeitsberichte der Kurssystem-Träger und Erarbeitung von Vorschlägen zur Weiterentwicklung des Kurssystems. Außerdem gibt es ein Handbuch zum Kurssystem (150 Seiten) mit Anweisungen und Vorschlägen zu seiner Durchführung.

d) Landesprogramm „Qualifizierung und Arbeit für Brandenburg" (LAPRO)

Zur Umsetzung des auch im Rahmen des partnerschaftlichen Abstimmungsprozesses zur neuen Strukturfondsperiode 2000-2006 reformierten Landesprogramms für Qualifizierung und Arbeit des Landes Brandenburg wird ein System der Qualitätssicherung und des Qualitätsmanagements (SQSQM) neu aufgebaut. Dieses SQSQM soll die Prozess-, Produkt- und Ergebnisqualität der Arbeitsfördermaßnahmen auf Programmebene sichern.

Zur Erreichung dieses Ziels wird ein Monitoringsystem, basierend auf den Anforderungen der EU, erweitert um spezifische regionale Indikatoren, auf Landes- und Kreisebene (einschließlich kreisfreie Städte) errichtet. Eine Machbarkeitsstudie hierzu liegt vor.

Die Zielsetzungen, die sich mit dem Aufbau eines solchen Qualitätssicherungs- und Monitoringsystems der Landes-Arbeitsförderung im Einzelnen verbinden, lassen sich wie folgt beschreiben:

- Verbesserung der Effektivität beim Einsatz der Landesfördermittel, insbesondere durch geringere Reibungsverluste und ein höheres Maß an Transparenz der Koordinierungsschiene Land-Regionen (Feed-back-Prozesssteuerung),

- umfassendere Nutzung der bei der Umsetzungsstelle bereits eingeführten technischen Infrastruktur des Fördermittelcontrolling und

- Stärkung der politikberatenden, moderierenden Funktion der vorhandenen Beratungsstrukturen,

- höhere Wirksamkeit von Arbeitsförderung durch die mit einem Monitoring verbundenen Impulse für das Erschließen endogener Entwicklungspotenziale, vor allem durch

- Stärkung regionaler Entscheidungs- und Gestaltungsspielräume und Kompetenzen bei der Umsetzung arbeitsmarktpolitischer Aktivitäten, nicht zuletzt durch eine

- neue Qualität des interregionalen Erfahrungsaustausches durch die mit dem Monitoring verbundene Nutzung des Internets sowie

- bessere Rahmenbedingungen für die Einbeziehung von Qualitätssicherungsaspekten in ein Indikatorensystem.

Die Elemente seiner aktuellen *Politik und Praxis der Qualitätssicherung* im Bereich der beruflichen Weiterbildung beschreibt das MASGF beispielhaft folgendermaßen:

1) INNOPUNKT

„Das neue Förderprogramm "Innovative arbeitsmarktpolitische Schwerpunktförderung in Brandenburg" – kurz INNOPUNKT genannt – dient der Umsetzung der arbeitsmarktpolitischen Schwerpunktförderung des MASGF. Es ersetzt im Rahmen der LAPRO-Reform die marktorientierte ESF-Förderung zur Schaffung und Stabilisierung erwerbswirtschaftlicher Arbeitsplätze. Mit dem neuen Förderprogramm werden modellhaft Projekte zu vorgegebenen Themenschwerpunkten gefördert. Ziel von INNOPUNKT ist es, Netzwerke aufzubauen, die nach Auslaufen der Förderung die Projektinhalte weiter tragen.

Das INNOPUNKT-Programm wurde aus den Erfahrungen der A3-Förderung entwickelt. Statt dieser breit angelegten eher reaktiven Förderung von einzelnen Projekten wird ab 2000 eine angebotsorientierte Philosophie durch das MASGF verfolgt. Durch systematische Definition von Schwerpunktfeldern der Arbeitsmarktpolitik und gezielte Angebote der Förderung soll zur Problemlösung der als dringlich angesehenen Probleme der Arbeitsmarktpolitik beigetragen werden. Aus diesem Grund basiert INNOPUNKT auf einer klaren Zielorientierung, das heißt die eindeutige Festlegung und Definition dessen, was das Land als arbeitsmarktpolitisch zu erreichendes Ziel am Ende der Förderung erwartet. Weitere Kernelemente von INNOPUNKT sind ein wettbewerblich orientiertes Auswahlverfahren (Ideenwettbewerb mit Entscheidung einer Jury), der systematische Ergebnistransfer der jeweiligen Schwerpunktförderung sowie die Qualitätsbewertung und -sicherung durch den Aufbau eines entsprechenden Begleitsystems innerhalb oder außerhalb der zu fördernden Projekte und Begleitforschung zu ausgewählten Verfahren.

Qualitätssicherung ist integraler Bestandteil der Schwerpunktförderung im Rahmen von INNOPUNKT. So sind auf der einen Seite die Projektträger aufgefordert, im Ideenwettbewerb ein Qualitätssicherungskonzept für ihre Projektidee vorzulegen sowie dieses Konzept bei späterer Förderung zu implementieren. Auf der anderen Seite gewährleistet das MASGF mit Unterstützung der Landesanstalt für Struktur und Arbeit Brandenburg GmbH (LASA) die methodische und die fachliche Qualitätssicherung der Projekte. In methodischer Hinsicht bedeutet dies, dass eine Vor-Ort-Qualitätssicherung der einzelnen Projektträger nach der ZOPP-Methode mit proaktiver Begleitung vorgesehen ist und dass eine Trägerschulung zu Selbstevaluierung, Projektmanagement, Netzwerkmanagement und Dokumentation von Projektergebnissen erfolgt. Zur methodischen Qualitätssicherung zählt ferner, dass die vierteljährige Durchführung von Erfahrungsaustauschen sowie die Durchführung eines Abschluss- und Auswertungsworkshops pro Themenschwerpunkt. In fachlicher Hinsicht findet die Qualitätssicherung in jedem Schwerpunkt durch die Einrichtung einer Jury statt, der neben Vertreterinnen und Vertretern verschiedener Ressorts der Landesregierung ausgewiesene wissenschaftliche Expertinnen und Experten sowie von den Sozialpartnern benannte Vertreterinnen und Vertreter angehören. Die Jury hat zur Aufgabe, die eingereichten Vorschläge zu bewerten, die besten Ideen auszuwählen und die geförderten Projekte kritisch zu begleiten. Die Jurymitglieder bringen zudem ihre fachliche Expertise bei den vierteljährlichen Erfahrungsaustauschen und beim Abschlussworkshop ein. Darüber hinaus werden die geförderten Projekte durch das MASGF und die LASA Brandenburg GmbH fachlich beraten. Insofern ist eine Interaktion von methodischer und fachlicher Qualitätssicherung gegeben. Und schließlich erfolgt vor dem Hintergrund der MASGF-Konzeption der adressatenorientierten Evaluierung eine externe wissenschaftliche Begleitung, die sich einesteils auf die jeweiligen Themenschwerpunkte sowie andernteils auf das gesamte INNOPUNKT-Förderprogramm erstrecken soll.

Die thematische Festlegung des MASGF auf die ersten Förderschwerpunkte erfolgte im Rahmen des partnerschaftlichen Planungsprozesses zur Vorbereitung der Programme für den Förderzeitraum 2000 – 2006. Weitere Themenschwerpunkte der INNOPUNKT-Förderung werden ebenfalls im partnerschaftlichen Abstimmungsprozess vor allem mit den Arbeitgeberverbänden, Kammern und Innungen, Gewerkschaften, Bildungsträgern, den Kommunen sowie der Arbeitsverwaltung bestimmt. Die diskursive Einbeziehung der wesentlichen Akteure der Arbeitsmarktpolitik in die Entscheidung über zukünftige Förderschwerpunkte markiert ein weiteres Element der Qualitätssicherungspolitik des MASGF im Bereich der beruflichen Weiterbildung.

2) Informations- und Beratungsstellen für berufliche Weiterbildung und Weiterbildungsdatenbank

Die Qualitätssicherungspolitik und Qualitätssicherungspraxis des MASGF im Bereich der beruflichen Weiterbildung basiert zentral auf einem seit Anfang der 1990er Jahre landesweit installierten Netz an Beratungsstellen, das mit einer mittlerweile auch im Internet eingestellten Datenbank lokaler und regionaler Weiterbildungsangebote verknüpft ist. Die fünf regionalen Informations- und Beratungsstellen für berufliche Weiterbildung mit weiteren Zweigstellen im Land Brandenburg sowie die Weiterbildungsdatenbank Brandenburg als interaktive Weiterbildungsplattform befinden sich – gefördert durch das MASGF – in Trägerschaft der LASA Brandenburg GmbH. Auf diese Art und Weise stellt das MASGF ein effizientes Angebot zu stärkerer Transparenz und höherer Passgenauigkeit auf dem Weiterbildungsmarkt bereit. [...]"[19]

(Weitere Einzelheiten zum Thema siehe unter Punkt III.)

1.3 Siehe unter Punkt 1.2

---

[19] Vgl. Fn 15)

2. Förderung aus kofinanzierten ESF-Mitteln

2.1 Ausgangslage und Rahmenbedingungen

Mit der Bestätigung des Operationellen Programms des Landes Brandenburg am 29. Dezember 2000 durch die Europäische Kommission ist die Grundlage zur Umsetzung des Europäischen Sozialfonds (ESF) gegeben. Der ESF bildet das Fundament des Landesprogramms „Qualifizierung und Arbeit für Brandenburg" des Ministeriums für Arbeit, Soziales, Gesundheit und Frauen, das sich in der neuen Förderperiode 2000-2006 aus folgenden Schwerpunkten zusammensetzt:

- Für das Erwerbsleben qualifizieren – Programme zur beruflichen Ausbildung

- Arbeit statt Arbeitslosigkeit finanzieren – Programme zur Integration

- Bestehende Arbeitsplätze stabilisieren – Programme zur Prävention

- Neue Methoden und Instrumente – Programm für Innovation

Die Förderschwerpunkte der neuen Förderperiode sind aus der ESF-Verordnung der Europäischen Kommission, den Europäischen Beschäftigungsleitlinien sowie den Vorgaben der Landespolitik und des Landtages abgeleitet und gesetzt worden.

Darüber hinaus erhebt die Europäische Kommission den Anspruch, die Qualität und die Relevanz der Programmplanung zu verbessern. Aufgrund des stärker dezentralisierten Ansatzes und der damit verbundenen eindeutigen Zuweisung der Verantwortung für die Begleitung und Bewertung auf regionaler, nationaler und Gemeinschaftsebene, rückt die Frage nach den Indikatoren in den Mittelpunkt. Alle Aktionen (Richtlinien/Programme) sind mit einem Bündel von Indikatoren (Ressourcen- oder Input-Indikatoren, Output-Indikatoren, Ergebnisindikatoren, Wirkungsindikatoren) gekoppelt, die über die Effizienz und Qualität Aufschluss geben. Zur Halbzeitbewertung werden insbesondere unter dem Gesichtspunkt der Qualitätskontrolle und -sicherung dann im Wesentlichen folgende Aspekte geprüft:

- frühere Bewertungsergebnisse,

- weitere Gültigkeit der Analyse der Stärken, Schwächen und Möglichkeiten,

- gegebene Kohärenz der Strategie,

- Quantifizierung der Ziele

- Outputs, Ergebnisse und Auswirkungen,

- erwartete sozioökonomische Auswirkungen sowie auf dieser Grundlage Bewertung der Strategie und der Mittelaufteilung,

- Qualität durch Durchführungs- und Begleitmodalitäten.

2.2 Förderkriterien und Qualitätskriterien des Förderers für Einrichtungen/Träger und/oder Weiterbildungsmaßnahmen bei der Vergabe von kofinanzierten ESF-Mitteln

Siehe hierzu die Ausführungen des Ministeriums für Arbeit, Soziales, Gesundheit und Frauen unter Punkt II., 1.2.

III. Weitere Aktivitäten und Besonderheiten zur Qualitätssicherung auf Landesebene

- Fachtagung *Verbraucherschutz und Qualitätssicherung in der beruflichen Weiterbildung* in Potsdam am 28. Februar 1992, veranstaltet vom Ministerium für Arbeit, Soziales, Gesundheit und Frauen des Landes Brandenburg in Verbindung mit der Landesagentur für Struktur und Arbeit Brandenburg GmbH (LASA Brandenburg GmbH).[20] Die Tagung fand vor Inkrafttreten des Brandenburgischen Weiterbildungsgesetzes statt, zu einer Zeit, als ca. 1.500 Bildungsträger in Brandenburg Weiterbildungsveranstaltungen anboten und eine Diskussion um eine notwendige Kontrolle über die Qualität der Angebote anstand.

- Projekt *Regionale Strukturentwicklung für die Weiterbildung in Brückenregionen Brandenburgs* der Gesellschaft zur Förderung der Weiterbildung in der Region W.I.R. e.V., das in verschiedenen Landkreisen die Strukturen und Programme öffentlicher Weiterbildungseinrichtungen beraten hat. Dabei standen die Regionalorientierung und die regionale Vernetzung der Weiterbildungseinrichtungen im Vordergrund. Das Beratungsziel „Qualitätssicherung durch pädagogische Organisationsberatung" bezog sich in diesem Modellprojekt auf die zuverlässige Versorgung einer Region mit öffentlich legitimierten Weiterbildungsangeboten.[21]

- *Pädagogisches Landesinstitut Brandenburg (PLIB):* Das PLIB nimmt seit 1995 die Geschäftsführung des Landesbeirats für Weiterbildung wahr. Zu seinen Aufgaben zählen in diesem Zusammenhang u. a. auch Fragen der Qualitätssicherung in der Weiterbildung, wie die Erarbeitung von Kriterien für die Anerkennung von Einrichtungen der Weiterbildung oder von Weiterbildungsveranstaltungen. Das PLIB wirkt als Fortbildungsinstitut insbesondere für die berufliche Fortbildung der Mitarbeiterinnen und Mitarbeiter der Weiterbildungsträger und -einrichtungen sowie der Landesorganisationen der Weiterbildung. Es hat

---

[20] Landesagentur für Struktur und Arbeit Brandenburg GmbH (Hrsg.): Verbraucherschutz und Qualitätssicherung in der beruflichen Weiterbildung. Dokumentation einer Fachtagung am 28. Februar 1992 im Residence Hotel Potsdam. Kleinmachnow 1992

[21] Aus: Info-Dienst Weiterbildung in Brandenburg, Heft 3/1999, S. 9

beratende und unterstützende Funktion für die Mitarbeiterinnen und Mitarbeiter von Einrichtungen ebenso wie eine Multiplikatorenfunktion, bezogen auf die wissenschaftliche Diskussion und deren Einbeziehung bei der Planung und Gestaltung von Weiterbildungsprogrammen.

Im Rahmen der beruflichen Fortbildung des Einrichtungs- und Trägerpersonals sind insbesondere Fragen des Weiterbildungsbedarfs und der Teilnehmergewinnung Themen von Seminarreihen des PLIB. Neben der Beratung bei der Umstellung auf neue Organisations- und Finanzierungsformen gehört auch die Vermittlung neuer Methoden und Veranstaltungsformen zu seinen Aufgaben. Adressaten der Veranstaltungsreihen sind haupt-, neben- und ehrenamtliche pädagogische Mitarbeiterinnen und Mitarbeiter.

Des Weiteren berät das PLIB im Zusammenhang mit dem Brandenburgischen Weiterbildungsgesetz Einrichtungen über die inhaltliche Ausgestaltung von Maßnahmen und die organisatorischen Konsequenzen für die Einrichtung.

Das PLIB gibt seit 1992 den „Info-Dienst Weiterbildung in Brandenburg"[22] heraus. Die Service-Funktion des Info-Dienstes wird durch den Abdruck rechtlicher Regelungen oder aktueller Diskussionspapiere wahrgenommen.[23]

Bei vom PLIB durchgeführten Tagungen und Werkstattgesprächen stand u. a. auch das Thema der Qualitätssicherung in der Weiterbildung im Mittelpunkt.

Die Fachtagung *Perspektiven der Qualitätsentwicklung und Qualitätssicherung für die Weiterbildung im Land Brandenburg* fand am 9. Juni 1999 in Potsdam statt und wurde vom Ministerium für Bildung, Jugend und Sport in Kooperation mit dem Landesbeirat für Weiterbildung und dem PLIB veranstaltet.

Ziel war es, über Trends und Erfahrungen in der Qualitätsentwicklung in der Weiterbildung zu informieren, Projekte der Qualitätsentwicklung in der allgemeinen Weiterbildung zu präsentieren, Kriterien und Faktoren für die Qualität von Weiterbildung in verschiedenen Bereichen und Ebenen zu beleuchten und ganzheitlich zu betrachten und insbesondere für die allgemeine Weiterbildung eine Diskussion über angemessene und realisierbare Ziele und Formen der Qualitätsentwicklung und -sicherung zu befördern. Neben den Mindeststandards, wie sie das Brandenburgische Weiterbildungsgesetz durch die Anerkennungsanforderungen formuliert, wird die Beziehung zwischen Qualität, Professionalität, Fortbildung und Personalentwicklung gesehen und unterstützt. Aus Sicht des Landes sind überdies

---

[22] Pädagogisches Landesinstitut Brandenburg (PLIB) (Hrsg.): PLIB-Infodienst „Weiterbildung in Brandenburg", zu bestellen über: Pädagogisches Landesinstitut Brandenburg, Abteilung 4, 14974 Ludwigsfelde/ Struveshof.

[23] Weiterbildungsbericht 1996 für das Land Brandenburg, S. 71 ff.

Selbstevaluation und externe Beratung/Unterstützung eine sinnvolle Kombination.[24]

Die Folgetagung *Perspektiven der Qualitätsentwicklung und Qualitätssicherung für Weiterbildung im Land Brandenburg II* wird am 18. Oktober 2001 (Stand: August 2001) stattfinden.

Als praktische Umsetzung der auf der Fachtagung vom Juni 1999 getroffenen Vereinbarungen ist die Entwicklungsgruppe *Qualitätsentwicklung und -sicherung in der Weiterbildung in Brandenburg* zu sehen, die am 26.9.1999 im PLIB mit Vertreterinnen und Vertretern folgender Einrichtungen konstituiert wurde:

- Arbeitsstelle für Evangelische Erwachsenenbildung Potsdam,
- Bildungswerk des Landessportbundes e. V.,
- Gesellschaft zur Förderung der Erwachsenenbildung im Land Brandenburg GmbH,
- Kreisvolkshochschule Dahme-Spreewald,
- Paritätisches Bildungswerk, Potsdam,
- URANIA Cottbus e. V.,
- Volkshochschule Potsdam.

Die Entwicklungsgruppe hatte sich die Aufgabe gestellt, verschiedene Verfahren der Qualitätsentwicklung vor dem Hintergrund der unterschiedlichen Praxiserfahrungen zu überprüfen und bez. ihrer Anwendbarkeit zu beurteilen. Schließlich sollten geeignete Verfahren und Kriterien der Qualitätsentwicklung begründet ausgewählt und beschrieben werden. Die Entwicklungsgruppe hat sich vor allem mit zwei Konzepten auseinander gesetzt: mit dem „Fragenkatalog zur Selbstevaluation" des Landesverbandes der Volkshochschulen in Niedersachsen sowie mit dem „Leitfaden zur Qualitätssicherung in Familienbildungsstätten nach dem Modell der European Foundation for Quality Management (EFQM)", der vom Landesinstitut für Schule und Weiterbildung in Soest und dem Berufsforschungs- und Beratungsinstitut für interdisziplinäre Technikgestaltung in Bochum herausgegeben wurde.

Aus dem Ergebnisbericht der Entwicklungsgruppe ist zu entnehmen, dass die Gruppe die Angebotsqualität als zentralen Bereich für die Qualitätsentwicklung der Weiterbildung in Brandenburg herausgearbeitet hat. Hier sieht die Gruppe auch ein spezifisches Interesse der Weiterbildungspolitik, und zwar auf Grund der spezifischen Struktur der gesetzlichen Förderung der Weiterbildung in Brandenburg als angebots-und projektbezogener Finanzierung. Für die Ent-

---

[24] Berichte von der Fachtagung. In Info-Dienst Weiterbildung in Brandenburg, Heft 3/1999, S. 4 ff.

wicklungsgruppe ergab sich die Frage, an welchen Kriterien gute Angebotsqualität festzumachen ist und welche Instrumente dabei zu verwenden sind. Sie weist in diesem Zusammenhang auf die vom Deutschen Institut für Erwachsenenbildung (DIE) erarbeitete Checkliste „Qualität für Weiterbildungsinteressierte"[25] hin, da sie den potenziellen Teilnehmenden Qualitätskriterien an die Hand gebe, mit denen sie eine Weiterbildungseinrichtung „abprüfen" können.

Die Gruppe gibt dem Modell der Selbstevaluation nach dem niedersächsischen Fragenkatalog in Kombination mit punktueller externer Begleitung den Vorzug. Zwar habe das EFQM-Modell durch seinen ganzheitlichen Ansatz als Fernziel eine große Attraktivität, aber es erfordere einen hohen Aufwand in der Vorbereitung und Durchführung. Das Verfahren der Selbstevaluation biete sich besonders am Beginn von Qualitätsentwicklungsprozessen an, und eigne sich für die Entwicklung von Qualitätsbewusstsein bei den Mitarbeiterinnen und Mitarbeitern der Einrichtungen.

Im Dezember 1999 hat die Entwicklungsgruppe ihre Aufgabe beendet. Die Mitglieder arbeiten weiterhin aktiv zusammen.[26]

- Auch die in Brandenburg anerkannten Landesorganisationen haben – angeregt durch die o. g. Fachtagung – eine Arbeitsgruppe *AGLO* gebildet, mit dem Ziel der Förderung und Vernetzung der Qualitätsentwicklungen in ihren Mitgliedsorganisationen. Die AGLO sieht ihre Aufgabe in der Information, Beratung und Begleitung von Mitgliedseinrichtungen zu Fragen der Qualitätsentwicklung und -sicherung nach folgenden Grundsätzen:

   – verschiedene Formen und Methoden der Qualitätsentwicklung haben ihre Berechtigung;

   – Qualitätsentwicklungen dürfen nicht für Kosteneinsparungen missbraucht werden;

   – Qualitätsentwicklung ist auf staatliche Rahmenbedingungen angewiesen;

   – Qualitätsentwicklung ist ein Prozess und somit direkte Angelegenheit des jeweiligen Trägers;

   – der Freiraum für kleine und finanzierbare Schritte muss gewährleistet bleiben.[27]

- *Interministerielle Arbeitsgruppe „Lebenslanges Lernen"*, die im Dezember 2000 durch Beschluss des Kabinetts eingesetzt wurde. Sie dient auch der Qualitätssicherung der von den verschiedenen Ressorts der Landesregierung verantwor-

---

[25] Siehe Näheres zur Checkliste u. a. im Beitrag zu Rheinland-Pfalz, Punkt III.

[26] Aus: Qualitätsentwicklung in der Weiterbildung: Ergebnisse und Empfehlungen einer Entwicklungsgruppe am PLIB. In: INFO-Dienst „Weiterbildung in Brandenburg", Heft 1/2000, S. 24 ff.

[27] Vgl. Fn 25), S. 28 f.

teten Segmente der Weiterbildung. In der Arbeitsgruppe arbeiten die mit unterschiedlichen Teilbereichen der Weiterbildung befassten Ressorts zusammen, um die Rahmenbedingungen für das lebenslange Lernen in Brandenburg zu optimieren. Ziel ist, die Weiterbildungsbereitschaft der Bevölkerung zu erhöhen, die Bildungsbereiche miteinander zu verzahnen und die Mittel zur Förderung der Weiterbildung effizienter einzusetzen. Die Koordinierung der Interministeriellen Arbeitsgruppe (IMAG) erfolgt durch das Ministerium für Bildung, Jugend und Sport (MBJS), für die Berichterstattung sind MBJS und MASGF gemeinsam zuständig. Die IMAG „Lebenslanges Lernen" wurde für die Dauer von zwei Jahren einberufen. Sie ist aus einer eher informellen Ressortberatung der mit Weiterbildung befassten Referate auf Arbeitsebene hervorgegangen.[28]

- *Volkshochschul-Aktivitäten*: Nach Angaben des Brandenburgischen Volkshochschulverbandes e. V. liegt der Schwerpunkt seiner Aktivitäten zur Qualitätsentwicklung an brandenburgischen Volkshochschulen in der Umsetzung des niedersächsischen Fragenkatalogs zur Selbstevaluation[29]. Die Volkshochschulen des Landes praktizieren in unterschiedlicher Intensität verschiedene Verfahren der Qualitätsentwicklung (von der Selbstevaluation auf genannter Grundlage bis zu punktuellen Arbeitsvorhaben zu gezielten Einzelfragen wie Leitbildentwicklung, Kursevaluation, Teamentwicklung, Kundenkommunikation und Service). Alle Fortbildungsveranstaltungen des Landesverbandes dienen der Qualitätsentwicklung und konzentrieren sich besonders auf drei Bereiche:

  – Aufgaben und Programm der Einrichtungen,

  – Planung, Durchführung und Auswertung von Weiterbildungsangeboten und Programmen,

  – Entwicklung einrichtungsinterner Regelungen und Verfahren.

Die Bemühungen des Verbandes gehen dahin, Qualitätsentwicklung und Qualitätssicherung in untrennbarem Zusammenhang mit Organisationsentwicklung zu fördern, denn Qualitätsentwicklung bedarf der lernenden Organisation. Die Konzentration liegt demzufolge auf:

a) der Einbeziehung der Lehrenden in die Qualitätsentwicklung (hierzu wird eine Fortbildung für Kursleitende angeboten, die fünf Kompetenzbereiche umfasst: Personale Kompetenzen, Soziale Kompetenzen, Didaktische Kompetenzen, Methodische Kompetenzen, Gesellschaftliche und institutionelle Kompetenzen);

b) der Kommunikation mit den Nutzern (vom Verbraucherschutz bis hin zur systematischen Kundenkommunikation). Der VHS-Verband favorisiert nicht die

---

[28] Angaben des Ministeriums für Arbeit, Soziales, Gesundheit und Frauen sowie des Ministerium für Bildung, Jugend und Sport des Landes Brandenburg für diesen Übersichtsband vom Juli 2001

[29] Siehe Näheres zum Fragenkatalog im Beitrag zu Niedersachsen, Punkt III.

Etablierung von Standards und bestimmten Qualitätsmanagement-Systemen, sondern versucht, Qualitätsentwicklungsprozesse einrichtungsspezifisch zu gestalten, die jeweiligen Stärken und Schwächen zum Ausgangspunkt zu machen, einen von den Einrichtungen selbstbestimmten Entwicklungsprozess zu fördern, Veränderungen einzuleiten und auf die Implementierung und Einhaltung von vergleichbaren und vor allem für die Nutzer/in erkennbaren Qualitätsmerkmalen Wert zu legen.[30]

- *Weiterbildungsberatungsstellen*: 1992 erfolgte die Einrichtung von Informations- und Beratungsstellen für berufliche Weiterbildung im Rahmen der Qualitätssicherungspolitik des Ministeriums für Arbeit, Soziales, Gesundheit und Frauen (MASGF) im Land Brandenburg als ESF-Projekt „Informations- und Beratungsstellen für berufliche Weiterbildung/Weiterbildungsdatenbank Brandenburg". Die Beratungsstellen wurden zunächst mit einem Standort pro Arbeitsamtsbezirk installiert (in Potsdam, Rathenow, Templin, Fürstenwalde und Lauchhammer), später sind Außenstellen in Frankfurt/Oder, Cottbus und Pritzwalk hinzugekommen. Die Beraterinnen und Berater haben die Aufgabe, Kontakte zu allen an der beruflichen Weiterbildung beteiligten Stellen in der Region aufzunehmen. Ziel ist der Aufbau eines flächendeckenden Informations- und Kommunikationsnetzes, das als Plattform regionaler Kooperationen und Aktivitäten dient und Impulse zur Entwicklung der beruflichen Weiterbildung leistet. In der ländlichen, strukturschwachen Region des Nordens von Brandenburg wird eine mobile Beratung (mit einem Weiterbildungsbus) angeboten. Die Weiterbildungsberatungsstellen sind durch die direkte Zuordnung zu der Landesagentur für Struktur und Arbeit Brandenburg GmbH (LASA) und dem Ministerium für Arbeit, Soziales, Gesundheit und Frauen des Landes Brandenburg an der aktiven Umsetzung der Arbeitsmarktpolitik beteiligt. Um den Verbraucherschutz gewährleisten zu können, ist eine wesentliche Aufgabe von Weiterbildungsberatung, die Weiterbildungsinteressierten auf Kriterien zur Vergleichbarkeit der Angebote aufmerksam zu machen und ein Bewusstsein für das Preis-/Leistungsverhältnis zu vermitteln. Zu diesem Zweck werden den Ratsuchenden alle für sie in Frage kommenden Weiterbildungsangebote als Computerausdruck zur Verfügung gestellt. Die Prüfung der Angebote und die Auswahl treffen die Einzelnen selbst, die Anleitung zur Prüfung leistet die Weiterbildungsberatung.

Das Projektkonzept sieht vor, neben ganzheitlicher individueller Beratung zu Fragen der beruflichen Weiterbildung, betriebliche Weiterbildungsberatung durchzuführen und in Zukunft primär die regionalen Kooperationszusammenhänge zu Netzwerken weiterzuentwickeln, so dass regionale Qualifizierungsstrategien und systematische Bedarfsermittlung durch Bündelung der Akteure

---

[30] Angaben des Brandenburgischen Volkshochschulverbandes e.V. für diesen Übersichtsband vom November 2000

und Interessen entstehen. Ziel ist es, ein Brandenburger Netzwerk „Lebenslanges Lernen" zu initiieren, das, aufbauend auf bestehenden Strukturen, bildungsbereichs- und ressortübergreifend die Verzahnung der regionalen Akteure unterstützt. Darüber hinaus sollen Zugänge zum Lebenslangen Lernen für jeden gewährleistet und in Schule, Ausbildung, Beruf und Freizeit selbstorganisiertes und selbstverantwortliches Lernen vorangetrieben werden. Die Unterstützung von Kompetenzentwicklung gemäß der wirtschaftlichen, technischen, arbeitsorganisatorischen und gesellschaftlichen Anforderungen ist ein weiteres Ziel.

Instrumente der Erfolgskontrolle sind regelmäßige Dienstbesprechungen auf Leiter/innen-Ebene und der einzelnen Beratungsteams sowie ein Berichtssystem, das Quartalsberichte, Statistiken und Jahresberichte umfasst. Mit einer vom MASGF in Auftrag gegebenen Evaluation wurde in den Jahren 1997/1998 die Wirksamkeit hinsichtlich „Akzeptanz, Inanspruchnahme, Tätigkeitsspektrum und Handlungspotenziale der Weiterbildungsberatungsstellen im Land Brandenburg" untersucht.[31] Die Qualitätssicherung und -entwicklung der Informations- und Beratungsstellen für berufliche Weiterbildung erfolgt analog zu dem von der Projektleitung initiierten und von einer bundesweit agierenden Arbeitsgruppe erarbeiteten Konzept.[32] Die LASA trägt darüber hinaus zur Qualitätssicherung durch Zertifizierung nach ISO 9001 bei. In dem jährlichen Auditierungsprozess sind auch die Informations- und Beratungsstellen für berufliche Weiterbildung integriert, die sowohl für den Beratungsprozess, für die Bildungsmarktrecherche und für den Prozess der Führung der Weiterbildungsdatenbank Brandenburg Verfahrensvereinbarungen getroffen haben.

Im Dezember 2000 hat die Landesagentur für Struktur und Arbeit (LASA) eine Studie mit dem Titel „Qualitätsmanagement und Qualitätskriterien für die Bildungs- und Weiterbildungsberatung" herausgegeben. Die Studie richtet sich an Beratungseinrichtungen und ihre Mitarbeiter/innen und will anhand von praktischen Beispielen eine praxisnahe Hilfe an die Hand geben. In fünf Kapiteln wird beschrieben, wie die Einführung eines beratungsstellenspezifischen Qualitätsmanagements erfolgen kann, welches Vorgehen und welche Unterstützungsmöglichkeiten sinnvoll und notwendig sind. In Art einer Checkliste sind wichtige Fragen zusammengestellt, die in einer Beratungsstelle vor der Entscheidung über ein Qualitätsmanagement beantwortet werden sollen.[33]

---

[31] Zwick; Seibert: Akzeptanz, Inanspruchnahme, Tätigkeitsspektrum und Handlungspotenziale der Weiterbildungsberatungsstellen im Land Brandenburg. Studie im Auftrag des Ministeriums für Arbeit, Soziales, Gesundheit und Frauen des Landes Brandenburg (Hrsg.), Reihe Forschungsberichte. Potsdam 1998

[32] Beuck, Regina; Harke, Dietrich; Voß, Susanne: Qualitätsmanagement und Qualitätskriterien für die Bildungs- und Weiterbildungsberatung. Landesagentur für Struktur und Arbeit Brandenburg GmbH (Hrsg.), Potsdam Dezember 2000. Bestellungen an: LASA Brandenburg GmbH, Postfach 900 354, 14439 Potsdam

[33] Vgl. Fn 32)

- *Weiterbildungsdatenbank*: Die Weiterbildungsberatungsstellen sind mit der Weiterbildungsdatenbank Brandenburg verknüpft, die seit 1992 besteht und von der LASA Brandenburg GmbH seit Juli 1993 bearbeitet wird. Die Weiterbildungsdatenbank dient als Planungs- und Rechercheinstrument für die berufliche Weiterbildung. Die enge Verknüpfung zwischen den Informations- und Beratungsstellen und der Weiterbildungsdatenbank sowie die personenbezogene regionale Zuordnung der Verantwortlichkeiten für Bildungsmarktrecherchen kommen der Aktualität und Vollständigkeit der Weiterbildungsdatenbank in Bezug auf die Brandenburger Weiterbildungseinrichtungen und Angebote zugute. Im Jahr 2000 enthielt die Datenbank im Durchschnitt etwa 470 Bildungsträger und ca. 12.500 Weiterbildungsangebote. Seit Sommer 2000 ist die Weiterbildungsdatenbank Brandenburg unter www.wdb-brandenburg.de im Internet abrufbar, Links zu allen bundesweit relevanten Weiterbildungsdatenbanken sind vorhanden.

Stichworte: Brandenburgisches Weiterbildungsgesetz (BbgWBG); Bildungsfreistellung; Verordnung über die Anerkennung von Weiterbildungsveranstaltungen zur Bildungsfreistellung nach dem BbgWBG/Änderungsverordnung; Mindeststandards durch die Anerkennungsvoraussetzungen von Weiterbildungsveranstaltungen; Weiterbildungsverordnung (WBV); Förderrichtlinien; Angebotssicherung; Anerkennung von Weiterbildungseinrichtungen; Mindeststandards durch Anerkennungsanforderungen an Einrichtungen; regionaler Weiterbildungsrat; Landesbeirat für Weiterbildung; Qualitätssicherungsverfahren des MASGF; aktuelle Qualitätspolitik des MASGF; Landesagentur für Struktur und Arbeit Brandenburg GmbH (LASA); ESF-Projektförderung (Dialogprinzip); Fachtagung „Verbraucherschutz und Qualitätssicherung in der beruflichen Weiterbildung"; Projekt „Regionale Strukturentwicklung für die Weiterbildung in Brückenregionen Brandenburgs"; Pädagogisches Landesinstitut Brandenburg (PLIB): Info-Dienst Weiterbildung in Brandenburg, Fachtagung „Perspektiven der Qualitätsentwicklung und Qualitätssicherung für die Weiterbildung im Land Brandenburg"; Entwicklungsgruppe „Qualitätsentwicklung und -sicherung in der Weiterbildung in Brandenburg"; Arbeitsgruppe „AGLO" (der Landesorganisationen); VHS-Aktivitäten; Informations- und Beratungsstellen: Verbraucherschutz, Erfolgskontrollen, LASA-Studie „Qualitätsmanagement und Qualitätskriterien für die Bildungs- und Weiterbildungsberatung"; Weiterbildungsdatenbank Brandenburg

Brandenburg

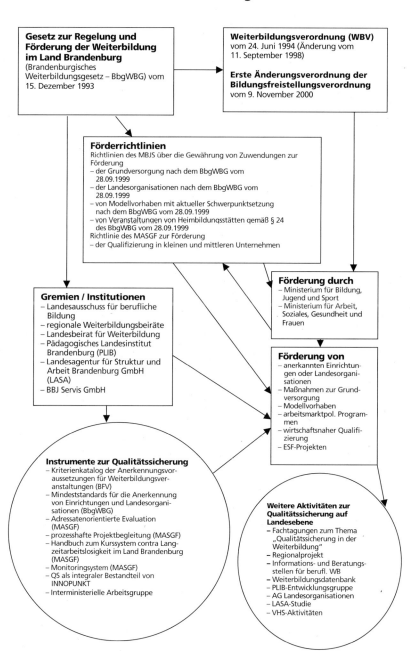

2.5 Freie Hansestadt Bremen

I. Gesetzliche Situation

Folgende Regelungen bilden in der Freien Hansestadt Bremen den gesetzlichen Rahmen für die qualitätssichernden Aktivitäten im Weiterbildungsbereich.

- Gesetz zur Änderung von Weiterbildungsvorschriften (BremWBG) vom 18. Juni 1996[1]
- Berichtigung zu diesem Gesetz vom 13. September 1996[2]
- Richtlinien zur Durchführung des Gesetzes über die Weiterbildung im Lande Bremen vom 19. Dezember 1996[3]
- Änderung der Richtlinien zur Durchführung des Gesetzes über die Weiterbildung im Lande Bremen vom 20. Mai 1998[4]
- Richtlinie zur Förderung von Qualifizierungsmaßnahmen im Rahmen des Beschäftigungspolitischen Aktionsprogramms für Bremen und Bremerhaven vom 22. Oktober 1997[5]
- Änderung der Richtlinie zur Förderung von Qualifizierungsmaßnahmen im Rahmen des Beschäftigungspolitischen Aktionsprogramms für Bremen und Bremerhaven (BAP) vom 7. Februar 2001[6]

Darüber hinaus liegt der Qualitätsleitfaden „Inhaltliche Voraussetzungen zur Anerkennung von Weiterbildungseinrichtungen nach dem Bremer Weiterbildungsgesetz", Stand 1. August 1997[7] vor, der von der Bremer Senatsbehörde zusammen mit Bremer Einrichtungen der Weiterbildung erarbeitet wurde.

---

[1] Gesetz zur Änderung von Weiterbildungsvorschriften vom 18. Juni 1996. In: Gesetzblatt der Freien Hansestadt Bremen, Nr. 27 vom 2. Juli 1996, S. 127 ff.

[2] Berichtigung dieses Gesetzes vom 13. September 1996. In: Gesetzblatt der Freien Hansestadt Bremen, Nr. 37 vom 13. September 1996, S. 243

[3] Richtlinien zur Durchführung des Gesetzes über die Weiterbildung im Lande Bremen vom 19. Dezember 1996: In: Amtsblatt der Freien Hansestadt Bremen, Nr. 33 vom 7. Mai 1997, S. 217 ff.

[4] Änderung der Richtlinien zur Durchführung des Gesetzes über die Weiterbildung im Lande Bremen vom 20. Mai 1998. In: Amtsblatt der Freien Hansestadt Bremen, Nr. 51 vom 11. Juni 1998, S. 272

[5] Richtlinie zur Förderung von Qualifizierungsmaßnahmen im Rahmen des Beschäftigungspolitischen Aktionsprogramms für Bremen und Bremerhaven vom 22. Oktober 1997, in Kraft getreten am 1. Januar 1998 (nicht veröffentlicht, wurde den Weiterbildungsträgern, Kammern, Arbeitsämtern Bremen und Bremerhaven zugeschickt)

[6] Änderung der Richtlinie zur Förderung von Qualifizierungsmaßnahmen im Rahmen des Beschäftigungspolitischen Aktionsprogramms für Bremen und Bremerhaven (BAP) vom 7. Februar 2001, in Kraft getreten am 1. März 2001 (nach Notifizierung durch die Europäische Kommission). In: Amtsblatt der Freien Hansestadt Bremen, Nr. 37 vom 15. März 2001

[7] Qualitätsleitfaden „Inhaltliche Voraussetzungen zur Anerkennung von Weiterbildungseinrichtungen nach dem Bremer Weiterbildungsgesetz", Stand 1. August 1997. Erstellt vom Senator für Bildung, Wissenschaft, Kunst und Sport. Wird bei Bedarf herausgegeben.

Folgende „Beschlussvorlagen für den Landesausschuss für Weiterbildung" wurden für den vorliegenden Beitrag ausgewertet:

- Vorlage Nr. L 23/98 für die Sitzung des Landesausschusses für Weiterbildung am 21.04.1998. Anerkennung von Weiterbildungseinrichtungen nach dem BremWBG. Hier: Anerkennung von Zertifizierungen nach DIN EN ISO 9000-9004[8]
- Vorlage Nr. L 29/98 für die Sitzung des Landesausschusses für Weiterbildung am 22.09.1998. Anerkennung von Weiterbildungseinrichtungen nach dem BremWBG. Hier: Anforderungsprofil für Gutachterinnen und Gutachter[9]
- Vorlage Nr. L 30/98 für die Sitzung des Landesausschusses für Weiterbildung am 22.09.1998. Anerkennung von Weiterbildungseinrichtungen nach dem BremWBG. Hier: Teilanerkennung der Trägerprüfung durch das Arbeitsamt[10]

Zuständig für die Durchführung des Weiterbildungsgesetzes ist der Senator für Bildung, Wissenschaft, Kunst und Sport (§ 11 BremWBG). (Heute: Senator für Bildung und Wıssenschaft).

Bremen hat mit der Änderung des **Bremer Weiterbildungsgesetzes** vom 18.6.1996 die Forderung nach Qualitätssicherung aufgegriffen und weitreichende Regelungen getroffen. Bei den Zielen der Weiterbildung (§ 2 BremWBG) wird ausdrücklich auf den Beitrag des Gesetzes „zur Entwicklung von bedarfsgerechten Angebotsprofilen und zur Innovation und Qualitätssicherung in der bremischen Weiterbildung" hingewiesen.

Leitbild der Bremer Qualitätspolitik ist die Prozessorientierung. Damit werden alle Teilprozesse der Weiterbildung ins Blickfeld gerückt und gleichermaßen beachtet. Zugrunde liegt das Modell eines Regelkreises, der alle Phasen des Weiterbildungsprozesses abbildet: von der Bedarfsanalyse über die Konzeptentwicklung und Teilnehmergewinnung (inkl. Beratung) bis hin zur Maßnahmedurchführung und Evaluation.[11] Qualitätssicherung wird also nicht als punktuelle Kriterienprüfung gesehen, sondern als permanente Qualitätsentwicklung, die sich mit einem Organisationsentwicklungsprozess verzahnt.[12]

---

[8] Vorlage Nr. L 23/98 für die Sitzung des Landesausschusses für Weiterbildung am 21.04.1998. Anerkennung von Weiterbildungseinrichtungen nach dem BremWBG. Hier: Anerkennung von Zertifizierungen nach DIN EN ISO 9000-9004. Beschlossen am 21.04.1998.

[9] Vorlage Nr. L 29/98 für die Sitzung des Landesausschusses für Weiterbildung am 22.09.1998. Anerkennung von Weiterbildungseinrichtungen nach dem BremWBG. Hier: Anforderungsprofil für Gutachterinnen und Gutachter. Beschlossen am 22.09.1998.

[10] Vorlage Nr. L 30/98 für die Sitzung des Landesausschusses für Weiterbildung am 22.09.1998. Anerkennung von Weiterbildungseinrichtungen nach dem BremWBG. Hier: Teilanerkennung der Trägerprüfung durch das Arbeitsamt. Beschlossen am 22.09.1998.

[11] Inhaltlich greift der bremische Ansatz damit das Konzept der vom BIBB mit Mitteln des BMBF geförderten Modellversuche zur Qualität in der Weiterbildung auf (s. dazu auch den Beitrag zu Bayern)

[12] Bötel, Christina; Gnahs, Dieter; Merx, Katrin : Begleitung der Implementierung von Qualitätsmanagementsystemen bei Weiterbildungseinrichtungen im Lande Bremen (Endbericht). Institut für Entwicklungsplanung und Strukturforschung an der Universität Hannover (Hrsg.), Erschienen 1998, S. 2 ff.

Die *Voraussetzungen zur Anerkennung von Weiterbildungseinrichtungen* durch das Land Bremen sind im Weiterbildungsgesetz, den Richtlinien und dem Qualitätsleitfaden formuliert.

Im BremWBG ist die Anerkennung von Einrichtungen der Weiterbildung in § 4 geregelt. Genannt werden acht Anerkennungsvoraussetzungen. Die Einrichtungen können anerkannt werden, wenn sie

1. juristische Personen mit Sitz im Lande Bremen sind oder als rechtlich unselbstständige Einrichtung ihren Tätigkeitsbereich überwiegend im Lande Bremen haben;

2. in der Regel zwei Jahre Leistungen nach § 2 Abs. 2 Nr. 1 bis 3 nachgewiesen haben, die nach Inhalt und Umfang eine Anerkennung rechtfertigen;

3. über hauptberufliches pädagogisches Personal für die Programmentwicklung und Qualitätssicherung verfügen;

4. nachweisen, dass ihre Lehrkräfte für den Bereich der Weiterbildung qualifiziert sind;

5. ihr Weiterbildungsprogramm und die durchgeführten Maßnahmen regelmäßig evaluieren und die Ergebnisse der Evaluation dokumentieren;

6. angemessene Teilnahmebedingungen bieten;

7. die Freiheit der Meinungsäußerung gewährleisten und

8. die Mitbestimmung von Lehrenden und Lernenden sichern.

Mit der Anerkennung ist die Einrichtung berechtigt, den Titel „Anerkannte Einrichtung der Weiterbildung nach dem Weiterbildungsgesetz im Lande Bremen" zu führen. (§ 4 Abs. 2)

Laut **Richtlinien zur Durchführung des Gesetzes über die Weiterbildung im Lande Bremen** vom 19. Dezember 1996 müssen die Einrichtungen der Weiterbildung ihre Anerkennung schriftlich beim Senator für Bildung, Wissenschaft, Kunst und Sport beantragen.

Die Richtlinien führen unter Ziffer 1 detailliert die Nachweise zur Anerkennung von Einrichtungen der Weiterbildung nach § 4 BremWBG auf, die ein Antrag auf Anerkennung enthalten muss. Zu folgenden Kategorien machen die Richtlinien Ausführungen:

- rechtliche Rahmenbedingungen der Einrichtung;

- wirtschaftliche und organisatorische Rahmenbedingungen;

- räumliche und sachliche Rahmenbedingungen;

- aufgabenspezifische Rahmenbedingungen;
- teilnahmeorientierte Rahmenbedingungen.

Bei den teilnahmeorientierten Rahmenbedingungen (Ziff. 1.5) muss die Einrichtung u. a. den Nachweis

- einer sachbezogenen Teilnehmerwerbung,
- der fachlichen Beratung der Weiterbildungssuchenden,
- der Vertrags- und Preisgestaltung,
- des Schutzes der persönlichen Daten,
- einer Orientierung der Programmplanung und Programmrealisierung an den Interessen der Teilnehmerinnen und Teilnehmer,
- der Beteiligung der Teilnehmerinnen und Teilnehmer an der internen Evaluierung,
- einer hauptberuflichen Betreuung der Veranstaltungen

erbringen.

Die Richtlinien legen unter Ziffer 1.2.2 für die Einrichtungen der Weiterbildung den Nachweis angemessener Qualitätsstandards bei der Organisation ihrer Bildungsprozesse und ihrer Verwaltung fest: „Der Nachweis der Erfüllung angemessener Qualitätsstandards wird erbracht durch eine Überprüfung der Einrichtung nach Standards, die der Landesausschuss für Weiterbildung selbst erarbeitet oder als Äquivalent anerkannt hat."

Da sich zunehmend Bremer Weiterbildungseinrichtungen auch nach DIN EN ISO 9000 bis 9004 zertifizieren lassen, hat der Landesausschuss für Weiterbildung dem Senator für Bildung, Wissenschaft, Kunst und Sport folgende Empfehlung gegeben[13]:

- eine Zertifizierung entsprechend DIN EN ISO 9001 als Nachweis angemessener Qualitätsstandards bei der Organisation der Bildungsprozesse und ihrer Verwaltung anzuerkennen[14],
- eine Zertifizierung entsprechend DIN EN ISO 9002 dann anzuerkennen, wenn die Einrichtung bei der Antragstellung die fehlenden Angaben über die Entwicklung neuer Angebote ergänzt,

---

[13] Vgl. Fn 8)

[14] Diese Empfehlung bezieht sich auf Ziffer 1.2.2 der Richtlinien zur Durchführung des Gesetzes über die Weiterbildung im Lande Bremen.

- auf eine zusätzliche Überprüfung der Einrichtung zu verzichten, sofern die Weiterbildungseinrichtung nachweist, dass sie die durch den Senator für Bildung, Wissenschaft, Kunst und Sport festgelegten inhaltlichen Anforderungen in das Qualitätsmanagementsystem eingearbeitet hat.

Da die vom BremWGB über Richtlinien und Qualitätsleitfaden definierten Mindeststandards (Voraussetzungen zur Anerkennung von Weiterbildungseinrichtungen nicht per se Bestandteil einer Zertifizierung nach DIN EN ISO sind, hält der Landesausschuss für Weiterbildung es für sinnvoll, dass die antragstellende Einrichtung sie bei der Anerkennung nach dem BremWBG gesondert nachweist.[15]

Auch für das Anerkennungsverfahren nach dem BremWBG für Einrichtungen der beruflichen Weiterbildung, die Maßnahmen mit Förderung der Bundesanstalt für Arbeit durchführen, hat der Senator für Bildung, Wissenschaft, Kunst und Sport dem Landesausschuss für Weiterbildung einen Vorschlag unterbreitet[16]:

Die Ausgangslage wird wie folgt beschrieben: „Die Trägerüberprüfung erfolgt durch das Maßnahmearbeitsamt vor erstmaliger Durchführung einer SGBIII-geförderten Maßnahme im jeweiligen AA-Bezirk; weitere Überprüfungen erfolgen im Dreijahresturnus. Der Träger wird über das Ergebnis der Prüfung schriftlich informiert. Die Trägerüberprüfung erfolgt auf Grund des Anforderungskatalogs an Bildungsträger, die in Teilbereichen dem vom Senator für Bildung, Wissenschaft, Kunst und Sport entwickelten Qualitätsleitfaden entsprechen.

Da ein Teil der jetzt anerkannten Weiterbildungseinrichtungen sich bereits diesem Anerkennungssystem durch die Bundesanstalt für Arbeit unterworfen hat, um als Träger anerkannt zu werden und entsprechende Aufträge zu erhalten, muss der Landesausschuss für Weiterbildung festlegen, ob diese Anerkennung als Äquivalent anerkannt wird."

Der Lösungsvorschlag des Landesausschusses enthält eine Liste von Rahmenbedingungen (räumliche, sachliche, fachspezifische und teilnehmerorientierte), die durch die von der Bundesanstalt für Arbeit durchgeführte Einrichtungsüberprüfung als Teilprüfungen im Rahmen der Anerkennung nach dem BremWBG anerkannt werden. Die Anerkennung dieser Teilprüfungen als Äquivalent setzt wiederum die Erfüllung von in dem Lösungsvorschlag genannten Bedingungen voraus.

In dem Lösungsvorschlag für die Anerkennung von Weiterbildungseinrichtungen nach BremWBG sind Voraussetzungen genannt, die über die Anforderungen der Bundesanstalt für Arbeit hinausgehen. Auf ihre Überprüfung soll nicht verzichtet werden.

---

[15] Vgl. Fn 8)

[16] Vgl. Fn 10)

Das Anerkennungsverfahren von Weiterbildungseinrichtungen nach dem BremWBG sieht vor, dass die Einhaltung der erforderlichen Qualitätsstandards durch ein vom Antragsteller einzureichendes unabhängiges Gutachten bestätigt wird.

Laut Qualitätsleitfaden wird geprüft, ob eine Einrichtung bei der Organisation von Bildungsprozessen ein Qualitätsmanagementsystem eingerichtet hat, wobei keinerlei Vorgaben zur Art des Systems gemacht werden. Es liegt in der Verantwortung der Einrichtung, ein für sie entsprechendes System aufzubauen, das ein/e von der Einrichtung benannte/r Gutachterin bzw. Gutachter auf immanente Logik und Geschlossenheit unter Berücksichtigung aller qualitätsrelevanter Kernprozesse prüft.[17]

Die Kosten für die Begutachtung werden von der Einrichtung bezahlt.[18]

Anforderungen an ein Qualifikationsprofil und die Unabhängigkeit der Gutachterinnen und Gutachter haben der Senator für Bildung, Wissenschaft, Kunst und Sport in Abstimmung mit dem Senator für Arbeit erarbeitet. Der Landesausschuss für Weiterbildung hat den Vorschlägen zugestimmt und zur Rolle der/des externen Gutachterin/Gutachters im Anerkennungsverfahren u. a. ausgeführt[19:]
„Die Anerkennung von Weiterbildungseinrichtungen ist ein staatliches Verfahren. Auch wenn die letzte Prüfung und Entscheidung bei der senatorischen Behörde verbleibt, besitzt die Arbeit des Gutachters/der Gutachterin innerhalb dieses Verfahrens einen hohen Stellenwert. Seine/ihre Unabhängigkeit und Kompetenz ist mitentscheidend für die Akzeptanz, die das Anerkennungsverfahren findet. Das Land kann deshalb auf die Festlegung formaler Kriterien nicht verzichten.

Um eine Anerkennung nach dem BremWBG zu bekommen, lässt die Weiterbildungseinrichtung die Einhaltung der im Gesetz, in den Richtlinien und in dem Qualitätsleitfaden festgelegten Anerkennungskriterien extern überprüfen."

Wie diese externe Überprüfung abläuft, beschreibt Punkt 2 der Beschlussvorlage (L 29/98). In den Punkten 3 und 4 werden das Qualifikationsprofil der Gutachterin/ des Gutachters und die einzelnen Anforderungen an ihre/seine Unabhängigkeit beschrieben.

Auch die regelmäßige Überprüfung der Erfüllung der Anerkennungsvoraussetzungen bei anerkannten Einrichtungen der Weiterbildung nach § 7, Abs. 2, Satz 1 BremWBG ist geregelt. Sie erfolgt innerhalb eines 3-Jahres-Zeitraums (Ziffer 1.7 der Richtlinien). Darüber hinaus ist ein jährliches internes Audit vorgeschrieben.

Folgende *Gremien* sieht das BremWBG vor, die die Qualität der Weiterbildung fördern sollen:

---

[17] Vgl. Fn 12), S. 6
[18] Vgl. Fn 4)
[19] Vgl. Fn 9)

Auf der Grundlage von § 9 BremWBG richtet der Senator für Bildung, Wissenschaft, Kunst und Sport einen *Landesausschuss für Weiterbildung* ein, der die Aufgabe hat, die mit Weiterbildung befassten Senatsressorts sowie die Einrichtungen der Weiterbildung zu beraten. Die Beratung bezieht sich auf:

1. Koordinierung der weiterbildungspolitischen Aktivitäten des Landes und der Einrichtungen der Weiterbildung zur Schaffung und Aufrechterhaltung eines koordinierten Gesamtangebotes;
2. Grundsätze für eine Qualitätssicherung der Weiterbildungsangebote im Lande Bremen;
3. Kriterien für die Anerkennung von Einrichtungen der Weiterbildung und den Erlass von Richtlinien für das Anerkennungsverfahren und
4. Errichtung von Einrichtungen der Weiterbildung durch das Land Bremen nach § 3 Abs. 2.

Darüber hinaus hat der Landesausschuss die Aufgabe, den Förderungsausschuss (§ 10 BremWBG) zu wählen und kann im Einzelfall weitere, nichtständige Ausschüsse bilden.

Dem Landesausschuss gehören Vertreter/innen aus sieben verschiedenen Bereichen an.

Es ist per Gesetz vorgesehen, dass der Senator die *Fachberatung* (§ 12 BremWBG) sicherstellt, indem Einrichtungen der Weiterbildung bei der Qualitätssicherung, der Evaluation und Angebotsentwicklung unterstützt werden. Diese Unterstützung soll unter Nutzung vorhandenen Fachpotenzials im Land Bremen sowie unter Einbeziehung der Wissenschaft und möglichst in Kooperation mit überregionalen Einrichtungen erfolgen.

1997 hat der Senator für Bildung, Wissenschaft, Kunst und Sport daher das Institut für Entwicklungsplanung und Strukturforschung an der Universität Hannover (IES) beauftragt, den Prozess der *Implementation eines Qualitätsmanagementsystems bei den Einrichtungen* der Weiterbildung zu begleiten und zu unterstützen. In diesem Rahmen hat das Institut 1998 einen Abschlussbericht[20] vorgelegt, der die erarbeiteten *Handreichungen* zur Unterstützung der Einrichtungen bei der Umsetzung des Bremer Qualitätskonzepts sowie ein *Instrumentenset zur Qualitätsentwicklung* enthält. Es wurden zwei mögliche Verfahrensweisen zur Konkretisierung der Anerkennung von Einrichtungen der Weiterbildung vorgestellt. Der Senator für Bildung, Wissenschaft, Kunst und Sport hat sich für die zweite Verfahrensweise entschieden, die eine Selbstauskunft der Einrichtung und eine gutachterliche Stellungnahme zu dieser Selbstauskunft verlangt[21].

---

[20] Vgl. Fn 12)

[21] Vgl. Fn 12), S. 9 f.

Zum *Qualitätsprofil von Gutachterinnen und Gutachtern* werden in dem Abschlussbericht des IES Vorschläge für eine Operationalisierung der Anforderungen in Form eines Erfassungsbogens gemacht und eine den Qualitätsleitfaden ergänzende Gliederung für einen standardisierten Auditbericht vorgelegt.

Um kontinuierlich Fragen der Qualitätsentwicklung und -sicherung in Bremen behandeln zu können, wurde die Einrichtung eines ständigen Arbeitskreises aus Experten der Bremer Einrichtungen und Mitarbeiterinnen/Mitarbeitern der Senatsbehörde empfohlen. Der Arbeitskreis soll Multiplikatorenschulungen für das Bremer Modell vornehmen und darüber hinaus für eine Überprüfung und Weiterentwicklung des Qualitätskonzepts sorgen.

Dieser Arbeitskreis, an dem zwischenzeitlich auch Gutachter und Gutachterinnen teilnehmen, arbeitet kontinuierlich seit 1998.

Auch die Bremer *Volkshochschule* bezieht sich auf das Weiterbildungsgesetz vom 18. Juni 1996 und die seit dem 1. Januar 1997 geltenden Richtlinien dazu. Sie sieht sich eingebunden in ein Qualitätssicherungssystem, das die Förderungswürdigkeit abhängig macht von einem Anerkennungsverfahren, dessen inhaltliche Voraussetzungen in einem Qualitätsleitfaden präzisiert werden (s. unter Punkt I.). In diesem Rahmen hat die Bremer Volkshochschule mit dem Fokus der Prozessorientierung ein eigenes QM-System erarbeitet, das in einem Handbuch dokumentiert und extern begutachtet wurde. Durch Evaluierung der Stärken und Schwächen des Bremer Modells wird ein kontinuierlicher Verbesserungsprozess eingeleitet.[22]

Im Lande Bremen sind von den 16 bisher anerkannten Einrichtungen alle nach den neuen Kriterien anerkannt worden. Weitere Einrichtungen haben zwischenzeitlich Anträge auf Anerkennung gestellt.

Das Land Bremen hat für die anerkannten Einrichtungen ein Logo entwickelt, das die Einrichtungen für ihre Veröffentlichungen verwerten. In dem „Integrierten Weiterbildungs-Informationssystem Bremen" (IWIB: Weiterbildungsdatenbank im Internet) erscheint das Logo bei den entsprechenden Einrichtungen ebenfalls.

Nach der ersten Phase der Implementierung von Qualitätsmanagementsystemen sollte in einer nächsten Phase der kontinuierliche Verbesserungsprozess eingeleitet werden, der deutlich macht, dass der „Bremer Weg" nicht als ein starres System zu verstehen ist, sondern explizit auf eine Weiterentwicklung ausgerichtet wird.

Zu diesem Zweck wurde im November 2000 ein Workshop veranstaltet, in den sich alle Beteiligten einbringen konnten, d.h. im Wesentlichen die Einrichtungen (Leitung und QMB), Gutachter und Gutachterinnen, Ressort, Landesausschuss für Weiterbildung sowie Förderungsausschuss. Das IES wurde vom Ressort beauftragt,

---

[22] Angaben der Bremer Volkshochschule, September 2000

eine Ist-Analyse zu den Stärken und Schwächen des „Bremer Modells" sowie der aktuellen Situation der Bremer Weiterbildungslandschaft zu erstellen.

Das IES hat dazu einen Fragebogen entwickelt, mit dem vor dem Workshop die Einrichtungen und die Gutachter/Gutachterinnen anonym befragt wurden. Die Einzelbewertungen wurden vom IES zusammengetragen und zu einem Gesamtportfolio über den Entwicklungsstand der Bremer Weiterbildungslandschaft zusammengestellt, anhand dessen gemeinsam Entwicklungsmöglichkeiten diskutiert wurden.

Erfahrungen in der Umsetzung

- In Bremen ist ein Klima entstanden, in dem Weiterbildungsqualität im Interesse der Kunden neu diskutiert wird.
- Die Einrichtungen sind durch die Intervention des Landes unter hohen Druck geraten: QM-Systeme aufzubauen erfordert zusätzliche Arbeit und kostet Geld! Die rechtzeitige und umfassende Einbeziehung der Beteiligten hat in Bremen dazu beigetragen, dass mit dem Druck konstruktiv umgegangen wurde und die Aufbauarbeiten erfolgreich abgeschlossen werden konnten.
- Die durch die „mittlere Systematisierung" eingeräumte Gestaltungsfreiheit ist genutzt worden: Einige Einrichtungen haben die Landesvorgaben zum Aufbau selbstentwickelter QM-System genutzt, andere haben sich am Ansatz der DIN – EN ISO oder des EFQM orientiert. Die Verpflichtung, auf jeden Fall prozessorientiert vorzugehen, hat die Möglichkeit eröffnet, jederzeit zwischen diesen Systemen zu wechseln und sich bei Bedarf ohne großen zusätzlichen Aufwand nach internationalen Normen zertifizieren zu lassen (EU-Förderrichtlinien). Die Vorgaben des Teilnehmerschutzes werden in jedem Modell eingehalten.
- Die Landesvorgaben zur Qualitätssicherung werden kontinuierlich im Landesausschuss für Weiterbildung mit dem Ziel der kontinuierlichen Verbesserung des Systems beraten.[23]

II. Förderung der (beruflichen) Weiterbildung aus Landes-Mitteln und kofinanzierten ESF-Mitteln

1. Förderung aus Landes-Mitteln

1.1 Ausgangslage und Rahmenbedingungen

Der auf der Grundlage des BremWBG eingerichtete Förderungsausschuss gibt dem Senator für Bildung und Wissenschaft Empfehlungen in grundsätzlichen

---

[23] Angaben des Senators für Bildung und Wissenschaft für diesen Übersichtsband vom Juli 2001

Fragen der Förderung. Seine Zusammensetzung ist ebenfalls im BremWBG geregelt.

Das Land Bremen fördert die Weiterbildung nach Maßgabe des § 3 BremWBG durch

1. staatliche Anerkennung von Einrichtungen (BremWBG § 4),

2. institutionelle Förderung (Personalkostenzuschüsse) (BremWBG § 5),

3. Programmförderung (BremWBG § 6)

 – Regelförderung (§ 6.1)

 – Schwerpunktförderung (§ 6.2)

Anerkannt und finanziert werden nicht Träger, sondern nur Einrichtungen der Weiterbildung; dabei ist nicht zwingend, dass anerkannte Einrichtungen auch finanziert werden. Das WBG setzt für eine Finanzierung u. a. voraus, dass eine anerkannte Einrichtung auch zum koordinierten Gesamtangebot des Bundeslandes beiträgt.[24]

1.2 Förderkriterien und Qualitätskriterien des Förderers für Einrichtungen/Träger und/oder Weiterbildungsmaßnahmen bei der Vergabe von Landesmitteln

§ 4 BremWBG nennt acht Voraussetzungen, die erfüllt sein müssen, damit eine Einrichtung den Titel „Anerkannte Einrichtung der Weiterbildung nach dem Weiterbildungsgesetz im Lande Bremen" führen kann (siehe auch Punkt I.).

Die staatliche Anerkennung von Weiterbildungseinrichtungen wird von der finanziellen Förderung getrennt; die Anerkennung ist für die Einrichtungen ein wichtiges Marketinginstrument und zugleich wesentliche Voraussetzung dafür, an den WBG-Mitteln partizipieren zu können.

§ 5 BremWBG beschreibt, in welchem Fall und unter welchen Voraussetzungen die anerkannten Einrichtungen eine *institutionelle* Förderung erhalten.

Die institutionelle Förderung (Personalkostenzuschüsse) wird präzisiert und in Abgrenzung zu anderen Gesetzen an die Ziele des WBG gebunden; sie soll insbesondere unterstützen

– die hauptberufliche Entwicklung und Durchführung von Programmen nach § 6.1 (Regelförderung),

– das Qualitätsmanagementsystem in den Weiterbildungseinrichtungen, und

– die Mitwirkung an einem koordinierten Gesamtsystem der Weiterbildung.

---

[24] Vgl. Fn 23)

§ 6 BremWBG regelt, unter welchen Voraussetzungen die anerkannten Einrichtungen eine *Programmförderung* erhalten.

Die Programmförderung ist unterteilt in die

- Regelförderung: Damit werden Kosten von Bildungsurlauben, Maßnahmen der politischen Bildung sowie Veranstaltungen für besonders benachteiligte Zielgruppen bezuschusst,
- Schwerpunktförderung (Einzelförderung), nach der Zuschüsse gezahlt werden können, zu den Kosten von Modellvorhaben, den Kosten von besonderen Schwerpunktmaßnahmen und den Kosten kooperativ genutzter Bildungsstätten und Arbeitsräume. An den Programmen, die öffentlich ausgeschrieben werden, können sich auch nichtanerkannte Einrichtungen beteiligen.

Die Förderungsbedingungen legt § 8 BremWBG fest.

1.3 Verfahrensweise bei der Vergabe von Landesmitteln

Das Verfahren der Beantragung, Bewilligung und Abrechnung der Zuschüsse an anerkannte Einrichtungen der Weiterbildung ist in den „Richtlinien zur Durchführung des Gesetzes über die Weiterbildung im Lande Bremen", Ziffern 2 bis 6 geregelt.[25]

Bezogen auf die institutionelle Förderung (WBG § 5) und die Programmförderung nach WBG § 6.1, die nur denjenigen Einrichtungen gewährt wird, die nach WBG § 4 anerkannt sind, stellen die Einrichtungen nach Beratung der Haushaltssituation und der geplanten Mittelvergabe im Förderungsausschuss ihre Anträge an den Senator für Bildung und Wissenschaft bis zum 15. September für das Folgejahr; diese werden unter dem Vorbehalt der zur Verfügung stehenden Haushaltmittel und unter dem Maßstab der allgemeinen Weiterbildungsziele des Landes sowie der einschlägigen Qualitätsmerkmale für die Laufzeit eines Jahres durch den Senator für Bildung und Wissenschaft geprüft und nach Möglichkeit bewilligt. Für die Abrechnungsfristen gelten die Daten 30. August für die Veranstaltungen des 1. Halbjahres und 15. Februar für das 2. Halbjahr der vergangenen Förderperiode.

Die Schwerpunktförderung nach WBG § 6.2 steuert mit ca. 10% der Mittel der §§ 5 und 6.1 die Förderung von Weiterbildungsthemen, die in der bildungspolitischen Debatte als wichtig und innovativ angesehen werden, das Regelangebot jedoch noch zu selten und geringfügig erreicht haben. Durch öffentliche Ausschreibung unter den Bedingungen der „Verdingungsordnung für Leistungen" (VOL) sorgt dieses Instrument auch für die Beteiligung von (noch) nicht anerkannten Einrichtungen der Weiterbildung.[26]

---

[25] Vgl. Fn 3)

[26] Vgl. Fn 23)

2. Förderung aus kofinanzierten ESF-Mitteln

2.1 Ausgangslage und Rahmenbedingungen

Die Situation der Förderung der beruflichen Weiterbildung aus Landes- und ESF-Mitteln stellt sich in Bremen nach Angaben des Senators für Arbeit, Frauen, Gesundheit, Jugend und Soziales folgendermaßen dar:

„Berufliche Aus- und Weiterbildung ist beim Senator für Arbeit, Frauen, Gesundheit, Jugend und Soziales in ein „Beschäftigungspolitisches Aktionsprogramm für Bremen und Bremerhaven (BAP)" eingebunden. Die Finanzierung erfolgt aus Mitteln des Landes Bremen und der Europäischen Gemeinschaft, insbesondere aus den ESF-Zielen 2 und 3 sowie verschiedenen Gemeinschaftsinitiativen.

Schwerpunkt im BAP ist eine breit angelegte „Qualifizierungsoffensive für den Strukturwandel". Diese Qualifizierungsoffensive verfolgt das Ziel, den Standortfaktor Qualifikation zu einem zentralen Wettbewerbsfaktor für die Freie Hansestadt Bremen auszubauen und einen Beitrag zu leisten zur

- Besetzung offener Stellen,
- Sicherung von Arbeitsplätzen und
- Schaffung zusätzlicher Arbeitsplätze.

Qualifizierungsförderung verfolgt dabei das Anliegen, das Qualifikationsniveau von Beschäftigten und Arbeitslosen weiter anzuheben und eine kontinuierliche Kompetenzerweiterung durch ein regional gestütztes Konzept lebenslangen Lernens sicherzustellen.

Die Schwerpunkte der Qualifizierungsprogramme werden auf der Grundlage der arbeitsmarktpolitischen Ziele der Freien Hansestadt Bremen in Abstimmung mit den zuständigen politischen Gremien festgelegt.

Im jährlichen Antragsverfahren mit Fristsetzung werden die Projekte ausgewählt, die dazu geeignet sind, die qualifizierungspolitischen Ziele des Landes Bremen zu unterstützen. Grundlage der Antragsverfahren ist die **Richtlinie zur Förderung von Qualifizierungsmaßnahmen im Rahmen des Beschäftigungspolitischen Aktionsprogramms für Bremen und Bremerhaven (BAP)**[27]."[28]

---
[27] Vgl. Fn 5) und Fn 6)

[28] Angaben des Senators für Arbeit, Frauen, Gesundheit, Jugend und Soziales für diesen Übersichtsband vom Juni 2001

2.2 Förderkriterien und Qualitätskriterien des Förderers für Einrichtungen/Träger und/oder Weiterbildungsmaßnahmen bei der Vergabe von kofinanzierten ESF-Mitteln

Folgende Angaben machte der Senator für Arbeit, Frauen, Gesundheit, Jugend und Soziales zu seinen Qualitätsanforderungen: „Die Qualitätskriterien des Senators für Arbeit, Frauen, Gesundheit, Jugend und Soziales beziehen sich einerseits auf Qualifizierungsträger (auf Einrichtungen der Weiterbildung/Qualifizierung, *d. Verf.)*, andererseits auf die konkrete Projektvorbereitung, -durchführung und -auswertung.

Qualitätsanforderungen an Träger

Bis einschließlich Februar 2001 gab es für Antragsteller im Qualifizierungsfonds keine Verpflichtung, über ein zertifiziertes Qualitätsmanagementsystem zu verfügen. Geprüft wurde vor allem die Qualität der Projektanträge und der Projektdurchführung. Wenn Antragsteller zudem über Qualitätsmanagementsysteme nach dem Bremischen Weiterbildungsgesetz verfügten und/oder den Qualitätskriterien der Bremer bzw. Bremerhavener Arbeitsämter genügten, war dies allerdings ein wichtiger Gesichtspunkt für eine positive Trägerbeurteilung.

Mit der am 1. März 2001 in Kraft getretenen **Änderung der Richtlinie für den Qualifizierungsfonds**[29] werden die Träger von Maßnahmen der beruflichen Qualifizierung grundsätzlich dazu verpflichtet, spätestens bis zum 1. März 2002 einen Nachweis zu erbringen, dass sie über ein zertifiziertes Qualitätsmanagement verfügen.

Qualitätsanforderungen an Qualifizierungsprojekte

Um die Qualität der arbeitsmarktpolitischen Maßnahmen sicherzustellen, wird jedes Projekt der beruflichen Qualifizierung im Einzelnen geprüft:

Für die Maßnahmenvorbereitung sind

- aktuelle und perspektivische Anforderungen des Arbeitsmarktes einzubringen,
- notwendige Abstimmungen mit Kammern, Verbänden und Betrieben vorzunehmen,
- notwendige Verhandlungen mit anderen Kooperationspartnern zu führen,
- Ergebnisse und Erfahrungen aus vergleichbaren Maßnahmen zu nutzen,

---

[29] Vgl. Fn 4)

- die Aspekte der Förderung der Chancengleichheit von Frauen und Männern beim Zugang zum Arbeitsmarkt zu berücksichtigen sowie
- die sozialen und arbeitsmarktpolitischen Dimensionen der Informationsgesellschaft zu beachten.

Im Rahmen der Durchführung der Maßnahme

- sind fachliche und pädagogisch angemessene Curricula unter Berücksichtigung neuester berufsfachlicher und wissenschaftlicher Kenntnisse zu erarbeiten,
- Fachkenntnisse auf dem neuesten technischen und wissenschaftlichen Stand zu vermitteln,
- hat eine angemessene Integration von theoretischen Kenntnissen und Praxisbezug zu erfolgen,
- sind je nach Inhalt und Zielgruppe geeignete moderne Informations- und Kommunikationstechniken zur Wissensvermittlung zu nutzen,
- hat eine kontinuierliche Lernerfolgskontrolle zu erfolgen.

Für die Auswertung

- sind eine Erfolgsbewertung durch Erhebung und Auswertung der Teilnehmererfahrungen während des Maßnahmeverlaufs und eine Dokumentation und Auswertung nach Abschluss der Maßnahme vorzunehmen."[30]

2.3 Verfahrensweise bei der Vergabe von kofinanzierten ESF-Mitteln

„In jährlichen Antragsphasen werden die Projekte der beruflichen Qualifizierung ausgewählt, die aufgrund ihrer Ziele und Qualitätsmerkmale dazu geeignet sind, die Ziele der bremischen Arbeitsmarktpolitik zu unterstützen.

Die Vergabe von Zuwendungen erfolgt dabei im Rahmen eines Verhandlungsverfahrens mit vorherigem Wettbewerbsaufruf. Die Anträge sind bis zum 15. Mai eines jeden Jahres für Förderungen in den festgelegten Schwerpunkten (s.o.) einzureichen. Vor der Vergabe erfolgt eine öffentliche Aufforderung in den einschlägigen Medien, sich um Teilnahme zu bewerben.

Bis einschließlich Mai 2001 wurden die Anträge beim Senator für Arbeit, Frauen, Gesundheit, Jugend und Soziales eingereicht und beschieden.

Auf Beschluss des Senats wird zur Zeit die Arbeitsförderung im Land Bremen in der Weise neu strukturiert, dass die bislang verschmolzenen Entscheidungsebenen in eine strategisch-steuernde (ministerielle) und eine operativ-umsetzende

---

[30] Vgl. Fn 28)

Ebene geteilt werden. Die operativen Aufgaben werden auf die Bremer Arbeit GmbH (BAG) und die Bremerhavener Arbeit GmbH (BRAG) übertragen. Beide GmbHs nahmen ihre Arbeit am 1. Juli 2001 auf.

Für die zukünftigen Verfahrensweisen bei der Vergabe von Fördermitteln bedeutet dies, dass die inhaltlichen Schwerpunkte und Ziele der Förderung weiterhin durch den Senator für Arbeit, Frauen, Gesundheit, Jugend und Soziales gesetzt werden. Die Antragsphase mit der Projektauswahl wird auf der Grundlage dieser Vorgaben durch die BAG bzw. BRAG durchgeführt.

Dabei wird das bisherige, bewährte Verfahren der Entscheidungsfindung grundsätzlich beibehalten. D.h. die eingereichten Anträge werden gesichtet und hinsichtlich ihrer inhaltlichen Schwerpunkte, ihrer Realisierungschancen und der Einhaltung der in der Richtlinie festgehaltenen Qualitätskriterien beurteilt. In das Beurteilungsverfahren werden die Fachkompetenzen des Landes Bremen eingebunden, wie z.B. senatorische Fachressorts, die Arbeitsämter Bremen und Bremerhaven, Kammern und Verbände sowie die Bremische Zentralstelle für die Verwirklichung der Gleichberechtigung der Frau.

In einem zweiten Schritt wird überprüft, ob die beantragte Finanzierung angemessen und notwendig ist. Die Bewertung erfolgt anhand eines Rasters[31] (u.a. mit Merkmalen wie übergreifende Zielsetzung, Zielorientierung, Zielgruppen, Innovationsgehalt, Chancengleichheit, erwartete Effekte, Kooperationspartner, Ressourcen, Kompetenzen, *d. Verf.*).

Da die *ressortübergreifende Verzahnung* von Aus- und Weiterbildung in der Freien Hansestadt Bremen als eine Querschnittsaufgabe des Senats verstanden wird, wird der Vorschlag zur Prioritätensetzung in einer ressortübergreifenden Arbeitsgruppe „Aus- und Weiterbildung" abgestimmt. Es handelt sich hierbei um eine Staatsrätelenkungsgruppe unter dem Vorsitz der Staatsräte beim Senator für Arbeit, Frauen, Gesundheit, Jugend und Soziales sowie beim Senator für Bildung und Wissenschaft.

Im letzten Schritt der Entscheidungsfindung wird der Vorschlag zur Prioritätensetzung der Staatlichen Deputation für Arbeit und Gesundheit vorgelegt. Hier sind Vertreter/innen aller in der Bremischen Bürgerschaft vertretenen Parteien entsprechend der Zahl ihrer Parlamentssitze vertreten."[32]

---

[31] Das Raster wurde vom Senator für Arbeit, Frauen, Gesundheit, Jugend und Soziales für die Auswertung zur Verfügung gestellt.

[32] Vgl. Fn 28)

III. Weitere Aktivitäten und Besonderheiten zur Qualitätssicherung auf Landesebene

- Die *Bremer Volkshochschule* hat mit dem Fokus der Prozessorientierung ein eigenes QM-System erarbeitet, das in einem Handbuch dokumentiert und extern begutachtet wurde. Durch Evaluierung der Stärken und Schwächen des Bremer Modells wird ein kontinuierlicher Verbesserungsprozess eingeleitet (siehe dazu Kapitel I).

- IES-Projekt: *Begleitung der Implementierung von Qualitätsmanagementsystemen bei Weiterbildungseinrichtungen im Lande Bremen* (siehe dazu Punkt I. dieses Beitrags).

- Einrichtung eines *Arbeitskreises der Qualitätsmanagement-Beauftragten* (siehe dazu Punkt I. dieses Beitrags).

- Die Landesvorgaben zur Qualitätssicherung werden kontinuierlich im Landesausschuss für Weiterbildung mit dem Ziel der kontinuierlichen Verbesserung des Systems beraten (siehe dazu Punkt I. dieses Beitrags).

- *Weiterbildungsberatungsstellen*: In der Freien Hansestadt Bremen gibt es drei Beratungsstellen speziell für Frauen, die u. a. über die regionalen Qualifizierungsmöglichkeiten informieren und die Ratsuchenden bei der Entscheidungsfindung unterstützen. Träger dieser Beratungsstellen ist das Arbeitsförderungs-Zentrum des Landes Bremen GmbH. Die Finanzierung erfolgt aus Mitteln des Senators für Arbeit, Frauen, Gesundheit, Jungend und Soziales sowie aus Mitteln des Europäischen Sozialfonds.

In Bremen ist dies die Koordinierungs- und Beratungsstelle „Frau und Beruf – Zukunft im Beruf (ZIB)"

Die ZIB hat ihre Tätigkeit Mitte 1989 unter dem Untertitel „Zurück in den Beruf" aufgenommen, um Berufsrückkehrerinnen u. a. durch Qualifizierungsberatung beim beruflichen Widereinstieg zu unterstützen.

Inzwischen wurde ihr Aufgabenbereich um die passgenaue Vermittlung von Frauen in KMU und um die Beratung von Existenzgründerinnen erweitert.

In Bremerhaven arbeitet seit 1991 die „Koordinierungs- und Beratungsstelle Frau und Beruf". Ihre Aufgaben entsprechen denen der Beratungsstelle in Bremen. In einem besonders problembeladenen Stadtteil Bremerhavens, in Grünhöfe, hat seit Juli 2001 eine weitere Beratungsstelle für Qualifizierung, Berufseingliederung und Existenzgründung ihre Tätigkeit aufgenommen.[33]

---

[33] Angaben des Senators für Arbeit, Frauen, Gesundheit, Jugend und Soziales vom August 2001 für diesen Übersichtsband

- *Weiterbildungsdatenbank IWIB* (Integriertes Weiterbildungs-Informationssystem Bremen): Die Datenbank wurde im Jahre 2000 eingerichtet, und zwar im Rahmen eines Projektes von

  – Senator für Bildung und Wissenschaft

  – Wirtschafts- und Sozialakademie der Angestelltenkammer Bremen gGmbH

  – Informations- und Datentechnik Bremen GmbH

  – Universität Bremen.

  Gefördert wird das Projekt durch

  – Senator für Arbeit, Frauen, Gesundheit, Jugend und Soziales

  – Senator für Bildung und Wissenschaft

  – Europäische Gemeinschaft (Europäischer Sozialfonds)

  Zuständig für das IWIB ist der Senator für Bildung und Wissenschaft.[34]

  Mit der IWIB-Datenbank konnte in Bremen Transparenz über die Weiterbildungsangebote hergestellt werden. Den Nutzern/Nutzerinnen stehen verschiedene Suchverfahren zur Verfügung, mit denen sie – über die Eingabe eines Schlagwortes hinaus auch mit Hilfe von Auswahlkriterien wie Veranstaltungsform, Zeitraum, Zielgruppe – zu der gewünschten Veranstaltung gelangen. Die Dateneingabe und -pflege erfolgt dezentral, d. h. von den Anbietern selbst. Da die Datenbank für die Einrichtungen ein Marketinginstrument darstellt, haben diese an der Vollständigkeit und Aktualität ihres Angebotes ein hohes eigenes Interesse.

  Stichworte: Weiterbildungsgesetz und Richtlinien mit Regelungen zur Qualitätssicherung; Anerkennungsverfahren von Weiterbildungseinrichtungen; im Gesetz, in den Richtlinien und in einem Qualitätsleitfaden festgelegte Anforderungen für die Anerkennung von Einrichtungen der Weiterbildung; VHS-QMS; Förderungsausschuss; Landesausschuss für Weiterbildung; Fachberatung für Einrichtungen; Steuerungsaufgabe der Senatsbehörde; qualitative und quantitative Mindeststandards der Qualitätssicherung per Gesetz; Qualitätsmanagementsysteme bei Bildungseinrichtungen als Anerkennungsmerkmal; Kombination von Selbstevaluation und Stellungnahmen von externen Gutachterinnen bzw. Gutachtern; Institutionelle Förderung; Programmförderung; Kontinuierlicher Verbesserungsprozess; Beschäftigungspolitisches Aktionsprogramm für Bremen und Bremerhaven (BAP); Richtlinie zur Förderung von Qualifizierungsmaßnahmen im Rahmen des Beschäftigungspolitischen Aktionsprogramms für Bremen und Bremerhaven (BAP); Bremer Arbeit GmbH (BAG); Bremerhavener Arbeit GmbH (BRAG); ressortübergreifende Verzahnung; IES-Projekt; QMB-Arbeitskreis; Weiterbildungsberatungsstellen für Frauen; IWIB-Datenbank

---

[34] Aus: www.bremen.de/weiterbildung

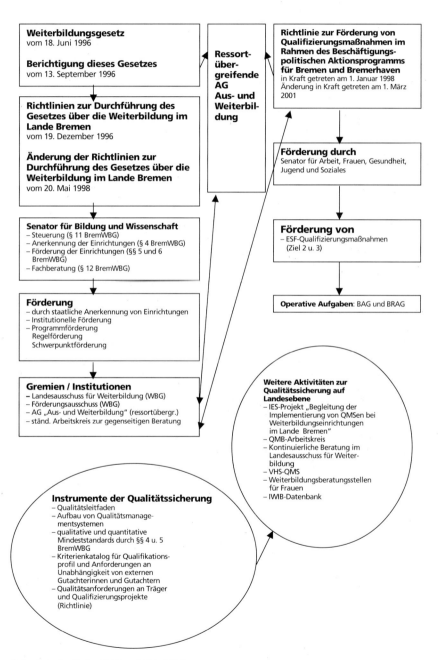

2.6 Freie und Hansestadt Hamburg

I. Gesetzliche Situation

Folgende im Weiterbildungsbereich geltende Rechtsvorschriften und arbeitsmarktpolitische Strategiepapiere (ESF) wurden in Hinsicht auf qualitätssteuernde und qualitätssichernde Elemente ausgewertet:

- Bildungsurlaubsgesetz vom 1. April 1974[1]
- Verordnung über die Anerkennung von Bildungsveranstaltungen vom 9. April 1974[2]
- Förderrichtlinie für Projekte, die aus Mitteln des Europäischen Sozialfonds (ESF), Ziel 3, der Freien und Hansestadt Hamburg gefördert werden[3]
- Arbeitsmarktpolitische Strategie zum Einsatz des ESF in der Metropolregion Hamburg[4]
- Technisches Papier 3: Einbeziehung der Chancengleichheit von Frauen und Männern in die Strukturfondsmaßnahmen, März 2000[5]

In Hamburg trat am 1.4.1974 das Bildungsurlaubsgesetz in Kraft, das durch die „Verordnung über die Anerkennung von Bildungsveranstaltungen" ergänzt wird.

§ 15 des **Bildungsurlaubsgesetzes** regelt die „Anerkennung von Bildungsveranstaltungen".

In § 2 „Gewährleistung einer sachgemäßen Bildung" der **Verordnung über die Anerkennung von Bildungsveranstaltungen** wird der Katalog der Voraussetzungen genannt, die Veranstalter von politischer Bildung und beruflicher Weiterbildung

---

[1] Bildungsurlaubsgesetz vom 1.4.1974 mit Änderungen vom 16.4.1991. In: Hamburgisches Gesetz- und Verordnungsblatt 1974, S. 6; 1991, S. 113

[2] Verordnung über die Anerkennung von Bildungsveranstaltungen vom 9. April 1974. In: Hamburgisches Gesetz- und Verordnungsblatt Teil I Nr. 21, den 22. April 1974

[3] Freie und Hansestadt Hamburg: Europäischer Sozialfonds Ziel 3, Förderperiode 2000-2006. Förderrichtlinie für Projekte, die aus Mitteln des Europäischen Sozialfonds (ESF), Ziel 3, der Freien und Hansestadt Hamburg gefördert werden, in Kraft getreten am 1. Dezember 2000 (Von der Johann Daniel Lawaetz-Stiftung im Juli 2001 zur Auswertung zur Verfügung gestellt.)

[4] Arbeitsmarktpolitische Strategie zum Einsatz des ESF in der Metropolregion Hamburg. Schwerpunkte des regionalen Entwicklungsplans für den Europäischen Sozialfonds Ziel 3 (2000-2006). Stand 05. Juli 2000 (Von der Johann-Daniel-Lawaetz-Stiftung im Juli 2001 zur Auswertung zur Verfügung gestellt.)

[5] Europäische Kommission: Der neue Programmplanungszeitraum 2000-2006: technische Themenpapiere. Technisches Papier 3: Einbeziehung der Chancengleichheit von Frauen und Männern in die Strukturfondsmaßnahmen. März 2000 (Von der Lawaetz-Stiftung im Juli 2001 zur Auswertung zur Verfügung gestellt.)

erfüllen müssen, damit ihre Veranstaltungen anerkannt werden. Die Voraussetzungen betreffen folgende Aspekte:

- geeignetes methodisches und didaktisches Konzept,
- zeitliche Dauer der Bildungsveranstaltung,
- Teilnahmeanforderungen,
- Räumlichkeiten/Ausstattung beim Veranstalter,
- Kursleiter/fachliche und pädagogische Fähigkeiten des Lehrpersonals/Personalschlüssel,
- Information der Teilnehmer/innen vor Abschluss einer Teilnahmevereinbarung (Inhalt, Arbeits- und Zeitplan der Veranstaltung, Vorkenntnisse, eventuell notwendige Vorbereitung, Teilnahmebedingungen)/Nachbereitungsmöglichkeiten.

Die Voraussetzung der Übereinstimmung der Ziele der Veranstalter sowie ihrer Veranstaltungen mit der freiheitlichen demokratischen Grundordnung regelt der § 3 der Verordnung.

Mit diesen Anerkennungsvoraussetzungen waren ab 1974 Mindeststandards für Veranstaltungen im Rahmen von Bildungsurlaub durch Gesetz und Verordnung geschaffen.

1991 hatte der Hamburger Senat einen Gesetzentwurf zur weiteren Verbesserung didaktischer und technischer Standards der Weiterbildungseinrichtungen in Hamburg in Form eines „Weiterbildungsschutzgesetzes" angekündigt. Aus der darauf folgenden Diskussion der beteiligten gesellschaftlichen Institutionen und politischen Gremien in der Hansestadt ging die Überlegung hervor, zunächst von staatlichen Eingriffen abzusehen und gemeinsam ein Instrumentarium zur Qualitätssicherung und zum Teilnehmerschutz auf der Basis einer freiwilligen Selbstverpflichtung der Bildungseinrichtungen zu entwickeln.[6]

Als Ergebnis des intensiven Diskussionsprozesses und als Konsens der beteiligten gesellschaftlichen Gruppen hat sich 1992 der Verein „Weiterbildung Hamburg e.V." gegründet (siehe Näheres unter Punkt III.).

---

[6] Krüger, Thomas: „Freiwillige Selbstkontrolle" von Weiterbildungsqualität. Das Prüfsiegel des Vereins „Weiterbildung Hamburg e.V." In: Küchler, Felicitas von; Meisel, Klaus (Hrsg.): Qualitätssicherung in der Weiterbildung I – Auf dem Weg zu Qualitätsmaßstäben. Deutsches Institut für Erwachsenenbildung (DIE). Frankfurt a.M. 1999, S. 102 ff.

II. Förderung der (beruflichen) Weiterbildung aus Landes- und kofinanzierten ESF-Mitteln

1. Förderung aus Landesmitteln

1.1 Ausgangslage und Rahmenbedingungen

Zusätzlich zu der Weiterbildung in den städtischen Einrichtungen (Berufliche Schulen, Volkshochschulen usw.) werden im Bereich der sonstigen beruflichen Weiterbildung keine Einrichtungen (institutionelle Förderung) gefördert, sondern entsprechend dem jährlichen Haushaltsplan der Stadt nur ausgewählte Projekte für bestimmte Zielgruppen. Im Rahmen des Haushaltstitels „Aktionsprogramm Weiterbildung" des Amtes für Berufliche Bildung und Weiterbildung werden modellhafte innovative Projekte mit hoher Priorität gefördert. Das Amt für Berufliche Bildung und Weiterbildung ist zuständig für die Förderung in der beruflichen Bildung.[7]

1.2 Förderkriterien und Qualitätskriterien des Förderers für Einrichtungen/Träger und/oder Weiterbildungsmaßnahmen bei der Vergabe von Landesmitteln

Bei der Förderung von Projekten mit Modellcharakter gelten allgemeine Qualitätsgrundsätze in Anlehnung an die Qualitätskriterien des Vereins „Weiterbildung Hamburg e.V." Laut Auskunft der Behörde für Schule, Jugend und Berufsbildung ist „eine Mitgliedschaft im Verein de jure keine Voraussetzung für eine Förderung, aber de facto gegeben".

Das Aktionsprogramm ist Teil des Hamburger Haushaltes.

1.3 Verfahrensweise bei der Vergabe von Landesmitteln

Die Träger stellen formlose Anträge auf Förderung einer Maßnahme aus dem Aktionsprogramm Weiterbildung beim Amt für Berufliche Bildung und Weiterbildung. Die Auswahl der Anträge nimmt das Amt für Berufliche Bildung und Weiterbildung vor.

2. Förderung aus kofinanzierten ESF-Mitteln

2.1 Ausgangslage und Rahmenbedingungen

Die Behörde für Arbeit, Gesundheit und Soziales ist für die Vergabe von Mitteln im Rahmen der ESF-Förderung zuständig. Die Johann-Daniel-Lawaetz-Stiftung[8]

---

[7] Laut Auskunft der Behörde für Schule, Jugend und Berufsbildung, Amt für Berufliche Bildung und Weiterbildung, Freie und Hansestadt Hamburg

[8] Johann-Daniel-Lawaetz-Stiftung, ESF-Beratung, Neumühlen 16-20, 22763 Hamburg

nimmt die Projektberatung wahr. Auf der Grundlage eines Fragebogens erhebt die Lawaetz-Stiftung zu einem ersten Beratungsgespräch die Daten des beantragenden Trägers (siehe auch unter Punkt 2.3.).

Für die Förderperiode 2000-2006 ist die **Förderrichtlinie für Projekte, die aus Mitteln des Europäischen Sozialfonds (ESF), Ziel 3, der Freien und Hansestadt Hamburg gefördert werden**[9] maßgebend. Darüber hinaus bieten die **Arbeitsmarktpolitische Strategie zum Einsatz des ESF in der Metropolregion Hamburg**[10] sowie das Papier **Der neue Programmplanungszeitraum 2000-2006: technische Themenpapiere. Technisches Papier 3: Einbeziehung der Chancengleichheit von Frauen und Männern in die Strukturfondsmaßnahmen, März 2000**[11] eine Orientierung bei der Vergabe von Mitteln an Maßnahmen der Europäischen Strukturfonds.

In der Förderperiode 2000-2006 werden aus Mitteln des Europäischen Sozialfonds (ESF), Ziel 3, nur Projekte gefördert, die einem der sechs in der Förderrichtlinie genannten Politikbereiche zuzuordnen sind. Die Zielgruppen, die als Begünstigte der ESF-Zuschüsse vorgesehen sind, variieren je nach Politikbereich, dem das jeweilige Projekt zugeordnet wird. Es geht um folgende Politikbereiche:

A   Aktive und präventive Arbeitsmarktpolitik

B   Gesellschaft ohne Ausgrenzung

C   Berufliche und allgemeine Bildung, lebenslanges Lernen

D   Anpassungsfähigkeit und Unternehmergeist

E   Chancengleichheit von Frauen und Männern

F   Lokales soziales Kapital

Zuwendungsempfänger – laut Förderrichtlinie – können Bildungs-, Beratungs- und Forschungseinrichtungen, Beschäftigungsträger, Hochschulen, sonstige öffentliche Einrichtungen, Einrichtungen der Sozialpartner sowie der Wohlfahrtsverbände als auch Kammern und Aus- und Weiterbildungsverbünde von Unternehmen sein.

Die Kooperation von unterschiedlichen Einrichtungen bei der Durchführung eines Projektes ist ausdrücklich erwünscht.

---

[9] Vgl. Fn 3)

[10] Vgl. Fn 4)

[11] Vgl. Fn 5)

2.2 Förderkriterien und Qualitätskriterien des Förderers für Einrichtungen/Träger und/oder Weiterbildungsmaßnahmen bei der Vergabe von kofinanzierten ESF-Mitteln

Dem von der Lawaetz-Stiftung an interessierte Träger verschickten „Fragebogen als Grundlage zu einem ersten Beratungsgespräch für ESF" liegen die „Anforderungen an ein ESF-Konzept"[12] bei, die ein Träger nach der geltenden Förderrichtlinie erfüllen muss. Das ESF-Konzept muss zu folgenden Punkten Aussagen enthalten:

- Ziele des Projektes

- Relevanz des Projektes in Hinblick auf die arbeitsmarkt- bzw. beschäftigungspolitische Zielsetzung des ESF unter besonderer Berücksichtigung der strategischen Ausrichtung der ESF-Interventionen in Hamburg

- Beschreibung der Zielgruppe unter Einbeziehung der relevanten Eingangsvoraussetzungen (Bildungsstand, soziale Lage)

- Angaben darüber, wie Teilnehmer/innen bzw. Betriebe gewonnen werden sollen

- Angaben zum Qualifizierungskonzept (Lernziele und -inhalte, didaktisches und methodisches Vorgehen, Lernerfolgskontrollen, angestrebte Abschlüsse, lernunterstützende Angebote) bzw. zur konkreten Arbeitsweise für nicht qualifizierende Projektanteile

- Angaben darüber, inwieweit die Förderung der Chancengleichheit von Frauen und Männern im Sinne des Gender-Mainstreamings berücksichtigt wird

- Art, Umfang, Dauer und zeitliche Strukturierung des Projektes

- Zahlenmäßiger Einsatz von haupt- und/oder nebenamtlichem Personal

- Fachliche und pädagogische Qualifikation des Personals

- Räumliche und sächliche Ausstattung

- Kooperationspartner

- Maßnahmen der Qualitätssicherung

Weitere Anlagen zu dem o. g. Fragebogen sind eine „Kurz-Übersicht über die Finanzierung", in der der Träger seine Finanzierungsdaten für die gesamte Laufzeit des zu beantragenden Projekts eintragen muss, sowie eine Aufstellung der dem

---

[12] Anforderungen an ein ESF-Konzept. Beilage zum „Fragebogen als Grundlage zu einem ersten Beratungsgespräch für ESF", der bei der Johann-Daniel-Lawaetz-Stiftung zu erhalten ist

ESF-Antrag beizufügenden Anlagen und ein Papier mit „Diskussionskriterien für die Auswahl von Projekten"[13]

Zu folgenden Punkten sind Elemente aufgeführt, die zur Entscheidung für ein Projekt führen können:

1. Partnerschaft (Kooperationspartner)

2. Innovation

3. Wirkung auf die Beschäftigungslage

4. Gender-Mainstreaming

5. Nachhaltigkeit

6. Kosteneffizienz und Mitteleinsatz

In der o. g. geltenden Förderrichtlinie werden die *Zuwendungsvoraussetzungen* genannt, die als „Anforderungen an ein ESF-Konzept" (s. o.) von der Lawaetz-Stiftung den interessierten Trägern bei der Erstberatung bekannt gemacht worden sind.

Zuwendungsempfänger verpflichten sich, die hinsichtlich eines ESF-spezifischen *Berichtswesens* geltenden Anforderungen einzuhalten. So hat z. B. der Projektträger grundsätzlich nach jedem Kalenderjahr gegenüber der Behörde für Arbeit, Gesundheit und Soziales in Form eines *Verwendungsnachweises* abzurechnen sowie einen *Sachbericht* über die Durchführung des Projektes vorzulegen.

Die für das *Programm-Monitoring* bzw. die *Programm-Evaluation* erforderlichen Daten und Informationen muss der Projektträger dem Zuwendungsgeber bzw. von ihm beauftragten Dritten zur Verfügung stellen.

Zum Zwecke einer *Nachbefragung von Teilnehmern/Teilnehmerinnen* sieht die Förderrichtlinie vor, dass der Projektträger auch für die Bereitstellung von deren Adressen, Telefonnummern oder anderen Möglichkeiten der Kontaktaufnahme Sorge zu tragen hat.

Über die in der Förderrichtlinie genannten Ziele hinaus ist für die Vergabe der Hamburger ESF-Mittel die im Rahmen des Dialogs Arbeit und Soziales vereinbarte **Arbeitsmarktpolitische Strategie zum Einsatz des ESF in der Metropolregion Hamburg**[14] maßgebend.

---

[13] Freie und Hansestadt Hamburg: Diskussionskriterien für die Auswahl von Projekten, verabschiedet vom „Beratenden Ausschuss zur Durchführung der Intervention des Europäischen Sozialfonds Ziel 3, in der Freien und Hansestadt Hamburg". Stand: 18.01.2001

[14] Vgl. Fn 4)

Rechtsgrundlage für eine Förderung von Projekten in Hamburg ist das zwischen der Europäischen Union und der Bundesrepublik Deutschland vereinbarte „Einheitliche Programmplanungsdokument zur Entwicklung des Arbeitsmarktes und der Humanressourcen (EPPD)" sowie das „Ergänzende Programmplanungsdokument".[15]

In dem Dokument „Arbeitsmarktpolitische Strategie zum Einsatz des ESF in der Metropolregion Hamburg", das die Schwerpunkte des regionalen Entwicklungsplans für den Europäischen Sozialfonds Ziel 3 in der Förderperiode 2000-2006 enthält, werden die „Strategischen Anforderungen für die Metropolregion Hamburg" und die „Strategie zur Umsetzung des Europäischen Sozialfonds Ziel 3 in Hamburg" beschrieben. Unter den aus den Rahmenbedingungen abzuleitenden Anforderungen an die Hamburger Arbeitsmarkt- und Beschäftigungspolitik sei die „Förderung der Chancengleichheit von Männern und Frauen" genannt.

Im Rahmen des strategischen Gesamtkonzepts zur „Förderung und Begleitung des Strukturwandels" soll der Gender-Mainstream-Ansatz als durchgängiges Leitbild integriert werden.[16]

Das Dokument **Technisches Papier 3 – Einbeziehung der Chancengleichheit von Frauen und Männern in die Strukturfondsmaßnahmen**[17] versteht sich als eine Art Wegweiser zur Umsetzung der neuen Regelungen zur Förderung der Chancengleichheit von Frauen und Männern in der allgemeinen Strukturfondsverordnung für den Zeitraum 2000-2006.[18] Es enthält u. a. eine *Checkliste zur Einbeziehung der Chancengleichheit von Frauen und Männern in die Pläne und Programme des Strukturfonds*.

2.3 Verfahrensweise bei der Vergabe von kofinanzierten ESF-Mitteln

Der **Förderrichtlinie für Projekte, die aus Mitteln des Europäischen Sozialfonds (ESF), Ziel 3, der Freien und Hansestadt Hamburg gefördert werden** ist zu entnehmen, dass sich interessierte Träger an die ESF-Beratungsstelle der Johann-Daniel-Lawaetz-Stiftung wenden können. Hier erfolgt eine Erstberatung über die grundsätzliche Förderfähigkeit von Projektideen sowie die mit einer ESF-Förderung verbundenen Auflagen (siehe auch Punkt 2.2 dieses Beitrags).

---

[15] Für die Umsetzung des ESF in Hamburg gelten gemäß den genannten Dokumenten noch weitere Verordnungen, auf die in diesem Rahmen nicht eingegangen wird.

[16] Vgl. Fn 4)

[17] Vgl. Fn 5)

[18] Verordnung (EG) Nr. 1260/1999 des Rates vom 21. Juni 1999 mit allgemeinen Bestimmungen über die Strukturfonds, Abl. L 161 vom 26. Juni 1999, S. 1

Im Anschluss an diese Erstberatung der Projekte werden die bei der Lawaetz-Stiftung eingereichten Projektvorschläge der Behörde für Arbeit, Gesundheit und Soziales übergeben.

Die Bewilligung der Anträge obliegt der Behörde für Arbeit, Gesundheit und Soziales."[19]

III. Weitere Aktivitäten und Besonderheiten zur Qualitätssicherung auf Landesebene

- Weitere Aufgaben der Qualitätssicherung übernahm – als Ergebnis der unter Punkt I beschriebenen Diskussion um ein Weiterbildungsschutzgesetz – ab 1992 der Verein „Weiterbildung Hamburg e. V.", der aus dem seit 1987 bestehenden Verein „Weiterbildungsinformation Hamburg e. V." hervorging. Dessen Aufgabe bestand darin, über die Datenbank WISY (Weiterbildungsinformationssystem) den regionalen Weiterbildungsmarkt transparent zu machen. Nach wie vor sorgt die Datenbank WISY für Transparenz und Vergleichbarkeit auf dem Hamburger Weiterbildungsmarkt mit jährlich über 20 000 Kursen von mehr als 500 regionalen Anbietern. Durch eine Satzungsänderung kamen 1992 die Aufgabenbereiche der Qualitätssicherung und des Teilnehmerschutzes hinzu, und es erfolgte die Namensänderung in „Weiterbildung Hamburg e. V."[20].

In diesem freiwilligen Zusammenschluss von Weiterbildungsanbietern als Selbstverwaltungsmodell gibt es vier Gutachterausschüsse für die drei Bereiche

- Berufliche Weiterbildung (2 Ausschüsse),
- Sprachliche Weiterbildung,
- Allgemeine/politische Weiterbildung.

Diese ehrenamtlich arbeitenden Gutachterausschüsse haben die inhaltlichen Vorgaben für 40 „Qualitätsstandards" erarbeitet, die 1993 verabschiedet wurden und anhand derer Weiterbildungsanbieter beurteilt werden. Seit 1997 liegt eine novellierte Fassung mit 37 „Standards" vor[21].

Diese Qualitätsstandards beziehen sich insbesondere auf folgende Bereiche:

---

[19] Vgl. 3)

[20] Satzung des Vereins „Weiterbildung Hamburg e. V.", Stand: 29. 9. 1992, Vereinsregister Hamburg Nr. 11 525

[21] Verein Weiterbildung Hamburg e.V. (Hrsg.): Qualitätsstandards in der Weiterbildung, Hamburg 1997. Die Liste der Qualitätskriterien kann beim Verein Weiterbildung Hamburg e. V., Lange Reihe 81, 20099 Hamburg, Tel.: 040/280 846-0, oder über das Internet unter www.weiterbildung-hamburg.de bezogen werden. Sie ist auch veröffentlicht in: Küchler; Felicitas von; Meisel, Klaus (Hrsg.): Qualitätssicherung in der Weiterbildung I. Auf dem Weg zu Qualitätsmaßstäben. Deutsches Institut für Erwachsenenbildung (DIE). Frankfurt a. M. 1999, S. 110 ff.

- Personelle und sachliche Ausstattung,

- Unterricht,

- Teilnehmer/innen (Transparenz des Angebots, Beratung/Betreuung, Nachweise über die Teilnahme),

- Allgemeine Teilnahmebedingungen (Anmeldung, Rücktritt, Zahlungsbedingungen, Kündigung, Datenschutz),

- Abschlussbezogene Veranstaltungen (Unterrichtsdurchführung, Lern- und Erfolgskontrolle, Beratung/Betreuung).

Weiterbildungseinrichtungen in Hamburg unterziehen sich einem Aufnahme- und Begutachtungsverfahren, wenn sie Mitglied im Verein „Weiterbildung Hamburg e. V." werden wollen. Voraussetzung für die Mitgliedschaft ist die Selbstverpflichtung der Einrichtung zur Einhaltung der vom Verein entwickelten Qualitätsstandards. Diese Erklärung geben die Antragsteller bereits mit dem Antrag auf Mitgliedschaft ab. Neben weiteren schriftlichen Erklärungen ordnen sie sich je nach Schwerpunkt des Bildungsangebots einem Weiterbildungsbereich zu und setzen die Höhe ihres Mitgliedsbeitrags im Rahmen der Beitragsordnung selbst fest. Nach Vorabprüfung formaler Kriterien (Struktur, Rechtsform und Sitz der Einrichtung, Kontinuität und Offenheit des Angebots) durch die Geschäftsführung wird der Antragsteller vom Vorstand gemäß Satzung als zunächst vorläufiges Mitglied aufgenommen.

Für den Begutachtungsprozess, der nach der Aufnahme als vorläufiges Mitglied beginnt, haben die einzelnen Gutachterausschüsse die Qualitätsstandards in bereichsspezifische „Checklisten"[22] umgesetzt, so dass eine differenzierte Abfrage entlang der Qualitätsstandards möglich ist. Darüber hinaus können die Ausschüsse diese Checklisten nach ihren Bedarfen mit zusätzlichen Fragestellungen und internen Wertungskriterien versehen. Die zu begutachtenden Einrichtungen müssen die Checklisten ausfüllen und weitere Unterlagen vorlegen. Die Geschäftsführung des Vereins vereinbart zusammen mit mindestens einer Person des betreffenden Gutachterausschusses einen Besuchstermin beim Antragsteller. Bei diesem Besuchstermin können sich die Gutachter und die Geschäftsführung des Vereins einen Eindruck von der Einrichtung verschaffen sowie offengebliebene Fragen klären und individuelle Gegebenheiten erörtern. Die ehrenamtlichen Vereinsgutachter können im gesamten Aufnahmeverfahren auch externe Sachverständige zu Rate ziehen. Hat die Bildungseinrichtung das Aufnahmeverfahren absolviert, erhält sie vom Vereinsvorstand das Siegel „Geprüfte Weiterbildungseinrichtung" und ist damit Mitglied im Verein. Seit

---

[22] Qualitätsstandards in der beruflichen Weiterbildung. Checkliste für Bildungsträger. Weiterbildung Hamburg e. V. Hamburg o. J. Qualitätsstandards in der sprachlichen Weiterbildung. Checkliste für Bildungsträger. Weiterbildung Hamburg e. V. Hamburg o. J. Qualitätsstandards in der allgemeinen und politischen Weiterbildung. Checkliste für Bildungsträger. Weiterbildung Hamburg e. V. Hamburg o. J.

1998 wird jede Mitgliedseinrichtung alle drei Jahre nach dem gleichen Verfahren neu begutachtet.[23]

Die Organe des Vereins sind die Mitgliederversammlung, der Vorstand und der Beirat (Satzung § 7). Dem Beirat gehören u. a. je ein/e Vertreter/in der Arbeitgeber, der Arbeitnehmer, der Bildungspolitik sowie der Wirtschaft und Wissenschaft an. Benannt ist je eine Vertretung des Arbeitsamts Hamburg, der Behörde für Schule, Jugend und Berufsbildung, des DGB Kreis Hamburg, der DAG Landesverband Hamburg (ver.di), der Handelskammer Hamburg, der Handwerkskammer Hamburg, der UV Nord-Unternehmensverbände in Hamburg und Schleswig-Holstein e. V., der Landeszentrale für politische Bildung und der Hamburger Hochschulen sowie des Vorstandes und der Gutachterausschüsse (Satzung § 10).

§ 11 der Satzung regelt die Zusammensetzung und die Aufgaben der Gutachterausschüsse. Folgende Aufgaben werden genannt:

- Erarbeitung und Weiterentwicklung der Qualitätsstandards;

- Empfehlung über die Aufnahme oder den Ausschluss eines Vereinsmitglieds;

- Überprüfung der Aufnahme-Träger hinsichtlich der Qualitätsstandards;

- Kontrolle über die Einhaltung der Qualitätsstandards. Zu diesem Zweck sind die Ausschüsse berechtigt, bei den Vereinsmitgliedern entsprechende Auskünfte einzuholen;

- Bearbeitung von Beschwerden, die von Weiterbildungsteilnehmern wegen Nichteinhaltung der Qualitätsstandards durch ein Vereinsmitglied beim Verein eingehen.

1993 wurde im Verein eine hauptamtlich besetzte Teilnehmerschutzstelle eingerichtet, die bei Konflikten zwischen Teilnehmenden und Bildungseinrichtungen moderierend und außergerichtlich vermittelt. Nicht klärbare Fälle werden über die zuständigen Gutachterausschüsse abschließend an die vereinsinterne, aber mit neutralem Vorsitz ausgestattete Beschwerdeschiedsstelle gegeben, deren Spruch für die Mitglieder und den Verein bindend ist.

1994 erhielt der Verein eine weitere Aufgabe vom Zuwendungsgeber Behörde für Schule, Jugend und Berufsbildung der Freien und Hansestadt Hamburg: die städtisch finanzierten Weiterbildungsberatungsstellen wurden ihm zugeordnet, so dass „Weiterbildung Hamburg e.V." heute die Aufgaben Information, Beratung, Teilnehmerschutz und Qualitätssicherung hat. Dem Verein gehören z. Z. rund 200 Bildungseinrichtungen als Mitglieder an, davon 144 Einrichtungen der beruflichen Weiterbildung.

Der Verein „Weiterbildung Hamburg e.V." bekommt Zuwendungen.

---

[23] Vgl. Fn 6)

Finanziert wird der Verein durch staatliche Zuwendungen von der Behörde für Schule, Jugend und Berufsbildung der Freien und Hansestadt Hamburg sowie aus privaten Mitteln in Form der Mitgliedsbeiträge der angeschlossenen Weiterbildungseinrichtungen. Die Bereiche Qualitätssicherung und Teilnehmerschutz tragen sich überwiegend aus Mitgliedsbeiträgen.

Weiterbildungsinformation, Weiterbildungsberatung, Qualitätssicherung und Teilnehmerschutz – die Hauptaufgaben von „Weiterbildung Hamburg e. V." – sollen Markttransparenz, Teilnahmemotivation und Orientierung sowie Verbraucherschutz auf dem Weiterbildungsmarkt fördern.

„Weiterbildung Hamburg e. V." sorgt durch Broschüren, Faltblätter (z. B. „Für Frauen von Frauen", „Hauptschulabschluss", „Deutsch als Zweitsprache") und Informationen im INTERNET *(www.weiterbildung-hamburg.de)* für Transparenz auf dem Weiterbildungsmarkt. So ist z. B. die Broschüre „Frauen und Weiterbildung – 1 2 3 und Du bist dabei!" 1999 erschienen und kann über den Verein bezogen werden.[24] Sie enthält Tipps und Adressen für weiterbildungsinteressierte Frauen.

Die Broschüre „Weiterbildung und Integration" ist ein Ratgeber für die Arbeit mit Migrantinnen und Migranten.[25]

Dem „Jahresbericht 2000"[26] sind Zahlen und Fakten zur WISY-Datenbank, zur Weiterbildungsberatung sowie zu Qualitätssicherung und Teilnehmerschutz zu entnehmen.

Zur Zeit entsteht eine Qualitäts-Checkliste für Weiterbildungsinteressierte.

- Die *Hamburger Volkshochschule*, die als VHS eines Stadtstaats zugleich Landesverbandsfunktionen ausübt, ist Mitglied im Verein Weiterbildung Hamburg e. V. und ist von Anfang an aktiv an dem oben beschriebenen Prozess der Entwicklung von Qualitätsstandards beteiligt. Seit Beginn der Vereinsarbeit ist die Hamburger Volkshochschule kontinuierlich im Vorstand und in den Gutachterausschüssen vertreten. Sie ist nach einer Erstbegutachtung bisher ein weiteres Mal anhand der Kriterien der für die Mitgliedschaft im Verein erarbeiteten Checklisten (s. weiter oben) überprüft worden. Eine weitere periodische Routineüberprüfung steht bevor.[27]

---

[24] Weiterbildung Hamburg e. V. – Beratungsstelle für Weiterbildung, Behörde für Schule, Jugend und Berufsbildung, Amt für Berufliche Bildung und Weiterbildung, Senatsamt für die Gleichstellung, in Zusammenarbeit mit der Beauftragten für Frauenbelange im Arbeitsamt (Hrsg.): Frauen und Weiterbildung – 1 2 3 und Du bist dabei! Hamburg 1999

[25] Weiterbildung Hamburg e. V. (Hrsg.): Weiterbildung und Integration. Hamburg 1999 (2. Aufl.)

[26] Weiterbildung Hamburg e. V. (Hrsg.): Jahresbericht 2000 – Unsere Perspektive für die Weiterbildung: Entwicklung durch Kontinuität und Wandel. Hamburg, Juni 2001

[27] Angaben der Hamburger Volkshochschule vom Januar 2001

Welchen Einfluss die VHS Hamburg auf die Arbeit des Vereins Weiterbildung Hamburg e.V. seit der Gründungsphase nehmen konnte, wie sie die Kriterien für die Erteilung des „Prüfsiegels" an Einrichtungen beurteilt und wie andererseits der Einfluss des „Prüfsiegels" auf die Arbeit der VHS Hamburg bewertet wird, kann einer Veröffentlichung aus dem Projekt *Qualitätssicherung in der Weiterbildung* entnommen werden.[28]

In dem BLK-Projekt *Qualitätssicherung in der Weiterbildung* (s. weiter unten) hat die Hamburger Volkshochschule neben anderen Bildungseinrichtungen mitgearbeitet. Darüber hinaus werden, laut Angaben der Volkshochschule, in der VHS Hamburg qualitätssichernde Maßnahmen auf Ebene der Fachangebote durch die Mitarbeit in den einschlägigen Bundeskonferenzen des Deutschen Volkshochschulverbandes abgesichert, die spartenbezogene Kriterien für Qualifikation der Lehrkräfte, Konzepte und Curricula erarbeiten und koordinieren.

Die Hamburger Volkshochschule beteiligte sich an dem im Rahmen des Modellversuchsprogramms *Lebenslanges Lernen* der Bund-Länder-Kommission für Bildungsplanung (BLK) derzeit laufenden *Projekt Lernerorientierte Qualitätstestierung in Weiterbildungsnetzwerken*, und zwar in der ersten Phase (Oktober 2000 bis Mai 2001). Acht weitere VHS-Landesverbände beteiligen sich an der Entwicklung und Erprobung eines bundesweiten, einheitlichen und trägerübergreifenden Qualitätsentwicklungs- und Testierungsverfahrens.[29]

- Zwei u.a. aus Landesmitteln geförderte Einrichtungen der beruflichen Weiterbildung in der Freien und Hansestadt Hamburg werden hier beispielhaft mit ihren Qualitätsmanagementsystemen vorgestellt:

Stiftung Berufliche Bildung (SBB):

Die Stiftung Berufliche Bildung (SBB) ist von der Freien und Hansestadt Hamburg im Rahmen der von ihr im Jahr 1982 konzipierten regionalen Arbeitsmarktpolitik gegründet worden. Der Auftrag der SBB ist, Problemgruppen des Arbeitsmarktes zu erreichen und ihre Eingliederung durch arbeitsmarktliche Diagnose sowie Training und Qualifizierung zu fördern. Dabei wendet sich die SBB vor allem an die Zielgruppen, die in besonderer Weise benachteiligt sind und von anderen Weiterbildungsunternehmen kaum erreicht werden, d.h. die entweder sich dort nicht melden oder – nach Eignungstest – nicht aufgenommen werden bzw. abbrechen.

---

[28] Ellerbrock, Ruth: Qualität im regionalen Konsens – Die Arbeit von Weiterbildung Hamburg aus Sicht der Volkshochschule. In: Küchler, Filicitas v.; Meisel, Klaus (Hrsg.): Qualitätssicherung in der Weiterbildung II – Auf dem Weg zu besserer Praxis. Deutsches Institut für Erwachsenenbildung (DIE). Frankfurt a.M. 1999, S. 217 ff.

[29] Näheres zu dem BLK-Projekt siehe im Beitrag zu Niedersachsen, Punkt III.

Die SBB hat somit von der Freien und Hansestadt Hamburg eine Ergänzungsfunktion zugeschrieben bekommen mit der klar formulierten politischen Zielsetzung, von Langzeitarbeitslosigkeit und Ausgrenzung bedrohte Erwerbspersonen, die auf anderem Wege nicht nachhaltig in den Arbeitsmarkt integriert werden können, zukunftsorientiert zu qualifizieren.

Aufgrund der Erfolge dieses Ansatzes haben sich das Landesarbeitsamt Nord und das Land Hamburg darauf verständigt, die SBB als Kompetenzzentrum für Benachteiligtenqualifizierung und -integration gemeinsam zu nutzen und weiterzuentwickeln. Diese Kooperation zwischen Arbeitsmarktpolitik der Bundesanstalt für Arbeit (Landesarbeitsamt Nord) und regionaler Arbeitsmarktpolitik des Landes findet auch in dem Finanzierungsverbund ihren Ausdruck. Darin ist festgelegt, dass die Arbeitsverwaltung, die im Rahmen des SGB III vorgesehene finanzielle Förderung leistet und das Land durch eine Zusatzfinanzierung, die als „Problemgruppenaufschlag" bezeichnet werden könnte, die Kosten abdeckt, die durch zielgruppengerechte Sonderförderung entstehen.

Die Stiftung Berufliche Bildung trägt das Prüfsiegel des Vereins „Weiterbildung Hamburg e.V."[30] und ist damit den dort entwickelten Qualitätsstandards verpflichtet.

Im Rahmen des Modernisierungsprozesses hat die SBB 1995 auf der Basis einer umfangreichen Kundenbefragung ein Qualitätsmanagement (QM) nach dem Konzept „Business Process Reengineering" eingeführt. Zwei wesentliche Elemente kennzeichneten das Verständnis dieses Qualitätsmanagementsystems:

– umfassende Kundenorientierung und

– Prozessorientierung.

Alle Maßnahmen – von der Bedarfsermittlung über Konzeptentwicklung und Maßnahmedurchführung – wurden nun auf den Kundennutzen hin konzipiert. „Vermittlung in Arbeit" wird an jede Phase des Bildungsprozesses als Qualitätskriterium angelegt, d. h. jede qualitätssichernde Aktivität muss sich daran messen lassen, ob sie dem Integrationserfolg dient. Die einzelnen Phasen des Weiterbildungsprozesses sind in Verfahren geregelt und so definiert, dass sie überprüft werden können. Die regelmäßige Evaluation der einzelnen Phasen bietet Steuerungsmöglichkeiten für den gesamten Prozess.

Die Stiftung hat ihr Qualitätsmanagementsystem in den vergangenen Jahren systematisch weiterentwickelt. Durch Elemente wie Dezentralisierung, Ergebnisverantwortung, Schaffung neuer Leitungs- und Organisationsstrukturen, Delegation von Verantwortung nach unten und Gründung teilautonomer Teams veränderte sich die gesamte Struktur und Organisation der Stiftung. Neue Ziel-

---

[30] Stiftung Berufliche Bildung (Hrsg.): Jahresberichte 1995/1996/1997. Hamburg

vereinbarungs- und Planungsverfahren über alle Ebenen waren die Folge der veränderten Strukturen.

Die Stiftung entwickelte Messinstrumente zur Ermittlung von Kennzahlen, mit deren Hilfe die Prozesse gesteuert werden können. So wird neben dem Verbleib der Teilnehmer/innen auch regelmäßig die Zufriedenheit der Kunden/innen erhoben („Kundenbarometer" für Teilnehmende und Arbeitsamt). Die Qualität der pädagogischen Angebote und Materialien unterliegt vielfältigen Überprüfungsmechanismen. Qualitätspolitik und -strategie der Stiftung sind in einem Management-Handbuch[31] niedergeschrieben, das jährlich neu erscheint. Auf der Basis des Handbuchs hat sich die Stiftung 1997 nach DIN EN ISO 9001 zertifizieren lassen. In der Zertifizierung sieht sie eher ein „Nebenprodukt" der umfassenden Organisationsveränderungen, betont jedoch den Vorteil der externen Beurteilung.

Im April 2000 wurde die SBB nach einer umfassenden externen Überprüfung rezertifiziert. Die DQS[32] bescheinigt ihr in ihren Berichten, dass die Stiftung in ihrem QM-System, insbesondere bezogen auf die Einbeziehung der Kunden, weit über die Normforderungen hinausginge.

Nähere Informationen zur Stiftung Berufliche Bildung (SBB) – insbesondere zu den Arbeitsergebnissen und Leistungsdaten – findet man im Internet auf der SBB-Website (www.sbb-hamburg.de) und in den Jahresberichten.

Zentrum zur beruflichen Qualifizierung & Beratung e. V. – zebra:

zebra e. V. hat zu seinem Qualitätsentwicklungsansatz folgende Auskunft gegeben: Ziel und Maßnahmen der Einrichtung:

Das Zentrum zur beruflichen Qualifizierung & Beratung e. V. – zebra wurde 1987 auf Beschluss von Bürgerschaft und Senat der Freien und Hansestadt Hamburg gegründet. zebra ist ein zentrales Bildungszentrum der Hamburger Arbeitsmarktpolitik, mit der Aufgabe, berufliche Weiterbildung im kaufmännischen, gewerblichen und Dienstleistungs-Bereich zu planen und zu organisieren, und diesbezügliche Beratung und Berufsorientierung, Allgemeinbildung sowie Beratung im Rahmen von Projekt- und Organisationsentwicklung durchzuführen. Ziel ist die (Re-)Integration der Zielgruppe in den allgemeinen Arbeitsmarkt sowie Prävention bei drohendem Arbeitsplatzverlust.

Im Jahr 2000 realisierte zebra mit 560 Kursen knapp 37.900 Kursstunden und erreichte 3.486 Einzelpersonen. Die Integrationsquote in den allgemeinen Arbeitsmarkt bzw. in weiterführende Qualifizierung beträgt 55 Prozent.

---

[31] Qualitätsmanagement-Handbuch (QMH) der SBB, Hamburg, 2000

[32] Deutsche Gesellschaft zur Zertifizierung von Qualitätsmanagementsystemen mbH

Zielgruppe:
Das Angebot richtet sich vorrangig an Erwerbslose mit besonderen Problemen am Arbeitsmarkt Fuß zu fassen, die bei den Beschäftigungsunternehmen im Rahmen von ABM, SAM oder BSHG §19 befristet beschäftigt sind.

Kunden:
Kunden sind alle an den Qualifizierungs- und Beratungsangeboten teilnehmenden Personen sowie die Beschäftigungsunternehmen und andere Kooperationspartner wie Behörden, Arbeitsverwaltung, Unternehmen des allgemeinen Arbeitsmarktes, Verbände und Kammern.

Förderung:
Zur Realisierung seines Auftrags wird zebra aus dem Haushalt der Behörde für Arbeit, Gesundheit und Soziales gefördert. Weitere Mittel werden maßnahmebezogen bei der Arbeitsverwaltung und dem Europäischen Sozialfonds beantragt.

Mitgliedschaft im Verein Weiterbildung Hamburg e. V.:
zebra war seit 1990 Mitglied im *Verein Weiterbildungsinformation Hamburg e. V.* und anschließend im *Verein Weiterbildung Hamburg e. V.* Seit 1994 hat zebra das Prüfsiegel des Vereins.

Qualitätsmanagement: Elemente/Qualitätskriterien:
zebra hat 1998 an einem bundesweiten, durch das Ministerium für Arbeit finanzierten Projekt zur Entwicklung eines Qualitätsmanagementsystems teilgenommen. Mit Hilfe des internen Qualitätssicherungsprozesses sollen die vorhandenen Abläufe, die zur Erstellung der Dienstleistungen führen, auf ihre Begründetheit und Zweckmäßigkeit untersucht, ggf. modifiziert und als verbindliches Verfahren in einem Qualitätshandbuch dokumentiert werden. In diesem Rahmen wurde im September 1998 mit Unterstützung des Stuttgarter Beratungsbüros TUB ein Qualitätsmanagementprozess in Anlehnung an DIN EN ISO 9000 ff. begonnen. Dieser Einstieg in das QM umfasste zunächst fünf Projekte, die aufgrund ihrer Auftragsform besonders selbstständig arbeiten, flexible Angebote formulieren und einen besonderen Kundenkontakt wahrnehmen mussten. Seither wurden sukzessive alle Bereiche unter Berücksichtigung von Bildungscontrolling und Kundenbefragung untersucht, Verfahrensabläufe dokumentiert und Checklisten erstellt. Eine Zertifizierung ist nicht angestrebt, da das Ziel ist, intern die Kernabläufe hinsichtlich Kundenorientierung, Mitarbeiter-Orientierung und Prozess-/System-Orientierung zu optimieren. Das Qualitätsmanagementsystem soll die Einlösung der Kundenwünsche und Realisierung der Unternehmensziele kontrollieren und garantieren."[33]

---

[33] Angaben des „Zentrum zur beruflichen Qualifizierung & Beratung e. V. – zebra" vom Juli 2001

- An der Förderung des BLK-Projekts „Qualitätssicherung in der Weiterbildung", das 1999 abgeschlossen wurde, war auch das Land Hamburg beteiligt. In das Projekt waren sieben weitere Bundesländer[34] einbezogen, das Deutsche Institut für Erwachsenenbildung (DIE) führte das Projekt durch. Während der Projektlaufzeit wurden in zehn unterschiedlich strukturierten Weiterbildungseinrichtungen Konzepte zur Qualitätsentwicklung erarbeitet und die Erfahrungen ausgewertet. Die Ergebnisse sind in zwei Publikationen dargestellt.[35] Im Projektzusammenhang entstand eine „Checkliste für Weiterbildungsinteressierte"[36], die im 2-Jahres-Turnus aktualisiert wird.

- In zwei Projekten, die gegenwärtig (in 2001) laufen, werden Qualitätssicherungsfragen implizit berührt: Es handelt sich um das ESF-finanzierte Projekt „Hamburger E-Learning-Portal – HELP", das u. a. das Ziel hat, selbst organisiertes Lernen zu fördern und die Medienkompetenz zu stärken. Träger des Projekts ist Weiterbildung Hamburg e. V.

Das zweite Projekt „Lernende Metropolregion Hamburg – Vorbereitung auf die Informations- und Wissensgesellschaft durch lebenslanges Lernen" wird im Rahmen des BMBF-Programms „Lernende Regionen" von der Koordinierungsstelle Weiterbildung und Beschäftigung e. V. (KWB), von Weiterbildung Hamburg e. V. und schleswig-holsteinischen Weiterbildungsverbünden durchgeführt.[37]

Stichworte: Bildungsurlaubsgesetz; Hamburger Aktionsprogramm Weiterbildung; Auswahlkriterien für Projekte; Verein „Weiterbildung Hamburg e. V.", freiwilliger Zusammenschluss von Weiterbildungsanbietern: Datenbank WISY; Gutachterausschüsse; „Qualitätsstandards" zur Anerkennung von Weiterbildungseinrichtungen; Checklisten; Siegel „Geprüfte Weiterbildungseinrichtung"; Trägerselbstkontrolle; Trägerselbstverpflichtung; ESF-Förderrichtlinie; Projektberatungsstelle Lawaetz-Stiftung; Anforderungen an ein ESF-Konzept (Zuwendungsvoraussetzungen); Berichtswesen für Zuwendungsempfänger; Arbeitsmarktpolitische Strategie zum Einsatz des ESF in der Metropolregion Hamburg; Gender-Mainstreaming-Ansatz als Leitbild; Technisches Papier 3 – Einbeziehung der Chancengleichheit

---

[34] Siehe auch unter Punkt III. der Beiträge zu: Bayern (hier die ausführlichere Darstellung des Projekts), Mecklenburg-Vorpommern, Niedersachsen, Rheinland-Pfalz, Sachsen-Anhalt, Schleswig-Holstein, Thüringen

[35] Küchler, Felicitas von; Meisel, Klaus (Hrsg.): Qualitätssicherung in der Weiterbildung I. Auf dem Weg zu Qualitätsmaßstäben. Deutsches Institut für Erwachsenenbildung (DIE). Frankfurt/M. 1999 Küchler, Felicitas von; Meisel, Klaus (Hrsg.): Qualitätssicherung in der Weiterbildung II. Auf dem Weg zu besserer Praxis. Deutsches Institut für Erwachsenenbildung (DIE). Frankfurt/M. 1999

[36] Deutsches Institut für Erwachsenenbildung e. V. (DIE) (Hrsg.): Checkliste für Weiterbildungsinteressierte. Frankfurt a. M. o. J.

[37] Angaben der Behörde für Schule, Jugend und Berufsbildung – Amt für Berufs- und Weiterbildung vom Juli 2001

von Frauen und Männern in die Strukturfondsmaßnahmen (mit Checkliste); VHS-Aktivitäten zur QS; Stiftung Berufliche Bildung: QM-Konzept „Business Process Reengineering"; Zentrum zur beruflichen Qualifizierung & Beratung e.V.: QMS (Kunden-, Mitarbeiter- und Prozess-/System-Orientierung); BLK-Projekt „Qualitätssicherung in der Weiterbildung"; Qualitäts-Checkliste für Weiterbildungsinteressierte; DIE-Checkliste; Weiterbildungsprojekte; BLK-Projekt „Lernerorientierte Qualitätstestierung in Weiterbildungsnetzwerken"

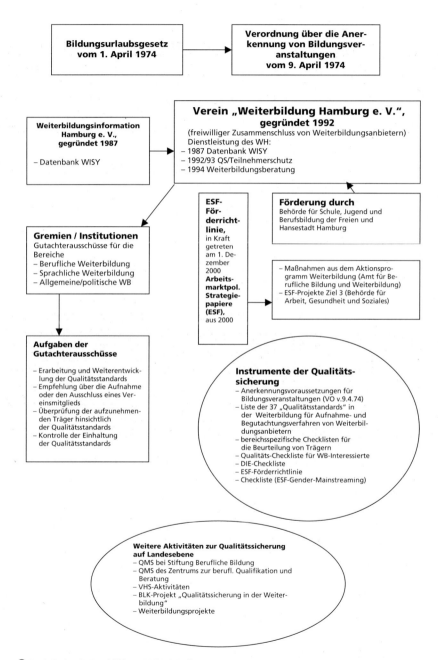

2.7 Hessen

I. Gesetzliche Situation

Folgende einschlägige Rechtsvorschriften für die allgemeine, politische, berufliche und kulturelle Weiterbildung im Land Hessen wurden in Hinsicht auf ihre qualitätssteuernde und qualitätsfördernde Funktion untersucht:

- Gesetz zur Förderung der Weiterbildung im Lande Hessen (Hessisches Weiterbildungsgesetz – HWBG) vom 25. August 2001[1]

- Hessisches Gesetz über den Anspruch auf Bildungsurlaub (HBUG), Neufassung vom 28. Juli 1998[2]

- Verordnung über die Anerkennung von Trägern für die Durchführung von Bildungsveranstaltungen und von Bildungsveranstaltungen – VO-HBUG vom 1. Februar 1999[3]

- Fördergrundsätze für die Gewährung von Zuschüssen des Landes Hessen und des Europäischen Sozialfonds (ESF) zur Qualifizierung und Weiterbildung von Arbeitskräften vom 18. Juli 2000[4]

Das zum 1. Juli 2001 rückwirkend in Kraft getretene **Gesetz zur Förderung der Weiterbildung im Lande Hessen (Hessisches Weiterbildungsgesetz – HWBG)**[5] hebt das bis dahin gültig gewesene Volkshochschulgesetz vom 12. Mai 1970 in der Fassung vom 21. Mai 1981 sowie das Erwachsenenbildungsgesetz vom 24. Juni 1974 in der Fassung vom 9. August 1978 auf. Gleiches gilt für die „Richtlinien zur Anerkennung von Landesorganisationen der Erwachsenenbildung", die „Richtlinien für Zuschüsse nach dem Volkshochschulgesetz" und die „Richtlinien für Zuschüsse nach dem Erwachsenenbildungsgesetz".

---

[1] Gesetz zur Förderung der Weiterbildung im Lande Hessen (Hessisches Weiterbildungsgesetz – HWBG) und zur Änderung des Hessischen Gesetzes über den Anspruch auf Bildungsurlaub vom 25. August 2001, rückwirkend in Kraft getreten zum 1. Juli 2001. In: Gesetz- und Verordnungsblatt für das Land Hessen Teil I Nr. 20, 5. September 2001, S. 370

[2] Hessisches Gesetz über den Anspruch auf Bildungsurlaub (HBUG), Neufassung vom 28. Juli 1998, in Kraft getreten am 1. Januar 1999. In: Gesetz- und Verordnungsblatt für das Land Hessen Teil I Nr. 16, 14. August 1998, S. 294 und Nr. 18 vom 25. August 1998, S. 348

[3] Verordnung über die Anerkennung von Trägern für die Durchführung von Bildungsveranstaltungen und von Bildungsveranstaltungen - VO-HBUG vom 1. Februar 1999. In: Gesetz- und Verordnungsblatt für das Land Hessen Teil I S. 113

[4] Fördergrundsätze für die Gewährung von Zuschüssen des Landes Hessen und des Europäischen Sozialfonds (ESF) zur Qualifizierung und Weiterbildung von Arbeitskräften vom 18. Juli 2000, rückwirkend in Kraft getreten ab dem 1. Januar 2000

[5] Vgl. Fn 1)

Durch das Zusammenfließen der beiden aus den siebziger Jahren stammenden Gesetze in dem neuen Hessischen Weiterbildungsgesetz strebt das Land Hessen „eine Modernisierung der hessischen Erwachsenenbildung an, um seinen Bürgerinnen und Bürgern besser und zielgerichteter zu helfen, die Herausforderungen der Globalisierung und Deregulierung, der gravierenden technologischen Umwälzungen und der Informationsgesellschaft zu bewältigen."[6]

In der Begründung zum Gesetzentwurf werden folgende Ziele für die Zusammenfassung von EBG und VHG zu einem einheitlichen Hessischen Weiterbildungsgesetz genannt:

- Die Weiterentwicklung der Einrichtungen fördern
- Die Gleichberechtigung der öffentlichen Träger und der freien Träger fördern
- Das Förderverfahren leistungs- und zukunftsorientiert gestalten
- Die Bemessungsgrundlage für die öffentlichen Träger gerechter gestalten
- Die Verwaltungsarbeit erleichtern

Die Einrichtungen der Weiterbildung in Hessen sollen – laut Begründungstext für das neue Weiterbildungsgesetz – in die Lage versetzt werden,

– auf die Erfordernisse zur gesellschaftlichen Innovation pluralistisch, kompetent und professionell zu antworten,

– ein flächendeckendes Angebot zu erhalten und auszubauen,

– eine Grundversorgung mit Weiterbildung sicherzustellen,

– sicher zu planen und flexibel zu handeln,

– wirksam auf staatliches Handeln zu reagieren und ihre Verwaltung zu vereinfachen,

– strategische Partnerschaften mit der universitären und betrieblichen Weiterbildung aufzubauen und mit der Lehrerfortbildung zu kooperieren,

– Qualitätssicherung und Qualitätsentwicklung voranzubringen,

– Netzwerke aufzubauen und die Möglichkeiten des Internets zu nutzen,

– Wirtschaftlichkeit und Kostenbewusstsein zu erhalten und weiter zu verbessern,

---

[6] Entnommen dem Vorblatt zum Gesetzentwurf der Landesregierung für ein Gesetz zur Förderung der Weiterbildung im Lande Hessen (Hessisches Weiterbildungsgesetz – HWBG) und zur Änderung des Hessischen Gesetzes über den Anspruch auf Bildungsurlaub, Mai 2001

– sich für die Teilnahme an europäischen Programmen zu öffnen und zu qualifizieren sowie die dafür erforderlichen finanziellen Voraussetzungen zu schaffen.

Im HWBG wird grundsätzlich von *Einrichtungen der Weiterbildung* gesprochen und unterschieden nach Einrichtungen in öffentlicher Trägerschaft sowie anerkannten landesweiten Organisationen und ihren Mitgliedseinrichtungen in freier Trägerschaft.

Die Volkshochschulen sind im Sinne dieses Gesetzes Einrichtungen der Weiterbildung in öffentlicher Trägerschaft. Die Hessische Heimvolkshochschule Burg Fürsteneck e. V. ist eine überregionale Einrichtung der Weiterbildung im Sinne dieses Gesetzes (§ 1 HWBG).

Im Folgenden werden die einzelnen Vorschriften des neuen Weiterbildungsgesetzes besonders in Hinsicht auf diejenigen Aspekte betrachtet, die für die Sicherung und Entwicklung der Qualität der Weiterbildung in Hessen von Bedeutung sind:

Was die *Aufgaben und die Sicherung der Weiterbildung* betrifft, so entsprechen sie den im Erwachsenenbildungsgesetz (EBG) und Volkshochschulgesetz (VHG) beschriebenen. In § 2 HWBG heißt es: „Die Einrichtungen der Weiterbildung haben die Aufgabe, die Grundversorgung an Weiterbildung sicher zu stellen. Ihr Bildungsangebot umfasst Inhalte, die die Entfaltung der Persönlichkeit fördern, die Fähigkeit zur Mitgestaltung des demokratischen Gemeinwesens stärken und die Anforderungen der Arbeitswelt bewältigen helfen. Es umfasst die Bereiche der allgemeinen, politischen, beruflichen und kulturellen Weiterbildung ..."

Die *Zusammenarbeit der Einrichtungen der Weiterbildung* mit anderen Institutionen des Bildungswesens – wie sie auch schon in EBG und VHG vorgesehen war – ist in § 4 HWBG erweitert und aktualisiert worden.

Die Möglichkeiten der Nutzung des Medienverbundes und des Internets sollen ausgebaut werden.

§ 5 HWBG widmet sich den *Prüfungen* zum nachträglichen Erwerb von Schulabschlüssen.

Hier wird festgelegt: „(1) Für Prüfungen zum nachträglichen Erwerb des Hauptschulabschlusses und des Mittleren Abschlusses beruft das zuständige Staatliche Schulamt für Schulen für Erwachsene den Prüfungsausschuss und die Vorsitzende oder den Vorsitzenden. Lehrkräfte der Schulen für Erwachsene sollen mit einbezogen werden. Das Staatliche Schulamt kann die Lehrkräfte der Vorbereitungskurse als Fachprüferin oder Fachprüfer in den Prüfungsausschuss berufen, sofern sie die Lehrbefähigung für das jeweilige Prüfungsfach oder eine entsprechende Qualifikation besitzen.

(2) Für die auf Prüfungen zum nachträglichen Erwerb von Schulabschlüssen vorbereitenden Lehrveranstaltungen gelten die entsprechenden Lehrpläne und Prüfungsordnungen der Schulen für Erwachsene."

In der Begründung zum Gesetzentwurf wird betont, dass diese neu aufgenommenen Bestimmungen der Sicherung und Entwicklung der Qualität der im Bereich der Weiterbildung erworbenen schulischen Abschlüsse dienen und auf Vergleichbarkeit staatlicher Abschlüsse durch Setzung einheitlicher Standards zielen.

Die in § 7 getroffene Definition von Unterrichtsstunde / Unterricht in Internatsform ist unter dem Aspekt des künftigen Förderverfahrens zu sehen, das eine Umstellung der gesamten Förderung von der Bezuschussung von Stellen hin zur Bezuschussung von Unterrichtsstunden vorsieht. Die in § 7 vorgenommenen Definitionen formulieren quantitative Standards, die der Leistungsberechnung und dem mit ihr verbundenen Förderungsanspruch zu Grunde gelegt werden: Eine Unterrichtsstunde ist eine Lehrveranstaltung von 45 Minuten Dauer.

Bei mehrtägigen Lehrveranstaltungen in Internatsform mit einer Dauer von mindestens zwölf Unterrichtsstunden werden je Tag maximal acht Unterrichtsstunden bezogen auf eine teilnehmende Person angerechnet.

Den §§ 9 bis 14, Teil II HWBG, sind die Bestimmungen für *Einrichtungen der Weiterbildung in öffentlicher Trägerschaft* zu entnehmen.

Zu den wesentlichen Neuerungen des Hessischen Weiterbildungsgesetzes zählt die in § 10 „Grundversorgung und Pflichtangebot" vorgenommene Festlegung einer *Grundversorgung* als Aufgabe der Einrichtungen und die Zweckbindung der Fördermittel für ein im besonderen staatlichen Interesse liegendes *Pflichtangebot*, um gesellschaftlich wichtige, aber wenig marktgängige Angebote realisieren zu können.

Für den Bereich der Volkshochschulen – so die Ausführungen in der Begründung zum Gesetzentwurf – erfolgt die Förderung der Leistungen im Bereich des Pflichtangebots auf der Basis der Einwohnerzahlen der Bezugsgebiete. Es wird im Gegensatz zum bisherigen Förderungsverfahren von den absoluten Zahlen ausgegangen. Hierdurch soll dem Grundsatz der gleichen Förderung aller Teile des Landes Rechnung getragen werden.

Für die *Mitarbeiterinnen und Mitarbeiter* bei Einrichtungen der Weiterbildung in öffentlicher Trägerschaft gilt nach § 11, dass die Einrichtungen für die Erfüllung ihrer Bildungsaufgaben fachlich geeignete Mitarbeiterinnen und Mitarbeiter zu verpflichten haben. Darüber hinaus sind die Einrichtungen der Weiterbildung von fachlich geeigneten, hauptberuflichen Mitarbeiterinnen und Mitarbeitern zu leiten.

Diese Bestimmungen zielen auf die Sicherung und Entwicklung der Professionalität der Mitarbeiterinnen und Mitarbeiter und der Leiterinnen und Leiter und damit der Qualität der Bildungsangebote. (Begründung zum Gesetzentwurf)

§ 14 HWBG behandelt die Förderung des *Hessischen Volkshochschulverbandes* als der landesweiten Organisation der öffentlichen Träger, und der in Abs. 5 genannten Landesarbeitsgemeinschaften „Erwachsenenbildung im Justizvollzug" sowie „Arbeit und Leben". Der Hessische Volkshochschulverband erhält einen Zuschuss zu Leistungen für die Einrichtungen der Weiterbildung in öffentlicher Trägerschaft. Dazu zählen insbesondere Leistungen und Maßnahmen

– zur Fortbildung und Weiterbildung der Lehrenden,

– der Organisations- und Qualitätsentwicklung mit dem Ziel der Akkreditierung und Zertifizierung,

– zur pädagogischen Beratung,

– zur Weiterentwicklung von konzeptioneller Planung und Qualifizierung der Praxis,

– zur Projektdurchführung und -koordination und

– zum Aufbau und Erhalt eines Medienverbundes.

Die der Landesorganisation zur Verfügung gestellte Förderung ist eine leistungsbezogene und nicht mehr auf vorhandene Stellen ausgerichtet. Gefördert werden ausschließlich im Interesse der Einrichtungen der Weiterbildung liegende Serviceleistungen.

(Näheres zu den Qualitätssicherungs-Aktivitäten des Hessischen Volkshochschulverbandes siehe unter Punkt III. dieses Beitrages.)

Teil III des HWBG befasst sich mit den *Einrichtungen der Weiterbildung in freier Trägerschaft* und hier besonders mit der Anerkennung von landesweiten Organisationen in freier Trägerschaft (§ 15) sowie den Voraussetzungen der Förderung (§ 17).

Eine landesweite Organisation von Einrichtungen der Weiterbildung in freier Trägerschaft wird auf Antrag vom Hessischen Kultusministerium nach Anhörung des Landeskuratoriums für Weiterbildung *als förderungsberechtigt anerkannt*, wenn sie folgende Bedingungen erfüllt:

1. Sie wird von einer juristischen Person des öffentlichen Rechts oder einer gemeinnützigen juristischen Person des Privatrechts getragen.

2. Ihre Mitgliedsorganisationen sind in allen drei hessischen Regierungsbezirken vertreten.

3. Das Bildungsangebot deckt mindestens drei Bereiche des Pflichtkatalogs im Sinne des § 10 Abs. 2 (Pflichtangebot) ab.
4. Ihre Mitgliedsorganisationen haben drei Jahre lang Weiterbildungsleistungen nach § 10 Abs. 2 im Umfang von mindestens 2 800 Stunden jährlich erbracht.
5. Sie und ihre Mitgliedsorganisationen verpflichten sich zur Zusammenarbeit nach § 4.
6. Sie und ihre Mitgliedsorganisationen legen ihre Lernziele, Organisations- und Arbeitsformen, Personalausstattung, Teilnehmerzahl und Finanzierung gegenüber dem Lande offen und bieten die Gewähr für die ordnungsgemäße Verwendung der Förderungsmittel.

§ 15 nennt des Weiteren als Voraussetzung der Anerkennung, dass das Angebot an Lehrveranstaltungen dieser Einrichtung die in § 2 (Aufgaben der Weiterbildung) und § 10 Abs. 2 (Pflichtangebot) genannten Inhalte und Bereiche umfassen soll.

Die Anerkennung bedarf der Schriftform; sie kann rückwirkend zum Beginn des Jahres der Antragstellung ausgesprochen werden.

Auch Rücknahme und Widerruf der Anerkennung bei Nichtvorliegen der Anerkennungsvoraussetzungen sind in § 16 geregelt.

Die in § 17 zu findenden *Voraussetzungen der Förderung* entsprechen im Großen und Ganzen denen des alten EBG. Jedoch ist ein leistungsbezogener Aspekt aufgenommen worden.

Das Land fördert eine landesweite Organisation von Weiterbildungseinrichtungen in freier Trägerschaft, wenn folgende Voraussetzungen erfüllt sind:

1. Sie muss als landesweite Organisation anerkannt sein.
2. Sie muss die Anforderungen des § 2 (Aufgaben der Weiterbildung) erfüllen und nach Art und Umfang ihrer Tätigkeit die Gewähr der Dauerhaftigkeit bieten.
3. Sie muss ihren Sitz und Tätigkeitsbereich im Land haben.
4. Sie muss ein Mindestangebot auf dem Gebiet der Weiterbildung im Sinne des § 10 Abs. 2 (Pflichtangebot) von 2 800 Unterrichtsstunden jährlich in ihrem Einzugsbereich innerhalb des Landes durchführen.
5. Sie muss ausschließlich dem Zweck der Weiterbildung dienen.
6. Ihr Angebot an Lehrveranstaltungen darf nicht vorrangig Zwecken einzelner Betriebe oder Organisationen dienen.
7. Ihr Angebot an Lehrveranstaltungen darf nicht der Gewinnerzielung dienen.

8. Sie muss von einer hauptberuflichen Mitarbeiterin oder einem hauptberuflichen Mitarbeiter geleitet oder beraten werden, die oder der nach Vorbildung oder beruflichem Werdegang hierzu geeignet ist.

In § 18 „Finanzierung von Einrichtungen der Weiterbildung in freier Trägerschaft" wird festgeschrieben, dass die anerkannten Träger der Einrichtungen der Weiterbildung in freier Trägerschaft Anspruch auf Bezuschussung durch das Land haben und denselben Stundenzuschuss wie die öffentlichen Träger erhalten. Näheres wird in einer einheitlichen Vereinbarung zwischen dem Land und den anerkannten landesweiten Organisationen der freien Träger geregelt.

In den begründenden Ausführungen zum Gesetzentwurf heißt es zum § 18 u. a., dass das zur Verfügung gestellte Förderungsvolumen eine politisch gewollte erhebliche Verbesserung im Bereich der anerkannten Landesorganisationen der freien Träger bedeutet und damit die in diesem Bereich erbrachten umfangreichen Weiterbildungsleistungen würdigt.

Neu in das HWBG aufgenommen worden ist die Bestimmung der Einrichtung eines *Innovationspools* durch das Land. Hierzu heißt es im IV. Teil „Ergänzende Bestimmungen"

§ 19 u. a.: Zweck des Innovationspools ist es, die Weiterentwicklung der hessischen Erwachsenenbildung, die Qualitätsentwicklung an den Weiterbildungseinrichtungen und ihre Zusammenarbeit gezielt zu fördern sowie die Beteiligung von Weiterbildungseinrichtungen aus Hessen an Programmen des Bundes und der Europäischen Union zu erleichtern.

Auch das Verfahren wird in § 19 beschrieben: Das Hessische Kultusministerium vergibt die entsprechenden Mittel. In der Regel werden Projekte ausgeschrieben, um die sich Einrichtungen der Weiterbildung trägerübergreifend bewerben können.

Das Hessische Kultusministerium beruft eine Kommission mit drei Vertretern aus der Fachwissenschaft, die über die Förderungsanträge entscheidet. Beratend werden eine Vertreterin oder ein Vertreter des Hessischen Volkshochschulverbandes für die Einrichtungen in öffentlicher Trägerschaft und eine Vertreterin oder ein Vertreter der landesweiten Organisationen in freier Trägerschaft hinzugezogen. Dem Hessischen Kultusministerium ist über die Auswahl und den Erfolg der geförderten Projekte zu berichten.

Die Bestimmungen des § 22 zur Einberufung eines *Landeskuratoriums für Weiterbildung* durch das Hessische Kultusministerium entsprechen inhaltlich dem bisherigen § 12 EBG, jedoch wurde neu aufgenommen die Verpflichtung des Landeskuratoriums zur Durchführung einer zweijährlichen *Weiterbildungskonferenz*.

Zu den in § 22 formulierten *Aufgaben des Landeskuratoriums für Weiterbildung* zählen:

1. die Landesregierung in Fragen der Weiterbildung zu beraten, Empfehlungen und Vorschläge zur Weiterentwicklung und zur Zusammenarbeit der Bildungseinrichtungen und landesweiten Organisationen zu unterbreiten und die Koordinierung ihres Bildungsangebotes zu fördern,

2. zur engen Zusammenarbeit zwischen den Bildungseinrichtungen im Sinne dieses Gesetzes und den Hochschulen, den Schulen, den Rundfunk- und Fernsehanstalten, den Einrichtungen der außerschulischen Jugendbildung, den zuständigen Stellen nach dem Berufsbildungsgesetz sowie anderen Institutionen beizutragen,

3. die Weiterbildung durch Gutachten, Empfehlungen und Untersuchungen zu fördern und zu entwickeln,

4. die ihm nach diesem Gesetz zugewiesenen Mitwirkungsrechte wahrzunehmen.

Das Landeskuratorium führt, laut § 22, Abs. 2 in Zusammenarbeit mit dem Hessischen Kultusministerium alle zwei Jahre eine Weiterbildungskonferenz durch, zu der die an der Ausführung dieses Gesetzes Beteiligten eingeladen werden. Aufgabe der Konferenz ist es, einen Weiterbildungsbericht vorzulegen. Die erste Weiterbildungskonferenz findet zwei Jahre nach dem In-Kraft-Treten des HWBG statt.

Das Landeskuratorium besteht aus:

1. je einer Vertreterin oder einem Vertreter der nach § 15 anerkannten, landesweiten Organisationen,

2. einer Vertreterin oder einem Vertreter der Planungsregionen Süd-, Mittel- und Nordhessen, einer Vertreterin oder einem Vertreter der nach § 14 gebildeten landesweiten Organisation der öffentlichen Träger sowie der Heimvolkshochschule Fürsteneck.

Es folgen unter Ziff. 3 Vertreterinnen und Vertreter weiterer Organisationen und Institutionen.

Die nach § 23 einzurichtenden *Weiterbildungsbeiräte* in den Regionen sollen die bisherigen Kreiskuratorien für Erwachsenenbildung (§ 13 EBG) ersetzen. Sie können in den kreisfreien Städten, Landkreisen und kreisangehörigen Gemeinden über 50 000 Einwohner gebildet werden. In dem jeweiligen Weiterbildungsbeirat arbeiten Vertreter der öffentlichen und freien Träger zusammen.

Das **Hessische Gesetz über den Anspruch auf Bildungsurlaub**[7] in seiner Neufassung vom 28. Juli 1998 enthält über die arbeitsrechtlichen Regelungen zum Bil-

---

[7] Vgl. Fn 2)

dungsurlaub hinaus in drei Paragraphen (§§ 9, 10 und 11) Ausführungen zur Anerkennung von Trägern und Bildungsveranstaltungen. Nach dem Hessischen Gesetz über den Anspruch auf Bildungsurlaub (kurz: Hessisches Bildungsurlaubsgesetz – HBUG) haben alle in Hessen beschäftigten Arbeitnehmerinnen und Arbeitnehmer sowie Auszubildende einen Anspruch gegenüber ihrem Arbeitgeber, auf fünf Tage bezahlte Freistellung im Jahr zur Teilnahme an einer anerkannten Bildungsveranstaltung der politischen oder beruflichen Weiterbildung.

Die Anerkennung von Bildungsveranstaltungen setzt die Anerkennung als Träger nach § 9 voraus. Die Anerkennung der Eignung des Trägers erfolgt auf schriftlichen Antrag des Trägers. Der Antrag ist zu begründen. Der Antrag muss eine Erklärung darüber enthalten, dass ein Ziel der antragstellenden Institution die regelmäßige und planmäßige Durchführung von Bildungsveranstaltungen ist. Darüber hinaus sind eine Beschreibung des der Durchführung von Bildungsveranstaltungen zugrunde liegenden inhaltlichen und pädagogischen Konzepts sowie drei Programme von geplanten Bildungsveranstaltungen beizufügen (§ 1 VO-HBUG[8]).

Aus den Programmen müssen Zielgruppe, Lernziele und Lerninhalte sowie der zeitliche Ablauf der Veranstaltung hervorgehen (§ 9 Abs. 3 und § 10 Abs. 1 Satz 3). Als *Anerkennungsvoraussetzungen von Trägern* werden u. a. in § 9 genannt:

- Der Träger muss anerkennungsfähige Bildungsveranstaltungen im Sinne der §§ 1 und 11 des Bildungsurlaubsgesetzes anbieten.
- Der Träger muss über die für die Durchführung der Bildungsveranstaltung erforderliche personelle und organisatorische Ausstattung verfügen.
- Die Ziele des Trägers und die Inhalte seiner Bildungsveranstaltungen müssen mit der freiheitlich demokratischen Grundordnung im Sinne des Grundgesetzes für die Bundesrepublik Deutschland und der Verfassung des Landes Hessen in Einklang stehen.

Darüber hinaus ist in der VO-HBUG (§ 1 Abs. 3) Folgendes festgelegt:

- Der Antrag muss eine Erklärung darüber enthalten, dass ein Ziel der antragstellenden Institution die regelmäßige und planmäßige Durchführung von Bildungsveranstaltungen ist.
- Dem Antrag ist eine Beschreibung des der Durchführung von Bildungsveranstaltungen zugrunde liegenden inhaltlichen und pädagogischen Konzepts beizufügen.

Die *Voraussetzungen zur Anerkennung von Bildungsveranstaltungen*, wie sie § 11 beschreibt, betreffen:

---

[8] Vgl. Fn 3)

- Das Ziel der Veranstaltung: Es muss aus der konkreten Ausgestaltung des zur Anerkennung vorgelegten Veranstaltungsprogramms und dem zu Grunde liegenden Lernkonzepts hervorgehen.

- Die Dauer der Veranstaltung: Sie muss an mindestens fünf aufeinanderfolgenden Tagen stattfinden. Sie kann jedoch unter der Voraussetzung des inhaltlichen und organisatorischen Zusammenhangs auf zwei, jeweils an aufeinanderfolgenden Tagen stattfindende zeitliche Blöcke, von denen einer mindestens zwei Tage umfassen muss, verteilt werden, wenn beide Blöcke innerhalb von höchstens acht zusammenhängenden Wochen durchgeführt werden. Bildungsveranstaltungen für die zu ihrer Berufsausbildung Beschäftigten müssen an mindestens fünf aufeinanderfolgenden Tagen stattfinden. Die Dauer des täglichen Arbeitsprogramms soll sechs Zeitstunden nicht unterschreiten.

- Den für jede Person offenen Zugang: Die Veranstaltung muss jeder Person offen stehen, es sei denn, dass eine Beschränkung des Teilnehmer/innen-Kreises auf pädagogisch begründeten Voraussetzungen oder einer Zielgruppenorientierung beruht.

Die VO-HBUG regelt ergänzend in den §§ 2, 4 und 6:

- Dem Antrag auf Veranstaltungsanerkennung ist eine Versicherung beizufügen, wonach die Veranstaltung von dem Träger oder dessen Mitgliedsorganisation verantwortlich geplant und fachlich und pädagogisch durchgeführt wird. Im Falle einer Kooperation ist darzulegen, in welcher Weise der Träger oder seine Mitgliedsorganisation an der Planung und Durchführung der Bildungsveranstaltung fachlich und personell beteiligt ist.

- Die Anerkennung als Bildungsveranstaltung setzt voraus, dass für die Durchführung der Veranstaltung von dem Träger oder seiner Mitgliedsorganisation in ausreichendem Umfang fachlich und pädagogisch qualifiziertes Personal, geeignete Räumlichkeiten mit der erforderlichen Ausstattung und die erforderlichen Lehrmittel zur Verfügung gestellt werden.

- Dem Antrag auf Veranstaltungsanerkennung ist ein ausführliches Programm beizufügen. Dieses muss Angaben zu einer zeitlich gegliederten Ablaufplanung im Hinblick auf Lernziele, Lerninhalte und pädagogische Methoden enthalten und einen organisierten Lernprozess erkennen lassen.

Der § 11 nennt auch Faktoren, die eine Anerkennung als Bildungsveranstaltung ausschließen.

Zuständige Behörde für die Anerkennung von Trägern und von Bildungsveranstaltungen nach dem HBUG ist das Hessische Sozialministerium.

Das „Verzeichnis der für die Durchführung von Bildungsurlaubsveranstaltungen als geeignet anerkannten Träger" wird jährlich im Staatsanzeiger für das Land Hessen[9] abgedruckt. Darüber hinaus veröffentlicht das Hessische Sozialministerium die von ihm anerkannten Träger sowie sämtliche nach dem HBUG anerkannten Bildungsveranstaltungen tagesaktuell im Internet[10]. Hier können die Bildungsangebote u. a. nach Themenschwerpunkten recherchiert werden. Parallel dazu wird eine Informationsbroschüre herausgegeben, die Auskünfte zu den rechtlichen Regelungen gibt und ebenfalls die Liste der anerkannten Träger enthält.

Die Anerkennung eines Trägers oder einer Bildungsveranstaltung kann widerrufen werden (§ 13 HBUG), wenn ein Träger seinen Pflichten aus dem HBUG wiederholt nicht nachkommt oder wenn bei der Durchführung einer Veranstaltung in wesentlichen Teilen von dem der Anerkennung zu Grunde liegenden Programm abgewichen wurde und die durchgeführte Veranstaltung nicht nach diesem Gesetz anerkennungsfähig war.

Zu Kontrollzwecken kann die Anerkennung einer Veranstaltung mit der Auflage erteilt werden, dass der Träger der Anerkennungsbehörde unverzüglich nach Beendigung der Bildungsveranstaltung einen schriftlichen Bericht über Inhalt und Verlauf vorlegt, wenn Grund zu der Annahme besteht, dass die Veranstaltung abweichend von dem anerkannten Programm durchgeführt wird (§ 10 Abs. 2 HBUG).

Die hinsichtlich einzelner Veranstaltungen bestehende Berichtspflicht wird ergänzt durch eine *generelle statistische Berichtspflicht der Träger* gegenüber dem Hessischen Sozialministerium zur Gesamtheit der durchgeführten Veranstaltungen.

Die Träger sind verpflichtet, dem Hessischen Sozialministerium bis zum 1. April jedes Jahres einen Bericht vorzulegen, der Angaben über Anzahl, Inhalte und Teilnehmerstruktur der Veranstaltungen enthalten muss.

Auf dieser Datenbasis legt das *Hessische Sozialministerium* dem Landesjugendhilfeausschuss und dem Landeskuratorium für Weiterbildung[11] *jährlich einen statistischen Bericht*, der ebenfalls Auskunft zur Anzahl, den Inhalten und der Teilnehmerstruktur der nach dem HBUG anerkannten und durchgeführten Bildungsveranstaltungen gibt, vor.

---

[9] Verzeichnis der für die Durchführung von Bildungsurlaubsveranstaltungen als geeignet anerkannten Träger. In: Staatsanzeiger für das Land Hessen zuletzt Nr. 52 vom 25. Dezember 2000, S. 4364

[10] Internetadresse: www.sozialnetz.de/bu

[11] Nach dem neuen HWBG von 2001 und der darin enthaltenen Änderung des Bildungsurlaubsgesetzes ist das Landeskuratorium für Erwachsenenbildung geändert in: Landeskuratorium für Weiterbildung

II. Förderung der (beruflichen) Weiterbildung aus Landes- und kofinanzierten ESF-Mitteln

1. Förderung aus Landesmitteln

1.1 Ausgangslage und Rahmenbedingungen

Die Durchführung der Förderungsmaßnahmen nach dem Weiterbildungsgesetz obliegt dem Hessischen Kultusministerium. Hier werden die Entscheidungen im Benehmen mit dem Landeskuratorium für Weiterbildung getroffen.

Für die Förderung anerkannter Bildungsveranstaltungen im Rahmen des Bildungsurlaubsgesetzes ist das Hessische Sozialministerium zuständig.

Das Hessische Ministerium für Wirtschaft, Verkehr und Landesentwicklung fördert keine Maßnahmen nach dem Hessischen Weiterbildungsgesetz.

1.2 Förderkriterien und Qualitätskriterien des Förderers für Einrichtungen/Träger und/oder Weiterbildungsmaßnahmen bei der Vergabe von Landesmitteln

Die Qualitätskriterien, die bei der Förderung der Weiterbildung im Rahmen des *Weiterbildungsgesetzes* angewandt werden, sind im Weiterbildungsgesetz formuliert. (Siehe dazu Punkt I.).

Für das künftige Förderverfahren im Rahmen des Hessischen Weiterbildungsgesetzes von 2001 sind drei Ziele aufgestellt:

- Sicherung der flächendeckenden Versorgung,
- Betonung von leistungsbezogenen Aspekten durch die Umstellung der gesamten Förderung auf einen Zuschuss zur Unterrichtsstunde, durch die verstärkte Honorierung der Leistungen der Freien Träger und die Setzung einer Mindeststundenzahl in den Kreisen und Städten,
- die Förderung der Zukunftsentwicklung der Weiterbildung in Hessen[12]

1.3 Verfahrensweise bei der Vergabe von Landesmitteln

Das Förderungsverfahren für die Maßnahmen nach dem Hessischen Weiterbildungsgesetz, für das das Hessische Kultusministerium zuständig ist, regelt sich nach dem Weiterbildungsgesetz (siehe dazu auch Punkt I.).

Das Hessische Ministerium für Wirtschaft, Verkehr und Landesentwicklung (HMWVL), das für die Förderung von Maßnahmen der beruflichen Weiterbildung

---

[12] Vgl. Fn 6)

außerhalb des Weiterbildungsgesetzes zuständig ist, geht davon aus, dass die Prozessqualität aufgrund der Förderung des lebenslangen Lernens zukünftig an Bedeutung gewinnt. Deshalb wird bei den Förderprogrammen eine Programmbegleitung (Monitoring) praktiziert und die Wirkung der Maßnahmen evaluiert.

Darüber hinaus gibt es Workshops, die den Erfahrungsaustausch der Weiterbildungsträger und -beratung sowie die Sicherung des Transfers unterstützen.

Das HMWVL hat aus den gegenwärtigen Erfahrungen der Programmbegleitung und -evaluation die Überzeugung gewonnen, Qualitätssicherung als permanente Aufgabe zu behandeln. Es sieht die Notwendigkeit, neue Qualitätssicherungsstrategien zu entwickeln und umzusetzen.

In der hierzu stattfindenden Diskussion herrscht Einigkeit, dass Qualitätssicherung nicht durch „Kontrolle" oder einmalige Zertifizierung zu erreichen ist, sondern als Prozess angelegt werden muss. Alle Beteiligten müssen in den Qualitätssicherungsprozess einbezogen werden, sie müssen Qualität gemeinsam definieren und kontinuierlich weiterentwickeln. Das diskutierte Phasenmodell des Qualitätskreises[13] sollte von außen begleitet und gesteuert werden und garantieren, dass die Ergebnisse regelmäßig z. B. an die Träger zurückgegeben werden, um die Entwicklung und Verbesserung des Weiterbildungsprozesses zu fördern.

Erfahrungen in Hessen und anderen Bundesländern[14] belegen, wie wichtig die Bereitschaft der Träger zur Mitarbeit ist.

Die Komplexität des Begriffs „Kunde/Kundin" ist ein weiteres Thema der Diskussion: Dieser Begriff erfordere in jedem Programmablauf eine immer neue Definition.

Für die Einführung der Qualitätssicherung ist der zeitliche Ablauf des Förderprogramms zu berücksichtigen.

In diesem Zusammenhang gibt es folgende Überlegungen:

Vor Beginn des Verfahrens (ex-ante) sind folgende Aspekte zu berücksichtigen:

- Umfassende Informationspolitik über Fördermöglichkeiten für potenzielle Träger,
- klar definierte Fördergrundsätze mit Zielsystemen und Anforderungsliste,

---

[13] Die Phasen in einem solchen Prozess werden vom HMWVL wie folgt beschrieben: 1. Einführung des Qualitätssicherungsgedankens bei allen beteiligten Akteuren, 2. Entwicklung von träger- und maßnahmespezifischen Qualitätsmerkmalen (Checklistenerstellung, Stärken-Schwächen-Analysen, Zielkataloge etc.), 3. Entwicklung von Berichtspflichten zur Überprüfung der Qualitätssicherungsprozesse durch externe Institute und zur Selbstevaluation, 4. Entwicklung von Handbüchern, Leitlinien und Arbeitshilfen zur Unterstützung und Verbreitung des Prozesses, 5. Begleitung, Weiterentwicklung, Kontrolle und Kommunikation des Prozesses

[14] Zu nennen sind hier insbesondere Bremen und Rheinland-Pfalz sowie Pilotprojekte in NRW

- frühzeitige und kontinuierliche Beratung der Projekte in Hinblick auf Konzeption, Inhalte sowie Finanz- und Fördertechnik,

- Erhebung von projektbezogenen Informationen und der Strukturqualität z. B. materielle, technische und personelle Ausstattung, interne Organisations- und Verwaltungsstrukturen, Mittelaufwand, Sicherstellung des Berichtswesens sowie die Bereitschaft und Fähigkeit zur Selbstevaluation; für die Produktqualität z. B. Zielgruppenorientierung, Methodenkompetenz, Erfolgsaussichten, Erfahrungshintergründe, Entstehungszusammenhänge und Kooperationsbeziehungen.

In Bezug auf die *begleitende Qualitätssicherung* müsste sichergestellt sein bzw. bietet es sich an,

- dass sowohl bezogen auf die Struktur- als auch auf die Produktqualität regelmäßige Soll-Ist-Vergleiche durchgeführt werden. Informationsquellen hierfür können die ohnehin geforderten Verwendungsnachweise, Datenblätter und vorgegliederten Sachberichte sowie zusätzliche exemplarische Befragungen von Teilnehmern/Teilnehmerinnen und die Ergebnisse der Selbstevaluationen der Träger sein;

- Informationen über Besuche beim Träger einzuholen sowie zur Verbesserung der Information, der Transparenz und zur Unterstützung der Qualitätskontrolle eine „Förderdatenbank" aufzubauen und diese in Auszügen z. B. via Internet allen beteiligten Akteuren zur Verfügung zu stellen (neben Verbesserung der Information auch Unterstützung des Diskussionsprozesses und des Austauschs zur Weiterentwicklung von Maßnahmen und Angeboten).

Die *abschließende Qualitätsevaluation (ex-post)* basiert auf den vorher geleisteten Arbeiten in der ex-ante-Qualitätssicherung und der begleitenden Evaluation. Zusätzlich sind zu nutzen:

- Abschließende Projektberichte der Träger,

- Beurteilungen aus Sicht der Teilnehmer/innen sowie

- Erfahrungs-Workshops sowie Transfer- und Koordinierungstreffen.

In einem solchen Verfahren der Implementierung eines Systems der Qualitätssicherung über den gesamten Ablauf eines Programms wird ebenso als wichtig gesehen, die aus dem Prozess folgenden Veränderungen und Anpassungsreaktionen bezüglich der Ausgestaltung der Förderung transparent und öffentlich zu machen, um so auch ein Anreizsystem für die Träger zu schaffen.[15]

---

[15] Entnommen einem Diskussionspapier vom Sommer 2000, das vom Hessischen Ministerium für Wirtschaft, Verkehr und Landesentwicklung gemeinsam mit der Gesellschaft für Forschung Planung Entwicklung mbH (HLT-FPE) erarbeitet wurde.

2. Förderung aus Landes- und kofinanzierten ESF-Mitteln

Neben den durch Gesetz geschaffenen Rahmenbedingungen, die helfen sollen, die Qualität der Weiterbildung zu verbessern, sieht das Land Hessen die „Fördergrundsätze für die Gewährung von Zuschüssen des Landes Hessen und des Europäischen Sozialfonds (ESF) zur Qualifizierung und Weiterbildung von Arbeitskräften"[16] als ein weiteres Instrument der Qualitätssicherung an.

Die Fördergrundsätze beziehen sich auf die berufliche Weiterbildung und gehen davon aus, „dass eine einseitig auf institutionelles Lernen ausgerichtete Weiterbildungspolitik nicht hinreichend den Lernnotwendigkeiten entsprechen kann. Vielmehr müssen das in die Arbeit integrierte Lernen, das selbst organisierte Lernen im sozialen Umfeld, das Lernen mit den IuK-Medien und die institutionelle berufliche Weiterbildung als Gestaltungsaufgaben begriffen und zu einer integrierten Lernkultur zusammengeführt werden". Gerade in kleinen und mittleren Unternehmen (KMU) seien aufgrund ihrer gegebenen Organisationsstrukturen und der Probleme bei der Bestimmung des Qualifikations-, Weiterbildungs- und Organisationsbedarfs Unterstützungsmaßnahmen erforderlich, um die Anpassungsfähigkeit dieser Unternehmen zu erhöhen und damit Arbeitsplätze zu sichern sowie die Beschäftigungspotenziale der KMU zu verstärken.

In diesem Sinne sind vier Förderschwerpunkte für Kammern, Arbeitgeber- und Arbeitnehmerorganisationen sowie andere Non-Profit-Organisationen gebildet worden:

1. überbetriebliche Weiterbildungsmaßnahmen,

2. Erarbeitung von neuen Lehrgangskonzeptionen,

3. Weiterbildung des pädagogischen Personals,

4. sonstige überbetriebliche Weiterbildungsmaßnahmen.

In diesen Schwerpunkten geht es vor allem um die Vorbereitung von Arbeitskräften aus den Betrieben auf die Veränderungen der Produktionssysteme und der Organisationsstrukturen sowie um die Weiterbildung des in der Aus- und Weiterbildung tätigen Personals.

Zuständig für dieses Förderprogramm ist das Hessische Ministerium für Wirtschaft, Verkehr und Landesentwicklung; verantwortlich für die Umsetzung ist die InvestitionsBank Hessen AG (IBH), ESF-Consult-Hessen.

Voraussetzungen für die Förderung sind Angaben zur Dauer der Weiterbildungslehrgänge und zur Anzahl der Teilnehmer/innen. Die Teilnehmer/innen sollten vorwiegend aus hessischen Klein- und Mittelbetrieben (KMU) kommen.

---

[16] Vgl. Fn 4)

III. Weitere Aktivitäten und Besonderheiten zur Qualitätssicherung auf Landesebene

In folgenden Aktivitäten wird öffentliche Mitverantwortung zur Entwicklung, Verbesserung und Sicherung von Qualität in Programmen, Projekten, Konzeptentwicklungen und deren Evaluation deutlich:

- Die Gesamtverantwortung für den Einsatz des ESF in Hessen obliegt dem Sozialministerium (ESF-Fondsverwaltung). Hier werden im Zusammenwirken mit den beteiligten Landesressorts Planung, Umsetzung und Evaluation gesteuert. Dies schließt auch die Festlegung fachübergreifender Mechanismen zur Finanzkontrolle, die Ergebnisbewertung der Kontrollen vor Ort sowie die sich daraus ableitenden Erkenntnisse für die Förderpraxis ein.

  Ohne qualitätssichernde Vorgaben und Verfahren greifen das differenzierte Finanzkontrollinstrumentarium und bisherige Einzelevaluationen jedoch zu kurz. Derzeit werden daher in einer interministeriellen Arbeitsgruppe die Grundlagen für ein Qualitätssicherungskonzept erarbeitet, das für alle ESF-Programme angewendet werden kann. Vorrang sollen dabei zunächst die Strukturqualität der Träger und ihrer Projekte haben, gefolgt von Qualitätsstandards für Produkte.[17]

- Seit 1995 fördert das Hessische Ministerium für Wirtschaft, Verkehr und Landesentwicklung (HMWVL), kofinanziert aus Mitteln des Europäischen Sozialfonds, Ziel 4, insgesamt 9 Weiterbildungsberatungsstellen. Zuständig u.a. für die Ermittlung des regionalen Weiterbildungsbedarfs bei Unternehmen und Beschäftigten, für die Beratung und Unterstützung beim Aufbau sowie für die Auswahl und Entwicklung von langfristig angelegten Weiterbildungskonzepten sind die Weiterbildungsberatungsstellen – als Schnittstelle zwischen Nachfrage und Angebot. Mit diesem arbeitsmarktpolitischen Instrument wird, lt. HMWVL, einerseits dazu beigetragen, Weiterbildungskonzepte bedarfsorientiert zu entwickeln und andererseits für mehr Transparenz des Weiterbildungsangebotes zu sorgen sowie einen weiteren Qualitätsaspekt – den des Verbraucherschutzes – zu realisieren.[18]

- Weiterbildungsdatenbank: Um den Nachfragenden einen besseren Überblick über das Angebot im Bereich „berufliche Weiterbildung" zu geben, ist das Projekt „Hessisches Bildungsportal" in Vorbereitung.

---

[17] Angaben des Hessischen Ministeriums für Wirtschaft, Verkehr und Landesentwicklung vom Juli 2001 für diesen Übersichtsband.

[18] Angaben des Hessischen Ministeriums für Wirtschaft, Verkehr und Landesentwicklung vom April 2000

- 1997 wurde, als erste der insgesamt 90 Verwaltungs- und Wirtschaftsakademien (VWA) in Deutschland, die Hessische VWA in Frankfurt a. M. von der CERTQUA[19] nach ISO 9001 zertifiziert.[20]
- Das Deutsche Institut für Erwachsenenbildung (DIE) in Frankfurt a. M. hat einen Arbeitsschwerpunkt „Qualitätssicherung in der Weiterbildung", in dessen Rahmen es Projekte, Workshops und Fachtagungen organisiert sowie Veröffentlichungen und Checklisten zu diesem Thema herausgibt.

  Darüber hinaus bietet es einen Lehrgang *Qualitätsentwickler/in in Einrichtungen der Erwachsenenbildung* mit DIE-Zertifikat an. Das DIE hat dem Lehrgang für Mitarbeiterinnen und Mitarbeiter von Einrichtungen der Erwachsenenbildung das Qualitätsmodell der European Foundation for Quality Management (EFQM) zugrunde gelegt, da davon ausgegangen wird, dass dieses Modell für die Erwachsenenbildung geeignet ist. Das EFQM-Modell geht von einem umfassenden Qualitätsverständnis aus, sieht Spielräume für die Individualität der jeweiligen Einrichtung vor, in seinem Zentrum steht die Verbesserung der Kernprozesse, und zwar unter Partizipation aller am Weiterbildungsprozess Beteiligten. Besonderheit des Lehrgangs ist die Verbindung von „Lernen" und „Anwenden": die Teilnehmenden entwickeln und betreiben während der Fortbildung ein Qualitätsentwicklungsprojekt, unterstützen sich dabei gegenseitig und werden durch das Projektteam beraten. Die Einrichtung kann die Fortbildungsteilnahme einer Mitarbeiterin/eines Mitarbeiters für die Einführung eines Qualitätsmanagement-Systems direkt nutzen.[21]

- Lt. Mitteilung des Hessischen Volkshochschulverbandes (hvv) arbeiten seit September 1999 in drei regionalen Qualitätsringen 16 hessische Volkshochschulen zusammen. In dem Projekt *Regionale VHS-Qualitätsringe* (Laufzeit: Herbst 1999-März 2001) sind jeweils zwei bis drei Mitarbeiter/innen pro Volkshochschule vertreten. Diese Mitarbeiter/innen arbeiten verbindlich im Qualitätsring mit und verstehen sich als VHS-interne Qualitäts-Projekt-Gruppe. Perspektivisch könnten sich aus der Mitarbeit in diesen Projektgruppen „Qualitätsmanager/ innen" entwickeln. Als besonders dringend und wünschenswert für die Mitarbeit in den Qualitätsringen wird die Einbeziehung der Kursleitenden gesehen, da sie das „Aushängeschild" einer Volkshochschule seien und damit die Qualität der Bildungseinrichtung repräsentieren.

  Folgende Ziele des Projektes *Regionale VHS-Qualitätsringe* hat der Hessische Volkshochschulverband in seiner Einladung an die hessischen Volkshochschulen zur Teilnahme an dem Projekt formuliert:

---

[19] CERTQUA, Gesellschaft der Deutschen Wirtschaft zur Förderung und Zertifizierung von Qualitätssicherungssystemen in der Beruflichen Bildung mbH

[20] Pressemitteilung der VWA Hessische Verwaltungs- und Wirtschafts-Akademie vom 2. September 1997

[21] Informationsmaterial zum Lehrgang, erhältlich über: Deutsches Institut für Erwachsenenbildung e. V. (DIE), Hansaallee 150, 60320 Frankfurt am Main

- „Unterstützung hessischer Volkshochschulen in ihrer Arbeit an Qualitätsentwicklung auf allen Ebenen (Institution, Planung und Durchführung von Veranstaltungen, Mitarbeiter/innen-Qualifizierung usw.;
- Implementierung von Qualitätssicherungs-Verfahren in Volkshochschulen;
- Entwicklung und Unterstützung von Austausch- und Kooperationsstrukturen unter den beteiligten Volkshochschulen;
- Entwicklung und Förderung von Fortbildungs- und Qualifizierungsangeboten für HPM (hauptamtliche Mitarbeiterinnen und Mitarbeiter, Anm. d. Verf.) und für Kursleiter/innen;
- Weiterentwicklung der Qualitäts-Empfehlung des hvv zu möglichen Standards für hessische Volkshochschulen."[22]

Seit Dezember 1999 finden in den Arbeitstreffen der Qualitätsringe inhaltliche Auseinandersetzungen u. a. mit

- dem Leitfaden der European Foundation For Quality Management (EFQM),
- dem niedersächsischen Fragebogen zur Selbstevaluation,[23]
- der konkreten Arbeit an Fragebögen für Teilnehmer/innen und Kursleiter/innen,
- dem Begriff „Qualität",
- der Entwicklung einer Kultur für kollegiale Beratung, für dialogische Qualitätsentwicklung in Vernetzung und Kooperation

statt.

Der Hessische Volkshochschulverband stellt dem Projekt einen Fachreferenten zur Verfügung, der moderierende und koordinierende Aufgaben übernimmt. Die an den Qualitätsringen beteiligten Volkshochschulen müssen sich an den entstehenden Kosten beteiligen.

Der Hessische Volkshochschulverband musste das Projekt inzwischen (Stand: Sommer 2001) aus Kostengründen beenden. Einzelne regionale Qualitätsringe arbeiten selbstständig weiter.[24]

In anderen Volkshochschulen Hessens werden zur Qualitätsverbesserung der Weiterbildung Qualitätsmanagement-Systeme nach ISO 9000 ff., interne Qualitätszirkel oder das EFQM-Modell erprobt.

---

[22] Aus den Papieren des Hessischen Volkshochschulverbandes, Stand: Dezember 1999

[23] Landesverband der Volkshochschulen Niedersachsens e. V. (Hrsg.): Qualitätssicherung in der Volkshochschule. Fragenkatalog zur Selbstevaluation, Hannover 1996

[24] Angaben des Hessischen Volkshochschulverbandes vom Juni 2001

- BLK-Projekt *Lernerorientierte Qualitätstestierung in Weiterbildungsnetzwerken:* Der Landesverband Niedersächsischer Volkshochschulen hat gemeinsam mit ArtSet Institut für kritische Sozialforschung und Bildungsarbeit e. V. ein Projekt begonnen, das von der Bund-Länder-Kommission gefördert wird. An dem BLK-Projekt beteiligten sich in der ersten Phase (Oktober 2000 bis Mai 2001) acht weitere VHS-Landesverbände aus Berlin, Hamburg, Hessen, Rheinland-Pfalz, Saarland, Sachsen, Schleswig-Holstein und Thüringen sowie Vertreter/innen des ArtSet Institutes, des Deutschen Institutes für Erwachsenenbildung Frankfurt/M., des Lehrstuhls Erwachsenenbildung der Universität Leipzig, der Arbeitsstelle Neue Lernkulturen Hannover und des Landesinstituts für Schule und Weiterbildung Nordrhein-Westfalen. In dem Pilotprojekt sollen die inhaltlichen Voraussetzungen und der prozedurale Rahmen eines bundesweiten, einheitlichen und trägerübergreifenden Qualitätsentwicklungs- und Testierungsverfahrens geschaffen werden.[25]

- Im Rahmen der Qualifizierungsoffensive Hessen (www.qualifizierungsoffensive.de) stellt das Land Hessen für Projekte bis Ende 2000 insgesamt rund 5,5 Mio DM aus dem Europäischen Sozialfonds zur Verfügung, so dass bis zu 45 Prozent der entstehenden Projektkosten finanziert werden können. Die Qualifizierungsoffensive will – entsprechend der regionalen Schwerpunktsetzung – Bedarfsanalysen, Pilotprojekte, Netzwerke, konkrete Qualifizierungsmaßnahmen sowie Öffentlichkeitsarbeit und Sensibilisierungsaktivitäten der Unternehmen fördern. Die Qualifizierungsbeauftragten der regionalen Wirtschaftsförderungsinstitutionen koordinieren die Aktivitäten in den hessischen Landkreisen und kreisfreien Städten. Diese Qualifizierungsbeauftragten haben u. a. die Aufgabe, Betriebe bei der Durchführung von Qualifizierungsmaßnahmen zu beraten. Sie sind in „Koordinationsgruppen" vertreten, die regelmäßig die Weiterbildungsangebote abstimmen.

Die aus Mitteln der Qualifizierungsoffensive geförderten Qualifizierungsbeauftragten sind ebenso beratend für Landkreise und Kommunen tätig, ermitteln vor Ort Weiterbildungsdefizite und initiieren adäquate Maßnahmen. Um diese Aufgabe qualifiziert wahrnehmen zu können, nehmen Weiterbildungsberater vor Ort an Schulungen teil.

Zur Bestimmung des Qualifizierungs- und Weiterbildungsbedarfes werden in den Landkreisen keine einheitlichen Instrumente verwendet, sondern – je nach regionalen Gegebenheiten – unterschiedliche Instrumente eingesetzt (von Bedarfsanalysen, Betriebsbefragungen bis zur Erstellung von Gutachten und Studien durch Auftragsvergabe an neutrale Institutionen/Dritte zu entsprechenden Problemstellungen).

---

[25] Näheres zu dem BLK-Projekt siehe in diesem Übersichtsband, Beitrag zu Niedersachsen, Punkte III.

Zwischenzeitlich ist entschieden, dass die Arbeit der Qualifizierungsbeauftragten auch in der neuen Förderperiode bis 2006 förderfähig ist. Zur Zeit beteiligen sich 20 Landkreise bzw. kreisfreie Städte an dem Projekt. Die Qualifizierungsoffensive Hessen II hat ein Gesamtvolumen von rd. 50 Mio DM.

Stichworte: Weiterbildungsgesetz (HWBG): Einrichtungen der Weiterbildung in öffentlicher Trägerschaft, Einrichtungen der Weiterbildung in freier Trägerschaft, Zusammenarbeit der Einrichtungen der Weiterbildung, Prüfungen, Anerkennung der Förderungsberechtigung, Voraussetzungen der Förderung, Innovationspool, Landeskuratorium für Weiterbildung, regionale Weiterbildungsbeiräte, Weiterbildungskonferenzen; Bildungsurlaubsgesetz: Anerkennungsvoraussetzungen von Trägern, Anerkennungsvoraussetzungen von Bildungsveranstaltungen, Berichtspflicht von Trägern, Sozialministerium und Landesregierung; Fördergrundsätze für die Gewährung von Zuschüssen des Landes Hessen und des Europäischen Sozialfonds; Monitoring und Evaluation der Förderprogramme; Interministerielle Arbeitsgruppe; prozessorientierte Qualitätssicherung als strategisches Ziel; Weiterbildungsberatungsstellen, Weiterbildungsdatenbank; Zertifizierung der VWA Hessen, Deutsches Institut für Erwachsenenbildung (DIF): Lehrgang „Qualitatsentwickler/innen in Einrichtungen der Erwachsenenbildung"; BLK-Projekt „Lernerorientierte Qualitätstestierung in Weiterbildungsnetzwerken"; Qualifizierungsoffensive Hessen

Hessen

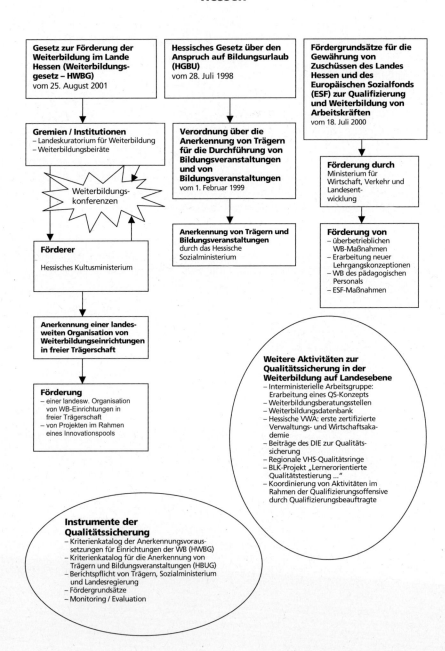

2.8 Mecklenburg-Vorpommern

I. Gesetzliche Situation

Die folgenden Gesetze, Richtlinien und Verordnungen bilden in Mecklenburg-Vorpommern den Rahmen für die landesgeförderte (berufliche) Weiterbildung. Sie wurden in Hinsicht auf ihre qualitätssteuernden Aspekte untersucht:

- Weiterbildungsgesetz (WBG-M-V) vom 28. April 1994[1], zuletzt geändert durch das Erste Gesetz zur Änderung des Weiterbildungsgesetzes (1. ÄndWBG-M-V) vom 17. Juli 1995[2]

- Landesverordnung über die Zuständigkeiten für die Durchführung des Weiterbildungsgesetzes (Weiterbildungszuständigkeitsverordnung zu VOWBG-M-V) vom 4. April 1995[3]

- Landesverordnung über die Anerkennung von Einrichtungen der Weiterbildung nach dem Weiterbildungsgesetz (Weiterbildungsanerkennungsverordnung – AVOWBG-M-V) vom 12. September 1995[4]

- Landesverordnung für die Vornahme von Anerkennungen von Einrichtungen der Weiterbildung nach dem Weiterbildungsgesetz (Anerkennungskostenverordnung – Akost VO) vom 3. Januar 1996[5]

- Richtlinie für die Förderung nach dem Weiterbildungsgesetz (Weiterbildungsförderrichtlinie – FörWBG) vom 28. November 1995[6]

---

[1] Weiterbildungsgesetz (WBG-M-V) vom 28. April 1994, in Kraft getreten am 29. April 1994. In: Gesetz- und Verordnungsblatt für Mecklenburg-Vorpommern 1994, Nr. 12, S. 555

[2] Erstes Gesetz zur Änderung des Weiterbildungsgesetzes (1. ÄndWBG-M-V) vom 17. Juli 1995, in Kraft getreten am 1. Januar 1995. In: Gesetz- und Verordnungsblatt für Mecklenburg-Vorpommern 1995, Nr. 13, S. 332

[3] Landesverordnung über die Zuständigkeiten für die Durchführung des Weiterbildungsgesetzes (Weiterbildungszuständigkeitsverordnung zu VOWBG-M-V) vom 4. April 1995, in Kraft getreten am 5. April 1995. In: Gesetz- und Verordnungsblatt für Mecklenburg-Vorpommern 1995, Nr. 8, S. 222

[4] Landesverordnung über die Anerkennung von Einrichtungen der Weiterbildung nach dem Weiterbildungsgesetz (Weiterbildungsanerkennungsverordnung – AVOWBG-M-V) vom 12. September 1995, in Kraft getreten am 13. Dezember 1995. In: Gesetz- und Verordnungsblatt für Mecklenburg-Vorpommern, Nr. 17, S. 503

[5] Landesverordnung für die Vornahme von Anerkennungen von Einrichtungen der Weiterbildung nach dem Weiterbildungsgesetz (Anerkennungskostenverordnung – Akost VO) vom 3. Januar 1996, in Kraft getreten am 4. Januar 1996. In: Gesetz und Verordnungsblatt für Mecklenburg-Vorpommern 1996, Nr. 3, S. 70

[6] Richtlinie für die Förderung nach dem Weiterbildungsgesetz (Weiterbildungsförderrichtlinie – FörWBG) vom 28. November 1995, in Kraft getreten am 1. Januar 1996. In: Amtsblatt für Mecklenburg-Vorpommern 1996, Nr. 6, S. 149 (außer Kraft)

- Richtlinie zur Förderung nach dem Weiterbildungsgesetz (Weiterbildungsförderrichtlinie – FörWBG) vom 16. Januar 1998[7]

- Richtlinie zur Förderung nach dem Weiterbildungsgesetz (Weiterbildungsförderrichtlinie – FörWBG) vom 1. Februar 2000[8]

- Bildungsfreistellungsgesetz des Landes Mecklenburg-Vorpommern (Bildungsfreistellungsgesetz BfG M-V) vom 16. Mai 2001[9]

- Verordnung zur Durchführung des Bildungsfreistellungsgesetzes (BfGDVO M-V) vom 18. Mai 2001[10]

Das **Weiterbildungsgesetz (WBG)** von Mecklenburg-Vorpommern unterscheidet nicht explizit nach allgemeiner und beruflicher Weiterbildung, dass jedoch auch die berufliche Weiterbildung eingeschlossen ist, macht § 3 „Zielsetzungen und Aufgaben der Weiterbildung" deutlich. In Abs. 1 heißt es: „ Das Ziel der Weiterbildung ist es, durch die Vermittlung von Kenntnissen, Fähigkeiten und Fertigkeiten eine selbstbestimmte, verantwortliche Lebensgestaltung im persönlichen, öffentlichen und beruflichen Bereich zu fördern. ... " Darüber hinaus wird im gleichen Absatz dem Erwerb übergreifender Qualifikationen eine besondere Bedeutung zugemessen.[11]

§ 3 Abs. 2 lautet: „Weiterbildung im Sinne dieses Gesetzes umfasst gleichrangig die allgemeine, politische und berufliche Weiterbildung, wobei diese Weiterbildungsbereiche als ineinander verschränkt und aufeinander bezogen verstanden werden."[12]

---

[7] Richtlinie zur Förderung nach dem Weiterbildungsgesetz (Weiterbildungsförderrichtlinie – FörWBG) vom 16. Januar 1998, in Kraft getreten am 1. Januar 1998. In: Amtsblatt für Mecklenburg- Vorpommern 1998, Nr. 6, S. 138 (außer Kraft)

[8] Richtlinie zur Förderung nach dem Weiterbildungsgesetz (Weiterbildungsförderrichtlinie – FörWBG) vom 1. Februar 2000, in Kraft getreten am 1. Januar 2000. In: Amtsblatt für Mecklenburg- Vorpommern 2000, Nr. 10, S. 470

[9] Bildungsfreistellungsgesetz des Landes Mecklenburg-Vorpommern (Bildungsfreistellungsgesetz BfG M-V) vom 16. Mai 2001, In Kraft getreten am 17. Mai 2001. In: Gesetz und Verordnungsblatt für Mecklenburg-Vorpommern, Nr. 5, S. 112

[10] Verordnung zur Durchführung des Bildungsfreistellungsgesetzes (BfGDVO M-V) vom 18. Mai 2001, in Kraft getreten am 19. Mai 2001. In: Gesetz und Verordnungsblatt für Mecklenburg-Vorpommern 2001, Nr. 6, S. 153

[11] Das Ministerium für Arbeit und Bau Mecklenburg-Vorpommern erläutert dazu für den Übersichtsband: „Der Begriffsinhalt knüpft an den Begriff der ‚Schlüsselqualifikationen' an, beschränkt diesen jedoch nicht auf den Bereich der beruflichen Weiterbildung oder auf einen arbeitsplatzbezogenen Kontext, sondern bezieht im Sinne eines Erwerbs von ‚extrafunktionalen' Qualifikationen alle Bereiche der Weiterbildung ein." (Juli 2001)

[12] Dieser Absatz unterstreicht – laut Ministerium für Arbeit und Bau – die Gleichrangigkeit und die Interdependenz der allgemeinen, politischen und beruflichen Weiterbildung, der durch einen integrativen Weiterbildungsbegriff Rechnung getragen wird.

§ 3 Abs. 5 konkretisiert: „Die berufliche Weiterbildung hat die Aufgabe, vorhandene berufliche Kenntnisse, Fähigkeiten und Fertigkeiten zu erhalten, zu vervollkommnen, zu erweitern und dem wirtschaftlichen und technologischen Wandel anzupassen."[13]

Zu den Zielsetzungen und Aufgaben der Weiterbildung gehört laut WBG auch der Gender-Aspekt: „Weiterbildung im Sinne dieses Gesetzes dient auch der Gleichstellung von Frau und Mann in der Gesellschaft. Hierzu entwickeln die Einrichtungen spezielle Bildungsangebote, die hinsichtlich Themenstellung, Angebot von Kinderbetreuung und zeitlichem Rahmen für Frauen eine qualifizierte Weiterbildung sicherstellen sollen." (§ 3 Abs. 6 WBG)

Mit diesen Rahmenbedingungen nennt das Gesetz einige Mindeststandards für ein qualifiziertes Weiterbildungsangebot für Frauen.

In Abschnitt II „Einrichtungen der Weiterbildung und ihre Anerkennung" wird in § 4 eine Begriffsbestimmung für Träger der Weiterbildung (juristische Personen des öffentlichen oder privaten Rechts, die eine oder mehrere Einrichtungen der Weiterbildung in Mecklenburg-Vorpommern unterhalten), Einrichtungen der Weiterbildung (Bildungsstätten in kommunaler oder freier Trägerschaft, die eine planmäßige und kontinuierliche Weiterbildungsarbeit im Sinne des WBG leisten) sowie Landesorganisationen der Weiterbildung (Zusammenschlüsse von Trägern oder Einrichtungen der Weiterbildung auf Landesebene) vorgenommen. Den Landesorganisationen wird die besondere Aufgabe zugeschrieben, die Tätigkeit ihrer Mitglieder zu fördern und zu koordinieren sowie mitzuwirken bei der Gestaltung von übergreifenden Entwicklungs- und Schwerpunktaufgaben im pädagogischen Bereich.

Die *Anerkennung von Einrichtungen der Weiterbildung* sowie die Anerkennungsvoraussetzungen regeln die §§ 6 und 7: „Eine Einrichtung der Weiterbildung wird auf Antrag bei Vorliegen der Anerkennungsvoraussetzungen nach § 7 Abs. 1 von der zuständigen Behörde anerkannt." (§ 6, Abs. 1 WBG) "Eine anerkannte Einrichtung der Weiterbildung ist berechtigt, neben ihrer Bezeichnung den Zusatz „Staatlich anerkannte Einrichtung der Weiterbildung" zu führen." (§ 6 Abs. 2 WBG)

Für die Anerkennung von Einrichtungen der Weiterbildung nach § 6 WBG ist im Falle der Volkshochschulen das Kultusministerium zuständig.[14]

---

[13] Dieser Absatz nimmt – laut Ministerium für Arbeit und Bau – Schwerpunkte der beruflichen Weiterbildung auf, die sich in erster Linie aus dem Verhältnis der Menschen zu ihrer Arbeit ergeben. Berufliche Weiterbildung dient der Selbstentfaltung sowie der Verwirklichung von Lebenschancen in Arbeit und Beruf.

[14] Landesverordnung über die Zuständigkeiten für die Durchführung des Weiterbildungsgesetzes (Weiterbildungszuständigkeitsverordnung – ZuVOWBG – M-V) vom 4. April 1995, § 2 Abs. 1. In: Gesetz- und Verordnungsblatt für Mecklenburg-Vorpommern 1995 Nr. 8, S. 222

Folgende *Anerkennungsvoraussetzungen* enthält der § 7 WBG:

(1) Die Anerkennung als Einrichtung der Weiterbildung setzt voraus, dass diese

1. ihren Sitz und hauptsächlichen Arbeitsbereich im Lande Mecklenburg-Vorpommern hat,

2. planmäßig und kontinuierlich Weiterbildung in Mecklenburg-Vorpommern durchführt,

3. nach Art, Umfang und Dauer ihrer Weiterbildungsveranstaltungen, der Gestaltung des Lehrplans und der Lehrmethoden sowie nach ihrer räumlichen, personellen und sachlichen Ausstattung eine erfolgreiche Weiterbildungsarbeit gewährleistet und bereits erfolgreich Weiterbildungsveranstaltungen in Mecklenburg-Vorpommern durchgeführt hat,

4. von einer nach Vorbildung oder Berufserfahrung geeigneten und für eine Tätigkeit in der Weiterbildung hinreichend qualifizierten, in der Regel hauptberuflich tätigen Person geleitet wird,

5. ihre Veranstaltungen grundsätzlich für jedermann zugänglich macht,

6. den pädagogischen Mitarbeitern Mitwirkungsmöglichkeiten bei der Planung und Durchführung der Weiterbildungsveranstaltungen sichert,

7. eine ausreichende Zahl fachlich und pädagogisch qualifizierter Personen als Lehr- und Ausbildungskräfte einsetzt und ihre berufliche Fortbildung gewährleistet,

8. unter Einhaltung bestehender Gesetze und Tarifverträge geführt wird und dass

9. ihre Veranstaltungen in Form und Inhalt der durch das Grundgesetz für die Bundesrepublik Deutschland und die Landesverfassung von Mecklenburg-Vorpommern definierten Wertordnung nicht entgegenstehen.

(2) Die staatliche Anerkennung begründet keinen Rechtsanspruch auf Förderung durch das Land.

Das Weiterbildungsgesetz ermächtigt durch § 19 die Landesregierung, durch Rechtsverordnungen Näheres über die Voraussetzung und das Verfahren der Anerkennung nach den §§ 6 und 7 zu regeln.

Die Anerkennung ist befristet und kann aufgehoben werden, wie dem § 9 zu entnehmen ist. Hier heißt es:

„(1) Die Anerkennung nach § 6 ist befristet und erfolgt auf schriftlichen Antrag. Die Frist kann auf Antrag verlängert werden, wenn die Voraussetzungen gemäß

§ 7 weiterhin gegeben sind und kein Verstoß gegen die Pflichten nach § 8 vorliegt. Ohne Fristverlängerung erlischt die Anerkennung.

(2) Werden nach erteilter Anerkennung Umstände erkennbar, bei deren Kenntnis die Anerkennung nicht hätte erteilt werden dürfen oder treten derartige Umstände nachträglich ein oder kommt die Weiterbildungseinrichtung ihren Pflichten aus § 8 nicht nach, so hat die Einrichtung innerhalb einer gesetzten Frist das Anerkennungshindernis zu beseitigen oder die Pflichten gemäß § 8 zu erfüllen. Geschieht dies nicht, so ist die Anerkennung von der zuständigen Behörde aufzuheben.

(3) Die Träger anerkannter Einrichtungen der Weiterbildung und die Träger von Einrichtungen, für die eine Anerkennung beantragt wurde, sind verpflichtet, die zur Beurteilung der Anerkennungsvoraussetzungen und der Erfüllung der eingegangenen Verpflichtungen notwendigen Auskünfte zu erteilen und Unterlagen vorzulegen sowie den Vertretern der zuständigen Behörde Zutritt zu den Einrichtungen und den Veranstaltungen zu gewähren."

§ 19 WBG ermächtigt die Landesregierung, durch Rechtsverordnungen Näheres über die Dauer der Befristung und das Verfahren zur Verlängerung der Frist nach § 9 Abs. 1 sowie die Voraussetzungen und das Verfahren der Aufhebung der Anerkennung nach § 9 Abs. 2 zu regeln.

Mit den in § 7 WBG genannten Anerkennungsvoraussetzungen für Einrichtungen der Weiterbildung sind per Gesetz personelle und organisatorische Mindeststandards gesetzt, die auf die Qualität der in diesen Einrichtungen durchzuführenden Weiterbildungsmaßnahmen wirken sollen.

Die räumlichen und sächlichen Voraussetzungen, die planmäßige und kontinuierliche Weiterbildungsarbeit in Mecklenburg-Vorpommern, die Hauptberuflichkeit der Leitung einer Einrichtung, die Mitwirkungsmöglichkeiten des pädagogischen Personals bei der Planung und Gestaltung der Weiterbildungsveranstaltungen sowie die Gewähr einer beruflichen Fortbildung der Lehrkräfte sind wesentliche Faktoren für die Qualitätssicherung der Weiterbildung.

Durch die Befristung der Anerkennung für Einrichtungen und die Verpflichtung zum Nachweis der Einhaltung der Anerkennungsvoraussetzungen ist bereits per Gesetz ein Kontrollmechanismus gegeben.

Über den im WBG in § 8 formulierten Teilnehmerschutz hinaus sind mit den Anerkennungsvoraussetzungen Mindeststandards der Qualität gesetzt, die ebenfalls den Schutz der Teilnehmer/innen unterstützen.

Das Weiterbildungsgesetz von Mecklenburg-Vorpommern geht ausdrücklich und detailliert auf den *Schutz der Teilnehmenden* ein. In welcher Weise dieser gewährleistet werden kann, wird in § 8 ausgeführt:

„Staatlich anerkannte Weiterbildungseinrichtungen sind verpflichtet, die Teilnehmer vor Beginn der Veranstaltung schriftlich zu unterrichten über

1. einen Arbeits- und Zeitplan, der es erlaubt, vor Beginn der Veranstaltung zu erkennen, welche Lernziele in welcher Unterrichtseinheit mit welchen methodischen und didaktischen Mitteln erreicht werden sollen,

2. die für eine erfolgreiche Teilnahme an der Veranstaltung vorauszusetzende Vorbildung,

3. die gegebenenfalls sonst erforderliche Vorbereitung,

4. die vorgesehene Zahl der Teilnehmer,

5. die Zulassungsvoraussetzungen für eine eventuelle Prüfung sowie die damit verbundenen Berechtigungen und die für eine Zulassung zur Prüfung notwendigen Schulabschlüsse,

6. die erforderlichen, nicht geringwertigen Arbeitsmittel,

7. alle sonstigen wesentlichen Teilnahmebedingungen, wie die Allgemeinen Geschäftsbedingungen, die Teilnahmegebühren, die Zahlungsweise, Kündigungs- und Rücktrittsmodalitäten."

Mit dieser ausführlich formulierten Verpflichtung der Weiterbildungseinrichtungen den Teilnehmenden gegenüber rückt das Weiterbildungsgesetz die Interessen der potenziellen Teilnehmer/innen in den Mittelpunkt und signalisiert damit die pädagogische Verantwortung der Anbieter von Weiterbildung gegenüber ihren „Kunden/Kundinnen". Mit diesem Paragrafen wird den Einrichtungen eine klare Orientierung für das Qualitätsmerkmal „Teilnehmerschutz" gegeben.

Der Stellung der *Volkshochschulen* als anerkannte Einrichtungen der Landkreise und kreisfreien Städte regelt § 5. Zur Förderung der Volkshochschulen machen die §§ 10 und 12 Ausführungen. (Näheres hierzu siehe unter Punkt II.)

Volkshochschulen haben laut § 5 auch – neben anderen anerkannten Einrichtungen – die Aufgabe, die Grundversorgung mit Weiterbildung im Sinne des § 3 sicherzustellen. (Näheres zu den qualitätssichernden Aktivitäten der Volkshochschulen in Mecklenburg-Vorpommern siehe unter Punkt III.)

Abschnitt III §§ 10-15 des Weiterbildungsgesetzes befasst sich mit der Förderung der Weiterbildung. (Näheres hierzu siehe unter Punkt II.)

Zuständig für die Durchführung des Weiterbildungsgesetzes ist das Ministerium für Arbeit und Bau gemäß Organisationserlass des Ministerpräsidenten vom 17. November 1998.

§ 1 der **Landesverordnung über die Anerkennung von Einrichtungen der Weiterbildung nach dem Weiterbildungsgesetz** (Weiterbildungsanerkennungsverordnung – AVOWBG – M-V) stellt heraus, dass „die Anerkennung von Einrichtungen der Weiterbildung (...) dem Schutz der Teilnehmer an Weiterbildungsveranstaltungen und der *Umsetzung einheitlicher Qualitätsmaßstäbe in der Weiterbildung* (dient)".

Die Landesverordnung schreibt in § 3 vor, welche Unterlagen eine Einrichtung mit dem Antrag auf Anerkennung einreichen muss, das sind z. B.

– eine Aufstellung über die zum Zeitpunkt der Antragstellung durchgeführten und angebotenen Weiterbildungsveranstaltungen, deren Arbeits- und Lehrpläne sowie zwei Exemplare der gedruckten Veranstaltungsprogramme,

– eine Aufstellung über die in den letzten zwei Jahren vor der Antragstellung durchgeführten sowie im Anerkennungszeitraum geplanten Weiterbildungsmaßnahmen für die pädagogischen Mitarbeiter der Einrichtung,

– eine Aufstellung, zu welchen staatlichen oder staatlich anerkannten Abschlüssen die Veranstaltungen führen und wo und durch welche Stelle die Prüfungen abgenommen werden,

eine Aufstellung, welche anderen Bescheinigungen von der Einrichtung selbst ausgestellt werden, sowie Muster dieser Bescheinigungen.

Darüber hinaus werden vor Anerkennung einer Einrichtung, die überwiegend Maßnahmen im Bereich der beruflichen Weiterbildung durchführt, Stellungnahmen des Landesarbeitsamtes Nord und der zuständigen Stelle nach dem Berufsbildungsgesetz eingeholt. (§ 4 Abs. 1 der Landesverordnung)

Die Anerkennung ist auf drei Jahre befristet und kann auf Antrag um fünf Jahre verlängert werden. Der Antrag auf Verlängerung muss spätestens ein Jahr vor Ablauf der Frist bei der zuständigen Behörde gestellt werden (§ 6 der Landesverordnung); siehe auch § 9 WGB mit seinen Ausführungen zu *Befristung und Aufhebung der Anerkennung*.

Das **Bildungsfreistellungsgesetz des Landes Mecklenburg-Vorpommern** (BfG M-V) und die **Verordnung zur Durchführung des Bildungsfreistellungsgesetzes** (BfGDVO M-V) regeln die Freistellung von Beschäftigten in Mecklenburg-Vorpommern zum Zwecke der Weiterbildung sowie die Anerkennung von Weiterbildungsveranstaltungen und die dafür zu erfüllenden Voraussetzungen. BfG und BfGDVO traten im Mai 2001 in Kraft.

Einen Anspruch auf Freistellung haben Beschäftigte in Mecklenburg-Vorpommern nach BfG M-V § 2 zur Teilnahme an anerkannten Veranstaltungen (§ 12) der beruflichen und der gesellschaftspolitischen Weiterbildung sowie an Weiterbildungsveranstaltungen, die zur Wahrnehmung von Ehrenämtern qualifizieren.

Im hier interessierenden Zusammenhang von Qualitätssicherung in der Weiterbildung sollen besonders die Aspekte im BfG M-V und der BfGDVO M-V hervorgehoben werden, die einen qualitätsrelevanten, d.h. qualitätssteuernden und qualitätsfördernden, Charakter haben.

So legt § 12 BfG M-V fest, dass Freistellung nach diesem Gesetz nur für anerkannte Weiterbildungsveranstaltungen beansprucht werden kann.

Zur Anerkennung von Weiterbildungsveranstaltungen führt der gleiche Paragraf aus, dass der Antrag auf Anerkennung von der Bildungseinrichtung vor Veranstaltungsbeginn schriftlich bei der zuständigen Behörde einzureichen ist. § 3 BfGDVO M-V regelt im Einzelnen, wie das Antragsverfahren aussehen muss. Die Anerkennung erfolgt dann durch Bescheid der für die Arbeitsmarktpolitik zuständigen obersten Landesbehörde.

Die Voraussetzungen, die eine Bildungseinrichtung erfüllen muss, damit ihre *Bildungsveranstaltung* anerkannt wird (*Anerkennungsvoraussetzungen*), legen der § 12 BfG M-V und § 2 BfGDVO M-V fest

1. Die Veranstaltung muss im Einklang mit der freiheitlich-demokratischen Grundordnung im Sinne des Grundgesetzes und der Verfassung des Landes Mecklenburg-Vorpommern stehen.

2. Die veranstaltende und beantragende Stelle muss die Veranstaltung eigenverantwortlich planen, organisieren und in fachlich-pädagogischer Verantwortung durchführen.

3. Der Veranstaltungsrahmen muss mindestens drei Tage in Block- oder Intervallform zu durchschnittlich je Tag acht Unterrichtsstunden umfassen.

4. Veranstaltungen in Blockform sollen ohne An- und Abreisezeiten mindestens 24 Unterrichtsstunden umfassen.

5. Veranstaltungen in Intervallform müssen so angelegt sein, dass sie in thematischer und organisatorischer Kontinuität durchgeführt werden (ebenfalls 8 Unterrichtsstunden täglich).

Die Gewährung einer sachgemäßen Durchführung hat nach § 2 BfGDVO M-V dadurch zu erfolgen, dass

1. dem Arbeitsplan für die Veranstaltung ein methodisches und didaktisches Konzept zu Grunde liegt,

2. Räumlichkeiten mit einer dazu geeigneten Ausstattung und die dafür erforderlichen Lehrmittel zur Verfügung stehen,

3. die antragstellende Einrichtung die Veranstaltung eigenverantwortlich plant und durchführt,

4. die Lehrkräfte fachlich und pädagogisch entsprechend qualifiziert sind und

5. den Teilnehmenden bei Abschluss der Veranstaltung eine Bescheinigung über die Teilnahme ausgestellt wird.

Laut § 4 BfGDVO M-V müssen Wiederholungsveranstaltungen die Voraussetzung erfüllen, nach der Veranstaltungsbezeichnung und dem didaktisch-methodischen Konzept mit einer bereits anerkannten Weiterbildungsveranstaltung desselben Antragstellers übereinzustimmen, wenn sie anerkannt werden wollen.

Die Nichtanerkennung von Veranstaltungen regelt § 5 BfGDVO M-V. Auch der Widerruf der Anerkennung durch die zuständige Behörde ist vorgesehen und wird durch § 6 BfGDVO M-V unter folgenden Voraussetzungen vorgenommen, wenn

1. Tatsachen bekannt werden, die zur Ablehnung des Antrages auf Anerkennung geführt hätten,

2. eine der Voraussetzungen für die Anerkennung nicht mehr vorliegt oder

3. die veranstaltende Stelle ihren Pflichten nach §§ 7 oder 8 (Anzeige- und Auskunftspflichten sowie Zutritt der zuständigen Behörde) trotz Aufforderung der für die Arbeitsmarktpolitik zuständigen obersten Landesbehörde nicht nachkommt.

In § 7 BfGDVO M-V ist geregelt, welchen *Anzeige- und Auskunftspflichten* die veranstaltende Stelle nachkommen muss, und zwar heißt es:

(1) Die veranstaltende Stelle hat der für die Anerkennung zuständigen Behörde spätestens sechs Wochen vor Beginn der Bildungsveranstaltung den Zeitpunkt der Veranstaltung anzugeben, soweit dies nicht bereits im Antrag auf Anerkennung möglich war.

(2) Die veranstaltende Stelle hat der für die Anerkennung zuständigen Behörde alle Veränderungen der für die Anerkennung maßgebenden Tatsachen unverzüglich anzuzeigen.

(3) Auf Verlangen der für die Anerkennung zuständigen Behörde hat die veranstaltende Stelle Auskünfte über laufende, und wenn sie mehrfach Bildungsveranstaltungen durchführt, auch über abgeschlossene Bildungsveranstaltungen zu erteilen.

Zutritt der für die Anerkennung *zuständigen Behörde* zu den anerkannten Bildungsveranstaltungen ist zu gestatten (§ 8 BfGDVO M-V).

Das Ministerium für Arbeit und Bau ist die für die Arbeitsmarktpolitik zuständige oberste Landesbehörde gemäß der BfGDVO M-V. Antrags- und Bewilligungsbehörde gemäß §§ 10 und 12 ist das Landesversorgungsamt Mecklenburg-Vorpommern. (§ 13 BfGDVO M-V)

II. Förderung der (beruflichen) Weiterbildung aus Landes- und kofinanzierten ESF-Mitteln

1. Förderung aus Landesmitteln

1.1 Ausgangslage und Rahmenbedingungen

Zuständig für die Förderung der Weiterbildung nach den §§ 10 und 12 WBG ist das Ministerium für Bildung, Wissenschaft und Kultur.

Angaben zur Förderung der Weiterbildung nach dem WBG macht Abschnitt III „Förderung der Weiterbildung", §§ 10 bis 15 WBG.

Anerkannte Einrichtungen erhalten zur Sicherstellung der Grundversorgung „eine Förderung in Form von Zuschüssen zu den Personalkosten des hauptamtlichen oder hauptberuflichen pädagogischen Personals sowie Zuschüsse zu den anerkannten förderfähigen Aufwendungen für die in ihrer Verantwortung durchgeführten Bildungsveranstaltungen". (§ 10 Abs. 1)

Ausgeschlossen von der Förderung sind Bildungsmaßnahmen, die in § 11 Abs. 3 genannt sind (z. B. wenn sie überwiegend der Erholung oder Unterhaltung, dem Erwerb von Funklizenzen, Fahrererlaubnissen oder sportlicher Aus- und Weiterbildung usw. dienen).

In § 10 Abs. 2 ist die *Förderung des Volkshochschulverbandes* Mecklenburg-Vorpommern geregelt, der „als Länderorganisation der Einrichtungen der kommunalen Körperschaften nach Maßgabe des Haushalts Zuschüsse zu den anerkannten Personal- und Sachkosten" erhält. *Heimvolkshochschulen* können Zuschüsse zu den als förderfähig anerkannten Personal- und Betriebskosten erhalten.

Die gemäß § 6 anerkannten Einrichtungen der Weiterbildung und ihre Landesorganisationen können nach Maßgabe des Haushalts institutionell und maßnahmebezogen gefördert werden. Überdies nennt § 11 Gründe für deren Ausschluss, ebenso für den Ausschluss von Bildungsmaßnahmen. Des Weiteren ist der Fall vorgesehen, dass das Land „überregional bedeutsamen anerkannten Einrichtungen der Weiterbildung Zuschüsse (gewährt) für

1. die notwendige Instandsetzung von Arbeits- und Unterrichtsräumen,

2. die Ausstattung mit Lehr- und Arbeitsmitteln". (§ 13 WBG)[15]

---

[15] Die notwendige Instandsetzung von Arbeits- und Unterrichtsräumen sowie die Ausstattung mit Lehr- und Arbeitsmitteln ist nach den Richtlinien Nr. 1 des Landesprogramms „Arbeit und Qualifizierung für Mecklenburg-Vorpommern 2000 (AQMV 2000) nicht mehr Gegenstand der Förderung.

Durch § 19 WBG wird die Landesregierung ermächtigt, durch Rechtsverordnungen Näheres zu regeln über „Umfang und Verfahren der Förderung sowie das Verfahren der Anerkennung von förderfähigen Kosten und Aufwendungen für Einrichtungen der Weiterbildung und Landesorganisationen nach den §§ 10 bis 14, für die von diesen in eigener Verantwortung durchgeführte Bildungsarbeit nach § 10 Abs. 1, für die Instandsetzung und Ausstattung von Unterrichtsräumen nach § 13 sowie für Modellvorhaben nach § 14".

Auch Näheres über Umfang und Verfahren der Förderung sowie das Verfahren der Anerkennung von förderfähigen Kosten von Weiterbildungsberatungsstellen und der Weiterbildungsdatenbank Mecklenburg-Vorpommern soll per Rechtsverordnung geregelt werden. (§ 19 WBG)

Seit Inkrafttreten des Weiterbildungsgesetzes vom April 1994 und des „Ersten Gesetzes zur Änderung des Weiterbildungsgesetzes" vom Juli 1995 hat Mecklenburg-Vorpommern 1996, 1998 und 2000 im Rahmen des Landesprogramms „Arbeit und Qualifizierung für Mecklenburg-Vorpommern (AQMV)" Richtlinien für die Förderung nach dem Weiterbildungsgesetz erlassen, die zugleich den Förderschwerpunkt A 1 des Landesprogramms darstellen. Hier ist die Vorgehensweise der Förderung der allgemeinen und politischen sowie der beruflichen Weiterbildung festgelegt.

Die Förderung von Weiterbildungsmaßnahmen nach dem Landesprogramm „Arbeit und Qualifizierung" erfolgt mit Landesmitteln und ESF-Mitteln (siehe auch Punkt II. 2.).

Die Bewilligungsbehörde für die allgemeine und politische Weiterbildung ist das Landesversorgungsamt Rostock und für die berufliche Weiterbildung das Versorgungsamt Rostock.

Die Förderung nach dem Weiterbildungsgesetz wurde in den letzten Jahren in Mecklenburg-Vorpommern durch Richtlinien geregelt. Besonders auf die erste Richtlinie von 1996 sowie die aktuellste Richtlinie soll hier eingegangen werden:

Die erste **Richtlinie für die Förderung nach dem Weiterbildungsgesetz** (Weiterbildungsförderrichtlinie – FörWBG) von 1996 regelt im Einzelnen die Rahmenbedingungen der Förderung:[16]

Zuwendungsempfänger bei der Förderung von Einrichtungen der Weiterbildung sowie von allgemeinen, politischen und berufsbegleitenden Weiterbildungsmaßnahmen können nur nach § 6 WBG *anerkannte Einrichtungen der Weiterbildung* sein sowie ihre Landesorganisationen, soweit sie als Weiterbildungseinrichtungen anerkannt sind.

---

[16] Vgl. Fn 6)

Jedoch besteht kein Anspruch des Antragstellers auf Gewährung der Zuwendung. Die Bewilligungsbehörde entscheidet auf Grund „ihres pflichtgemäßen Ermessens im Rahmen der verfügbaren Haushaltsmittel".[17]

Die Richtlinie von 1996 nennt sechs Förderbereiche. Zum ersten Bereich gehört die *Förderung der allgemeinen und politischen Weiterbildung,* die wiederum unterteilt ist in *Förderung von Einrichtungen der Weiterbildung* und *Förderung von allgemeinen und politischen Weiterbildungsmaßnahmen.*

Gegenstand der *Förderung von Einrichtungen der Weiterbildung* „sind die für die Planung, die Organisation, die Durchführung und die Evaluation von Weiterbildungsmaßnahmen notwendigen Personal- und Sachkosten sowie die Sachkosten, die für die Schaffung der räumlichen und sächlichen Voraussetzungen für die Durchführung von allgemeinen und politischen Weiterbildungsmaßnahmen notwendig sind."[18]

Gegenstand der *Förderung von allgemeinen und politischen Weiterbildungsmaßnahmen* sind die für die Durchführung der Maßnahmen „notwendigen Personal- und Sachkosten".[19]

Der zweite Bereich der Förderung ist laut Richtlinie von 1996 die *Förderung der berufsbegleitenden Weiterbildung von Arbeitnehmerinnen und Arbeiternehmern.*

Hier sind der Gegenstand der Förderung ebenfalls die „notwendigen Personal- und Sachkosten".

Für die Förderung der berufsbegleitenden Weiterbildung von Arbeitnehmerinnen und Arbeitnehmern gelten folgende Zuwendungsvoraussetzungen:

- eine Mindestdauer von 120 Unterrichtsstunden,
- Teilnahme von mindestens zehn Personen,
- Vermittlung von die Integration in den allgemeinen Arbeitsmarkt verbessernden, arbeitsmarktrelevanten Qualifikationen.

Weitere Zuwendungsvoraussetzung ist die Betriebsgröße (mit nicht mehr als 500 Arbeitskräften). Der Zuwendungsempfänger hat vor Maßnahmebeginn entsprechende Daten zu erheben und der Bewilligungsbehörde vorzulegen.

Es können auch Arbeitslose an Maßnahmen der berufsbegleitenden Weiterbildung teilnehmen.[20]

---

[17] Vgl. Fn 6), Punkte 1.1.1 und 1.1.3
[18] Vgl. Fn 6), Punkt 1.1.2
[19] Vgl. Fn 6), Punkte 1.2.2
[20] Vgl. Fn 6), Punkte 2.2 und 2.4

Ein dritter Bereich wird vom Land Mecklenburg-Vorpommern gefördert: die *Entwicklung von Weiterbildungsmaßnahmen und die Professionalisierung der Weiterbildungsarbeit*. Hier sind Personal- und Sachkosten förderfähig, die für die Entwicklung neuer Konzepte und die Organisation und Koordination von Weiterbildungsaktivitäten der einzelnen Weiterbildungseinrichtungen notwendig sind. Die Einrichtung der Weiterbildung muss u. a. nachweisen, dass sie über geeignetes Personal zur Entwicklung neuer Konzepte bzw. für die Organisation und Koordination der Weiterbildungsaktivitäten verfügt.[21]

Viertens können Einrichtungen der allgemeinen, politischen und beruflichen Weiterbildung *Zuwendungen* vom Land *für notwendige Instandsetzungen von Arbeits- und Unterrichtsräumen sowie für die Ausstattung der Arbeits- und Unterrichtsräume mit Lehr- und Arbeitsmitteln* erhalten. Damit sollen die räumlichen und sächlichen Voraussetzungen einer erfolgreichen Weiterbildungsarbeit geschaffen werden.

Außer den haushaltsüblichen Verwendungsnachweisen müssen die Einrichtungen der Weiterbildung für die berufliche Weiterbildung die arbeitsmarktliche Zweckmäßigkeit der Auf- und Ausbauarbeiten nachweisen.

Art, Umfang und Höhe der Zuwendung unterscheiden sich bei beruflicher Weiterbildung und allgemeiner und politischer Weiterbildung: Zuwendungen für Einrichtungen der beruflichen Weiterbildung werden als Projektförderung in Form der Anteilsfinanzierung in Höhe von bis zu 45 vom Hundert der förderfähigen Kosten als nicht rückzahlbarer Zuschuss gewährt. Zuwendungen für Einrichtungen, die ausschließlich Weiterbildungsmaßnahmen im Bereich der allgemeinen und politischen Weiterbildung durchführen, werden als Projektförderung in Form der Anteilfinanzierung in Höhe von bis zu 90 vom Hundert der förderfähigen Kosten als nicht rückzahlbarer Zuschuss gewährt.[22]

Auch *Modellvorhaben* der allgemeinen und beruflichen Weiterbildung kann das Land fördern. Für die allgemeine und politische Weiterbildung können insbesondere Vorhaben gefördert werden,

– die neue methodische Konzepte der allgemeinen und politischen Weiterbildung entwickeln und erproben;

– die neue didaktische Konzepte der allgemeinen und politischen Weiterbildung entwickeln und erproben;

– die didaktisch-methodische Konzepte entwickeln und erproben, die Elemente der verschiedenen Bereiche der Weiterbildung (allgemeine, politische und berufliche Weiterbildung) integrieren.[23]

---

[21] Vgl. Fn 6), Punkte 3.1, 3.2 und 3.4

[22] Vgl. Fn 6), Punkte 4.1, 4.4 und 4.5

[23] Vgl. Fn 6), Punkt 5.1

Zuwendungsempfänger in der allgemeinen und politischen Weiterbildung können nur nach

§ 6 des Weiterbildungsgesetzes anerkannte Einrichtungen der Weiterbildung sowie ihre Landesorganisationen im Sinne des § 4 Abs. 3 WBG sein. In besonderen Ausnahmefällen kann von dem Erfordernis der staatlichen Anerkennung nach § 6 des Weiterbildungsgesetzes abgesehen werden.[24]

Bei der *Förderung von Modellvorhaben* der beruflichen Weiterbildung gelten insbesondere als modellhafte Maßnahmen diejenigen, die neue Wege hinsichtlich Art und Inhalt der Wissensvermittlung beschreiten sowie den Lernvoraussetzungen solcher Personen Rechnung tragen, bei denen besondere Merkmale vorliegen, die eine erfolgreiche Teilnahme an herkömmlichen beruflichen Weiterbildungsmaßnahmen erschweren.[25]

Land und Europäischer Sozialfonds gewähren nach Maßgabe der genannten Richtlinie, nach § 44 der Landeshaushaltsordnung sowie den hierzu ergangenen Verwaltungsvorschriften Zuwendungen für Modellvorhaben der beruflichen Weiterbildung.

Ein sechster Förderbereich betrifft die *Förderung der Weiterbildungsinformation und -beratung.* Auch hier gewähren Land und Europäischer Sozialfonds Zuwendungen für die Arbeit von Weiterbildungsberatungsstellen und des mobilen Weiterbildungsberatungsdienstes. Durch diesen Service soll „im ländlichen Raum die Transparenz der Weiterbildungsangebote erhöht, die Bereitschaft zur Weiterbildung der Bevölkerung gefestigt und der Zugang zu ihr erleichtert werden".[26] (Näheres dazu führen die „Richtlinien zur Förderung nach dem Weiterbildungsgesetz" von 2000 aus. Siehe weiter unten sowie auch Punkt III. dieses Beitrages.)

Im Jahr 2000 liegen im Rahmen des Programms „Arbeit und Qualifizierung für Mecklenburg-Vorpommern" **sechs Richtlinien** vor, die den Bereich der beruflichen Weiterbildung betreffen und Förderschwerpunkte darstellen.[27] Allen sechs Richtlinien, in denen es um die Förderung von Maßnahmen für unterschiedliche Zielgruppen geht, nennen als Zuwendungsvoraussetzung, dass die Zuwendungsempfänger nicht nur anerkannte Einrichtungen der Weiterbildung sein müssen, sondern darüber hinaus „über ein System der Qualitätssicherung verfügen" müssen.

Mit dieser Anforderung an die anerkannten Einrichtungen der Weiterbildung ist über die Anerkennungsvoraussetzungen als Mindeststandards hinaus ein neues

---

[24] Vgl. Fn 6), Punkt 5.3

[25] Vgl. Fn 6), Punkt 5.1

[26] Vgl. Fn 6), Punkt 6.1.1

[27] Bekanntmachung des Ministeriums für Arbeit und Bau vom 1. Februar 2000 – VIII 530 –: Landesprogramm „Arbeit und Qualifizierung für Mecklenburg-Vorpommern 2000" (AQMV 2000). In: Amtsblatt für Mecklenburg-Vorpommern 2000 Nr. 10, S. 470, 472, 473, 475, 477, 483

entscheidendes Element der Qualitätssicherung gesetzlich verankert. Nicht gefordert wird eine Zertifizierung. So haben die Weiterbildungseinrichtungen die Möglichkeit, in Eigenverantwortung ein Instrumentarium zu entwickeln, mit dem sie den Prozess der Leistungserstellung von der Planung, über die Durchführung bis hin zur Auswertung der Maßnahmen steuern und dokumentieren können.

Das Ministerium für Arbeit und Bau Mecklenburg-Vorpommern beschreibt seine Intention bei der Einführung des o. g. Passus' folgendermaßen: Im Mittelpunkt der Überlegungen steht der Gedanke, durch eine Verbesserung der Organisation in den Weiterbildungseinrichtungen – damit verbunden der Prozesse der Planung, Durchführung und Auswertung von Weiterbildungsveranstaltungen – die Voraussetzungen für eine Erhöhung der Angebotsqualität zu schaffen. Für prozess- und organisationsbezogene Qualitätssicherungsansätze können Kriterien, Verfahrensschritte und Handlungsanweisungen auf der Grundlage der ISO Norm 9000 ff. oder orientiert am Qualitätsmodell von EFQM sowie anderer Ansätze des Monitoring bzw. der Selbstevaluation Arbeitsgrundlage sein. Von zentraler Bedeutung ist dabei, dass Qualitätssicherung als Problem, Aufgabe und Zielsetzung des gesamten Bildungsunternehmens aufgefasst und ernstgenommen wird. Es gehe nicht darum, eine Scheinqualität in Form eines differenzierten Regelwerkes vorzutäuschen, sondern die Chance zur nachhaltigen Qualitätsentwicklung aktiv zu ergreifen und mitzugestalten.[28]

Das Ministerium für Arbeit und Bau sieht die Erarbeitung, Einführung und Weiterentwicklung eines Qualitätssicherungssystems in erster Linie in der Verantwortung einer jeden Weiterbildungseinrichtung selbst. Für die Einführung und ständige Weiterentwicklung kann sich die staatlich anerkannte Einrichtung externen Sachverstand holen. Die dabei entstehenden Kosten trägt die Einrichtung selbst. Für die Qualifizierung von Mitarbeiterinnen und Mitarbeitern der Einrichtungen zu Fragen der Qualitätssicherung bzw. des Qualitätsmanagements kann Weiterbildung durchgeführt werden, die grundsätzlich auch nach dem Programm AQMV 2000, Richtlinie Nr. 1 Punkt 2.2 förderfähig ist.

Von Seiten des Ministeriums werde angeregt, dass sich Einrichtungen und Träger in Qualitätszirkeln zusammenschließen bzw. die Erarbeitung eines Qualitätssicherungssystems in Kooperation mit anderen Einrichtungen/Trägern vornehmen. Das Ministerium begleitet und moderiert aktiv die Entwicklungen von Qualitätssicherungssystemen in staatlich anerkannten Einrichtungen.

Des Weiteren verfolgt das Ministerium für Arbeit und Bau bei der Einführung von Qualitätssicherungssystemen einen „Bottom-up"-Ansatz. Ob und wann sich staatlich anerkannte Einrichtungen der Weiterbildung zu einer Zertifizierung ihres Qualitätssicherungssystems entschließen, bleibt in der Verantwortung der Ein-

---

[28] Angaben des Ministeriums für Arbeit und Bau Mecklenburg-Vorpommern vom April 2000

richtungen. Das Ministerium gibt keine Empfehlung für ein bestimmtes Qualitätssicherungs- bzw. Qualitätsmanagementsystem für Bildungseinrichtungen.[29]

In den neuen **Richtlinien zur Förderung nach dem Weiterbildungsgesetz von 2000**[30] sind die Arbeit von stationären und mobilen Weiterbildungsberatungsstellen sowie die Weiterbildungsdatenbank Mecklenburg-Vorpommern Gegenstand der Förderung. (Nummer 2.5)

Wer Zuwendungsempfänger sein kann und welche Zuwendungsvoraussetzungen zu erfüllen sind, wird ausführlich beschrieben:

Zuwendungsempfänger können laut Richtlinie nur Industrie- und Handelskammern, Handwerkskammern, kommunale Körperschaften oder Einrichtungen in kommunaler Trägerschaft oder Einrichtungen eines als gemeinnützig anerkannten Trägers sein. (Nummer 3) Einer „Unterrichtung des Landtages durch die Landesregierung Mecklenburg-Vorpommern" vom Februar 2000 ist zu entnehmen, dass Ziel dieser Differenzierung der Trägerschaft ist, die Kommunen im Rahmen ihrer Möglichkeiten stärker als bisher zur Finanzierung der Weiterbildungsberatung dadurch heranzuziehen, dass sie entweder eine Weiterbildungsberatungsstelle in eigener Trägerschaft einrichten oder sich an den Aufwendungen für durch Dritte angebotene Weiterbildungsberatungsleistungen beteiligen. Gemeinnützige Einrichtungen, die Weiterbildungsberatung in den Landkreisen durchführen, in denen von den Kommunen oder in kommunaler Trägerschaft keine Weiterbildungsberatungsstellen eingerichtet werden, sollen eine Beteiligung an den für die Durchführung der Beratungen notwendigen Personal- und Sachausgaben durch die Gemeinden oder Landkreise und kreisfreien Städte nachweisen.[31]

Zu den Zuwendungsvoraussetzungen für die *Weiterbildungsberatungsstellen* sowie die *Weiterbildungsdatenbank Mecklenburg-Vorpommern* heißt es in Nummer 4. der Richtlinien:

- „Weiterbildungsberatungsstellen können nach Nummer 2.5 nur gefördert werden, wenn der Träger gewährleistet, dass die Weiterbildungsberatung träger- bzw. einrichtungsunabhängig, neutral und für die Weiterbildungsinteressenten kostenlos erfolgt.

- Der Träger der Weiterbildungsberatungsstelle muss eine ordnungsgemäße Geschäftsführung sicherstellen und nachweisen, dass die von ihm hauptberuflich bzw. hauptamtlich beschäftigten Weiterbildungsberater durch Vorbildung, Berufserfahrung und Persönlichkeit für eine Tätigkeit in der Weiterbildungsberatung geeignet sind.

---

[29] Vgl. Fn 28)

[30] Vgl. Fn 8)

[31] Unterrichtung des Landtags Mecklenburg-Vorpommern durch die Landesregierung: Konzept für die weitere Umsetzung der in § 16 Weiterbildungsgesetz Mecklenburg-Vorpommern genannten Grundsätze der Weiterbildungsberatung. In: Drucksache 3/1106 vom 21. 02. 2000

– Der Träger der Weiterbildungsdatenbank Mecklenburg-Vorpommern muss nachweisen, dass er als gemeinnützig anerkannt ist, eine ordnungsgemäße Geschäftsführung sicherstellt und über das für den Betrieb einer Weiterbildungsdatenbank notwendige fachkundige Personal verfügt."

Das Ministerium für Arbeit und Bau sieht in der Einrichtung des 1992 in Mecklenburg-Vorpommern aufgebauten Netzes von Weiterbildungsberatungsstellen sowie der Weiterbildungsdatenbank einen Beitrag zur Verbesserung von Transparenz des Weiterbildungsangebots sowie des Teilnehmerschutzes.[32] (Näheres zu den Weiterbildungsberatungsstellen und zur Weiterbildungsdatenbank siehe unter Punkt III.)

Ein weiteres (Qualitäts-)Kriterium der Weiterbildung wird in den neuen „Richtlinien zur Förderung nach dem Weiterbildungsgesetz" von 2000 besonders hervorgehoben: die Entwicklung einer Kultur des lebenslangen Lernens. Das Land gewährt Zuwendungen, insbesondere für

- die Planung, Organisation und Durchführung von Maßnahmen der allgemeinen und politischen Weiterbildung, die insbesondere geeignet sind, zur Entwicklung einer Kultur des lebenslangen Lernens beizutragen,

- die Entwicklung und Erprobung neuer Konzepte im Bereich der allgemeinen, politischen und beruflichen Weiterbildung, die insbesondere geeignet sind, zur Entwicklung einer Kultur des lebenslangen Lernens beizutragen.

Das Landesversorgungsamt Rostock prüft auf der Grundlage der Instrumentarien für die Qualitätssicherung (siehe im folgenden Punkt 1.2) Projekte im Hinblick auf die „Entwicklung einer Kultur des lebenslangen Lernens.

1.2 Förderkriterien und Qualitätskriterien des Förderers für Einrichtungen/Träger und/oder Weiterbildungsmaßnahmen bei der Vergabe von Landesmitteln

Siehe die Ausführungen unter Punkt 1.1.

Zusammenfassend nennt das Ministerium für Arbeit und Bau Mecklenburg-Vorpommern folgende Instrumentarien, deren Anwendung bei der Mittelvergabe im Rahmen der landesgeförderten Weiterbildung für Qualität sorgen sollen:

- die Anerkennungsvoraussetzungen für Einrichtungen als Mindeststandards,
- die Überprüfung der in den Förderrichtlinien festgelegten Anforderungen,
- die Verwendungsnachweisprüfung,

---

[32] Angaben des Ministeriums für Arbeit und Bau Mecklenburg-Vorpommern vom April 2000

- der von den Einrichtungen zu erbringende Nachweis des Vorhandenseins eines Qualitätssicherungssystems.

1.3 Verfahrensweise bei der Vergabe von Landesmitteln

Antragsverfahren und Bewilligungsverfahren für Zuwendungen nach den Förderrichtlinien werden nur auf schriftlichen Antrag unter Verwendung eines einheitlichen Vordrucks, der bei der Antrags- und Bewilligungsbehörde erhältlich ist, gewährt.

Die Modalitäten des Verfahrens sind in Nummer 7. der Richtlinien zur Förderung nach dem Weiterbildungsgesetz von 2000 beschrieben.

2. Förderung aus kofinanzierten ESF-Mitteln

2.1 Ausgangslage und Rahmenbedingungen

Zur Umsetzung des ESF auf der Grundlage der Gestaltung der Verwaltungs- und Kontrollsysteme ist vorgesehen, dass es im Kontrollsystem den primären Prüfweg mit den im Rahmen des Verwaltungsverfahrens erforderlichen Prüfungen – von der Antragsprüfung über die Vorhaben begleitende Überwachung bis hin zur Verwendungsnachweisprüfung – und den sekundären Prüfweg – mit den Kontrollen unabhängig von den festgelegten Verfahrensschritten – geben wird. Im sekundären Prüfweg wird die Systemprüfung mit der Prüfung der Effizienz der Verwaltungs- und Kontrollsysteme sowie die Ex-post-Kontrolle hinsichtlich der Ausgabenprüfung durchgeführt werden.

Die Förderschwerpunkte für berufliche Weiterbildung liegen im IuK-Bereich, Tourismusbereich und im Umweltbereich.[33]

2.2 Förderkriterien und Qualitätskriterien des Förderers für Einrichtungen/Träger und/oder Weiterbildungsmaßnahmen bei der Vergabe von ESF-Mitteln

Auf der Grundlage des neuen Arbeitsmarktprogramms AQMV 2000 werden Maßnahmen, die aus dem Europäischen Sozialfonds gefördert werden, mit einem sogenannten „Monitoring" auf ihre Wirksamkeit im Hinblick auf die mit der Förderung verbundenen Zielsetzungen überprüft.

Im Rahmen des Begleitverfahrens werden für ESF-geförderte Maßnahmen Verlaufs- bzw. Verbleibsdaten erhoben.

---

[33] Angaben des Ministeriums für Arbeit und Bau Mecklenburg-Vorpommern für diesen Übersichtsband vom Juli 2001

Das ESF-Monitoring basiert zur Zeit (Stand: Juli 2001) im Wesentlichen auf Daten, die im Zuge der Antragsbearbeitung erhoben werden. Erfasst werden sowohl Daten zu Projekten, Projektträgern als auch zu Teilnehmern (im Projektverlauf aktualisierte Teilnehmer-Plandaten). In ausgewählten Qualifizierungsrichtlinien wird etwa sechs Monate nach Maßnahmeende der erwerbsbezogene Verbleib der Maßnahmeteilnehmer als „Wirkungskriterium" erhoben. Diese Erhebung findet als postalische Befragung durch die Träger statt.

Das zukünftige Monitoring wird für nahezu alle Maßnahmen Daten zu vier Zeitpunkten erheben:

1. bei Antragstellung,

2. bei Eintritt der Teilnehmer in ein Projekt,

3. bei Projektende („Übergang"),

4. sechs Monate nach Maßnahmeende („Verbleib").

Die Erhebungen werden z.T. durch die Träger, z.T. durch das Ministerium für Arbeit und Bau bzw. beauftragte Dienstleistungsunternehmen durchgeführt.

Erhebungsinstrumente sind standardisierte Fragebögen. Die Verbleibserhebung soll postalisch und zumindest teilweise telefonisch erfolgen.

Die Zielsetzungen der Qualifizierungsmaßnahmen variieren je nach Adressatengruppe (Arbeitslose, Beschäftigte, Existenzgründer).

Tabelle:

Maßnahmearten und Maßnahmeziele

Maßnahmeart	Maßnahmeziel	Indikatoren zur Zielerreichung
1. berufliche Qualifizierung	Steigerung der Vermittlungschancen, Abbau des „mismatch" zwischen angebotenen und nachgefragten Qualifikationen	Erwerbsbezogener Verbleib
2. berufliche Weiterbildung von Beschäftigten	Sicherung des Arbeitsplatzes durch Prävention gegen „mismatch", positionale Verbesserung der TN und Erhöhung des Einkommens	Erwerbsbezogener Verbleib, Entwicklung der beruflichen Position und des Einkommens
3. Qualifizierung von Existenzgründern	Verbesserung der Qualität unternehmerischen Entscheidens, Mobilisierung zur Eigenverantwortlichkeit	Gründungsrealisierung (ja/nein, Stand), Unternehmensentwicklung

Neben dem erwerbsbezogenen Verbleib werden noch weitere Wirkungskriterien erhoben, die die Nutzung des Gelernten, eine Beurteilung des allgemeinen Nutzens des Gelernten und die Entwicklung der Weiterbildungsbereitschaft bei den Teilnehmern betreffen.[34]

2.3 Verfahrensweise bei der Vergabe von kofinanzierten ESF-Mitteln

Siehe die Punkte 2.1 und 2.2.

III. Weitere Aktivitäten und Besonderheiten zur Qualitätssicherung auf Landesebene

- Volkshochschulen (s. auch Punkte I. und II.):

Für die Anerkennung von Einrichtungen der Weiterbildung nach § 6 des Weiterbildungsgesetzes ist im Falle der Volkshochschulen das Ministerium für Bildung, Wissenschaft und Kultur zuständig.[35]

Seit 1995 ist Qualität in der Weiterbildungsarbeit Schwerpunkt und wesentlicher Bestandteil der Arbeit des Volkshochschulverbandes Mecklenburg-Vorpommern. Der Verband erhielt bei seinen Bemühungen besondere Unterstützung durch das Ministerium für Bildung, Wissenschaft und Kultur, das Sozialministerium, das Landesarbeitsamt und durch das Justizministerium von Mecklenburg-Vorpommern.

Unter Qualitätsaspekten nennt der Volkshochschulverband Projekte, die er in den letzten Jahren durchgeführt hat:

- *Professionalisierung der regionalen und landesweiten Weiterbildung* (1994/1995)

- *Qualitätssicherung in der Weiterbildung* (1996)

- *Neue Denkanstöße für Lehren und Lernen unter den gegenwärtigen Bedingungen* (1997)

- *Qualifizierung von jungen Erwachsenen im Rahmen des Fortbildungsprogramms der Bundesregierung zur Beseitigung der Jugendarbeitslosigkeit* (Volkshochschule Wismar, Schwerin, Kreisvolkshochschule Parchim, Ludwigslust, Nordwestmecklenburg) (1998)

---

[34] Vgl. Fn 33)

[35] Landesverordnung über die Zuständigkeiten für die Durchführung des Weiterbildungsgesetzes (Weiterbildungszuständigkeitsverordnung – ZuVOWBG – M-V) vom 4. April 1995, § 2 Abs. 1. In: Gesetz- und Verordnungsblatt für Mecklenburg-Vorpommern 1995 Nr. 8 S. 222

- *Geschlechtergerechte Weiterbildung – (k)ein Thema für Mecklenburg-Vorpommern? Chancengleichheit von Frauen und Männern als Denk- und Handlungsprinzip für die Erwachsenenbildung* (2000)

Die Arbeitsergebnisse aus den genannten Projekten flossen in den Entwurf eines „Handbuchs zur Qualitätssicherung und Qualitätsentwicklung an Volkshochschulen in Mecklenburg-Vorpommern" ein, den der Volkshochschulverband Mecklenburg-Vorpommern im Jahre 2000 erstellt hat.[36] Der Handbuch-Entwurf enthält u. a. Qualitätskriterien zur Einrichtungs-, Programm-, Durchführungs- und Servicequalität, und Qualitätskriterien, wie sie sich aus den gesetzlichen Grundlagen, Verordnungen und Empfehlungen für die Arbeit der Volkshochschulen ergeben; ein Katalog qualitätssichernder Maßnahmen wird genannt sowie Konzepte zur Sicherung der Qualität in den Programmbereichen.

Seit April 2000 führt der Volkshochschulverband zusammen mit mehreren Kooperationspartnern der Weiterbildung einen Modellversuch zum Aufbau eines trägerübergreifenden Lernnetzwerkes durch: „Lehren und Lernen im Netzwerk Weiterbildung. Neue Integrationsansätze in der Jugend- und Erwachsenenbildung" (2000-2005). Ziel ist auch hier, durch Kooperation der Weiterbildungseinrichtungen, über veränderte Lehr- und Lernformen sowie durch Rahmenbedingungen für träger- und bildungsbereichsübergreifendes Arbeiten bei allen beteiligten Partnern die Qualität der Maßnahmen zu verbessern und zu sichern.[37]

- *Weiterbildungsberatungsstellen/Weiterbildungsdatenbank*: Laut Weiterbildungsgesetz ist in § 16 die Einrichtung von Weiterbildungsberatungsstellen sowie einer Weiterbildungsdatenbank vorgesehen. Zur Begründung heißt es in Abs. 1: „Damit die vorhandenen Weiterbildungsmöglichkeiten genutzt werden können, bedarf es der möglichst umfassenden Information sowie einer gezielten, individuellen Beratung. ..."

Abs. 2: "Zur Einrichtung von Weiterbildungsberatungsstellen in den Landkreisen und kreisfreien Städten gewährt das Land nach Maßgabe des Haushalts Zuschüsse zu den für hauptamtliche Weiterbildungsberater anfallenden Personalkosten. Das Land kann Zuschüsse zu den Sachkosten der Beratungsstellen gewähren."

Seit 1992 wurde in Mecklenburg-Vorpommern ein Netz von Weiterbildungsberatungsstellen aufgebaut. Insgesamt gibt es 13 Weiterbildungsberatungsstellen, davon sind fünf stationär, acht mobile Weiterbildungsberatungsstellen tragen der Infrastruktur Mecklenburg-Vorpommerns als Flächenstaat Rechnung. Sechs Kleinbusse gibt es für die ländlichen Bereiche, die durch eine hohe Arbeitslosen-

---

[36] Bei Interesse Nachfragen bitte richten an: Volkshochschulverband Mecklenburg-Vorpommern e. V., Bertha-von Suttner-Straße 5, 19061 Schwerin

[37] Angaben des Volkshochschulverbandes Mecklenburg-Vorpommern vom Dezember 2000

quote gekennzeichnet sind und in denen Beratung in den zentralen Orten mit erschwerten Anfahrtsbedingungen für die Ratsuchenden verbunden sind.

Die Weiterbildungsinformation und -beratung wird zukünftig ein Teil des neuen operationellen Programms zur Umsetzung des Europäischen Sozialfonds sein und auf der Grundlage der im Programm „Arbeit und Qualifizierung für Mecklenburg-Vorpommern 2000" (AQMV 2000) zusammengefassten Förderrichtlinien umgesetzt werden.

In der neuen Förderperiode sollen aufbauend auf der bisher geleisteten Arbeit folgende Ziele realisiert werden:

- Erweiterung und Intensivierung des mobilen Beratungsangebots in den Grenzregionen Vorpommerns
- Verstärkte Weiterbildungswerbung durch Workshops, Fachtagungen, Teilnahme an Messen etc., insbesondere zur Verbreitung der Idee des lebenslangen Lernens
- Verstärkte Einbeziehung und Begleitung anderer arbeitsmarktpolitischer Maßnahmen durch Weiterbildungsberatungsleistungen
- Information über und Begleitung von Aktionsprogrammen zur Weiterbildung
- Beratung von Teilnehmern/Teilnehmerinnen an Weiterbildungsmaßnahmen im Sinne einer Verstärkung des Elementes der Nachhaltigkeit
- Weiterführung und Verstärkung zielgruppenorientierter Weiterbildungswerbung und -beratung (Frauen, Jugendliche, Existenzgründer).

Der regionale Bezug ist auf Grund der engen Kooperation mit den arbeitsmarktpolitischen Akteuren in den Regionen, insbesondere den Kommunen, den Kammern, den Arbeitsämtern und den Einrichtungen der Weiterbildung gegeben.[38]

Die Weiterbildungsinformation und -beratung wird zukünftig nach dem neuen „Landesprogramm Arbeit- und Strukturentwicklung" entsprechend der Schwerpunktsetzung im Politikfeld C „Lebensbegleitendes Lernen" mit den geplanten Aktionsprogrammen Beratungsservice-Stellen für Weiterbildung sowie der Datenbank zur Weiterbildung gefördert.

§ 16 Abs. 3 WBG regelt, dass das Land eine *Weiterbildungsdatenbank* für Mecklenburg-Vorpommern betreibt und unterhält, um eine umfassende, aktuelle und benutzerfreundliche Weiterbildungsinformation zu gewährleisten.

Bereits 1992 wurde in Mecklenburg-Vorpommern eine regionale Weiterbildungsdatenbank aufgebaut, die in der Lage ist, den Nachfragenden eine Trans-

---

[38] Unterrichtung des Landtags Mecklenburg-Vorpommern durch die Landesregierung: Konzept für die weitere Umsetzung der in § 16 Weiterbildungsgesetz Mecklenburg-Vorpommern genannten Grundsätze der Weiterbildungsberatung. In: Drucksache 3/1106 vom 21. 02. 2000

parenz auf dem ortsnahen Bildungsmarkt zu ermöglichen. Die Weiterbildungsdatenbank kann im Internet eingesehen werden: http://www.wib-mv.de

Umfassende Informationen zum Thema Weiterbildung bietet im Internet seit 2001 das Bildungsnetz Mecklenburg-Vorpommern mit der Weiterbildungsdatenbank Mecklenburg-Vorpommern, den Informationen zum neuen Bildungsfreistellungsgesetz in Mecklenburg-Vorpommern, einer Bibliothek zu Einrichtungen der Weiterbildung und Weiterbildungsinhalten sowie einem Überblick zu ausgewählten Inhalten der beruflichen Weiterbildung.

- An der Förderung des BLK-Projekts *Qualitätssicherung in der Weiterbildung*, das 1999 abgeschlossen wurde, war auch das Land Mecklenburg-Vorpommern beteiligt. In das Projekt waren sieben weitere Bundesländer[39] einbezogen. Das Deutsche Institut für Erwachsenenbildung (DIE) führte das Projekt durch. Während der Projektlaufzeit wurden in zehn unterschiedlich strukturierten Weiterbildungseinrichtungen Konzepte zur Qualitätsentwicklung erarbeitet und die Erfahrungen ausgewertet. Die Ergebnisse sind in zwei Publikationen dargestellt.[40] Im Projektzusammenhang entstand eine „Checkliste für Weiterbildungsinteressierte",[41] die alle zwei Jahre aktualisiert wird.

Stichworte: Weiterbildungsgesetz: Gender-Aspekt; Anerkennung von Einrichtungen der Weiterbildung, Anerkennungsvoraussetzungen, befristete Anerkennung, Mindeststandards; Teilnehmerschutz, Volkshochschulen als anerkannte Einrichtungen der Weiterbildung; Landesverordnung über die Anerkennung von Einrichtungen der Weiterbildung nach dem Weiterbildungsgesetz; Bildungsfreistellungsgesetz; Verordnung zur Durchführung des Bildungsfreistellungsgesetzes: Anerkennung von Bildungsveranstaltungen, Anerkennungsvoraussetzungen; institutionelle und maßnahmebezogene Förderung; Landesprogramm „Arbeit und Qualifizierung für Mecklenburg-Vorpommern (AQMV)"; Richtlinien für die Förderung nach dem Weiterbildungsgesetz; Zuwendungsvoraussetzungen; Weiterbildungsberatungsstellen; Weiterbildungsdatenbank; Entwicklung einer Kultur des lebenslangen Lernens; Monitoring für ESF-Maßnahmen; Volkshochschul-Projekte zur Qualitätssicherung; Handbuch zur Qualitätssicherung und Qualitätsentwicklung an Volkshochschulen in Mecklenburg-Vorpommern; VHS-Modellversuch; BLK-Projekt „Qualitätssicherung in der Weiterbildung"

---

[39] S. auch unter Punkt III. der Beiträge zu: Bayern (hier die ausführlichere Darstellung des Projekts), Hamburg, Niedersachsen, Rheinland-Pfalz, Sachsen-Anhalt, Schleswig-Holstein, Thüringen.

[40] Küchler, Felicitas von; Meisel, Klaus (Hrsg.): Qualitätssicherung in der Weiterbildung I. Auf dem Weg zu Qualitätsmaßstäben. Deutsches Institut für Erwachsenenbildung (DIE). Frankfurt/M. 1999 Küchler, Felicitas von; Meisel, Klaus (Hrsg.): Qualitätssicherung in der Weiterbildung II. Auf dem Weg zu besserer Praxis. Deutsches Institut für Erwachsenenbildung (DIE). Frankfurt/M. 1999

[41] Deutsches Institut für Erwachsenenbildung e. V. (DIE) (Hrsg.): Checkliste für Weiterbildungsinteressierte. Frankfurt a. M. o. J.

Mecklenburg-Vorpommern

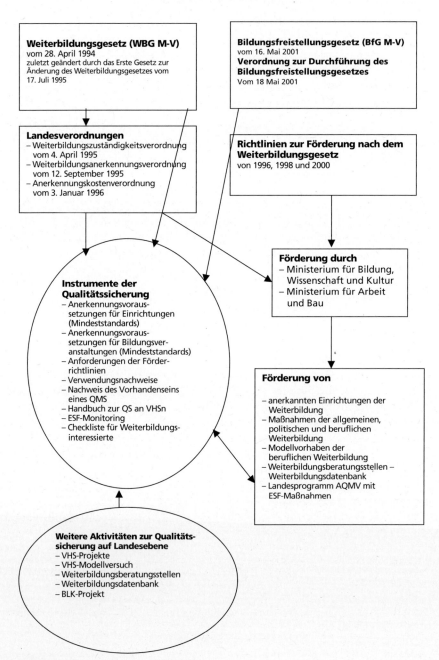

© Bundesinstitut für Berufsbildung, AB 3.1, B. Melms

2.9 Niedersachsen

I. Gesetzliche Situation

Folgende Gesetze, Verordnungen und Richtlinien der (beruflichen) Weiterbildung des Landes Niedersachsen wurden in Hinsicht auf ihre qualitätssteuernden und qualitätsfördernden Aspekte ausgewertet:

- Gesetz zur Förderung der Erwachsenenbildung (EBG) vom 12. Dezember 1996[1]
- Niedersächsisches Erwachsenenbildungsgesetz (NEBG) vom 17. Dezember 1999[2]
- Verordnung zur Durchführung des Niedersächsischen Erwachsenenbildungsgesetzes (DVO-NEBG) vom 18. Mai 2001[3]
- Niedersächsisches Gesetz über den Bildungsurlaub für Arbeitnehmer und Arbeitnehmerinnen (Niedersächsisches Bildungsurlaubsgesetz – NBildUG) in der Fassung vom 25. Januar 1991, zuletzt geändert durch § 15 NEBG vom 17. Dezember 1999[4]
- Verordnung zur Durchführung des Niedersächsischen Bildungsurlaubsgesetzes (DVO-NBildUG) vom 26. März 1991[5]
- Richtlinie zur Durchführung des Anerkennungs- und Berichtsverfahrens nach dem Niedersächsischen Bildungsurlaubsgesetz (NBildUG) vom 01. Mai 1997[6]

Folgendermaßen verteilen sich die Zuständigkeiten der Ministerien für Maßnahmen und Einrichtungen der (beruflichen) Weiterbildung in Niedersachsen:

---

[1] Gesetz zur Förderung der Erwachsenenbildung (EBG) vom 12. Dezember 1996, in Kraft getreten am 1. Januar 1997. In: Niedersächsisches Gesetz- und Verordnungsblatt Nr. 23/1996, ausgegeben am 20. Dezember 1996

[2] Niedersächsisches Erwachsenenbildungsgesetz (NEBG) vom 17. Dezember 1999, in Kraft getreten am 1. Januar 2000. In: Niedersächsisches Gesetz- und Verordnungsblatt Nr. 25/1999, ausgegeben am 23. Dezember 1999

[3] Verordnung zur Durchführung des Niedersächsischen Erwachsenenbildungsgesetzes (DVO-NEBG) vom 18. Mai 2001, tritt am 1. Januar 2002 in Kraft. In: Niedersächsisches Gesetz- und Verordnungsblatt Nr. 15/2001, ausgegeben am 13. Juni 2001, S. 340

[4] Niedersächsisches Bildungsurlaubsgesetz – NBildUG) in der Fassung vom 25. Januar 1991, zuletzt geändert durch § 15 NEBG vom 17. Dezember 1999. In: Niedersächsisches Gesetz- und Verordnungsblatt Nr. 25/1999, S. 430

[5] Verordnung zur Durchführung des Niedersächsischen Bildungsurlaubsgesetzes (DVO-NBildUG) vom 26. März 1991, zuletzt geändert durch Verordnung vom 17. April 1997. In Niedersächsisches Gesetz- und Verordnungsblatt Nr. 7/1997, S. 111

[6] Richtlinie zur Durchführung des Anerkennungs- und Berichtsverfahrens nach dem Niedersächsischen Bildungsurlaubsgesetz (NBildUG) vom 23. April1997, in Kraft getreten am 01. Mai 1997. In: Niedersächsisches Ministerialblatt Nr. 17/1997, S. 620

- Niedersächsisches Kultusministerium, zuständig für berufliche Weiterbildung unterhalb der Meisterebene sowie Berufsbildungszentren

- Ministerium für Wissenschaft und Kultur, zuständig für die allgemeine Weiterbildung

- Ministerium für Frauen, Arbeit und Soziales, zuständig für ESF-Förderung

- Ministerium für Wirtschaft, zuständig für berufliche Weiterbildung oberhalb der Meisterebene sowie EU-Programm EFRE – Ziel 2-Gebiete mit Entwicklungsrückstand

Das **Gesetz zur Förderung der Erwachsenenbildung (EBG)** vom 12. Dezember 1996 ist im Dezember 1999 novelliert und als **Niedersächsisches Erwachsenenbildungsgesetz (NEBG)** am 1. Januar 2000 in Kraft gesetzt worden.

Beim Vergleich der beiden Erwachsenenbildungsgesetze im Hinblick auf ihre qualitätssteuernden Impulse fällt zunächst auf:

1. Das EBG von 1996 war in Abschnitte gegliedert, und die Qualitätssicherung hatte einen eigenen Abschnitt mit zwei Paragraphen: „Mitarbeiterfortbildung" und „Evaluation". Darüber hinaus enthielten die in § 4 genannten Voraussetzungen für die Feststellung der Finanzhilfeberechtigung qualitätsrelevante Elemente.

Im NEBG von 1999 gibt es eine Aufteilung nach Abschnitten nicht mehr, die §§ 9 und 10 widmen sich der „Qualitätssicherung, Förderung von Landesverbänden" und „Evaluation". Voraussetzungen für die Feststellung der Finanzhilfeberechtigung nennt § 3.

2. Sowohl das EBG von 1996 als auch das NEBG von 1999 spricht von „finanzhilfeberechtigten Einrichtungen" und nicht von „anerkannten Einrichtungen".

3. Das EBG von 1996 enthielt einen Abschnitt für das Gremium „Landesausschuss für Erwachsenenbildung", darunter zwei Paragraphen: „Zusammensetzung des Landesausschusses" und „Aufgaben des Landesausschusses".

Im NEBG von 1999 taucht das Gremium „Landesausschuss" nicht mehr auf. [7]

Im EBG von 1996 bezogen sich die Bestimmungen zur Qualitätssicherung zum einen auf die Aufteilung der Finanzhilfe für Fortbildung von Mitarbeiterinnen

---

[7] Die Aufgaben des Landesausschusses wurden durch „Vertrag über die Übertragung von Verwaltungsaufgaben auf den Niedersächsischen Bund für freie Erwachsenenbildung e.V." (Niedersächsisches Ministerialblatt S. 74) dem Niedersächsischen Bund übertragen. Der Niedersächsische Bund wird in Ausführung des § 1 Abs. 3 dieses Vertrages ein Gremium bilden. Der Vorstand des Niedersächsischen Bundes hat zwischenzeitlich einen Beschluss gefasst, dass dieses Gremium in Fortführung der bisherigen positiven Arbeit des Landesausschusses wiederum „Landesausschuss" heißen wird. (Angaben des Niedersächsischen Bundes für freie Erwachsenenbildung e.V. vom Juli 2001 für diesen Übersichtsband)

und Mitarbeitern in den unterschiedlichen Einrichtungen nach quantitativen Kriterien.

Zum anderen wurden die finanzhilfeberechtigten Einrichtungen verpflichtet, ihre Bildungsarbeit „regelmäßig zu evaluieren". Die Ergebnisse sollten dokumentiert und dem Landesausschuss für Erwachsenenbildung sowie dem zuständigen Ministerium vorgelegt werden (§ 15 EBG).

Inhaltliche Ausformulierungen für ein Evaluationsverfahren, die Basis eines Qualitätssiche-rungskonzepts hätten sein können, fehlten.

In den Voraussetzungen für eine Finanzhilfeberechtigung waren es im Wesentlichen zwei allgemein formulierte Anforderungen, die Einrichtungen zu erfüllen hatten, um Qualität zu sichern: „Leistungen in eigener pädagogischer Verantwortung nachweisen" und die „Fortbildung ihres hauptberuflichen, nebenberuflichen und ehrenamtlichen Personals gewährleisten".

Ein weiterer Hinweis auf die Qualitätssicherung war im Aufgabenprofil des Landesausschusses für Erwachsenenbildung zu finden: „Der Landesausschuss fördert die Entwicklung der Erwachsenenbildung durch Gutachten, Untersuchungen und Empfehlungen, insbesondere zur Qualitätssicherung und zur regionalen und überregionalen Kooperation ..." (§ 17 EBG).

Im § 9 **NEBG** von 1999 *Qualitätssicherung, Förderung von Landesverbänden* heißt es im ersten Absatz: „Die Einrichtungen der Erwachsenenbildung haben darauf hinzuwirken, dass die Qualität ihrer Bildungsarbeit insbesondere durch Beratung in pädagogischen und organisatorischen Fragen und durch Mitarbeiterfortbildung gesichert und laufend verbessert wird."

In § 10 NEBG von 1999 *Evaluation* heißt es im ersten Absatz: „Die nach diesem Gesetz geförderten Einrichtungen sind verpflichtet, ihre Bildungsarbeit alle vier Jahre durch Dritte evaluieren zu lassen und die Ergebnisse zu dokumentieren. Gegenstände der Evaluation sind insbesondere die Qualität der Bildungsarbeit, die Zahl und die Qualifikation des hauptberuflichen und nebenberuflichen Personals sowie Maßnahmen der Qualitätssicherung. Die Ergebnisse sind auf Verlangen dem Fachministerium vorzulegen."

§ 11 Abs. 1 bis 3 NEBG behandelt die „Übertragung von Verwaltungsaufgaben". Im Einzelnen wird hier beschrieben, welche Aufgaben das Fachministerium einem Dachverband der Erwachsenenbildung mit dessen Einverständnis und gegen Erstattung der persönlichen und sächlichen Verwaltungskosten übertragen kann.[8]

War § 15 EBG bezogen auf die Evaluation noch auslegungsfähig dahingehend, dass die Einrichtungen sich für eine Selbstevaluation oder Fremdevaluation ent-

---

[8] Der Niedersächsische Bund für freie Erwachsenenbildung e. V. als Dachorganisation ist inzwischen vom Niedersächsischen Ministerium für Wissenschaft und Kultur beauftragt worden, diese Aufgabe zu übernehmen. Vgl. auch 7)

scheiden konnten, so wird durch § 10 NEBG klargemacht, dass sich die Einrichtungen von Dritten evaluieren lassen müssen, und zwar alle vier Jahre. Neu im NEBG ist, dass die Gegenstände der Evaluation benannt werden. Das Gesetz verzichtet darauf, Instrumente der Evaluation zu benennen.

Mussten nach EBG von 1996 die Ergebnisse noch dem Landesausschuss für Erwachsenenbildung und dem Ministerium vorgelegt werden, so sind die Ergebnisse nach § 10 NEBG von 1999 auf Verlangen dem Fachministerium vorzulegen.

Maßnahmen der Qualitätssicherung sind Bestandteile der Evaluation gem. § 10 NEBG von 1999. Die Evaluation, die durch das neue Gesetz in einem bestimmten zeitlichen Rahmen erfolgen muss (alle vier Jahre), ist nun auch Voraussetzung gem. § 3 Abs. 1 Nr. 9 NEBG für die Feststellung der Finanzhilfeberechtigung. Insoweit hat die Qualitätssicherung der Bildungsarbeit im NEBG ein größeres Gewicht bekommen.

§ 3 NEBG nennt folgende *Voraussetzungen* – bezogen auf qualitätsrelevante Aspekte, die gegeben sein müssen, damit die *Finanzhilfeberechtigung* von Landeseinrichtungen oder Heimvolkshochschulen festgestellt wird: Wenn die Einrichtungen

- Leistungen in eigener pädagogischer Verantwortung nachweisen, die nach Zielsetzung, thematischer Breite und Umfang eine Förderung rechtfertigen;

- unter hauptberuflicher Leitung langfristig und pädagogisch planmäßig arbeiten und jährlich Berichte über ihre Arbeitsergebnisse vorlegen;

- ihre Bildungsarbeit regelmäßig evaluieren lassen (§ 10) und

- vor dem Zeitpunkt der Antragstellung wenigstens drei Jahre bestanden und während dieser Zeit die Voraussetzungen nach den Nummern 2 bis 8 (§ 3 Abs. 1) sowie den Absätzen 2 und 3 (§ 3) erfüllt haben.

§ 3 Abs. 6 NEBG sieht vor, dass die Feststellung der Finanzhilfeberechtigung schriftlich beim Fachministerium zu beantragen ist.

Auch beim Stichwort „berücksichtigungsfähige Bildungsmaßnahmen" (§ 8 NEBG) ist „die pädagogische Verantwortung" der Einrichtung ausschlaggebend.

In § 2 NEBG ist geregelt, dass *Volkshochschulen und Heimvolkshochschulen* Finanzhilfe erhalten. § 3 nennt – wie für alle Einrichtungen der Erwachsenenbildung – auch für Heimvolkshochschulen und Volkshochschulen die Voraussetzungen einer Finanzhilfeberechtigung, und die §§ 6 und 7 schlüsseln den Verteilungsmodus auf. (Näheres hierzu siehe unter Punkt II).

(Näheres zu den qualitätssichernden Aktivitäten der Volkshochschulen und Heimvolkshochschulen in Niedersachsen siehe unter Punkt II.)

In der **Verordnung zur Durchführung des Niedersächsischen Erwachsenenbildungsgesetzes (DVO-NEBG)** aus dem Jahr 2001 befasst sich § 7 mit dem Begriff der „pädagogischen Verantwortung". Abs. 1 führt aus: „Die *pädagogische Verantwortung* nach § 8 Abs. 1 NEBG ist insbesondere durch die eigene allgemeine, inhaltliche, methodische und organisatorische Planung der Bildungsarbeit zu gewährleisten. Wird für die Durchführung einer Bildungsmaßnahme ein örtlicher Ausrichter in Anspruch genommen, so ist die bestimmende Einflussnahme der Einrichtung bereits bei der Planung der Maßnahme schriftlich festzulegen."

In Abs. 2 desselben Paragrafen wird festgestellt: „Bei Maßnahmen in der pädagogischen Verantwortung von Heimvolkshochschulen muss das hauptberuflich beschäftigte pädagogische Personal mindestens zur Hälfte selbst unterrichten. ..."

Zur *Kooperation von Einrichtungen* führt § 7 Abs. 3 aus: „Werden Bildungsmaßnahmen gemeinsam von mehreren Einrichtungen oder von diesen und Dienststellen des Landes, Hochschulen oder Kammern durchgeführt, so kann die pädagogische Verantwortung auch gemeinsam wahrgenommen werden, wenn die Beteiligten dafür die inhaltlichen und pädagogischen Voraussetzungen erfüllen. Die Beteiligten legen bereits bei der Planung der Maßnahme schriftlich fest, für welche Einrichtung und mit welchem Anteil diese Maßnahme berücksichtigt werden soll."

In der Begründung zur DVO-NEBG wird darauf hingewiesen, dass der letzte Satz von § 7 Abs. 3 der Verordnung („Die Beteiligten legen bereits bei der Planung der Maßnahme schriftlich fest, für welche Einrichtung und mit welchem Anteil diese Maßnahme berücksichtigt werden soll.") unter dem Gesichtspunkt hereingenommen worden ist, dass die Kooperation zwischen Einrichtungen der Erwachsenenbildung verbessert werden soll. Dies geschieht hier durch den wirtschaftlichen Anreiz, dass gemeinsam durchgeführte Bildungsveranstaltungen nicht nur für eine, sondern anteilig für alle beteiligten Bildungseinrichtungen berücksichtigt werden können. Kooperation der Einrichtungen wird hier als qualitätsrelevanter Faktor gesehen.

Was die *Ankündigung* von Bildungsmaßnahmen betrifft und damit die Ansprache potenziell Teilnehmender, so heißt es in § 6 Abs. 1 der DVO-NEBG: „Ankündigungen nach § 8 Abs. 1 Satz 1 NEBG müssen im gesamten oder in einem regionalen Arbeitsbereich der Einrichtung oder eines örtlichen Ausrichters durch Programmhefte, Presseveröffentlichungen, allgemein zugängliche Medien oder Aushänge erfolgen, an einen unbestimmten Personenkreis gerichtet sein und den Namen der Einrichtung enthalten. Wird ein örtlicher Ausrichter für die Durchführung in Anspruch genommen, so muss die Ankündigung deutlich auf die pädagogische Verantwortung der Einrichtung hinweisen." Abs. 2 ergänzt: „Die Teilnehmenden sind vor Beginn der Veranstaltung über Lernziele, Inhalte und Methoden der Bildungsmaßnahmen zu informieren."

Im NEBG von 1999 und der dazugehörigen Verordnung wird deutlich, dass insbesondere die Professionalität der Mitarbeiterinnen und Mitarbeiter sowie die pädagogische Verantwortung der Einrichtungen als zentrale Größen der Qualitätssicherung gesehen werden. Allerdings wird an keiner Stelle inhaltlich ausgeführt, was unter „pädagogischer Verantwortung" zu verstehen ist. In § 8 NEBG heißt es nur, dass die pädagogische Verantwortung eine bestimmende Einflussnahme auf 1. Thema, Inhalt und Methode der Bildungsmaßnahme, 2. die Auswahl der Dozentinnen und Dozenten sowie 3. die Veranstaltungsform einschließen muss.

Das Niedersächsische Gesetz über den Bildungsurlaub für Arbeitnehmer und Arbeitnehmerinnen (NBildUG) vom 25. Januar 1991 wurde zuletzt geändert durch NEBG vom 17. Dezember 1999. Es enthält Ausführungen (§ 10) darüber, wie die Anerkennung von Bildungsveranstaltungen vonstatten geht und den Hinweis darauf, dass nähere Vorschriften über das Anerkennungsverfahren durch Verordnungen zu treffen sind. § 10 Abs. 3 weist darauf hin, dass zu den Anträgen auf Anerkennung von Bildungsveranstaltungen, die überwiegend der beruflichen Bildung dienen, in Zweifelsfällen die niedersächsischen Spitzenorganisationen der Gewerkschaften und Arbeitgeberverbände zu hören sind.

In § 11 NBildUG Abs. 1 werden die *Anerkennungsvoraussetzungen für Veranstaltungen* im Rahmen von Bildungsurlaub, die *Mindeststandards der Qualität* enthalten, genannt:

Eine Veranstaltung wird anerkannt, wenn

1. sie ausschließlich der Weiterbildung im Sinne des § 1 dient,

2. sie jeder Person offen steht, es sei denn, dass eine bestimmte Auswahl des Teilnehmerkreises aus besonderen pädagogischen Gründen geboten ist,

3. ihr Programm veröffentlicht wird,

4. der Träger hinsichtlich seiner Einrichtung und materiellen Ausstattung, seiner Lehrkräfte und Bildungsziele eine sachgemäße Bildungsarbeit gewährleistet und

5. die Ziele des Trägers und der Inhalt der Bildungsveranstaltung mit der freiheitlichen demokratischen Grundordnung im Sinne des Grundgesetzes für die Bundesrepublik Deutschland und der Niedersächsischen Verfassung im Einklang stehen.

Eine weitere Voraussetzung zur Anerkennung ist die Dauer einer Bildungsmaßnahme. Sie soll in der Regel an fünf, mindestens jedoch an drei aufeinanderfolgenden Tagen stattfinden. Wenn die Art der Bildungsveranstaltung es erfordert, kann diese sich auch über einen längeren Zeitraum hinziehen, jedoch muss die Dauer von mindestens fünf Tagen erreicht werden. (§ 11 Abs. 7)

Die Richtlinie zur Durchführung des Anerkennungs- und Berichtsverfahrens nach dem NBildUG konkretisiert, dass Träger, die erstmalig die Anerkennung einer Veranstaltung beantragen oder die Änderungen anzeigen, den Nachweis ihrer Leistungsfähigkeit nach Vordruck „V" nachzuweisen haben. Darüber hinaus haben Träger, deren Einrichtungen weder nach dem Erwachsenen- oder Jugendbildungsrecht eines Landes der Bundesrepublik Deutschland anerkannt sind oder gefördert werden, noch als gemeinnützig i. S. des Steuerrechts gelten („sonstige Veranstalter"), zugleich mit dem Erstantrag zusätzlich mindestens vier exemplarische Bildungsveranstaltungen aus den letzten Jahren nachzuweisen, die sie in eigener pädagogischer Verantwortung durchgeführt haben.[9]

Was die *Berichtspflicht* anbetrifft, so sieht § 12 NBildUG vor, dass

1. die Landesregierung einmal in jeder Wahlperiode dem Landtag über die Durchführung des Gesetzes berichten muss und

2. die Träger anerkannter Bildungsveranstaltungen verpflichtet sind, der zuständigen Stelle (das ist in diesem Fall der Niedersächsische Bund für freie Erwachsenenbildung e.V – im Folgenden: Verwaltungsstelle[10]) Auskunft über Gegenstand, Verlauf und Teilnehmer/innen der anerkannten Veranstaltungen zu erteilen, und zwar bis spätestens zum 31. März des der Veranstaltung folgenden Kalenderjahres.

Treten nach der Anerkennung einer Veranstaltung hinsichtlich der Lernziele, der Inhalte, der täglichen Arbeitszeiten oder sonstige, die Anerkennung berührende Änderungen im Antrag ein, so sind diese der Verwaltungsstelle unverzüglich anzuzeigen.[11]

Kommt ein Träger der Berichtspflicht nicht nach, so kann die Verwaltungsstelle künftige Anträge dieses Trägers ablehnen.[12]

---

[9] Siehe „Richtlinie zur Durchführung des Anerkennungs- und Berichtsverfahrens nach dem Niedersächsischen Bildungsurlaubsgesetz (NBildUG)", RdErl. d. Ministeriums für Wissenschaft und Kultur v. 23. 04. 1997. In: Niedersächsisches Ministerium für Wissenschaft und Kultur (Hrsg.): Bildungsurlaub – Ein soziales Grundrecht. Hannover 1997

[10] Vgl. Fn 9)

[11] Vgl. Fn 9)

[12] Vgl. Fn 9)

II. Förderung der (beruflichen) Weiterbildung aus Landes- und kofinanzierten ESF-Mitteln

1. Förderung aus Landesmitteln

1.1 Ausgangslage und Rahmenbedingungen

Das *Ministerium für Wissenschaft und Kultur* ist zuständig für die Erwachsenenbildung und in diesem Zusammenhang auch für Fragen der beruflichen Weiterbildung, und zwar soweit sie von Trägern der Erwachsenenbildung durchgeführt wird. Zu der Förderung der „finanzhilfeberechtigten Einrichtungen" der Erwachsenenbildung (§§ 3 bis 7 NEBG) gehören auch *Volkshochschulen und Heimvolkshochschulen*.

Laut § 2 NEBG „Grundsätze der staatlichen Förderung" erhalten kreisfreie Städte, Landkreise und große selbstständige Städte für Einrichtungen auf kommunaler Ebene – das sind in der Regel Volkshochschulen – Finanzhilfe, ebenfalls Landeseinrichtungen, Heimvolkshochschulen und Landesverbände.

Mindestanforderungen an Einrichtungen und Bildungsmaßnahmen sowie die Aufteilung des jeweiligen Gesamtansatzes sind im NEBG formuliert (s. unter Punkt I.).

Das *Kultusministerium* ist in Fragen der beruflichen Bildung federführend und verantwortet nicht nur die schulische Berufsbildung, sondern auch die nichtschulische (betriebliche) Berufsbildung sowie die berufliche Weiterbildung, jeweils in Zusammenarbeit mit den Kammern und sonstigen gemeinnützigen Einrichtungen der mittelständischen Wirtschaft.

Das *Ministerium für Frauen, Arbeit und Soziales* ist für den gesamten ESF-Bereich zuständig; die entsprechenden Mittel für Zwecke der Weiterbildung werden jedoch nach einem bestimmten Schlüssel weitgehend auf die Bezirksregierungen verteilt. Daneben ist dieses Ministerium auch für die Arbeitsmarktpolitik zuständig.

Das *Wirtschaftsministerium* fördert die Weiterbildung unter dem Aspekt der Wirtschaftsförderung.

Das *Landwirtschaftsministerium* befasst sich in erster Linie mit landwirtschaftsbezogener Weiterbildung.

Eine Koordinierung der von den verschiedenen Ministerien zu verantwortenden Maßnahmen erfolgt durch zwei Gremien, in denen Mitarbeiterinnen und Mitarbeiter aus den betreffenden Ministerien – teilweise in Personalunion – vertreten sind:

- Landesausschuss für Berufsbildung

- Landesausschuss für Erwachsenenbildung[13]

Das Niedersächsische Kultusministerium verfolgt nach eigenen Angaben die Strategie, weniger über Richtlinien und Verordnungen qualitätssteuernd im Bereich der beruflichen Weiterbildung einzugreifen. Vielmehr erscheint es dem Ministerium sinnvoll, anlässlich konkreter Vorhaben, an denen das Land zumeist als Zuwendungsgeber oder auch als Initiator beteiligt ist, Ansätze zur Qualitätssicherung zu unterstützen und deren Ergebnisse der Fachöffentlichkeit zugänglich zu machen.

Die Qualitätssicherung für den Bereich der institutionellen Förderung erfolgt im Kultusministerium durch Einholen von Gutachten. Dazu wird die Fachkompetenz der beteiligten Experten aus den Ministerien bzw. Verbänden und von den Sozialpartnern genutzt.[14]

1.2 Förderkriterien und Qualitätskriterien des Förderers für Einrichtungen/Träger und/oder Weiterbildungsmaßnahmen bei der Vergabe von Landesmitteln

Hier wurden keine Angaben vom Land gemacht.

1.3 Verfahrensweise bei der Vergabe von Landesmitteln

Hier wurden keine Angaben vom Land gemacht.

2. Förderung aus kofinanzierten ESF-Mitteln

2.1 Ausgangslage und Rahmenbedingungen

Folgende in der ESF-Förderperiode 2000-2006 geltende Richtlinien für die Ziel-2-Förderung und die Ziel-3-Förderung in Niedersachsen wurden zur Auswertung herangezogen und in Hinsicht auf für die berufliche Weiterbildung/Qualifizierung qualitätsrelevante Aspekte untersucht[15]:

- Richtlinie über Zuwendungen für Maßnahmen zur Anpassung der Beschäftigten in Gebieten mit wirtschaftlicher und sozialer Umstellung mit Mitteln des Landes Niedersachsen und des Europäischen Sozialfonds im Rahmen von Ziel 2[16]

---

[13] Alle Informationen beruhen auf Angaben des Niedersächsischen Kultusministeriums vom August 2000. Inzwischen wurden die Aufgaben des Landesausschusses dem Niedersächsischen Bund für freie Erwachsenenbildung e. V. übertragen. Vgl. 7)

[14] Angaben des Niedersächsischen Kultusministeriums vom August 2000

[15] Alle für die ESF-Förderperiode 2000-2006 geltenden Richtlinien wurden nicht für die Auswertung im Rahmen dieses Übersichtsbandes herangezogen.

[16] Richtlinie über Zuwendungen für Maßnahmen zur Anpassung der Beschäftigten in Gebieten mit wirtschaftlicher und sozialer Umstellung mit Mitteln des Landes und des Europäischen Sozialfonds im Rahmen des Zieles 2, RdErl. d. MFAS vom 23. Juli 2001 (Niedersächsisches Ministerialblatt Nr. 30/2001, S. 678)

- Richtlinie über Zuwendungen für Maßnahmen zur Beruflichen Qualifizierung von Arbeitslosen in Gebieten mit wirtschaftlicher und sozialer Umstellung mit Mitteln des Europäischen Sozialfonds im Rahmen des Zieles 2[17]

- Richtlinie über Zuwendungen für Maßnahmen zur Förderung von regionalen Bündnissen und territorialen Beschäftigungspakten in Gebieten mit wirtschaftlicher und sozialer Umstellung mit Mitteln des Europäischen Sozialfonds im Rahmen des Zieles 2[18]

- Richtlinie über Zuwendungen für Maßnahmen zur Anpassung der Beschäftigten an den wirtschaftlichen und strukturellen Wandel mit Mitteln des Landes Niedersachsen und des Europäischen Sozialfonds im Rahmen von Ziel 3[19]

- Richtlinie über Zuwendungen zur Förderung von Maßnahmen zur beruflichen Qualifizierung von Arbeitslosen mit Mitteln des Europäischen Sozialfonds im Rahmen des Zieles 3[20]

- Richtlinie über Zuwendungen zur Qualifizierung von langzeitarbeitslosen Sozialhilfeempfängerinnen und Sozialhilfeempfängern mit Mitteln des Europäischen Sozialfonds im Rahmen des Zieles 3[21]

- Richtlinie über die Gewährung von Zuwendungen zur Förderung der Integration von Frauen in den Arbeitsmarkt (FIFA)[22]

- Richtlinie über die Gewährung von Zuwendungen zur Förderung von Koordinierungsstellen zur beruflichen und betrieblichen Förderung von Frauen mit Mitteln des Landes und des Europäischen Sozialfonds[23]

---

[17] Richtlinie über Zuwendungen für Maßnahmen zur beruflichen Qualifizierung von Arbeitslosen in Gebieten mit wirtschaftlicher und sozialer Umstellung mit Mitteln des Europäischen Sozialfonds im Rahmen des Zieles 2, RdErl. d. MFAS vom 23. Juli 2001 (Niedersächsisches Ministerialblatt Nr. 30/2001, S. 675)

[18] Richtlinie über Zuwendungen für Maßnahmen zur Förderung von regionalen Bündnissen und territorialen Beschäftigungspakten in Gebieten mit wirtschaftlicher und sozialer Umstellung mit Mitteln des Europäischen Sozialfonds im Rahmen des Zieles 2, (im November 2001 noch in Abstimmung)

[19] Richtlinie über Zuwendungen für Maßnahmen zur Anpassung der Beschäftigten an den wirtschaftlichen und strukturellen Wandel mit Mitteln des Landes und des Europäischen Sozialfonds im Rahmen des Zieles 3, RdErl. d. MFAS vom 23. Juli 2001 (Niedersächsisches Ministerialblatt Nr. 30/2001, S. 676)

[20] Richtlinie über Zuwendungen zur Förderung von Maßnahmen zur beruflichen Qualifizierung von Arbeitslosen mit Mitteln des Europäischen Sozialfonds im Rahmen des Zieles 3, RdErl. d. MFAS vom 16. März 2001 (Nds. MBl. S. 335)

[21] Richtlinie über Zuwendungen zur Qualifizierung von langzeitarbeitslosen Sozialhilfeempfängerinnen und Sozialhilfeempfängern mit Mitteln des Europäischen Sozialfonds im Rahmen des Zieles 3, RdErl. d. MFAS vom 9. April 2001 (Nds. MBl. S. 361)

[22] Richtlinie über die Gewährung von Zuwendungen zur Förderung der Integration von Frauen in den Arbeitsmarkt (FIFA), RdErl. d. MFAS vom 24. August 2000 (Nds. MBl. S. 633)

[23] Richtlinie über die Gewährung von Zuwendungen zur Förderung von Koordinierungsstellen zur beruflichen und betrieblichen Förderung von Frauen mit Mitteln des Landes und des Europäischen Sozialfonds, RdErl. d. MFAS vom 16. Juni 2000 (Nds. MBl. S. 517)

Darüber hinaus lag das „Ergänzende Programmplanungsdokument Niedersachsens zur Entwicklungsstrategie für die Ziel-3-Gebiete der Bundesrepublik Deutschland – ESF-Interventionsperiode 2000-2006"[24] zur Auswertung vor.

Das Ministerium für Frauen, Arbeit und Soziales (MFAS) stellte diese Materialien unter dem Aspekt zur Verfügung, dass die Richtlinien und sonstigen Papiere zur ESF-Förderperiode 2000-2006 für die Vergabe von Mitteln qualitätsfördernde Elemente enthalten:

Zusammen mit den Finanzmitteln des Landes Niedersachsen bildet der ESF die Basis des Landesarbeitsmarktprogramms „Arbeit, Qualifizierung, Beratung". Alle ESF-Mittel werden vom Niedersächsischen Ministerium für Frauen, Arbeit und Soziales (MFAS) verwaltet. Die Landesberatungsgesellschaft für Integration und Beschäftigung mbH (LaBIB) ist vom MFAS beauftragt, die ESF-Förderung durch Beratung, Öffentlichkeitsarbeit, Fortbildung und Serviceangebote zu unterstützen.

Die Ziel-2-Förderung in der Förderperiode 2000-2006, gültig ab April 2001, umfasst Maßnahmen zur Anpassung der Beschäftigten in Gebieten mit wirtschaftlicher und sozialer Umstellung, Maßnahmen zur beruflichen Qualifizierung von Arbeitslosen in Gebieten wirtschaftlicher und sozialer Umstellung sowie Maßnahmen zur Förderung von regionalen Bündnissen und territorialen Beschäftigungspakten in Gebieten mit wirtschaftlicher und sozialer Umgestaltung.

Über Zuwendungen für Maßnahmen zur Anpassung bzw. beruflichen Qualifizierung der genannten Zielgruppen und zur Förderung von regionalen Bündnissen mit Mitteln des Landes Niedersachsen und des Europäischen Sozialfonds im Rahmen von Ziel 2 liegen Richtlinien vor.[25]

In den „Informationen zur neuen Förderperiode" (Stand: Juni 2000)[26], die sich auf die Ziel-3-Förderung durch den ESF für die Jahre 2000-2006 beziehen, wird die explizit arbeitsmarkt-politische Ausrichtung betont sowie die Orientierung der Maßnahmen an den Erfordernissen der regionalen Arbeitsmärkte und die Teilnehmer/innen- oder zielgruppenbezogene Konzeptionierung der Projekte. „Zusätzlichkeit" und „Innovation" werden als weitere Kriterien für Maßnahmen genannt, d.h. es werden nur Maßnahmen gefördert, die über die von anderen öffentlichen Finanzträgern geförderten Leistungen hinausgehen. „Nachhaltige

---

[24] Ergänzendes Programmplanungsdokument Niedersachsens zur Entwicklungsstrategie für die Ziel-3-Gebiete der Bundesrepublik Deutschland – ESF-Interventionsperiode 2000-2006 (vom Ministerium für Frauen, Arbeit und Soziales zur Auswertung für diesen Übersichtsband zur Verfügung gestellt)

[25] Vgl. Fn 16), Fn 17), Fn 18)

[26] Landesberatungsgesellschaft für Integration und Beschäftigung mbH (LaBIB) (Hrsg.): Die Ziel-3-Förderung durch den Europäischen Sozialfonds in Niedersachsen in der Förderperiode 2000-2006. Aktive Arbeitsmarktpolitik des Niedersächsischen Ministeriums für Frauen, Arbeit und Soziales und des Europäischen Sozialfonds. Informationen zur neuen Förderperiode Stand: Juni 2000, Hannover (Dokument zur Auswertung für diesen Übersichtsband zur Verfügung gestellt vom Niedersächsischen Ministerium für Frauen, Arbeit und Soziales im Juni 2001.)

Entwicklung" und „Gleichstellung" sollen als Querschnittsaufgaben begriffen werden. Neben der Förderung reiner Frauenmaßnahmen kommt dabei der Berücksichtigung von Frauen in gemischten Maßnahmen ein hoher Stellenwert zu. Begleitende Strukturen wie Kinderbetreuung oder Arbeitszeitmodelle, die die Vereinbarkeit von Beruf und Familie erleichtern, sind im Bereich der Frauenförderung vorgesehen.

Die Fördermittel entfallen auf eine Vielzahl von Programmen, verteilt auf die sechs Politikbereiche (A: Aktive Arbeitsmarktpolitik zur Förderung der Beschäftigung, B: Förderung der sozialen Eingliederung und Chancengleichheit, C: Förderung und Verbesserung der beruflichen allgemeinen Bildung (lebenslanges Lernen und Mobilität), D: Förderung von Anpassungsfähigkeit und Unternehmergeist, E: Spezifische Aktionen für Frauen, F: Soziales Risikokapital).

Eine ausführliche Information zur ESF-Interventionsperiode 2000-2006 liegt mit dem „Ergänzenden Programmplanungsdokument Niedersachsens zur Entwicklungsstrategie für die Ziel-3-Gebiete der Bundesrepublik Deutschland"[27] vor.

Das Niedersächsische Kultusministerium beteiligt sich an der Förderung von Berufsbildungszentren, die in Niedersachsen multifunktional genutzt werden, d. h. neben der überbetrieblichen Ausbildung auch für die berufliche Weiterbildung. Geeignete Berufsbildungszentren werden als Bildungstechnologiezentren genutzt. Dabei geht es, laut Mitteilung des Ministeriums, darum, dass die neuen Möglichkeiten des „E-Learnings" für Zwecke der beruflichen Bildung verwandt werden. Hierfür stehen dem Land Mittel aus den EFRE (Einsatz des Europäischen Regionalfonds) für die Ziel-2-Gebiete des Landes zur Verfügung.

Laut Angaben des Kultusministeriums stehen in der neuen Förderphase des ESF 2000 bis 2006 Mittel für innovative Projekte und für die Verbesserung von Weiterbildungsstrukturen zur Verfügung. Ein Schwerpunkt wird die Förderung sogenannter „Lernender Regionen" sein. Hier soll ein niedersächsischer Landkreis in der Metropolregion Hamburg gefördert werden. Gedacht ist an ein Projekt, in dem die Länder Niedersachsen, Schleswig-Holstein und Hamburg zusammenarbeiten. Gegenstand dieses Projekts soll u. a. die Qualitätssicherung im Bereich der Weiterbildung durch freie Träger sein.[28]

2.2 Förderkriterien und Qualitätskriterien des Förderers für Einrichtungen/Träger und/oder Weiterbildungsmaßnahmen bei der Vergabe von kofinanzierten ESF-Mitteln

Qualitätsrelevante Aspekte für die verschiedenen ESF-Programme, die sich auf sechs Politikbereiche beziehen und u. a. Projekte zur Weiterbildung/Qualifizierung

---

[27] Vgl. Fn 24)

[28] Vgl. Fn 14)

und Integration von Zielgruppen umfassen, finden sich in dem o. g. Planungsdokument sowie in den zu einzelnen Maßnahmen erlassenen Richtlinien.

Es werden Soll-Größen für die ESF-Programme und ihre Maßnahmen in den einzelnen Politikbereichen genannt.

In dem o. g. **Ergänzenden Programmplanungsdokument Niedersachsens**[29] werden die sechs Politikbereiche und die jeweils darin vorgesehenen Maßnahmeschwerpunkte beschrieben. Dabei werden Ausführungen gemacht zu:

- Inhalt der Maßnahmen
- Ex-ante-Bewertung
- Durchführungskonzept
- Relevante Indikatoren für die Begleitung
- Spezifische Ziele
- Endbegünstigte
- Finanzierungsplan 2000-2006

Die Indikatoren für die Begleitung teilen sich auf in „Verwirklichung/Output" (z. B. Anzahl der realisierten Qualifikationsmaßnahmen, Anzahl der Personen, die durch die Maßnahmen erreicht werden, Frauenanteil) und „Ergebnis/Wirkung" (Erfolgs-, Abbrecher-, Übergangs-, Verbleibsquote, Zufriedenheit der qualifizierten Teilnehmer/innen.

Die „spezifischen Ziele" für jeden Maßnahmeschwerpunkt sind nach Qualität und Quantität unterschieden. Hier finden sich Soll-Angaben, deren Erfüllung für die jeweilige Adressatengruppe, Institution, den Betrieb oder den Arbeitsmarkt Verbesserungen bringen sollen und an die durchzuführenden Maßnahme entsprechende Anforderungen stellen.

Die für jeden Schwerpunkt genannten Indikatoren und Ziele bilden eine Grundlage für die Evaluation der Programme.

Ein besonderes Kapitel im Planungsdokument widmet sich dem Begleitsystem für die Umsetzung der Ziel-3-Förderung durch den ESF. Drei Elemente bestimmen dieses Begleitsystem:

- Partnerschaft
- Beratung und Öffentlichkeitsarbeit
- Begleitung und Bewertung.

---

[29] Vgl. Fn 24)

Partnerschaftliches Handeln bei der Umsetzung des ESF-Programms wird in Niedersachsen erzeugt durch die Beteiligung möglichst vieler Akteure. Bereits bei der Programmplanung wurden die an der Umsetzung des ESF Beteiligten sowie die von den Auswirkungen der Förderung mittelbar betroffenen Wirtschafts- und Sozialpartner u. a. durch die Durchführung von Regionalkonferenzen eingebunden.

Darüber hinaus schafft Niedersachsen durch die Einrichtung eines Landesbegleitausschusses und regionaler Beiräte auf der Ebene der Regierungsbezirke in der Förderperiode 2000-2006 zusätzliche Möglichkeiten der Beteiligung von allen relevanten Akteuren an der Steuerung der Fondsaktivitäten.

Der Landesbegleitausschuss wird bei seiner Arbeit durch die Ergebnisse des Monitorings und der Evaluation unterstützt. Folgende Aufgaben hat der Landesbegleitausschuss u. a.:

– Begleitung der Programmumsetzung im Sinne einer nachhaltigen Entwicklung,

– Erarbeitung von Vorschlägen für besonders innovative und zukunftsweisende Maßnahmen der Arbeitsmarkt- und Beschäftigungspolitik,

– Beratung der Landesregierung bei Programmänderungen.

Vorsitz und Geschäftsführung werden vom Niedersächsischen Ministerium für Frauen, Arbeit und Soziales wahrgenommen.

Die regionalen Beiräte werden bei den vier Bezirksregierungen eingerichtet. Sie stellen sicher, dass sowohl Impulse aus den Regionen als auch Probleme, die bei einzelnen Trägern bei der Umsetzung von Maßnahmen auftreten, gesammelt und gebündelt werden und damit systematisch in die Förderaktivitäten Eingang finden. Die regionalen Beiräte setzen sich jeweils aus den Vertretern/Vertreterinnen der vor Ort relevanten Gruppen zusammen. Vorsitz und Geschäftsführung liegen bei den Bezirksregierungen.

Die regionalen Beiräte haben u. a. folgende Aufgaben:

– Begleitung der Programmumsetzung auf Ebene der Regierungsbezirke im Sinne einer nachhaltigen Entwicklung und Chancengleichheit,

– Erarbeitung von Vorschlägen für besonders innovative und zukunftsweisende Maßnahmen der Arbeitsmarkt- und Beschäftigungspolitik,

– Einbeziehung der Belange des ESF in regionale Entwicklungskonzepte.

Für Beratung, Information und Fortbildung von Projektträgern im Rahmen der Technischen Hilfe/ESF ist die Landesberatungsgesellschaft für Integration und Beschäftigung – LaBIB mbH – zuständig.

Zur Beratung gehören insbesondere Fragen der arbeitsmarktlichen Konzeption von Projekten unter besonderer Berücksichtigung der Vorgaben des ESF. Dabei werden vorrangig Aspekte der Projektqualität, der Projektfinanzierung und des Projektmanagements berücksichtigt.

Gegenstand der Öffentlichkeitsarbeit ist die flächendeckende Information von potenziellen Projektträgern über die Förderprogramme, -voraussetzungen und -modalitäten.

Die LaBIB setzt folgende Medien für ihre Öffentlichkeitsarbeit ein:

- einen Fachinformationsdienst (periodisch werden 1.200 einschlägige Institutionen und Multiplikatoren/Multiplikatorinnen in Niedersachsen informiert),
- die Internetseite des LaBIB (www.LABIB.de),
- Vorträge und Referate über die ESF-Förderung bei Fachveranstaltungen von Verbänden der Wirtschafts- und Sozialpartner, der Wohlfahrtspflege, der Bildungs- und Beschäftigungsträger sowie der kommunalen Gebietskörperschaften.

Für die Fortbildung der Mitarbeiter/innen von Projektträgern werden spezifische Seminare zu ausgewählten Fragestellungen der ESF-Förderung, z. B. zum Gender-Mainstreaming-Konzept oder zu zuwendungsrechtlichen Fragen angeboten.

Die Begleitung und Bewertung des ESF Programms soll – wie in der vergangenen Förderperiode – kontinuierlich und damit programmbegleitend sichergestellt werden. Dabei sind die Schnittstellen zwischen Monitoring und Evaluation von besonderer Bedeutung, da die Evaluierung auf den Daten des Monitoring aufbauen und ohne aufwendige Doppel- und Nacherhebungen realisiert werden soll. Die zur Bewertung notwendigen Daten werden durch ein EDV-System erfasst.

Folgende Aufgaben werden zu Begleitung und Bewertung gehören:

1. Abbildung des Verlaufs und der erreichten Ergebnisse der Einzelprogramme in den verschiedenen Politikbereichen;

2. Darstellung des Kontextes (sozio-ökonomische Entwicklungen, regional- und zielgruppenspezifische Besonderheiten);

3. Bewertung der Ergebnisse des Förderprogramms und einzelner Programmschwerpunkte (z. B. Jugendwerkstätten, JobRotation usw.);

4. Darstellung von positiven Projektbeispielen, um exemplarisch die Umsetzung der Förderung zu veranschaulichen und Anregungen für die beteiligten Akteure zu liefern („good practice");

5. Vertiefende Untersuchungen einzelner Fragestellungen, die sich aus spezifischen Problemlagen ergeben (z. B. Gender-Mainstreaming);
6. Erarbeitung von Handlungsempfehlungen für die Weiterentwicklung der Förderung in Niedersachsen;
7. Transfer der Erkenntnisse an Akteure, die an der Umsetzung des laufenden Programms beteiligt sind.

Die Ergebnisse der Begleitung und Bewertung werden zeitnah an die Beteiligten der Förderung weitergegeben, außerdem bilden sie eine Grundlage für die Arbeit des Landesbegleitausschusses und der regionalen Beiräte.

Zuwendungszweck, Gegenstand der Förderung, Zuwendungsempfänger und Zuwendungsvoraussetzungen in den Richtlinien im Rahmen des Zieles 2[30] machen die Intentionen deutlich, dass in arbeitsmarktpolitischer Hinsicht die Maßnahmen insbesondere dazu beitragen sollen, Beschäftigte durch Beratung, Qualifizierung und Anpassung auf den wirtschaftlichen und strukturellen Wandel und die spezifische Situation des jeweiligen Ziel-2-Gebietes vorzubereiten und damit zur Sicherung von Arbeitsplätzen in Ziel-2-Gebieten beizutragen.

Zu den *Zuwendungsvoraussetzungen* gehören:

– Die Maßnahme muss den Anforderungen des Gender-Mainstreaming-Ansatzes (Förderung von Chancengleichheit) genügen;

– die Maßnahmen sollen abschlussbezogen sein;

– die Förderung soll vorrangig Beschäftigten aus kleinen und mittleren Unternehmen (KMU) zugute kommen (Anpassung der Beschäftigten in Ziel-2-Gebieten);

– die Beschäftigten sollen durch möglichst innovative Qualifizierungsmaßnahmen weitergebildet werden, die berufliche Neuorientierung zulassen;

– Qualifizierung von Fachkräften soll flankierend zu Umstrukturierungsprozessen im Betrieb erfolgen;

– konzeptionell und organisatorisch sollen die Maßnahmen von vorgelagerten Beratungsphasen begleitet und unter Einbeziehung der Betriebs- bzw. der Personalräte durchgeführt werden;

– die Beratung muss den betroffenen Beschäftigten und ihren Betrieben Hilfestellungen und Entscheidungsalternativen für die Planung, Auswahl und Durchführung von Qualifizierungsmaßnahmen geben, auf die individuelle Situation der oder des einzelnen Beschäftigten eingehen und individuelle Qualifizierungspläne oder Berufswegeplanungen enthalten;

---

[30] Vgl. Fn 16), Fn 17), Fn 18)

- den Projekten sollten Studien vorgeschaltet sein, die u. a. branchen- und regionenbezogen den zukünftigen Qualifizierungsbedarf ermitteln.

Ein weiteres Kriterium für die Förderung von Projekten/Maßnahmen ist das Vorliegen eines *detaillierten Qualifizierungsplans* mit folgenden Angaben:

- Ziele und Abschnitte der geplanten Maßnahme,
- Wege und Methoden der Arbeit mit den Zielgruppen,
- Einbindung in die lokale oder regionale Zielkonzeption der Ziel-2-Regionen.

Maßnahmen der beruflichen Qualifizierung können aus mehreren aufeinander bezogenen Teilen bestehen, wie z. B. einem Motivierungs-, einem Betreuungs- und einem Lehrgangsteil. Ebenso soll bei Vorliegen besonderer persönlicher oder sozialer Schwierigkeiten eine *sozialpädagogische Betreuung* in die Förderung einbezogen werden sowie Ausgaben der Teilnehmerinnen und Teilnehmer zur *Kinderbetreuung als zuwendungsfähig anerkannt* werden.

Die Richtlinien über Zuwendungen für Maßnahmen in Ziel-2-Gebieten machen deutlich, dass Qualität von Maßnahmen sich hier vor allem an den Kriterien „Eingliederung in den Arbeitsmarkt" bzw. „Erhalt des Arbeitsplatzes (Anpassung)" festmacht. Dies drücken besonders die jeweiligen Zuwendungsvoraussetzungen aus, z. B. sollen Maßnahmen abschlussbezogen, d. h. auf allgemein anerkannte Zertifikate und/oder Befähigungsnachweise ausgerichtet sein.

Ein weiteres Qualitätskriterium der Förderung ist die Chancengleichheit. So sollen z. B. die Maßnahmen für Arbeitslose einen Frauenanteil enthalten, der dem prozentualen Anteil an den Arbeitslosen entspricht und für Beschäftigte, der dem prozentualen Anteil an den Beschäftigten entspricht. Außerdem werden Rahmenbedingungen geschaffen, die die Teilnahme von Frauen an beruflichen Qualifizierungsmaßnahmen erleichtern, so sind Ausgaben zur Kinderbetreuung z. B. zuwendungsfähig.

Sozialpädagogische Betreuung kann bei Vorliegen besonderer persönlicher oder sozialer Schwierigkeiten in die Förderung einbezogen werden.

Beratungsphasen für Beschäftigte und Betriebe sollen Qualifizierungsmaßnahmen vorgelagert sein, damit individuelle und bedarfsgerechte Qualifizierungspläne aufgestellt werden können.

Bei der Förderung von zielgruppenorientierten Maßnahmen im Rahmen von Ziel 3 steht ebenfalls die berufliche Qualifizierung, Orientierung und Beratung im Vordergrund. Auch hier geht es um Eingliederung in den Arbeitsmarkt bzw. Erhalt des Arbeitsplatzes durch Anpassung an den wirtschaftlichen und strukturellen Wandel.

In den Richtlinien im Rahmen des Zieles 3[31] wiederholen sich unter den Zuwendungsvoraussetzungen die o. g. Kriterien, hinzukommen noch Anforderungen wie:

- möglichst homogene Gruppen in den Maßnahmen
- Beachtung der Motivationslage, der Fähigkeiten und Vorkenntnisse der Teilnehmenden

Ein weiterer Aspekt der Qualitätsentwicklung und -verbesserung in der beruflichen Weiterbildung ist die *Verbesserung der Weiterbildungsinfrastruktur*. Gefördert werden im Rahmen des Zieles 2 und 3 die Entwicklung neuer Konzepte und Methoden für die berufliche Weiterbildung sowie Maßnahmen zur Information und Vernetzung der Akteure in Betrieben, Einrichtungen der beruflichen Aus- und Weiterbildung, in Forschungseinrichtungen und Verwaltung.

2.3 Verfahrensweise bei der Vergabe von kofinanzierten ESF-Mitteln

Die Anzahl der Bewilligungsbehörden ist reduziert worden, so dass künftig nur noch die vier Bezirksregierungen (jeweils die Dezernate 107 sowie das Dezernat 407 der Bezirksregierung Hannover – in Nachfolge des ehemaligen Landesjugendamtes) sowie das Niedersächsische Landesamt für Zentrale Soziale Aufgaben (NLZSA) als Bewilligungsstellen fungieren. In der Förderperiode 2000-2006 werden ein Landesbegleitausschuss und vier Regionalbeiräte die Umsetzung der Förderung begleiten.

Zuständige Bewilligungsbehörde für die Anträge der Träger auf Durchführung einer Maßnahme ist die Bezirksregierung, in deren Bezirk die Maßnahme durchgeführt wird. Bei überregionalen Maßnahmen ist die am Sitz des Trägers zuständige Bezirksregierung Bewilligungsbehörde.

Die Bewilligungsbehörde kann eine Stellungnahme der Landesgesellschaft zur Beratung und Information von Beschäftigungsinitiativen mbH (LaBIB) zu vorher abgestimmten Qualitätsnormen (u. a. Frauenbeteiligung, Innovation, Nachhaltigkeit, Qualitätsstandards, Abschluss/Zertifikat) einholen, die dann ggf. um eine fachliche Stellungnahme der Sozialpartner ergänzt wird.

Im Einzelnen ist das Bewilligungs- und Vergabeverfahren den o. g. Richtlinien zu entnehmen.

---

[31] Vgl. Fn 19), Fn 20), Fn 21)

III. Weitere Aktivitäten und Besonderheiten zur Qualitätssicherung auf Landesebene

- Der Landesverband der Volkshochschulen Niedersachsens e. V. hat in den vergangenen Jahren aktiv die Diskussion um Qualitätsentwicklung und Qualitätssicherung unterstützt sowie Arbeiten initiiert und begleitet, die zu einer systematischen Qualitätsentwicklung an niedersächsischen Volkshochschulen geführt haben. Das Ergebnis seiner Aktivitäten spiegelt sich in den verschiedenen Wegen wider, die die Volkshochschulen in Niedersachsen bei ihren Bemühungen um Qualitätssicherung ihrer Arbeit gewählt haben: „Sechs Volkshochschulen sind nach DIN EN ISO 9001 zertifiziert, zwei weitere Volkshochschulen befinden sich auf dem Wege dazu. 34 Volkshochschulen haben sich in einem „Qualitätsring Niedersächsischer Volkshochschulen" zusammengeschlossen, die auf der Grundlage eines Konzeptes der Selbstevaluation Qualitätssicherung in ihren Einrichtungen betreiben, neun weitere Volkshochschulen haben einen regionalen ‚VHS-Qualitätsring Elbe-Weser' gebildet, der ebenfalls nach diesem Ansatz arbeitet."[32]

1995 verabschiedete die Mitgliederversammlung des Landesverbandes die *Hildesheimer Erklärung zur Qualitätssicherung,* durch die sich die Volkshochschulen in einer Selbstverpflichtung auf einige grundlegende Qualitätsstandards verständigten, den Pädagogischen Ausschuss mit einer Konkretisierung und Fortschreibung beauftragten und die Qualitätssicherung zu einem Schwerpunktthema der verbandlichen Arbeit erklärten. Der Pädagogische Ausschuss entwickelte die Arbeitshilfe *Qualitätssicherung an Volkshochschulen. Fragenkatalog zur Selbstevaluation,* der im Januar 1997 in einer Pädagogischen Konferenz vorgestellt wurde. Die im Arbeitsauftrag der „Hildesheimer Erklärung" genannten vier Qualitätsbereiche

- Einrichtungsqualität

- Programmqualität

- Durchführungsqualität

- Erfolgsqualität

sind dem Fragenkatalog zu Grunde gelegt. Der Fragenkatalog soll dazu beitragen, Qualitätskonzepte nicht nur für einzelne Fach- und Institutionsbereiche zu entwickeln, sondern die Einrichtung als Einheit sollte sich unter Qualitätsansprüchen ausweisen. Es kam darauf an, möglichst umfassend Einrichtung, Anforderungen, Leistungen und Aufgaben der Volkshochschule zu erfassen.

---

[32] Heinen-Tenrich, Jürgen: Niedersächsische Volkshochschulen erproben Qualitätsentwicklung durch Selbstevaluation. In: Küchler, Felicitas v.; Meisel, Klaus (Hrsg.): Qualitätssicherung in der Weiterbildung I – Auf dem Weg zu Qualitätsmaßstäben. Deutsches Institut für Erwachsenenbildung (DIE). Frankfurt a. M. 1999, S. 114 ff.

Es entstand ein Set von Kriterien, die zu Fragen der Qualität von Weiterbildung formuliert wurden. Die in Frageform gekleideten Beschreibungsmerkmale gliederten sich in die vier genannten Qualitätsbereiche. Die Fragen haben den Vorteil, dass die Mitarbeiter/innen der Volkshochschulen, indem sie eine Situation, einen Arbeitsvorgang oder bestimmte Aufgabenfelder durchleuchten müssen, blinde Flecken und Defizite entdecken, aber auch gelungene Prozesse, Beispiele oder Vorgehensweisen erkennen können. So enthalten die Qualitätskriterien nicht nur normative Bestandteile, sondern fordern auch auf, tätig zu werden, zu verändern, zu verbessern, Entwicklungsziele zu beschreiben, Umsetzungsmöglichkeiten zu erarbeiten. Umfang und Vielfalt der Fragen des Instruments „Fragenkatalog zur Selbstevaluation" sind Ausdruck der Komplexität von Qualität. Jede Einrichtung soll sich darin wiedererkennen. Der Fragenkatalog zielt nicht auf vollständige Bearbeitung, sondern lädt ein zum Einstieg in das Thema der Qualitätssicherung einer Einrichtung.[33]

Das Instrumentarium ist in einer Arbeitshilfe veröffentlicht, die sowohl den Fragenkatalog als auch grundlegende Dokumente zur Qualitätsdiskussion als Fund- und Bezugsquelle und als Orientierung für Standards, Leitideen und mögliche Qualitätsmerkmale enthält.[34]

Für die praktische Anwendung des Fragebogens hat der Volkshochschulverband zwischen 1997 und 1999 im Rahmen der Fortbildung von Mitarbeitern/Mitarbeiterinnen eintägige, einrichtungsinterne Workshops angeboten, moderiert von Mitarbeitern/Mitarbeiterinnen der Geschäftsstelle des Landesverbandes, die inzwischen von mehr als 25 Volkshochschulen wahrgenommen wurden. Neben einer Belebung der innerbetrieblichen Kommunikation, einer verstärkten Wahrnehmung des Gesamtbetriebs „Volkshochschule" und einer Sensibilisierung für den Qualitätsentwicklungsprozess wuchs das Verständnis, dass mit Qualität auch Sicht- und Wahrnehmungsweisen, Verhalten und Haltungen zur Diskussion stehen.[35]

Im März 1997 wurde der *Qualitätsring Niedersächsischer Volkshochschulen* gegründet, dem 30 Volkshochschulen angehören. Dieser Zusammenschluss, ursprünglich gedacht als Arbeits-, Lern- und Entwicklungsverbund auf freiwilliger Basis zur Umsetzung von Qualitätsentwicklungsmaßnahmen auf der Basis der Arbeitshilfe, ist zu einer Plattform und Informationsdrehscheibe sowie zu einer Unterstützung für Qualitätsbeauftragte von Volkshochschulen geworden. Es hat sich gezeigt, dass der Selbstevaluationsprozess auf Grund der Unterschied-

---

[33] Vgl. Fn 32), S. 117 ff.

[34] Landesverband der Volkshochschulen Niedersachsens e. V. (Hrsg.): Qualitätssicherung in der Volkshochschule. Fragenkatalog zur Selbstevaluation. Hannover 1996. Zu beziehen über: Landesverband der Volkshochschulen Niedersachsens e. V., Bödekerstr. 16, 30161 Hannover

[35] Vgl. Fn 32), S. 114 ff.

lichkeit der Interessenlagen und Rahmenbedingungen von jeder Einrichtung allein vollzogen werden muss. Aber der Qualitätsring bietet den Qualitätsinitiativen in einzelnen Einrichtungen einen Rückhalt. Die kontinuierlich erscheinenden Materialien stellen eine vielfach verwendete Informationsquelle dar; die Beteiligten nutzen die Möglichkeit zum Austausch und zur gegenseitigen Anregung.[36]

Innerhalb des Qualitätsrings Niedersächsischer Volkshochschulen ist ein von der Hans-Böckler-Stiftung und der EU gefördertes Projekt angesiedelt, das in Zusammenarbeit des Landesverbandes der Volkshochschulen Niedersachsens mit „ArtSet Institut für kritische Sozialforschung und Bildungsarbeit e. V." in Hannover durchgeführt wurde. An dem Forschungs- und Beratungsprojekt *Organisationsentwicklung, Evaluation und Qualitätssicherung an Volkshochschulen zur Anpassung an den Strukturwandel* (Laufzeit: 1998 bis 2000) nahmen acht Volkshochschulen teil. Das Projekt hatte zum Ziel, Qualitäts- und Organisationsentwicklung von Volkshochschulen zu fördern und ihre Entwicklungsprozesse zu untersuchen, um diese Einrichtungen unter den gewandelten sozioökonomischen Bedingungen handlungs- und wettbewerbsfähig zu machen. Veränderungsbedürftige Problemfelder waren dabei u. a.: behördliche Strukturen, traditionelle Mentalitäten und Professionsrollen, unklares Führungsverständnis. Die Mitarbeiterinnen und Mitarbeiter der Einrichtungen wünschten zum Beispiel

– die Entwicklung von Leistungsprofilen und Kriterien der Leistungsmessung,

– die Erschließung neuer Arbeitsfelder und Märkte,

– eine Veränderung des Führungsverständnisses,

– die Verbesserung der internen Kooperation, Kommunikation, Koordination und Steuerung,

– die Reform der internen Strukturgliederung.

Die Ergebnisse des Projektes wurden kontinuierlich über den „Qualitätsring Niedersächsischer Volkshochschulen" allen Volkshochschulen in Niedersachsen zugänglich gemacht und sind inzwischen publiziert.[37]

Die im Rahmen dieses Projektes unter anderem entwickelten Instrumentarien werden im derzeit (Stand: August 2001) laufenden Projekt „Lernerorientierte Qualitätstestierung in Weiterbildungsnetzwerken" (siehe weiter unten) eingesetzt und mit dem Endbericht veröffentlicht.

---

[36] Vgl. Fn 32)

[37] Ehses, Christiane; Zech, Rainer: Organisationale Entwicklungsbedarfe in der Erwachsenenbildung. In: Zech, Rainer; Ehses, Christiane (Hrsg.): Organisation und Innovation, Hannover 2000: Expressum

Eine weitere Initiative zur Qualitätssicherung von Volkshochschulen in Niedersachsen ist der regionale Zusammenschluss von neun Volkshochschulen zu einem *VHS-Qualitätsring Elbe-Weser*. Die neun Volkshochschulen erarbeiten in einem gemeinsam verabredeten Arbeitsverfahren mit externer Moderation durch den Landesverband Qualitätselemente für ihre Volkshochschulen, die in einer einrichtungsinternen Dokumentation zusammengefasst werden. Einzelelemente sind verbandsintern veröffentlicht.

Gemeinsamkeiten wie regionale Nähe, Strukturähnlichkeit der beteiligten Volkshochschulen (kleinere Volkshochschulen, ländliche Region, Wettbewerbssituation im regionalen Weiterbildungsmarkt usw.) sowie Erfahrungen mit der Kooperation untereinander haben zu diesem Zusammenschluss für eine gemeinsame Entwicklungsarbeit geführt.[38]

Landesrübergreifende Aktivitäten des Landesvolkshochschulverbandes:

Workshops auf der Grundlage des niedersächsischen Fragenkatalogs zur Selbstevaluation wurden auch von Volkshochschulen anderer Bundesländer aufgenommen und zum Teil weitergeführt, u.a. in Brandenburg, Sachsen-Anhalt, Nordrhein-Westfalen, Hessen und Thüringen.

Der Landesverband Niedersächsischer Volkshochschulen hat darüber hinaus gemeinsam mit ArtSet Institut für kritische Sozialforschung und Bildungsarbeit e.V. ein Projekt begonnen, das von der Bund-Länder-Kommission gefördert wird. An dem BLK-Projekt *Lernerorientierte Qualitätstestierung in Weiterbildungsnetzwerken* beteiligten sich in der ersten Phase (Oktober 2000 bis Mai 2001) acht weitere VHS-Landesverbände aus Berlin, Hamburg, Hessen, Rheinland-Pfalz, Saarland, Sachsen, Schleswig-Holstein und Thüringen sowie Vertreter/innen des ArtSet Institutes, des Deutschen Institutes für Erwachsenenbildung Frankfurt/M., des Lehrstuhls Erwachsenenbildung der Universität Leipzig, der Arbeitsstelle Neue Lernkulturen Hannover und des Landesinstituts für Schule und Weiterbildung Nordrhein-Westfalen. In dem Pilotprojekt sollen die inhaltlichen Voraussetzungen und der prozedurale Rahmen eines bundesweiten, einheitlichen und trägerübergreifenden Qualitätsentwicklungs- und Testierungsverfahrens geschaffen werden. Dafür wird in einer zweiten Phase in Niedersachsen (ab Juni 2001) mit exemplarisch ausgewählten Weiterbildungseinrichtungen das Qualitätsentwicklungsverfahren angeleitet, die Ergebnisse evaluiert und die Erfolge testiert. Eine Ausdehnung des Qualitätsverfahrens auf weitere Bundesländer ist in Vorbereitung. „Eine übergeordnete Zielsetzung des Qualitätsmodells besteht darin, mehr Verbindlichkeit in den internen Kooperationen und mehr Vergleichbarkeit zwischen den Einrichtungen zu gewährleisten. Mit diesen nach innen und nach außen gerichteten Zielen begegnet man der gegenwärtigen doppelten Individualisierungsschleife: Zum einen wird dem

---

[38] Vgl. Fn 32), S. 114 ff.

vielfach anzutreffenden Separatismus zwischen den Programmbereichen und den unterschiedlichen Funktionsbereichen in den Organisationen begegnet, zum anderen werden die Organisationen aus ihren individualisierten Entwicklungswegen zu einer gemeinsamen abgestimmten Vorgehensweise untereinander hingeleitet. Eine externe abschließende Testierung soll die Qualitätssicherung und -entwicklung der einzelnen Organisationen ausweisen, bestätigen und erkennbar werden lassen."[39] Die externe Evaluation soll durch Gutachterinnen/Gutachter einer unabhängigen, nicht staatlichen Testatinstanz erfolgen.

Der Landesverband der Volkshochschulen Niedersachsens führte landesübergreifend gemeinsam mit dem Landesinstitut für Schule und Weiterbildung Nordrhein-Westfalen das Projekt *Wechselseitige Entwicklungsberatung (WEB)* durch.[40] (Näheres zu dem Projekt siehe im Beitrag zu Nordrhein-Westfalen unter Punkt III., Aktivitäten des Landesinstituts für Schule und Weiterbildung Nordrhein-Westfalen.)

Die Informationsmappe *Geprüfte Qualität* wurde 1997 vom Landesverband der Volkshochschulen Niedersachsens herausgegeben. Sie stellt die Arbeit der VHS-Prüfungszentrale dar sowie die Maßnahmen und Instrumente zur Qualitätssicherung, die die Prüfungszentrale ergreift, um eine möglichst objektive und gerechte Bewertung der Prüfungsleistungen zu gewährleisten. Die Prüfungszentrale in Hannover ist Teil des Landesverbandes der Volkshochschulen Niedersachsens. Sie entstand 1982.[41]

- Der *Niedersächsische Landesverband der Heimvolkshochschulen* mit seiner Geschäftsstelle als geförderte Landesorganisation des Verbandes hat in den letzten Jahren die Diskussion um Qualitätsentwicklung und Qualitätssicherung der Bildungsarbeit auf verschiedenen Ebenen umgesetzt.

Die Geschäftsstelle selbst sieht ihre Aufgabe für die angeschlossenen Einrichtungen hauptsächlich in

– Koordination,

– Information und Beratung,

– Organisation des internationalen und europäischen Austausches,

---

[39] Ehses, Christiane; Heinen-Tenrich, Jürgen; Zech, Rainer: Das lernerorientierte Qualitätsmodell für Weiterbildungsorganisationen. Hannover 2001, S. 4, 5 und 9

[40] Landesverband der Volkshochschulen Niedersachsens e.V.: Qualitätsentwicklung im Landesverband der Volkshochschulen – eine Zwischenbilanz. In: Qualitätsring Niedersächsischer Volkshochschulen (30161 Hannover, Bödekerstr. 16), Materialien vom 03. 04. 2000

[41] Landesverband der Volkshochschulen Niedersachsens e.V. (Hrsg.): Geprüfte Qualität. Qualitätsmerkmale der Lehrgangs- und Prüfungskonzepte des Landesverbands der Volkshochschulen Niedersachsens. Hannover 1997

- Öffentlichkeitsarbeit,
- Mitarbeiterinnen- und Mitarbeiter-Fortbildung.

Fragen der Qualitätssicherung spielen eine Rolle bei Beratungen nach innen, bei der Informationsweitergabe nach außen (z. B. Homepage des Verbandes mit Links zu den Heimvolkshochschulen, Versand von Materialien an Teilnehmende), bei Austauschprojekten im Rahmen der Europäischen Union, bei der Öffentlichkeitsarbeit (Pressemeldungen, Stellungnahmen, Beteiligung an Bildungsmessen, jährliche Herausgabe aller Bildungsurlaubsangebote der Mitgliedshäuser, Broschüren und Flyer, Artikel usw.) sowie bei der Fortbildung von Mitarbeiterinnen und Mitarbeitern.

Auf seiner Jahresmitgliederversammlung im November 1997 hat der Niedersächsische Landesverband der Heimvolkshochschulen die Grundlagen für ein gemeinsames *Qualitätssicherungsverfahren aller Heimvolkshochschulen* beschlossen, und zwar nach Standards der „European Foundation for Quality Management" (EFQM). Damit wurde ein Selbstevaluationsverfahren gewählt, das jederzeit durch Fremdevaluation ergänzt werden kann. Die Evaluation bezieht sich dabei auf die Beurteilung des Produkts, des Prozesses und des Programms. Die Heimvolkshochschulen gehören zu den im NEBG genannten finanzhilfeberechtigten Einrichtungen (§ 7), die ihre Bildungsarbeit regelmäßig evaluieren, dokumentieren und auf Verlangen dem Fachministerium vorlegen müssen (§ 10). Dem „Bericht zum Stand der Qualitätssicherung und Organisationsentwicklung in niedersächsischen Heimvolkshochschulen"[42] sind u. a. die (finanziellen) Rahmenbedingungen der 24 niedersächsischen Heimvolkshochschulen zu entnehmen, auf deren Grundlage die Entscheidung für ein Qualitätskonzept, das auf dem Ansatz des Total Quality Management beruht, fiel. Die Darstellung macht auch deutlich, welche Auswirkungen die Vorgaben des Erwachsenenbildungsgesetzes (z. B. sinkende Mittelzuweisung, Absenkung der Zahl der anerkannten Teilnehmer/innen-Tage, Höhe der Personalkostenfinanzierung) auf den Qualitätsentwicklungsprozess haben.

Im Sommer 1998 begann an den 24 Heimvolkshochschulen die Umsetzung eines *Weiterbildungskonzepts für Qualitätsbeauftragte*. Sie sollen den Transfer der gemeinsamen Erfahrungen im Verband in die interne Kommunikation der jeweiligen Heimvolkshochschule gewährleisten. In die Weiterbildung einbezogen wurde das Handbuch *Qualitätssicherung in Bildungshäusern*[43], das

---

[42] Niedersächsischer Landesverband der Heimvolkshochschulen e.V. (Hrsg.): Bericht zum Stand der Qualitätssicherung und Organisationsentwicklung in niedersächsischen Heimvolkshochschulen. Hannover 1999

[43] Kontaktadresse für das im Rahmen des Projekts erarbeitete Handbuch „Qualitätssicherung in Bildungshäusern" ist die Arbeitsgemeinschaft der Bildungsheime Österreichs c/o Bildungszentrum Raiffeisenhof, Krottendorferstraße 81, A-8052 Graz. Kontaktadresse für den im selben Projektzusammenhang entstandenen Leitfaden ist die Arbeitsgemeinschaft der Bildungsheime Österreichs c/o Bildungshaus Neuwaldegg, Waldegghofgasse 3-5, A-1170 Wien

in einem Projekt gleichen Namens im Rahmen des EU-Bildungsprogramms Sokrates[44] entstanden war. Es folgten 1999 Veranstaltungsreihen zu den Grundzügen modernen Qualitätsdenkens, zum Austausch über die Entwicklung in den einzelnen Einrichtungen, zur Entwicklung von Leitbildern, zu strategischen und methodischen Hilfen für die Gestaltung der Organisationsentwicklung in den Einrichtungen. Diese Veranstaltungsreihen koordinierte und begleitete die Geschäftsstelle des Landesverbandes der Niedersächsischen Heimvolkshochschulen. Um die *pädagogische Qualität der Bildungsarbeit* zu definieren und damit vergleichbar für die Evaluation zu machen, entwickelte die wissenschaftliche Begleitung des Psychologischen Instituts III der Westfälischen Wilhelms-Universität Münster ein Instrumentarium in Form von Fragebögen. Ausgehend von den Vorgaben des Erwachsenenbildungsgesetzes (EBG) sollte der Fragenbogen mit EFQM-Verfahren kompatibel sein sowie Daten über den pädagogischen Prozess erheben. Angesichts der unspezifischen Vorgaben des EBG ermittelte die Projektgruppe bei allen Heimvolkshochschulen die Bildungsziele, mit denen sie versuchen, das EBG umzusetzen. Als Ergebnis einer Faktorenanalyse sowie einem Fragebogen für Teilnehmende und einem für Referentinnen und Referenten ergab sich am Ende dieses Prozesses ein Zielkatalog, mit dem die inhaltliche Qualität pädagogischer Arbeit in den Heimvolkshochschulen evaluiert und verglichen werden kann.

Für die *Prozessevaluation* wurde ebenfalls ein aus verschiedenen Dimensionen bestehender Fragebogen erarbeitet.

Beide Fragebögen (Zielerreichung und Prozessevaluation) sollen in einen *Katalog für Teilnehmende* und in einen *Katalog für Kursleiterinnen und Kursleiter sowie Referentinnen und Referenten* eingehen. Damit wird die Grundlage für Selbst- und Fremdevaluation geschaffen, deren Ergebnisse aufgrund der Standardisierung des Verfahrens miteinander in Beziehung gebracht und verglichen werden können. Der Vergleich zwischen den Heimvolkshochschulen soll per *Benchmarking* geschehen.[45]

Der erste Durchlauf mit dem Instrumentarium zur Selbst- und Fremdevaluation ist abgeschlossen (Stand: August 2001). Das Verfahren soll 2003 wiederholt werden. Eine Auswertung pro Haus liegt vor, ebenso ein Vergleich zwischen den Heimvolkshochschulen per Benchmarking. Im Rahmen einer Veröffentlichung zum Stand der Qualitätssicherung und Organisationsentwicklung in Heimvolkshochschulen sollen 2002 auch die Ergebnisse der o. g. Auswertung publiziert

---

[44] An dem Projekt waren folgende Organisationen beteiligt: Arbeitsgemeinschaft der Bildungshäuser Österreichs, Verband Ländlicher Heimvolkshochschulen e. V., Deutschland, Verein der Heimvolkshochschulen in Dänemark, Autonome Provinz Bozen, Amt für Weiterbildung der Südtiroler Landesregierung, Italien, Haus Gutenberg, Liechtenstein

[45] Vgl. Fn 42), S. 5 ff.

werden. Erstmalig 2001 werden in allen Heimvolkshochschulen statistische Daten anhand eines Teilnehmer-Fragebogens, einer jährlichen Statistik zu Schwerpunkten der Arbeit und einem einmaligen Erhebungsbogen zur Ausstattung der Häuser (inkl. Personal) erhoben.

- An der Förderung des BLK-Projekts *Qualitätssicherung in der Weiterbildung*, das 1999 abgeschlossen wurde, war auch das Land Niedersachsen beteiligt. In das Projekt waren sieben weitere Bundesländer[46] einbezogen. Das Deutsche Institut für Erwachsenenbildung (DIE) führte das Projekt durch. Während der Projektlaufzeit wurden in zehn unterschiedlich strukturierten Weiterbildungseinrichtungen Konzepte zur Qualitätsentwicklung erarbeitet und die Erfahrungen ausgewertet. Die Ergebnisse sind in zwei Publikationen dargestellt.[47] Im Projektzusammenhang entstand eine „Checkliste für Weiterbildungsinteressierte",[48] die alle zwei Jahre aktualisiert wird.

Stichworte: Zuständigkeiten der Ministerien; Gesetz zur Förderung der Erwachsenenbildung (EBG): Qualitätssicherung durch Mitarbeiterfortbildung und Evaluation, Landesausschuss für Erwachsenenbildung, Voraussetzungen für Finanzhilfeberechtigung, Evaluation und Dokumentation; Niedersächsisches Erwachsenenbildungsgesetz (NEBG): Qualitätssicherung durch Beratung und Mitarbeiterfortbildung, Voraussetzungen der Finanzhilfeberechtigung, Fremdevaluation und Dokumentation; Verordnung zur Durchführung des Niedersächsischen Erwachsenenbildungsgesetzes (DVO-NEBG): pädagogische Verantwortung der Einrichtungen, Kooperation zwischen Einrichtungen; Niedersächsisches Bildungsurlaubsgesetz (NBildUG): Anerkennungsvoraussetzungen für Veranstaltungen, Berichtspflicht; Verordnung zur Durchführung des Niedersächsischen Bildungsurlaubsgesetzes (DVO-NBildUG); Richtlinie zur Durchführung des Anerkennungs- und Berichtsverfahrens nach dem NBildUG; Ergänzendes Programmplanungsdokument Niedersachsens zur Entwicklungsstrategie für die Ziel-3-Gebiete der Bundesrepublik Deutschland – ESF-Interventionsperiode 2000-2006: Landesbegleitausschuss, regionale Beiräte, Landesberatungsgesellschaft für Integration und Beschäftigung (LaBIB): Beratung, Information, Fortbildung; Begleitung und Bewertung des ESF-Programms; ESF-Förderrichtlinien: Zuwendungsvoraussetzungen; Aktivitäten zur Qualitätssicherung von Volkshochschulen: Hildesheimer Erklärung zur Qualitätssicherung, Arbeitshilfe „Qualitätssicherung an Volkshochschulen – Fragenkatalog zur Selbstevaluation", Qualitätsring Nie-

---

[46] Siehe auch unter Punkt III. der Beiträge zu: Bayern (hier die ausführlichere Darstellung des Projekts), Hamburg, Mecklenburg-Vorpommern, Rheinland-Pfalz, Sachsen-Anhalt, Schleswig-Holstein, Thüringen

[47] Küchler, Felicitas von; Meisel, Klaus (Hrsg.): Qualitätssicherung in der Weiterbildung I. Auf dem Weg zu Qualitätsmaßstäben. Deutsches Institut für Erwachsenenbildung (DIE). Frankfurt/M. 1999 Küchler, Felicitas von; Meisel, Klaus (Hrsg.): Qualitätssicherung in der Weiterbildung II. Auf dem Weg zu besserer Praxis. Deutsches Institut für Erwachsenenbildung (DIE). Frankfurt/M. 1999

[48] Deutsches Institut für Erwachsenenbildung e.V. (DIE) (Hrsg.): Checkliste für Weiterbildungsinteressierte. Frankfurt a.M. o.J.

dersächsischer Volkshochschulen, Beratungsprojekt „Organisationsentwicklung, Evaluation und Qualitätssicherung an Volkshochschulen zur Anpassung an den Strukturwandel", VHS-Qualitätsring Elbe-Weser, BLK-Projekt „Lernerorientierte Qualitätstestierung in Weiterbildungsnetzwerken"; Projekt „Wechselseitige Entwicklungsberatung (WEB)", Informationsmappe „Geprüfte Qualität"; Aktivitäten zur Qualitätssicherung von Heimvolkshochschulen: EFQM-Qualitätssicherungsverfahren, Weiterbildungskonzept für Qualitätsbeauftragte; BLK-Projekt „Qualitätssicherung in der Weiterbildung": DIE-Checkliste für Weiterbildungsinteressierte

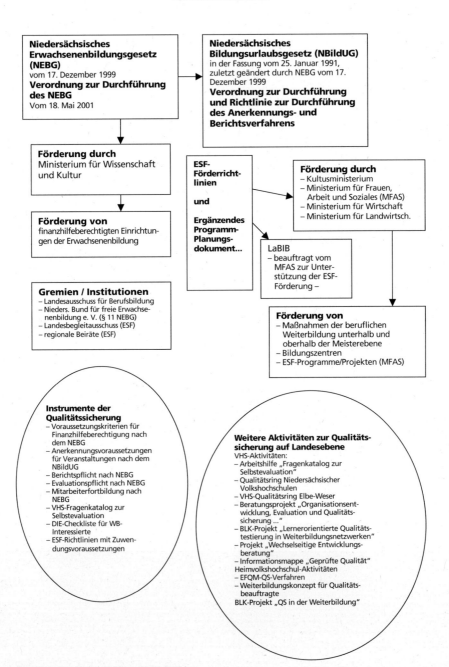

2.10 Nordrhein-Westfalen

I. Gesetzliche Situation

Die folgenden Gesetze bilden in Nordrhein-Westfalen den rechtlichen Rahmen für die allgemeine und berufliche Weiterbildung. Sie wurden in Hinsicht auf ihre qualitätsfördernden und qualitätssteuernden Aspekte ausgewertet:

- Gesetz zur Modernisierung der Weiterbildung vom 19. Oktober 1999[1]

- Erstes Gesetz zur Ordnung und Förderung der Weiterbildung im Lande Nordrhein-Westfalen (Weiterbildungsgesetz – WbG) in der Fassung vom 1. Januar 2000[2]

- Gesetz zur Freistellung von Arbeitnehmern zum Zwecke der beruflichen und politischen Weiterbildung – Arbeitnehmerweiterbildungsgesetz (AWbG) – vom 6. November 1984[3]

- Gesetz zur Änderung des Arbeitnehmerweiterbildungsgesetzes (AWbG) vom 28. März 2000[4]

Mit dem **„Gesetz zur Modernisierung der Weiterbildung"** hat der Landtag Nordrhein-Westfalen die Grundlage geschaffen, durch Änderung des Weiterbildungsgesetzes von 1982 den aktuellen Anforderungen der Weiterbildung Rechnung zu tragen. „Mit einer stark verbesserten Förderung des pädagogischen Personals wird die Professionalität der Bildungseinrichtungen gesichert. Der neu eingeführte Wirksamkeitsdialog und die Regionalkonferenz sind Elemente, mit denen die Qualität der Arbeit und der Teilnehmerschutz weiterentwickelt werden. Deregulierung und Verwaltungsvereinfachung werden die staatliche Prüfungstätigkeit reduzieren und die Eigenverantwortung und Leistungsfähigkeit der Einrichtungen steigern."[5]

---

[1] Gesetz zur Modernisierung der Weiterbildung vom 19. Oktober 1999, in Kraft getreten am 1. Januar 2000. In: Gesetz- und Verordnungsblatt für das Land Nordrhein-Westfalen – Nr. 43 vom 10. November 1999

[2] Erstes Gesetz zur Ordnung und Förderung der Weiterbildung im Lande Nordrhein-Westfalen (Weiterbildungsgesetz – WbG) in der Fassung vom 1. Januar 2000, Bekanntmachung der Neufassung vom 14. April 2000. In: Gesetz- und Verordnungsblatt für das Land Nordrhein-Westfalen – Nr. 26 vom 12. Mai 2000

[3] Gesetz zur Freistellung von Arbeitnehmern zum Zwecke der beruflichen und politischen Weiterbildung – Arbeitnehmerweiterbildungsgesetz (AWbG) vom 6. November 1984, in Kraft getreten am 1. Januar 1985. In: Gesetz- und Verordnungsblatt für das Land Nordrhein-Westfalen – Nr. 62 vom 29. November 1984

[4] Gesetz zur Änderung des Arbeitnehmerweiterbildungsgesetzes (AWbG) vom 28. März 2000. In: Gesetz- und Verordnungsblatt für das Land Nordrhein-Westfalen – Nr. 23 vom 28. April 2000

[5] Aus: Antrag der Fraktion der SPD und der Fraktion Bündnis 90/Die Grünen vom 3.4.2000; In: Landtag Nordrhein-Westfalen, Drucksache 12/4856

Sowohl das *Weiterbildungsgesetz (WbG)* als auch das *Arbeitnehmerweiterbildungsgesetz (AWbG)* sind in ihrer Neufassung im Jahr 2000 in Kraft getreten.

In den Neufassungen des *Weiterbildungsgesetzes* und des *Arbeitnehmerweiterbildungsgesetzes* ist nicht ausdrücklich von Qualitätssicherung die Rede.

Arbeit und berufliche Weiterbildung erhalten durch mehrere Paragrafen, in denen sie ausdrücklich genannt werden, im **Weiterbildungsgesetz (WbG)** einen besonderen Stellenwert.

So sagt § 3 „Aufgaben der Weiterbildung" zu den Inhalten des Bildungsangebots von Einrichtungen der Weiterbildung: Es umfasst Inhalte „... die die Entfaltung der Persönlichkeit fördern, die Fähigkeit zur Mitgestaltung des demokratischen Gemeinwesens stärken und die *Anforderungen der Arbeitswelt* bewältigen helfen. Es umfasst die Bereiche der allgemeinen, politischen, beruflichen und kulturellen Weiterbildung ..."

Die Erläuterung zu § 3 macht das im novellierten Weiterbildungsgesetz besonders betonte Postulat der Gleichbehandlung der Bildungsbereiche deutlich: *„Die künftige Gestaltung der Weiterbildung geht nicht mehr von der bisherigen Trennung der verschiedenen Weiterbildungsbereiche aus. Sie betont vielmehr den Zusammenhang der unterschiedlichen Aspekte dieses Aufgabenfeldes."*

In § 5 Abs. 1 wird zum Thema *„Zusammenarbeit der Einrichtungen"* ausgeführt: „Zum Aufbau eines Systems lebensbegleitenden Lernens arbeiten die Einrichtungen der Weiterbildung, die Schulen, insbesondere Schulen des Zweiten Bildungswegs, die Hochschulen und die Einrichtungen der beruflichen Aus- und Weiterbildung zusammen."

Im § 11 „Grundversorgung" unter Abs. 2 wird das Pflichtangebot der Volkshochschulen folgendermaßen aufgeschlüsselt: „Lehrveranstaltungen der politischen Bildung, der arbeitswelt- und berufsbezogenen Weiterbildung, der kompensatorischen Grundbildung, der abschluss- und schulabschlussbezogenen Bildung, Angebote zur lebensgestaltenden Bildung und zu Existenzfragen einschließlich des Bereichs der sozialen und interkulturellen Beziehungen sowie Angebote zur Förderung von Schlüsselqualifikationen mit den Komponenten Sprachen und Medienkompetenz ...".

§ 7 WbG „Förderung der Weiterbildung" behält die bisherige Kombination der Personal- und Maßnahmenförderung bei: „Es (das Land, *d.Verf.*) beteiligt sich nach Maßgabe der §§ 13 und 16 an den Kosten für das hauptamtliche bzw. hauptberufliche pädagogische Personal und für die Maßnahmen, die nach Unterrichtsstunden und Teilnehmertagen berechnet werden."

In § 13 werden die Zuweisungen des Landes für die Einrichtungen in kommunaler Trägerschaft, die Volkshochschulen, geregelt; in Abs. 1 heißt es: „Das Land erstattet dem Träger die im Rahmen des Pflichtangebots entstehenden Kosten für Unterrichtsstunden sowie für je 1 600 Unterrichtsstunden die Kosten einer pädagogisch hauptberuflich bzw. hauptamtlich besetzten Stelle."

Die Höhe der Förderung liegt derzeit bei 37,50 DM pro Unterrichtsstunde und 100.000 DM pro Jahr pro Stelle. Bei Einrichtungen in anderer Trägerschaft ist die Förderung des Personals anders geregelt; in § 16 Abs. 2 heißt es: „Das Land gewährt dem Träger einen Zuschuss zu den von der Einrichtung in den § 11 Abs. 2 genannten Bereichen durchgeführten Unterrichtsstunden und Teilnehmertagen sowie je geförderte 1 400 Unterrichtsstunden bzw. 1 300 Teilnehmertage zu den Kosten einer mindestens im Umfang von 75 vom Hundert besetzten Stelle." Der Personalkostenzuschuss beträgt 60 % des Betrages, den die kommunalen Weiterbildungseinrichtungen erhalten, z. Zt. also 60 000 DM pro Jahr für eine förderfähige Vollzeitstelle (vgl. § 16 Abs. 4).

Hier wird der *Hauptberuflichkeit bzw. Hauptamtlichkeit des Personals* ein besonderes Gewicht gegeben und durch Finanzierung indirekt Einfluss auf die Qualität des Weiterbildungsangebots genommen.

§ 15 WbG nennt die *Anerkennungsvoraussetzungen,* die Einrichtungen in anderer (nicht kommunaler) Trägerschaft erfüllen müssen, wenn sie aus Mitteln des Landes gefördert werden wollen. § 15 Abs. 2 lautet: „Die Anerkennung einer Bildungsstätte ist auf Antrag auszusprechen, wenn folgende Voraussetzungen erfüllt werden:

1. Sie muss nach Art und Umfang ihrer Tätigkeit die Gewähr der Dauer bieten.

2. Sie muss ein Mindestangebot auf dem Gebiet der Weiterbildung von 2.800 Unterrichtsstunden jährlich in ihrem Einzugsbereich innerhalb des Landes Nordrhein-Westfalen durchführen. Als Einrichtungen der Weiterbildung mit Internatsbetrieb anerkannte Bildungsstätten, die bereits im Jahr 1999 eine Förderung nach dem Weiterbildungsgesetz erhalten haben, können das in Satz 1 genannte Mindestangebot auch mit 2.600 durchgeführten Teilnehmertagen nachweisen.

3. Sie muss ausschließlich dem Zweck der Weiterbildung dienen.

4. Ihr Angebot an Lehrveranstaltungen darf nicht vorrangig Zwecken einzelner Betriebe dienen.

5. Ihr Angebot an Lehrveranstaltungen darf nicht der Gewinnerzielung dienen.

6. Der Träger muss sich verpflichten, der zuständigen Bezirksregierung oder dem zuständigen Landesjugendamt auf Anfrage Auskunft über die Lehrveranstaltungen zu geben.

7. Der Träger muss sich zur Zusammenarbeit gemäß § 5 verpflichten.

8. Der Träger muss zur Kontrolle seines Finanzgebarens in Bezug auf die Bildungsstätte durch die zuständige Bezirksregierung oder das zuständige Landesjugendamt bereit sein.
9. Der Träger muss die Gewähr für die ordnungsgemäße Verwendung der Förderungsmittel bieten.
10. Die Bildungsstätte muss eine Satzung entsprechend § 4 Abs. 3 haben."

Außerdem schreibt das Gesetz in § 12 Abs. 3 vor, dass die Einrichtung hauptberuflich bzw. hauptamtlich geleitet werden muss. Dadurch soll die Professionalität des Weiterbildungsangebots gesichert werden.

Die Erfüllung dieser Kriterien wird von den Bezirksregierungen überprüft, wenn eine Einrichtung die Anerkennung beantragt. Die Erfüllung des Mindestangebots (Ziff. 2) wird mit der jährlichen Zuschussgewährung geprüft, die anderen Kriterien werden nur dann überprüft, wenn Anhaltspunkte für eine Nichteinhaltung vorliegen.

Zwei neue Gremien enthält die Neufassung des Weiterbildungsgesetzes, die qualitätssteuernde Funktionen haben können: die *Weiterbildungskonferenz* und die *Regionalkonferenz.*

§ 20 zur Weiterbildungskonferenz: „Zur Bewertung der bisherigen Entwicklung und zur Formulierung von Empfehlungen für die künftige Arbeit wird jährlich eine Weiterbildungskonferenz durchgeführt, zu der die an der Ausführung des Weiterbildungsgesetzes Beteiligten eingeladen werden."

In der Neufassung des Weiterbildungsgesetzes ist der in der Fassung von 1982 enthaltene § 29 „Bericht der Landesregierung" entfallen, der vorsah, dass die Landesregierung alle fünf Jahre einen Bericht über die Situation der Weiterbildung in Nordrhein-Westfalen vorlegt. 1997 war der letzte Weiterbildungsbericht erschienen.

Laut Auskünften des Ministeriums für Arbeit und Soziales, Qualifikation und Technologie des Landes Nordrhein-Westfalen arbeitet das Land zur Zeit an der Entwicklung eines qualitativen Berichtswesens in der Weiterbildung. Quantitative Daten erheben die Träger der Weiterbildung.

Zu dem in die aktuell vorliegende Fassung des Weiterbildungsgesetzes neu aufgenommenen Gremium Regionalkonferenz heißt es in § 21: „(1) Zur Unterstützung der Neustrukturierung der Weiterbildung in der Region findet mindestens einmal jährlich eine Regionalkonferenz statt. Sie dient der Überprüfung der Wirksamkeit des Gesetzes und soll die Weiterbildungsangebote und deren Förderung sichern.

(2) Die Bezirksregierungen laden hierzu die in ihrem Bezirk tätigen Träger und Einrichtungen der Weiterbildung und das zuständige Landesjugendamt ein. Die Teilnahme ist freiwillig."

Diese Regionalkonferenzen können Einrichtungen und Träger u. a. dazu nutzen, einen Dialog zu führen über die Auswirkungen des Gesetzes und über Fragen der Qualitätsentwicklung und -sicherung.[6]

Das *Landesinstitut für Weiterbildung (LSW)*, das durch § 8 im Weiterbildungsgesetz von 1975 gegründet und mit seinen Aufgaben auch in der Gesetzesfassung von 1982 beschrieben wurde, ist in der Neufassung des Weiterbildungsgesetzes nicht mehr enthalten. Die in § 8 WbG von 1982 genannten, für die Qualität der Weiterbildung relevanten Aufgaben, werden in der Neufassung des Gesetzes an keiner Stelle aufgeführt.[7] (Näheres zum Landesinstitut für Schule und Weiterbildung siehe unter Punkt III. dieses Beitrags.)

Die Einrichtung von Volkshochschulen ist in NRW Pflicht der Kommunen bzw. der kommunalen Ebene. Sie sind in § 10 Abs. 4 WbG als „Einrichtungen der Weiterbildung in der Trägerschaft von Gemeinden und Gemeindeverbänden gemäß Absatz 1" definiert. §10 Abs. 1 besagt: „Kreisfreie Städte, Große kreisangehörige Städte und Mittlere kreisangehörige Städte sind verpflichtet, Einrichtungen der Weiterbildung zu errichten und zu unterhalten ...". Auch § 11 „Grundversorgung" Abs. 1 macht den Status der Volkshochschulen in Nordrhein-Westfalen deutlich: „Die Grundversorgung mit Weiterbildungsangeboten wird durch das Pflichtangebot der Volkshochschulen sichergestellt." Dieser Passus ist in die aktuelle Fassung des Weiterbildungsgesetzes in den § 11 „Grundversorgung" übernommen worden, jedoch wurde das Pflichtangebot inhaltlich in Abs. 2 neu beschrieben: „Das Pflichtangebot der Volkshochschulen umfasst Lehrveranstaltungen der politischen Bildung, der arbeitswelt- und berufsbezogenen Weiterbildung, der kompensatorischen Grundbildung, der abschluss- und schulabschlussbezogenen Bildung, Angebote zur lebensgestaltenden Bildung und zu Existenzfragen einschließlich des Bereichs der sozialen und interkulturellen Beziehungen sowie Angebote zur Förderung von Schlüsselqualifikationen mit den Komponenten Sprachen und Medienkompetenz. Zur Grundversorgung gehören auch Bildungsangebote, wie sie im Kinder- und Jugendhilfegesetz der Familienbildung zugewiesen sind."[8]

Während nach den früheren Regelungen des Weiterbildungsgesetzes die berufliche Bildung von der finanziellen Förderung ausdrücklich ausgenommen war, hat

---

[6] Näheres zur Gestaltung von Regionalkonferenz und Wirksamkeitsdialog unter Punkt III.: Landesinstitut für Schule und Weiterbildung

[7] Die Herausnahme des LSW aus dem Weiterbildungsgesetz hat nach Angaben des Ministeriums für Arbeit und Soziales, Qualifikation und Technologie (MASQT) des Landes Nordrhein-Westfalen vom Juli 2001 für diesen Übersichtsband folgenden Grund: Das LSW wurde aus Gründen der Verwaltungsmodernisierung aus dem Fachgesetz genommen, weil die Errichtung und Führung von Einrichtungen im Landesorganisationsgesetz generell geregelt sind. Das LSW führt seine Aufgaben gem. den Vorgaben des MASQT fort.

[8] § 11 WbG Abs. 2 tritt jedoch erst am 1. Januar 2005 in Kraft, um den Weiterbildungseinrichtungen Zeit für die inhaltliche Umstellung des förderfähigen Angebots zu geben.

das novellierte Gesetz die arbeitswelt- und berufsbezogene Weiterbildung in den förderfähigen Angebotsbereich aufgenommen.

(Näheres zu den qualitätssichernden Aktivitäten der Volkshochschulen in NRW siehe unter Punkt III. dieses Beitrags.).

Das **Gesetz zur Änderung des Arbeitnehmerweiterbildungsgesetzes (AWbG)**[9] vom 28. März 2000 enthält in seiner Neufassung einige Veränderungen, Präzisierungen und Einschränkungen. So ist § 1 „Grundsätze" um zwei Absätze ergänzt worden, die konkretisierende Ausführungen zu den Zielen beruflicher und politischer Arbeitnehmerweiterbildung machen: „(3) Berufliche Arbeitnehmerweiterbildung fördert die berufsbezogene Handlungskompetenz der Beschäftigten und verbessert deren berufliche Mobilität. Sie ist nicht auf die bisher ausgeübte Tätigkeit beschränkt. Bildungsinhalte, die sich nicht unmittelbar auf eine ausgeübte berufliche Tätigkeit beziehen, sind eingeschlossen, wenn sie in der beruflichen Tätigkeit zumindest zu einem mittelbar wirkenden Vorteil des Arbeitgebers verwendet werden können.

(4) Politische Arbeitnehmerweiterbildung verbessert das Verständnis der Beschäftigten für gesellschaftliche, soziale und politische Zusammenhänge und fördert damit die in einem demokratischen Gemeinwesen anzustrebende Mitsprache und Mitverantwortung in Staat, Gesellschaft und Beruf."

Gestrichen wurde die Anerkennung solcher Lehrveranstaltungen, die „auf die Stellung des Arbeitnehmers in Staat, Gesellschaft, Familie oder Beruf" bezogen sind, wie es in § 1 Abs. 2 des alten Gesetzes (AWbG vom 06.11.1984) hieß. Arbeitnehmerweiterbildung dient nach dem neuen Gesetz der beruflichen und politischen Weiterbildung sowie deren Verbindung.

Der Freistellungsanspruch von fünf Arbeitstagen pro Jahr kann vom Arbeitgeber um bis zu 2 Tage reduziert werden, wenn der Antragsteller/die Antragstellerin an einer betrieblichen Weiterbildungsmaßnahme unter Fortzahlung des Arbeitsentgelts teilgenommen hat (§ 4 Abs. 2 AWbG).

Darüber hinaus werden die gegenseitigen Mitteilungsfristen von Arbeitgebern und Arbeitnehmern teilweise verlängert, und das Verfahren von Beantragung und Ablehnung von Bildungsurlaub wird genauer beschrieben.

In der Neufassung des AWbG sind die inhaltlichen *Anerkennungsvoraussetzungen für Bildungsveranstaltungen* präziser gefasst. Zum einen werden die Begriffe der beruflichen und politischen Bildung definiert, zum anderen werden die zur Freistellung berechtigenden Inhalte von anderen Veranstaltungen mit bildenden Inhalten abgegrenzt. Sie sind dann anerkannt, wenn sie den in § 1 AWbG beschriebenen Grundsätzen entsprechen „und von Volkshochschulen oder nach dem WbG anerkannten Einrichtungen gemäß den Bestimmungen des Weiterbildungsgeset-

---

[9] Vgl. Fn 4)

zes durchgeführt werden ..." (§ 9 AWbG). In der Neufassung ist mit Streichung des § 10 des AWbG von 1984 die Berichtspflicht der Landesregierung über die Arbeitnehmerweiterbildung entfallen.

Inhaltliche Mindeststandards der Qualität für Bildungsveranstaltungen werden im AWbG vom 28. März 2000 nicht genannt. Allerdings erhöht die in § 5 Abs. 1 AWbG enthaltene Pflicht des Arbeitnehmers, dem Arbeitgeber das Programm (Zielgruppe, Lernziele, Lerninhalte, zeitlicher Ablauf der Veranstaltung) vorzulegen, die Transparenz und trägt damit zur Qualitätssicherung bei.

II. Förderung der (beruflichen) Weiterbildung aus Landes- und kofinanzierten ESF-Mitteln

1. Förderung aus Landesmitteln

1.1 Ausgangslage und Rahmenbedingungen

Die Zuständigkeiten der Ministerien haben sich nach der Neubildung der Regierung im Jahre 2000 geändert. Aus den bisherigen Ministerien

- Ministerium für Arbeit, Soziales, Stadtentwicklung, Kultur und Sport (bisher zuständig für die Arbeitsförderung),
- Ministerium für Wirtschaft, Mittelstand, Technologie und Verkehr (bisher zuständig für die wirtschaftsnahe Bildung),
- Ministerium für Schule und Weiterbildung, Wissenschaft und Forschung (bisher zuständig für die aus dem Weiterbildungsgesetz resultierende Erwachsenenbildung)

sind die Bereiche

- Erwachsenenbildung,
- berufliche Erstausbildung und
- berufliche Weiterbildung

in das neue Ministerium für Arbeit, Soziales, Qualifikation und Technologie übergegangen.

Für die Förderung der *Weiterbildung nach dem Weiterbildungsgesetz* gilt Folgendes:

Die im WbG genannten §§ 7 „Förderung der Weiterbildung", 13 „Zuweisung des Landes", 16 „Finanzierung von Einrichtungen der Weiterbildung in anderer Trägerschaft", 18 „Weiterförderung von Förderungsmaßnahmen" und 19 „Förderungsvoraussetzungen und -verfahren" regeln die grundsätzliche Verpflichtung des Landes zur Förderung der Weiterbildung. Gemäß den genannten Paragraphen beteiligt sich das Land an den Kosten für das hauptamtliche bzw. hauptberufliche pädagogische Personal und für die Maßnahmen, die nach Unterrichtsstunden und Teilnehmertagen berechnet werden. Zur Erhöhung der finanziellen, organisatorischen und pädagogischen Leistungsfähigkeit hebt das neue WbG die Mindestgrößen von 600 Unterrichtsstunden auf 2 800 Unterrichtsstunden jährlich an. Gleichzeitig wird die Förderung von Maßnahmen auf Lehrveranstaltungen von besonderem gesellschaftlichem Interesse konzentriert. Die Einrichtungen haben fünf Jahre Zeit (bis Ende 2004), sich darauf einzustellen.

Gefördert werden Volkshochschulen und Träger der anerkannten Einrichtungen der Weiterbildung.

Neben der gesetzlichen Förderung unterstützt das Land nach Maßgabe des Haushalts die Innovation der nach dem WbG arbeitenden Einrichtungen. In diesem Rahmen werden auch Projekte der Qualitätsentwicklung und -sicherung unterstützt.

1996 hat der Landesausschuss für Berufsbildung des Landes Nordrhein-Westfalen eine Empfehlung zur „Qualitätssicherung in der beruflichen Weiterbildung"[10] herausgegeben. In dieser Empfehlung plädierte der Ausschuss dafür, dass Qualitätssicherung als Prozess begriffen und als solcher verstetigt werden müsse. Handlungsansätze, die darauf zielen, den jeweiligen Status quo als Qualität zu legitimieren, werden gerade für die berufliche Weiterbildung als fragwürdig bezeichnet. Ausdrücklich wurde in diesem Zusammenhang empfohlen, dass die Landesregierung darauf Einfluss nehmen solle, dass eine Kopplung der Vergabe von Fördermitteln an Zertifizierung verhindert werde. Dies solle auch bei der Vergabe von EU-Mitteln gelten.

Tatsächlich ist die Vergabe von Landes- und EU-Mitteln nicht daran geknüpft, dass die geförderte Weiterbildungseinrichtung zertifiziert ist.

Die Förderung der *beruflichen Weiterbildung* im Rahmen der Arbeitsmarktpolitik des Landes Nordrhein-Westfalen wird von der G.I.B. Gesellschaft für innovative Beschäftigungsförderung in Bottrop[11] praktisch unterstützt. Die G.I.B. arbeitet im Auftrag des Arbeits- und Wirtschaftsministeriums von Nordrhein-Westfalen und setzt Landesprogramme um. Sie nimmt die Aufgabe wahr, entsprechend den Zielvorgaben des Landes an der konzeptionellen Entwicklung, Beratung, Umsetzung, Finanzierung und dem Controlling arbeitsmarktpolitischer Programme und Projekte zu arbeiten sowie Projekte zu beraten und zu begleiten.

---

[10] Die Empfehlung lag zum Zeitpunkt der Auswertung als Manuskript vor.

[11] G.I.B. Gesellschaft für innovative Beschäftigungsförderung, Im Blankenfeld 4, 46238 Bottrop

Die G.I.B. unterstützt Qualifizierungs- und Umstrukturierungsmaßnahmen für Beschäftigte in Klein- und Mittelbetrieben bei der Einführung technischer, organisatorischer und sozialer Innovationen. So wurden 1996 bei der G.I.B. Rahmenbedingungen zur Umsetzung der Progamme QUATRO und ADAPT eingerichtet.[12]

In der neuen Förderphase der ESF-kofinanzierten Landesprogramme Nordrhein-Westfalens (2000-2006) unterstützt die G.I.B. die Landesregierung bei der Umsetzung der Rahmenvorgaben der EU zum ESF (siehe Punkt II., 2. dieses Beitrags).

1.2 Förderkriterien und Qualitätskriterien des Förderers für Einrichtungen/Träger und/oder Weiterbildungsmaßnahmen bei der Vergabe von Landesmitteln

Die Vergabe von Landes-/EU-Mitteln für Maßnahmen/Projekte im Bereich der beruflichen Weiterbildung wird nicht an das Vorliegen von Zertifizierungen von Bildungseinrichtungen oder Zertifikaten einzelner Weiterbildungsmaßnahmen gekoppelt. Von Bedeutung sind bei der Förderung von Maßnahmen der beruflichen Bildung aus Landesmitteln wie auch aus ESF-Mitteln (Ziel 3) folgende Kriterien:

– richtet sich an die Zielgruppe Beschäftigte in KMU,

– hoher innovativer Gehalt/Modellhaftigkeit der Maßnahme,

– Übertragbarkeit auf andere Branchen, Regionen,

– Berücksichtigung von Kooperationsaspekten.[13]

Das Ministerium für Arbeit, Soziales, Qualifikation und Technologie des Landes Nordrhein-Westfalen nennt als Ziel, „Maßnahmen/Projekte der beruflichen Weiterbildung zu unterstützen, die Anstöße geben, die auf andere Branchen oder Regionen übertragen werden können."

1.3 Verfahrensweise bei der Vergabe von Landesmitteln

Im Rahmen der beruflichen Weiterbildung erfolgt mit Landesmitteln eine investive Förderung von Bauten und Ausstattung von Bildungsträgern sowie die Förderung von laufenden Maßnahmen (Personal und Sachkosten).

Die Fördergrundsätze/Qualitätskriterien (s. o.) sind den Trägern/Antragstellern bekannt.

---

[12] Aus: www.GIB.nrw.de

[13] Angaben des Ministeriums für Arbeit und Soziales, Qualifikation und Technologie des Landes Nordrhein-Westfalen vom Juni 2001 für diesen Übersichtsband

Die Auswahl der zu fördernden Maßnahmen geschieht durch die Überprüfung der Erfüllung der o.g. Kriterien und durch Gewichtung des zuständigen Fachbereiches.

2. Förderung aus kofinanzierten ESF-Mitteln

2.1 Ausgangslage und Rahmenbedingungen

Für die ESF-kofinanzierte Arbeitsmarktpolitik hat das Land NRW analog zu der Rahmenkonzeption des Landes regionale Arbeitsmarktkonzeptionen erarbeitet. Ebenso gelten seit dem Jahr 2000 neue Förderkonditionen und Umsetzungsverfahren.

Förderschwerpunkt der neuen ESF-Verordnung sind fünf Politikfelder, die auch maßgebend sein werden für die Arbeitsmarktpolitik des Landes NRW.

Für alle Politikfelder sind *Ergebnisindikatoren* definiert worden, die Gegenstand der *Zielvereinbarungen* zwischen Land und Region sind:

Politikfeld A:

- Aktive Arbeitsmarktpolitiken zur Förderung der Beschäftigung (EU)
- Förderung der Beschäftigung (NRW)

   Ergebnisindikatoren:
   1. Übergang in den 1. Arbeitsmarkt
   2. Übergang in Berufsausbildung oder anerkannte abschlussbezogene Qualifizierung

Politikfeld B:

- Gesellschaft ohne Ausgrenzung (EU)
- Ausgrenzung vom Arbeitsmarkt verhindern – Beschäftigungsfähigkeit erhöhen (NRW)

   Ergebnisindikatoren:
   1. Übergangsquote in Beschäftigung
   2. Übergangsquote in Ausbildung/Qualifizierung

Politikfeld C:

- Förderung und Verbesserung der beruflichen und allgemeinen Bildung (lebenslanges Lernen und Mobilität) (EU)
- Qualifizierung durch veränderte Systeme berufsbezogener Bildung verbessern (NRW)

   Ergebnisindikator:
   Anzahl neu entwickelter Bildungs- und Beratungsangebote

Politikfeld D:

- Förderung der Anpassungsfähigkeit und des Unternehmensgeistes (EU)

- Arbeitsorientierte Modernisierung mit den Beschäftigten und Entwicklung des Unternehmergeistes (NRW)

Ergebnisindikatoren:
1. Beschäftigungssaldo der geförderten Betriebe
2. Übergangsquote in 1. Arbeitsmarkt
3. Übergangsquote in Berufsausbildung/anerkannte abschlussbezogene Qualifizierung

Politikfeld E:

- Spezifische Aktionen für Frauen (EU)

- Beschäftigung von Frauen besonders fördern (NRW)

Ergebnisindikatoren:
1. Übergang in den 1. Arbeitsmarkt
2. Übergangsquote in Ausbildung bzw. abschlussbezogene Qualifizierung
3. Erreichter beruflicher Aufstieg[14]

2.2 Förderkriterien und Qualitätskriterien des Förderers für Einrichtungen/Träger und/oder Weiterbildungsmaßnahmen bei der Vergabe von kofinanzierten ESF-Mitteln

Quer zu allen Politikfeldern fordert die EU unter dem Begriff „Gender-Mainstreaming", dass die Gleichstellung von Frauen und Männern als Querschnittsaufgabe durchgängiges Leitprinzip sein und grundsätzlich wie auch methodisch in alle Politikfelder, Konzepte und Prozesse eingebracht werden soll.[15]

Die Arbeitsmarktpolitik Nordrhein-Westfalens, basierend auf den drei Säulen

- präventive Arbeitsmarktpolitik

- strukturbezogene Arbeitsmarktpolitik

- zielgruppenbezogene Arbeitsmarktpolitik

---

[14] Aus: G.I.B. info 1.2000 – Informationen aus der Förderlandschaft: Die Neue Förderphase für die ESF-kofinanzierten Landesprogramme NRW – und G.I.B. info 3.2000 – Neue Förderphase: 30 Regionale Zielvereinbarungen abgeschlossen

[15] Naylon, Isabel; Weber, Friederike: Gender-Mainstreaming als Ansatz einer Politik der Gleichstellung am Arbeitsmarkt. Die ESF-Vorgaben als Impuls für die Berücksichtigung der Chancengleichheit von Frauen und Männern in der Arbeitsmarktpolitik. Hrsg.: Arbeitsmarktservice Österreich, Wien, 2000 (Kurzrecherche, um den theoretischen Begriff für die konkrete Umsetzungsarbeit nutzbar zu machen)

wird ihre bisherigen Elemente, z. B. dezentrale Umsetzung, regionalisierte Mittelbudgets, begleitende Evaluation der Programmumsetzung, künftig unter Berücksichtigung der EU-Vorgaben um folgende Elemente erweitern:

- „Analog zu der Rahmenkonzeption des Landes werden regionale Arbeitsmarktkonzeptionen erstellt, die die Grundlage für Zielvereinbarungen zwischen Land und Regionen bilden. Auf Grundlage der Beschreibung der Arbeitsmarkt-, Beschäftigten- und Strukturdaten sowie einer Stärken-/Schwächenanalyse der bisherigen arbeitsmarktpolitischen Maßnahmen wird bestimmt, ob bzw. in welchem Umfang die fünf oben genannten Politikfelder sowie das Gender-Mainstreaming in den jeweiligen Regionen im Einzelnen berücksichtigt werden sollen. Dementsprechend müssen sich dann die Zielvereinbarungen schlüssig aus der regionalen Arbeitsmarktkonzeption ableiten lassen.

- Für die regionalen Beiräte bedeutet dies einen größeren Gestaltungs- und Entscheidungsspielraum.

- Eine verbindliche Mindestbesetzung der regionalen Beiräte, erweitert um Vertreter/innen des Bildungsbereichs sowie der Gleichstellungs- oder Regionalstellen ist vorgesehen.

- Die Säule „Modernisierung" (vorher ‚QUATRO') wird regionalisiert.

- Es gibt nur noch eine Förderrichtlinie mit dazugehörigen Durchführungsregelungen.

- Für die Maßnahmeumsetzung wird ein begleitendes Controlling entwickelt, in regelmäßig stattfindenden Statusberichten und -gesprächen zwischen Land und Region wird der aktuelle Stand der Zielvereinbarungen überprüft und ggf. an aktuelle Bedarfe angepasst.

- Für die Regionen stehen zusätzlich zu den Regionalsekretariaten gemischte Teams als Ansprechpartner zur Verfügung (MASSKS, G.I.B., Versorgungsämter).

- Ein zentraler Beirat, dem alle relevanten Organisationen und Ressorts auf Landesebene angehören, begleitet fachlich die Programmumsetzung in NRW."[16]

Die Ergebnisindikatoren der Politikfelder enthalten für die Umsetzung beschäftigungspolitischer Ziele quantitative Kriterien. Jedoch können die neuen Elemente der Arbeitsmarktpolitik in NRW für die Maßnahmeumsetzung auch inhaltliche Qualitätsimpulse geben.

---

[16] Aus: G.I.B. info 1.2000 – Informationen aus der Förderlandschaft: Die Neue Förderphase für die ESF-kofinanzierten Landesprogramme NRW

2.3 Verfahrensweise bei der Vergabe von kofinanzierten ESF-Mitteln

Als Folge der neuen EU-Vorgaben in der aktuellen Förderphase wurden die 30 Arbeitsmarktregionen des Landes NRW Anfang des Jahres 2000 aufgefordert, regionale arbeitsmarktpolitische Rahmenkonzeptionen zu erstellen. Sie bilden die Basis für Zielvereinbarungen zur Umsetzung der ESF-kofinanzierten Arbeitsmarktprogramme mit dem Land. Auf diese Weise werden die Verteilung der regionalen Mittelquoten auf die fünf Politikfelder festgelegt sowie die entsprechenden Ergebnisindikatoren für den Zeitraum 2000 bis 2002 ausgewiesen. Ziel dieses neuen Verfahrens ist die Überprüfung der Effektivität und Effizienz der Finanzmittel sowie der Qualität der Maßnahmen – nicht zuletzt aufgrund der erhöhten Anforderungen an das Controlling durch die EU.[17]

Die für NRW zur Verfügung stehenden Mittel werden – quotiert nach folgenden Indikatoren – auf die Regionen verteilt:

- Arbeitslose, Langzeitarbeitslose, Erwerbspersonen, Differenz zwischen männlichen und weiblichen Erwerbstätigen, Beschäftigte im Bergbau.

Die so errechneten regionalen „Belegungsbudgets" werden über drei Jahre festgelegt und dann, wie in der vorherigen Förderphase auch, im Rahmen von Projektbewilligungen (mit dem regionalen Konsens als Fördervoraussetzung) durch die Bewilligungsbehörde an Projektträger weitergegeben.[18]

III. Weitere Aktivitäten und Besonderheiten zur Qualitätssicherung auf Landesebene

- Das Landesinstitut für Schule und Weiterbildung unterstützt durch fachliche Förderung die Qualitätssicherung der Weiterbildung, z. B. durch:

  - Begleitung von Projekten/Vermittlung von Beratern und Beraterinnen,
  - Beratung und Information von Einrichtungen zu Fragen der Qualitätssicherung,
  - Flying Workshops (Pool von 20 Beratern/Beraterinnen): Einrichtung der Erwachsenenbildung können einen Antrag beim Landesinstitut stellen auf Durchführung eines Workshops zum Thema Qualitätssicherung. Der/die Berater/in des Startworkshops wird mit 50 Prozent von Seiten des Landesinstituts subventioniert. Der Flyer für diese Qualitätsworkshops wurde zum ersten Mal im Sommer 2000 verteilt.[19]

---

[17] Aus: G.I.B. info 3.2000 Neue Förderphase: 30 Regionale Zielvereinbarungen abgeschlossen

[18] Vgl. Fn 16)

[19] Angaben des Landesinstituts für Schule und Weiterbildung, Oktober 2000

Das Landesinstitut für Schule und Weiterbildung hat in Absprache mit Trägern und Einrichtungen der Weiterbildung in Nordrhein-Westfalen im September 1995 eine Entwicklungsgruppe eingerichtet, die sich mit verschiedenen Verfahren der Qualitätssicherung auseinandergesetzt hat. Die Ergebnisse dieser Arbeit – eine Zusammenstellung von sieben Modellen der Qualitätssicherung sowie Empfehlungen zur Qualitätssicherung in der Weiterbildung – sind in einer Veröffentlichung zusammengefasst.[20]

Dem Tätigkeitsbericht 1999 des Landesinstituts für Schule und Weiterbildung sind Einzelheiten zu den Aufgabenfeldern des Landesinstituts zu entnehmen:

So beauftragte in der zweiten Hälfte von 1999 das Ministerium für Schule und Weiterbildung, Wissenschaft und Forschung das Landesinstitut, Abteilung Weiterbildung, Vorschläge zur Gestaltung von Regionalkonferenz und Wirksamkeitsdialog – beides im Weiterbildungsgesetz institutionalisiert – zu entwickeln. Inzwischen liegt ein Bericht des Landesinstituts vor, „in dem zentrale Merkmale des Wirksamkeitsdialogs beschrieben werden und Leitideen, Vorschläge und Empfehlungen zur Gestaltung und zu den Aufgaben von Regionalkonferenz und Wirksamkeitsdialog formuliert worden sind ..."[21]

Das Landesinstitut für Schule und Weiterbildung sieht in diesem Bericht Qualitätssicherung und Teilnehmerschutz als Kernaufgaben des Wirksamkeitsdialogs[22] und weist auf die Erläuterungen zu § 21 WbG[23] hin, in denen es heißt: „Der Wirksamkeitsdialog soll in einer konsensorientierten Arbeitsweise helfen, die sich örtlich und regional aus der Neustrukturierung der Weiterbildung ergebenden Fragen zu lösen. Dazu gehören insbesondere die Fragen der eigenverantwortlichen Qualitätssicherung und des Teilnehmerschutzes.

Während der fünfjährigen Übergangszeit (§ 22 Abs. 1) sollen sich die beteiligten Bezirksregierungen, Träger und Einrichtungen im Wirksamkeitsdialog auf die Inhalte des ab 1. Januar 2005 für alle Einrichtungen verbindlichen Förderbereichs verständigen."

Im Bericht des Landesinstituts werden – bezogen auf Fragen der Qualitätssicherung – folgende Aufgabenfelder genannt, die sich aus der Zielsetzung des neuen Weiterbildungsgesetzes für den Wirksamkeitsdialog ergeben:

"– Qualitätssicherung und Qualitätsentwicklung einschl. Teilnehmerschutz mit den möglichen Dimensionen

---

[20] Landesinstitut für Schule und Weiterbildung (Hrsg.): Qualitätssicherung in der Weiterbildung – Ergebnisse einer Entwicklungsgruppe. Soest 1996

[21] Aus: Landesinstitut für Schule und Weiterbildung: Tätigkeitsbericht 1999 – Abteilung Weiterbildung. O.O. und o.J.

[22] Landesinstitut für Schule und Weiterbildung (Hrsg.): Regionalkonferenz und Wirksamkeitsdialog – Vorschläge und Empfehlungen. Soest Dezember 1999

[23] Einzelbegründung zum Gesetzentwurf vom 22.4.1999

> lehr-/lernbezogene Qualitätssicherung und -entwicklung und

> institutionsbezogene Qualitätssicherung und -entwicklung.

Dazu zählen die institutionelle Entwicklung einzelner Einrichtungen wie auch die Förderung von Kooperation zwischen Einrichtungen und die Entwicklung von Vernetzungsstrukturen innerhalb der Weiterbildung, aber auch zwischen Weiterbildung und Kultur, Wirtschaft, sozialen Einrichtungen usw. Dazu gehören ebenfalls Überlegungen zur Entwicklung eines Gütesiegels.

– Berichtswesen und Dokumentation: Sowohl im Hinblick auf die eigenverantwortliche Qualitätssicherung der einzelnen Einrichtung als auch im Hinblick auf die Regionalkonferenz und die Weiterbildungskonferenz (zumal der Landesbericht zur Situation der Weiterbildung künftig entfällt) stellt sich die Frage: Welche Daten werden für wen zu welchem Zweck benötigt? Welche Art von Informationen quantitativer und qualitativer Art sind erforderlich? Wie könnte oder sollte ein effizientes (mit möglichst geringem Aufwand) und effektives (dem Zwecke entsprechendes) Berichtswesen gestaltet werden?"[24]

Instrumente zur Verwirklichung des Wirksamkeitsdialogs sind die mindestens einmal jährlich stattfindenden Regionalkonferenzen (§ 21), an denen die Bezirksregierungen als Einladende sowie die im Bezirk tätigen Träger und Einrichtungen der Weiterbildung teilnehmen, und die einmal jährlich durchgeführten Weiterbildungskonferenzen (§ 20), die auf Landesebene als Veranstaltung des Ausschusses für Schule und Weiterbildung in Zusammenarbeit mit den Landesorganisationen der Weiterbildung stattfindet.

Aus der Zusammensetzung dieser neu gebildeten Gremien kann die Intention abgelesen werden, die Kooperation von staatlichen Stellen und geförderten Einrichtungen zu fördern.

Im Rahmen des neuen Wirksamkeitsdialogs werden in dem vorliegenden Bericht dem Landesinstitut für Schule und Weiterbildung vielfältige Aufgaben in der Organisation und Unterstützung eines trägerübergreifenden und überregionalen Austausches und Fachdiskurses zugeschrieben.

Vertretern/innen des Ministeriums für Schule und Weiterbildung, Wissenschaft und Forschung und des Ministeriums für Frauen, Jugend, Familie und Gesundheit sowie der Bezirksregierungen und der Landschaftsverbände haben Fragen zum Verständnis des Wirksamkeitsdialogs sowie Vorschläge zu Organisation und Verfahren bereits in mehreren Veranstaltungen und in Fachgesprächen im Landesinstitut erörtert.

---

[24] Vgl. Fn 22), S. 8

Im Rahmen einer Sitzung des Arbeitskreises Weiterbildung fand ein Gespräch mit den Landesorganisationen der Weiterbildung statt. Auch in der Eltern- und Familienbildung wurde das Thema behandelt. Das Landesinstitut für Schule und Weiterbildung bietet weitere Fachgespräche und Diskussionsforen im Rahmen des Wirksamkeitsdialogs an.[25]

- 1996 hat das Ministerium für Schule und Weiterbildung des Landes Nordrhein-Westfalen einer Gruppe von Sachverständigen den Auftrag erteilt, aus externer Sicht eine Evaluation der Weiterbildungslandschaft in Nordrhein-Westfalen durchzuführen. Entstanden ist ein Gutachten über den Zusammenhang von Weiterbildungsangebot, Teilnehmerschaft und Finanzierungsregelungen, das im August 1997 dem Ministerium für Schule und Weiterbildung übergeben wurde. Im Kapitel über „Die Qualität in der Weiterbildung und ihre Sicherung" macht die Sachverständigengruppe u. a. darauf aufmerksam, dass die gesetzlich geregelte Anerkennung von Einrichtungen noch kein Gütesiegel sei, insbesondere solange hauptberufliche oder hauptamtliche pädagogische Mitarbeiterinnen und Mitarbeiter wegen Zeitmangel die eigene Fortbildung vernachlässigen müssen.

Bei der internen Sicherung der Qualität von Kursen wird auf das Problem verwiesen, dass die Kurse in der Mehrzahl nebenberufliche Mitarbeiterinnen und Mitarbeiter durchführten, deren (pädagogische) Professionalität nicht immer von vornherein als gegeben angesehen werden könne. Ebenfalls erschwert werde die interne Qualitätssicherung durch eine erhöhte Fluktuation bei Dozentinnen und Dozenten. Insbesondere kleinen Weiterbildungseinrichtungen fehle es an Kapazität, die Instrumentarien der Qualitätssicherung im gewünschten Ausmaß zu nutzen. Zwischen proklamierter „Kundenorientierung" und dem mangelnden Wissen über die Teilnehmenden bestehe ein Widerspruch. Die Suche nach adäquaten Verfahren und Modellen der Qualitätssicherung in Weiterbildungseinrichtungen müsse verstärkt Thema von regionalen Weiterbildungsnetzwerken sein. An die Verantwortung des Landes für die Qualitätsentwicklung und Qualitätssicherung richtete sich der Hinweis, dass die Qualität der Weiterbildungsarbeit in starkem Maße von der Förderpolitik beeinflusst werde.[26]

- In den Jahren 1996 bis 1998 wurde im Rahmen des Landesprogramms QUATRO (Qualifizierung, Arbeit, Technik, Reorganisation) vom Land NRW mehrere Projekte zum Thema „Qualitätssicherung in der Weiterbildung" gefördert sowie Workshops und Transferveranstaltungen durchgeführt.

---

[25] Vgl. Fn 21), S. 4 f.

[26] Landesinstitut für Schule und Weiterbildung (Hrsg.): Evaluation der Weiterbildung. Gutachten. Soest 1997

Beispielhaft sei hier das Projekt Qualitätsmanagement in der beruflichen Weiterbildung durch Maßnahmen der Organisationsentwicklung (Laufzeit: 1996/1998) kurz beschrieben, das aus Mitteln der EU gefördert wurde:

Träger des Projektes war das Berufsforschungs- und Beratungsinstitut für interdisziplinäre Technikgestaltung e.V. (BIT e.V.) in Bochum. Bei acht Weiterbildungsträgern in Nordrhein-Westfalen wurde modellhaft ein prozessorientiertes Qualitätsmanagementsystem entwickelt und erprobt und für andere Träger über die Dokumentation in einem Leitfaden verfügbar gemacht. Grundlage für das im Projekt erprobte Konzept war das Modell der European Foundation for Quality Management (EFQM), zu dem zu diesem Zeitpunkt im Weiterbildungsbereich wenig Erfahrung vorlag. Die am Projekt beteiligten Träger haben sich einem Organisationsentwicklungsprozess unterzogen. Hierbei begleiteten sie von OE-Beratern/Beraterinnen. Zusätzlich war wegen der Komplexität des Verbundprojekts ein Projektbeirat aus Vertretern/Vertreterinnen verschiedener Landesministerien, Landeseinrichtungen und gesellschaftlich relevanter Gruppen installiert. Eine Besonderheit der Qualitätsentwicklungsprozesse in diesem Projekt war die Funktion des/der Qualitätsmanagementbeauftragten (QMB). Mit der Arbeit nach dem EFQM-Modell und dem im Projekt entwickelten Leitfaden wurde ein Instrument der kontinuierlichen Selbstbewertung eingeführt. Die Erfahrung bei der Anwendung des Leitfadens[27] hat gezeigt, dass darüber hinaus externe Beratung notwendig ist.[28]

- Von August 1995 bis Dezember 1996 wurde nach einem gut einjährigen Konzeptionierungsvorlauf das Pilotprojekt Qualitätszirkel in der Weiterbildung durchgeführt, gefördert mit Mitteln des Ministeriums für Arbeit, Gesundheit und Soziales des Landes Nordrhein-Westfalen (MAGS) und des Ministeriums für Schule und Weiterbildung (MSW). Projektbeteiligte waren:

  - die Landesarbeitsgemeinschaft Familienbildung/Weiterbildung der AWO (Arbeiterwohlfahrt) in Nordrhein-Westfalen. Die Leiter/innen der in dieser LAG zusammengefassten Bildungseinrichtungen waren gleichzeitig Zielgruppe und Teilnehmende des Projektes;

  - das Landesinstitut für Schule und Weiterbildung, Soest, Abteilung Weiterbildung, als wissenschaftliche Begleitung;

  - der Beratungsverbund „MOVE – Organisationsentwicklung, Supervision und integrierte Öffentlichkeitsarbeit" stellte die Moderatoren/Moderatorinnen, Berater/innen und Referenten/Referentinnen.

---

[27] Der Leitfaden kann bezogen werden bei: Berufsforschungs- und Beratungsinstitut für interdisziplinäre Technikgestaltung e.V., Unterstraße 51, 44892 Bochum.

[28] Karl-Heinz Pohl: Qualitätsentwicklung in der beruflichen Weiterbildung, in: Organisationsentwicklung, Heft 3, 1999, S. 4 - 17

Ausgehend von den didaktischen und strukturellen Bedingungen der Bildungsarbeit im Bereich der Familienbildung und den besonderen Verpflichtungen gegenüber gesellschaftlich Benachteiligten setzte das Qualifizierungskonzept auf Prozessbegleitung und Beobachtung durch ein Team von Moderatoren/ Moderatorinnen bzw. Experten/innen. Ziel war es, einen eigenverantwortlichen, selbstbestimmten Prozess der Qualitätssicherung und der Weiterentwicklung der Bildungsarbeit durch die Mitarbeiter/innen der AWO-Weiterbildungseinrichtungen mit Hilfe von Qualitätszirkeln auf den Weg zu bringen. Vier Qualitätszirkel, die die dezentrale Struktur der AWO-Bildungseinrichtungen widerspiegeln, wurden eingerichtet. Nach Ablauf des Projekts ist die Fortführung der Qualitätszirkel als Selbstorganisationswerkstätten vorgesehen[29] (und inzwischen realisiert, d. Verf.).

- Auf den Erfahrungen der beiden vorher beschriebenen Projekte mit dem EFQM-Modell sowie mit Qualitätszirkeln baute das Projekt Qualitätssicherung und -entwicklung der Familienbildungsstätten im Bistum Aachen auf, an dem neun Einrichtungen der Familienbildung des Bistums Aachen beteiligt waren. Das für Familienbildung zuständige Ministerium für Arbeit, Gesundheit und Soziales des Landes Nordrhein-Westfalen (MAGS) förderte das Projekt. Bildungspolitisches Interesse war dabei, nach dem erfolgreichen Abschluss des Qualitätszirkel-Projekts sowie der Erfahrungen mit dem EFQM-Modell im Rahmen des NRW-Landesprogramms QUATRO ein standardisiertes Qualitätssicherungsverfahren für die Familienbildung anzupassen, das gezielte Ansatzpunkte für selbstorganisierte Veränderungsmaßnahmen bereitstellte. Auch in diesem Projekt hatten das Berufsforschungs- und Beratungsinstitut für interdisziplinäre Technikgestaltung (BIT, Bochum) sowie das Landesinstitut für Schule und Weiterbildung, Soest, beratende/begleitende Funktion. Der bereits im QUATRO-Projekt „Qualitätsmanagement in der beruflichen Weiterbildung durch Maßnahmen der Organisationsentwicklung" (s. o.) entwickelte Leitfaden wurde auf die spezifischen Bedürfnisse der Einrichtungen der Familienbildung angepasst. Eine weitere Grundentscheidung war, dass die Einrichtungen der Familienbildung bei der Anwendung des EFQM-Modells durch Organisationsberater und -beraterinnen unterstützt werden sollten, die bereits Erfahrungen in der Anwendung dieses Modells hatten. Die Ergebnisse dieses Projekts sowie der modifizierte Leitfaden sind in einem Abschlussbericht veröffentlicht.[30]

---

[29] Landesinstitut für Schule und Weiterbildung, Soest/Landesarbeitsgemeinschaft der Familienbildung und Weiterbildung der Arbeiterwohlfahrt Nordrhein-Westfalen (Hrsg.): Das Gold in den Köpfen. Ein Projekt der AWO zur Selbstevaluation und Qualitätsentwicklung in der Weiterbildung. Soest 1997

[30] Landesinstitut für Schule und Weiterbildung/Arbeitsgemeinschaft Katholische Familienbildungsstätte in der Diözese Aachen (Hrsg.): Qualitätsentwicklung in der Familienbildung. Das EFQM-Modell in der Praxis. Soest 1999

- Das Landesinstitut für Schule und Weiterbildung hat 1998/1999 folgende Innovationsprojekte[31] zur Qualitätssicherung in Trägerschaft einzelner Einrichtungen der Weiterbildung fachlich begleitet. Die Mittel für diese Projekte kamen aus dem Innovationsfonds, den die Landesregierung zur Verfügung gestellt hat:

    – Organisationsentwicklung in Tagungsstätten als Instrument zur Profilierung, Qualitätssicherung und Entwicklung der Weiterbildung:

    Das trägerübergreifende Projekt (Laufzeit 1998/1999) zur Qualitätssicherung und Organisationsentwicklung führte das Ev. Erwachsenenbildungswerk Westfalen und Lippe e. V. in Verbindung mit fünf Tagungshäusern durch. Als Projektziele wurden genannt: die Entwicklung von Handlungsformen zum Wissensmanagement und Berichtswesen als Instrumente zukunftsorientierter Steuerung (Controlling), die systematische Verortung von Reflexionsprozessen in der Organisation (Lernende Organisation), Verbesserte Nutzung von Ressourcen und Potenzialen in den Einrichtungen (Effizienz und Effektivität). Die Ergebnisse dieses Projekts sind in Form einer Prozessdokumentation veröffentlicht und im Rahmen von Transfertagungen vorgestellt worden.[32]

    – Wechselseitige Entwicklungsberatung: Dieses Projekt, das im Jahre 1999 von 13 Volkshochschulen, vorwiegend aus Nordrhein-Westfalen und Niedersachsen, in Verbindung mit dem Landesverband der Volkshochschulen Niedersachsens durchgeführt wurde, hatte zum Ziel, einen zeitlich befristeten und thematisch eingegrenzten Beratungsprozess zu initiieren, in dem struktur- und entwicklungsähnliche Einrichtungen Beratungstandems bilden. Einrichtungsspezifische Problemfragen oder Schlüsselsituationen, die nach eigener Bewertung für die zukünftige Entwicklung der eigenen Einrichtung von struktureller Bedeutung sind, werden dem/der Partner/in zur Analyse, Begutachtung und Kollegialberatung vorgelegt. Es folgt ein Entwicklungsprozess, in dem Informationen und Daten geliefert, Recherchemöglichkeiten bereitgestellt und Erkunden und Visitationen vereinbart werden. Ebenso gehören Besuche und Gegenbesuche, gemeinsame Workshops, Kollegialtreffen und Dokumentation der Arbeitsschritte und Arbeitsergebnisse zu diesem Prozess. Die Vorlage eines abschließenden Arbeitsvorschlags bzw. einer Empfehlung sowie eine gemeinsame Evaluation beenden den Prozess. Darüber hinaus wurde eine Projektgruppe gebildet, bestehend aus der Volkshochschule Beckum-Wadersloh, dem Landesinstitut für Schule und Weiterbildung

---

[31] Angaben des Landesinstituts für Schule und Weiterbildung, Soest, Oktober 2000. Inzwischen liegt ein Band vor, der die Anzahl der Innovationsprojekte von 1998-2001, inhaltliche Schwerpunkte, Ergebnisse und Wirkungen sowie Porträts und Kurzbeschreibungen der Projekte enthält: Landesinstitut für Schule und Weiterbildung (Hrsg.): Förderung der Innovation der Weiterbildung – Die Innovationsprojekte 1998-2001. Soest 2001

[32] Evangelisches Erwachsenenbildungswerk Westfalen und Lippe e.V. (Hrsg.): Organisationsentwicklung in Tagungsstätten. Berichte und Ergebnisse aus Innovationsprojekten 1998/1999. Dortmund 2000

und dem Landesverband der Volkshochschulen Niedersachsens unter Beteiligung von Moderatoren, die den bilateralen Prozess unterstützt hat.[33]

Die Ergebnisse dieses Projekts sind inzwischen veröffentlicht.[34]

- Entwicklung einer erwachsenenpädagogischen Grundqualifikation für Kursleitende an Volkshochschulen: Das Projekt, das im Jahr 1998 vom Landesverband der Volkshochschulen von Nordrhein-Westfalen durchgeführt und vom Land mit Innovationsmitteln gefördert wurde, hatte die Entwicklung einer erwachsenenpädagogischen Grundqualifikation für Kursleitende an Volkshochschulen als Beitrag zur Verbesserung der Programmqualität und Durchführungsqualität organisierter Weiterbildungsprozesse zum Ziel. Es wird davon ausgegangen, dass Teilnehmende Weiterbildung in den meisten Fällen nach ihren Erfahrungen in der konkreten Kurssituation beurteilen. Darüber hinaus ermögliche eine flächendeckend angebotene erwachsenenpädagogische Grundqualifikation eine gleiche Qualifikation des Weiterbildungsangebotes in Nordrhein-Westfalen. Zielgruppe der Grundqualifikation sind in erster Linie neue bzw. erst kurz in der Praxis stehende Kursleitende aus allen Fachbereichen ohne oder nur geringe erwachsenenpädagogische Grundkenntnisse. Zur Erarbeitung des Konzepts wurde eine Entwicklungsgruppe aus Vertretern der Volkshochschulen, einer Hochschule und des Landesinstituts für Schule und Weiterbildung gebildet. Die Entwicklungsgruppe erarbeitete eine Konzeption mit vier Grundmodulen und zwei Vertiefungsmodulen, dazu jeweils die methodisch-didaktische Grundstruktur, einen Ablaufplan und stellte Arbeitsmaterialien zusammen.

- Erprobung, Implementation, Evaluation und Dokumentation einer erwachsenenpädagogischen Grundqualifikation für neue Kursleitende an Volkshochschulen in Nordrhein-Westfalen: Dieses Projekt, das wiederum aus Innovationsmitteln des Landes gefördert wurde, setzte 1999 die Konzeption des Vorgängerprojekts um und evaluierte es. In zwei Seminaren wurden weitere Trainerinnen und Trainer ausgebildet. Ihre Erfahrungen, ihre Kritik und ihre Anregungen zu dem Konzept „Grundlagenqualifikation" meldeten sie an die Entwicklungsgruppe zurück. Die Volkshochschulen Köln und Düsseldorf führten zwei Erprobungsdurchgänge der Konzeption mit neuen Kursleitenden durch. Die hier gewonnenen Erfahrungen sowie die kritischen Anmerkungen und Anregungen der bereits ausgebildeten 140 Trainerinnen und Trainer führten zu einer Überarbeitung des Konzepts. Die bereits ausgebildeten Trainerinnen und Trainer sind in einem Datenpool zusammengefasst, auf den die an einer Kursleitenden-Fortbildung interessierten Volkshochschulen zurückgreifen können.

---

[33] Siehe auch im Beitrag zu Niedersachsen, Punkt III.: Volkshochschulaktivitäten

[34] Volkshochschule Beckum-Wadersloh (Hrsg.): Mein Kollege, mein Berater. Qualitätsentwicklung in Volkshochschulen durch Wechselseitige EntwicklungsBeratung WEB. Beckum 2000

Eine Veröffentlichung der Konzeption in Printform[35] und als CD-Rom liegt vor, ebenso die Internetpräsentation[36].

- Potenzialanalyse. Ein neues Instrument zur organisatorischen und qualitativen Weiterentwicklung von Einrichtungen gem. WbG NW: Träger dieses Projekts, das 1999 durchgeführt wurde, war der Bezirksverband Niederrhein der Arbeiterwohlfahrt (AWO), dem 17 Bildungswerke angehören, davon 10 Kleinsteinrichtungen. Es ging darum, modellhaft für Kleinsteinrichtungen der Weiterbildung ein Instrument zu entwickeln, bei dem die Frage der zukünftigen Betriebsgrößen mit Fragen der Qualitätssicherung und Qualitätsentwicklung gekoppelt und bearbeitet werden können. Anlass für dieses Projekt war u. a. das novellierte Weiterbildungsgesetz und seine Vorgaben bezogen auf künftige Zusammenschlüsse und Kooperationen von Kleinsteinrichtungen sowie die sich aus dem WbG ergebenden Fragen zur effektiven Gestaltung des Wirksamkeitsdialogs und einer wirksamen Gestaltung der eigenen Qualitätsentwicklung.

Das Projekt entwickelte einen Fragebogen für Weiterbildungseinrichtungen, der in vierzehn zentralen Aufgaben- und Gestaltungsfeldern – von der Programmentwicklung über die Kursdurchführung, das Marketing und die Leitung bis hin zum Controlling – eine Selbsteinschätzung hinsichtlich der Qualität der Arbeit der Einrichtung und den Vergleich mit anderen Einrichtungen erlaubt. Darüber hinaus wurde auf Basis der Analyse ein Aktivitätskatalog entwickelt, der konkrete Schritte für die künftige Planung enthält und Grundlagen schafft für Träger und Leitung, Prioritäten zu klären, Stärken deutlicher heraus zu arbeiten und brachliegende Potenziale zu entdecken und zu entwickeln. Mit dem im Projekt entwickelten Fragebogen zur Potenzialanalyse liegt ein Instrument zur Qualitätssicherung vor, das auch auf größere Einrichtungen übertragen werden kann.

Das Projekt mit seinen Instrumenten ist in einer Veröffentlichung dargestellt.[37]

- Qualitätssicherung in Bildungshäusern: In diesem vom Ministerium für Schule und Weiterbildung des Landes NRW geförderten Projekt mit zweijähriger Laufzeit (1998/1999), an dem der Arbeitskreis der Bildungsstätten und Akademien (ABA) (Heimvolkshochschulen), die Akademie Klausenhof als Koordinatorin sowie 25 Mitgliedseinrichtungen beteiligt waren, wurde ein

---

[35] Landesverband der Volkshochschulen von Nordrhein-Westfalen e. V. (Hrsg.): Qualität – Erwachsenenpädagogische Grundqualifikation für Kursleitende an Volkshochschulen. Dortmund 2000

[36] Internet-Adresse: www.vhs-nrw.de/fortbildung/grundqualifikation

[37] Arbeiterwohlfahrt Bezirksverband Niederrhein (Hrsg.): Potenzialanalyse. Ein neues Instrument zur organisatorischen und qualitativen Weiterentwicklung von Einrichtungen gem. WbG NW. Essen 2000. Der ca. 60 Seiten umfassende Fragebogen zur Potenzialanalyse kann bei der AWO, Bezirksverband Niederrhein, Lützowstr. 32, 45141 Essen, bezogen werden.

„Mindestinhaltsverzeichnis" für ein Qualitätshandbuch entwickelt, das auf die spezifischen Belange von Akademien und Heimvolkshochschulen abgestimmt ist. Anhand dieses „Mindestinhaltsverzeichnisses" beschreibt jede Einrichtung in einem Handbuch die von ihr selbst für die Einrichtung festgelegten Qualitätskriterien und die Maßnahmen zu deren Umsetzung. 25 von ca. 60 Mitgliedseinrichtungen haben sich aktiv an dem Projekt beteiligt. Mit dem „Mindestinhaltsverzeichnis" steht ein Konzept zur Qualitätssicherung zur Verfügung, das auch von anderen Einrichtungen angewendet werden kann. Inzwischen haben bereits sechs Bildungshäuser (Stand: Juni 2000) für sich den Prozess abgeschlossen.

Perspektivisch ist vorgesehen, eine „Gütegemeinschaft Bildungshaus" zu schaffen, die denjenigen Bildungshäusern ein Gütesiegel vergibt, die ein Qualitätshandbuch nach dem „Mindestinhaltsverzeichnis" entwickelt haben und anwenden. Inzwischen sind die Ergebnisse des Projekts veröffentlicht[38]. Im Abschlussbericht wird betont, dass die beteiligt gewesenen Einrichtungen der Meinung sind, „dass mit der Entwicklung von Qualitätshandbüchern das gemeinsame Bemühen um Qualität in den Einrichtungen nicht abgeschlossen werden kann. Sie verstehen Qualitätssicherung als einen fortwährenden Prozess. Sie streben weiterhin das Ziel an, gemeinsam Messgrößen zu entwickeln und damit ein Benchmarking für interessierte Einrichtungen einführen zu können.

Die Schaffung eines ‚Gütesiegels', das den Bildungshäusern verliehen wird, die ein nach dem Mindestinhaltsverzeichnis erarbeitetes Qualitätshandbuch vorlegen, bleibt weiterhin aktuell. Damit ein Gütesiegel eingeführt werden kann, müssen entsprechende Strukturen zur Prüfung der Qualitätshandbücher und der Einrichtungen aufgebaut werden. Da auch in anderen Ländern Initiativen zur Qualitätssicherung in Bildungshäusern verfolgt werden, die sich am ‚Europäischen Handbuch Qualitätssicherung' orientieren, könnte als Fernziel eine ‚Gütegemeinschaft Bildungshaus' entstehen, welche sich bundesweit oder europaweit um definierte Verfahren der Qualitätssicherung kümmert."

– Qualifizierung von Pädagoginnen und Pädagogen im regionalen Verbund zum Umgang mit veränderten Familienwirklichkeiten und Teilnehmer/innen – Interessen: In diesem Projekt (Laufzeit: 1998/1999) arbeitete eine Regionalgruppe aus Trägern der Familienbildung zusammen, um im regionalen Verbund ein Curriculum für die berufsbegleitende Qualifizierung von Kursleitern/Kursleiterinnen in der Familienbildung zu ent-

---

[38] Arbeitskreis der Bildungsstätten und Akademien (Heimvolkshochschulen) in NRW (Hrsg.): Qualitätssicherung in Bildungshäusern. Abschlussbericht. Akademie Klausenhof, Hamminkeln/Köln 2000 Katholische Landvolkshochschule Schorlemmer Alst, Freckenhorst (Hrsg.): LVHS 2010 – Orientierung für das Leben in der Welt von morgen – 1. Qualitätshandbuch der Landvolkshochschule Freckenhorst. Freckenhorst 2000

wickeln. Um der Aufgabe von Bildungsarbeit, in Zukunft verstärkt Selbstlernprozesse initiieren und ermöglichen zu können, gerecht zu werden, sollten Kursleitende über eine systembegleitende und -beratende Kompetenz verfügen.

Im Projektzusammenhang entstand – nach Ermittlung des regionalen Bedarfs der Kursleitenden (Raum Duisburg und Düsseldorf) – ein Curriculum, das mit Fachbereichsleitern/Fachbereichsleiterinnen und Kursleitern/Kursleiterinnen der beteiligten Einrichtungen erprobt wurde. Um die längerfristige Umsetzung der erworbenen Kompetenzen zu gewährleisten, sind trägerübergreifende Supportgroups eingerichtet worden, die auch nach Beendigung des Projekts weiterarbeiten und durch Umsetzung und Transfer des entwickelten Curriculums in die Familienbildungsarbeit entsprechende Vernetzungsstrukturen für die Qualifizierung von Kursleitern/Kursleiterinnen in der Region gewährleisten. Die inhaltliche und regionalbezogene trägerübergreifende Projektstruktur gilt als ein tragfähiges Modell zur pädagogischen Qualitätssicherung und -entwicklung der Weiterbildung in Nordrhein-Westfalen.[39]

– Qualifikation der politischen Bildung in beteiligungsorientierten Prozessen – Qualifizierung – Praxis – Evaluation: Einrichtungen der politischen Bildung, Schulen sowie ein Verbund aus Sozialverwaltung und öffentlichen wie privaten Trägern in einem Stadtteil waren an der Durchführung dieses Projekts mit einjähriger Laufzeit (1998) beteiligt. Auch hier stand der Gedanke im Vordergrund, Qualitätssicherung der Weiterbildung durch Fortbildung zu erreichen. Zielgruppe waren die Mitarbeiterinnen und Mitarbeiter in beteiligungsorientierten Planungs- und Entwicklungsprozessen. Das Vorgehen im Projekt gliederte sich in vier Schritte:

1. Entwicklung und Durchführung eines Qualifizierungsprogramms für Mitarbeiterinnen und Mitarbeiter in beteiligungsorientierten Planungs- und Entwicklungsprozessen

2. Umsetzung in ausgesuchten Beteiligungsprojekten

3. Evaluation der Umsetzungspraxis

4. Transfer des Qualifizierungskonzepts für Einrichtungen der politischen Bildung.[40]

---

[39] Landesinstitut für Schulde und Weiterbildung; DRK-Familienbildungswerk Duisburg; AWO- Familienbildungsstätte Duisburg; DRK-Landesarbeitskreis Familie NRW (Hrsg.): Qualifizierung von Pädagoginnen im regionalen Verbund zum Umgang mit veränderten Familienwirklichkeiten – Teilnehmer/innen-Interessen. Soest 2000. Auskunft erteilt: Sabina Koerner, Landesinstitut für Schule und Weiterbildung, Paradieser Weg 64, 59494 Soest

[40] Eine Veröffentlichung ist in Vorbereitung (Stand: August 2001). Auskunft erteilt: Hans Ballhausen, Landesinstitut für Schule und Weiterbildung, Paradieser Weg 64, 59494 Soest

- Das Landesinstitut für Schule und Weiterbildung hat im Jahr 2000 die Veröffentlichung „Qualitätsmanagement in der Weiterbildung – Ein Leitfaden für die Praxis" herausgegeben. Die Arbeitshilfe wendet sich an Einrichtungen der Weiterbildung, die sich mit Fragen des Qualitätsmanagements auseinander setzen oder entsprechende Vorhaben umsetzen möchten. Die Auswertung der vielfältigen Erfahrungen mit unterschiedlichen Modellen und Maßnahmen des Qualitätsmanagement, die das Landesinstitut im Rahmen der Beratung und fachlichen Begleitung von Einrichtungen der Weiterbildung gesammelt hat, bildet die Grundlage für diesen Leitfaden, in dem Instrumente, Verfahren und Methoden beschrieben werden und deren Anwendung erläutert wird. Die Beschreibung konkreter Projekte und Erfahrungen von Einrichtungen der Weiterbildung stellt den Bezug zur Praxis her.[41]

- Im Regierungsbezirk Arnsberg wurde 1998 das aus Innovationsmitteln des Landes geförderte Projekt „Gründung eines Qualitätsnetzwerks für Volkshochschulung" durchgeführt. Beteiligt waren 17 Volkshochschulen, das ist mehr als die Hälfte der Volkshochschulen dieses Regierungsbezirks. In das Projekt eingebunden waren i.d.R. alle Mitarbeiterinnen und Mitarbeiter, so dass der Qualitätsentwicklungsprozess auf allen Ebenen und in allen Arbeitsbereichen angestoßen wurde. Extern moderierte Workshops unterstützten die Selbstevaluation. Themen der Workshops waren Maßnahmen zur Verbesserung in den unterschiedlichen Phasen des Weiterbildungsprozesses. Durch den systematischen Erfahrungsaustausch zwischen den beteiligten Volkshochschulen und die hierdurch initiierten Entwicklungsprozesse in den Einrichtungen kam es zu bilateralen Kontakten mit dem Ziel der gegenseitigen Hilfe und Information in Qualitätsfragen. Nach der einjährigen Laufzeit befürworteten die Projekt-Beteiligten den Ausbau des Netzwerks. Als Perspektive sehen sie die Einführung eines „Gütesiegels".[42]

- 1999 schloss sich im Regierungsbezirk Arnsberg ein zweites vom Land gefördertes Innovationsprojekt mit dem Titel Ausbau und Stärkung eines Qualitätsnetzwerks für Volkshochschulen an, an dem wiederum 17 Volkshochschulen – zumeist aus dem Pool des ersten Qualitätsnetzwerk-Projekts – teilnahmen. Im Rahmen des neuen Projekts arbeiteten zwei bis vier Volkshochschulen zusammen und versuchten über gegenseitige Evaluation und kooperative Auseinandersetzungen im Rahmen bisher nicht behandelter Qualitätsbereiche dem Qualitätssicherungsprozess neue Impulse zu geben. Auch dieses Projekt veranstaltete Workshops mit externer Moderation. Die Zusammenarbeit soll über das Projektende hinweg fortgeführt werden. Angestrebt ist, eventuell weitere Partner – zumindest im Rahmen der bisher beteiligt gewesenen Volkshochschu-

---

[41] Landesinstitut für Schule und Weiterbildung (Hrsg.): Qualitätsmanagement in der Weiterbildung – Ein Leitfaden für die Praxis. Soest 2000

[42] Bezirksarbeitsgemeinschaft Arnsberg des Landesverbandes der Volkshochschulen von Nordrhein-Westfalen e.V.: Gründung eines Qualitätsnetzwerks für Volkshochschulen – Projektbericht. Dortmund 1999

len – in bereits bestehende Kooperationen zu integrieren. Längerfristig ist ein landesweites Kooperationsnetzwerk angestrebt.[43]

- Weiterbildungsdatenbanken: Zur Transparenz des Weiterbildungsangebots stehen in Nordrhein-Westfalen zwei Datenbanken zur Verfügung, und zwar in Köln und Hagen. Schwerpunkt in Köln ist der Bereich „Bildungsurlaub". Das Landesinstitut für Schule und Weiterbildung ist z. Z. dabei, eine Datenbank zu den 548 Einrichtungen der Weiterbildung in Nordrhein-Westfalen für das INTERNET unter dem Stichwort „Einrichtungsverzeichnis Online" aufzubauen.[44]

Weiterbildungsberatungsstellen gibt es in folgenden Städten in NRW:

Detmold (Bildungsberatung an der VHS Detmold),
Dortmund (Bildungsberatung an der VHS Dortmund),
Düsseldorf (Bildungsberatung Düsseldorf),
Essen (Beratungsstelle für Weiterbildung Essen),
Gütersloh (Bildungs- und Schulberatung Kreis Gütersloh),
Hagen-Vorhalle (Weiterbildungsberatung Hagen-Vorhalle),
Köln (Amt für Weiterbildung – VHS Köln),
Münster (Bildungsberatung Münster).
In Marl ist ein Projekt „Lernzentren" geplant, das seine Beratung auf das tatsächlich vorhandene Angebot abstellt.[45]

Stichworte: Gesetz zur Modernisierung der Weiterbildung; Erstes Gesetz zur Ordnung und Förderung der Weiterbildung im Lande Nordrhein-Westfalen (Weiterbildungsgesetz – WbG); Gesetz zur Freistellung von Arbeitnehmern zum Zwecke der beruflichen und politischen Weiterbildung – Arbeitnehmerweiterbildungsgesetz (AWbG); Gesetz zur Änderung des Arbeitnehmerweiterbildungsgesetzes (AWbG); Gleichbehandlung der Weiterbildungsbereiche; Zusammenarbeit der Einrichtungen; Hauptberuflichkeit und Hauptamtlichkeit des Personals; Anerkennung von Einrichtungen als Fördervoraussetzung; Weiterbildungskonferenzen und Regionalkonferenzen als Instrumente des Wirksamkeitsdialogs; Pflichtangebot der Volkshochschulen; Änderung der Zuständigkeiten der Ministerien; Empfehlung des Landesausschusses für Berufsbildung des Landes Nordrhein-Westfalen zur „Qualitätssicherung in der beruflichen Weiterbildung"; Unterstützung der Landesregierung bei der Umsetzung von Landesprogrammen durch die G.I.B. Gesellschaft für innovative Beschäftigungsförderung; ESF-kofinanzierte Arbeitsmarktpolitik: regionale arbeitsmarktpolitische Rahmenkonzeptionen aus 30 Arbeitsmarktregionen; Erarbeitung von Zielvereinbarungen zwischen Land und Regionen; neue ESF-Verordnung mit fünf Politikfeldern; Ergebnisindikatoren als

---

[43] Bezirksarbeitsgemeinschaft Arnsberg des Landesverbandes der Volkshochschulen von Nordrhein-Westfalen e. V.: Ausbau und Stärkung eines Qualitätsnetzwerks für Volkshochschulen – Projekt-Bericht 2 1999-2000. Dortmund 2000

[44] Internet-Adresse: www.learn-line.nrw.de/angebote/wbg

[45] Angaben des Landesinstituts für Schule und Weiterbildung, Oktober 2000

Gegenstand der Zielvereinbarungen; Gender-Mainstreaming als Querschnittsaufgabe; Förderrichtlinie; Erhebung von Strukturdaten des Arbeitsmarktes; Stärken-/Schwächenanalyse; Bottom-up-Ansatz durch regionalisierte strukturelle Planung der Arbeitsmarktpolitik; Aufgaben des Landesinstituts für Schule und Weiterbildung; Evaluation der Weiterbildungslandschaft in NRW durch Expertengruppe; QUATRO-Projekte zur Qualitätssicherung in der Weiterbildung; Pilotprojekt „Qualitätszirkel in der Weiterbildung"; Projekt „Qualitätssicherung und -entwicklung der Familienbildungsstätten im Bistum Aachen"; Innovationsprojekte; Innovationsfonds; VHS-Aktivitäten/Projekte zur Qualitätssicherung; Weiterbildungsdatenbanken; Weiterbildungsberatungsstellen

Nordrhein-Westfalen

WbG
Erstes Gesetz zur Ordnung und Förderung der Weiterbildung im Lande Nordrhein-Westfalen
– Weiterbildungsgesetz – WbG –
in der Fassung vom 1. Januar 2000

AWbG
Gesetz zur Freistellung von Arbeitnehmern zum Zwecke der beruflichen und politischen Weiterbildung
– Arbeitnehmerweiterbildungsgesetz –
in der geänderten Fassung vom 28. März 2000

Förderung durch
Ministerium für Arbeit, Soziales, Qualifikation und Technologie (MASQT), zuständig für:
– allgemein. Weiterb.
– berufliche Weiterb.
– politische Weiterb.

Gremien /Institutionen
– Regionalkonferenz
– Weiterbildungskonferenz

Wirksamkeitsdialog

Förderung von
– anerkannten Einrichtungen der Weiterbildung
– Maßnahmen der allgemeinen und beruflichen Weiterbildung
– ESF-kofinanzierten Maßnahmen

Landesinstitut für Schule und Weiterbildung (Supporteinrichtung)
– Expertengremium: Förderempfehlungen für Projekte
– Begleitung/Beratung von Einrichtungen und (Innovations-)Projekten zur Qualitätssicherung
– Vorschläge zur Gestaltung von Regionalkonferenz und Wirksamkeitsdialog

G.I.B. Gesellschaft für innovative Beschäftigungsförderung (Supporteinrichtung)
Im Auftrag des Landes
– konzeptionelle Entwicklung,
– Beratung,
– Umsetzung,
– Finanzierung,
– Controlling
arbeitsmarktpolitischer Programme und Projekte

Instrumente der Qualitätssicherung
– Anerkennungsvoraussetzungen für Einrichtungen (WbG)
– Anerkennungsvoraussetzungen für Bildungsveranstaltungen (AWbG)
– Empfehlung zur QS in der beruflichen WB
– Fördergrundsätze
– Förderrichtlinie
– neue ESF-Verordnung
– Ergebnisindikatoren
– region. arbeitsmarktpol. Rahmenkonzeptionen
– regionle Zielvereinbarungen
– begleitende Evaluation
– Leitfaden zur Selbstbewertg.
– Fragebogen zur Potenzialanalyse
– Mindestinhaltsverzeichnis für Qualitätshandbuch
– QM in der WB – Ein Leitfaden für die Praxis

Innovationsfonds

Weitere Aktivitäten und Besonderheiten zur Qualitätssicherung auf Landesebene
– Landesinstitut für Schule und Weiterbildung (LSW)
– Ergebnisse einer Entwicklungsgruppe: QS in der Weiterbildung
– Evaluation der Weiterbildungslandschaft
– QUATRO-Projekte
– Pilotprojekt „Q-Zirkel"
– Projekt „QS und -entwicklung der Familienbildungsstätten im Bistum Aachen
– Innovationsprojekte
– VHS-Projekte
– Weiterbildungsdatenbank
– Weiterbildungsberatungsstellen

© Bundesinstitut für Berufsbildung, AB 3.1, B. Melms

2.11 Rheinland-Pfalz

I. Gesetzliche Situation

Den gesetzlichen Rahmen für qualitätssteuernde Maßnahmen in der (beruflichen) Weiterbildung bieten in Rheinland-Pfalz

- das **Weiterbildungsgesetz** vom 17. November 1995 mit Landesverordnung zur Durchführung des Weiterbildungsgesetzes (WBGDVO) vom 5. Februar 1996 und

- das Landesgesetz über die Freistellung von Arbeitnehmerinnen und Arbeitnehmern für Zwecke der Weiterbildung (**Bildungsfreistellungsgesetz**) vom 30. März 1993, geändert durch das Weiterbildungsgesetz vom 17. November 1995 mit Landesverordnung zur Durchführung des Bildungsfreistellungsgesetzes (BFGDVO) vom 8. Juni 1993.

Beide Gesetze sowie die jeweiligen Landesverordnungen zur Durchführung der Gesetze sind in einer Broschüre enthalten. Herausgeber ist das Ministerium für Bildung, Wissenschaft und Weiterbildung (aktuell: Ministerium für Wissenschaft, Weiterbildung, Forschung und Kultur).[1]

Im Vorwort der o. g. Broschüre heißt es: „ Das Bildungsfreistellungsgesetz ist für die Beschäftigten eine Möglichkeit, ihre berufliche und persönliche Perspektive zu verbessern, für die Wirtschaft eine Chance, Qualifikation und Wettbewerbsfähigkeit zu steigern und für die Gesellschaft ein Beitrag zur Verwirklichung von Mitgestaltung und Chancengerechtigkeit.

Mit dem novellierten Weiterbildungsgesetz werden die Rahmenbedingungen für die Weiterbildung der Bürgerinnen und Bürger in Rheinland-Pfalz verbessert, die Qualität und Effektivität der Weiterbildung gesteigert und das Förderungsverfahren entbürokratisiert."[2]

Das **Bildungsfreistellungsgesetz** definiert in § 3 die anerkannten Veranstaltungen der Bildungsfreistellung. Für die berufliche Weiterbildung heißt es: „(2) Berufliche Weiterbildung dient der Erneuerung, Erhaltung, Erweiterung und Verbesserung von berufsbezogenen Kenntnissen, Fertigkeiten und Fähigkeiten. Sie ist nicht auf die bisher ausgeübte Tätigkeit beschränkt und schließt auch die Vermittlung von Schlüsselqualifikationen und Orientierungswissen ein." Und weiter: „(4) Berufli-

---

[1] Ministerium für Bildung, Wissenschaft und Weiterbildung, Referat für Presse- und Öffentlichkeitsarbeit (Hrsg.): Rheinland-Pfalz Weiterbildungsgesetz, Bildungsfreistellungsgesetz. Mit Durchführungsverordnungen. Mainz , o. J.

[2] Vgl. Fn 1), S. 5

che und gesellschaftspolitische Weiterbildung oder deren Verbindung dienen insbesondere auch der Gleichstellung von Mann und Frau."

§ 7 des Bildungsfreistellungsgesetzes nennt die Voraussetzungen für die Anerkennung von Veranstaltungen, die auf Antrag durch eine vom Ministerium für Wissenschaft und Weiterbildung zu bestimmende Stelle gewährt wird. Bildungseinrichtungen des Landes, nach dem Weiterbildungsgesetz anerkannte Volkshochschulen, Landesorganisationen der Weiterbildung in freier Trägerschaft und Heimbildungsstätten, Einrichtungen der nach dem Berufsbildungsgesetz zuständigen Stellen und Einrichtungen von anerkannten Trägern der freien Jugendhilfe gelten als entsprechend qualifiziert. Die *Anerkennungsvoraussetzungen* beziehen sich auf folgende Aspekte:

- Die Veranstaltungen müssen der beruflichen oder gesellschaftspolitischen Weiterbildung oder deren Verbindung dienen;

- sie müssen im Einklang stehen mit der freiheitlich-demokratischen Grundordnung im Sinne des Grundgesetzes und mit der Verfassung für Rheinland-Pfalz;

- sie sollen mindestens drei Tage in Block- oder Intervallform durchgeführt werden und müssen in der Regel mindestens je Tag durchschnittlich sechs Unterrichtsstunden umfassen;

- sie müssen in der organisatorischen und fachlich-pädagogischen Durchführung der Einrichtung liegen, die die Anerkennung beantragt. Die Einrichtung hat hinsichtlich ihrer Ausstattung, Lehrkräfte, Bildungsziele und Qualität ihrer Bildungsarbeit eine sachgemäße Weiterbildung zu gewährleisten;

- sie müssen offen zugänglich sein (Veröffentlichung der Veranstaltung ist Voraussetzung), die Teilnahme muss freiwillig erfolgen und darf nicht abhängig gemacht werden von Religionsgemeinschaft, Partei, Gewerkschaft oder sonstigen Vereinigungen oder Institutionen.

§ 7 Abs. 2 des Bildungsfreistellungsgesetzes nennt die in grundsätzlichen Fragen des Anerkennungsverfahrens Beteiligten: Vertreter der Spitzenorganisationen der Arbeitgeberverbände und der Gewerkschaften, der Kammern sowie des Landesbeirats für Weiterbildung nach dem Weiterbildungsgesetz.

Für die Teilnehmer/innen an Bildungsveranstaltungen nach dem Bildungsfreistellungsgesetz wird damit deutlich, dass den Veranstaltungen ein Interessenskonsens zu Grunde liegt.

Mit diesen Mindestanforderungen an Bildungsveranstaltungen im Rahmen von Bildungsfreistellung leistet der Gesetzgeber einen Beitrag zum Schutz der Teilnehmenden.

Die Landesregierung legt dem Landtag alle zwei Jahre, erstmalig zum 1. April 1995, einen Bericht über Inhalte, Formen, Dauer und Teilnahmestruktur der Bildungsfreistellung vor (§ 9 Bildungsfreistellungsgesetz).

Im **Weiterbildungsgesetz** werden zur Sicherung der Qualität der Weiterbildung folgende *Gremien* benannt:

Landesbeirat für Weiterbildung (§§ 21 u. 22 WBG): Er hat u. a. die Aufgabe, „das fachlich zuständige Ministerium in allen grundsätzlichen Fragen der Weiterbildung (zu beraten)". Laut § 22 Abs. 3 „fördert (er) die Zusammenarbeit in der Weiterbildung ... mit dem Ziel einer landesweiten Entwicklung und Qualitätssicherung der Weiterbildung". Neben weiteren Aufgaben wird die „Entwicklung von Qualitätskriterien für die Maßnahmen der Weiterbildung sowie für die Weiterbildung des Weiterbildungspersonals" aufgeführt.

Statistikkommission (§ 23 WBG): Sie ist ein weiteres Gremium zur „Sicherung der Qualität der Weiterbildung", angesiedelt beim Landesbeirat für Weiterbildung und nimmt folgende Aufgaben wahr (Abs. 2):

- Sie berät das fachlich zuständige Ministerium bei der Entwicklung von Kriterien für die Erstellung der Weiterbildungsstatistik.
- Sie prüft die statistischen Mitteilungen der anerkannten Volkshochschulen und Landesorganisationen und erarbeitet eine fachliche Stellungnahme.
- Sie gibt zum 1. Dezember jeden Jahres dem fachlich zuständigen Ministerium eine Empfehlung für die Verteilung der Zuwendungen zum Betrieb nach § 14 WBG, die die anerkannten Volkshochschulen, Landesorganisationen und Heimbildungsstätten für das jeweils folgende Kalenderjahr erhalten können.

Beiräte für Weiterbildung – als weiteres im Weiterbildungsgesetz genanntes Gremium – sind für kreisfreie Städte und Landeskreise zuständig und „haben in ihrem Tätigkeitsbereich im Interesse bedarfsgerechter Bildungsangebote zu einer Zusammenarbeit in der Weiterbildung, insbesondere von anerkannten Volkshochschulen und Landesorganisationen sowie Einrichtungen anderer Bildungsbereiche beizutragen" (§ 25 Abs. 1 WBG). Zu ihren weiteren Aufgaben gehören (§ 25 Abs. 2 WBG):

1. gemeinsame Herausgabe von Informationen, die über die Weiterbildungsangebote aller im Stadt- oder Kreisgebiet tätigen anerkannten Volkshochschulen und Landesorganisationen Auskunft geben,

2. Mitwirkung bei der Planung von Verbundsystemen zum Aufbau von regionalen Datenbanken und zur Information und Beratung der an Weiterbildung Interessierten,

3. Hilfestellung beim Ermitteln des jeweiligen Bedarfs an Weiterbildung,

4. Prüfung der Möglichkeiten einer arbeitsteiligen, terminlichen und thematischen Abstimmung ihrer Programme,

5. Anregung gemeinsamer Veranstaltungen und Maßnahmen der Werbung sowie die Unterstützung bei der Planung und Durchführung und

6. Regelung der gemeinsamen Nutzung von Räumen, Gebäuden sowie Lehr- und Lernmitteln.

In den Beiräten für Weiterbildung sind paritätisch vertreten:

1. die anerkannten Volkshochschulen,

2. die im Stadt- oder Kreisgebiet tätigen anerkannten Landesorganisationen,

3. die kreisfreie Stadt oder der Landkreis,

4. andere im Stadt- oder Kreisgebiet tätige Einrichtungen der Weiterbildung, insbesondere der Hochschulen, sofern von diesen ein Mitglied benannt wird,

5. die kommunalen Frauenbeauftragten.

Des Weiteren sieht das Weiterbildungsgesetz vor, dass „Zuwendungen für *regionale Weiterbildungszentren* gewährt werden. Voraussetzung hierfür ist, dass diese Zentren insbesondere

1. der Förderung der Kooperation in der Weiterbildung,

2. der bürgernahen Information und Beratung über Weiterbildung,

3. dem Aufbau von Informationssystemen der Weiterbildung und

4. der Verstärkung der Öffentlichkeitsarbeit für Weiterbildung

dienen." (§ 26 WBG)

Die Aufgaben dieser im Weiterbildungsgesetz verankerten Gremien, insbesondere die ausdrücklich benannte Erarbeitung von Qualitätskriterien für Maßnahmen sowie für die Weiterbildung des Personals, die Beratungsfunktion bei der Verteilung von Zuwendungen und die die Kooperation von Einrichtungen der Weiterbildung fördernden Aktivitäten haben qualitätssteuernden Charakter und können die Entwicklung einer bedarfsgerechten Weiterbildung unterstützen.

Das Weiterbildungsgesetz macht in seinen Allgemeinen Grundsätzen (§§ 1-6) auch Ausführungen, die für die *Volkshochschulen*, Landesorganisationen und Heimbildungsstätten gelten.

Qualitätsrelevant – auch für die Volkshochschulen – ist der § 1 Abs. 2 WBG, in dem es heißt:

„Weiterbildung im Sinne des Gesetzes umfasst organisiertes Lernen in den gleichrangigen und gleichwertigen Bereichen der allgemeinen, politischen und beruflichen Weiterbildung, soweit sie nicht Schule oder Hochschule, Berufsausbildung oder der außerschulischen Jugendbildung durch Gesetz, Rechts- oder Verwaltungsvorschriften zugeordnet oder soweit sie nicht durch besondere Rechtsvorschriften erfasst ist."

Insbesondere § 3 Abs. 2 WBG nennt ausdrücklich grundlegende Konditionen für Volkshochschulen sowie Landesorganisationen und deren Einrichtungen, die als Mindeststandards gesehen werden können:

„Volkshochschulen sowie Landesorganisationen und deren Einrichtungen müssen durch Art und Umfang der Tätigkeit, Struktur und Organisation sowie durch die räumliche, sachliche und personelle Ausstattung eine planmäßige und kontinuierliche Weiterbildung gewährleisten. Sie sollen ihre Aufgabe so wahrnehmen, dass die Grundrechte von Frauen und Männern auf Gleichberechtigung gewährleistet und bestehende Benachteiligungen von Frauen beseitigt werden. Die Programmplanung soll so gestaltet sein, dass die Teilnahme an Veranstaltungen auch für Personen mit Familienarbeit möglich ist."

Darüber hinaus wird die Anerkennung für jede der drei Typen von Einrichtungen der Weiterbildung im Gesetz geregelt. In § 4 Absatz 2 heißt es u. a. hierzu: „Die anerkannten Volkshochschulen, Landorganisationen und Heimbildungsstätten sind berechtigt, neben ihrer Bezeichnung den Zusatz „Gemäß rheinland-pfälzischem Weiterbildungsgesetz anerkannt" zu führen ... "

§ 8 Abs. 1 nennt zwölf Voraussetzungen, die zu erfüllen sind, wenn eine Volkshochschule anerkannt werden will, z. B. wenn sie

- „ihre Arbeitsprogramme, Arbeitsergebnisse und Finanzierung gegenüber dem Land offen legt",
- „sich verpflichtet, im jeweiligen Beirat für Weiterbildung ... mitzuarbeiten",
- „sich verpflichtet, die notwendigen Angaben für die Weiterbildungsstatistik nach § 29 zur Verfügung zu stellen",
- „eine hauptberufliche pädagogische Fachkraft im Bereich der Weiterbildung beschäftigt".

Bei Erfüllung der zwölf in § 8 genannten Anerkennungsvoraussetzungen fördert das Land die Volkshochschule durch Gewährung

1. einer Grundförderung zu

   a) den Personalkosten für hauptberufliche pädagogische Fachkräfte, die für sie im Bereich der Weiterbildung tätig sind,

b) den Kosten der Geschäftsstelle des Verbandes der Volkshochschulen von Rheinland-Pfalz e. V.,

2. einer Angebotsförderung für die Planung und Durchführung von Maßnahmen der Weiterbildung (Zuwendungen zum Betrieb).

Laut § 9 Abs. 3 WBG erhält der Verband der Volkshochschulen von Rheinland-Pfalz e. V. „für die Koordination und Förderung der Maßnahmen der Weiterbildung der ihm angehörenden anerkannten Volkshochschulen einen Personalkostenzuschuss für eine hauptberufliche pädagogische Fachkraft so wie weitere Zuwendungen in Höhe von 20 v. H. der Förderung für die Personalkosten der hauptberuflichen pädagogischen Fachkräfte ... "

Des Weiteren muss sich der Verband verpflichten, die anerkannten Volkshochschulen im Landesbeirat für Weiterbildung zu vertreten.

In diesen Paragraphen wird deutlich, dass durch Förderung der Professionalität des Personals, durch Herstellung von Transparenz des Weiterbildungsangebots sowie durch verbandsinterne Kontrolle versucht wird, steuernd auf die Qualitätsentwicklung und -sicherung der Maßnahmen einzuwirken.

(Näheres zu qualitätsrelevanten Aktivitäten der Volkshochschulen siehe unter Punkt III. dieses Beitrags.)

Bei der Definition von Maßnahmen der Weiterbildung werden in § 3 der **Durchführungsverordnung zum Weiterbildungsgesetz** neben quantitativen und qualitativen Kriterien auch Aspekte wie Kooperation von Bildungsträgern sowie Information und Öffentlichkeit genannt, die zur Qualitätsverbesserung von Weiterbildungsmaßnahmen beitragen können:

„(2) Organisiertes Lernen findet in Maßnahmen statt, die zu einer bestimmten Thematik nach didaktischen und methodischen Prinzipien unter besonderer Berücksichtigung des Lernverhaltens von Erwachsenen von dazu geeigneten Mitarbeiterinnen und Mitarbeitern geplant und durchgeführt werden. Die Zahl der Teilnehmenden an einer Maßnahme der Weiterbildung soll acht nicht unterschreiten und 60 nicht überschreiten; in begründeten Ausnahmefällen kann die Obergrenze überschritten und die Untergrenze bis auf fünf Teilnehmende gesenkt werden."

„(3) ... Bei Kooperationen untereinander oder mit anderen Einrichtungen der Weiterbildung kann sie (die pädagogische Verantwortung, *d. Verf.*) gemeinsam wahrgenommen werden."

„(4) Die Maßnahmen der Weiterbildung müssen in der Presse oder durch öffentlich zu verteilendes Informationsmaterial oder in sonstiger entsprechend geeigneter Weise bekannt gegeben werden. Aus der Veröffentlichung müssen der Veranstalter sowie Thema, Ort und Termin der Maßnahme der Weiterbildung ersichtlich sein.

II. Förderung der (beruflichen) Weiterbildung aus Landes- und kofinanzierten ESF-Mitteln

1. Förderung aus Landesmitteln

1.1 Ausgangslage und Rahmenbedingungen

Die Förderung von Einrichtungen der Weiterbildung – § 9 (Volkshochschulen), § 12 (Landesorganisationen) sowie § 16 (andere Einrichtungen der Weiterbildung) – ist Bestandteil des Weiterbildungsgesetzes. Voraussetzung für diese Förderung ist die Erfüllung der im Weiterbildungsgesetz genannten Anforderungen zur Anerkennung der Einrichtungen (siehe Kapitel I). Förderer ist das **Ministerium für Wissenschaft, Weiterbildung, Forschung und Kultur.**

In Rheinland-Pfalz ist das **Ministerium für Arbeit, Soziales, Familie und Gesundheit (MASFG)** für die Förderung von arbeitsmarktpolitischen Projekten (dazu zählen auch Maßnahmen der *beruflichen* Weiterbildung) zuständig, die aus Mitteln der Arbeitsmarktpolitik und des ESF gefördert werden.

Im Rahmen der Arbeitsmarktpolitik fördert das Land Projekte, die der Programmatik des ESF und der Arbeitsmarktpolitik des Landes entsprechen. Träger dieser Projekte können Bildungsträger, Arbeitsloseninitiativen, Eingliederungsbetriebe etc. sein. Einige dieser Träger sind Einrichtungen, die nach dem Weiterbildungsgesetz anerkannt sind. Diese Anerkennung ist aber für die Förderung durch das Ministerium für Arbeit, Soziales, Familie und Gesundheit (MASFG) nicht Voraussetzung.

Die vom MASFG bzw. dem ESF geförderten Projekte stellen nur einen Ausschnitt aus dem Bereich der beruflichen Weiterbildung dar.

Das Ministerium für Arbeit, Soziales und Gesundheit des Landes Rheinland-Pfalz[3] hat 1992 das Büro für Sozialplanung Schneider & Kappenstein mit der Durchführung der landesweiten Beratung von Beschäftigungs- und Qualifizierungsmaßnahmen beauftragt. Diese Beratungsstelle – **R**heinland-pfälzische Beratungsstelle, **A**rbeitsmarktintegration Benachteiligter, **T**echnische Hilfe im Europäischen Sozialfonds (RAT) – ist auf der arbeitsmarktpolitischen Ebene zuständig für die Vorprüfung und Beratung von Anträgen auf Fördermittel des Landes (Arbeitsmarktmittel) und der EU (ESF-Mittel). Darüber hinaus hat RAT gemeinsam mit dem Arbeitsministerium und dem Landesamt für Soziales, Jugend und Versorgung einen Prozess der Qualitätssicherung bei den Arbeitsmarktprojekten initiiert. Allerdings hat bis jetzt keine Implementierung oder Veröffentlichung von erarbeiteten Materialien stattgefunden, da der Abstimmungsprozess aller Beteiligten

---

[3] Die Ressortbezeichnung hat sich inzwischen geändert. Deshalb wird in aktuellem Zusammenhang vom „Ministerium für Arbeit, Soziales, Familie und Gesundheit" gesprochen.

noch nicht abgeschlossen werden konnte. Dabei muss berücksichtigt werden, dass durch haushaltsrechtliche Vorgaben bereits Qualitätskriterien von den Trägern vorausgesetzt werden, um eine arbeitsmarktpolitische Projektförderung vornehmen zu können.[4]

Organisiert von RAT, fand die erste rheinland-pfälzische Fachveranstaltung zum Thema „Qualität und Qualitätssicherung" in Trier im September 1996 statt. Diese Tagung gilt als Auftakt für eine landesweit geführte Diskussion um die Entwicklung von Qualitätsstandards unter Einbeziehung von Trägern. Das besondere Interesse galt dabei der Qualität von arbeitsmarktpolitischen Maßnahmen, da die Qualität dieser Maßnahmen – laut Ministerium für Arbeit, Soziales und Gesundheit[5] – wesentlich über deren Förderung entscheide.[6] Der neue Qualitätsbegriff, der die Erfüllung der Kundenerwartung als Qualitätskriterium definiert, stand im Mittelpunkt der Diskussion ebenso wie die Auseinandersetzung mit den Anforderungen eines Qualitätsmanagementsystems nach DIN ISO 9000.

In der Dokumentation der Tagung vom 23.09.1996 „Qualität und Qualitätssicherung"[7] nennt Doris Bartelmes vom Ministerium für Arbeit, Soziales und Gesundheit[8] auf dem Hintergrund der Mittelknappheit in der Arbeitsförderung und der Notwendigkeit einer zielgerichteten und effektiven Mittelnutzung/-verwendung die Eckpfeiler der Qualitätspolitik in Rheinland-Pfalz:

– Arbeitsmarktintegration,

– Zielgruppenorientierung,

– regionale Orientierung,

– Arbeitsmarktanalyse und Strukturentwicklungsplanung,

– Effektivität und Wirtschaftlichkeit,

– Ziel- und Erfolgsdefinition,

– Standardisierung des Berichtswesens.

Die Qualitätskriterien des Landes sollen – gemäß den Ausführungen von D. Bartelmes – ein erster Ansatz für die Erarbeitung endgültiger Kriterien sein.

---

[4] Angaben von RAT vom Oktober 2000 sowie vom MASFG vom Oktober 2001

[5] Vgl. Fn 3)

[6] Rheinland-pfälzische Beratungsstelle – Arbeitsmarktintegration Benachteiligter – Technische Hilfe zum Europäischen Sozialfonds (Hrsg.): Qualität und Qualitätssicherung" – Dokumentation der Tagung vom 23.09.1996 in der Katholischen Akademie in Trier. Trier/Mainz 1996, S. 5

[7] Vgl. Fn 6), S. 23 ff.

[8] Vgl. Fn 3)

RAT und ISM schulen Träger für Verfahren zur Einleitung und Durchführung des Qualitätssicherungsprozesses. Themen der Fortbildungsveranstaltungen sind u. a. „Projektmanagement" und „Selbstevaluation".

Im Jahr 2000 hat RAT den Auftrag zur Beratung infolge einer europaweiten Ausschreibung erhalten.

Das Institut für sozialpädagogische Forschung (ism), Mainz, ist mit der Evaluation der arbeitsmarktpolitischen Maßnahmen/Projekte aus Landes- bzw. ESF-Mitteln beauftragt.

„Das ism evaluiert die mit Mitteln des ESF kofinanzierten arbeitsmarktpolitischen Maßnahmen des Landes Rheinland-Pfalz und erfüllt darüber hinaus Monitoringaufgaben für die landeseigenen Arbeitsmarktprogramme.

Hinsichtlich des ESF handelt es sich sowohl um begleitende als auch abschließende Evaluationsprojekte. Ergebnisse der begleitenden Evaluation werden in erster Linie in Form von Vorträgen, Tagungen und Workshops (Arbeitsmarktbeirat, Trägerinformationsveranstaltungen, Projektemessen etc.) an Auftraggeber und die interessierte Fachöffentlichkeit zurückgespiegelt.

Abschließende Evaluationsstudien werden zur Berichterstattung für die Ebene des Landes, Bundes oder der EU in Form schriftlicher Ausarbeitungen zur Bewertung der Programmumsetzung sowie zur Unterstützung der zukünftigen Programmsteuerung unternommen.[9]

Gemeinsame Grundlage dieser Evaluationstätigkeiten sind die einschlägigen *Leitlinien der EU-Kommission* zur Begleitung und Bewertung der durch die Strukturfonds geförderten arbeitsmarktpolitischen Maßnahmen.[10]

Das *Evaluationsinstrumentarium* basiert auf der EDV-gestützten Erfassung relevanter Daten zum finanziellen und materiellen Verlauf der Maßnahmen (Input/Output) sowie auf der Durchführung von standardisierten Teilnehmer/Teilnehmerinnenbefragungen zum Verbleib nach Maßnahme-Ende. Darüber hinaus geben qualitative Untersuchungsdesigns (Experten/Expertinnengespräche, Interviews mit Teilnehmern und Teilnehmerinnen etc.) weiteren Aufschluss über Effektivität und Effizienz der Interventionen und damit auch über die Qualität der durchgeführten Maßnahmen.

---

[9] Die Evaluationsberichte können – je nach Freigabestatus - bei MASFG angefordert werden.

[10] Förderperiode 1994-1999: z. B. Europäische Kommission: „Gemeinsame Leitlinien für die Begleitung und die Zwischenbewertung" Brüssel, Luxemburg 1996; Operationelles Programm des Landes Rheinland-Pfalz zum Ziel 3; Regionalplan mit operationellem Programm des Landes Rheinland-Pfalz zum Ziel 5b. Förderperiode 2000-2006: z. B. Europäische Kommission: „Leitlinien für die Begleit- und Bewertungssysteme der Interventionen des ESF für den Zeitraum 2000-2006, Brüssel 1999; Einheitliches Programmplanungsdokument Bundesrepublik Deutschland zum Ziel 3 ESF.

Neben den Daten zum finanziellen Verlauf geben insbesondere die betrachteten Indikatoren zum materiellen Verlauf Auskunft über die Qualitätskriterien, die der Bewertung der Programmumsetzung zu Grunde liegen. Für die Förderperiode 1994-1999 waren dies insbesondere:

- Austrittsindikator: Anteil der Teilnehmer und Teilnehmerinnen, die aus Maßnahmen vor deren planmäßigem Ende austreten („Abbrecher")

- Erfolgsindikator: Anteil der Teilnehmer und Teilnehmerinnen, die bis zum planmäßigem Ende der Maßnahme in dieser verweilen sowie Art der erworbenen Zertifikate/Abschlüsse

- Übergangsindikator: Verbleib der Teilnehmer und Teilnehmerinnen unmittelbar (bis 4 Wochen) nach Maßnahme-Ende

    Verbleibsindikator: Verbleib der Teilnehmer und Teilnehmerinnen sechs Monate nach Maßnahme-Ende

- Kontingentindikator: Anteil der erreichten Zielgruppe an Gesamtumfang der Zielgruppe (z. B. arbeitslose Frauen)

Darüber hinaus wurden z. B. in einer Tagungsreihe des ism weitere Ansätze mit den relevanten Akteuren zur Verbleibs- und Erfolgsmessung in Beschäftigungs- und Qualifizierungsmaßnahmen diskutiert, da vor allem Effekte, die jenseits des Verbleibes im Arbeitsmarkt erzielt werden, von den oben genannten Indikatoren nicht abgebildet werden können. Dazu zählen z. B. Steigerung der sozialen Kompetenz, Erwerb von Schlüsselqualifikationen, psychosoziale Stabilisierung.[11]

Durch die Evaluation konnte als wesentliches Problem bei Planung und Durchführung der Maßnahmen die Teilnehmerinnen- und Teilnehmer-Rekrutierung identifiziert werden. Eine Tagungsreihe des ism zu dieser Problematik hat im Mai und Juni 2001 stattgefunden.[12]

Für die Förderperiode 2000-2006 gelten über die bereits genannten Indikatoren hinaus folgende Ansätze:

Über ein bundeseinheitlich eingeführtes Stammblattverfahren werden Individualdaten zu den geförderten Teilnehmern und Teilnehmerinnen, Trägern, Unternehmen sowie weitergehende Daten zu den Projekten selbst erhoben. Ein umfassendes Indikatorenset soll dabei Aufschluss über Planung, Durchführung und Effekte der Maßnahmen geben:

---

[11] Institut für Sozialpädagogische Forschung Mainz e.V. (Hrsg.): Bilanz ziehen – Verbleibs- und Erfolgsmessung in Beschäftigungs- und Qualifizierungsmaßnahmen in Rheinland-Pfalz. Dokumentation einer Workshop-Reihe im Auftrag des Ministeriums für Arbeit, Soziales und Gesundheit Rheinland-Pfalz. Mainz, Dezember 1999

[12] Die Tagungsdokumentation liegt noch nicht vor (Stand: Juli 2001)

- Kontextindikatoren: gesamtwirtschaftliches Umfeld, in dem sich die arbeitsmarktpolitischen Interventionen vollziehen (BIP, BWS, Erwerbsquoten, Arbeitslosenquoten, Ausbildungsplätze u.v.m.)
- Input-Indikatoren: finanzielle und materielle Plandaten; Grundlage für Soll-Ist-Vergleiche
- Verlaufs- bzw. Output-Indikatoren: finanzielle und materielle Istdaten
- Kontingentindikatoren: Anteile der geförderten Zielgruppen an der jeweiligen Gesamtzahl im relevanten Fördergebiet
- Abbruchindikator: Ermittlung der vorzeitigen Beendigung der Maßnahmeteilnahme sowie Abbruchgründe
- Qualitätsindikator: Informationen zur Qualität der durchgeführten Förderung und der Zufriedenheit der Teilnehmerinnen und Teilnehmer (z. B. Wirtschafts- und Praxisnähe der Maßnahme, Praktikum, Betreuungskomponenten etc.)
- Erfolgsindikator: je nach Maßnahmetyp erreichte Anzahl von Abschlüssen, Zertifikaten etc.
- Übergangsindikator: Verbleib der Teilnehmerinnen und Teilnehmer bis 4 Wochen nach regulärem Maßnahme-Ende
- Verbleibsindikator: Verbleib der Teilnehmerinnen und Teilnehmer sechs Monate nach Maßnahme-Ende

Dieses *bundesweit standardisierte Monitoring- und Evaluationskonzept* wird auch in Zukunft um qualitative Untersuchungsansätze ergänzt; dazu zählen u. a. Träger- und Maßnahmenbesuche, Interviews mit Fachanleitern und pädagogischem Personal, Teilnehmer- und Teilnehmerinnenbefragungen.

Die jeweiligen Erkenntnisse fließen in die Maßnahmeplanung und Programmsteuerung wiederum in Form von Workshops etc. ein."[13]

1.2 Förderkriterien und Qualitätskriterien des Förderers für Einrichtungen/Träger und/oder Weiterbildungsmaßnahmen bei der Vergabe von Landesmitteln

Auf der RAT-Fachtagung 1996 (s. o.) konstituierten sich vier Arbeitsgruppen, die sich mit unterschiedlichen Aspekten der Qualitätsentwicklung und Qualitätssicherung in den Projekten auseinander setzten. Die Arbeitsgruppen haben inzwischen *Qualitätskriterien für öffentlich geförderte Beschäftigungs- und Qualifizierungsmaßnahmen*, Grundlagen für ein einheitliches Berichtswesen und Ansatzpunkte für eine Qualitätssicherung durch Selbstevaluation[14] entwickelt.

---

[13] Angaben des Ministeriums für Arbeit, Soziales, Familie und Gesundheit vom Juli 2001

[14] Qualitätssicherung durch Selbstevaluation. Projektmanagement 5, Seminardokumentation. Erscheinungsjahr 1999. Das Instrumentarium kann über RAT, Fischtorstraße 12, 55116 Mainz, bezogen werden.

Die in der Arbeitsgruppe „Dimensionen der Qualität in Beschäftigungs- und Qualifizierungsprojekten" vertretenen Träger führen Beschäftigungs- und/oder Qualifizierungsmaßnahmen durch, die im Rahmen der Arbeitsmarktpolitik des Landes Rheinland-Pfalz und durch den Europäischen Sozialfonds gefördert werden. Sie formulierten *Anforderungen an Träger von Qualifizierungs- und Beschäftigungsmaßnahmen* und an die Zuwendungsgeber betreffs künftiger Förderstrukturen und Verfahren. Darüber hinaus enthält der Katalog zielgruppenorientierte Anforderungen an Qualifizierungs- und Beschäftigungsmaßnahmen. Ziel ist es, „trägerübergreifende Qualitätsstandards" zu erarbeiten, die dem Ministerium für Arbeit, Soziales und Gesundheit vorgeschlagen und gemeinsam abgestimmt werden sollen.[15]

Die Arbeitsgruppe strebt die Erarbeitung eines Qualitätsmanagementsystems an sowie die Bildung einer Steuerungsgruppe, bestehend aus Finanzgeber, Trägern und Evaluatoren.

Im Herbst 1999 hat ein Modellprojekt der „Arbeitsgemeinschaft von Erwerbsloseninitiativen und Eingliederungsbetrieben (AGIB) in Rheinland-Pfalz" begonnen, dessen Grundlage die Ergebnisse der o. g. Arbeitsgruppe sind. Das Modellprojekt wird durch das Ministerium für Arbeit, Soziales, Familie und Gesundheit Rheinland-Pfalz gefördert. Es hat sich folgende Ziele gesetzt:

- den modellhaften Aufbau eines Qualitätsmanagementsystems für Eingliederungsbetriebe,
- die Einführung eines solchen Systems bei den beteiligten Trägern,
- die Sicherung der Übertragbarkeit auf weitere Träger.[16]

1.3 Verfahrensweise bei der Vergabe von Landesmitteln

Folgender Verlauf einer Projektentwicklung, -beantragung und -auswertung zeigt, wie das Ministerium für Arbeit, Soziales, Familie und Gesundheit bei der Vergabe von Landes- bzw. ESF-Mitteln vorgeht[17]:

---

[15] Ebenfalls 1999 haben sich das Ministerium für Arbeit, Soziales und Gesundheit, das Landesamt für Soziales, Jugend und Versorgung, die Träger der arbeitsmarktpolitischen Maßnahmen und RAT auf gemeinsame „Qualitätskriterien für die Durchführung von Beschäftigungs- und Qualifizierungsmaßnahmen" verständigt.

[16] Ein Leitfaden-Entwurf „Qualitätsmanagement-System" (Arbeitspapier) aus dem QM-Projekt liegt vor.

[17] Die folgenden Grafiken und den Text hat das Ministerium für Arbeit, Soziales, Familie und Gesundheit im Juli 2001 für den Übersichtsband zur Verfügung gestellt.

Idealtypischer Verlauf einer Projektentwicklung

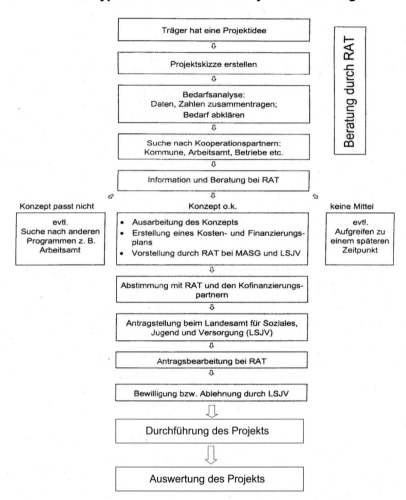

Programmsteuerung

Im jährlichen Rhythmus fordert das Ministerium für Arbeit, Soziales, Familie und Gesundheit Projektträger und arbeitsmarktpolitische Akteure auf, ihre Vorhaben anzumelden. Verbunden mit der Aufforderung ist die Veröffentlichung inhaltlicher bzw. programmatischer Vorgaben. Zu deren Erarbeitung besteht seit 1999 ein Arbeitsmarktbeirat, dem neben dem MASFG, dem Landesamt für Soziales, Jugend und Versorgung (LSJV) und RAT, Vertreter der Sozialpartner (Gewerkschaften, Arbeitgeber, Wohlfahrtsverbände, Landesarbeitsamt, ...) angehören. Die Vorschläge des MASFG für das folgende Programmjahr werden hier diskutiert, Anregungen der Sozialpartner aufgenommen. Erstmals im Programmjahr

2000 wurden neben den programmatischen Vorgaben auch *regionale Budgets* gebildet, deren Höhe sich an verschiedenen Kontextindikatoren orientiert und die neben den programmatisch-inhaltlichen Vorgaben ein zweites Steuerungsinstrument darstellen. Nach einem Schlüssel, der sich aus der absoluten Arbeitslosenzahl sowie der Arbeitslosenquote ergibt, wird das gesamte, für das Jahr zur Verfügung stehende Budget auf die 11 Arbeitsamtsbezirke aufgeteilt. Zuvor wird vom Gesamtbudget ein Anteil für landesweite Maßnahmen abgezogen, so dass es insgesamt 12 Teilgruppen gibt, denen die im Rahmen der Voranmeldung eingehenden Projektanmeldungen zugeordnet werden. Innerhalb der Regionalbudgets erfolgt jedoch keine weitere programmatische Festlegung, um ein hohes Maß an Flexibilität zu sichern.

Antrags-/Bewilligungsverfahren

Zur besseren Planung und zur Vermeidung überflüssiger Arbeiten für die Träger bei der Projektplanung hat sich im Vorfeld des Antragsverfahrens das Einreichen von Voranmeldungen für Projekte als „Interessensbekundung" institutionalisiert. Diese sind deutlich weniger umfangreich als die Anträge, ermöglichen aber einen frühzeitigen Überblick über die von den Trägern geplanten Projekte. Vor dem Hintergrund der programmatischen Vorgaben sowie dem zu erwartenden Bedarf wird durch die Berater von RAT eine Klassifizierung der Projekte in drei Prioritäten vorgenommen:

1. Das Projekt ist nicht förderbar („Priorität 0")

2. Das Projekt ist grundsätzlich förderfähig. Es sollte ein Antrag gestellt werden („Priorität 1")

3. Das Projekt ist momentan nicht förderbar. Die weiteren Entwicklungen können aber dazu führen, dass das Projekt vielleicht doch zu fördern wäre, es sollte von daher in der „Hinterhand" gehalten werden („Priorität 2")

Anhand dieses Klassifikationsrasters werden die Projekte in einer Klausurtagung von RAT, LSJV und MASFG diskutiert. Nicht förderbare Projekte erhalten eine Absage, bei den „Priorität 1"-Projekten erfolgt eine Antragstellung beim LSJV, Projekte der „Priorität 2" werden vorläufig zurückgestellt und möglicherweise zu einem späteren Zeitpunkt genehmigt.

Das Verfahren der Voranmeldung hat dazu geführt, dass Projektideen, die es durchlaufen haben, in aller Regel auch realisiert werden können. Insgesamt liegt der Anteil der über das Voranmeldeverfahren gestellten Anträge bei 70 %, die restlichen 30 % der Anträge werden ohne dieses Verfahren gestellt. Bedenkt man, dass nur 30 % der angemeldeten Projekte bis zur Antragsreife gelangen, ist es naheliegend, dass nicht vorangemeldete Anträge häufiger zu ablehnenden Bescheiden führen. Da es keine festen Antragstermine gibt, sondern Projekte im

Laufe des gesamten Jahres beantragt werden können, wird es auch künftig nicht möglich sein, sämtliche Projekte in das Voranmeldeverfahren einzubeziehen. Allerdings kann auch in diesem Fall eine Beratung bei RAT im Vorfeld der Antragstellung dazu beitragen, nicht förderbare Projektideen bereits in einem frühen Stadium fallen zu lassen bzw. zu modifizieren.

Im Anschluss an das Voranmeldeverfahren erfolgt die eigentliche Antragstellung beim LSJV. Bei Bedarf werden die Träger hierbei von RAT unterstützt. Im LSJV wird auch eine erste Prüfung der Anträge vorgenommen, die anschließend zur weiteren Bearbeitung (anhand eines definierten Kriterienkatalogs) an RAT weitergeleitet werden, wo gegebenenfalls gemeinsam mit den Trägern eine Modifikation des Antrags vorgenommen wird. Am Ende dieses Abstimmungsprozesses erstellt RAT ein Votum zu jeder Maßnahme. Dieses Votum umfasst eine Projektübersicht mit Angaben zu Träger und Projekttitel, geplanter Teilnehmerzahl sowie Laufzeit, Dauer und Durchführungsort des Projekts. Darüber hinaus erfolgt eine Branchenzuordnung sowie eine Beschreibung der Zielgruppe und der Zielsetzung. Des Weiteren beinhaltet das Votum einen Kosten- und Finanzierungsplan, eine Kostenwirtschaftlichkeitsberechnung sowie eine inhaltliche Skizzierung des Projekts. Zur Vorbereitung der Entscheidung beim LSJV trifft RAT zu jedem Projekt eine Empfehlungsaussage, die allerdings für das LSJV nicht bindend ist.

Im LSJV erfolgt die weitere Bearbeitung des Antrags und die Entscheidung über Bewilligung oder Ablehnung eines Projekts.

Maßnahmeverlauf

Mit der Bewilligung des Projekts erfolgt die erste Mittelzuweisung. Weiterer Mittelbedarf wird i.d.R. zu im Bewilligungsbescheid festgesetzten Terminen unaufgefordert durch das LSJV gedeckt. Bei ESF-Projekten müssen die Träger ihren Mittelbedarf im Maßnahmeverlauf durch Mittelanforderungen gegenüber dem LSJV artikulieren. Intensiver ist der Kontakt in dem Fall, dass es unvorhergesehene Änderungen während der Projektlaufzeit gibt, sei es inhaltlicher oder materieller Art. Die Bearbeitung dieser Änderungen erfolgt durch das LSJV, wo gegebenenfalls auch eine Änderung des Bewilligungsbescheides erfolgt.

Des Weiteren werden von den Mitarbeitern des LSJV laufend Projektbesuche durchgeführt. Jährlich werden dabei zumindest so viele Projekte besucht, die zusammen einen Anteil von 5 % der zuschussfähigen Gesamtausgaben repräsentieren. RAT erhält Rückmeldung über das Ergebnis der Besuche.

Auswertung der Maßnahmen – Verwendungsnachweise

Über die Verwendung der Mittel haben die Träger einmal jährlich zum 31.12. bzw. nach Maßnahme-Ende einen Zwischen- bzw. einen abschließenden Verwendungsnachweis (VN) vorzulegen, der sich aus einem zahlenmäßigen Nachweis und einem Sachbericht zusammensetzt. Dabei wird ein standardisierter Verwendungsnachweis für sämtliche Projekte eingesetzt.

Die Prüfung der Verwendungsnachweise erfolgt im LSJV. Die Daten der VN-Prüfung von ESF-Projekten werden dem MASFG übermittelt, das auf dieser Basis die Restzahlungsanträge erstellt.

Das mit der Evaluation beauftragte Institut für sozialpädagogische Forschung Mainz e.V. (ism) erfasst die Daten der Verwendungsnachweise vor Ort im LSJV in einer Datenbank, führt Plausibilitätsprüfungen und z.T. Nacherhebungen durch und stellt dem MASFG laufend Zwischenergebnisse der Erfassung und Bewertung zur Verfügung.

Im Laufe der Jahre hat sich eine relativ transparente Organisationsstruktur entwickelt (vgl. Abbildung). Durch die Ausdifferenzierung von vier Fachreferaten im Ministerium für Arbeit, Soziales, Familie und Gesundheit (MASFG)und die Ausweitung, Spezifizierung und Regionalisierung der Unterstützungs- und Beratungsaufgaben der „Rheinland-pfälzischen Beratungsstelle – Arbeitsmarktintegration Benachteiligter – Technische Hilfe zum Europäischen Sozialfonds" (RAT) haben sich die Ressourcen zur programmatischen Reflexion und zum Diskurs mit den Akteuren ebenso verbessert wie die Abläufe im Beratungs-, Beantragungs- und Bewilligungsgeschehen strukturiert wurden.

Hier sind vor allem durch die vollständige Delegation der entsprechenden Verwaltungsaufgaben zur Projektabwicklung an das Landesamt für Soziales, Jugend und Versorgung (LSJV) seit 1997 die Voraussetzungen für eine effektive und zeitnahe Abwicklung geschaffen worden.

Im Zusammenhang mit den Bestrebungen, die Steuerungskapazitäten durch systematische Begleitung und Bewertung des Fördergeschehens und seiner Ergebnisse zu erhöhen, steht die Zusammenarbeit des Landes mit wissenschaftlichen Instituten, die mit der Entwicklung und Implementation von EDV-Systemen zur Erfassung und Bewertung von Aufwand und Ertrag sowie der Evaluation von Wirkungen der arbeitsmarktpolitischen Anstrengungen beauftragt sind.

Organisation der Arbeitsmarktpolitik in Rheinland Pfalz

Erfahrungen der Träger mit der administrativen Abwicklung der Projekte

Die beschriebene Optimierung der organisatorischen Abläufe in der rheinland-pfälzischen Arbeitsmarktpolitik wird von den Trägern begrüßt. Die Institutionalisierung von Verfahrensabläufen von der Voranmeldung, Beratung, Antragstellung bis hin zum Verwendungsnachweisverfahren hat zwar einerseits den zu erbringenden Aufwand erhöht, andererseits zu einer größeren Transparenz und Klarheit bezüglich der Anforderungen geführt. Erhöht wird der Aufwand noch dadurch, dass Projektjahr und Kalenderjahr häufig nicht identisch sind, weswegen für ein Projekt oftmals zwei Verwendungsnachweise und Sachberichte erstellt werden müssen. Andererseits ist die Angleichung der Projektlaufzeit an das Kalenderjahr nicht unbedingt von Vorteil, da für viele Berufsgruppen die Chancen auf eine Vermittlung im Dezember und Januar besonders schlecht sind. Grundsätzlich ist es häufig schwierig, überhaupt von festen Projektlaufzeiten zu sprechen, da insbesondere in solchen Projekten, die seit mehreren Jahren wiederholt durchgeführt werden, bedingt durch zwischenzeitliche Vermittlungen und das Ausscheiden einzelner Teilnehmerinnen bzw. Teilnehmer eine permanente Teilnehmerfluktuation eingesetzt hat. Konzeptionell wird dieser Tatsache durch die Träger inzwischen mit einer stärkeren Modularisierung von Qualifizierungsinhalten begegnet, um so für alle Teilnehmerinnen und Teilnehmer die nötigen Qualifizierungsanteile gewährleisten zu können.

2. Förderung aus Mitteln des ESF

2.1 Ausgangslage und Rahmenbedingungen

1997 wurde in Rheinland-Pfalz das Vergabeverfahren für ESF-Mittel geändert, die Zuständigkeiten gingen vom Ministerium für Arbeit, Soziales und Gesundheit an das Landesamt für Soziales, Jugend und Versorgung. Die Rheinland-pfälzische Beratungsstelle, Arbeitsmarktintegration Benachteiligter, Technische Hilfe im Europäischen Sozialfonds (RAT) hat auch hier die Beratungsfunktion übernommen.

Für die Jahre 2000-2003 ist RAT beauftragt, die Technische Hilfe im Sinne der landesweiten Beratung wahrzunehmen. Die Beauftragung erfolgte nach einer europaweit durchgeführten Ausschreibung.

Aufgabe der Technischen Hilfe ist:

- Regionale Akteure und Projektträger bei der Entwicklung von Maßnahmen zu unterstützten,
- Begleitsysteme und Controlling-Verfahren zu unterhalten und weiterzuentwickeln,
- Informationsverbreitung und Erfahrungsaustausch zu fördern,
- Bewertungsmethoden zu verbessern und die Rückkoppelung der Bewertung zu sichern.

Die Verantwortung für die Maßnahmen der Technischen Hilfe in Rheinland-Pfalz liegt beim Ministerium für Arbeit, Soziales, Familie und Gesundheit.

Mit der Evaluation der Maßnahmen ist das Institut für Sozialpädagogische Forschung an der Universität Mainz (ism)[18] betraut.[19]

Für die Förderperiode 2000 bis 2006 gelten für Rheinland-Pfalz – ebenso wie bereits für die anderen Bundesländer genannt – die sechs ESF-Politikbereiche, auf die die Finanzmittel entfallen sollen. Das für die Vergabe von Mitteln im Rahmen der ESF-Förderung zuständige Ministerium für Arbeit, Soziales, Familie und Gesundheit (MASFG) von Rheinland-Pfalz macht auf seiner Homepage (www.masfg.rlp.de) Ausführungen zu der rheinland-pfälzischen ESF-Programmatik.

Es wird u. a. darauf hingewiesen, dass die Planung für die aktuelle Förderperiode „die Weiterentwicklung bewährter Ansätze und Trägerstrukturen vorsieht, auch unter Berücksichtigung der dort geschaffenen Arbeitsplätze."

Die Anpassung der Förderschwerpunkte an die aktuelle wirtschaftliche Lage und die Arbeitsmarktentwicklungen wird das Ministerium für Arbeit, Soziales, Familie und Gesundheit auf der Basis eines zeitnahen Arbeitsmarkt-Monitorings und unter Beachtung der Beteiligungsverfahren steuern. Die Abstimmung mit der Arbeitsverwaltung und den weiteren Akteuren vor Ort erfolgt durch die regionalisierte Beratung und die institutionalisierte Zusammenarbeit mit dem Ministerium für Arbeit, Soziales, Familie und Gesundheit.

Die rheinland-pfälzische Landesregierung verfolgt – so die Ausführungen auf der o. g. Homepage – ein integriertes Konzept der Beschäftigungssicherung zur Bekämpfung der Arbeitslosigkeit, zur Schaffung neuer, zukunftsfähiger Arbeitsplätze. Zur administrativen Sicherung dieses integrierten Konzepts ist eine Beteiligung der entsprechenden Ressorts vorgesehen. Unter Federführung des Ministeriums für Arbeit, Soziales, Familie und Gesundheit ist eine interministerielle Arbeitsgruppe gebildet worden, die sich mit der Programmplanung und der Umsetzung des Zieles 3 befasst. Ziel ist, auf der Ebene der Landesregierung eine abgestimmte, transparente Arbeitsmarkt- und Beschäftigungspolitik zu sichern. Ein abgestimmtes Verfahren soll dazu beitragen, „die Menschen in Rheinland-Pfalz bestmöglich aus-, fort- und weiterzubilden, ihre Qualifikationen zu erhöhen, sie in Arbeit zu bringen und zu halten und neue Arbeitsplätze zu schaffen."[20]

Um die Beteiligung der Wirtschafts- und Sozialpartner zu sichern, wurde in Rheinland-Pfalz ein *Begleitgremium zum Ziel 3* installiert. Es setzt sich zusammen aus:

---

[18] Näheres zu den Monitoring- und Evaluationsaufgaben des ism siehe auch unter Punkt 1.1 dieses Beitrags

[19] Aus: Der Europäische Sozialfonds in Rheinland-Pfalz. INTERNET: www.masfg.rlp.de

[20] Vgl. Fn 14)

Gewerkschaften, Arbeitgeberverbänden, Kammern, kommunalen Spitzenverbänden sowie der LIGA der Spitzenverbände der Freien Wohlfahrtspflege.[21]

2.2 Förderkriterien und Qualitätskriterien des Förderers für Einrichtungen/Träger und/oder Weiterbildungsmaßnahmen bei der Vergabe von kofinanzierten ESF-Mitteln

Über die üblichen Förderkriterien des ESF hinaus werden auch bei der Vergabe von ESF-Mitteln Qualitätskriterien angewendet, wie sie für die Vergabe von Landesmitteln erarbeitet wurden (siehe auch Punkte 1.1 bis 1.3 dieses Beitrags).

2.3 Verfahrensweise bei der Vergabe von kofinanzierten ESF-Mitteln

Das Procedere bei der Vergabe von ESF-Mitteln ist das gleiche wie bei der Vergabe von Landesmitteln. Zusätzlich gelten die Verordnungen und Richtlinien der Europäischen Kommission bezüglich der Förderung aus ESF-Mitteln (siehe auch Punkt 1.3 dieses Beitrags).[22]

III. Weitere Aktivitäten und Besonderheiten zur Qualitätssicherung auf Landesebene

- Das für die *Volkshochschulen* zuständige Ministerium ist das Ministerium für Wissenschaft, Weiterbildung, Forschung und Kultur.

Der Verband der Volkshochschulen von Rheinland-Pfalz hat 1995 *Qualitätsprinzipien des Volkshochschulangebots* entwickelt und auf seiner Mitgliederversammlung verabschiedet.[23] Die entwickelten Qualitätskriterien beziehen sich auf die Einrichtungs-, die Durchführungs- und die Erfolgsqualität. Sie sind als Arbeitshilfe für die Volkshochschulen vor Ort gedacht gewesen. Der Landesverband unterstützt die Volkshochschulen zur Sicherung der Durchführungsqualität z. B. mit Maßnahmen der Mitarbeiterfortbildung und der Entwicklung von landes- bzw. bundeseinheitlichen Rahmenlehrplänen in der beruflichen Weiterbildung (z. B. Xpert-Europäischer Computerpass).[24]

Als Kriterien für die *Einrichtungsqualität* werden genannt:

---

[21] Vgl. Fn 14)

[22] Einzelheiten sind auch der Hompage des MASFG zu entnehmen: www.masfg.rlp.de

[23] Verband der Volkshochschulen von Rheinland-Pfalz e.V. (Hrsg.): Qualitätsprinzipien des Volkshochschulangebots, erarbeitet vom Pädagogischen Ausschuss und verabschiedet auf der Mitgliederversammlung am 6. Mai 1995 in Neuwied

[24] Angaben des Verbandes der Volkshochschulen von Rheinland-Pfalz e.V. vom Juni 2001

- Qualität und Quantität der personellen Ausstattung
- Wirtschaftliche Situation/Finanzkraft
- Bildungsangebot vor Ort
- Breite der Angebotspalette
- Kontinuität des Angebots
- Flexibilität bei der Angebotsplanung
- Weiterbildungsberatung
- Räumliche und technische Ausstattung
- Begleitservice.

Die Kriterien der *Durchführungsqualität* sind:

- Teilnehmerorientierung und Alltagsbezug
- Transparenz des Lernprozesses
- Methodik und Didaktik
- Einsatz von Medien
- Kursmaterialien
- Landeseinheitliche Lehrgangskonzepte
- Gruppengröße
- Professionalität der Kursleiter/innen
- Unterrichtsbegleitung.

Für *Erfolgsqualität* werden folgende Kriterien genannt:

- Erreichen der Lernziele, Anwendbarkeit des Gelernten, persönliche Entwicklung, Zufriedenheit der Teilnehmer/innen (Befragung der Teilnehmer/innen)
- Erreichen der angestrebten Ziele und Abschlüsse, Zertifikate
- Transparenz der Daten.

Laut Angaben des Volkshochschulverbands von Rheinland-Pfalz haben sich im nördlichen Rheinland-Pfalz einige Volkshochschulen zu einem *Qualitätszirkel* zusammengeschlossen, der anhand des Fragenkatalogs zur Selbstevaluation des Landesverbands der Volkshochschulen Niedersachsens[25] die eigene Arbeit überprüft.

---

[25] Landesverband der Volkshochschulen Niedersachsens e.V. (Hrsg.): Qualitätssicherung in der Volkshochschule. Fragenkatalog zur Selbstevaluation. Hannover 1997

Der Verband der Volkshochschulen von Rheinland-Pfalz führt in Kooperation mit der Universität Kaiserslautern das Projekt *Analyse der Qualitätssicherungspraxis von Volkshochschulen in Rheinland-Pfalz* (Projektleitung: Prof. Dr. Rolf Arnold) durch. Es geht um die Verbesserung der Weiterbildungsqualität durch die Einrichtung und Begleitung eines regionalen Qualitätszirkels in der VHS-Region Pfalz. Die erste Phase des Projekts ist abgeschlossen (Stand: Juni 2001). Ziele des Projekts sind:

– Identifizierung vorhandener Qualitätskompetenzen und -instrumentarien,

– Auswertung und Analyse der Qualitätssicherungspraxis,

– Benennung von Problembereichen/Schwachstellenanalyse.

Die Ergebnisse wurden mittels einer Fragebogenerhebung im Januar-Februar 2001, narrativen Interviews und einer Dokumentenanalyse ermittelt.

Das Projekt soll in das BLK-Projekt „Lernerorientierte Qualitätstestierung in Weiterbildungsnetzwerken"[26] übergeführt werden.[27]

Der Verband der Volkshochschulen von Rheinland-Pfalz beteiligte sich an dem im Rahmen des Modellversuchsprogramms „Lebenslanges Lernen" der Bund-Länder-Kommission für Bildungsplanung (BLK) derzeit laufenden Projekt *Lernerorientierte Qualitätstestierung in Weiterbildungsnetzwerken*, und zwar in der ersten Phase (Oktober 2000 bis Mai 2001). Acht weitere VHS-Landesverbände beteiligen sich an der Entwicklung und Erprobung eines bundesweiten, einheitlichen und trägerübergreifenden Qualitätsentwicklungs- und Testierungsverfahrens.[28]

- Das Bildungsministerium Rheinland-Pfalz hat das Forschungsprojekt *Qualitätssicherung in der Weiterbildung* gefördert, das von der Universität Kaiserslautern, Fachbereich Sozial- und Wirtschaftswissenschaften, Projektleiter: Prof. Dr. Rolf Arnold, durchgeführt wurde; Laufzeit: 8/1997 bis 6/1999; Ziel des Forschungsprojekts war es, die Situation der Weiterbildung in Kooperation mit ausgewählten Trägern der rheinland-pfälzischen Erwachsenenbildung in Form eines Handlungsprojekts zu untersuchen. Es ging darum, die vorhanden Qualitätssysteme, -instrumentarien bzw. -methoden und die Erfahrungen der Weiterbildungsträger zu rekonstruieren und zu analysieren.[29]

- Die „Arbeitsstelle für die Weiterbildung der Weiterbildenden (AWW)" an der Universität Koblenz-Landau hat im Rahmen einer Veranstaltungsreihe am

---

[26] Näheres zum BLK-Projekt siehe unter Punkt III. des Beitrags zu Niedersachsen

[27] Angaben des Landesverbandes der Volkshochschulen von Rheinland-Pfalz e.V. vom Juni 2001

[28] Näheres zu dem BLK-Projekt siehe im Beitrag zu Niedersachsen, Punkt III.

[29] Aus: Forschungsdokumentation des Instituts für Arbeitsmarkt- und Berufsforschung FoDokAB 1/2000

8. Juni 2000 eine *Tagung* zum Thema *Evaluation in der Weiterbildung* veranstaltet, die vom Ministerium für Bildung, Wissenschaft und Weiterbildung in Rheinland-Pfalz unterstützt wurde. Ziel der Veranstaltung war es, den Zusammenhang zwischen Qualitätsmanagement und Evaluation zu verdeutlichen, Beiträge der Evaluationsforschung aufzuzeigen sowie an konkreten Evaluationsvorhaben zu zeigen, wie Evaluationen zur Qualitätsentwicklung und -sicherung im Weiterbildungsbereich beitragen können.[30] Geplant sind zwei weitere Veranstaltungen zu den Themen „Wissensmanagement" und „Changemanagement".

- Ein weiteres Beispiel für die Förderung des Landes von Vorhaben, die sich mit Fragen der Qualitätssicherung in der beruflichen Weiterbildung beschäftigen, ist der vom Bundesinstitut für Berufsbildung mit Mitteln des Bundesministeriums für Bildung und Forschung (BMBF) geförderte Modellversuch *Qualitätssicherung in der Weiterbildung – Anwendungsorientierung und Integration aller Beteiligten als Qualitätskriterien im Weiterbildungsprozess*, abgeschlossen 1998. Durchführungsträger in Rheinland-Pfalz war die Handwerkskammer Koblenz. An dem Modellversuch waren noch zwei weitere Bildungsträger aus Bayern und Nordrhein-Westfalen beteiligt.[31]

- An der Förderung des BLK-Projekts *Qualitätssicherung in der Weiterbildung*, das 1999 abgeschlossen wurde, war das Land Rheinland-Pfalz beteiligt. In das Projekt waren sieben weitere Bundesländer[32] einbezogen, das Deutsche Institut für Erwachsenenbildung (DIE) führte das Projekt durch. Während der Projektlaufzeit wurden in zehn unterschiedlich strukturierten Weiterbildungseinrichtungen Konzepte zur Qualitätsentwicklung erarbeitet und die Erfahrungen ausgewertet. Die Ergebnisse sind in zwei Publikationen dargestellt.[33] Im Projektzusammenhang entstand eine „Checkliste für Weiterbildungsinteressierte"[34], die im 2-Jahres-Turnus aktualisiert wird.

- An dem Modellversuch *Qualitätsentwicklung an Berufsschulen (QUABS)*, Laufzeit: 1.10.1999 – 30.9.2002, der im Rahmen des BLK-Programms „Neue Lernkonzepte in der dualen Berufsausbildung" gefördert wird, sind die Bundeslän-

---

[30] Faltblatt der Arbeitsstelle für die Weiterbildung der Weiterbildenden zur Fachtagung

[31] S. auch die Beiträge zu Bayern und Nordrhein-Westfalen. Nähere Ausführungen zum Modellversuch im Beitrag Bayern, Punkt III.

[32] Siehe auch jeweils unter Punkt III. der Beiträge zu: Bayern (hier die ausführlichere Darstellung des Projekts), Hamburg, Mecklenburg-Vorpommern, Niedersachsen, Sachsen-Anhalt, Schleswig-Holstein, Thüringen

[33] Küchler, Felicitas von; Meisel, Klaus (Hrsg.): Qualitätssicherung in der Weiterbildung I. Auf dem Weg zu Qualitätsmaßstäben. Deutsches Institut für Erwachsenenbildung (DIE). Frankfurt/M. 1999 Küchler, Felicitas von; Meisel, Klaus (Hrsg.): Qualitätssicherung in der Weiterbildung II. Auf dem Weg zu besserer Praxis. Deutsches Institut für Erwachsenenbildung (DIE). Frankfurt/M. 1999

[34] Deutsches Institut für Erwachsenenbildung e.V. (DIE) (Hrsg.): Checkliste für Weiterbildungsinteressierte. Frankfurt a.M. o.J. (1999)

der Bayern (federführend), Rheinland-Pfalz und Schleswig-Holstein beteiligt.[35] Rheinland-Pfalz und Bayern befassen sich im Rahmen des Modellversuchs mit der Frage, inwieweit sich das EFQM-Modell (European Foundation for Quality Management) auf Berufsschulen übertragen lässt. Dieses Verfahren, hier genutzt zur Selbstbewertung, bietet Organisationen die Chance zu lernen, wo ihre Stärken und Verbesserungsmöglichkeiten liegen. Das Verfahren zur Zertifizierung einer Organisation nach DIN EN ISO 9000 ff., angewandt auf Berufsschulen, steht im Mittelpunkt der Untersuchungen in Schleswig-Holstein. Es geht um die innere Reform der Berufsschulen durch Umsetzung von Konzepten zur Qualitätsentwicklung.[36]

Stichworte: Bildungsfreistellungsgesetz: Anerkennungsvoraussetzungen, Berichtspflicht; Weiterbildungsgesetz: Beiräte für Weiterbildung; Landesbeirat für Weiterbildung; regionale Weiterbildungszentren; Statistikkommission; Durchführungsverordnung zum Weiterbildungsgesetz; Rheinland-pfälzische Beratungsstelle – Arbeitsmarktintegration Benachteiligter – Technische Hilfe im Europäischen Sozialfonds (RAT): Beratung und Konzeptbeurteilung; Institut für sozialpädagogische Forschung (ism): Evaluation der Landes- und ESF-Programme; Qualitätskriterien für die Durchführung von Beschäftigungs- und Qualifizierungsmaßnahmen; BLK-Projekt „Qualitätssicherung in der Weiterbildung"; Modellprojekt der Arbeitsgemeinschaft von Erwerbsloseninitiativen und Eingliederungsbetrieben (AGIB): Leitfaden „Qualitätsmanagement-System"; Qualitätsprinzipien des VHS-Angebots; BLK-Projekt „Lernerorientierte Qualitätstestierung in Weiterbildungsnetzwerken"; VHS-Qualitätszirkel; Forschungsprojekt „Qualitätssicherung in der Weiterbildung"; AWW-Fachtagung „Evaluation in der Weiterbildung"; Modellversuch „Qualitätsentwicklung an Berufsschulen (QUABS)"; Modellversuch „Qualitätssicherung in der Weiterbildung – Anwendungsorientierung und Integration aller Beteiligten als Qualitätskriterien im Weiterbildungsprozess"

---

[35] Siehe auch bei den Beiträgen zu Bayern und Schleswig-Holstein, jeweils Punkt III.

[36] Staatsinstitut für Schulpädagogik und Bildungsforschung, Abteilung Berufliche Schulen (Hrsg.): ISB-News Informationen für Berufliche Schulen. München. November 1999, S. 1

Rheinland-Pfalz

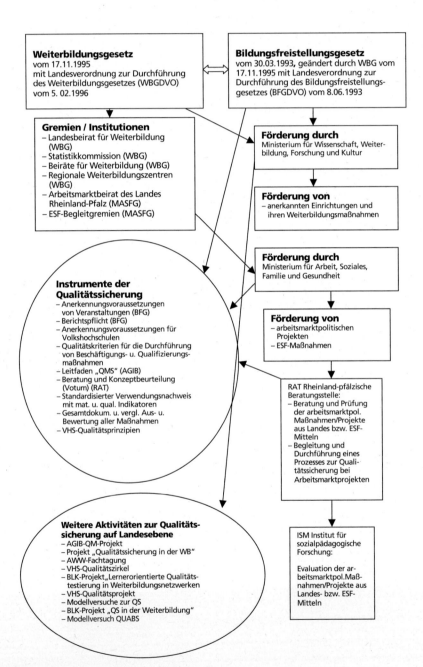

© Bundesinstitut für Berufsbildung, AB 3.1, B. Melms

2.12 Saarland

I. Gesetzliche Situation

Folgende Gesetze und Verordnungen zur Weiterbildung im Saarland wurden in Hinsicht auf ihre qualitätssteuernde und qualitätssichernde Funktion für die (berufliche) Weiterbildung ausgewertet:

- Saarländisches Weiterbildungs- und Bildungsfreistellungsgesetz (SWBG) in seiner seit 1. Juli 1994 geltenden Fassung[1]
- Verordnung über die staatliche Anerkennung von Einrichtungen der allgemeinen oder beruflichen Weiterbildung vom 17. Juli 1990[2]
- Verordnung über die staatliche Anerkennung von Landesorganisationen der allgemeinen und beruflichen Weiterbildung vom 17. Juli 1990[3]
- Verordnung über die staatliche Anerkennung von beruflichen oder politischen Bildungsveranstaltungen vom 24. Juli 1995[4]
- Verordnung über den Stellenschlüssel für die anerkannten Einrichtungen und Landesorganisationen der allgemeinen Weiterbildung vom 24. Juli 1995[5]
- Verordnung über die Bewertungskriterien der Bildungsarbeit in anerkannten Einrichtungen der allgemeinen Weiterbildung vom 24. Juli 1995[6]
- Richtlinien zur Umsetzung des Programms „Lernziel Produktivität" vom 13. November 2000[7]

---

[1] Saarländisches Weiterbildungs- und Bildungsfreistellungsgesetz (SWBG) in der seit 1. Juli 1994 geltenden Fassung. Bekanntmachung der Neufassung vom 15. September 1994. In: Amtsblatt des Saarlandes vom 13. Oktober 1994, S. 1359

[2] Verordnung über die staatliche Anerkennung von Einrichtungen der allgemeinen oder beruflichen Weiterbildung vom 17. Juli 1990, in Kraft mit Wirkung vom 1. August 1990. In: Amtsblatt des Saarlandes vom 26. Juli 1990, S. 751

[3] Verordnung über die staatliche Anerkennung von Landesorganisationen der allgemeinen und beruflichen Weiterbildung vom 17. Juli 1990. In: Amtsblatt des Saarlandes vom 26. Juli 1990, S. 749

[4] Verordnung über die staatliche Anerkennung von beruflichen oder politischen Bildungsveranstaltungen vom 24. Juli 1995. In: Amtsblatt des Saarlandes vom 14. September 1995, S. 881

[5] Verordnung über den Stellenschlüssel für die anerkannten Einrichtungen und Landesorganisationen der allgemeinen Weiterbildung vom 24. Juli 1995. In: Amtsblatt des Saarlandes vom 14. September 1995, S. 879

[6] Verordnung über die Bewertungskriterien der Bildungsarbeit in anerkannten Einrichtungen der allgemeinen Weiterbildung vom 24. Juli 1995. Im Amtsblatt des Saarlandes vom 14. September 1995, S. 878

[7] Richtlinien zur Umsetzung des Programms „Lernziel Produktivität" vom 13. November 2000, rückwirkend in Kraft ab 1. Januar 2000 (kann von Trägern beim Ministerium für Wirtschaft angefordert werden)

- Förderrahmen für das Saarland[8]

- Fördergrundsätze für das Saarland[9]

Im **Weiterbildungs- und Bildungsfreistellungsgesetz (SWBG)**[10] legt § 1 Abs. 3 fest, dass die Weiterbildung der Integration allgemeiner, politischer und beruflicher Bildung dient. In § 1 Abs. 4 wird zu den Trägern der Weiterbildung ausgeführt, dass sie ihre Aufgaben in eigenen Einrichtungen, im Zusammenwirken untereinander und durch Kooperation mit anderen Institutionen des Bildungswesens, mit Betrieben sowie außer- und überbetrieblichen Einrichtungen erfüllen. § 3 definiert in zwei Absätzen, was Träger der Weiterbildung und Landesorganisationen der Weiterbildung sind:

„(1) Träger der Weiterbildung im Sinne dieses Gesetzes sind juristische Personen des öffentlichen oder des privaten Rechts, die Maßnahmen der Weiterbildung in eigener Verantwortung durchführen.

(2) Landesorganisationen der Weiterbildung sind Zusammenschlüsse von Einrichtungen der Weiterbildung auf Landesebene. Sie fördern und koordinieren die Weiterbildungsarbeit ihrer Mitglieder. Die Landesorganisationen der allgemeinen Weiterbildung fördern darüber hinaus Entwicklungs- und Schwerpunktaufgaben, insbesondere im pädagogischen Bereich."

In § 2 SWBG „Begriff und Inhalt der Weiterbildung" heißt es in Abs. 2: „Das von den Einrichtungen der Weiterbildung zu erstellende Angebot an Bildungsmaßnahmen kann die Bereiche der allgemeinen Weiterbildung, der politischen Weiterbildung und der beruflichen Weiterbildung sowie integrative Maßnahmen dieser Bereiche umfassen. Im gleichen Paragraphen werden die Aufgaben der Weiterbildung der drei Bereiche erläutert. Zur beruflichen Weiterbildung heißt es in Abs. 5: „Die berufliche Weiterbildung fördert die berufliche und soziale Handlungskompetenz. Sie dient der Erhaltung, Erweiterung und Anpassung der beruflichen Kenntnisse und Fertigkeiten, der Wiedereingliederung Arbeitsuchender in das Berufsleben, dem Übergang in eine andere berufliche Tätigkeit und der Siche-

---

[8] Förderrahmen für das Saarland unter Bezug auf das Einheitliche Programmplanungsdokument zur Entwicklung des Arbeitsmarktes und der Humanressourcen sowie das Ergänzende Programmplanungsdokument für die Interventionen des Ziels 3 in Deutschland in der Förderperiode 2000-2006. Stand: 20.12.2000 (einzusehen im INTERNET unter: www.soziales.saarland.de/8745.html)

[9] Fördergrundsätze für das Saarland zur Umsetzung von Maßnahmen der beruflichen Weiterbildung nach dem Sozialgesetzbuch III für die Interventionen des Ziels 3 in Deutschland in der Förderperiode 2000-2006. Stand: 20.12.2000 (einzusehen im INTERNET unter: www.soziales.saarland.de/8745.html)
Fördergrundsätze für das Saarland zur Umsetzung von Maßnahmen nach dem Bundessozialhilfegesetz (BSHG) und dem Modell „Arbeiten und Lernen" für die Interventionen des Ziels 3 in Deutschland in der Förderperiode 2000-2006. Stand: 20.12.2000 (einzusehen im INTERNET unter: www.soziales.saarland.de/8745.html)

[10] Vgl. Fn 1)

rung des vorhandenen Arbeitsplatzes. Die wissenschaftliche Weiterbildung ist Teil der beruflichen Weiterbildung."

Abschnitt 2 §§ 5 bis 7 SWBG widmen sich der staatlichen *Anerkennung von Einrichtungen der Weiterbildung*. Bei den Anerkennungsgrundsätzen (§ 5) wird ausdrücklich nach allgemeiner und beruflichen Weiterbildung unterschieden. So heißt es:

„(1) Einrichtungen und Landesorganisationen der Weiterbildung können staatlich anerkannt werden. Die Anerkennung ist beim zuständigen Ministerium zu beantragen.

(2) Die Anerkennung von Einrichtungen, die überwiegend Maßnahmen im Bereich der allgemeinen einschließlich der politischen Weiterbildung durchführen, sowie ihrer Landesorganisationen obliegt dem Ministerium für Bildung und Sport (jetzt: Ministerium für Bildung, Kultur und Wissenschaft, *d. Verf.*). Es entscheidet im Benehmen mit dem Ministerium für Wirtschaft nach Anhörung des Landesausschusses für Weiterbildung.

(3) Die Anerkennung von Einrichtungen, die überwiegend Maßnahmen im Bereich der beruflichen Weiterbildung durchführen, sowie ihrer Landesorganisationen obliegt dem Ministerium für Wirtschaft (jetzt. Ministerium für Wirtschaft und Finanzen, *d. Verf.*). Es entscheidet im Benehmen mit dem Ministerium für Bildung und Sport (jetzt: Ministerium für Bildung, Kultur und Wissenschaft, *d. Verf.*) nach Anhörung des Landesausschusses für Weiterbildung.

(4) Die zuständigen Stellen nach dem Berufsbildungsgesetz sind den staatlich anerkannten Einrichtungen der beruflichen Weiterbildung nach diesem Gesetz gleichgestellt."

Die Anerkennungsvoraussetzungen für die Einrichtungen der allgemeinen Weiterbildung werden in § 6 Abs. 1 genannt:

1. „Der Träger muss eine juristische Person sein und seine Einrichtungen im Einklang mit bestehenden Gesetzen und Tarifverträgen führen.

2. Die Einrichtung muss ihren Sitz und Arbeitsbereich im Saarland haben.

3. Einrichtungen, deren Träger nicht nur in der Weiterbildung tätig sind, können nur anerkannt werden, wenn sie als unselbstständige Anstalten oder als Sondervermögen mit eigener Rechnung geführt werden und eine Satzung haben. Die Satzung muss einen Beirat vorsehen, der bei der Aufstellung des Arbeitsplanes der Einrichtung mitwirkt und dem Träger den Leiter oder die Leiterin und Mitarbeiter oder Mitarbeiterinnen zur Anstellung vorschlägt. Dem Beirat müssen in überwiegender Zahl Personen angehören, die durch ihre Berufstätigkeit oder ihre Mitwirkung im öffentlichen Leben mit den Fragen der Weiterbildung vertraut und vom Träger wirtschaftlich unabhängig sind.

4. Die Einrichtung muss allen offen stehen; die Teilnahme muss freigestellt sein. Die Teilnahme an Bildungsmaßnahmen für besondere Zielgruppen und an Bildungsmaßnahmen, die zu einem Abschluss führen, können von bestimmten bildungsbezogenen Teilnahmevoraussetzungen abhängig gemacht werden.

5. Die Einrichtung muss eine mindestens zweijährige Tätigkeit im Saarland nachweisen und in dieser Zeit Leistungen erbracht haben, die nach Inhalt und Umfang die Anerkennung rechtfertigen, sowie nach der räumlichen und sächlichen Ausstattung erwarten lassen, dass die Aufgaben der Weiterbildung angemessen erfüllt werden.

6. Die Einrichtung muss langfristig und pädagogisch planmäßig arbeiten und nach Art und Umfang der Tätigkeit die Gewähr von Dauer bieten.

7. Die Einrichtung muss die Rechte und Pflichten der Teilnehmer und Teilnehmerinnen in angemessenen Teilnahmebedingungen regeln und diese zur Grundlage von vertraglichen Vereinbarungen machen.

8. Die Einrichtung muss von einer nach Vorbildung und Werdegang geeigneten, in der Weiterbildung hauptberuflich tätigen Person geleitet werden. Abweichende Regelungen sind nur in begründeten Ausnahmefällen zulässig und bedürfen der Genehmigung durch das Ministerium für Bildung und Sport (jetzt: Ministerium für Bildung, Kultur und Wissenschaft, *Anm. d. Verf.*). Die Einrichtung muss eine ausreichende Zahl fachlich und pädagogisch qualifizierter Personen als Lehr- und Ausbildungskräfte einsetzen.

9. Die Einrichtung muss eine qualifizierte berufliche Weiterbildung ihrer Mitarbeiter und Mitarbeiterinnen gewährleisten.

10. Die Einrichtung muss sich zur Offenlegung ihrer Weiterbildungsprogramme verpflichten."

§ 6 Abs. 2 nennt die (mit Ausnahme des Abs. 1 Nr. 3 Satz 2 und 3 und Nr. 8 Satz 2) zusätzlich zu erfüllenden *Anerkennungsvoraussetzungen für Einrichtungen der beruflichen Weiterbildung*:

1. Die Einrichtung soll auch solche Maßnahmen durchführen, die zu Abschlüssen nach § 46 des Berufsbildungsgesetzes (BBiG), § 42 des Gesetzes zur Ordnung des Handwerks (Handwerksordnung) oder sonstigen öffentlich-rechtlichen Vorschriften führen. Sofern für eine bestimmte Maßnahme der beruflichen Weiterbildung keine Prüfung im Sinne der vorgenannten Vorschriften vorgesehen ist, ist eine Bescheinigung über die Dauer der Maßnahme, den Lehrgangsinhalt und die ordnungsgemäße Teilnahme auszustellen.

2. Die Einrichtung muss zur Durchführung ihrer Maßnahmen über eine Ausstattung verfügen, die dem jeweiligen Stand der Technik entspricht.

3. Die Einrichtung muss die Gewähr für wirtschaftliche Zuverlässigkeit bieten und darf innerhalb der letzten zwei Jahre keinen Abbruch einer Maßnahme der beruflichen Weiterbildung zu vertreten haben.

§ 6 Abs. 3 lautet: Betriebe und Unternehmen, die in eigenen Bildungsstätten berufliche Weiterbildung durchführen, können als Einrichtung der beruflichen Weiterbildung nur anerkannt werden, wenn sie die vorgenannten Voraussetzungen (ausgenommen Absatz 1 Nr. 3) erfüllen und zu ihren Weiterbildungsmaßnahmen Teilnehmern und Teilnehmerinnen, die nicht Angehörige des beantragenden Betriebes oder Unternehmens sind, gleichberechtigten Zugang gewähren.

Die staatliche Anerkennung erfolgt auf schriftlichen Antrag (§ 7 Abs. 1). Die anerkannten Einrichtungen und Landesorganisationen der Weiterbildung dürfen neben ihrer Bezeichnung einen Zusatz führen, der auf die staatliche Anerkennung gemäß § 5 hinweist (§ 7 Abs. 2).

Das Ministerium für Bildung und Sport (jetzt: Ministerium für Bildung, Kultur und Wissenschaft, *d. Verf.*) und das Ministerium für Wirtschaft werden ermächtigt, im gegenseitigen Benehmen und nach Anhörung des Landesausschusses für Weiterbildung das Anerkennungsverfahren durch Rechtsverordnung (siehe weiter unten, *d. Verf.*) zu regeln (§ 7 Abs. 3).

Das SWBG trennt die staatliche Anerkennung von Einrichtungen der allgemeinen und beruflichen Weiterbildung von der Finanzhilfeberechtigung, für die weitere Voraussetzungen zu erfüllen sind (§ 9 SWBG).

Koordinations- und Kooperationsfragen werden im Rahmen des § 19 SWBG geregelt. Die anerkannten Einrichtungen der Weiterbildung haben die Verpflichtung zur Zusammenarbeit. Ihre Kooperation dient insbesondere der Herstellung eines Gesamtangebotes der Weiterbildung, der Arbeitsteilung und der Bildung von Schwerpunkten.

Die Zusammenarbeit erfolgt im Rahmen des Landesausschusses für Weiterbildung.

Die Aufgaben und die Zusammensetzung des *Landesausschusses für Weiterbildung* ist durch die §§ 20, 21 SWBG geregelt. Folgende Aufgaben werden in § 20 beschrieben:

„(1) Der Landesausschuss für Weiterbildung hat die Aufgabe, bei der Verwirklichung dieses Gesetzes mitzuwirken.

(2) Der Landesausschuss für Weiterbildung ist zu hören, bevor auf Grund dieses Gesetzes Verordnungen und Verwaltungsvorschriften von grundsätzlicher Bedeutung erlassen werden oder über die Anerkennung von Einrichtungen und Landesorganisationen der Weiterbildung entschieden wird.

(3) Er hat außerdem die Aufgabe

– durch Gutachten, Untersuchungen und Empfehlungen die Weiterbildung zu fördern;

– die Zusammenarbeit der anerkannten Einrichtungen der Weiterbildung im Sinne dieses Gesetzes mit anderen Institutionen des Bildungswesens und Betrieben zu fördern;

– die Weiterbildung der Mitarbeiter und Mitarbeiterinnen der Einrichtungen der Weiterbildung zu unterstützen.

(4) Zur Vorbereitung seiner Entscheidungen kann der Landesausschuss für Weiterbildung Fachausschüsse einrichten, insbesondere je einen Ausschuss für Fragen der allgemeinen einschließlich der politischen und der beruflichen Weiterbildung sowie der Integration dieser Bereiche.

(5) Der Landesausschuss für Weiterbildung ist zum Entwurf eines von der Landesregierung vorzulegenden Weiterbildungsberichtes gemäß § 34 zu hören.

Der Landesausschuss für Weiterbildung besteht aus 18 ordentlichen Mitgliedern und 18 stellvertretenden Mitgliedern (§ 21 Abs. 1). Abs. 2: „Ihm gehören je zu gleichen Teilen an

– Vertreter der anerkannten Einrichtungen der allgemeinen Weiterbildung;

– Vertreter der anerkannten Einrichtungen der beruflichen Weiterbildung;

– Sachverständige, die nicht Vertreter der anerkannten Einrichtungen der Weiterbildung sind."

Nach Angaben eines Mitgliedes des Fachausschusses für berufliche Weiterbildung im Landesausschuss für Weiterbildung verläuft das Anerkennungsverfahren von Einrichtungen z. B. folgendermaßen:

Das Ministerium für Wirtschaft des Saarlandes verschickt im Rahmen eines schriftlichen Antragsverfahrens an die antragstellende Einrichtung einen differenzierten Fragebogen mit Auskünften zu Bildungsmaßnahmen, Investitionen, Umsätzen, Dozenten, Organisationsstruktur usw. Mit dem Prüfvermerk des Ministeriums versehen geht der vom Antragsteller ordnungsgemäß ausgefüllte Fragebogen in eine Besprechung der zuständigen Fachausschüsse. An dieser Sitzung nimmt auch der Fachausschussvorsitzende des jeweils anderen Fachausschusses teil. Dies wird unter Qualitätssicherungsaspekten für wichtig gehalten. Der allgemeinen Besprechung folgt eine Besichtigung der Einrichtung zur Klärung aller noch offenen Fragen. „Auf diese Weise ist sichergestellt, dass alle wirtschaftlichen Daten und auch der Augenschein vor Ort in die Qualitätssicherung einfließen."[11] Das nach Besprechung und Einrichtungsbesichtigung vom Fachausschuss abgegebene Votum wird dem Landesausschuss zur Entscheidung vorgelegt.

Das im SWBG verankerte Weiterbildungsinformationssystem dient der Transparenz des Weiterbildungsgeschehens und ist insoweit qualitätsrelevant. Die Berichtspflicht der Landesregierung ist im 7. Abschnitt SWBG unter „Weiterbildungsinformationssystem" § 34 geregelt. Hier heißt es in Abs. 1: „Die Landesregierung legt alle vier Jahre einen Bericht über die Lage und Entwicklung der Weiterbildung und der Freistellung zu Bildungszwecken im Saarland vor."

Das Statistische Landesamt mit seinen jährlichen Erhebungen bei den staatlich anerkannten Einrichtungen und Landesorganisationen der allgemeinen und beruflichen Weiterbildung ist ebenfalls Teil des Weiterbildungsinformationssystems. § 34 Abs. 3 und 4 nennen die Erhebungsmerkmale. Erhoben werden die Eckdaten der Einrichtungen und Landesorganisationen sowie des Lehr- und Veranstaltungspersonals, der Veranstaltungen, und der Teilnehmenden.

Es besteht Auskunftspflicht bei Trägern und der Leitung der Einrichtungen und Landesorganisationen (§ 34 Abs. 5).

Die Erhebung erfolgt als Totalerhebung und wird jährlich zum 30. April durchgeführt. Berichtszeitraum ist das Kalenderjahr.

Zum Weiterbildungsinformationssystem gehört auch die „Übermittlung von Weiterbildungsdaten" (§ 35). Hier sind die staatlich anerkannten Einrichtungen der Weiterbildung aufgefordert, die vorgesehenen Bildungsveranstaltungen mit den veranstaltungsspezifischen Angaben (z. B. Bezeichnung, Ort, Zeitraum, verantwortlicher Leiter, Teilnahmeentgelt, Teilnahmevoraussetzung, Bildungsfreistellungsfähigkeit, Zertifizierung) zur Aufnahme in die bei der Arbeitskammer des Saarlandes gemäß § 2 Abs. 3 und 4 Arbeitskammergesetz eingerichtete Weiterbildungsdatenbank mitzuteilen.

Ebenfalls nach dem SWBG ist die *Freistellung für die Teilnahme an Bildungsveranstaltungen sowie die Anerkennung von Bildungsveranstaltungen* (§ 33) geregelt.

Das Ministerium für Bildung und Sport (jetzt: Ministerium für Bildung, Kultur und Wissenschaft, *d. Verf.*) ist zuständig für die Anerkennung der Veranstaltungen der politischen Weiterbildung, und das Ministerium für Wirtschaft ist zuständig für die Anerkennung von Veranstaltungen der beruflichen Weiterbildung.

Die politischen und beruflichen Bildungsveranstaltungen der nach dem SWBG anerkannten Einrichtungen der allgemeinen oder beruflichen Weiterbildung gelten als anerkannt (§ 33 Abs. 2). Bildungsveranstaltungen von Einrichtungen, die nicht nach diesem Gesetz anerkannt sind, können auf Antrag anerkannt werden.

---

[11] Angaben des HWK-Vertreters im Fachausschuss für berufliche Weiterbildung vom April 2001

Eine Bildungsveranstaltung ist anzuerkennen, wenn

1. es sich um eine Veranstaltung der politischen (§ 2 Abs. 4) oder der beruflichen (§ 2 Abs. 5) Weiterbildung handelt,

2. sie allen Beschäftigten offen steht,

3. die Teilnahme an ihr freigestellt ist,

4. die personellen, sächlichen und räumlichen Rahmenbedingungen die Erreichung des angestrebten Lernerfolges erwarten lassen und

5. die Einrichtung sich verpflichtet, die notwendigen Bescheinigungen im Sinne des § 26 Abs. 3 kostenlos auszustellen und die Angaben gemäß § 35 an die Weiterbildungsdatenbank mitzuteilen.

Ebenfalls in § 33 ist geregelt, welche beruflichen und politischen Bildungsveranstaltungen nicht die Voraussetzungen des § 33 Abs. 3 SWBG erfüllen.

Im SWBG ist festgelegt, dass das Ministerium für Bildung und Sport (jetzt: Ministerium für Bildung, Kultur und Wissenschaft, *d. Verf.*) und das Ministerium für Wirtschaft im gegenseitigen Benehmen das Anerkennungsverfahren durch Rechtsverordnung (siehe weiter unten, *d. Verf.*) regeln.

Volkshochschulen oder Heimvolkshochschulen finden im SWBG keine besondere Erwähnung. Sie gehören zu den anerkannten Einrichtungen der Weiterbildung. (Näheres zu den Qualitätssicherungsaktivitäten der Volkshochschulen siehe unter Punkt III. dieses Beitrags.)

Wie im SWBG festgelegt, sorgt eine **Verordnung über die staatliche Anerkennung von Einrichtungen der allgemeinen oder beruflichen Weiterbildung**[12] für die konkrete Ausformulierung der gesetzlich geregelten Anerkennung von Einrichtungen und erleichtert so die Umsetzung des Verfahrens.

§ 3 formuliert die Anforderungen an eine sachgemäße Bildung, die erfüllt sein müssen, wenn die Anerkennung der Einrichtung nach Inhalt und Umfang gemäß § 6 Abs. 1 Nr. 5 SWBG gerechtfertigt ist. Auch hier findet durch Ausformulierung der im SWBG allgemein benannten Anerkennungsvoraussetzungen eine konkretere Bestimmung statt:

a) „Den Arbeitsplänen für die Bildungsveranstaltungen muss ein geeignetes methodisches und didaktisches Konzept zugrunde liegen.

b) Die zeitliche Dauer der Bildungsveranstaltung muss so bemessen sein, dass den Teilnehmerinnen und Teilnehmern das Erreichen der Lernziele möglich ist.

---

[12] Vgl. Fn 2)

c) Für die Durchführung der Bildungsveranstaltung müssen bei dem Veranstalter ausreichende Räumlichkeiten mit einer geeigneten Ausstattung, die dem jeweiligen Stand der Technik entspricht, und die erforderlichen Lehrmittel zur Verfügung stehen. Den Teilnehmerinnen und Teilnehmern müssen die erforderlichen Arbeitsunterlagen und Lernmittel, die zur Erreichung der Lernziele notwendig sind, zugänglich sein. Eine Kostenbeteiligung hierfür kann erhoben werden.

d) Die Bildungsveranstaltungen der Einrichtung müssen unter der Verantwortung eines Kursleiters durchgeführt werden. Die Lehrkräfte müssen die erforderlichen fachlichen und pädagogischen Fähigkeiten besitzen. Die Anzahl der Lehrkräfte muss in einem der Art der Veranstaltung angemessenen Verhältnis zur Zahl der Teilnehmerinnen und Teilnehmer stehen.

e) Die Einrichtung muss diejenigen, die an den Veranstaltungen der Einrichtung teilnehmen wollen, vor dem Abschluss einer Teilnahmevereinbarung schriftlich über Pläne, Kosten, Leiter/innen der Veranstaltung, Inhalt, Arbeits- und Zeitplan, Zertifikat, Prüfungen der Bildungsveranstaltungen, sowie über notwendige Vorkenntnisse und alle weiteren wesentlichen Teilnahmebedingungen unterrichten. Wenn eine Vorbereitung auf die Bildungsveranstaltung erforderlich oder vorteilhaft ist, hat sich die Unterrichtung auch hierauf zu erstrecken. Zum Abschluss der Bildungsveranstaltungen sollen nach Möglichkeit die Teilnehmerinnen und Teilnehmer schriftlich, insbesondere durch Literaturhinweise, darüber unterrichtet werden, wie sie sich zum jeweiligen Thema der Bildungsveranstaltung selbst weiterbilden können.

f) Insbesondere sollen auch Rahmenbedingungen für eine gleichberechtigte Teilnahmemöglichkeit von Frauen nachgewiesen werden.

g) Dem Nachweis der Leistungsfähigkeit der Einrichtung dient, wenn die Einrichtung über einen Zeitraum von 2 Jahren mindestens 2 400 Unterrichtsstunden jährlich, bei Heimvolkshochschulen und Heimbildungsstätten 3 000 Teilnehmertage (Teilnehmer x Tage) jährlich in eigener Planung und Organisation oder in Kooperation mit anderen anerkannten Einrichtungen durchgeführt hat oder gesetzlich zur Durchführung von beruflicher Weiterbildung verpflichtet ist und dabei bisher landesseitig gefördert und insoweit auch geprüft wurde."

Einrichtungen der beruflichen Weiterbildung müssen zu den in § 2 und § 3 angeführten Anforderungen zusätzlich folgende Unterlagen ihrem Antrag auf Anerkennung beifügen (§ 4):

1. „Die Bilanzen und Gewinn- und Verlustrechnungen der beiden letzten Geschäftsjahre vor Antragstellung.

2. Ergänzend zu der Aufstellung nach § 2 Abs. 1 Nr. 3 eine Aufstellung, zu welchen Abschlüssen nach § 46 Berufsbildungsgesetz oder § 42 Handwerksord-

nung die Maßnahmen führen bzw. welche Bescheinigungen ausgestellt werden. Soweit keine Prüfungen im Sinne des § 6 Abs. 2 Nr. 1, Satz 1 SWBG stattfinden, sind Muster der Bescheinigung beizufügen.

3. Eine Erklärung, dass die Einrichtung innerhalb der letzten zwei Jahre keinen Abbruch einer Maßnahme der beruflichen Weiterbildung zu vertreten hatte.

4. Darüber hinaus können weitere Unterlagen zur Prüfung der wirtschaftlichen Lage des Antragstellers angefordert werden. Das Ministerium für Arbeit und Frauen ist berechtigt, vom Antragsteller auf dessen Kosten das Testat eines Wirtschaftsprüfers über die wirtschaftliche Lage des Antragstellers zu verlangen.

5. Soweit der Antragsteller ein Betrieb oder Unternehmen ist, das die Anerkennung nach § 6 Abs. 3 SWBG beantragt, sind darüber hinaus noch folgende Erklärungen vorzulegen:

   a) eine Erklärung, dass Teilnehmerinnen und Teilnehmern, die nicht Angehörige des Betriebes oder Unternehmens sind, gleichberechtigter Zugang zu den Weiterbildungsmaßnahmen des Betriebes oder Unternehmens gewährt wird,

   b) eine Erklärung, dass das Unternehmen sich verpflichtet, seine Weiterbildungsangebote in geeigneter Weise frühestmöglich, in der Regel acht Wochen vor Beginn der Maßnahme zu veröffentlichen,

   c) eine Erklärung, dass die Veranstaltungen nicht ausschließlich auf die Einarbeitung auf bestimmte betriebliche Arbeitsplätze beschränkt sind,

   d) eine Erklärung, dass nicht überwiegend Veranstaltungen der beruflichen Weiterbildung durchgeführt werden, deren Inhalte ausschließlich auf interne Erfordernisse des Betriebes oder Unternehmens ausgerichtet sind."

Auch das Ministerium für Arbeit und Frauen als zuständige Behörde hat – durch § 6 geregelt – bei der Ausstellung des Anerkennungsbescheides Auflagen zu erfüllen.

Sollte eine Anerkennung widerrufen werden müssen – weil die Anforderungen nach § 6 Abs. 1 bis 3 SWBG nicht erfüllt sind – so ist vor der Entscheidung über den Widerruf der Landesausschuss für Weiterbildung zu hören (§ 6 Abs. 6 VO).

Die im SWBG und in der die Anerkennung von Einrichtungen der Weiterbildung betreffenden Verordnung genannten Anerkennungsvoraussetzungen bzw. Anforderungen an die Einrichtungen, die staatlich anerkannt werden wollen, geben Einrichtungen und der sie prüfenden Behörde eine Orientierung und setzen Mindeststandards der Einrichtungsqualität, anhand derer Einrichtungen und Landesorganisationen der Weiterbildung ihre Qualitätskonzepte entwickeln können.

Im Saarländischen Weiterbildungs- und Bildungsfreistellungsgesetz sowie den dazugehörenden Rechtsverordnungen sind die Einrichtungen der beruflichen Weiterbildung ausdrücklich extra benannt. Sie müssen im Anerkennungsverfahren zusätzliche Voraussetzungen erfüllen.

Auch die Anerkennung von Bildungsveranstaltungen nach § 33 SWBG im Rahmen von Bildungsfreistellung wird durch eine Verordnung des Ministeriums für Bildung, Kultur und Wissenschaft und des Ministeriums für Wirtschaft präzisiert. In der **Verordnung über die staatliche Anerkennung von beruflichen oder politischen Bildungsveranstaltungen**[13] wird in § 1 noch einmal klargestellt, dass antragsberechtigt die Einrichtungen sind, die nicht nach § 5 SWBG anerkannt sind, aber auch für anerkannte Einrichtungen, soweit sie nicht die Voraussetzungen des § 33 Abs. 2 SWBG erfüllen.

Ebenfalls dem § 1 ist zu entnehmen, dass Anträge auf Anerkennung einer Veranstaltung der beruflichen oder politischen Weiterbildung beim jeweils zuständigen Ministerium einzureichen sind.

Das zuständige Ministerium kann den Antrag auf Anerkennung der Landeszentrale für politische Bildung (bei Veranstaltungen der politischen Weiterbildung) oder dem Landesarbeitsamt Rheinland-Pfalz-Saarland und der jeweils zuständigen Stelle nach Berufsbildungsgesetz (bei Veranstaltungen der beruflichen Weiterbildung) zur Stellungnahme zuleiten (§ 2).

Die im SWBG formal gehaltenen Voraussetzungen für die Anerkennung einer Veranstaltung der politischen oder beruflichen Weiterbildung werden in der Verordnung in § 3 detaillierter ausgeführt, und zwar ist die Anerkennung nur möglich, wenn der Antragsteller eine sachgemäße Bildung auf folgende Weise gewährleistet:

1. „Dem Arbeitsplan für die Bildungsveranstaltung muss ein geeignetes methodisches und didaktisches Konzept zugrunde liegen.

2. Die zeitliche Dauer der Bildungsveranstaltung muss so bemessen sein, dass den Teilnehmern und Teilnehmerinnen das Erreichen der Lernziele möglich ist. Das tägliche Arbeitsprogramm einer Bildungsveranstaltung darf fünf Zeitstunden nicht unterschreiten. Ausnahmen sind bei Maßnahmen für Teilzeitbeschäftigte zulässig. Das tägliche Arbeitsprogramm darf hierbei drei Zeitstunden nicht unterschreiten. Pausen werden nicht mitgerechnet.

3. Zwischen dem täglichen Zeitraum der Durchführung einer Bildungsveranstaltung und dem Freistellungszeitraum muss ein angemessenes Verhältnis bestehen. Ein angemessenes Verhältnis liegt nicht mehr vor, wenn Bildungsveranstaltungen später als 13.00 Uhr beginnen. Dies gilt nicht bei Bildungsveranstaltungen für Teilzeitbeschäftigte.

---

[13] Vgl. Fn 4)

4. Für die Durchführung der Bildungsveranstaltung müssen dem Antragsteller ausreichende Räumlichkeiten mit einer geeigneten Ausstattung, die dem jeweiligen Stand der Technik entspricht, und die erforderlichen Lehrmittel zur Verfügung stehen. Den Teilnehmern und Teilnehmerinnen müssen die erforderlichen Arbeitsunterlagen und Lernmittel, die zur Erreichung der Lernziele notwendig sind, zugänglich sein. Eine Kostenbeteiligung hierfür kann erhoben werden.

5. Die Bildungsveranstaltung muss unter der Verantwortung eines Kursleiters/ einer Kursleiterin durchgeführt werden. Lehrkräfte müssen die erforderlichen fachlichen und pädagogischen Fähigkeiten besitzen. Die Zahl der Lehrkräfte muss in einem der Art der Veranstaltung angemessenen Verhältnis zur Zahl der Teilnehmer und Teilnehmerinnen stehen.

6. Der Antragsteller muss diejenigen, die an der Veranstaltung teilnehmen wollen, vor dem Abschluss einer Teilnahmevereinbarung schriftlich über Pläne, Kosten, Leiter/Leiterinnen, Thema, Inhalt, Arbeits- und Zeitplan, Kinderbetreuungsmöglichkeiten, Zertifikat, Prüfungen der Bildungsveranstaltung sowie über die notwendigen Vorkenntnisse und alle übrigen wesentlichen Teilnahmebedingungen unterrichten. Wenn eine Vorbereitung auf die Bildungsveranstaltung erforderlich oder vorteilhaft ist, hat sich die Unterrichtung auch hierauf zu erstrecken. Zum Abschluss der Bildungsveranstaltung sollen nach Möglichkeit die Teilnehmer und Teilnehmerinnen schriftlich, insbesondere durch Literaturhinweise, darüber unterrichtet werden, wie sie sich zum Thema der Bildungsveranstaltung selbst weiterbilden können."

Die Anerkennung erfolgt durch schriftlichen Anerkennungsbescheid. Das zuständige Ministerium kann die Anerkennung mit Auflagen verbinden. Ebenso kann das zuständige Ministerium die Anerkennung widerrufen, wenn die Voraussetzungen für die Anerkennung nicht mehr vorliegen (§ 4 VO).

Durch die in der Verordnung festgelegte Möglichkeit, dass der Antragsteller auf Verlangen des zuständigen Ministeriums Auskünfte über laufende und abgeschlossene Bildungsveranstaltungen erteilen muss, sowie die Möglichkeit des Widerrufs der Anerkennung können die zuständigen Ministerien qualitätssteuernden Einfluss nehmen.

In der o. g. Verordnung werden Kriterien für die Durchführungsqualität ebenso genannt wie Elemente, die zu Teilnahmeschutz und Teilnehmer/innen-Orientierung gehören.

Dass sowohl im SWBG als auch in den dazugehörigen Verordnungen konsequent die weibliche Form angewendet wird und darüber hinaus entsprechende Rahmenbedingungen, wie Kinderbetreuung, erwähnt werden, könnte als Signal für eine qualitätsorientierte Weiterbildung auch für Frauen verstanden werden.

II. Förderung der (beruflichen) Weiterbildung aus Landes- und kofinanzierten ESF-Mitteln

1. Förderung aus Landesmitteln

1.1 Ausgangslage und Rahmenbedingungen

Der 3. Abschnitt des Saarländischen Weiterbildungs- und Bildungsfreistellungsgesetzes (SWBG) regelt die Förderung staatlich anerkannter Einrichtungen und staatlich anerkannter Landesorganisationen der Weiterbildung sowie der Vergabe von Zuwendungen zu den Kosten der Bildungsarbeit.

In § 8 SWBG sind die Förderungsgrundsätze festgehalten. Die Zuständigkeiten liegen beim Ministerium für Bildung, Kultur und Wissenschaft bzw. beim Ministerium für Wirtschaft.

Die *Voraussetzungen*, die staatlich anerkannte Einrichtungen der Weiterbildung erfüllen müssen, *um* vom Land *gefördert zu werden*, hält § 9 SWBG fest. Demnach muss der Träger der Einrichtung

- im Sinne des Steuerrechts als gemeinnützig anerkannt sein,
- die Gewähr für eine ordnungsgemäße Verwendung der Fördermittel bieten,
- zur Offenlegung von Finanzen und Arbeitsergebnissen bereit sein.
- Die Einrichtung darf nicht überwiegend Sonderinteressen dienen oder sich überwiegend Spezialgebieten widmen.

Die Förderung durch das Land kann bei der allgemeinen Weiterbildung aus Zuschüssen zu den Kosten der Bildungsarbeit bestehen (§ 11), zu den Personalkosten oder aus freiwilligen Zuwendungen (§§ 12 und 13). Die Bewertungskriterien für die Bildungsarbeit werden nach Anhörung der Landesorganisationen vom Landesausschuss für Weiterbildung erarbeitet und vom Ministerium für Bildung und Sport (jetzt: Ministerium für Bildung, Kultur und Wissenschaft, *d. Verf.*) im Einvernehmen mit dem Ministerium der Finanzen (jetzt: Ministerium für Wirtschaft, *d. Verf.*) durch Rechtsverordnung festgelegt (siehe weiter unten, *d. Verf.*).

Berechnungsgrundlage für die Zuwendungen zu den Personalkosten bildet ein *Stellenschlüssel*, der Inhalt und Umfang der Arbeit der Einrichtungen *nach einheitlichen Kriterien* berücksichtigt und stufenweise verwirklicht wird. Er wird nach Anhörung der Landesorganisationen vom Landesausschuss für Weiterbildung erarbeitet und vom Ministerium für Bildung und Sport im Einvernehmen mit dem Ministerium für Wirtschaft durch Rechtsverordnung festgelegt (§ 12) (siehe weiter unten, *d. Verf.*).

Bei Maßnahmen zur beruflichen Weiterbildung können Investitionen oder auch zusätzliche Personalkosten für innovative Bildungsmaßnahmen gefördert werden.

Zur Fortbildung von pädagogischen Mitarbeitern und Mitarbeiterinnen der Landesorganisationen stellt das Land in seinem Haushalt Mittel in Höhe von mindestens 5 v. H. des jährlichen Haushaltsansatzes zur Erfüllung seiner Verpflichtungen aus § 11 SWBG („Zuwendungen zu den Kosten der Bildungsarbeit" bereit (§ 16 Abs. 2).

Des Weiteren sind für den Geschäftsbedarf des Landesausschusses für Weiterbildung Gelder im Landeshaushalt vorgesehen.

Weitere Details zur Förderung sind in den §§ 11 bis 16 SWBG geregelt.

Die **Verordnung über die Bewertungskriterien der Bildungsarbeit in anerkannten Einrichtungen der allgemeinen Weiterbildung**[14] des Ministeriums für Bildung, Kultur und Wissenschaft im Einvernehmen mit dem Ministerium für Wirtschaft bezieht sich auf § 11 Abs. 4 SBWG „Zuwendungen zu den Kosten der Bildungsarbeit" und legt – wie dort vorgesehen – die Bewertungskriterien der Bildungsarbeit für die Vergabe von Fördermitteln fest.

Gefördert werden laut § 1 Abs. 1 Lehrveranstaltungen, z. B. in Form von:

– Lehrgängen,

– Kursen,

– Arbeitskreisen,

– Seminaren,

– Kolloquien,

– Fachtagungen und Konferenzen,

– Vortragsreihen und Einzelveranstaltungen,

– Studienfahrten,

– Studienreisen,

– Lehrwanderungen.

Die Höhe der Zuwendungen richtet sich ausschließlich nach der Zahl der anerkannten Unterrichtsstunden bzw. Teilnehmertage.

---

[14] Vgl. Fn 6)

Folgende Kriterien für die Lehrveranstaltungen werden in § 1 Abs. 2 und § 3 Abs. 1 genannt:

- durch qualitatives und flächendeckendes Angebot zur Chancengleichheit beitragen,
- dem Einzelnen die Vertiefung, Ergänzung und Erweiterung vorhandener oder den Erwerb neuer Kenntnisse, Fähigkeiten und Qualifikationen ermöglichen,
- ihn zu eigenverantwortlichem und selbstbestimmtem Handeln im persönlichen, beruflichen und öffentlichen Leben befähigen.

Die Lehrveranstaltungen müssen

- in eigener pädagogischer Verantwortung der Einrichtungen bzw. Heimbildungsstätten geplant und durchgeführt werden,
- in einem Arbeitsplan ausgewiesen sein, der rechtzeitig der Öffentlichkeit zur Kenntnis zu bringen ist. Gelegentliche Veranstaltungen, die nicht im Arbeitsplan enthalten sind, sind dadurch nicht ausgeschlossen.

Die Dauer von Veranstaltungsprogramm und Lehrveranstaltungen als Kriterium der Bewertung sowie die Belegungszahl werden in den §§ 4 und 5 u. a. folgendermaßen differenziert angegeben:

- Das Veranstaltungsprogramm einer Einrichtung muss sich im Kalenderjahr über mindestens 25 Wochen erstrecken und mindestens 2 400 Unterrichtsstunden (eine Unterrichtsstunde = 45 Minuten) jährlich umfassen.

- Das Veranstaltungsprogramm einer Heimvolkshochschule oder Heimbildungsstätte muss sich im Kalenderjahr über mindestens 25 Wochen erstrecken und mindestens 3 000 Teilnehmertage (Teilnehmerin/Teilnehmer x Tag) jährlich umfassen.

- Die Lehrveranstaltungen, mit Ausnahme der Einzelveranstaltungen, müssen als zusammenhängende Einheit eine Dauer von mindestens acht Unterrichtsstunden und eine Mindestbelegungszahl von zehn Personen haben. Sie müssen unter der Leitung einer/eines fachlich qualifizierten Mitarbeiterin/Mitarbeiters stehen. In besonders zu begründenden Fällen kann von der Mindestbelegungszahl abgewichen werden. Für sämtliche Lehrveranstaltungen sind Teilnehmerlisten zu führen.

Als Orientierung bei der Vergabe von Fördermitteln werden in der Verordnung auch die Veranstaltungen aufgezählt, die von der Anerkennung als Unterrichtsstunde und der Förderung nach § 11 SWBG ausgeschlossen sind (§ 6 VO).

Für die Zuwendungen zu den Personalkosten haben das Ministerium für Bildung, Kultur und Wissenschaft im Einvernehmen mit dem Ministerium für Wirtschaft eine **Verordnung über den Stellenschlüssel für die anerkannten Einrichtun-**

gen und Landesorganisationen der allgemeinen Weiterbildung erlassen, die auch Heimvolkshochschulen und Heimbildungsstätten umfasst.

1.2 Förderkriterien und Qualitätskriterien des Förderers für Einrichtungen/Träger und/oder Weiterbildungsmaßnahmen bei der Vergabe von Landesmitteln

Förderkriterien bei der Vergabe von Landesmitteln für nach dem Saarländischen Weiterbildungs- und Bildungsfreistellungsgesetz (SWBG) geförderte Weiterbildung sind entweder im SWBG selbst enthalten oder werden durch Verordnungen konkretisiert (siehe dazu Punkt II., 1.1 dieses Beitrags).

1.3 Verfahrensweise bei der Vergabe von Landesmitteln

Die Vergabe von Mitteln für die Förderung anerkannter Einrichtungen der allgemeinen und beruflichen Weiterbildung geschieht auf Antrag und nach Prüfung der im SWBG genannten Förderungsvoraussetzungen. Die Förderung erfolgt in Form von Zuwendungen

1. zu den Kosten der Bildungsarbeit,

2. zu den Personalkosten,

3. freiwilliger Art (für die Errichtung und Einrichtung von Bauten und Räumen, die Ausstattung mit Lehr- und Arbeitsmitteln sowie die Entwicklung und Durchführung innovativer Bildungsmaßnahmen).

2. **Förderung aus kofinanzierten ESF-Mitteln**

2.1 Ausgangslage und Rahmenbedingungen

Das **Ministerium für Wirtschaft (MfW)** fördert über die o. g. Bereiche hinaus *Programme für die Qualifizierung von Beschäftigten* in saarländischen Betrieben im Rahmen der ESF-Kofinanzierung. Im Rahmen der ESF-Förderphase 2000-2006 stellt das Ministerium Mittel zur Anpassungsqualifizierung von Beschäftigten bereit. Die gewährten Zuwendungen sind Projektförderungen in Form einer Anteilfinanzierung. Über die finanzielle Beteiligung (siehe Richtlinien weiter unten) der Unternehmen (insbesondere kleine und mittlere Unternehmen (KMU)) hinaus findet die Abstimmung über die inhaltliche und methodische Gestaltung der Maßnahmen und Lehrgänge zwischen Unternehmen und Bildungseinrichtungen statt. Die Zulassung von Bildungsträgern zu dem Programm ist in den Richtlinien lediglich über Referenzen oder den Nachweis entsprechender Kompetenzen bei der Einrichtung geregelt, d.h. weitgehend dem Ermessen der mittelvergebenden Stelle überlassen. Das Ministerium für Wirtschaft geht davon aus, dass weitergehende Regelungen den Ausschluss neuer innovativer Anbieter auf dem Bildungsmarkt zur Folge haben könnte. Von daher wurde eine offene Regelung gewählt.

Ein wesentlicher Bestandteil der Dienstleistung „Qualifizierung" ist in diesem System der Mittelvergabe die vorlaufende und begleitende Beratung, insbesondere von kleineren Unternehmen, durch das zuständige Referat des Ministeriums für Wirtschaft. Dabei wird davon ausgegangen, dass die kleineren Unternehmen i. d. R. nicht über eine systematische Personalentwicklungsplanung verfügen und häufig keine oder nur geringe Kenntnisse über Rationalisierungs- und Produktivitätspotenziale im technischen oder organisatorischen Bereich haben.

Über eine begleitende Evaluierung des ESF-Gesamtprogramms durch ein unabhängiges Institut hinaus ist – nach Ansicht des Ministeriums – durch die räumliche Nähe (geringe Ausdehnung des Saarlandes) zwischen den Unternehmen und dem Ministerium für Wirtschaft eine regelmäßige Rückmeldung über Qualität und Effizienz der durchgeführten Maßnahmen gewährleistet.

Das zuständige Referat beim Wirtschaftsministerium sieht einen Rückkopplungsprozess garantiert, da viele Erstkontakte und Anfragen hinsichtlich Durchführung und Förderung von Qualifizierung direkt über das zuständige Fachreferat laufen, das auch für die begleitende Beratung verantwortlich ist.[15]

Das **Ministerium für Frauen, Arbeit, Gesundheit und Soziales** (MFAGS) mit seinem für „Arbeitsmarktprogramme Frauen und Arbeitsmarkt, Europäischer Sozialfonds" zuständigen Referat stellt seine Aktivitäten in diesen Bereichen auf der Homepage der saarländischen Landesregierung vor (www.soziales.saarland.de/8745.html).

Hier wird die Mittelverteilung zwischen Ministerium für Frauen, Arbeit, Gesundheit und Soziales (MFAGS) und dem Ministerium für Wirtschaft (MfW) aus dem ESF für die Förderphase 2000-2006, Ziel-3-Programm, Förderung von Bildung, Ausbildung und Beschäftigung, beschrieben. Die fünf Politikbereiche des neuen Ziel-3-Programms (s. dazu auch Beitrag Nordrhein-Westfalen) sowie die Maßnahmen des Ziel-3-Förderrahmens[16] werden benannt und auf die begleitenden Fördergrundsätze[17] hingewiesen.

---

[15] Angaben des Fachreferats beim Ministerium für Wirtschaft des Saarlandes vom März 2001

[16] Förderrahmen für das Saarland unter Bezug auf das Einheitliche Programmplanungsdokument zur Entwicklung des Arbeitsmarktes und der Humanressourcen sowie das Ergänzende Programmplanungsdokument für die Interventionen des Ziels 3 in Deutschland in der Förderperiode 2000-2006. Stand 20.12.2000

[17] Fördergrundsätze für das Saarland zur Umsetzung von Maßnahmen der beruflichen Weiterbildung nach dem Sozialgesetzbuch III für die Interventionen des Ziels 3 in Deutschland in der Förderperiode 2000-2006. Stand: 20.12.2000 Fördergrundsätze für das Saarland zur Umsetzung von Maßnahmen nach dem Bundessozialhilfegesetz (BSHG) und dem Modell „Arbeiten und Lernen" für die Interventionen des Ziels 3 in Deutschland in der Förderperiode 2000-2006. Stand: 20.12.2000

Nach Angaben des MFAGS wurde auf der Grundlage der Inhalte der fünf Politikbereiche zwischen MFAGS und MfW eine Abstimmung herbeigeführt, dass die bisherige Aufteilung der arbeitsmarkt- und beschäftigungspolitischen Zuständigkeiten zwischen den beiden Häusern MFAGS und MfW auch in der neuen Förderperiode erhalten bleibt.

Die Aufteilung der arbeitsmarkt- und beschäftigungspolitischen Zuständigkeitsbereiche ist folgender schematischer Übersicht zu entnehmen:

Zuständigkeitsbereich	Zuständigkeit MFAGS	Zuständigkeit MfW
Zielgruppen	Arbeitslose und arbeitssuchend Gemeldete	Beschäftigte auf dem ersten Arbeitsmarkt
Arbeitsmarkt- und beschäftigungspolitische Maßnahmen (1)	Nationale öffentliche Kofinanzierung über SGB III oder BSHG	Nationale öffentliche Kofinanzierung außerhalb SGB III oder BSHG
Arbeitsmarkt- und beschäftigungspolitische Maßnahmen (2)	Qualifizierung in Kurzarbeit (KuQ)	Trainings-Maßnahmen in Verbindung mit Gewerbe-Ansiedlung

Eine Darstellung der vom MFAGS angewendeten Maßnahmen zur Qualitätssicherung sowie das Evaluierungskonzept des MFAGS findet sich unter Punkt 2.2 dieses Beitrags.

2.2 Förderkriterien und Qualitätskriterien des Förderers für Einrichtungen/Träger und/oder Weiterbildungsmaßnahmen bei der Vergabe von kofinanzierten ESF-Mitteln

Das **Ministerium für Wirtschaft des Saarlandes** gewährt laut den bereits oben erwähnten *Richtlinien zur Umsetzung des Programms „Lernziel Produktivität"* nach Maßgabe u. a. des einheitlichen Programmplanungsdokumentes Ziel 3 „Anpassungsfähigkeit" für die Jahre 2000-2006 Zuwendungen zu den Kosten der Qualifizierung von Beschäftigten saarländischer Betriebe aus Mitteln des Europäischen Sozialfonds und des Saarlandes.

Als Förderziel dieses Programms ist die „Sicherung bestehender und die Schaffung zusätzlicher Beschäftigung in saarländischen Betrieben, insbesondere in kleinen und mittleren Unternehmen durch die Erhöhung der Anpassungsfähigkeit der Unternehmen und der Beschäftigten" genannt.

Zu diesem Zweck werden aus dem Programm Fördermittel für berufsbegleitende Qualifizierungsprojekte gewährt. Die aus diesem Programm geförderten Projekte sollen den Beschäftigten Kenntnisse und Fertigkeiten vermitteln, die einem konkreten Bedarf in den beteiligten Unternehmen entsprechen.

Die inhaltliche und organisatorische Ausgestaltung soll insbesondere den durch strukturellen und technologischen Wandel der Wirtschaft entstehenden Veränderungen der Arbeitsinhalte und -bedingungen Rechnung tragen.

Zu den Fördervoraussetzungen zählt, dass die Inhalte sich vorrangig an folgenden Feldern orientieren sollen:

- Entwickler-, Berater- und Anwenderwissen in der Informationstechnologie,
- Technologisches Upgrading für Mitarbeiter in Produktion, Entwicklung und Planung,
- Führungs- und Managementkompetenz für Führungskräfte und potenzielle Existenzgründer,
- Innovations- und Entwicklungskompetenz,
- Arbeits- und Betriebsorganisation einschließlich Qualitätsmanagement, Prozesssteuerung und Logistik,
- Marketing, Vertrieb einschließlich Kunden- und Dienstleistungsorientierung.

Ferner wird vorausgesetzt, dass für den Betriebsablauf notwendige und regelmäßig wiederkehrende, innerbetriebliche Schulungen von der Förderung ausgeschlossen sind.

Vielmehr sollen durch die Projekte Kenntnisse vermittelt werden, die vorrangig eine Verbesserung der Beschäftigungsfähigkeit am allgemeinen Arbeitsmarkt bewirken. Ein ausreichender Allgemeinheitsgrad der vermittelten Kenntnisse ist nachgewiesen durch allgemein anerkannte Zertifikate oder durch die Beteiligung von Beschäftigten mehrerer Unternehmen.

Die Dauer der Maßnahmen soll zwischen 40 und 800 Stunden liegen.

Die Richtlinien enthalten weitere Details zur Antragsberechtigung, Bemessung der Förderung, Höhe der Förderung und zum Verfahren vom Antrag auf Gewährung bis zur Auszahlung der Fördermittel.

Antragsberechtigt sind nicht nur Betriebe, sondern auch Einrichtungen und Träger, deren Geschäftszweck Planung, Organisation und Durchführung beruflicher Qualifizierung beinhaltet und deren fachliche Leistungsfähigkeit durch einschlägige Aktivitäten und entsprechende Referenzen über einen längeren Zeitraum belegt ist.

Die adäquate Qualifikation der eingesetzten Trainer, Dozenten und des sonstigen Lehrpersonals ist Voraussetzung und durch den Antragsteller sicherzustellen und zu belegen.

Unter qualitätsrelevanten Gesichtspunkten ist festzustellen, dass das Ministerium für Wirtschaft Kriterien zur Mittelvergabe im Rahmen der ESF-Programmförderung aufstellt, die sich beziehen auf

- die Betriebsgröße und die damit verbundene notwendige Hilfe bei der Anpassung an die Marktanforderungen,
- die notwendige Anpassungsqualifizierung von Beschäftigten,
- das für bestimmte Gruppen von Arbeitnehmern/Arbeitnehmerinnen bestehende erhöhte Risiko der Arbeitslosigkeit,
- die methodische und didaktische Kompetenz zur beruflichen Qualifizierung bei Unternehmen, Trägern und Einrichtungen,
- die adäquate Qualifikation des Lehrpersonals,
- die angemessene räumliche und sächliche Ausstattung des Bildungsanbieters.

Die unter den Fördervoraussetzungen genannten inhaltlichen Kriterien können für antragstellende Betriebe eine Orientierung sein.

Wie ihre methodische Umsetzung vom Bildungsträger vollzogen wird, ist Aufgabe des Aushandlungsprozesses zwischen Betrieb und Bildungsträger.

Das Ministerium setzt auf seine Beratungsfunktion und die Erfüllung der in den Richtlinien vorgegebenen Anforderungen an den antragstellenden Betrieb bzw. Träger oder die Einrichtung.

Das **Ministerium für Frauen, Arbeit, Gesundheit und Soziales** des Saarlandes macht, bezogen auf die für diesen Übersichtsband interessierenden Fragen folgende Angaben zu den vom Ministerium angewandten qualitätssichernden Maßnahmen bei der Förderung beruflicher Weiterbildung aus Landes- und ESF Mitteln und der Evaluierungskonzeption zu den ESF-Programmen[18]:

„1. Auf welchen Ebenen werden Maßnahmen zur Qualitätssicherung ergriffen?

- Auf Ebene der Projektträger und deren Projekte.
- Auf Ebene der ESF-Bewilligungsbehörde, die im Saarland identisch ist mit dem Ministerium für Frauen, Arbeit, Gesundheit und Soziales (MFAGS).

MFAGS und Projektträger führen die Qualitätssicherung weitgehend mittels interner Experten selbstständig durch, wobei MFAGS die Errichtung von Qualitätssicherungssystemen bei den Projektträgern veranlasst und kontrolliert.

---

[18] Angaben des Ministeriums für Frauen, Arbeit, Gesundheit und Soziales Saarland vom April 2001

2. Bereiche und Gegenstände des Qualitätsmanagements:

Bereich Antragstellung:

- MFAGS erstellt Fördergrundsätze zu allen ESF-kofinanzierten Programmen und entwickelt entsprechende Antrags- und Verwendungsnachweisformulare.
- Anschließend erfolgt die Information der Bildungsträger über Programmstrukturen,

Förderinhalte und -modalitäten.

- Die sachliche und rechnerische Prüfung der Anträge von Bildungsträgern durch die Bewilligungsbehörde umfasst folgende Bereiche:
  - Arbeitsmarktpolitische Zielsetzung und Gesamtkonzeption der Maßnahme
  - Fachtheoretische und fachpraktische Gestaltung
  - Methodisch-didaktische Gestaltung
  - Organisationsform
  - Zusammensetzung und Qualifikation des Bildungspersonals
  - Zusammensetzung und Struktur der Teilnehmer/innen
  - Kosten und Finanzierung (inkl. Kofinanzierung)
- Die Qualitätssicherung stützt sich im Stadium der Antragsprüfung auf folgende zentrale Indikatoren:
  - Abstimmung der fachtheoretischen und fachpraktischen Gestaltung der Projekte mit den Anforderungen im Hinblick auf Struktur und Zusammensetzung der Teilnehmer/innen.
  - Kontrolle des adäquaten Zuschnitts der beruflichen Qualifikation des Bildungspersonals auf die spezifischen Problemlagen der Zielgruppen.
  - Angemessenheit der Personal- und Sachkosten sowie Kontrolle der nationalen Kofinanzierung.

Bereich Projektdurchführung:

- Prüfung der Übereinstimmung zwischen der im Zuwendungsbescheid festgelegten Zweckbestimmung (Zielsetzung, Konzept, Inhalte, Methoden und Didaktik, Organisation) des Projektes und der tatsächlichen inhaltlichen, methodisch-didaktischen und organisatorischen Gestaltung des Projekts.
- In ausgewählten Projekten (5 % aller ESF-kofinanzierten Projekte gemäß einem geschichteten Zufalls-Auswahlverfahren) wird die „Zweckbestimmung" gemäß Zuwendungsbescheid mit der tatsächlichen inhaltlichen, methodisch-didakti-

schen und organisatorischen Gestaltung des Projekts verglichen. Der Vergleich erfolgt entweder durch Dokumentprüfung auf Anforderung oder durch Dokument- / Projektprüfung vor Ort beim Zuwendungsempfänger. In den Vergleich wird je nach Projekttyp ein unterschiedlich großer und variabel anwendbarer Prüfkatalog zur Qualitätskontrolle einbezogen. Die indikative Beschreibung des Katalogs umfasst folgende Prüfpunkte:

① Teilnahmebedingungen des Projekts:

- Aufnahme- bzw. Zugangsvoraussetzungen der Teilnehmer/innen,
- Auswahl und Eignung der Teilnehmer/innen.

② Verlauf des Projekts:

- Zahl der Teilnehmer/innen,
- Anwesenheit der Teilnehmer/innen,
- Unterrichts- und Arbeitszeiten der Teilnehmer/innen,
- Fluktuation und Abbruch-Verhalten der Teilnehmer/innen.

③ Struktur des Bildungspersonals:

- Zusammensetzung und berufliche Qualifikation des Bildungspersonals,
- Zahlenmäßiges Verhältnis zwischen Bildungspersonal und Teilnehmer/innen (sog. Personalschlüssel),
- Arbeitseinsatz des Bildungspersonals.

④ Fachtheoretisches und fachpraktisches Konzept des Projekts:

- Lehrplan (Curriculum),
- Stundenplan,
- Methodisch-didaktische Gestaltung,
- (Betriebliches) Praktikum,
- Lernerfolgskontrollen und/oder Zwischenprüfungen.

⑤ Teilnehmerbetreuung in dem Projekt:

- Allgemeine Teilnehmerbetreuung,
- Sozialpädagogische Teilnehmerbetreuung.

⑥ Unterrichts- und Arbeitsmittel in dem Projekt.

⑦ Technische Ausstattung des Projekts.

⑧ Räumliche Ausstattung des Projekts.

⑨ Abschluss des Projekts:
- Art der Prüfung,
- Form der Zertifizierung.

⑩ Erfolg des Projekts:
- Kriterien der Erfolgskontrolle,
- Instrumente der Erfolgskontrolle.

Bereich Verwendungsnachweisprüfung:

- Nach Jahresende oder Abschluss der Projekte erfolgt die sachliche und rechnerische Prüfung der Zwischen- oder Endverwendungsnachweise in folgenden Bereichen:
    - Übereinstimmung zwischen Sachbericht sowie arbeitsmarktpolitischer Zielsetzung und Gesamtkonzeption der Maßnahme gemäß bewilligtem Förderantrag
    - Fachtheoretische und fachpraktische Gestaltung
    - Methodisch-didaktische Gestaltung
    - Organisationsform
    - Zusammensetzung und Qualifikation des Bildungspersonals
    - Zusammensetzung und Struktur der Teilnehmer/innen
    - Kosten und Finanzierung (inkl. Kofinanzierung)

Bereich Systemprüfung:

MFAGS als Bewilligungsbehörde aller in seiner Zuständigkeit durchgeführten ESF-kofinanzierten Programme ist oberste Landesbehörde im Sinne des Landesorganisationsgesetzes des Saarlandes (LOG-Saarland). Nachgeordnete Behörden wie Landesmittelbehörden oder Landesämter sind am Bewilligungsverfahren im Bereich ESF-kofinanzierter Programme nicht beteiligt. Insofern sind die o. g. Verfahren zur Qualitätssicherung identisch mit der Prüfung der Programmumsetzung bei der Bewilligungsbehörde.

Bereich Zielvereinbarung:

Das Instrument der Zielvereinbarung wird auf Ebene der Projektträger und deren Projekte eingesetzt. Dabei sind die wesentlichen Zielsetzungen:

- Kontinuierliche Anpassung von methodisch-didaktischer Gestaltung sowie fachtheoretischer und fachpraktischer Gestaltung der Projekte an die spezifischen Bedürfnisse der jeweiligen Zielgruppen.

- Je nach Zielgruppe (1) (Re-)Integration in den ersten Arbeitsmarkt, (2) Vermittlung in weiterführende Qualifizierungsmaßnahmen oder (3) Stabilisierung der Persönlichkeit sowie Aufarbeitung sozialer, familiärer oder finanzieller Problemlagen.

3. Weiterentwicklung von Qualitätssicherungssystemen:

Europäische Beschäftigungsstrategie, nationaler beschäftigungspolitischer Aktionsplan sowie die arbeitsmarktpolitischen Ziele der neuen ESF-Förderung in Verbindung mit den arbeitsmarktpolitischen Zielen des Landes setzen neue politische und rechtliche Maßstäbe für die Beurteilung von *Inhalt und Qualität der Maßnahmen.* Die ESF-Fondsverwaltung des Saarlandes wird diese veränderte Ausgangslage zum Anlass nehmen, über die Neufestsetzung zielgruppen- und maßnahmenspezifischer Förderschwerpunkte im neuen Ziel-3-Programm hinaus stärker als bisher *steuernd* auf Inhalt und Qualität der Projekte einzuwirken. Vor dem Hintergrund der ehrgeizigen arbeitsmarktpolitischen Ziele und der hohen Anforderungen der ESF-Rechtsgrundlagen an Inhalt und Qualität der Projekte soll der Beginn der neuen Förderperiode deshalb dazu genutzt werden, *neue Steuerungsmodelle für die optimale Zielerreichung der ESF-kofinanzierten Arbeitsmarktpolitik* zu entwickeln. In diesem Zusammenhang prüft die Fondsverwaltung u. a., inwiefern das Instrument der *Projektausschreibung* angewandt werden kann, um größere Eigenständigkeit der Landespolitik bei der Setzung konzeptioneller, inhaltlicher und qualitativer Akzente gegenüber den kofinanzierenden regionalen Arbeitsmarktakteuren – insbesondere der Bundesanstalt für Arbeit und den örtlichen Trägern der Sozialhilfe – zu erreichen."

MFAGS-Saarland: Evaluierungskonzeption zu den ESF-Programmen

Die sozialwissenschaftlichen Evaluierungsstudien der über den Europäischen Sozialfonds (ESF) geförderten arbeitsmarktpolitischen Maßnahmen im Saarland bestanden in den bisherigen Förderperioden je nach Erkenntnisinteresse aus vier in sich geschlossenen Teilstudien, die zugleich die erkenntnisleitenden Schwerpunkte der wissenschaftlichen Begleitung und Bewertung markieren:

> **Teilstudie A**
> Planung, Konzeption und Durchführung
> ESF-geförderter arbeitsmarktpolitischer Programme im Saarland
> – Ex-post-Analyse –

> **Teilstudie B**
> Planung, Konzeption und Durchführung
> ESF-geförderter arbeitsmarktpolitischer Maßnahmen im Saarland
> – Fallstudien –

> **Teilstudie C**
> Trägerstrukturen, Beratungseinrichtungen und Kooperationsbeziehungen
> im Bereich ESF-geförderter arbeitsmarktpolitischer Maßnahmen im Saarland

> **Teilstudie D**
> Ergebnisse aus den Evaluierungsstudien zu Planung, Konzeption und Durchführung ESF-geförderter arbeitsmarktpolitischer Programme im Saarland
> – Zusammenfassung –

Im Zentrum der Untersuchung stehen Darstellung, Analyse und Bewertung derjenigen ESF-geförderten arbeitsmarktpolitischen Programme, die in der Zuständigkeit des Ministeriums für Frauen, Arbeit, Gesundheit und Soziales durchgeführt wurden (Teilstudie A). Die Analyse der sozioökonomischen Entwicklung sowie die Analyse von Planung, Konzeption, Inhalt und Umsetzung der Programme bilden den Hintergrund für die Darstellung, Ex-post-Analyse und Bewertung der Programmdurchführung und der Programmergebnisse sowie der darauf beruhenden arbeitsmarktpolitischen Wirkungen.

Die Teilstudie A wird ergänzt durch Fallstudien in ausgewählten arbeitsmarktpolitischen Maßnahmen (Teilstudie B). Aus der Sicht von Projektträgern, Bildungspersonal und Teilnehmer/innen werden Planung, Konzeption, Durchführung, Qualität und Erfolg arbeitsmarktpolitischer Maßnahmen analysiert und bewertet. Die Teilstudie A wird weiterhin ergänzt durch die Untersuchung wesentlicher Implementationsstrukturen der Programmumsetzung (Teilstudie C). Die Darstellung von Trägerstrukturen, Beratungseinrichtungen und Kooperationsbeziehungen liefert die Grundlage für die Analyse und Bewertung der regionalen Implementation der Programme. Die abschließende Teilstudie D fasst wesentliche Ergebnisse der drei vorgenannten Teilstudien zusammen, zieht aus den gewonnenen wissenschaftlichen Erkenntnissen über den Grad der arbeitsmarktpolitischen Zielerreichung bewertende Schlussfolgerungen und gibt handlungsleitende Empfehlungen für die Planung und Umsetzung zukünftiger ESF-geförderter arbeitsmarktpolitischer Programme im Saarland.[19]

2.3 Verfahrensweise bei der Vergabe von kofinanzierten ESF-Mitteln

Das Verfahren der Mittelvergabe durch das Ministerium für Wirtschaft wird in den **Richtlinien zur Umsetzung des Programms, Lernziel Produktivität**[20] beschrieben:

Die Verfahrensweise bei der Vergabe von ESF-Mitteln durch das Ministerium für Frauen, Arbeit, Gesundheit und Soziales ist im Einzelnen den Fördergrundsätzen für das Saarland[21] zu entnehmen.

III. Weitere Aktivitäten und Besonderheiten zur Qualitätssicherung auf Landesebene

- *Weiterbildungsdatenbank*: Die staatlich anerkannten Einrichtungen der Weiterbildung sind laut § 35 SWBG verpflichtet, die vorgesehenen Bildungsveranstaltungen mit den veranstaltungsspezifischen Angaben (z. B. Bezeichnung, Ort, Zeitraum, verantwortliche Leitung, Teilnahmeentgeld, Teilnahmevoraussetzung, Bildungsfreistellungsfähigkeit, Zertifizierung) zur Aufnahme in die bei der Arbeitskammer des Saarlandes gemäß § 2 Abs. 3 und 4 Arbeitskammergesetz eingerichtete Weiterbildungsdatenbank mitzuteilen.

  Zwischen Landesregierung und dem saarländischen Netzwerkprojekt SaarLernNetz (Träger: Deutsches Zentrum für künstliche Intelligenz/DFKI) wurde der Aufbau einer Internet-basierten Veranstaltungsdatenbank mit Suchfunktionen vereinbart.

  Weitere Weiterbildungsdatenbanken unterhalten die saarländische Handwerkskammer (HWK) und die saarländische Industrie- und Handelskammer (IHK).[22]

- *Qualitätssicherung an saarländischen Volkshochschulen:* Der Erfahrungsbericht der Volkshochschulen Stadtverband Saarbrücken, Völklingen und Dillingen

---

[19] Vgl. Fn 18)

[20] Richtlinien zur Umsetzung des Programms „Lernziel Produktivität" vom 13. November 2000, rückwirkend in Kraft ab 1. Januar 2000 (kann von Trägern beim Ministerium für Wirtschaft angefordert werden)

[21] Fördergrundsätze für das Saarland zur Umsetzung von Maßnahmen der beruflichen Weiterbildung nach dem Sozialgesetzbuch III für die Interventionen des Ziels 3 in Deutschland in der Förderperiode 2000 –2006. Stand: 20.12.2000 Fördergrundsätze für das Saarland zur Umsetzung von Maßnahmen nach dem Bundessozialhilfegesetz (BSHG) und dem Modell „Arbeiten und Lernen" für die Interventionen des Ziels 3 in Deutschland in der Förderperiode 2000-2006. Stand: 20.12.2000

[22] Angaben des Ministeriums für Bildung, Kultur und Wissenschaft des Saarlandes vom Juni 2001

gibt Auskunft über die von den drei Volkshochschulen angestellten Überlegungen:

„Auf Bundesebene werden in den Volkshochschulverbänden momentan mehrere Modelle zur Qualitätssicherung getestet und auch praktisch erprobt. Während sich im Norden, forciert durch den Niedersächsischen Verband der Volkshochschulen, ein von diesem Verband entwickeltes Modell der Selbstevaluation durchgesetzt hat, erwägt der Bayerische Volkshochschulverband, Elemente des EFQM in seine Arbeit zu übernehmen. Andere Bundesländer haben eigene Gütesiegel für die Weiterbildung entwickelt (Hamburg) oder orientieren sich an eigens entwickelten Qualitätssiegeln, in Sonderheit für die berufliche Bildung (ESF-Bildungstest in Sachsen). Einen guten Überblick über gängige Modelle gibt dabei das vom Landesinstitut für Schule und Weiterbildung in Soest bereits vor einigen Jahren herausgegebene Heft: Qualitätssicherung in der Weiterbildung (1996)[23].

Die Saarländischen Volkshochschulen haben sich noch nicht dafür entschieden, ihre QM-Bestrebungen direkt an einem „Modell" zu orientieren. Die Heterogenität der VHS-Landschaft im Saarland – mit insgesamt 16 Volkshochschulen unterschiedlicher Größenordnung in einem Einzugsbereich von insgesamt ca. 1 Million Einwohnern – macht den stringenten Einsatz eines für alle Einrichtungen zielführenden Instruments auch kaum möglich. Nach ISO 9000 zertifiziert war und ist keine der 16 Volkshochschulen; Überlegungen dieser Art stehen gegenwärtig und zukünftig aller Voraussicht nach nicht an.

Im folgenden Überblick werden die Aktivitäten der drei an der Saarschiene gelegenen Volkshochschulen Stadtverband Saarbrücken, Stadt Völklingen und Stadt Dillingen dargelegt. Diese drei Einrichtungen haben sich mit dem Ziel zusammengeschlossen, die Ergebnisse ihrer abgestimmten QM-Prozesse in den Verband einfließen zu lassen und damit die Diskussion zu diesem Thema zu forcieren. Wenn im Folgenden daher QM-Instrumente vorgestellt und erläutert werden, so handelt es sich um einzelne Module eines Gesamtkonzepts, das im diskursiven Prozess entsteht und am Ende, als Qualitätsmodell aller saarländischen Volkshochschulen, in einen Regelkreislauf verpflichtender Angebots-, Service und Durchführungselemente der täglichen VHS-Arbeit einmünden könnte. Wie in anderen, sehr heterogen strukturierten VHS-Verbänden, liegt das Hauptziel der Arbeit dabei in der Konsensfindungsarbeit, d. h. in Herausarbeitung der Fragestellungen und Anforderungen, auf die sich alle saarländischen Einrichtungen letztlich gemeinsam verpflichten können. Diese Arbeit wird noch zu leisten sein, letztlich aber auch dazu beitragen, die Service-, Angebots-, Programm- und Durchführungsqualität der saarländischen Volkshochschulen zu optimieren.

---

[23] Landesinstitut für Schule und Weiterbildung (Hrsg.): Qualitätssicherung in der Weiterbildung – Ergebnisse einer Entwicklungsgruppe. Soest 1996

Zu den "Qualitätsbausteinen":

Diskutiert wird die kontinuierliche Verbesserung der Servicequalität für Teilnehmende und für nebenamtliche Dozentinnen und Dozenten. Unter Servicequalität verstehen wir dabei zum einen die formale Ablaufstruktur der Verwaltungsprozesse und zum anderen die Verbesserung der Arbeitsbedingungen für Dozentinnen und Dozenten. Danach werden Fragen der Angebots- und der Durchführungsqualität angesprochen. Die Punkte orientieren sich – wie ersichtlich – in einigen Bereichen am niedersächsischen Selbstevaluationsmodell. Gleichwohl wurde bislang noch keine verbandliche Entscheidung für die Übernahme eines Qualitätssicherungsmodells getroffen. Die Orientierung an den niedersächsischen Überlegungen stellt damit zum gegenwärtigen Zeitpunkt auch keine irgendwie geartete Vorentscheidung dar. Hier gilt es, Beschlüsse der Gremien abzuwarten. Die drei Einrichtungen sind allerdings bestrebt, durch ihre Arbeit eine fachliche Grundlage für die notwendigen Beschlüsse zu schaffen.

Folgende Aspekte wurden dabei in den letzten beiden Jahren diskutiert und in den einzelnen Volkshochschulen bereits umgesetzt:

1. Servicequalität

Optimierung des Anmeldeverfahrens durch Bereitstellung mehrerer Zahlungsmodi: Das bargeldlose Anmeldeverfahren über Einzugsermächtigung ist ein klassisches, das mittlerweile von einer Mehrzahl der Teilnehmenden akzeptiert wird. In Grenznähe ist in einigen Einrichtungen die persönliche Anmeldung mit Barzahlung (Überweisungsgebühren im grenzüberschreitenden Bankverkehr!) möglich. Hinzu kommen Zahlungsmodi via Scheckkarte und die netzgestützten Anmeldemöglichkeiten via E-Mail. In absehbarer Zeit soll das elektronische Abbuchungsverfahren als weiteres unabdingbar notwendiges Servicelement (mit den entsprechenden Auskunftsmodulen im Internet) greifen. Diskutiert werden auch die Vor- und Nachteile telefonischer Anmeldeverfahren. Hier müssen ebenfalls noch abgestimmte Ergebnisse erzielt werden.

Kundenfreundliche Öffnungs- und Servicezeiten: Während der zentralen Anmeldephase und auch darüber hinaus sind die Volkshochschulen bestrebt, kundenfreundliche Öffnungs- und Servicezeiten umzusetzen. Dies reicht von verlängerten Öffnungszeiten in der direkten Anmeldephase bis hin zum abendlichen Telefondienst resp. zum personalisierten Servicedienst im direkten VHS-Bereich. So ist es möglich, zeitnah auf Zusatzerfordernisse resp. Störungen im Kursablaufsystem reagieren zu können. In den dezentralen Seminarorten hat ein solches System engere Grenzen; hier sind die direkten Einwirkungsmöglichkeiten auf Ablaufstörungen bislang begrenzt. An dieser Frage wird weiter gearbeitet.

Beschwerdemanagement: Die drei genannten Volkshochschulen arbeiten daran, ihr „Beschwerdemanagement" zu systematisieren. Beschwerden werden seit geraumer Zeit a) zeitnah bearbeitet und b) systematisch gesammelt, um bei Häufung bestimmter organisatorischer oder inhaltsbezogener Beschwerdefälle auch wirkungsvoll reagieren zu können.

Aufbau eines standardisierten Schriftgutes und Bescheinigungswesens: Qualität muss „wiedererkannt" werden. Der Aufbau eines standardisierten Schriftgutes und eines entsprechenden Bescheinigungswesens ist daher von zentraler Bedeutung. Während die Standardisierung im jeweils äußeren Erscheinungsbild in den einzelnen Einrichtungen schon weiter fortgeschritten ist, tauschen sich die drei genannten Volkshochschulen gegenwärtig darüber aus, welche Standards in den jeweiligen Teilnehmerbescheinigungen, Zeugnissen etc. erforderlich sind und auf welcher qualitativen Grundlage (Anwesenheitspflicht etc.) Bescheinigungen vergeben werden. Im Zuge des lebenslangen Lernens kommt dieser Frage künftig ein immer größerer Stellenwert hinzu. Bescheinigungen und Zertifizierungen müssen aussagekräftig und valide sein. Kein Anbieter kann es sich leisten, Teilnahmebescheinigungen auszugeben, deren Basis die bloße Registrierung im vhs-eigenen EDV-System ist.

Zügige Abwicklung der Einschreibungen und Honorarabrechnungen: Neben einer breiten Palette unterschiedlichster Anmelde- und Zahlungsmöglichkeiten ist auch der zügige Umgang mit Teilnehmergebühren und Honorarabrechnungen ein neues und wichtiges Element innerhalb der Qualitätssicherung gegenüber Kunden und Dozenten. Zeitnahe Abbuchung gehört ebenso dazu, wie das zeitnahe Zurückzahlen von Gebühren für ausgefallene Kursangebote. Die genannten drei Volkshochschulen informieren sich gegenseitig über alle Erfahrungen in diesem Bereich, die zur Verbesserung der Servicestruktur beitragen. Zwei der drei Volkshochschulen arbeiten mit kaufmännischer Buchführung; hier ist noch einmal eine gesonderte Abstimmung über mögliche Optimierungen in der Organisation erforderlich, die auch erfolgt. Da jede der drei genannten Einrichtungen mit einer Vielzahl nebenamtlicher Dozentinnen und Dozenten zusammenarbeitet, haben sich alle drei darauf verständigt, die Standards mit Blick auf die Bearbeitung und Abwicklung der Dozentenhonorare zu überprüfen. Eingedenk aller hausinternen Verwaltungswege (die meist über die eigentliche VHS-Verwaltung hinausgehen) besteht Einvernehmen darüber, dass angestrebt wird, alle eingehenden Honorare in spätestens vier Wochen bearbeitet und überwiesen zu haben. Das hausinterne Rechnungswesen aller drei Einrichtungen wird mit Blick auf diese Vorgabe verglichen und im gemeinsamen Austausch werden Wege vereinbart, wie dieses Ziel mittelfristig erreicht und die Bearbeitungsfrist möglicherweise noch weiter verkürzt werden kann. In diesem Zusammenhang kommt auch den jeweiligen EDV-gestützten Verwaltungssystemen eine wichtige, qualitätssichernde Bedeutung zu. Ihre Leistungsfähigkeit mit Blick auf die Unterstützung von Zahlungswegen aller Art trägt entscheidend zur Verbesserung der Servicequalität bei.

2. Angebots-, Programm- und Durchführungsqualität

Die drei Volkshochschulen sind sich darin einig, dass Angebote standardisierter Prüfungen im Bereich der beruflichen Bildung und der Sprachen langfristig zu einer nachhaltigen Qualitätsverbesserung beitragen. Die Volkshochschule Stadtverband Saarbrücken, die Volkshochschule Völklingen und auch die Volkshochschule Dillingen forcieren daher nachhaltig die Einführung standardisierter und mit zertifiziertem Abschluss verbundener Prüfungen im EDV-Bereich. Basierend auf einer bundeseinheitlich entwickelten Basisprüfung werden künftig unter dem Namen „Xpert" landesweit standardisierte EDV-Prüfungen vorgehalten, die den landeseinheitlichen saarländischen „EDV-Anwenderpass" ablösen. Konkurrierende hauseigene Prüfungssysteme werden, darüber besteht Einvernehmen, nicht akzeptiert. Über das „Expert"-Prüfungsangebot hinaus halten die drei genannten Volkshochschulen noch weitere, qualitätssichernde Prüfungsangebote vor (u. a. von Microsoft oder Linux, bzw. den ECDL Computerführerschein). Einzelne Volkshochschulen sind darüber hinaus Microsoft anerkannte Prüfungszentren, was ebenfalls ein ausgewiesenes Qualitätsmerkmal darstellt, denn diese Anerkennung ist an den Nachweis ausstattungsbezogener Vorgaben und dezidiert personenbezogener Fachprüfungen gebunden. Im Sprachenbereich gelten ebenfalls einheitliche Qualitätsstandards. Über den Landesverband der Volkshochschulen oder in Einzellizenz bei einer einzelnen Einrichtung werden internationale Sprachenprüfungen vorgehalten, an denen sich die meisten Programmangebote und Curricula der Volkshochschulen orientieren. Auch hier besteht Einigkeit darüber, dass kein konkurrierendes, nicht international zertifiziertes Prüfungssystem aufgebaut wird. Die drei Volkshochschulen sind sich darin einig, dass das Vorhalten internationaler Sprachenzertifikate und die Möglichkeit, diese über eigenes Personal resp. in Kooperation mit dem Landesverband abprüfen zu lassen, ein Qualitätsmerkmal und ein Alleinstellungsmerkmal für die Volkshochschulen darstellt. Auch hier ist die Lizensierung an bestimmte fachbezogene und/oder ausstattungsbezogene Standards gebunden. Es herrscht Einvernehmen darüber, dass die Palette der zertifizierbaren Sprachenangebote immer auf dem neuesten Stand sein muss und ggf. erweitert wird (so arbeitet die Volkshochschule des Stadtverbandes Saarbrücken gegenwärtig in Zusammenarbeit mit dem Landesverband daran, den Landesverband als Prüfungszentrum für die internationale Spanisch-Prüfung DELE anerkennen zu lassen).

Die *Zusammenarbeit mit weiteren externen Partnern* wird ebenfalls als langfristig qualitätssicherndes Merkmal betrachtet. Als Beispiel sei hier der Gesundheitsbereich genannt: Basierend auf den vorbildlichen Arbeiten an einheitlichen Qualitätsstandards für Gesundheitskurse auf Bundesebene ist es den Volkshochschulen gelungen, nach der Gesetzesreform wieder Partner der

Krankenkassen zu werden. Angestrebt wird eine Zusammenarbeit mit möglichst vielen Krankenkassen, denn auch dies fördert die interne Qualitätsverbesserung (einheitliche Dozentenprofile) und weist die Volkshochschulen gegenüber ihren Teilnehmenden als verlässliche Kooperationspartner kommunaler Gesundheitsbildung aus.

Selbstredend ist auch die *Zusammenarbeit mit der Arbeitsverwaltung* und/oder mit weiteren Drittmittelgebern ein Element der Qualitätssicherung. Denn auch diese Kooperationen unterliegen zwischenzeitlich einer Reihe kontinuierlicher Evaluationsverfahren, die die Verlässlichkeit der Partner dokumentieren.

In der bereits beschriebenen kleinen „Qualitätsrunde" informieren sich die drei Volkshochschulen zudem regelmäßig über Innovationen im Angebotsbereich, über die Implementierungsstrategien und die Akzeptanz neuer Angebote sowie über weitere Differenzierungsstrategien im Angebotsbereich (zeitliche Differenzierung, Gruppengröße, Zielgruppenorientierung etc.) und deren Auswirkungen auf die Verbesserung des Angebotes.

Das Vorhalten eines *Fortbildungsangebotes für Dozentinnen und Dozenten* ist ebenfalls ein wichtiger Baustein der Qualitätssicherung. Der Verband hält ein Fortbildungsangebot vor. Die genannten Volkshochschulen haben verabredet, systematisch auszuwerten a) welche Angebote stattfinden b) welche Fachbereiche/ Kursleitende an den Angeboten des Verbandes teilnehmen und c) wo neue Fortbildungsfelder erschlossen werden müssen.

Neue Kursleitende sollen zukünftig eine kleine *Einführungsbroschüre* für ihre Arbeit an der Volkshochschule erhalten. Diese beinhaltet a) allgemeine Informationen über die Ablauforganisation der jeweiligen VHS; b) einen Überblick über die Feedback-Strukturen (s. u.) und c) grundlegende Einführungstexte zur Erwachsenenbildung. Der Aufbau dieser Infobroschüre ist in Arbeit und wird abgestimmt.

Ein weiterer Gegenstand der Qualitätsbestrebungen ist der *Aufbau eines einheitlichen „Bewerberprofils" für neue Kursleitende*. Die Volkshochschulen versuchen, hier einheitliche Standards zu diskutieren. Die Frage des Kursleiterprofils und der geeigneten Kursleiterrekrutierung (die über die Zufälligkeiten einer Blindbewerbung hinausgeht), ist angesichts einer absehbaren Knappheit auf dem Markt für freiberufliche Dozentinnen und Dozenten ein elementarer Aspekt langfristiger Qualitätssicherung.

Regelmäßiger Austausch erfolgt auch über die unterschiedlichen „Feedback-Strukturen" in den Kursen, als da sind: Rückmeldebögen für Teilnehmende; Rückmeldebögen für Kursleitende (Servicequalität der Einrichtung); Rückmeldebögen für Interessenten allgemein (im Programmheft abgedruckt); Teilnehmerlisten als Qualitätsfaktor; Auswertungsbögen der Kooperationspartner (z. B. im EDV-Bereich). Einige Einrichtungen nutzen Feedback-Systeme. In gemeinsamen Gesprächen wird deren mögliche Vereinheitlichung – auch mit Blick auf die Auswertungssystematik – diskutiert.

3. Berichtswesen/Qualitätszirkel/Vernetzung

In Fragen des Berichtswesens und der Statistik findet ein regelmäßiger Austausch über Vorgehensweise und Präsentation statt. Die drei Volkshochschulen sind in ihrer Struktur in vielen, aber nicht in allen Fragen vergleichbar. Gleichwohl wird mit der Bearbeitung der genannten und weiterer qualitätsbezogener Fragestellungen eine systematische Bearbeitung des Themas intendiert. Die Arbeitsergebnisse werden sukzessive in die Mitgliedseinrichtungen des Verbandes kommuniziert."[24]

- An dem BLK-Modellversuch *Lernerorientierte Qualitätstestierung in Weiterbildungsnetzwerken*[25] beteiligen sich die VHS-Landesverbände des Saarlands (mit drei Einrichtungen) [26], aus Niedersachsen, Thüringen, Hessen, Schleswig-Holstein, Berlin, Sachsen, Rheinland-Pfalz und Hamburg sowie Vertreter des ArtSet Institutes, des Deutschen Instituts für Erwachsenenbildung Frankfurt/M., des Lehrstuhls Erwachsenenbildung der Universität Leipzig, der Arbeitsstelle Neue Lernkulturen Hannover und des Landesinstitutes für Schule und Weiterbildung Nordrhein-Westfalen.[27]

- In der im August 2001 vom Ministerium für Wirtschaft und dem Ministerium für Bildung, Kultur und Wissenschaft durchgeführten Fachtagung *Neue Herausforderungen an die Weiterbildung* bildete das Thema „Qualitätssicherung in der Weiterbildung" einen Schwerpunkt.[28]

Stichworte: Saarländisches Weiterbildungs- und Bildungsfreistellungsgesetz (SWBG); Rechtsverordnungen; Richtlinien; Förderrahmen; Fördergrundsätze für ESF-kofinanzierte Programme; Zuständigkeiten: Ministerium für Bildung, Kultur und Wissenschaft; Ministerium für Wirtschaft; Ministerium für Frauen, Arbeit, Gesundheit und Soziales; staatliche Anerkennung von Einrichtungen der allgemeinen und beruflichen Weiterbildung mit Anerkennungsvoraussetzungen; Koordination und Kooperation der anerkannten Einrichtungen der Weiterbildung; Landesausschuss für Weiterbildung; Landesarbeitsgemeinschaften; Weiterbildungsinformationssystem: Berichtspflicht der Landesregierung, Erhebungen des Statistischen Landesamtes, Berichtspflicht der staatlich anerkannten Einrichtungen, Weiterbildungsdatenbank; Freistellung für die Teilnahme an Bil-

---

[24] Bericht der Volkshochschule Stadtverband Saarbrücken vom April 2001, zur Verfügung gestellt für den hier vorliegenden Übersichtsband

[25] Näheres zu dem Modellversuch siehe unter Punkt III. des Beitrags zu Niedersachsen

[26] Angaben des Ministeriums für Bildung, Kultur und Wissenschaft vom Juni 2001

[27] Ehses, Christiane; Heinen-Tenrich, Jürgen; Zech, Rainer: Das lernerorientierte Qualitätsmodell für Weiterbildungsorganisationen. ArtSet Institut, Hannover Mai 2001

[28] Angaben des Ministeriums für Bildung, Kultur und Wissenschaft vom Juni 2001

dungsveranstaltungen; Anerkennung von Bildungsveranstaltungen mit Anerkennungsvoraussetzungen; Anerkennungswiderruf; Förderung von Einrichtungen der Weiterbildung; Fördervoraussetzungen; Zuwendungen zu Personalkosten, zu Kosten der Bildungsarbeit; Zuwendungen freiwilliger Art; Programmförderung (ESF), Prüfindikatoren, Prüfkatalog, Zielvereinbarungen, begleitende und abschließende Evaluation des ESF-Gesamtprogramms; Beratung durch Ministerium für Wirtschaft; VHS-Aktivitäten zur Qualitätssicherung; BLK-Modellversuch „Lernerorientierte Qualitätstestierung in Weiterbildungsnetzwerken"; Fachtagung

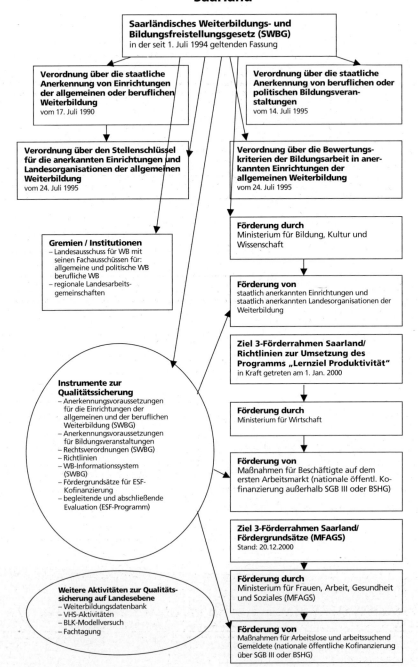

2.13 Freistaat Sachsen

I. Gesetzliche Situation

Im Freistaat Sachsen bilden

- das Gesetz über die Weiterbildung im Freistaat Sachsen (Weiterbildungsgesetz – WBG) vom 29. Juni 1998[1]

- die Richtlinie des Sächsischen Staatsministeriums für Kultus zur Förderung der Weiterbildung vom 20 Februar 1997[2]

- Ausführungen und Verfahrensregelungen zur Umsetzung der Förderung von Maßnahmen im Bereich der berufsbegleitenden Weiterbildung für den ESF-Förderzeitraum 2000-2006[3]

den gesetzlichen und förderrechtlichen Rahmen für die Weiterbildung.

Sie wurden im Hinblick auf ihre qualitätssteuernden bzw. qualitätssichernden Elemente für die allgemeine und berufliche Weiterbildung ausgewertet.

Darüber hinaus wurde die „Konzeption zur allgemeinen, beruflichen, politischen, kulturellen und wissenschaftlichen Weiterbildung im Freistaat Sachsen" ausgewertet, die zum 1. Weiterbildungstag in Sachsen am 29. November 1997 vorgelegt wurde.[4]

In der **Weiterbildungskonzeption der Sächsischen Staatsregierung**[5], vorgelegt zum 1. Weiterbildungstag in Sachsen am 29. November 1997, wird der Qualität der Weiterbildung und den Bemühungen um Qualitätssicherung ein hoher Stellenwert eingeräumt. Zu diesem Zeitpunkt lagen die Ergebnisse aus fünf Jahren ESF-Bildungstest vor, ebenso wie die daraus abgeleiteten Empfehlungen.

In dem Kapitel zur „Qualitätssicherung in der Weiterbildung", in dem alle Träger und Einrichtungen aufgefordert werden, ihren spezifischen Bedingungen entsprechend angepasste Maßnahmen und Verfahren zur Qualitätssicherung einzuführen und zu veröffentlichen, wird für ein ganzheitliches Konzept der Qualitätsentwicklung, das auf die Sicherung von Produkt- und Prozessqualität hinausläuft,

---

[1] Gesetz über die Weiterbildung im Freistaat Sachsen (Weiterbildungsgesetz – WBG) vom 29. Juni 1998. In: Sächsisches Gesetz- und Verordnungsblatt Nr. 11 vom 20. Juli 1998, S. 270

[2] Richtlinie des Sächsischen Staatsministeriums für Kultus zur Förderung der Weiterbildung vom 20. Februar 1997, in Kraft getreten rückwirkend zum 1. Januar 1997. In: Sächsisches Amtsblatt Sonderdruck Nr. 6/1997 vom 17. Juli 1997, S. 250

[3] Vom Sächsischen Staatsministerium für Wirtschaft und Arbeit, Referat 54, im Mai 2001 zur Verfügung gestellte Unterlagen

[4] Sächsisches Staatsministerium für Kultus (Hrsg.): Weiterbildungskonzeption der Sächsischen Staatsregierung, vorgelegt zum 1. Weiterbildungstag in Sachsen am 29. November 1997 im Veranstaltungszentrum Forum Chemnitz, Dresden März 1998

[5] Vgl. Fn 4)

plädiert. Darüber hinaus wird als erstrebenswert erachtet, in gemeinsamen Tätigkeitsfeldern der fünf Weiterbildungsbereiche (allgemein, beruflich, politisch, kulturell und wissenschaftlich) zu vergleichbaren Qualitätsmaßstäben zu kommen. Dabei soll besondere Aufmerksamkeit auf die pädagogische Professionalität und die Erhöhung der persönlichen Entscheidungs- und Handlungskompetenz der Weiterbildungsteilnehmer gelegt werden.

Auch in den anderen Kapiteln der Weiterbildungskonzeption werden unter „Bildungspolitischen Zielvorstellungen" und „Gestaltungsempfehlungen" die für eine verbesserte Qualität in der Weiterbildung wichtigen Eckpfeiler genannt, wie z. B.

- Professionalisierung der Weiterbildner zur Erlangung von Kenntnissen und Fähigkeiten wie: Differenzierung von Zielgruppen, Analyse von Bildungs- und Lernbedürfnissen, Entwicklung und Verwirklichung erwachsenengerechter, partnerschaftlicher Lehr-Lern-Arrangements, Gestaltung der eigenen Rolle als „Lernbegleiter", Nutzung und Gestaltung von Rahmenbedingungen der Weiterbildung, Selbsteinschätzung und eigene professionelle Weiterentwicklung.

- Förderliche Rahmenbedingungen wie z. B. Öffentlichkeitsarbeit der Staatsregierung und des Sächsischen Ministeriums für Kultus, besondere öffentliche Förderung und Unterstützung innovativer Projekte, differenzierte Förderung als Grund-, Zusatz- und Projektförderung von Weiterbildungseinrichtungen, Stiftung eines Innovationspreises Weiterbildung aus den Fördermitteln für Weiterbildung, Zusammenarbeit der Träger und Einrichtungen der allgemeinen, beruflichen, politischen, kulturellen und wissenschaftlichen Weiterbildung.

Weitere Aspekte für die Verbesserung der Qualität der Weiterbildung sind unter dem Kapitel „Bereichsübergreifende Zusammenarbeit der Ressorts" genannt. Da die Weiterbildungsförderung der fünf Weiterbildungsbereiche bei verschiedenen Ministerien angesiedelt ist, soll die Förderung bereichsübergreifender Projekte zwischen den Ressorts abgestimmt werden, ebenso Förderschwerpunkte und Projekte der Weiterbildung, die die Zuständigkeit anderer berühren. Für diese Abstimmung wird eine *interministerielle Arbeitsgruppe Weiterbildung* geschaffen[6].

Ein bereits zu diesem Zeitpunkt bestehender „Arbeitskreis Weiterbildung" soll seine Arbeit im Auftrag der Staatsregierung als beratendes Gremium auf Landesebene fortsetzen und seine Arbeit intensivieren, und zwar unter Beteiligung der Weiterbildungsverbände, der Kammern und von Experten.[7]

---

[6] Diese interministerielle Arbeitsgruppe Weiterbildung ist seit 1999 – Gründung des Sächsischen Landesbeirats für Erwachsenenbildung – installiert.

[7] Seit Gründung des Landesbeirats für Erwachsenenbildung als landesweite Vertretung von Weiterbildungs- und anderen Institutionen, dessen Grundlage das Weiterbildungsgesetz ist, werden die Aufgaben des Arbeitskreises Weiterbildung vom Landesbeirat wahrgenommen. Mitglieder des Arbeitskreises wurden durch den Kultusminister in den Landesbeirat berufen.

Die Einrichtung einer „Zentralstelle für Weiterbildung" ist vorgesehen; u.a. soll sie z. B. folgende Aufgaben wahrnehmen:

- Aufbau und Betreuung des Weiterbildungsberichts- und -informationssystems,
- Analysen, Erhebungen und Studien zur Weiterbildung, pädagogisch-wissenschaftliche Koordinierungsaufgaben im Rahmen der Professionalisierung,
- Die Koordinierung der Förderung sowie die Information über laufende Förderprojekte im Bereich Weiterbildung,
- Die Beratung der Weiterbildungsträger und -einrichtungen,
- Förderung der Kooperation und Kommunikation,
- Weiterbildungsmarketing,
- Koordinierung der Aktivitäten zur bereichsübergreifenden Qualitätssicherung,
- Betreuung der Weiterbildungsberatungsstellen und
- Die Geschäftsführung für den „Arbeitskreis Weiterbildung".

Die bereichsübergreifende Zusammenarbeit von Trägern und Einrichtungen ebenso wie regionale Kooperationsbeziehungen unterschiedlicher Weiterbildungseinrichtungen wird angestrebt und von den zuständigen Ressorts unterstützt.

Ein zentrales Weiterbildungsberichts- und -informationssystem wird eingerichtet, das u.a. die Grundlage für einen Weiterbildungsbericht liefert, der in Mehrjahresabständen eine Gesamtdarstellung relevanter Daten, Leistungen, Probleme und Trends der sächsischen Weiterbildung enthalten soll.

Auch der Aufbau von regionalen Weiterbildungsberatungsstellen unter bestimmten Voraussetzungen wird in der Weiterbildungskonzeption erörtert.[8]

Am 27. Mai 1998 beschließt der Sächsische Landtag ein Gesetz über die Weiterbildung im Freistaat Sachsen (Weiterbildungsgesetz – WBG).

Dieses **Weiterbildungsgesetz (WBG)**[9] umfasst zehn Paragrafen. Die §§ 4 bis 6 befassen sich mit der Förderung der Weiterbildung.

Die Weiterbildung gilt im Freistaat Sachsen als eigenständiger, gleichberechtigter Teil des Bildungswesens. Sie umfasst die Bereiche der allgemeinen, kulturellen, politischen, beruflichen und wissenschaftlichen Weiterbildung in ihrer wechselseitigen Verbindung. (WBG § 1 Abs. 1)

---

[8] Zum aktuellen Zeitpunkt ist weiterhin vorgesehen, ein Weiterbildungsberichts- und -informationssystem einzurichten. Zur Zeit existiert keine Weiterbildungsberatungsstelle in Sachsen.

[9] Vgl. Fn 1)

Der Regelungsbereich des WBG umfasst Weiterbildung nur insoweit, wie diese nicht durch die Bestimmungen des Berufsbildungsgesetzes, des Sozialgesetzbuches III, des Schulgesetzes oder durch andere Rechtsvorschriften erfasst ist. (WBG § 1 Abs. 2)

In § 2 werden *Ziele und Aufgaben der Weiterbildung* formuliert. Für die berufliche Weiterbildung heißt es in Abs. 4: „Berufliche Weiterbildung soll dazu befähigen, sachgerecht auf die sich ständig wandelnden Anforderungen in der Berufs- und Arbeitswelt reagieren zu können. In diesem Sinne dient sie sowohl dem Erhalt des Arbeitsplatzes als auch der Wiedereingliederung in den Beruf sowie der Mobilität.

Landesverbände der Weiterbildung (Zusammenschlüsse von Trägern oder Einrichtungen der Weiterbildung auf Landesebene) haben laut WBG § 3 Abs. 3 folgende Aufgabe: Sie fördern und koordinieren die Weiterbildungsarbeit ihrer Mitglieder, die Zusammenarbeit untereinander sowie mit anderen Organisationen; sie fördern durch geeignete Maßnahmen die Qualität der Bildungsarbeit ihrer Mitglieder und vertreten diese auf der Landesebene.

Zu den Grundsätzen der staatlichen Förderung (§ 4 WBG) gehört, dass Einrichtungen und Landesorganisationen der Weiterbildung gefördert werden, wobei eine Gleichbehandlung öffentlich-rechtlicher und freier Träger zu gewährleisten ist.

Wollen *Einrichtungen oder Landesorganisationen* nach § 3 *als förderungswürdig vom Freistaat Sachsen anerkannt* werden, so müssen sie einen schriftlichen Antrag ihres Trägers beim Sächsischen Ministerium für Kultus einreichen. Für diese Anerkennung der Förderungswürdigkeit legt § 5 Abs. 1 folgende *Voraussetzungen* fest.

Sie müssen

1. ihren Sitz und Tätigkeitsbereich im Freistaat Sachsen haben;

2. nach Ziel und Inhalt ihrer Veranstaltungen mit der freiheitlich-demokratischen Grundordnung im Sinne des Grundgesetzes für die Bundesrepublik Deutschland sowie der Verfassung des Freistaates Sachsen im Einklang stehen;

3. ausschließlich und nicht nur auf Spezialgebieten Weiterbildungsmaßnahmen anbieten;

4. grundsätzlich jedermann offen stehen;

5. in Anbetracht ihrer pädagogischen, fachlichen und materiellen Voraussetzungen die Gewähr für eine erfolgreiche und dauerhafte Bildungsarbeit bieten;

6. von einer nach Vorbildung und Werdegang geeigneten Person geleitet werden;

7. zur Offenlegung ihrer Bildungsziele, Organisations- und Arbeitsformen, Personalausstattung, Teilnehmerzahl und Finanzierung gegenüber dem Freistaat Sachsen bereit sein.

Ein *Landesbeirat für Erwachsenenbildung* wird laut § 9 beim Staatsministerium für Kultus eingerichtet, der die Staatsregierung in grundlegenden Fragen der Weiterbildung berät. Er fördert die Zusammenarbeit zwischen den anerkannten Trägern der Erwachsenenbildung und ist vor dem Inkrafttreten von Gesetzen, Rechtsverordnungen sowie Richtlinien, die Fragen der Weiterbildung berühren, zu hören.

Die *Volkshochschulen*, die im Sächsischen WBG nicht ausdrücklich erwähnt werden, gehören zu den als förderungswürdig anerkannten Einrichtungen der Weiterbildung. (Näheres zu den Aktivitäten der Volkshochschulen zur Qualitätssicherung in der Weiterbildung siehe unter Punkt III. dieses Beitrags.)

II. Förderung der (beruflichen) Weiterbildung aus Landes- und kofinanzierten ESF-Mitteln

1. Förderung aus Landesmitteln

1.1 Ausgangslage und Rahmenbedingungen

Die Ausführungen unter Punkt 1.1 betreffen die allgemeine Weiterbildung, für die das Sächsische Staatsministerium für Kultus zuständig ist.

Die Förderung von Einrichtungen und Landesorganisationen der Weiterbildung ist im Weiterbildungsgesetz (s.o.) geregelt, ebenso wie die Art der Förderung. Es handelt sich um Zuschüsse für

- Personal- und Sachkosten,

- Weiterbildungsprojekte von besonderem öffentlichem Interesse,

- Fortbildung des Personals von Einrichtungen.

Die **Richtlinie des Sächsischen Staatsministeriums für Kultus zur Förderung der Weiterbildung**[10], die vor Inkrafttreten des Weiterbildungsgesetzes erlassen wurde, macht Ausführungen über

- Zuwendungszweck, Rechtsgrundlage,

- Grundsätze und Gegenstand der Förderung,

---

[10] Vgl. Fn 2)

- Zuwendungsempfänger,
- Zuwendungsvoraussetzungen,
- Art und Umfang, Höhe der Zuwendung,
- sonstige Zuwendungsbestimmungen,
- Verfahren.

Grundsätzlich ist festzuhalten, dass nur Träger gefördert werden, deren Einrichtungen als förderungswürdig anerkannt worden sind.

Die *Anerkennung der Förderungswürdigkeit* einer Einrichtung der Weiterbildung hat u. a. folgende *Voraussetzungen (Nummer 4.1)*:

– Öffentliche Ausschreibung der Angebote,

– Nachweis einer erfolgreichen eigenständigen Bildungsarbeit über mindestens zwei Jahre sowie Leistungsnachweis (Anzahl der Unterrichtsstunden) in dem der Antragstellung vorausgehenden Jahr,

– Gewähr für eine erfolgreiche und dauerhafte Bildungsarbeit durch pädagogische, fachliche und materielle Voraussetzungen,

– hauptberufliche Leitung durch eine nach Vorbildung und einschlägiger Berufserfahrung geeignete Person,

– Bereitschaft zur Offenlegung der Bildungsziele, Organisations- und Arbeitsformen, Personal- und materiellen Ausstattung, Finanzierung und Teilnehmerzahl.

Der *Widerruf der Anerkennung* ist in der Richtlinie vorgesehen, und zwar, wenn

– eine oder mehrere der Voraussetzungen der o. g. Anerkennungsvoraussetzungen nicht mehr zutreffen oder

– der Antragsteller schuldhaft falsche Angaben über seine Tätigkeit, Struktur beziehungsweise Finanzierung macht.

In den unter Nummer 4.2.1 genannten *Grundsätzen* der Förderung wird für Träger, Einrichtungen, Heimbildungsstätten und Landesverbände der Weiterbildung die Anzahl der zu erbringenden Unterrichtsstunden, Unterrichtswochen und Teilnehmertage sowie die notwendige Teilnehmerzahl spezifiziert.

In 4.2.1 Abs. 5 heißt es: „Landesorganisationen der Weiterbildung können eine Förderung erhalten, wenn sie in allen Regierungsbezirken wirksam sind und die Bildungsangebote der Mitglieder sowohl konzeptionell als auch pädagogisch durch die Geschäftsstelle betreut werden."

Voraussetzung für die Gewährung der Grundförderung ist eine angemessene Ausstattung mit hauptberuflich-pädagogischem Personal (4.2.1 Abs. 10). Was unter einer „angemessenen Ausstattung" zu verstehen ist, kann dem im gleichen Absatz folgenden Stellenschlüssel für Weiterbildungseinrichtungen entnommen werden. Hier wird der Arbeitsumfang der Weiterbildungseinrichtung in Unterrichtsstunden der Anzahl an hauptberuflich pädagogischen Leitern und weiteren hauptberuflich pädagogischen Mitarbeitern gegenübergestellt. So stehen z. B. einem Arbeitsumfang der Weiterbildungseinrichtung von mehr als 2000 Unterrichtsstunden eine Stelle, 8000 Unterrichtsstunden drei Stellen und jeweils weiteren 4000 Unterrichtsstunden je eine weitere Stelle gegenüber, bei 44 000 Unterrichtsstunden sind 12 Stellen vorgesehen.

1.2 Förderkriterien und Qualitätskriterien des Förderers für Einrichtungen/Träger und/oder Weiterbildungsmaßnahmen bei der Vergabe von Landesmitteln

Über die in der Richtlinie genanten Förderkriterien hinaus liegen keine weiteren Informationen des Landes zur Vergabepraxis von Landesmitteln vor. Siehe jedoch die Punkte 2.1-2.3 im Folgenden.

1.3 Verfahrensweise bei der Vergabe von Landesmitteln

Zu qualitätssteuernden Verfahrensweisen bei der Vergabe von Landesmitteln für die Weiterbildung liegen keine Informationen des Landes vor. Siehe jedoch die Punkte 2.1-2.3 im Folgenden.

2. Förderung aus kofinanzierten ESF-Mitteln

2.1 Ausgangslage und Rahmenbedingungen

Ausgelöst durch die Qualitätsdebatte hat das Sächsische Staatministerium für Wirtschaft und Arbeit nach Möglichkeiten gesucht, wie zum einen der Fördermitteleinsatz „kontrolliert", zum anderen aber auch die Selbstverantwortung der Bildungseinrichtungen bei der Qualitätssicherung gestärkt werden kann. Um diesen Anliegen gerecht zu werden, wurde 1992 mit dem ESF-Bildungstest ein Instrument zur Qualitätskontrolle bzw. -sicherung etabliert. Der Test wurde gemeinsam mit den beteiligten Weiterbildungseinrichtungen entwickelt. Die Checklisten sind auch als Selbstevaluationsinstrument zu nutzen. Im Rahmen dieses Instrumentes wurden vorrangig die realisierten Maßnahmen geprüft, also ein produktorientierter Ansatz verfolgt. Dieser Bildungstest wurde vom Institut für Entwicklungsplanung und Strukturforschung (IES) durchgeführt und 1997 abgeschlossen.

Die Wirksamkeit des Bildungstests sollte an drei Zielstellungen überprüft werden können:

- Unterstützung der finanziellen Förderer (Entscheidungsebene),
- Unterstützung ausgewählter Bildungseinrichtungen durch externe Begutachtung,
- Unterstützung der Fachöffentlichkeit durch Information.[11]

„Aspekte der Kundenorientierung oder des Verbraucherschutzes blieben beim Bildungstest unberührt. In der Konsequenz musste es bei der Fortführung der Qualitätsdiskussion darum gehen, von Momentaufnahmen einzelner Qualitätsparameter verstärkt zum Prozesscharakter der Qualitätssicherung zu finden. So sollte das im Zeitraum 1996/1997 ebenfalls durch das Sächsische Staatsministerium für Wirtschaft und Arbeit (SMWA) geförderte ISO-Transferprojekt dazu beitragen, die Forderungen der Europäischen Norm ISO 9000 ff. an die Bedingungen der Bildungsunternehmen anzupassen. Im Mittelpunkt stand die Verbindung von Produkt- und Prozessqualität."[12]

Das aus Landes- und ESF-Mitteln geförderte Projekt unterstützte Einrichtungen der beruflichen Weiterbildung bei der Einführung von Qualitätsmanagementsystemen nach DIN EN ISO 9000 ff. und beriet sie bei der Anpassung der Forderungen der EU-Norm an die individuellen Bedingungen der Bildungseinrichtungen.[13]

In Auswertung der Ergebnisse dieses Projektes wurde die Einführung von Qualitätsmanagementsystemen in den Jahren 1999/2000 weiter unterstützt, indem in einem Folgeprojekt[14] untersucht wurde, was der Kunde über Qualitätsmanagementsysteme wissen muss, um deren Elemente qualitativ einschätzen zu können. Gleichzeitig stand andererseits die transparente und nachvollziehbare Gestaltung dieser Systeme durch die Bildungsdienstleister im Mittelpunkt der Betrachtung.

Das Kernstück des darauf folgenden Projektes *Qualitätsentwicklungssystem Weiterbildung Sachsen* ist die Qualitätspolitik der Einrichtung sowie Kriterien und Maßnahmen zur Qualitätssicherung und -entwicklung bezogen auf Dienstleistungen und Einrichtung.[15]

(Näheres zum ESF-Bildungstest sowie zu den drei genannten Projekten siehe unter Punkt III. dieses Beitrags.)

---

[11] Merx, Katrin; Bötel, Christina: Qualität in der beruflichen Bildung – ein sächsisches Markenzeichen. Abschlussbericht zum ESF-Bildungstest. Hannover/Leipzig 1997

[12] Angaben des Sächsischen Staatsministeriums für Wirtschaft und Arbeit vom Mai 2001

[13] Aus: Leye, Gunhild, ARGE Koordinierungsstelle ISO Transferprojekt: Transferprojekt zur Einführung von Qualitätsmanagementsystemen in der beruflichen Bildung. In: Institut für Entwicklungsplanung und Strukturforschung (Hrsg.): Quasi-Infobrief Nr. 6/Juni 1997

[14] Projekt „Anwendungsorientierte Gestaltung und Bewertung von QM-Systemen". Durchführungsträger: Verband Sächsischer Bildungsinstitute e. V. (VSBI)

[15] Vgl. Fn 12)

2.2 Förderkriterien und Qualitätskriterien des Förderers für Einrichtungen/Träger und/oder Weiterbildungsmaßnahmen bei der Vergabe von kofinanzierten ESF-Mitteln

Zur Orientierung bei der Vergabe von Mitteln für Maßnahmen der beruflichen Weiterbildung hat das Referat 54 des Sächsischen Staatsministeriums für Wirtschaft und Arbeit **Ausführungen und Verfahrensregelungen zur Umsetzung der Förderung von Maßnahmen im Bereich der berufsbegleitenden Weiterbildung für den ESF-Förderzeitraum 2000-2006**[16] erarbeitet. Hier finden sich neben Förderintensionen und -grundsätzen und der Aufzählung der zu fördernden Maßnahmearten auch „Kriterien für die Bewertung und Einordnung der ... Maßnahmearten" sowie „Verfahrensregelungen". In den allgemeinen Fördergrundsätzen werden Anforderungen an die Fördermaßnahmen zur beruflichen Weiterbildung formuliert. Sie sollen z. B.

– präventiv wirken und zur Verzahnung von Wirtschafts- und Beschäftigungs- und Qualifikationsstrukturen beitragen;

– den Bedarf und die Veränderungen des Arbeitsmarktes sowie die wirtschaftliche Entwicklung in den Regionen in Betracht ziehen; Regionalisierung und Kooperation in der Weiterbildungsarbeit sollen angeregt bzw. umgesetzt und die strukturellen Voraussetzungen für die berufliche Weiterbildung verbessert werden;

– der Durchsetzung einer beschleunigten Produkt- und Prozessinnovation in KMU dienen.

Im Förderzeitraum 2000-2006 wird die Aufgabe darin gesehen, im Rahmen der Förderung der beruflichen Weiterbildung, eine noch konsequentere Umkehr von der angebotsorientierten zur nachfrageorientierten Weiterbildungsarbeit zu vollziehen. Deshalb – so die Ausführungen der „Förderintensionen und -grundsätze" – müssen die Inhalte und Strukturen der Projekte so angelegt sein, dass der Dienstleistungsgedanke in Bezug auf die Weiterbildung noch verstärkter im Mittelpunkt steht. D. h.:

– Realisierung aufgaben- und problembezogener Qualifizierungskonzepte,

– Weiterbildung muss dem betrieblichen Entwicklungs- und Problemlösungsprozess dienen,

– Konzipierung und Umsetzung flexibler, dem Bedarf der KMU entsprechender Qualifizierungsbausteine unter Einbeziehung von Selbstlernprozessen, Coaching und Prozessbegleitung,

---

[16] Vgl. Fn 3)

– Auflösung der starren Strukturen seminaristischer betrieblicher Weiterbildung (Anpassung der Organisations- und Lernprozesse an betriebliche Bedürfnisse unter Nutzung der neuen Medien, Lernen im Prozess der Arbeit, Training on the job).

Weitere Schwerpunkte der Förderung sind Maßnahmen im Bereich der Organisations- und Personalentwicklung, des Weiterbildungsmanagements sowie der Anpassungsqualifizierung des betrieblichen Ausbildungspersonals und der Professionalisierung von Weiterbildnern.

Die Kriterien für die Bewertung und Einordnung der in den „Ausführungen und Verfahrensregelungen..." genannten Maßnahmearten beziehen sich auf

1. Anforderungen an den Inhalt der Projektbeschreibung bzw. an das Projekt und hier auf
   1.1 teilnehmerbezogene Maßnahmen und
   1.2 unternehmensbezogene Maßnahmen

2. Anforderungen an Maßnahmeträger

3. Weitere allgemeine Voraussetzungen für die Förderung.

Zu 1.1 „Teilnehmerbezogene Maßnahmen" werden folgende Kriterien bzw. Prämissen genannt, die sich im Projektantrag widerspiegeln sollen:

– „Vorliegen einer inhaltlich schlüssigen Konzeption mit eindeutiger Zieldefinition,

– Einordnung als praxisorientierte Anpassungsqualifizierung mit hohen innovativen Anteilen und aufbauenden Kenntnissen,

– Maßnahme muss den Zuwachs an beruflicher Handlungskompetenz prognostizieren lassen,

– im Projektantrag sind Aussagen zum sachlichen und zeitlich gegliederten Maßnahmeinhalt zu treffen; zur Art/Methode der Qualifizierung und zum Abschluss (anerkannte Prüfung bei zuständiger Stelle; trägereigene Prüfung/Zertifikate),

– Zertifikate müssen so umfangreich sein, dass die erworbenen Qualifikationen hinreichend definiert werden,

– die Maßnahme sollte nicht nur beschränkt sein auf rein fachliche Qualifikationen, sondern auch überfachliche Themenstellungen beinhalten (u. a. Sozialkompetenz; Kommunikations- und Kooperationsfähigkeit),

– Gewährleistung einer hohen Effizienz des Mitteleinsatzes."

Folgende Erfordernisse müssen für unter 1.2 „Unternehmensbezogene Maßnahmen" genannte Projekte beachtet werden:

- Beitrag zur Unterstützung des Aufbau- und Stabilisierungsprozesses des Unternehmens,
- Übereinstimmung der Qualifizierungsmaßnahme mit betrieblichen und/oder regionalen Entwicklungszielen,
- Übereinstimmung zwischen Bildungsangebot und betrieblichem Qualifizierungsbedarf (Nachweis durch Analyse),
- Inhalt- und Zielbeschreibung des Projektantrages muss vom Unternehmen getragen werden,
- betriebliche Einflussnahme auf Qualifizierungsinhalte muss möglich sein,
- im Projektantrag muss sich eine enge Kooperation zwischen Bildungsträger und Unternehmen widerspiegeln,
- das Konzept muss belegen, dass die Qualifizierung vorausschauend durchgeführt wird, unter Berücksichtigung der strategischen Entwicklungslinien des Unternehmens,
- Vorlage einer KMU- bzw. Teilnehmerliste zum formgebundenen Antrag und Bestätigung der Lehrgangskonzeption und Teilnehmer durch den Geschäftsführer des Unternehmens.

Die „Anforderungen an Maßnahmeträger" lauten in den o.g. „Ausführungen und Verfahrensregelungen..." folgendermaßen:

1. Bevorzugt gefördert werden Maßnahmen von Trägern, die auf die jeweiligen Bedingungen und strategischen Ziele der Unternehmen zugeschnittene Dienstleistungen anbieten und erbringen.

2. Vorrangig zu fördern sind ebenfalls Projekte von Trägern und Kooperationsverbünden, die bei der Entwicklung und Umsetzung von wirtschafts- und betriebsnahen Lehrgangskonzepten zusammenarbeiten.

3. Der Träger hat im Projektantrag nachzuweisen, dass er geeignete Maßnahmen zur Qualitätssicherung getroffen hat.

Ergänzend zu den in den „Ausführungen und Verfahrensregelungen..." genannten Maßnahmearten und Anforderungen liegt ein *Maßnahmekatalog*[17] vor, in dem jeweils zu den zehn zu fördernden Maßnahmearten weitere Kriterien und ergänzende Unterlagen (Merkblätter) zu Inhalt und Umfang genannt werden. Die Dauer der Qualifizierungsmaßnahmen in Stunden wird hier z.B. festgelegt.

---

[17] Vgl. Fn 3)

Die den einzelnen Maßnahmearten zugeordneten *Merkblätter* enthalten Erläuterungen, Reflexionen und Empfehlungen, z. B. hinsichtlich der Förderung von Qualifizierungsprojekten mit integrierten Selbstlernphasen oder der Förderung von Projekten zur Umsetzung der „Kooperationsnetzwerke berufliche Weiterbildung".

2.3 Verfahrensweise bei der Vergabe von kofinanzierten ESF-Mitteln

Grundsätzlich gelten bezüglich der Verfahrensregelungen bei der Vergabe von Mitteln für Maßnahmen der beruflichen Weiterbildung in der ESF-Förderphase 2000-2006 die Festlegungen der für die berufliche Aus- und Weiterbildung (Landes- und ESF-Mittel) zuständigen Referate beim Sächsischen Staatsministerium für Wirtschaft und Arbeit.

Für den Bereich der berufsbegleitenden Weiterbildungsmaßnahmen werden in den o. g. „Ausführungen und Verfahrensregelungen..." ergänzende Bestimmungen vorgenommen: Die formlosen Projektanzeigen werden in den Consult-Büros hinsichtlich ihrer Förderfähigkeit geprüft. Zu Grunde gelegt werden für die Bewertung und Einordnung der Maßnahmen und Projekte die in den „Ausführungen und Verfahrensregelungen..." genannten Fördergrundsätze und Kriterien.

III. Weitere Aktivitäten und Besonderheiten zur Qualitätssicherung auf Landesebene

- Das Sächsische Staatsministerium für Wirtschaft und Arbeit hat die Qualitätsdiskussion, die in den 90er Jahren besonders lebhaft geführt wurde, aufgegriffen und seit 1992 vier Projekte zum Thema „Qualitätssicherung" aus Landes- und ESF-Mitteln gefördert, um zur Qualität in der beruflichen Weiterbildung im Freistaat Sachsen beizutragen:

  - ESF-Bildungstest I (1992-1994), ESF-Bildungstest II (1995-1997),
  - Transferprojekt zur Einführung von Qualitätsmanagementsystemen in der beruflichen Bildung (1996/1997),
  - Anwendungsorientierte Gestaltung und Bewertung von QM-Systemen (1999-2000),
  - QES-Qualitätsentwicklungssystem Weiterbildung Sachsen.

Das Projekt *ESF-Bildungstest* und das *ISO-Transferprojekt* wurden 1997 beendet. Im Mai 1997 fand in diesem Zusammenhang ein Workshop in Dresden statt.

Das 1992 durch das Sächsische Staatsministerium für Wirtschaft und Arbeit (SMWA) ins Leben gerufene Projekt *ESF-Bildungstest* wurde vom Institut für Strukturforschung an der Universität Hannover durchgeführt.

Bis 1994 konnten in Teil I des Projektes 40 Einrichtungen, die ESF-geförderte Veranstaltungen durchgeführt haben, untersucht und bewertet werden. Die Ergebnisse des ESF-Bildungstests Teil I wurden im Februar 1995 in einer Broschüre veröffentlicht.[18]

Teil II des Projektes schloss sich von 1995 bis 1997 an. In dieser Zeit wurden 37 Bildungseinrichtungen mit ESF-geförderten Maßnahmen untersucht. Bewertet wurden die ESF-geförderten Kurse vorrangig auf der Basis der maßnahmebezogenen Qualitätsfaktoren (Maßnahmekonzeption, personelle und räumlich-sächliche Ausstattung). Ausgewählte einrichtungsbezogene Qualitätsfaktoren (Information, Beratung und Vertragsgestaltung) wurden ebenfalls in die Betrachtung einbezogen, da sie über die Maßnahmenqualität hinaus von Bedeutung für die Gesamtbeurteilung der Bildungseinrichtung sind. Als drittes Element wurden die qualitätssichernden Maßnahmen und Instrumente der untersuchten Einrichtungen bewertet.

Ein wesentliches Anliegen des Projektes war es – neben der Kontrolle und Bewertung ESF-geförderter Bildungsmaßnahmen und -einrichtungen –, die Bildungseinrichtungen in ihren Bemühungen um Qualität in der beruflichen Weiterbildung anzuregen und zu unterstützen. Inwieweit dies durch den kooperativen Ansatz des ESF-Bildungstests gelungen ist, wird im Einzelnen im Abschlussbericht zum ESF-Bildungstest dargelegt.

Das Ziel, die Fachöffentlichkeit über Ergebnisse des ESF-Bildungstests sowie andere Qualitätssicherungskonzepte und -verfahren zu informieren, wurde durch den QUASI-Infobrief[19], den Abschlussworkshop im Mai 1997 sowie eine gemeinsame Diskussion mit Bildungsexperten über ein Qualitätskonzept für den Freistaat Sachsen erreicht.

Der Abschlussbericht enthält Empfehlungen an die Adresse der „öffentlichen Hand" zur Verstetigung der Ergebnisse aus dem ESF-Bildungstest sowie zur Rolle der öffentlichen Hand als Initiator und Moderator weiterer qualitätssichernder Maßnahmen und der Realisierung eines Qualitätskonzepts für den Freistaat Sachsen. Des Weiteren sind die für den ESF-Bildungstest erarbeiteten und verwendeten Instrumente wie Checklisten und Fragebögen dem Abschlussbericht beigefügt.[20]

---

[18] Die Broschüre kann beim Institut für Entwicklungsplanung und Strukturförderung GmbH an der Universität Hannover, Lister Str. 15, 30163 Hannover, angefordert werden.

[19] Institut für Entwicklungsplanung und Strukturforschung (Hrsg.): Quasi-Infobrief, Hannover 1995-1997

Das *ISO-Transferprojekt* (1996-1997) wurde von der ARGE Koordinierungsstelle zu einem Zeitpunkt durchgeführt, da Bildungsträger im Rahmen der Diskussion um die Qualität der Dienstleistung „Weiterbildung" die Einführung eines Qualitätsmanagementsystems (QMS) nach ISO 9000 ff. als eine Möglichkeit ansahen, zu einer systematischen Qualitätsverbesserung des Weiterbildungsprozesses zu kommen. Ziel des Transferprojekts war es, die Bildungseinrichtungen dabei zu unterstützen und zu beraten, wie die Einführung eines QMS nach DIN EN ISO 9000 ff. verbunden werden kann mit der Anpassung der Forderungen der Europäischen Norm an die Bedingungen der eigenen Einrichtung. Im Mittelpunkt stand die Erfüllung der Kundenanforderungen und Kundenerwartungen an das Produkt „Weiterbildung" durch die Sicherung der Prozessqualität. Mehr als 60 Mitarbeiterinnen und Mitarbeiter aus rund 60 Bildungseinrichtungen beteiligten sich an diesem Projekt. Die aktive Einbeziehung von Problemen und Erfahrungen dieser Teilnehmerinnen und Teilnehmer im Rahmen der Einführung eines QMS in ihrer Einrichtung war ein wesentliches Merkmal des Projekts. Ca. die Hälfte der beteiligten Einrichtungen hat sich entweder im Verlauf des Projektes und später zertifizieren lassen. Andere Einrichtungen haben ein QMS ohne Zertifizierung eingeführt. Als Erfolg des Projektes wurde gewertet, dass auf jeden Fall bei allen Mitarbeiterinnen und Mitarbeitern der beteiligten Einrichtungen eine Steigerung des Qualitätsbewusstseins zu beobachten war.[21]

Eine Dokumentation zum Projekt liegt vor und enthält u. a. die Anpassung der 20 Qualitätselemente der DIN EN ISO 9001 an die Besonderheiten der Einrichtungen der beruflichen Weiterbildung.[22]

Das Projekt *Anwendungsorientierte Gestaltung und Bewertung von QM-Systemen*, Durchführungsträger: Verband Sächsischer Bildungsinstitute e. V. (VSBI), das Mitte 1999 begann und im dritten Quartal 2000 endete, baute auf dem ISO-Transferprojekt auf, unterstützte die bereichsspezifische Weiterentwicklung der Qualitätssysteme von Bildungsträgern und KMU und stellte die Entwicklung transparenter QM-Systeme sowie die Befähigung, dargestellte QM-Systeme im Interesse der Kundensicherheit zu bewerten, in den Mittelpunkt der Arbeit.[23]

- Das Projekt *Qualitätsentwicklungssystem Weiterbildung Sachsen (QES)* (Laufzeit: 10/1999-2/2001) wurde inhaltlich durch die Technische Universität Dresden und die Universität Leipzig entwickelt und durch das Sächsische Staatsministerium für Wirtschaft und Arbeit (SMWA) sowie den Europäischen Sozialfonds

---

[20] Vgl. Fn 11)

[21] Bericht aus dem Projekt auf dem Workshop am 27. Mai 1997 in Dresden (unveröffentlichtes Manuskript)

[22] Die Dokumentation kann bezogen werden bei: BOW e. V., Angerstr. 30, 04177 Leipzig

[23] Entnommen dem vom Sächsischen Staatsministerium für Wirtschaft und Arbeit zur Verfügung gestellten Informationsmaterial vom Mai 2001

(ESF) gefördert. Der Projektbeirat von „QES" setzt sich u.a. zusammen aus Vertreterinnen und Vertretern der Ministerien für Kultus sowie für Wirtschaft und Arbeit, der Handwerkskammer und der Industrie- und Handelskammer Leipzig und des Landesbeirats für Erwachsenenbildung Sachsen zusammen. Seine Aufgabe bestand darin, beim konzeptionellen und untersuchungs-praktischen Vorgehen beratend tätig zu werden und Entscheidungshilfen zu geben, die Qualität der erreichten Ergebnisse im Rahmen des Projekts zu kontrollieren und, bei Bedarf, weitere Experten hinzuzuziehen. Das Projekt hatte drei Zielstellungen:

- Vergleichende Analyse von Konzepten, Methoden und Formen (von bestehenden Qualitätsmanagement-Systemen), um Vergleichbarkeit zu erreichen.

- Entwicklung eines bildungsübergreifenden und produktneutralen Qualitätsentwicklungssystems, das zugleich träger- und produktspezifische Differenzierungen zulässt.

- Erste Erprobung der Tauglichkeit/Praktikabilität eines solchen Qualitätsentwicklungssystems in ausgewählten Bildungseinrichtungen.

Projektergebnis ist die Erarbeitung eines träger- und bereichsübergreifendes Qualitätsentwicklungssystems für sächsische Weiterbildungseinrichtungen, das die Besonderheiten einzelner Bildungseinrichtungen mit bereits vorhandenen Qualitätssicherungs- und Qualitätsmanagementsystemen zulässt.

Das Projekt wurde durch einen Workshop am 26. Januar 2001 abgeschlossen. Die Abschlussdokumentation liegt vor.[24]

- *Weiterbildungsberatungsstellen:* 1992 wurde die erste Weiterbildungsberatung in Leipzig eingerichtet und 1993 offiziell eröffnet. Es folgten weitere Beratungsstellen in Dresden und Hoyerswerda und Löbau-Zittau. Die Finanzierung der Beratungsstellen erfolgte zu großen Teilen aus Mitteln des Europäischen Sozialfonds.

Die Beratungsstellen arbeiteten mit sehr unterschiedlichen Schwerpunkten, abhängig von den jeweiligen Strukturproblemen.

Ab 1995 spielte bei der Beratung – besonders in Leipzig – die Frage nach der Qualität der angebotenen Bildungsmaßnahmen eine immer größere Rolle. 1996 wurde gemeinsam mit dem Lehrstuhl für Erwachsenenpädagogik der Universität Leipzig eine Fachtagung „ISO 9000 – Qualität und Qualitätssicherung in der Erwachsenen- und Weiterbildung" durchgeführt. Fortgesetzt wurde die Thematik in einem Workshop „Werkstatt Weiterbildung: Qualität gut – Klima schlecht?"

---

[24] Projektdokumentation und Workshopdokumentation können beim Sächsischen Volkshochschulverband e.V. (SVV), Bergstr. 61, 09113 Chemnitz gegen eine Schutzgebühr angefordert werden.

Die Weiterbildungsberatungsstelle Dresden baute eine Weiterbildungsdatenbank auf, die in Betrieb genommen wurde.

Alle Beratungsstellen waren in den vergangenen Jahren auf Grund von wechselnden Finanzierungsmodellen und Finanzierungsunsicherheiten starken personellen und inhaltlichen Schwankungen ausgesetzt. Die Beratungsstelle Hoyerswerda stellte ihren Service für die Bürgerinnen und Bürger Ende 1996 ein. 1997 endet die Arbeit der Beratungsstellen Dresden und Löbau-Zittau.[25]

Auch die Weiterbildungsberatungsstelle Leipzig musste Ihre Arbeit einstellen.

Diese Situation hat sich auch nach Inkrafttreten des neues Weiterbildungsgesetzes für Sachsen nicht verändert.

- *Weiterbildungsdatenbanken:* Hier liegen keine Informationen des Landes Sachsen vor.

- Der *Sächsische Volkshochschulverband e.V.*, Chemnitz, hat im Rahmen seiner Bemühungen um Qualitätsentwicklung und -sicherung an sächsischen Volkshochschulen ein „10-Punkte-Programm der sächsischen Volkshochschulen bis zum Jahr 2005" herausgegeben. Hier wird das Selbstverständnis der Volkshochschulen dargelegt, und programmatisch werden unter den 10 Punkten die zukünftigen Aktivitäten benannt: Die sächsischen Volkshochschulen werden

  1. die Qualität ihrer Arbeit kontinuierlich verbessern.

  2. bis zum Jahr 2002 ein Qualitätsmanagement-System einführen.

  3. jährlich mindestens 5 % der Kursleiter für Fortbildungen des Sächsischen Volkshochschulverbandes gewinnen; alle hauptberuflichen VHS-Mitarbeiter nehmen an mindestens zwei Fortbildungen im Jahr teil.

  4. bis zum Jahr 2005 ihre Unterrichtsstunden um bis zu 20 Prozent steigern.

  5. bis zum Jahr 2005 die Programmbereiche Kulturelle Bildung und Gesundheit auf jeweils 10 % der Unterrichtsstunden ausbauen.

  6. bis zum Jahr 2005 die Durchführungsquote der angebotenen Kurse auf mindestens 80 % steigern.

  7. bis zum Jahr 2005 – unter Beachtung der Qualitätskriterien – die durchschnittliche Teilnehmerzahl in den Veranstaltungen erhöhen.

---

[25] Harke, Dietrich; Krüger, Heinrich: Weiterbildungsberatung in den neuen Bundesländern. Entwicklung und Leistungen unterstützender Strukturen für die Weiterbildung. Bundesinstitut für Berufsbildung Der Generalsekretär (Hrsg.). Wissenschaftliche Diskussionspapiere Heft 45. Berlin und Bonn 1999, S. 99 ff. und S. 128 ff.

8. bis zum Jahr 2005 den Anteil von Männern und von jüngeren Teilnehmern in den Veranstaltungen steigern (waren bisher unterrepräsentiert, *Anm. d. Verf.*).

9. bis zum Jahr 2005 die Außenstellen und Zweigstellen in Sachsen auf mindestens 100 ausbauen.

10. ihr Ansehen in der Öffentlichkeit und bei den Entscheidungsträgern spürbar und nachhaltig verbessern und sich als starke Kraft der Weiterbildung in Sachsen gemeinsam und einheitlich präsentieren.[26]

Die Aktivitäten des Volkshochschulverbandes sind nachzulesen im Internet unter der Adresse: www.vhs-sachsen.de. Bei den Angeboten des Verbandes zur Mitarbeiterfortbildung ist die Qualitätsentwicklung in Volkshochschulen auch Thema.

- Das Forschungsvorhaben *Evaluation, Qualitätsentwicklung und -sicherung in sächsischen Frauenprojekten* (Laufzeit: 1999-2002) wird von Wissenschaftlerinnen der Fakultät Erziehungswissenschaften, Professur Erwachsenenbildung/ Berufliche Weiterbildung, und des Referates für Gleichstellung von Frau und Mann der TU Dresden durchgeführt. Auftraggeber ist die Leitstelle für Fragen der Gleichstellung von Frau und Mann der Sächsischen Staatskanzlei. In dem Vorhaben werden folgende Schwerpunkte bearbeitet:

    - Erfassung der sächsischen Frauenprojekte und ihrer Situation,

    - Erarbeitung von Qualitätskriterien und -zielen, die sowohl zur Fremd- als auch zur Selbsteinschätzung geeignet sind,

    - Begleiten der Einführung des Qualitätsmanagements in Frauenprojekten,

    - Erarbeitung eines Handbuches bzw. von Materialien mit Leitfadencharakter für das Qualitätsmanagement in unterschiedlichen Bereichen der Frauenprojektarbeit.

Gemeinsam mit den Frauen aus den Frauenprojekten sollen Empfehlungen zur Qualitätsarbeit in Frauenprojekten erarbeitet werden.[27]

Stichworte: Richtlinie des Sächsischen Staatsministeriums für Kultus zur Förderung der Weiterbildung; Konzeption zu allgemeinen, beruflichen, politischen, kulturellen und wissenschaftlichen Weiterbildung im Freistaat Sachsen; Gesetz über die Weiterbildung im Freistaat Sachsen; Anerkennung der Förderwürdigkeit von Einrichtungen und Landesorganisationen der Weiterbildung; Anerkennungsvoraussetzungen; Gremien der Weiterbildung: Landesbeirat für Erwachsenenbil-

---

[26] Faltblatt „10-Punkte-Programm der sächsischen Volkshochschulen bis zum Jahr 2005", zu beziehen über den Sächsischen Volkshochschulverband e.V., Bergstraße 61, 09113 Chemnitz

[27] Angaben aus Projektunterlagen vom November 2000

dung, Landesverbände der Weiterbildung; für die Förderung zuständige Ministerien: Sächsisches Staatsministerium für Kultus, Sächsisches Staatsministerium für Wirtschaft und Arbeit; SMWA-Projekte (ESF-Förderung): ESF-Bildungstest, ISO-Transferprojekt, Projekt „Anwendungsorientierte Gestaltung und Bewertung von QM-Systemen", Projekt „Qualitätsentwicklungssystem Weiterbildung Sachsen (QES); Ausführungen und Verfahrensregelungen zur Umsetzung der Förderung von Maßnahmen im Bereich der berufsbegleitenden Weiterbildung für den ESF-Förderzeitraum 2000-2006: Maßnahmekatalog und Merkblätter mit Qualitätskriterien, Verfahrensregelungen; Weiterbildungsberatungsstellen; VHS-10-Punkte-Programm; Forschungsvorhaben „Evaluation, Qualitätsentwicklung und -sicherung in sächsischen Frauenprojekten"

Sachsen

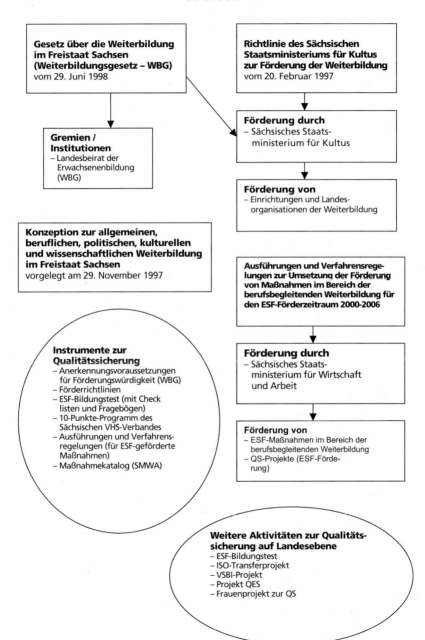

2.14 Sachsen-Anhalt

I. Gesetzliche Situation

Folgende Gesetze und Durchführungsverordnungen zur Weiterbildung im Land Sachsen-Anhalt wurden in Hinsicht auf ihre qualitätssteuernde und qualitätssichernde Funktion bezogen auf die (berufliche) Weiterbildung untersucht:

- Gesetz zur Förderung der Erwachsenenbildung im Lande Sachsen-Anhalt vom 25. Mai 1992[1]

- Erwachsenenbildungs-Verordnung (EB-VO) vom 10. Mai 2000[2]

- Gesetz zur Freistellung von der Arbeit für Maßnahmen der Weiterbildung (Bildungsfreistellungsgesetz) vom 4. März 1998[3]

- Verordnung zur Durchführung des Bildungsfreistellungsgesetzes (Bildungsfreistellungsverordnung) vom 24. Juni 1998[4]

Abschnitt I des **Gesetzes zur Förderung der Erwachsenenbildung im Lande Sachsen-Anhalt**[5] verdeutlicht Stellung und Aufgaben der Erwachsenenbildung. Hier wird der Anspruch formuliert, den Erwachsenenbildung haben soll:

– sie steht allen offen;

– sie soll dem Einzelnen helfen, durch freiwillige Wiederaufnahme organisierten Lernens Kenntnisse, Fähigkeiten und Fertigkeiten zu erwerben, zu erneuern oder zu vermehren;

– sie soll die Selbstständigkeit des Urteils fördern, zur geistigen Auseinandersetzung anregen, bei der Bewältigung von Lebensproblemen helfen und zu verantwortlichem Handeln im persönlichen, beruflichen, kulturellen und öffentlichen Leben befähigen.

---

[1] Gesetz zur Förderung der Erwachsenenbildung im Lande Sachsen-Anhalt vom 25. Mai 1992, in Kraft getreten am Tage nach seiner Verkündung. In: Gesetz- und Verordnungsblatt des Landes Sachsen-Anhalt Nr. 21/1992, ausgegeben am 1. 6. 1992

[2] Erwachsenenbildungs-Verordnung (EB-VO) vom 10. Mai 2000. In: Gesetz- und Verordnungsblatt für das Land Sachsen-Anhalt Nr. 17 vom 18. Mai 2000 S. 250

[3] Gesetz zur Freistellung von der Arbeit für Maßnahmen der Weiterbildung (Bildungsfreistellungsgesetz) vom 4. März 1998, in Kraft getreten zum 1. Januar 1998. In: Gesetz- und Verordnungsblatt für das Land Sachsen-Anhalt Nr. 10 vom 10. März 1998 S. 92

[4] Verordnung zur Durchführung des Bildungsfreistellungsgesetzes (Bildungsfreistellungsverordnung) vom 24. Juni 1998, in Kraft getreten am Tage nach ihrer Verkündung. In: Gesetz- und Verordnungsblatt für das Land Sachsen-Anhalt Nr. 22 vom 1. Juli 1998 S. 290

[5] Vgl. Fn 1)

Die Förderung der Erwachsenenbildung wird als öffentliche Aufgabe gesehen. Kommunale Gebietskörperschaften sollen im Zusammenwirken mit anderen Trägern für ein bedarfsgerechtes Angebot an Erwachsenenbildung sorgen. Außerdem werden die Einrichtungen der Erwachsenenbildung aufgefordert, mit anderen Institutionen des Bildungswesens eng zusammenzuarbeiten und die Möglichkeiten des Medienverbundes zu nutzen.

Abschnitt II des Gesetzes, §§ 2-8, regelt die Förderung von Einrichtungen oder deren Träger sowie die Voraussetzungen für die Anerkennung ihrer Förderungsfähigkeit.

Form und Verfahren der *Anerkennung der Förderungsfähigkeit* (§ 3) sehen vor, dass

- eine Einrichtung auf schriftlichen Antrag ihres Trägers vom Kultusministerium als förderungsfähig anerkannt wird, wenn sie die Voraussetzungen nach dem Gesetz erfüllt;
- die Anerkennung schriftlich erfolgt;
- die Einrichtung einen Zusatz neben ihrer Bezeichnung führen darf, der darauf hinweist, dass sie nach dem Gesetz als förderungsfähig anerkannt ist.

In § 4 (Abs. 1-6) werden die *Voraussetzungen für die Anerkennung der Förderungsfähigkeit* von Einrichtungen im einzelnen benannt.

„(1) Voraussetzung für die Anerkennung der Förderungsfähigkeit durch das Land ist, dass die Einrichtung

1. ihren Sitz im Land Sachsen-Anhalt hat,

2. ausschließlich oder überwiegend unter Beachtung der Absätze 7 und 8 (Ausschluss von der Anerkennung, *d. Verf.*) der Erwachsenenbildung dient,

3. jeder Person offen steht und die Teilnahme freistellt,

4. juristische Person ist oder von juristischen Personen getragen wird (Träger),

5. wenigstens drei Jahre seit der Errichtung des Landes Sachsen-Anhalt besteht und in dieser Zeit ihre Leistungsfähigkeit nachgewiesen hat,

6. auf dem Gebiet der Erwachsenenbildung Leistungen in eigener pädagogischer Verantwortung nachweist, die nach Inhalt und Umfang die Gewähr einer langfristigen und pädagogisch planmäßigen Arbeit bieten,

7. ihre Bildungsmaßnahmen von einer nach Vorbildung und Werdegang geeigneten Person leiten oder beraten lässt,

8. überwiegend Teilnehmer aus Sachsen-Anhalt nachweist und

9. nach Ziel und Inhalt ihrer Veranstaltungen mit der freiheitlichen demokratischen Grundordnung im Sinne des Grundgesetzes für die Bundesrepublik Deutschland im Einklang steht."

Landesweit tätige Verbände und Zusammenschlüsse von Einrichtungen der Erwachsenenbildung, deren Mitglieder die genannten Voraussetzungen erfüllen, können anerkannt werden. (2)

Die Förderung von Einrichtungen als Heimvolkshochschulen setzt neben den Erfordernissen des Absatzes 1 voraus, dass diese Einrichtungen einen Internats- und Wirtschaftsbetrieb unterhalten. Diese sind gemeinnützig zu führen. (3)

Die Absätze 4 – 6 regeln weitere formale Voraussetzungen für eine Anerkennung der Förderungswürdigkeit.

Die Absätze 7 und 8 nennen Faktoren, unter denen das Land Einrichtungen oder Maßnahmen der Erwachsenenbildung von der Förderung ausschließen kann.

In § 5 heißt es zur *Grundförderung*: (1) Als förderungsfähig anerkannten Einrichtungen oder deren Träger sowie deren Zusammenschlüsse erhalten auf Antrag Personal- und Sachkostenzuschüsse als Grundförderung für die Durchführung von Erwachsenenbildungsmaßnahmen. Die Höhe der Förderung richtet sich nach einem Stellen- und Sachkostenschlüssel, der nach dem erbrachten Arbeitsumfang zu bemessen ist.

(2) Die Zuschüsse werden als Pauschale gewährt, deren Höhe durch Verordnung geregelt wird.

Darüber hinaus können die in § 5 genannten Einrichtungen, Träger und Zusammenschlüsse auf Antrag Zuwendungen für

– die in ihrer pädagogischen Verantwortung stattfindende Bildungsarbeit,

– die Fortbildung ihres Personals,

– die Errichtung, Erweiterung, Instandsetzung und Einrichtung von Bauten und Räumen,

– die Ausstattung mit Lehr- und Arbeitsmitteln und

– Modellvorhaben oder Innovationen auf dem Gebiet der Erwachsenenbildung

erhalten. (§§ 6 und 7)

Das Land kann auch Einrichtungen, deren Zusammenschlüssen oder Trägern, die nicht ausdrücklich als förderfähig anerkannt sind, auf Antrag Zuwendungen für Aufgaben der Erwachsenenbildung gewähren. (§ 8)

Im Abschnitt III des Gesetzes werden Zusammensetzung und Aufgaben des *Landesausschusses für Erwachsenenbildung* benannt:

Seine Mitglieder und deren Stellvertreter werden vom Kultusministerium auf vier Jahre berufen. Es sind Vertreter der Zusammenschlüsse und Verbände der als förderungsfähig anerkannten Einrichtungen oder deren Träger, der kommunalen Spitzenverbände und der Landesrektorenkonferenz (§ 9).

Die Aufgaben des Landesausschusses beziehen sich auf die Förderung der Entwicklung der Erwachsenenbildung durch Empfehlungen und die Beratung der Landesregierung. Darüber hinaus ist der Landesausschuss zu hören, bevor auf Grund des Gesetzes Verordnungen oder Verwaltungsvorschriften von grundsätzlicher Bedeutung erlassen werden oder über die Anerkennung von Einrichtungen entschieden wird (§ 10).

Die *Berichtspflicht* der Landesregierung gegenüber dem Landtag regelt § 13. Der schriftliche Bericht „über den Vollzug des Gesetzes" muss einmal jährlich abgegeben werden.

Die *Volkshochschulen*, die im Gesetz zur Förderung der Erwachsenenbildung im Lande Sachsen-Anhalt nicht ausdrücklich erwähnt werden, gehören zu den als förderungsfähig anerkannten Einrichtungen der Erwachsenenbildung. (Näheres zu den Volkshochschulen und ihren Aktivitäten zur Qualitätssicherung siehe unter Punkt III. dieses Beitrags.)

In der **Erwachsenenbildungs-Verordnung**[6] wird die Höhe der Förderpauschalen gemäß § 5 „Grundförderung" Abs. 2 des Gesetzes zur Förderung der Erwachsenenbildung im Lande Sachsen-Anhalt im Einzelnen festgesetzt. § 3 enthält die Förderungsquote der Personalkosten, § 4 den Stellenschlüssel. § 5 macht über Art und Dauer der Bildungsveranstaltungen Angaben und zählt die Formen der Veranstaltungen der Erwachsenenbildung auf, die in einer anerkannten Einrichtung stattfinden müssen und damit förderungsfähig sind, ebenso die Veranstaltungen, die von einer Förderung ausgeschlossen sind, z. B. betriebliche Maßnahmen oder über ESF und SGB III geförderte Maßnahmen.

Die in der Erwachsenenbildungs-Verordnung enthaltenen quantitativen Angaben, die dem Förderer als Orientierung bei der Vergabe von Mitteln dienen, können als indirekte qualitätssteuernde Faktoren gesehen werden. Das Gesetz zur Förderung der Erwachsenenbildung im Lande Sachsen-Anhalt ergänzende qualitative Merkmale zur Qualitätssicherung in den Einrichtungen enthält die Verordnung nicht.

Das Land Sachsen-Anhalt hat ein **Bildungsfreistellungsgesetz**[7]. Neben den Paragrafen, die die Bedingungen für die individuelle Bildungsfreistellung regeln ent-

---

[6] Vgl. Fn 2)
[7] Vgl. Fn 3)

hält § 8 Ausführungen über die *Anerkennungsfähigkeit von Bildungsveranstaltungen*. Die Freistellung von der Arbeit zum Zwecke der Weiterbildung erfolgt nur für anerkannte Veranstaltungen. Anerkennungsfähig sind Bildungsveranstaltungen, die sich

- thematisch mit den gegenwärtigen und zukunftsbezogenen Gestaltungsmöglichkeiten der Arbeitswelt und ihren gesellschaftlichen Auswirkungen befassen und
- von Einrichtungen der Weiterbildung oder Trägern von Weiterbildungsmaßnahmen durchgeführt werden.

Die Anerkennung von Bildungsveranstaltungen erfolgt durch das Kultusministerium. Der Antrag auf Anerkennung einer Bildungsveranstaltung ist von der Bildungseinrichtung vor Veranstaltungsbeginn schriftlich bei der zuständigen Behörde einzureichen (§ 8 Abs. 2).

Des weiteren wird in § 8 festgelegt, dass in grundsätzlichen Fragen der Anerkennung Vertretungen der Spitzenorganisationen der Arbeitgeberverbände und der Gewerkschaften, der Kammern sowie der Landesausschuss für Erwachsenenbildung beteiligt werden.

Die Anerkennungsvoraussetzungen und das Anerkennungsverfahren sowie das Verfahren der Beteiligung zu grundsätzlichen Fragen werden durch Rechtsverordnung festgelegt. (§ 8 Abs. 4) § 9 regelt die *Berichtspflicht*: Das Kultusministerium legt dem Landtag alle zwei Jahre einen Bericht über Inhalte, Formen, Dauer und Teilnahmestrukturen vor.

Die beteiligten Einrichtungen der Weiterbildung oder Träger anerkannter Bildungsveranstaltungen sind verpflichtet, der anerkennenden Behörde Auskunft über Gegenstand, Verlauf und teilnehmende Personen der anerkannten Veranstaltungen in geeigneter Form zu erteilen.

Die Anerkennung von Bildungsveranstaltungen gemäß § 8 des Bildungsfreistellungsgesetzes wird im Einzelnen in der **Verordnung zur Durchführung des Bildungsfreistellungsgesetzes**[8] geregelt. Das Antragsverfahren (§ 1) sieht vor, dass die durchführenden Einrichtungen oder ihre Träger spätestens drei Monate vor Beginn der Veranstaltung unter Verwendung eines vom Kultusministerium bestimmten amtlichen Vordrucks ihre Anträge beim Ministerium einreichen. Eine rückwirkende Anerkennung ist ausgeschlossen.

Als Bildungsveranstaltungen im Sinne der Verordnung gelten Veranstaltungen der beruflichen, gesellschaftlichen, politischen, sozialen und ökologischen Weiterbildung (§ 2).

---

[8] Vgl. Fn 4)

In diesem Sinne erkennt das Kultusministerium eine Bildungsveranstaltung an, wenn sie folgende *Voraussetzungen* erfüllt (§ 3):

1. ihr eine inhaltliche Veranstaltungsbezeichnung vorangestellt ist,

2. ihr ein didaktisch-methodisches Konzept zu Grunde liegt, das mindestens Angaben über die Zielgruppe, die Lernziele, den inhaltlichen Aufbau, die zeitliche Ablaufplanung, das methodische Vorgehen oder die Verwendung von Medien beinhaltet und das in der Regel acht Unterrichtsstunden, aber mindestens sechs Unterrichtsstunden, täglich nachweist,

3. für deren Durchführung dem Veranstalter auch geeignete und ausreichende Räumlichkeiten mit einer geeigneten Ausstattung und die erforderlichen Lehrmittel zur Verfügung stehen,

4. die Lehrkräfte die erforderlichen fachlichen und pädagogischen Fähigkeiten besitzen und ihre Anzahl in einem angemessenen Verhältnis zu den Teilnehmenden stehen,

5. die Ziele mit dem Grundgesetz für die Bundesrepublik Deutschland und der Verfassung des Landes Sachsen-Anhalt im Einklang stehen,

6. sie öffentlich bekannt gemacht und für jede Person zugänglich ist. Die Teilnahme darf aber von pädagogisch begründeten Voraussetzungen sowie einer begründeten Zielgruppenorientierung abhängig gemacht werden,

7. sie in der Regel an fünf aufeinanderfolgenden Tagen stattfindet. Die Bildungsveranstaltung kann auch in Form von Tagesveranstaltungen als Veranstaltungsreihe durchgeführt werden und muss dann insgesamt mindestens fünf Tage umfassen und

8. gewährleistet ist, dass bei deren Abschluss den Teilnehmenden eine Bescheinigung über die Teilnahme auf vom Kultusministerium bestimmten Vordrucken unentgeltlich ausgestellt wird.

Die *Anerkennung* wird vom Kultusministerium *widerrufen* (§ 7), wenn

1. Tatsachen bekannt werden, die zur Ablehnung des Antrages auf Anerkennung geführt hätten,

2. die Voraussetzungen für eine Anerkennung nicht mehr vorliegen oder

3. die veranstaltende Stelle ihren Pflichten nach §§ 6 oder 8 („Zutritt der zuständigen Behörde" und „Mitteilungs- und Auskunftspflicht", *d. Verf.*) trotz Aufforderung des Kultusministeriums nicht nachkommt.

§ 6 *„Zutritt der zuständigen Behörde"* formuliert ergänzend zum Bildungsfreistellungsgesetz: „Bediensteten oder Beauftragten des Kultusministeriums ist der

Zutritt zu den anerkannten Bildungsveranstaltungen nach Anmeldung zu gestatten."

In § 8 *„Mitteilungs- und Auskunftspflicht"* wird die „Berichtspflicht" des Bildungsfreistellungsgesetzes (§ 9) genauer ausgeführt.

Die Beteiligung in grundsätzlichen Fragen der Anerkennung, wie sie § 8 Abs. 3 des Bildungsfreistellungsgesetzes vorsieht, wird in § 10 der Bildungsfreistellungsverordnung in Form eines Beirates geregelt. Das Kultusministerium bildet einen *Bildungsfreistellungsbeirat*, in dem

1. die Landesvereinigung der Arbeitgeber- und Wirtschaftsverbände,

2. die im Land bestehenden Industrie- und Handelskammern, Handwerkskammern und Kammern der freien Berufe,

3. die Spitzenorganisationen der Gewerkschaften,

4. der Landesausschuss für Erwachsenenbildung

vertreten sind.

Die Modalitäten der Zusammensetzung, Einberufung und Beschlussfähigkeit dieses Beirats wird ebenfalls in § 10 geregelt. Die Aufgaben des Beirates sind in § 11 genannt:

„(1) Die Beteiligung umfasst die Mitwirkung in grundsätzlichen Fragen der Anerkennung durch Abgabe von Stellungnahmen und Empfehlungen.

(2) Der Beirat tritt mindestens zweimal im Jahr zusammen."

Durch die in der Verordnung zur Durchführung des Bildungsfreistellungsgesetzes ausgeführten Anerkennungsvoraussetzungen für Bildungsveranstaltungen werden für die Einrichtungsqualität auf der Ebene der didaktisch-methodischen Konzeption, der räumlichen und sächlichen Ausstattung, der pädagogischen Qualifikation der Personals und der Anzahl der Lehrkräfte im Verhältnis zu den Teilnehmenden Mindeststandards benannt. Die Verpflichtung der Bildungseinrichtung, Teilnahmebescheinigungen auf Vordrucken des Kultusministeriums gewährleisten zu müssen, ist ein Aspekt der Teilnehmerorientierung.

Die Widerrufsklausel der Anerkennung soll die anerkannten Einrichtungen der Erwachsenenbildung verpflichten, ihre Mindeststandards zu halten. Die Gewährleistung des Zutritts der zuständigen Behörde sowie die in der Verordnung verankerte Mitteilungs- und Auskunftspflicht gegenüber dem Kultusministerium fördern die Transparenz und sind weitere Mechanismen, auf die Qualität der Bildungsveranstaltungen Einfluss nehmen zu können. Verstärkt wird diese Möglichkeit durch die Einsetzung eines Bildungsfreistellungsbeirates.

Zur Qualitätssicherung in der (beruflichen) Weiterbildung im Zuständigkeitsbereich des Kultusministeriums von Sachsen-Anhalt teilt das Ministerium Folgendes mit:

„Qualitätssicherung und Qualitätsmanagement in der Weiterbildung haben sich auch in Sachsen-Anhalt zu einem wichtigen Element der bildungspolitischen Diskussion entwickelt. Es geht dabei einerseits um den Schutz der Teilnehmenden bzw. der Verbraucher gegenüber Weiterbildungsangeboten, die nicht den notwendigen Mindeststandards im Hinblick auf eine effektive Vermittlung der angebotenen Kenntnisse und Qualifikationen entsprechen. Dazu werden vor allem entsprechende Anforderungen an die fachliche und erwachsenenpädagogisch-didaktische Qualität der Veranstalter, ihrer Mitarbeiter, ihrer Lernmaterialien etc. erhoben.

In diesem Zusammenhang entwickelt sich auch ein stärker kundenorientiertes Qualitätsmanagement, bei dem es um eine neue Qualität der Organisation geht, die eine größere durchschnittliche Verlässlichkeit für die Kunden sichern soll. Als wichtiges Qualitätskriterium gilt besonders die Relevanz des Lernens und des Gelernten für die Menschen und ihre Lebenskompetenz und Problemlösefähigkeit.

Zur Qualitätssicherung in der Weiterbildung wurden nach einer eingehenden Diskussion im Rahmen einer Fachtagung und nachfolgenden Workshops Kriterien zur Qualitätssicherung vom Kultusministerium als Empfehlung herausgegeben, um dem Anspruch einer qualitätssichernden und qualitätsverbessernden, teilnehmerschützenden und öffentlich verantworteten Weiterbildung besser gerecht zu werden.

Diese Kriterien sind auch Hilfe bei der Anerkennung der Einrichtungen sowie bei der Anerkennung der Bildungsmaßnahmen nach dem Bildungsfreistellungsgesetz (siehe Näheres unter Punkt III. dieses Beitrages, *d. Verf.*).

Eine länderübergreifende Diskussion zur Qualitätssicherung findet im Rahmen der „Drei-Länder-Treffen Sachsen/Sachsen-Anhalt/Thüringen" statt. Die Landesbeiräte/Landeskuratorien/Landesausschüsse der 3 Länder beraten zu übergreifenden Modellen zur Qualitätssicherung und Qualitätsentwicklung.

In den Jahren 1991-1997 war in Sachsen-Anhalt ein Netz von Weiterbildungsberatung aufgebaut worden mit dem Ziel, diese in kommunale Trägerschaft zu überführen. Diese Bildungs- und Lebensberatung für Bürgerinnen und Bürger sind ein Strukturelement des Bildungswesens.

Die Beratungen halfen, die notwendigen Informationen über Weiterbildungsangebote darzustellen, die für die einzelnen in ihrer jeweiligen speziellen Lebenssituation passen, und so für eine begründete Lernentscheidung notwendige Transparenz herzustellen.

Dieses gut aufgebaute Netz konnte aufgrund finanzieller Engpässe nicht weiter fortgeführt werden. Einige Beratungsstellen wurden von Landkreisen übernommen und weiter ausgebaut. (Siehe auch Punkt III. dieses Beitrages, *d. Verf.*)

Zum anderen wurden regionale Datenbanken und Informationssysteme durch Weiterbildungseinrichtungen und Verbände aufgebaut. Der intensive Aufbau dieser „Support-Strukturen" soll auch weiterhin eine wichtige Aufgabe im Land und in den Regionen sein."[9]

II. Förderung der (beruflichen) Weiterbildung aus Landes- und kofinanzierten ESF-Mitteln

1. Förderung aus Landesmitteln

1.1 Ausgangslage und Rahmenbedingungen

Das „Gesetz zu Förderung der Erwachsenenbildung im Lande Sachsen-Anhalt", ergänzt durch die „Erwachsenenbildungs-Verordnung", macht Vorgaben für die Anerkennung von Einrichtungen als förderfähig. Diese Anerkennungsvoraussetzungen zusammen mit den Ausführungen über Form und Art der Förderung sowie die in der Erwachsenenbildungs-Verordnung beschriebenen Förderungsquoten und Stellenschlüssel bilden die Orientierungsgrundlage bei der Vergabe von Mitteln für Maßnahmen nach dem Erwachsenenbildungsgesetz.

1.2 Förderkriterien und Qualitätskriterien des Förderers für Einrichtungen/Träger und/oder Weiterbildungsmaßnahmen bei der Vergabe von Landesmitteln

Vergabekriterien bei der Anerkennung der Förderungsfähigkeit von Einrichtungen der Erwachsenenbildung sind die in § 4 genannten Voraussetzungen für die Anerkennung der Förderungsfähigkeit von Einrichtungen. Darüber hinaus hat das Kultusministerium Kriterien zur Qualitätssicherung in Form von Empfehlungen herausgegeben[10], die es selbst bei der Anerkennung von Einrichtungen unterstützend heranzieht. (Siehe dazu die Ausführungen des Kultusministeriums unter Punkt I. dieses Beitrags.) Diese Empfehlungen für Einrichtungen enthalten u. a. eine *Checkliste mit Qualitätsstandards*, die sich auf vier Ebenen beziehen:

1. Institutionelle Qualitätsstandards,

2. Qualitätsstandards in der Vorbereitung von Lehr- und Lernprozessen,

---

[9] Angaben des Kultusministeriums des Landes Sachsen-Anhalt vom April 2001

[10] Kultusministerium des Landes Sachsen-Anhalt (Hrsg.): Qualitätssicherung in der Weiterbildung. Magdeburg, September 1996

3. Qualitätsstandards in der Durchführung von Lehr- und Lernprozessen,

4. Qualitätsstandards in der Evaluation von Lehr- und Lernprozessen.

1.3 Verfahrensweise bei der Vergabe von Landesmitteln

Das Verfahren für die Vergabe von Zuschüssen an als förderungsfähig anerkannte Einrichtungen der Erwachsenenbildung beschreibt der § 7 der Erwachsenenbildungs-Verordnung. Der Antrag auf Grundförderung muss von der anerkannten Einrichtung oder deren Träger schriftlich an die zuständige Stelle gerichtet werden. Der Antrag ist jährlich erneut zu stellen. § 7 nennt die von der als förderungsfähig anerkannten Einrichtung der Erwachsenenbildung darüber hinaus jährlich beizubringenden Daten zur Planung, Realisierung, Abrechnung und Statistik der Maßnahmen. Diese Daten werden von der zuständigen Stelle an das Kultusministerium weitergereicht.

2. Förderung aus kofinanzierten ESF-Mitteln

2.1 Ausgangslage und Rahmenbedingungen

Für die aus Landes- und ESF-Mitteln geförderten Maßnahmen der (beruflichen) Aus- und Weiterbildung ist das Ministerium für Arbeit, Frauen, Gesundheit und Soziales zuständig.

Grundlage der im Zeitraum 2000–2006 aus Mitteln des ESF zu fördernden Maßnahmen ist die **Ergänzung zur Programmplanung für das Operationelle Programm für das Land Sachsen-Anhalt 2000–2006**. Den für den Schwerpunkt 4 „Förderung des Arbeitskräftepotenzials und der Chancengleichheit" vorliegenden „Aktionsbogen"[11] sind die Maßnahmebeschreibung und die Zielgruppen zu entnehmen. Es handelt sich u.a. um

– Maßnahmen im Bereich der Erstausbildung,

– Qualifizierung und Eingliederung von Kurzzeit-Arbeitslosen,

– Einstellungshilfen in den allgemeinen Arbeitsmarkt,

– Qualifizierung und Integration von Behinderten, von Langzeitarbeitslosen und von Strafgefangenen,

– die Förderung von sozialorientierten Erwerbsbetrieben,

– die Qualifizierung von Beschäftigten in KMU,

---

[11] Vom Ministerium für Arbeit, Frauen, Gesundheit und Soziales für die Auswertung zur Verfügung gestellt.

- die Unterstützung lokaler Bündnisse für Arbeit/Regionalisierung der Arbeitsmarktpolitik,

- Qualifizierung von Beschäftigten insbesondere in KMU,

- Beratung, Qualifizierung und Hilfen zur Eingliederung von Frauen.

2.2 Förderkriterien und Qualitätskriterien des Förderers für Einrichtungen/Träger und/oder Weiterbildungsmaßnahmen bei der Vergabe von kofinanzierten ESF-Mitteln

Jede Projekt- bzw. Maßnahmebeschreibung im o. g. Programm enthält Kriterien für die Projektauswahl als auch Indikatoren für Monitoring, Begleitung und Evaluierung.

Unter qualitätsfördernden Gesichtspunkten seien hier beispielhaft einige der gesetzten Kriterien genannt, unter denen Maßnahmen als förderfähig erkannt werden:

- Maßnahmen werden ausschließlich bei und von Trägern durchgeführt, die ihre Eignung zur ordnungsgemäßen und erfolgreichen Durchführung durch Vorlage von Konzepten, Qualifizierungsplänen und Referenzen nachgewiesen haben;

- Zahl der entstandenen „Pakte" und Erfolge der „Pakte" im Hinblick auf Beschäftigungswirkungen (bei einer Maßnahme zur Unterstützung lokaler Bündnisse für Arbeit);

- Entwicklung der organisatorischen und personellen Ressourcen, Verhinderung von Arbeitslosigkeit durch präventive berufsbegleitende Qualifizierung, Verbesserung des Innovationspotenzials von Unternehmen durch Qualifizierung von Beschäftigten (bei einer Maßnahme zur Qualifizierung von Beschäftigten insbesondere in KMU);

- innovative Ansätze zur Verbesserung der Chancengleichheit von Frauen und Männern

Darüber hinaus werden Kriterien genannt, die, unter dem jeweiligen „Aktions"ziel betrachtet, Aussagen über die Qualität der betreffenden Maßnahme machen, d. h. nur im Kontext des Maßnahmeziels als Qualitätskriterium zu verstehen sind.

Anhand von statistischen Bogen, z. B. zu Anzahl der Teilnehmenden, Geschlecht, Alter, Schulabschluss, Berufsabschluss, Projektziel, Übergang nach Ende der Maßnahme, Abbruchquoten, Verbleib der Teilnehmenden nach Abbruch der Maßnahme, Verbleib der Teilnehmenden nach Ende der Maßnahme, werden die Indikatoren für Monitoring, Begleitung und Evaluierung gebildet.

Des weiteren werden zur Förderung der Maßnahmen jeweils die entsprechenden Förderrichtlinien oder andere Rechtsgrundlagen hinzugezogen.

2.3 Verfahrensweise bei der Vergabe von kofinanzierten ESF-Mitteln

Das *Monitoring der ESF-Umsetzung* erfolgt in Sachsen-Anhalt im Rahmen des so genannten Begleit- und Abrechnungsverfahrens (BAV 2000), in dem alle ESF-geförderten Projekte erfasst und begleitet werden. Neben dem finanziellen Projektverlauf werden im BAV 2000 auch Daten zur physischen Durchführung der Projekte erfasst (u.a. Teilnehmerzahlen und Teilnehmerstruktur, Eintritte, Austritte, Verbleib der Teilnehmer/innen sechs Monate nach Ende der Maßnahme). Wie in den anderen Bundesländern wird auch in Sachsen-Anhalt bis 2003 das so genannte *Stammblattverfahren* zur Begleitung der ESF-Intervention eingeführt werden. Dieses wird sehr viel genauere Aussagen über die individuellen Wirkungen von ESF-geförderten Qualifizierungsmaßnahmen erlauben. Das Stammblattverfahren soll mit dem bestehenden BAV 2000 eng verknüpft werden, um den Aufwand der Datenerfassung durch Vermeidung von Doppelerfassungen möglichst gering zu halten. Das BAV 2000 bildet dabei auch eine wichtige statistische Grundlage für weitergehende Evaluierungen.

Neben den durch die Strukturfondsverordnungen vorgeschriebenen Evaluierungen (Zwischenevaluierung, Abschlussevaluierung) wird Sachsen-Anhalt auch weiterhin spezielle, auf bestimmte Förderansätze des Landes zugeschnittene *Evaluierungen* durchführen. In den letzten Jahren sind bereits umfangreiche Untersuchungen unter anderem zu den Wirkungen der betrieblichen Erstausbildungsförderung durchgeführt worden. Deren Ergebnisse sind in die weitere Ausgestaltung der Programme eingeflossen.[12]

III. Weitere Aktivitäten und Besonderheiten zur Qualitätssicherung auf Landesebene

- Die erste Ausgabe des Info-Dienstes *Weiterbildung in Sachsen-Anhalt* von 1994 wählte das Thema „Qualitätssicherung in der Weiterbildung" zum Schwerpunkt. Um die Diskussion anzuregen, hatte das vom Bundesministerium für Bildung und Wissenschaft geförderte Projekt „Unterstützung der Weiterbildung in ausgewählten Regionen der neuen Bundesländer" ein Werkstattgespräch zum Thema Qualitätssicherung in der Weiterbildung" organisiert. Die während dieser Veranstaltung gehaltenen Referate sowie Statements der Podiumsteilnehmen wurden in dieser Ausgabe des Info-Dienstes veröffentlicht. Darüber

---

[12] Angaben des Ministeriums für Arbeit, Frauen, Gesundheit und Soziales vom Juni 2001 für diesen Übersichtsband

hinaus stellen weitere Autorinnen und Autoren unterschiedliche Standpunkte und Aspekte der Qualitätssicherung dar.[13]

- Das Kultusministerium des Landes Sachsen-Anhalt veranstaltete im November 1995 in Magdeburg eine Fachtagung zum Thema *Qualitätssicherung in der Weiterbildung*. Referate und Arbeitsgruppen beschäftigten sich mit den unterschiedlichen Aspekten der Qualitätssicherung, mit verschiedenen Ansätzen, mit Fragen der Zertifizierung und Transparenz, mit dem Aufbau von Weiterbildungsinformationssystemen, Fragen der Professionalisierung und Professionalität in der Weiterbildung, mit Qualität und Wirtschaftlichkeit in der Weiterbildung. Die Ergebnisse dieser Fachtagung sowie Standpunkte zur Qualitätssicherung und eine Synopse zu Qualitätssicherungsansätzen in der Weiterbildung wurden in einer Broschüre im Juni 1996 dokumentiert.[14]

- Im September 1996 veröffentlichte das Kultusministerium des Landes Sachsen-Anhalt eine weitere Broschüre zur Qualitätssicherung in der Weiterbildung, die dazu beitragen sollte, den begonnenen Meinungsaustausch und die gewonnenen Erkenntnisse zum Thema einer breiten Öffentlichkeit zugänglich zu machen und besonders Möglichkeiten zur Umsetzung von Qualitätssicherung in der Praxis aufzuzeigen. Neben der „Bedeutung von Qualitätssicherungssystemen aus verschiedenen Blickwinkeln", der Darstellung verschiedener „Ansätze für Qualitätsstandards in der Weiterbildung" sowie der „Struktur und Elementen des Qualitätssicherungssystems" wird auf die öffentliche Verantwortung des Landes für die Qualitätssicherung eingegangen. Ausgehend von der Begriffsklärung werden anhand von Qualitätsstandards und Qualitätskriterien, die den gesamten Weiterbildungsbereich umfassen, Möglichkeiten für ein Qualitätssicherungssystem im Weiterbildungsbereich dargestellt, die einen Rahmen für den Aufbau einrichtungsinterner Qualitätssicherungssysteme geben.[15]

- *Landesverband der Volkshochschulen Sachsen-Anhalt e.V.:* Der Landesverband richtete im März 1998 einen *Qualitätszirkel* ein, der für alle Volkshochschulen des Landes Sachsen-Anhalt offen ist. In den *Leitlinien für den Qualitätszirkel des Landesverbandes der Volkshochschulen Sachsen-Anhalt e.V.* [16] ist festgehalten, dass der Qualitätszirkel

---

[13] Weiterbildungszentrum der Otto-von-Guericke-Universität Magdeburg (Hrsg.): Weiterbildung in Sachsen-Anhalt – Zeitschrift für Weiterbildung in Sachsen-Anhalt – Info-Dienst, Heft 1/94

[14] Kultusministerium das Landes Sachsen-Anhalt (Hrsg.): Zweite Fachtagung Erwachsenenbildung/ Weiterbildung „Qualitätssicherung in der Weiterbildung" am 15./16. November 1995 in Magdeburg. Dokumentation. Magdeburg 1996

[15] Vgl. Fn 10)

[16] Landesverband der Volkshochschulen Sachsen-Anhalt e.V. (Hrsg.): Leitlinien für den Qualitätszirkel des Landesverbandes der Volkshochschulen Sachsen-Anhalt e.V. Magdeburg 1998

- der Qualitätssicherung an den Mitgliedsvolkshochschulen in Form der Selbstevaluation, vornehmlich dem Erfahrungsaustausch untereinander, dient
- die Mitglieder zu gegenseitiger Unterstützung und Information im Qualitätssicherungsprozess verpflichtet,
- eine regelmäßige Teilnahme der/des Qualitätsverantwortlichen der Mitgliedsvolkshochschulen fordert.

Des weiteren sind in den Leitlinien des Qualitätszirkels folgende Vereinbarungen vorgesehen:

- zwei Moderatorinnen werden durch Fortbildung soweit befähigt, dass sie Evaluationsveranstaltungen an Volkshochschulen extern moderieren können;
- notwendige Fortbildungen für den Qualitätszirkel werden vom Landesverband durchgeführt. Der Landesverband trägt die Kosten bzw. versucht über Projektmittel, diese einzufordern;
- die Moderation des Qualitätszirkels wird im Rahmen der gültigen Entgeltordnung des Landesverbandes vergütet. Die Kosten für externe Moderation an den Einrichtungen trägt die jeweilige Einrichtung;
- für die Teilnahme am Qualitätszirkel werden keine Gebühren erhoben. Die Geschäftsstelle versucht, über Projektmittel anfallende Sachkosten zu finanzieren.

Der Landesverband der Volkshochschulen Sachsen-Anhalt e.V. und die ihm angeschlossenen Einrichtungen orientieren sich in der Qualitätsentwicklung im wesentlichen an den vom Landesverband der Volkshochschulen Niedersachsens herausgegebenen Materialien zur Selbstevaluation[17]. In diesem Zusammenhang gehörte eine Volkshochschule aus Sachsen-Anhalt dem 1997 gegründeten „Qualitätsring Niedersächsischer Volkshochschulen" an.[18]

Der Landesverband plant ein Projekt *Wechselseitige Entwicklungsberatung als Modell der Qualitätssicherung an Volkshochschulen*, das die bisherigen Bemühungen um Qualitätssicherung erweitern und ergänzen soll.[19]

- An der Förderung des BLK-Projekts *Qualitätssicherung in der Weiterbildung*, das 1999 abgeschlossen wurde, war auch das Land Sachsen-Anhalt beteiligt. In das Projekt waren sieben weitere Bundesländer[20] einbezogen, das Deutsche

---

[17] Siehe Näheres über den Fragenkatalog zur Selbstevaluation im Beitrag zu Niedersachsen

[18] Heinen-Tenrich, Jürgen: Niedersächsische Volkshochschulen erproben Qualitätsentwicklung durch Selbstevaluation. In: Küchler, Felicitas von; Meisel, Klaus (Hrsg.): Qualitätssicherung in der Weiterbildung I. Auf dem Weg zu Qualitätsmaßstäben. Deutsches Institut für Erwachsenenbildung (DIE). Frankfurt/M. 1999

[19] Angaben des Landesverbandes der Volkshochschulen Sachsen-Anhalt e.V. vom November 2000

Institut für Erwachsenenbildung (DIE) führte das Projekt durch. Während der Projektlaufzeit wurden in zehn unterschiedlich strukturierten Weiterbildungseinrichtungen Konzepte zur Qualitätsentwicklung erarbeitet und die Erfahrungen ausgewertet. Die Ergebnisse sind in zwei Publikationen dargestellt.[21] Im Projektzusammenhang entstand eine „Checkliste für Weiterbildungsinteressierte"[22], die im 2 Jahres-Turnus aktualisiert wird. Diese Checkliste gliedert sich in vier Komplexe:

1. Welche Möglichkeiten bietet die Weiterbildung?

2. Vor der Entscheidung für eine Weiterbildungsmaßnahmen

3. Die Entscheidung für ein Weiterbildungsangebot

4. Die Prüfung des Weiterbildungsvertrags.

Zu diesen vier Bereichen werden Informationen und Hinweise gegeben, die Weiterbildungsinteressierten die Auswahl und Entscheidung für eine bedarfsgerechte Weiterbildungsmaßnahme erleichtern sollen.

- *Weiterbildungsberatungsstellen / Weiterbildungsdatenbank:* Im Frühjahr 1991 wurde vom Kultusministerium von Sachsen-Anhalt in Abstimmung mit dem Arbeitsamt ein Landesprojekt „Weiterbildungsberatung" mit der späteren Bezeichnung „Beratungsstellen für Weiterbildung und Lernprobleme" ins Leben gerufen. In Sachsen-Anhalt wurden die Weiterbildungsberatungsstellen in der Trägerschaft des Kultusministeriums als landesweites Netz interessierter Kooperationspartner eingerichtet. Im Oktober 1992 gab es ein Netz von 14 Beratungsstellen des Kultusministeriums. Die Beteiligten versuchten ein Konzept zu entwickeln, das der Komplexität von Weiterbildungsberatung gerecht wurde, d. h. sowohl auf das Individuum als auch auf andere Nachfrager von Weiterbildung wie private Bildungsträger oder Betriebe eingehen sollte. Dieses Konzept konnte angesichts der unterschiedlichen Interessen nicht verwirklicht werden. Anfang 1993 wurde eine der Weiterbildungsberatungsstellen vom Magistrat der Stadt Magdeburg in kommunale Regie übernommen und beteiligte sich an dem zu diesem Zeitpunkt laufenden übergreifenden Modellprojekt des Bundesministeriums für Bildung und Wissenschaft (BMBW), das zu diesem Zeitpunkt wichtige Impulse für die Gründung von Weiterbildungsberatungsstellen in allen neuen Ländern gab. Nach Abschluss der ersten Projekts im Jahre 1993

---

[20] Siehe auch unter Punkt III. der Beiträge zu: Bayern, Hamburg, Niedersachsen, Mecklenburg-Vorpommern, Rheinland-Pfalz, Schleswig-Holstein, Thüringen

[21] Küchler, Felicitas von; Meisel, Klaus (Hrsg.): Qualitätssicherung in der Weiterbildung I. Auf dem Weg zu Qualitätsmaßstäben. Deutsches Institut für Erwachsenenbildung (DIE). Frankfurt/M. 1999 Küchler, Felicitas von; Meisel, Klaus (Hrsg.): Qualitätssicherung in der Weiterbildung II. Auf dem Weg zu besserer Praxis. Deutsches Institut für Erwachsenenbildung (DIE). Frankfurt/M. 1999

[22] Deutsches Institut für Erwachsenenbildung e.V. (DIE) (Hrsg.): Checkliste für Weiterbildungsinteressierte. Frankfurt a. M.

wurde vom Kultusministerium ein Nachfolgeprojekt als Modellprojekt gefördert, das den Aufbau kommunaler Weiterbildungsberatung mit integrierter Weiterbildungsdatenbank zum Ziel hatte. Daraus sind 1994 zehn kommunale Beratungsstellen entstanden. Träger war der Landesverband der Volkshochschulen Sachsen-Anhalt e.V. Eine Fachgruppe „kommunale Weiterbildung" beim Landesverband erarbeitete und erprobte bis 1996 Konzepte zur Institutionalisierung der Weiterbildungsberatung in Kommunen, zur regionalen und überregionalen Kooperation und Öffentlichkeitsarbeit und entwickelte die *Weiterbildungsdatenbank* Sachsen-Anhalt, die 1992 aufgebaut worden war, weiter. 1994/95 waren die Adressen von rund 900 Bildungsträgern aller Bereiche in der Datenbank erfasst. Ende 1996 lief das Modellprojekt aus, die Leitstelle und das Netzwerk der Beratungsstellen wurden aufgelöst. Es folgte die Schließung der Weiterbildungsdatenbank Sachsen-Anhalt. Als Institution überdauerte die kommunale Beratungsstelle in Magdeburg. Fehlende Mittel und widerstreitende Interessen verhinderten die Verstetigung eines komplexen Konzeptes zur Institutionalisierung der Weiterbildungsberatung in Kommunen, der regionalen und überregionalen Kooperation und Öffentlichkeitsarbeit sowie zur Weiterentwicklung der Weiterbildungsdatenbank.

An Veröffentlichungen erschienen in diesem Zusammenhang 1992 ein von der Leitstelle nach Regierungsbezirken gegliederter Weiterbildungskatalog für das Land Sachsen-Anhalt sowie 1994 ein 3. landesweiter Katalog zur Weiterbildung und ein 3. Verzeichnis der Bildungsträger. Die Konzepte und Ergebnisse der Arbeit wurden in einer regelmäßig erscheinenden Broschüre „Informationen für Weiterbildung und Weiterbildungsberatung in Sachsen-Anhalt" veröffentlicht.[23]

Stichworte: Gesetz zur Förderung der Erwachsenenbildung im Lande Sachsen-Anhalt: Anerkennung der Förderungsfähigkeit, Voraussetzungen für die Anerkennung der Förderungsfähigkeit, Grundförderung und Sonstige Zuwendungen, Landesausschuss für Erwachsenenbildung, Berichtspflicht der Landesregierung; Erwachsenenbildungs-Verordnung mit Aufschlüsselung der Förderungspauschalen; Bildungsfreistellungsgesetz: Anerkennung von Bildungsveranstaltungen; Verordnung zur Durchführung des Bildungsfreistellungsgesetzes: Anerkennungsvoraussetzungen für Bildungsveranstaltungen; Qualitätssicherung im Zuständigkeitsbereich des Kultusministeriums; ESF-Ergänzende Programmplanung: Aktionsbogen mit Maßnahmebeschreibungen und Kriterien für die Projektauswahl; Info-Dienst „Weiterbildung in Sachsen-Anhalt"; Kultusministerium: Fachtagung „Qualitätssicherung in der Weiterbildung", Broschüre „Qualitätssicherung in der Weiterbildung", Checklisten zur Überprüfung der Qualität; Landesverband der Volkshoch-

---

[23] Harke, Dietrich; Krüger, Heinrich: Weiterbildungsberatung in den neuen Bundesländern. Entwicklung und Leistungen unterstützender Strukturen für die Weiterbildung. Bundesinstitut für Berufsbildung Der Generalsekretär (Hrsg.). Wissenschaftliche Diskussionspapiere Heft 45. Berlin und Bonn 1999, S. 132 ff.

schulen Sachsen-Anhalt e.V.: Qualitätszirkel, Leitlinien für den Qualitätszirkel, Beteiligung einer VHS am „Qualitätsring Niedersächsischer Volkshochschulen", Projekt „Wechselseitige Entwicklungsberatung als Modell der Qualitätssicherung an Volkshochschulen"; BLK-Projekt „Qualitätssicherung in der Weiterbildung"; Weiterbildungsberatungsstellen, Weiterbildungsdatenbank, Weiterbildungskataloge, Verzeichnisse der Bildungsträger, Broschüre „Informationen für Weiterbildung und Weiterbildungsberatung in Sachsen-Anhalt"

Sachsen-Anhalt

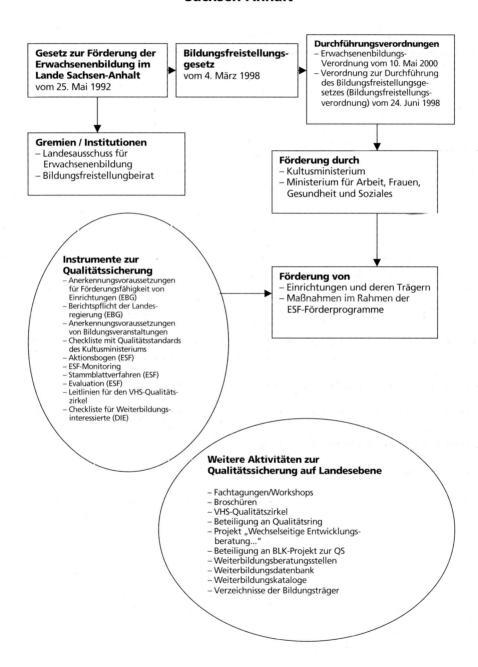

2.15 Schleswig-Holstein

I. Gesetzliche Situation

Folgende gesetzliche Rahmenbedingungen in Schleswig-Holstein wurden auf ihre qualitätsfördernden und qualitätssteuernden Aspekte für die (berufliche) Weiterbildung hin untersucht:

- Bildungsfreistellungs- und Qualifizierungsgesetz (BFQG) für das Land Schleswig-Holstein vom 7. Juni 1990[1]
- Landesverordnung über die Anerkennung von Weiterbildungsveranstaltungen für die Bildungsfreistellung (Bildungsfreistellungsverordnung – BiFVO –) vom 2. Juli 1990[2]
- Landesverordnung über die Anerkennung von Trägern und Einrichtungen der Weiterbildung (Trägeranerkennungsverordnung – TrAVO –) vom 2. Juli 1990[3]

Darüber hinaus wurden zwei weitere Dokumente in die Auswertung einbezogen:

- Empfehlungen der Kommission Weiterbildung an die Träger und Einrichtungen der Weiterbildung vom September 1999[4]
- Weiterbildungskonzept der Landesregierung Schleswig-Holstein vom Januar 2000[5]

Das **Bildungsfreistellungs- und Qualifizierungsgesetz (BFQG)**[6] ist nicht nur ein reines Bildungsfreistellungsgesetz, sondern beinhaltet auch ordnungs- und entwick-

---

[1] Bildungsfreistellungs- und Qualifizierungsgesetz (BFQG) für das Land Schleswig-Holstein vom 7. Juni 1990, in Kraft getreten am 1. Juli 1990. In: Der Minister für Soziales, Gesundheit und Energie des Landes Schleswig-Holstein (Hrsg.): Fünf Tage weiter – Bildungsfreistellungs- und Qualifizierungsgesetz mit Rechtsverordnungen. Kiel, o. J.

[2] Landesverordnung über die Anerkennung von Weiterbildungsveranstaltungen für die Bildungsfreistellung (Bildungsfreistellungsverordnung – BiFVO –) vom 2. Juli 1990. In: Der Minister für Soziales, Gesundheit und Energie des Landes Schleswig-Holstein (Hrsg.): Fünf Tage weiter – Bildungsfreistellungs- und Qualifizierungsgesetz mit Rechtsverordnungen. Kiel, o. J.

[3] Landesverordnung über die Anerkennung von Trägern und Einrichtungen der Weiterbildung (Trägeranerkennungsverordnung – TrAVO –) vom 2. Juli 1990. In: Der Minister für Soziales, Gesundheit und Energie des Landes Schleswig-Holstein (Hrsg.): Fünf Tage weiter – Bildungsfreistellungs- und Qualifizierungsgesetz mit Rechtsverordnungen. Kiel, o. J.

[4] Empfehlungen der Kommission Weiterbildung an die Träger und Einrichtungen der Weiterbildung. Kommission Weiterbildung bei der schleswig-holsteinischen Landesregierung, Geschäftsstelle beim Ministerium für Wirtschaft, Technologie und Verkehr, Kiel im Dezember 1999

[5] Weiterbildungskonzept der Landesregierung Schleswig-Holstein. Erarbeitet von der „Interministeriellen Arbeitsgruppe Weiterbildung" beim Ministerium für Wirtschaft, Technologie und Verkehr. Kiel im Januar 2000

[6] Vgl. Fn 1)

lungspolitische Regelungen für die Weiterbildung in Schleswig-Holstein. Weiterbildung im Sinne des BFQG umfasst gleichrangig die allgemeine, politische und berufliche Bildung. So ist auch in § 2 Abs. 2 BFQG definiert: „Weiterbildung ist die Fortsetzung, Wiederaufnahme oder Ergänzung organisierten Lernens außerhalb der Bildungsgänge der allgemeinbildenden Schulen und der beruflichen Erstausbildung. Soweit die außerschulische Jugendbildung nicht anderweitig rechtlich geregelt ist, gehört sie zur Weiterbildung im Sinne dieses Gesetzes. Sie umfasst gleichrangig die Bereiche der allgemeinen, der politischen und der beruflichen Weiterbildung."

Die „Aufgaben und Ziele der Weiterbildung" beschreibt § 3 BFQG. Zur beruflichen Weiterbildung führt Abs. 5 aus: „Die berufliche Weiterbildung soll der Erhaltung und Erweiterung der beruflichen Kenntnisse und Fertigkeiten und deren Anpassung an die sich wandelnden Anforderungen, dem beruflichen Aufstieg oder dem Übergang in eine andere berufliche Tätigkeit dienen. Sie soll dazu beitragen, vorhandene Arbeitsplätze zu sichern, die Arbeitslosigkeit abzubauen und den beruflichen Wiedereinstieg zu ermöglichen. Sie soll dazu befähigen, Arbeit und Technik mitzugestalten."

Abs. 6 des gleichen Paragrafen betont: „Die verschiedenen Bereiche der Weiterbildung wirken auf der Grundlage der ihnen jeweils eigenen Zielsetzung zusammen (integrativer Ansatz)."

Im BFQG ist ein Abschnitt „Teilnahmeschutz und Anerkennungsfragen" enthalten, der besonders Qualitätsfragen anspricht.

Das BFQG unterscheidet zwei Anerkennungsverfahren. Zum einen die staatliche Anerkennung von Weiterbildungsveranstaltungen (§§ 20 und 21) zum Zwecke der Bildungsfreistellung. Zum anderen die staatliche Anerkennung von Trägern und Einrichtungen der Weiterbildung, die als Gütesiegel anzusehen ist und den Teilnehmenden als Orientierung auf dem Weiterbildungsmarkt dienen soll (§§ 22 bis 25).

Der Anspruch auf Bildungsurlaub wird in Abschnitt II „Freistellung", §§ 6 bis 15 geregelt.

Teilnahmeschutz und Anerkennungsfragen behandelt Abschnitt IV BFQG. Der *Teilnahmeschutz* wird in einem eigenen Paragraphen (§ 19) geregelt.

In diesem Paragrafen wird darauf hingewiesen, dass die Regelungen des Teilnahmeschutzes die Voraussetzungen für Anerkennung von Veranstaltungen des Bildungsurlaubs und Anerkennung von Trägern und Einrichtungen ergänzen. Außerdem müssen die Weiterbildungsveranstaltungen der Verantwortung einer Leiterin oder eines Leiters unterstellt werden (Abs. 2). Wie die potenziellen Teilnehmenden an einer Weiterbildungsveranstaltung zu informieren sind, ist in § 19 Abs. 3 festgelegt: Die Träger oder Einrichtungen der Weiterbildung, die Weiterbildungsveranstaltungen anbieten, haben diejenigen, die an einer Weiterbildungsveranstaltung teilnehmen wollen, schriftlich zu unterrichten über

1. die Person der Leiterin oder des Leiters nach Absatz 2,

2. das Thema, den Inhalt sowie den Arbeits- und Zeitplan der Veranstaltung,

3. die bei Veranstaltungsbeginn vorauszusetzende Vorbildung sowie eine sonst erforderliche oder vorteilhafte Vorbereitung auf die Veranstaltung,

4. die Zulassungsvoraussetzungen für eine öffentlich-rechtliche oder anderweitige Prüfung, wenn die Veranstaltung auf eine solche Prüfung vorbereitet,

5. die Zertifikate oder anderen Bescheinigungen, die durch die Teilnahme erworben werden können,

6. die Gebühren oder Kosten der Veranstaltung.

Mit diesen Mindestinformationen, die potenzielle Teilnehmerinnen und Teilnehmer vor Antritt einer Maßnahme vom Träger oder der Einrichtung erhalten, wird die Entscheidung zur Teilnahme erleichtert.

Das Land Schleswig-Holstein gibt mit diesem Paragrafen dem Teilnahmeschutz eine besondere Bedeutung.

Intention des Gesetzgebers war, dass eine umfassende Information Voraussetzung für effektive Bildungsentscheidungen ist.

Bei der *Anerkennung von Weiterbildungsveranstaltungen* wird die zuständige Behörde von einem Ausschuss der Kommission Weiterbildung beraten, dessen Aufgabe in § 27 BFQG beschrieben ist. Die Anerkennung einer Veranstaltung des Bildungsurlaubs ist Voraussetzung für die Freistellung im Sinne von § 6 BFQG. Wichtigste Voraussetzungen der Anerkennung einer Veranstaltung der Weiterbildung im Sinne von Abschnitt I BFQG, der die Grundsätze der Weiterbildung regelt, sind, „dass die Träger hinsichtlich

- der Qualifikation ihrer Lehrkräfte,

- der verbindlichen Festlegung von Bildungszielen,

- der Qualität ihres Angebotes sowie

- der räumlichen und sachlichen Ausstattung

eine sachgemäße und teilnehmerorientierte Bildung gewährleisten." (§ 20 Abs. 2) Neben Gründen für die Ablehnung einer Anerkennung wird für die Anerkennung als „unschädlich" bezeichnet, wenn die Teilnahme von der Zugehörigkeit zu einer pädagogisch begründeten Zielgruppe oder von bildungsbezogenen Voraussetzungen abhängig gemacht wird.

In § 20 Abs. 4 ist des Weiteren festgelegt, „dass die Anerkennung mit der Auflage verbunden werden kann, dass der zuständigen Behörde Auskünfte über Zahl, Alter und Geschlecht der Teilnehmenden und die Teilnahmebeiträge zu erteilen sind."

Die zuständige Behörde macht – laut Angaben des Ministeriums für Wirtschaft, Technologie und Verkehr des Landes Schleswig-Holstein – regelmäßig von diesem Recht Gebrauch. Die Weiterbildungsinstitutionen müssen nach jeder Veranstaltung einen standardisierten Statistikbogen ausfüllen.

Der Träger einer Veranstaltung hat Vertreterinnen und Vertretern der zuständigen Behörde grundsätzlich den Zutritt zu der Veranstaltung zu gestatten. (§ 20 Abs.5)

In § 21 BFQG ist vorgesehen, dass eine Anerkennung von Veranstaltungen des Bildungsurlaubs auch widerrufen werden kann. Dies geschieht, „wenn

1. die Voraussetzungen für eine Anerkennung nicht mehr vorliegen oder

2. ein Träger die ihm nach diesem Gesetz entstehenden Pflichten nicht erfüllt."

In den §§ 20 und 21 BFQG sind Elemente enthalten, die qualitätsfordernden oder qualitätssteuernden Charakter haben:

Die Hinzuziehung eines *Beratungsorgans* wie der im BFQG verankerten „Kommission Weiterbildung" in Bezug auf die Anerkennung von Weiterbildungsveranstaltungen bietet für das Anerkennungsverfahren die Möglichkeit, über die im Gesetz genannten Mindestanforderungen hinaus inhaltliche Qualitätskriterien einzusetzen. So hat die zuständige Behörde in Zusammenarbeit mit der Kommission Weiterbildung einen Kriterienkatalog definiert, um den vom Gesetzgeber vorgegebenen Teilnahmeschutz inhaltlich und praxisorientiert auszugestalten.

Die Möglichkeit des Widerrufs der Anerkennung von Veranstaltungen des Bildungsurlaubs setzt voraus, dass die zuständige Behörde *kontinuierlich* die Erfüllung der Voraussetzungen für eine Anerkennung sowie die Pflichterfüllung der Träger *überprüft*.

Nach den Erfahrungen in Schleswig-Holstein mit jährlich zwischen 3 000 und 4 000 anerkannten Veranstaltungen der Bildungsfreistellung sind zur Ausübung der Kontrolle das wichtigste Potenzial die Teilnehmenden selbst. Da die Teilnehmenden in der Regel die Weiterbildungsmaßnahe selbst finanzieren, erwarten sie auch einen entsprechenden Gegenwert. Unzufriedene Teilnehmer melden sich bei der zuständigen Behörde; diese Beschwerden sind der Ansatz für eine weitere Überprüfung, die in letzter Konsequenz auch den Widerruf der Anerkennung zur Folge haben kann.[7]

---

[7] Angabe des Ministeriums für Wirtschaft, Technologie und Verkehr des Landes Schleswig-Holstein vom Juli 2001 für dieses Übersichtsband

Durch die **Landesverordnung über die Anerkennung von Weiterbildungsveranstaltungen für die Bildungsfreistellung (Bildungsfreistellungsverordnung – BiFVO –)**[8] werden von der Landesregierung Einzelheiten zur Verfahrensweise der Anerkennung von Weiterbildungsveranstaltungen konkretisiert.

Zu den im BFQG genannten Anerkennungsvoraussetzungen wird zum Beispiel u. a. ergänzend hervorgehoben, dass als Veranstaltungen, die der Weiterbildung im Sinne des Abschnitts I des BFQG dienen, nur Maßnahmen gelten,

1. denen ein Arbeits- und Zeitplan nach einem didaktischen und methodischen Konzept zu Grunde liegt und

2. denen ein mindestens sieben Zeitstunden täglich umfassendes Arbeitsprogramm einschließlich angemessener und pädagogisch begründeter Pausen zu Grunde liegt. Diese Voraussetzung ist bei mehrtägigen Veranstaltungen erfüllt, wenn die Stundenzahl im Durchschnitt erreicht wird. Bei der Berechnung gelten An- und Abreisetag zusammen als ein Tag.

Zum Verfahren (§ 2) wird verordnet: (1) Die Anerkennung von Veranstaltungen erfolgt auf Antrag des Trägers oder der Einrichtung der Weiterbildung (Veranstalter) im schriftlichen Verfahren. Der Antrag ist formgebunden und soll der zuständigen Behörde spätestens zehn Wochen vor Beginn der Veranstaltung zugehen.

(2) die Anerkennung kann für

1. einzelne Veranstaltungen oder

2. mehrere Veranstaltungen gleicher Art (Wiederholungsveranstaltungen) innerhalb eines Zeitraums von höchstens zwei Jahren

erteilt werden.

(3) die Anerkennung erfolgt durch Bescheid der zuständigen Behörde. Verwaltungsgebühren werden nicht erhoben.

Im **BFQG** ist die *Anerkennung von Trägern und Einrichtungen* ebenfalls an Voraussetzungen geknüpft, hauptsächlich zu nennen sind die in § 22 Abs. 1 genannten:

1. dass der Träger in Schleswig-Holstein regelmäßig Veranstaltungen der Weiterbildung anbietet,

2. dass der Träger sein Weiterbildungsangebot veröffentlicht und grundsätzlich allen zugänglich macht, soweit nicht aus besonderen pädagogischen Gründen eine bestimmte Auswahl des Teilnehmerkreises geboten ist,

---

[8] Vgl. Fn 2)

3. dass der Träger die Arbeits- und Beschäftigungsbedingungen seines hauptberuflichen Personals nach den arbeitsrechtlichen Anforderungen und den jeweils geltenden tarifvertraglichen Bestimmungen sozialverträglich ausgestaltet und darum bemüht ist, dem Gebot der Gleichstellung Rechnung zu tragen,

4. dass vom Träger in Schleswig-Holstein unterhaltene Einrichtungen den Anforderungen von Abs. 2 genügen. (Abs. 2 besagt, Qualifikation der Lehrkräfte, verbindliche Festlegung von Bildungszielen, Qualität des Angebotes sowie die räumliche und sachliche Ausstattung müssen eine sachgemäße und teilnehmerorientierte Bildung gewährleisten, *d. Verf.*)

Die Anerkennung von Trägern und Einrichtungen kann mit der Auflage verbunden werden, dass der zuständigen Behörde Auskünfte über Art und Zahl der angebotenen Bildungsveranstaltungen, über Art und Umfang der Finanzierung, über Art, Zahl und Geschlecht des dort beschäftigten Personals und über die Verteilung der Teilnehmenden nach Alter und Geschlecht zu erteilen sind. (§ 22 Abs. 4)

Von dieser Möglichkeit macht die zuständige Behörde regelmäßig Gebrauch. Die Träger und Einrichtungen haben jährlich einen standardisierten Bericht abzugeben.[9]

Auch bei diesem Anerkennungsverfahren und ggfs. Widerruf wirkt der Ausschuss der Kommission Weiterbildung mit.

Die Anerkennung nach § 22 Abs. 1 und 2 berechtigt Träger und Einrichtungen, neben ihrer Bezeichnung den Hinweis *„Staatlich anerkannter Träger der Weiterbildung"* bzw. *„Staatlich anerkannte Einrichtung der Weiterbildung"* zu führen. (§ 23)

§ 24 regelt Einzelheiten der Befristung und des *Widerrufs* der Anerkennung von Trägern und Einrichtungen:

Die Anerkennung von Trägern und Einrichtungen ist befristet. Die Frist kann auf Antrag verlängert werden, wenn die Voraussetzungen für die Anerkennung weiterhin vorliegen.

(§ 24 Abs. 1)

§ 24 Abs. 2: „Werden Mängel festgestellt, hat die zuständige Behörde, falls der Mangel zu beheben und eine Gefährdung des Weiterbildungszwecks im Sinne von § 3 (Aufgaben und Ziele der Weiterbildung, *d. Verf.*) nicht zu erwarten ist, den Träger oder die Einrichtung aufzufordern, innerhalb einer bestimmten Frist den Mangel zu beseitigen. Ist der Mangel nicht ausräumbar oder innerhalb der gesetzten Frist nicht beseitigt, so ist die Anerkennung zu widerrufen. Vor dem Widerruf ist die Kommission Weiterbildung (§ 27) anzuhören."

---

[9] Vgl. Fn 7)

Damit die Vertreterinnen und Vertreter der zuständige Behörde gegebenenfalls im Sinne von Abs. 2 verfahren können, sind die anerkannten Träger und Einrichtungen der Weiterbildung grundsätzlich verpflichtet, Zutritt zu der Einrichtung und den Veranstaltungen zu gestatten und die notwendigen Auskünfte zu erteilen und Unterlagen vorzulegen. (§ 24 Abs. 3)

Abschließend wird im BFQG Abschnitt IV § 25 die Landesregierung ermächtigt, Näheres zum Anerkennungsverfahren und den Voraussetzungen durch Verordnung zu regeln.

Zuständig für das BFQG mit den verschiedenen Anerkennungsverfahren ist seit 1996 das für Grundsatzfragen der Weiterbildung federführende Ministerium für Wirtschaft, Technologie und Verkehr des Landes Schleswig-Holstein.

Im Zusammenhang mit den von der Kommission Weiterbildung herausgegebenen Empfehlungen bei der Anerkennung von Trägern und Einrichtungen der Weiterbildung wurde auch das Anerkennungsverfahren unter dem Gesichtspunkt der Qualitätssicherung neu gefasst. Träger und Einrichtungen der Weiterbildung werden nun – in deren Einverständnis – vor einer Anerkennung von sog. Sachverständigen der Kommission Weiterbildung besichtigt. Seit Anfang 2001 wird dieses neue Verfahren praktiziert.[10]

In der **Landesverordnung über die Anerkennung von Trägern und Einrichtungen der Weiterbildung (Trägeranerkennungsverordnung – TrAVO –)**[11] wird in § 1 „Zielsetzung" noch einmal darauf hingewiesen, dass die Anerkennung von Trägern und Einrichtungen der Weiterbildung dem Teilnahmeschutz und der Umsetzung einheitlicher Qualitätsmaßstäbe dient und einen Beitrag dazu leisten soll, das Recht auf Weiterbildung für alle nach § 4 BFQG (Recht auf Weiterbildung, d. Verf.) zu verwirklichen.

Zum „Verfahren" wird ausgeführt (§ 2):

„(1) Die Anerkennung nach § 22 BFQG erfolgt auf Antrag des Trägers oder der Einrichtung der Weiterbildung im schriftlichen Verfahren. Für den Antrag ist ein Formblatt zu verwenden, das von der zuständigen Behörde[12] herausgegeben wird.

(2) Die Anerkennung ist auf vier Jahre befristet und kann nach Ablauf der Frist auf Antrag erneut erteilt werden.

(3) Die Anerkennung ergeht durch Bescheid der zuständigen Behörde. Verwaltungsgebühren werden nicht erhoben."

---

[10] Vgl. Fn 7)

[11] Vgl. Fn 3)

[12] Zuständige Behörde nach dieser Verordnung ist seit Mitte 1996 das Ministerium für Wirtschaft, Technologie und Verkehr des Landes Schleswig-Holstein.

Bei den „Anerkennungsvoraussetzungen für Einrichtungen der Weiterbildung" (§ 4) wird in Abs. 2 zur Qualifikation des Lehrpersonals folgendes ergänzend ausgeführt: „Eine hinreichende Qualifikation der Lehrkräfte im Sinne des § 22 Abs. 2 BFQG ist in der Regel anzunehmen, wenn diese über Erfahrungen auf dem zu vermittelnden Gebiet verfügen und geeignet sind, den Bildungsinhalt zu vermitteln. Die Qualifikation hauptamtlicher Lehrkräfte soll durch regelmäßige Teilnahme an Fortbildungsveranstaltungen sichergestellt werden. Die Zahl der Lehrkräfte muss in einem der Art der Veranstaltung angemessenen Verhältnis zur Zahl der Teilnehmerinnen und Teilnehmer stehen. Die räumliche und sachliche Ausstattung muss zur Vermittlung des jeweiligen Bildungsinhaltes geeignet sein. Zur Gewährleistung einer sachgemäßen und teilnehmerorientierten Bildung sollen insbesondere auch Rahmenbedingungen für eine gleichberechtigte Teilnahmemöglichkeit von Frauen nachgewiesen werden."

Im § 5 „Vereinfachte Verfahren" werden Gründe aufgeführt, die der zuständigen Behörde erlauben, beim Anerkennungsverfahren nicht mehr im Einzelnen zu prüfen bzw. die Anerkennung erneut zu erteilen:

„(1) Bei der Anerkennung von Trägern und Einrichtungen der Weiterbildung, die

1. bereits eine anderweitige staatliche Anerkennung besitzen,

2. eine zuständige Stelle nach dem Berufsbildungsgesetz oder einer vergleichbaren Rechtsvorschrift sind oder

3. Mitglied des Landesverbandes der Volkshochschulen Schleswig-Holsteins e.V. sind,

prüft die zuständige Behörde nicht im Einzelnen, ob die Voraussetzungen nach den §§ 3 oder 4 vorliegen, wenn die Einhaltung vergleichbarer eigener Qualitätsmaßstäbe von der Antragstellerin oder dem Antragsteller nachgewiesen wird.

(2) Nach Ablauf der in § 2 Abs. 2 genannten Frist (von vier Jahren, *d. Verf.*) kann die Anerkennung auf Antrag ohne Nachweis der Voraussetzungen nach den §§ 3 oder 4 erneut erteilt werden, wenn keine Anhaltspunkte dafür bestehen, dass die Anerkennungsvoraussetzungen nicht mehr vorliegen."

Die im BFQG § 22 Abs. 4 genannten Auflagen an Träger und Einrichtungen über die Erteilung von Auskünften werden in § 6 TrAVO begründet: „(Sie) dienen dem Nachweis der Anerkennungsvoraussetzungen sowie der Erstellung der insbesondere nach § 28 BFQG zu erstattenden Berichte." (Abs. 1)

Ergeben sich Anhaltspunkte für eine Gefährdung des Weiterbildungszwecks wird eine in Einzelheiten gehende Überprüfung der Angaben vorgenommen, ansonsten werden nur Globalansätze zu Art und Umfang der Finanzierung der Weiterbildung bei den Trägern und Einrichtungen erhoben. (Abs. 2)

Um in Schleswig-Holstein ein umfassendes Gesamtangebot der Weiterbildung zu gewährleisten, Arbeitsteilung zu ermöglichen und Schwerpunkte zu bilden, wurde durch § 26 BFQG eine Zusammenarbeit zwischen anerkannten Trägern und Einrichtungen der Weiterbildung mit Schulen, Hochschulen und Ausbildungseinrichtungen vorgesehen.

§ 27 Abs. 1 BFQG beschreibt die Aufgaben des Beratungsorgans *Kommission Weiterbildung*. Zu den Aufgaben der Kommission, die die Landesregierung berät, gehört die Förderung der Entwicklung der Weiterbildung in Schleswig-Holstein. Sie soll der Landesregierung Vorschläge, Empfehlungen und Gutachten auf dem Gebiet der Weiterbildung unterbreiten und die Kooperation, wie in § 26 beschrieben, unterstützen.

Die Kommission ist – nach Angabe des Ministeriums für Wirtschaft, Technologie und Verkehr des Landes Schleswig-Holstein – ein entscheidender Faktor bei der Qualitätssicherung. Der Gesetzgeber ist davon ausgegangen, dass sich Qualitätssicherung nur in enger Kooperation mit den Trägern und Einrichtungen der Weiterbildung durchsetzen lässt und auf Konsens angewiesen ist.

Das Ministerium für Wirtschaft, Technologie und Verkehr führt die Geschäfte der Kommission Weiterbildung.

Weitere Beratungsorgane zur örtlichen und regionalen Koordinierung und Kooperation im Bereich der Weiterbildung sollen in den Kreisen und kreisfreien Städten eingerichtet werden. (§ 27 Abs. 2 BFQG)

Zum *Berichtswesen* ist durch § 28 BFQG festgelegt, dass die Landesregierung dem Landtag alle zwei Jahre berichtet, erstmals im Jahre 1993. Dem Bericht sind Übersichten über die im Berichtszeitraum anerkannten Träger, Einrichtungen und Veranstaltungen, über die Zahl und Struktur der durchgeführten Bildungsveranstaltungen und der Teilnehmenden sowie über Veranstaltungen, Einrichtungen und Träger, deren Anerkennung abgelehnt wurde, beizufügen.

Die gesetzliche Absicherung von Kooperationen zwischen Einrichtungen und Trägern der Weiterbildung und anderen Bildungsbereichen sowie die Festlegung eines Berichtswesens, das die systematische Erfassung von Daten im Weiterbildungsbereich voraussetzt, kann zur Verbesserung von Strukturen in der Weiterbildungslandschaft beitragen und damit qualitätsentwickelnd wirken.

Volkshochschulen und Heimvolkshochschulen sind im BFQG nicht ausdrücklich benannt. Dass für sie jedoch die Bestimmungen zur Anerkennung von Trägern und Einrichtungen der Weiterbildung gelten, wird in der Trägeranerkennungsverordnung vom 2. Juli 1990 deutlich (siehe weiter vorne). Das BFQG geht von einer einheitlichen Definition von Trägern und Einrichtungen der Weiterbildung aus. Heimvolkshochschulen und Volkshochschulen zählen dazu. Sie werden einem vereinfachten Verfahren – unter Vorprüfung des Landesverbandes – unterzogen (TrAVO).

(Näheres zu den Volkshochschulaktivitäten siehe unter Punkt III. dieses Beitrags.)

Mit der Ermächtigung, ein vereinfachtes Prüfverfahren durchführen zu können, sollen – ohne Zurückstellung von Qualitätssicherung – doppelte Prüfungen von staatlichen Stellen vermieden und Verwaltungshandeln effektiv werden. Nach den neuen Empfehlungen der Kommission Weiterbildung können dabei auch nichtstaatliche Qualitätssicherungsverfahren (wie z. B. DIN ISO 9000 ff.) berücksichtigt werden.[13]

Die Kommission Weiterbildung, die im BFQG verankert ist, hat 1999 **„Empfehlungen der Kommission Weiterbildung an die Träger und Einrichtungen der Weiterbildung"**[14] gegeben, die Elemente der Qualitätssicherung für den Bereich Information, Beratung und Betreuung der Teilnehmenden sowie für die Geschäfts- und Teilnahmebedingungen enthalten. Im einzelnen sind dies:

„*Information, Beratung und Betreuung der Teilnehmenden:*

Auf Anfrage informiert der Träger/die Einrichtung über:

- die Rechtsform des Trägers bzw. der Einrichtung
- Ziele und Arbeitsbereiche
- Verantwortliche und Ansprechpartner.

Die Teilnehmenden sind vor Beginn einer Veranstaltung schriftlich zu informieren über:

- die Leiterin/den Leiter der Veranstaltung
- Thema, Inhalt, Arbeits- und Zeitplan der Veranstaltung
- Vorbildung (ggf. Teilnahme- und/oder Prüfungsvoraussetzungen)
- Teilnahme- und/oder Prüfungsnachweise sowie prüfende Stelle
- Kosten der Veranstaltung
- Teilnehmerzahl
- Lehrpersonal
- Geschäfts- und Teilnahmebedingungen.

Die Kommission Weiterbildung empfiehlt den Trägern und Einrichtungen, Interessierte vor Beginn einer Veranstaltung von sachkundigem Personal zu kundenfreundlichen Zeiten über Anforderungen und möglichen Nutzen der vermittelten Qualifikationen zu beraten.

---

[13] Vgl. Fn 7)

[14] Vgl. Fn 4)

Die Kommission Weiterbildung empfiehlt folgende Geschäfts- und Teilnahmebedingungen:

- Freier Zugang im Rahmen der Veranstaltungskonzeption ist gewährleistet.
- Die Anmeldung wird mit der schriftlichen Bestätigung verbindlich.
- Der Rücktritt ist innerhalb angemessener Fristen, mindestens bis 6 Wochen vor Veranstaltungsbeginn, unentgeltlich möglich; eine geringfügige Bearbeitungsgebühr kann erhoben werden. Bei späterem Rücktritt kann der Weiterbildungsträger eine angemessene Entschädigung verlangen.
- Die Kursgebühr wird in der Regel mit Veranstaltungsbeginn fällig. Vorauszahlungen können vereinbart werden. Den Teilnehmenden soll insbesondere bei längerfristigen Kursen die Möglichkeit zur Ratenzahlung eingeräumt werden.
- Liegen wichtige Gründe vor, so kann jederzeit mit angemessenen Fristen von beiden Seiten gekündigt werden. Bei längerfristigen Veranstaltungen ist die Kündigung zum Ende der Lehrgangsabschnitte, mindestens im halbjährlichen Abstand möglich.
- Die Bildungseinrichtung kann sich eine Einverständniserklärung der Teilnehmenden geben lassen, nach der personenbezogene Daten trägerintern gespeichert werden können. Die Bildungseinrichtung verpflichtet sich, diese gespeicherten Daten nicht an Dritte weiterzugeben.

Die Kommission empfiehlt, für jegliche Teilnahme eine Bescheinigung auszustellen. Sie muss mindestens enthalten:

- Bezeichnung und Ziel der Veranstaltung
- Inhalt
- Datum, Zeitraum, Unterrichtsstunden
- Einrichtung bzw. durchführende Stelle der Veranstaltung.

Werbemethoden und Werbematerial

Das Weiterbildungsangebot muss öffentlich und allgemein zugänglich sein (evtl. zielgruppenspezifisch). Der Nachweis erfolgt durch das Programm. Werbemaßnahmen müssen wahrheitsgemäß sein und dürfen keine unerfüllbaren Erwartungen wecken."[15]

Mit diesen Empfehlungen hat die Kommission Weiterbildung Mindeststandards der Qualitätssicherung formuliert und zwar insbesondere bezogen auf Informa-

---
[15] Vgl. Fn 4)

tion und Beratungsservice für die Teilnehmenden durch Träger und Einrichtungen. Die Einhaltung dieser Mindeststandards von Seiten der Träger und Einrichtungen käme der Teilnehmerorientierung und dem dem Schutz der Weiterbildungsinteressierten zugute.[16]

Die „Interministerielle Arbeitsgruppe Weiterbildung" beim Ministerium für Wirtschaft, Technologie und Verkehr hat in Zusammenarbeit mit der Kommission Weiterbildung im Januar 2000 das **„Weiterbildungskonzept der Landesregierung Schleswig-Holstein"** fertiggestellt. Ein Kapitel in diesem Konzept ist dem Thema „Verbesserung der Weiterbildungsinfrastruktur" gewidmet, wozu

- Ausbau von Kooperation und Koordination,

- Teilnehmerschutz und Qualitätssicherung und

- Verbesserung von Information und Beratung

gehören. Diese drei Handlungsfelder sollen mit bereits etablierten Gremien und Instrumentarien vernetzt und regional wirksam werden.

In diesem Zusammenhang wird die Kommission Weiterbildung genannt, die es seit 1988 in Schleswig-Holstein gibt und deren Aufgabe es ist, die Landesregierung durch Vorschläge, Empfehlungen und Gutachten auf dem Gebiet der Weiterbildung zu beraten. Die Zusammenarbeit der Kommission mit dem Landesausschuss für Berufsbildung soll zur besseren Verzahnung von Aus- und Weiterbildung ausgebaut werden. Mit der 1994 von der Landesregierung eingerichteten Interministeriellen Arbeitsgruppe Weiterbildung (IAW) und der Kommission Weiterbildung bestehen auf Landesebene zwei Gremien, die den Rahmen für die Koordination und Kooperation der Weiterbildungsaktivitäten bilden können. Von § 27 Bildungsfreistellungs- und Qualifizierungsgesetz (BFQG) ausgehend hat die Landesregierung die Initiierung von sog. *Weiterbildungsverbünden als regionale Beratungsorgane* angeregt. Die regionale Kooperation und Koordination – seit 1998 flächendeckend – wird von zehn Weiterbildungsverbünde wahrgenommen. Die Landesregierung fördert die Arbeit der regionalen Weiterbildungsverbünde, die freiwillige, kontinuierliche Arbeitskreise aller an der Weiterbildung beteiligten regionalen Akteure (Weiterbildungsinstitutionen, Vertreter der Arbeitsverwaltung, Kammern und Gewerkschaften, Wirtschaftsförderungsgesellschaften, Hochschulen, berufliche Schulen o. ä.) sind. Die Verbünde arbeiten an der Schnittstelle von Weiterbildungsangebot und -nachfrage. Hier soll Weiterbil-

---

[16] Das Ministerium für Wirtschaft, Technologie und Verkehr ergänzt in diesem Zusammenhang: „Zum Teil sind die Bedingungen bereits für die Träger und Einrichtungen durch Gesetz oder Verordnung verpflichtend, zum anderen handelt es sich bei den Vorgaben der Kommission um darüber hinausgehende Empfehlungen, die anerkannte Träger und Einrichtungen beachten sollten. Die Anerkennungsbehörde orientiert sich in ihrer Verwaltungspraxis an den Empfehlungen der Kommission im Sinne einer beratenden Mitwirkung."

dungsinformation und -beratung zu einer bedarfsgerechten Angebots- und Qualitätsentwicklung beitragen. [17]

(Näheres zu Weiterbildungsberatungsstellen/Info-Netz Weiterbildung siehe unter Punkt III. dieses Beitrags.)

Im Weiterbildungskonzept der Landesregierung Schleswig-Holstein wird zum Thema „Teilnehmerschutz/Qualitätssicherung im Weiterbildungsbereich" zum einen auf den „Qualitätserlass" der Bundesanstalt für Arbeit, das Fernunterrichtsschutzgesetz sowie die Bildungsfreistellungs- bzw. Weiterbildungsgesetze der Länder hingewiesen. Zum anderen hat die Diskussion um Qualität in der Weiterbildung und die Einführung der ISO-Norm im Bildungsbereich auch in Schleswig-Holstein das Wirtschaftsministerium bewogen, die Einführung eines Qualitätsmanagementsystems mit Zertifizierung nach DIN EN ISO 9001 bei einer Aus- und Weiterbildungsstätte modellhaft zu fördern. Die Ergebnisse haben gezeigt, dass für die inhaltliche Qualität des Angebots noch andere Instrumente zur Qualitätsentwicklung und -verbesserung notwendig sind. In diesem Zusammenhang wird auf die durch das schleswig-holsteinische BFQG vorgesehenen Anerkennungsvoraussetzungen für Träger und Einrichtungen hingewiesen (siehe weiter vorne) und den in diesem Zusammenhang entstandenen Kriterienkatalog zur Beschreibung von Mindeststandards.

Darüber hinaus verweist die Interministerielle Arbeitsgruppe in dem Weiterbildungskonzept auf den von der Kommission Weiterbildung ausgearbeiteten Kriterienkatalog mit Qualitätsindikatoren, der für Träger und Einrichtungen der Weiterbildung Empfehlungscharakter hat (siehe weiter vorne).

II. Förderung der (beruflichen) Weiterbildung aus Landes- und kofinanzierten ESF-Mitteln

1. Förderung aus Landesmitteln

1.1 Ausgangslage und Rahmenbedingungen

Gesetzliche Grundlagen zur Förderung der Weiterbildung gibt es mit Ausnahme des Volkshochschulbereiches und der Tagungsstätten sowie der politischen Bildung in Schleswig-Holstein nicht. Die Kommunen haben einen im Bundesvergleich erheblichen Anteil an der Volkshochschulförderung. Die Bedeutung der Teilnahmebeiträge an der Gesamtfinanzierung der gemeinnützigen Träger ist bei den Volkshochschulen mit über 50 % an größten. Neben der kommunalen Förde-

---

[17] Interministerielle Arbeitsgruppe Weiterbildung beim Ministerium für Wirtschaft, Technologie und Verkehr: Weiterbildungskonzept der Landesregierung Schleswig-Holstein, Stand: Januar 2000

rung und dem im Bundesvergleich hohen Eigenfinanzierungsanteil gewährt das Land jährliche Zuwendungen zur institutionellen sowie zur Projektförderung.

Aus den verschiedenen Programmen der Europäischen Union fließen der Weiterbildung zunehmen Mittel durch das Land zu. Bereits seit 1993 werden die europäischen Programme zunehmend für zusätzliche Weiterbildungsförderungen genutzt.

Die Förderstruktur in Schleswig-Holstein ist Ausdruck des Grundsatzbeschlusses der Landesregierung, wonach die Förderung der Weiterbildung im fachlichen Zusammenhang erfolgen soll.

Zur Unterstützung der Inanspruchnahme von Weiterbildungsangeboten und der qualitativen Entwicklung sowie effektiveren Nutzung von Ressourcen fördert die Landesregierung neben der Verbesserung der Weiterbildungsinfrastruktur die gemeinnützigen und kommunalen Träger mit investiven Mitteln.

Nach den Regelungen des Regionalprogramms haben sich alle Projekte einem Qualitätswettbewerb zu unterziehen, in dem die Regionen die landesweiten Entscheidungen mit vorbereiten.

Ergänzend zur individuellen Förderung der beruflichen Weiterbildung nach dem SGB III durch die Arbeitsverwaltung fördert die Landesregierung Qualifizierung im Rahmen des Arbeitsmarktprogramms „Arbeit für Schleswig-Holstein 2000" (ASH). Ab dem 01.01.2000 wurden neuen Rahmenbedingungen gesetzt mit einer stärkeren Ausrichtung an den „Beschäftigungspolitischen Leitlinien" der Europäischen Union und den entsprechenden „Nationalen Aktionsplänen".

In der Förderperiode für die Jahre 2000 – 2006 im Rahmen des ESF-Ziel 3 soll mit Hilfe einer Reihe von Qualifizierungsmaßnahmen der strukturellen und konjunkturellen Arbeitslosigkeit entgegengewirkt werden.

Zentrale beratende Förderinstitutionen, die dem Land zuarbeiten und die administrativen Aufgaben übernehmen, sind die *Beratungsgesellschaft für Beschäftigung (BSH)* und die *Investitionsbank*. Beratung und Information haben aufgrund der Wirtschaftsstruktur Schleswig-Holsteins, die geprägt ist von kleinen und mittleren Unternehmen mit den bekannten Weiterbildungshemmnissen, besondere Bedeutung.[18]

Da die Weiterbildung verschiedene Politikfelder tangiert (Umweltbildung, Europapolitik, Arbeitsmarkt, Frauenförderung, Kulturpolitik, Sozialpolitik, Tourismuspolitik etc.), ist es u.a. Aufgabe der 1994 eingerichteten ständigen Interministeri-

---

[18] Aus vom Ministerium für Wirtschaft, Technologie und Verkehr für diesen Übersichtsband zur Verfügung gestellten Materialien

ellen Arbeitsgruppe (IAW), eine abgestimmte und zielgerichtete Förderung der Weiterbildung und Vergabe von Landesmitteln zu gewährleisten.[19]

Das Wirtschaftsministerium von Schleswig-Holstein fördert die zielgruppen- und trägerübergreifende Weiterbildungsberatung. Bis Ende 2001 ist die Förderung der bestehenden Weiterbildungsverbünde abgesichert. Eine Finanzierung bis einschließlich 2006 wird angestrebt, entsprechende ESF-Gelder wurden bereits eingeworben.

Die *Volkshochschulen* in Schleswig-Holstein erhalten – wie bereits weiter oben erwähnt – neben der kommunalen Förderung und einem Eigenfinanzierungsanteil vom Land jährliche Zuwendungen zur institutionellen Förderung sowie zur Projektförderung über den Haushalt des Bildungsministeriums. „Schwerpunkte dieser Förderung sind:

- Erhalt eines umfassenden Dienstleistungsangebotes für alle Volkshochschulen durch den Landesverband der Volkshochschulen als Infrastruktureinrichtung (insbesondere Beratung in Rechts-, Organisations- und erwachsenenpädagogischen Fragen, Kursleiterfortbildung, Angebots- und Strukturentwicklung, Marketing u. a. m.),

- Förderung der Volkshochschulen nach Anzahl erbrachter Unterrichtsstunden,

- Struktur- und Entwicklungsförderung durch Personalkostenzuschüsse für hauptberufliche pädagogische VHS-Leiterinnen und Leiter sowie Mitarbeiterinnen und Mitarbeiter,

- Projektförderungen für Zielgruppen (z. Z. Hauptschulabschlusskurse, Alphabetisierung Erwachsener) sowie für Maßnahmen von überregionaler Bedeutung (Kooperationsvorhaben u. a. m.)."[20]

Im „Weiterbildungskonzept der Landesregierung Schleswig-Holstein" wird betont, dass dem Land beim Erhalt einer leistungsfähigen VHS-Infrastruktur (Erhalt des Landesverbandes der Volkshochschulen als Service-, Beratungs- und Entwicklungsstelle, Erhalt und Ausbau der Professionalisierung von Volkshochschulen, leistungsbezogene Förderung des Angebots, Fortsetzung von Zielgruppen- und Projektarbeit) eine besondere Bedeutung zukommt, die durch entsprechende Mittel im Landeshaushalt zum Ausdruck kommt. Zielvereinbarungen zur Erreichung von Planungssicherheit, die Fortsetzung der kontinuierlichen Entwicklung des Angebots, Qualitätssicherung und verbessertes Marketing sowie verstärkte Kooperation und Koordination werden mit dem Landesverband der Volkshochschulen vereinbart.

---

[19] Vgl. Fn 17)

[20] Vgl. Fn 17)

Für die Heimvolkshochschulen und Tagungsstätten hat das Land zusammen mit den geförderten Einrichtungen in einem Diskussionsprozess Ziele, geeignete Bemessungsgrundlagen und Kriterien einer Landesförderung erarbeitet. Die bisherige Förderung nach Einzelmaßgabe des Haushalts wird durch ein Verteilungsmodell ersetzt, das den durch den Landeshaushalt vorgegebenen Zuschuss nach transparenten Kriterien aufteilt und die besonderen Belastungen durch die Bewirtschaftung von Gebäuden berücksichtigt und leistungsbezogen ist.[21]

Schleswig-Holstein organisiert seit 1989 seine Arbeitsmarktpolitik unter dem Motto „Arbeit für Schleswig-Holstein (ASH). *Arbeit für Schleswig-Holstein* ist in einen größeren Zusammenhang gestellt worden. Auf dem Hintergrund der arbeitsmarktpolitischen Situation mit einer – auch für die nächsten Jahre – fast gleichbleibend hohen Zahl von Arbeitslosen hat die Landesregierung sich entschlossen, zur Förderung der zentralen Entwicklungsziele des Landes alle dafür relevanten Maßnahmen und Programme in einer Initiative *Zukunft im eigenen Land (ziel)* zusammenzufassen. *ziel* basiert auf drei Säulen:

- dem *Regionalprogramm* zur Verbesserung der Wirtschaftsstruktur, aufgelegt vom Ministerium für Wirtschaft, Technologie und Verkehr,
- dem Programm *Zukunft auf dem Land (ZAL)* in Verantwortung des Ministeriums für ländliche Räume und
- dem Programm *Arbeit für Schleswig-Holstein* unter der Federführung des Ministeriums für Arbeit, Gesundheit und Soziales.

Am 1. Januar 2000 wurde ein neues arbeitsmarktpolitisches Programm, das *ASH 2000*, für den Zeitraum bis 2006 aufgelegt. Die Förderphilosophie, die Allgemeinen Bewilligungsbedingungen für ASH 2000 sowie die Richtlinien zu den Programmpunkten des ASH 2000 wurden in einer Broschüre[22] veröffentlicht.

1.2 Förderkriterien und Qualitätskriterien des Förderers für Einrichtungen/Träger und/oder Weiterbildungsmaßnahmen bei der Vergabe von Landesmitteln

Oberstes Ziel der Förderungen im Rahmen des *ASH 2000* ist die Vermittlung in den ersten Arbeitsmarkt. Deshalb enthält ASH 2000 Instrumente, durch die die unmittelbare Eingliederung von Arbeitslosen in den ersten Arbeitsmarkt gefördert wird. Die Landesregierung Schleswig-Holstein will eine möglichste hohe Integrationsquote mit einer gegenüber der ausgelaufenen Förderperiode veränderten Ausrichtung der Arbeitsmarktpolitik verwirklichen, und zwar hin zu wirtschafts- und arbeitsmarktnahen Anforderungen. Zum ersten Mal werden alle arbeitsmarktrelevanten Fördermaßnahmen der verschiedenen Ressorts des Landes im

---

[21] Vgl. Fn 17)

[22] Ministerium für Arbeit, Gesundheit und Soziales des Landes Schleswig-Holstein (Hrsg.): ziel: Arbeit für Schleswig-Holstein 2000. Richtlinien 2000-2006. Kiel 2000

Programm ASH 2000 in 30 Maßnahmefeldern zusammengefasst. Für diese Arbeitsmarktpolitik werden u.a. Mittel der EU und des Landes eingesetzt. Die ESF-Mittel verteilen sich auf fast alle Programmpunkte.

An den Weiterbildungsverbünden auf der Grundlage des Weiterbildungskonzepts der Landesregierung und den Beratungsstrukturen für „Frau & Beruf" wird festgehalten. Ergänzt werden sollen diese Strukturen um eine Beratungseinrichtung mit einer unternehmensnahen Ausrichtung.

Die *Allgemeinen Bewilligungsbedingungen für ASH 2000* umfassen 25 Punkte. Punkt 1 enthält die Aufgaben der vom Ministerium für Arbeit, Gesundheit und Soziales (MAGS) – zunächst bis zum Jahr 2001 – betrauten Beratungsgesellschaft für Beschäftigung in Schleswig Holstein BSH mbH. Die Aufgaben des „Technischen-Hilfe-Büros" im Rahmen der ESF-Förderbedingungen nimmt die BSH mbH für alle ESF-relevanten Programmpunkte wahr. Die Finanzierung erfolgt zum einen durch die Technische-Hilfe-Mittel der Europäischen Union, zum anderen durch Landesmittel, die zentral aus den Arbeitsmarktprogrammen des MAGS für alle Ressorts zur Verfügung gestellt werden.

Unter qualitätsrelevanten Aspekten ist besonders Punkt 4 der 25 Bewilligungsbedingungen von Bedeutung: Hier wird betont, dass die Effektivität und die Effizienz des Mitteleinsatzes für die aktive Arbeitsmarktpolitik aus Zuwendungen des Landes und europäischen Fördermitteln mit einem projektübergreifenden System von Evaluation und Qualitätswettbewerb und -management nachvollziehbar gestaltet werden sollen. Es wird ausgeführt:

„Für die Kernziele der mit Landes- und EU-Mitteln kofinanzierten arbeitsmarktpolitischen Maßnahmen, vor allem für

– die Brückenfunktion in den ersten Arbeitsmarkt,

– die Stabilisierungsfunktion und

– die Innovationsfunktion

werden gemeinsam mit der Arbeitsverwaltung und den beteiligten Trägerstrukturen konkrete, messbare Erfolgskriterien erarbeitet, die es ermöglichen, die Maßnahmen und Programme auch qualitativ zu bewerten. Sie werden den entsprechenden Bewilligungen vorgegeben."

Bei der Erfolgsbeurteilung soll die Vermittlung bzw. der Übergang in den ersten Arbeitsmarkt nicht alleiniges Kriterium sein. Vielmehr werden auch Faktoren wie

– Aufnahmefähigkeit des regionalen Arbeitsmarktes,

– Besonderheiten einer projektspezifischen Zielgruppenausrichtung von Fördermaßnahmen,

- Qualifizierungs- und Stabilisierungsziele, aber auch
- Misserfolgstatbestände (Abbrecherquoten)

berücksichtig.

Die Evaluierungsanforderungen der EU-Strukturfonds sind Mindestmaßstab. Das zur Durchsetzung der neuen oder erweiterten Anforderungen notwendige Controlling wird – so die Ausführungen unter Punkt 4 – verbessert werden.[23]

1.3 Verfahrensweise bei der Vergabe von Landesmitteln

Für die im Rahmen des Programms *ASH 2000* aus Landes- und ESF-Mitteln geförderten arbeitsmarktpolitischen Maßnahmen müssen Anträge auf Bewilligung mit den hierfür vorgesehenen Vordrucken an die Beratungsgesellschaft für Beschäftigung in Schleswig-Holstein BSH mbH[24] gesendet werden. Die BSH mbH berät und bewilligt aufgrund der Anträge. Ihr sind auch die Verwendungsnachweise vorzulegen. Die BSH mbH ist berechtigt, auch Außenprüfungen entweder alleine oder aber im Rahmen der ASH-Prüfgruppe vorzunehmen. Soweit es sich um Überprüfungen bei Programmpunkten außerhalb des MAGS handelt, ist die Prüfgruppe durch Mitarbeiterinnen bzw. Mitarbeiter des betreffenden Fachressorts zu erweitern. Soweit einzelne Ressorts die BSH mbH nicht mit der Abwicklung ihres Programmpunktes betraut haben, ist dies in den einzelnen Richtlinien und Grundsätzen des ASH 2000 geregelt.

Soweit die Arbeitsverwaltung als Kofinanzier bei einzelnen Projekten auftritt und eigene Überprüfungen vornimmt, erstreckt sich die Prüfung durch den Zuwendungsgeber Land nur auf die Bereiche, die die Arbeitsverwaltung nicht abdeckt. Soweit Maßnahmen in den einzelnen Programmpunkten mit europäischen Fördermitteln, die über den ESF-Fondsverwalter im MAGS weitergeleitet werden, mitfinanziert werden, gelten die europäischen Förderbedingungen der neuen Ziele 3 und 2 bzw. die von Schleswig-Holstein dazu erlassenen Regelungen sowie ggf. auch der EU-Gemeinschaftsinitiativen.[25]

---

[23] Weitere Einzelheiten der Bewilligungsbedingungen sowie die Richtlinien zu ASH 2000 sind der genannten Broschüre zu entnehmen, Vgl. Fn 22)

[24] INTERNET-Adresse: http://bsh.sh , E-Mail: ash2000@bsh.sh

[25] Weitere Einzelheiten siehe in der genannten Broschüre, Vgl. Fn 22)

2. Förderung aus ESF-Mitteln

2.1 Ausgangslage und Rahmenbedingungen

Da sich die Förderung im Rahmen des Programms ASH 2000 sowohl auf Landes- als auch auf ESF-Mittel bezieht, gelten die Ausführungen unter Punkt 1.1.

2.2 Förderkriterien und Qualitätskriterien des Förderers für Einrichtungen/Träger und/oder Weiterbildungsmaßnahmen bei der Vergabe von kofinanzierten ESF-Mitteln

Siehe die Ausführungen unter Punkt 1.2, sie betreffen die im Rahmen des Programms ASH 2000 durch Landes- und ESF-Mittel geförderten Maßnahmen.

2.3 Verfahrensweise bei der Vergabe von kofinanzierten ESF-Mitteln

Siehe die Ausführungen unter Punkt 1.3.

III. Weitere Aktivitäten und Besonderheiten zur Qualitätssicherung auf Landesebene

- *Weiterbildungsberatungsstellen/Info-Netz Weiterbildung:*

Wie bereits unter Punkt I. ausgeführt, wird in Schleswig-Holstein die regionale Weiterbildungsberatung durch *Weiterbildungsverbünde* wahrgenommen. Das Weiterbildungskonzept der Landesregierung Schleswig-Holstein geht davon aus, dass an der Schnittstelle von Angebot und Nachfrage Weiterbildungsberatung zur Entwicklung eines bedarfsorientierten Angebotes und zur Qualitätsentwicklung beitragen und die Weiterbildungsbereitschaft fördern kann, wenn sie in regionale Strukturen eingebunden ist. „Darüber hinaus kann die Weiterbildungsberatung Weiterbildungsbedarf und -angebot stärker miteinander verknüpfen. Sie informiert Bildungsträger über festgestellte Bedarfe und Interessen und weist auf Lücken im Angebot hin. Weiterbildungsinformation und -beratung basieren auf der Kenntnis der Angebotsstruktur in der Region und der Kooperation mit Trägern und Einrichtungen. Weiterbildungsinformation und -beratung beinhalten Kenntnisse über Eingangsvoraussetzungen, Fördermöglichkeiten, Zugangsvoraussetzungen, Abschlüsse und sinnvolle Kombinationen von Weiterbildungsangeboten. Sie initiieren Kooperationen, fördern eine wirtschaftliche Ressourcennutzung und verbessern zugleich die Weiterbildungsinfrastruktur in der Region."[26]

---

[26] Vgl. Fn 17)

Die Weiterbildungsverbünde, die in Schleswig-Holstein die Weiterbildungsberatung wahrnehmen, werden als regionales Integrationsforum gesehen. Wesentliche Prämissen für die Beratungsaufgabe sind – laut Weiterbildungskonzept – Unabhängigkeit und Neutralität in der Beratungspraxis, z. B.. hinsichtlich der Vermittlung an geeignete Einrichtungen, Institutionen und ggf. andere Beratungsstellen. Adressaten von zielgruppen- und trägerübergreifender Weiterbildungsinformation und -beratung können sowohl Weiterbildungsinteressierte als auch kleine und mittlere Unternehmen sowie Träger und Einrichtungen der Weiterbildung sein.

Kernaufgaben der Weiterbildungsverbünde sind – neben Beratung und Information von Weiterbildungsinteressierten und kleinen und mittleren Unternehmen zu allen Fragen der Weiterbildung –, auch für einen besseren Austausch der einzelnen Weiterbildungsträger zu sorgen sowie sich der Qualitätsentwicklung und dem Teilnehmerschutz zu widmen. Innerhalb dieses Rahmens wurde in letzter Zeit verstärkt das Thema der Einhaltung von Qualitätsstandards auf gegriffen. Vor dem Hintergrund der bundes- und landesweiten Diskussion um ein „Mehr" an Qualität in der Weiterbildung hat jeder Verbund Kriterien für die Mitarbeit festgelegt. Die Mitarbeit im Verbund wird von Mindestvoraussetzungen abhängig gemacht. Um einen stetigen Austausch zwischen den Verbünden zu gewährleisten, wurde ein ständiger Arbeitskreis der Moderatoren der 10 Verbünde institutionalisiert.

Die Weiterbildungsverbünde werden vom Ministerium für Wirtschaft, Technologie und Verkehr gefördert. Im Januar 1999 hat das Ministerium einen Auftrag zur Evaluation über die Effizienz der Weiterbildungsverbünde an die Universität Hamburg, Institut für Sozialpädagogik, Erwachsenenbildung und Freizeitpädagogik, vergeben.

Inzwischen liegen die Ergebnisse der Evaluation des Konzeptes zur Verbesserung der Weiterbildungsinfrastruktur vor.[27]

Für die Weiterbildungsberatung nutzen die Verbünde, die Träger und Einrichtungen der Weiterbildung als auch die Weiterbildungsinteressierten die seit 1994 arbeitende bundesweite Weiterbildungsdatenbank KURS der Bundesanstalt für Arbeit. Weiterbildungsinstitutionen können diese Datenbank gegen Gebühren abonnieren. Die Datenbank gibt ständig eine aktuelle Übersicht über das berufliche Weiterbildungsangebot in Schleswig-Holstein und bundesweit. Sie kann als Analyse- und Planungsinstrument auch von Verwaltungsseite genutzt werden.[28]

---

[27] Faulstich, Peter; Vespermann, Per; Zeuner, Christine: Evaluation des „Konzeptes zur Verbesserung der Weiterbildungsinfrastruktur in Schleswig-Holstein vom Januar 1998" (Abschlussbericht). Hamburg 2000

[28] Vgl. Fn 17)

Vor dem Hintergrund der bundesweiten Datenbank hat das Land auf die Initiierung einer landeseigenen Datenbank verzichtet. Kurzfristig geplant ist die Einrichtung eines *Info-Netzes Weiterbildung*, das die Internet-Auftritte der einzelnen Verbünde sinnvoll miteinander vernetzen soll.

- Auch den *Volkshochschulen und Heimvolkshochschulen und Tagungsstätten* ist im „Weiterbildungskonzept der Landesregierung Schleswig-Holstein" ein Kapitel gewidmet. Von den 164 Volkshochschulen in Schleswig-Holstein sind 30 Volkshochschulen staatliche anerkannte Träger oder Einrichtungen der Weiterbildung nach § 22 BFQG. 40 Volkshochschulen werden hauptberuflich geleitet und 124 nebenberuflich/ehrenamtlich. Um übergreifende Leistungs- und Qualitätsanforderungen auch in ländlichen Regionen entsprechen zu können, werden eine Ausweitung der in Teilen des Landes bereits vorhandenen Verbundprogramme sowie darüber hinausgehende Formen der Zusammenarbeit angestrebt.

  Unter den Heimvolkshochschulen und Tagesstätten sind sowohl vom Land institutionell geförderte Einrichtungen als auch staatlich anerkannte Einrichtungen der Weiterbildung.[29]

- An der Förderung des BLK-Projekts *Qualitätssicherung in der Weiterbildung*, das 1999 abgeschlossen wurde, war auch das Land Schleswig-Holstein beteiligt. In das Projekt waren sieben weitere Bundesländer[30] einbezogen. Das Deutsche Institut für Erwachsenenbildung (DIE) führte das Projekt durch. Während der Projektlaufzeit wurden in zehn unterschiedlich strukturierten Weiterbildungseinrichtungen Konzepte zur Qualitätsentwicklung erarbeitet und die Erfahrungen ausgewertet.

  Die VHS Brunsbüttel bearbeitete im Rahmen eines Teilprojekts das Thema „Entwicklung und Erprobung effektiver und übertragbarer Instrumente und Verfahren zur Sicherung bedarfs- und bedürfnisgerechter Weiterbildungsangebote mit Schwerpunkt auf der intensiven Begleitung des Lehr- und Lernprozesses". Das Ministerium für Wirtschaft, Technologie und Verkehr des Landes Schleswig-Holstein unterstützte dieses Teilprojekt.[31]

  Die Ergebnisse des BLK-Projekts sind in zwei Publikationen dargestellt.[32] Im Projektzusammenhang entstand eine „Checkliste für Weiterbildungsinteressierte"[33], die alle zwei Jahre aktualisiert wird.

---

[29] Vgl. Fn 17)

[30] Siehe auch unter Punkt III. der Beiträge zu: Bayern (hier die ausführlichere Darstellung des Projekts), Hamburg, Mecklenburg-Vorpommern, Niedersachsen, Rheinland-Pfalz, Sachsen-Anhalt, Thüringen

[31] Angaben des Ministeriums für Wirtschaft, Technologie und Verkehr vom Februar 2001

[32] Küchler, Felicitas von; Meisel, Klaus (Hrsg.): Qualitätssicherung in der Weiterbildung I. Auf dem Weg zu Qualitätsmaßstäben. Deutsches Institut für Erwachsenenbildung (DIE). Frankfurt/M. 1999 Küchler, Felicitas von; Meisel, Klaus (Hrsg.): Qualitätssicherung in der Weiterbildung II. Auf dem Weg zu besserer Praxis. Deutsches Institut für Erwachsenenbildung (DIE). Frankfurt/M. 1999

[33] Deutsches Institut für Erwachsenenbildung e.V. (DIE) (Hrsg.): Checkliste für Weiterbildungsinteressierte. Frankfurt a.M. o. J.

- In Fortsetzung des BLK-Projektes koordiniert der Landesverband der Schleswig-Holsteinischen Volkshochschulen e.V. im Auftrag des Ministeriums für Wirtschaft, Technologie und Verkehr des Landes Schleswig-Holstein das einjährige Projekt *Qualitätsring Weiterbildung Schleswig-Holstein* (Laufzeit: 2000 – 2001). Ziel des Projekts ist es, Weiterbildungsträgern und -einrichtungen, die noch kein Qualitätsmanagementsystem eingeführt haben, eine Entscheidungshilfe zu bieten. Hierzu sollen verschiedene Ansätze theoretisch und praktisch vorgestellt werden, so dass Einrichtungen ihre Handlungsperspektiven abwägen können. Diese Aktivitäten sollen in einem weiteren Qualitätsprojekt, welches z.Z. auf Bund-Länder-Ebene beraten wird, auf breiterer Ebene fortgesetzt werden.[34]

- Der Landesverband der Schleswig-Holsteinischen Volkshochschulen beteiligte sich an dem im Rahmen des Modellversuchsprogramms „Lebenslanges Lernen" der Bund-Länder-Kommission für Bildungsplanung (BLK) derzeit laufenden Projekt *Lernerorientierte Qualitätstestierung in Weiterbildungsnetzwerken*, und zwar in der ersten Phase (Oktober 2000 bis Mai 2001). Acht weitere VHS-Landesverbände nehmen an der Entwicklung und Erprobung eines bundesweiten, einheitlichen und trägerübergreifenden Qualitätsentwicklungs- und Testierungsverfahrens teil.[35]

- An dem Modellversuch *Qualitätsentwicklung an Berufsschulen (QUABS)*, Laufzeit: 1.10.1999 – 30.9.2002, der im Rahmen des BLK-Programms „Neue Lernkonzepte in der dualen Berufsausbildung" gefördert wird, sind die Bundesländer Schleswig-Holstein, Bayern (federführend) und Rheinland-Pfalz beteiligt[36]. Das Verfahren zur Zertifizierung einer Organisation nach DIN EN ISO 9000 ff., angewandt auf Berufsschulen, steht im Mittelpunkt der Untersuchungen in Schleswig-Holstein. Es geht um die innere Reform der Berufsschulen durch Umsetzung von Konzepten zur Qualitätsentwicklung.

  Rheinland-Pfalz und Bayern befassen sich im Rahmen des Modellversuchs mit der Frage, inwieweit sich das EFQM-Modell (European Foundation for Quality Management) auf Berufsschulen übertragen lässt. Dieses Verfahren, hier genutzt zur Selbstbewertung, bietet Organisationen die Chance zu lernen, wo ihre Stärken und Verbesserungsmöglichkeiten liegen.[37]

- *Gütesiegel des Jugendaufbauwerks Schleswig-Holstein:* Das Jugendaufbauwerk (JAW) als Instrument der Arbeitsmarktpolitik des Landes Schleswig-Holstein bietet schulentlassenen Jugendlichen und jungen Erwachsenen Berufsfindungs-

---

[34] Angaben des Ministeriums für Wirtschaft, Technologie und Verkehr vom Februar 2001
[35] Näheres zu dem BLK-Projekt siehe im Beitrag zu Niedersachsen, Punkt III.
[36] Siehe auch bei den Beiträgen zu Bayern und Rheinland-Pfalz
[37] Staatsinstitut für Schulpädagogik und Bildungsforschung, Abteilung Berufliche Schulen (Hrsg.): ISB-News Informationen für Berufliche Schulen. München. November 1999, S. 1

maßnahmen und berufsvorbereitende bzw. beruflich qualifizierende Bildung und Ausbildung. Nach § 2 JAW-Gesetz nimmt das Ministerium für Arbeit, Soziales und Gesundheit des Landes Schleswig-Holstein Leitungsaufgaben wahr. Über die Bereitstellung von Investitionsmitteln und individuellen Zuschüssen für Teilnehmerinnen und Teilnehmer nach Maßgabe des Landeshaushalts drückt sich die Leitungsaufgabe des Ministeriums u. a. auch in der Entwicklung der Qualität der JAW-Einrichtungen und der Schaffung von Voraussetzungen für Qualitätsmanage-ment aus.

Örtliche Träger führen die Maßnahmen durch. Die Träger beteiligen sich an Investitionen zur Innovation und Qualitätssicherung der JAW-Einrichtungen.

Im Januar 1998 hat das Ministerium für Arbeit, Gesundheit und Soziales des Landes Schleswig-Holstein nach langjähriger qualitätsbezogener Diskussion sowie vorbereitenden Projekten für die JAW-Einrichtungen ein Gütesiegel gegründet. Die zum Jugendaufbauwerk Schleswig-Holstein gehörenden Träger müssen sich dem Ministerium gegenüber selbst verpflichten, die Gütesiegelordnung mit ihren Verfahrensregelungen anzuwenden. Auf der Grundlage von Konzepten des Total Quality Management (TQM), insbesondere des Modells des European Quality Award (EQA) mit seinen speziellen „Richtlinien für den öffentlichen Sektor", wurde ein umfassendes Qualitätsmanagement (mit Selbst- und Fremdaudits) geschaffen. Kundenorientierung, Prozessorientierung und Mitarbeiterorientierung stehen im Mittelpunkt des JAW-Gütesiegels. Um die einzelnen Begriffe inhaltlich zu füllen, ist ein Kriterienkatalog erarbeitet worden.[38]

- Die Kommission Weiterbildung hat in Ergänzung zu den Empfehlungen, die sich an Träger und Einrichtungen der Weiterbildung wenden, eine *Checkliste für Weiterbildungsinteressierte* entwickelt[39].

Stichworte: Bildungsfreistellungs- und Qualifizierungsgesetz (BFQG); Bildungsfreistellungsverordnung (BiFVO); Trägeranerkennungsverordnung (TrAVO): Teilnahmeschutz, Anerkennung von Weiterbildungsveranstaltungen; Anerkennung von Trägern und Einrichtungen der Weiterbildung; Anerkennungsvoraussetzungen; „Staatlich anerkannte Träger der Weiterbildung"/„Staatlich anerkannte Einrichtungen der Weiterbildung"; Gremien: Kommission Weiterbildung, Interministerielle Arbeitsgruppe Weiterbildung; Berichtswesen; Empfehlung der Kommission Weiterbildung an die Träger und Einrichtungen der Weiterbildung: Elemente der Qualitätssicherung für Information, Beratung und Betreuung der Teilnehmenden; Weiterbildungskonzept der Landesregierung Schleswig-Holstein: regionale Weiterbildungsverbünde; ASH 2000: Förderrichtlinien;

---

[38] Ministerium für Arbeit, Gesundheit und Soziales des Landes Schleswig-Holstein (Hrsg.): Das Gütesiegel (Informationsmappe), Kiel 1997

[39] Die Checkliste befindet sich im Druck, Stand: September 2001

Info-Netz Weiterbildung; BLK-Projekt „Qualitätssicherung in der Weiterbildung"; VHS-Projekt „Qualitätsring Weiterbildung Schleswig-Holstein"; BLK-Projekt „Lernerorientierte Qualitätstestierung in Weiterbildungsnetzwerken"; Modellversuch „QUABS"; JAW-Gütesiegel; Checkliste für Weiterbildungsinteressierte.

Schleswig-Holstein

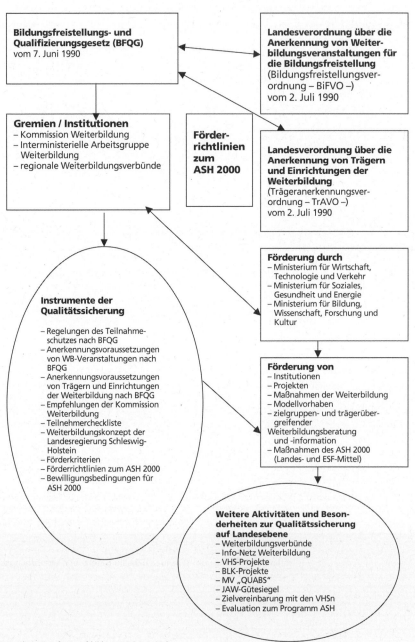

2.16 Freistaat Thüringen

I. Gesetzliche Situation

Folgende Gesetze, Verordnungen und Regelungen zur Weiterbildung im Freistaat Thüringen wurden in Hinsicht auf ihre qualitätssteuernde und qualitätsfördernde Funktion für die (berufliche) Weiterbildung untersucht:

- Thüringer Erwachsenenbildungsgesetz (- ThEBG -) vom 23. April 1992[1]

- Erstes Gesetz zur Änderung des Thüringer Erwachsenenbildungsgesetzes vom 27. November 1997[2]

- Thüringer Verordnung zur Förderung von Einrichtungen der Erwachsenenbildung (Thüringer Erwachsenenbildungsförderungsverordnung - ThürEBFVO) vom 16. September 1992[3]

- Erste Verordnung zur Änderung der Thüringer Erwachsenenbildungsförderungsverordnung vom 29. August 1994[4]

- Zweite Verordnung zur Änderung der Thüringer Erwachsenenbildungsförderungsverordnung vom 4. April 1997[5]

- Dritte Verordnung zur Änderung der Thüringen Erwachsenenbildungsförderungsverordnung vom 22. September 1998[6]

- Regelungen zur Anerkennung von Einrichtungen der Erwachsenenbildung nach dem Thüringer Erwachsenenbildungsgesetz sowie zu den Auszahlungsmodalitäten, Leistungs- und Verwendungsnachweisen nach der Thüringer Er-

---

[1] Thüringer Erwachsenenbildungsgesetz (- ThEBG -) vom 23. April 1992, in Kraft getreten am Tage nach der Verkündung. In: Gesetz- und Verordnungsblatt für das Land Thüringen Nr. 10 vom 30. April 1992, S. 148

[2] Erstes Gesetz zur Änderung des Thüringer Erwachsenenbildungsgesetzes vom 27. November 1997, in Kraft getreten am 1. Januar 1998. In: Gesetz- und Verordnungsblatt für den Freistaat Thüringen Nr. 21 vom 8. Dezember 1997, S. 425

[3] Thüringer Verordnung zur Förderung von Einrichtungen der Erwachsenenbildung (Thüringer Erwachsenenbildungsförderungsverordnung - ThürEBFVO) vom 16. September 1992, in Kraft getreten am Tage nach der Verkündung. In: Gesetz- und Verordnungsblatt für das Land Thüringen Nr. 24 vom 5. Oktober 1992, S. 496

[4] Erste Verordnung zur Änderung der Thüringer Erwachsenenbildungsförderungsverordnung vom 29. August 1994, in Kraft getreten mit Wirkung vom 1. Januar 1994. In: Gesetz- und Verordnungsblatt für den Freistaat Thüringen Nr. 30 vom 29. September 1994, S. 1048 f.

[5] Zweite Verordnung zur Änderung der Thüringer Erwachsenenbildungsförderungsverordnung vom 4. April 1997, in Kraft getreten mit Wirkung vom 1. Januar 1997. In: Gesetz- und Verordnungsblatt für den Freistaat Thüringen Nr. 9 vom 7. Mai 1997, S. 168

[6] Dritte Verordnung zur Änderung der Thüringen Erwachsenenbildungsförderungsverordnung vom 22. September 1998, in Kraft getreten mit Wirkung vom 1. Januar 1998. In: Gesetz- und Verordnungsblatt für den Freistaat Thüringen Nr. 14 vom 30. September 1998, S. 296

wachsenenbildungsförderungsverordnung, Verwaltungsvorschrift vom 9. August 2000[7]

- Richtlinie über die Gewährung von Zuwendungen aus Mitteln des Europäischen Sozialfonds und/oder des Freistaats Thüringen zur Förderung der beruflichen Qualifizierung[8]

- Operationelles Programm des Freistaates Thüringen für den Einsatz der Europäischen Strukturfonds in der Periode 2000 bis 2006[9]

- Richtlinie für die Gewährung von Zuschüssen des Freistaats Thüringen und der Europäischen Union zur Förderung der Berufsvorbereitung und Fortbildung[10]

Das Thüringer Erwachsenenbildungsgesetz (– ThEBG –) von 1992 wurde im November 1997 durch das „Erste Gesetz zur Änderung des Thüringer Erwachsenenbildungsgesetzes" neu gefasst. Am 1. Januar 1998 trat das geänderte ThEBG in Kraft.

Die Präambel und Abschnitt I „Allgemeine Grundsätze" § 1 des **Thüringer Erwachsenenbildungsgesetzes – ThEBG – von 1997**[11] definieren Ziele und Aufgaben der allgemeinen, politischen, kulturellen, künstlerischen und beruflichen Erwachsenenbildung. Letztere „soll die beruflichen Kenntnisse und Fertigkeiten erhalten und erweitern; sie dient der Wiedereingliederung Arbeitsuchender in das Berufsleben, dem Übergang in eine andere berufliche Tätigkeit und der Sicherung des vorhandenen Arbeitsplatzes".

Die Erwachsenenbildung soll auf allen Gebieten die Gleichberechtigung von Frau und Mann berücksichtigen.

Zur Sicherung der Erwachsenenbildung im Freistaat Thüringen soll der Bedarf an Veranstaltungen der Erwachsenenbildung durch ein plurales Angebot gleichberechtigter Einrichtungen gedeckt werden, die auf allen Ebenen eng und vertrauensvoll zusammenarbeiten. Im Sinne der im § 2 festgelegten Inhalte der Erwachsenenbildung müssen die kommunalen Gebietskörperschaften mit Hilfe der

---

[7] Regelungen zur Anerkennung von Einrichtungen der Erwachsenenbildung nach dem Thüringer Erwachsenenbildungsgesetz sowie zu den Auszahlungsmodalitäten, Leistungs- und Verwendungsnachweisen nach der Thüringer Erwachsenenbildungsförderungsverordnung, Verwaltungsvorschrift vom 9. August 2000. In: Amtsblatt des Thüringer Kultusministeriums und des Thüringer Ministeriums für Wissenschaft, Forschung und Kunst Nr. 9/2000

[8] Richtlinie über die Gewährung von Zuwendungen aus Mitteln des Europäischen Sozialfonds und/oder des Freistaats Thüringen zur Förderung der beruflichen Qualifizierung vom 29. Januar 2001

[9] Operationelles Programm des Freistaates Thüringen für den Einsatz der Europäischen Strukturfonds in der Periode 2000 bis 2006 vom 28. November 2000

[10] Richtlinie für die Gewährung von Zuschüssen des Freistaats Thüringen und der Europäischen Union zur Förderung der Berufsvorbereitung und Fortbildung, in Kraft getreten am 1. August 2000, sie gilt befristet bis 31. Dezember 2003. In: Thüringer Staatsanzeiger Nr. 40/2000 S. 1938 ff.

[11] Vgl. Fn 2)

anerkannten Einrichtungen eine Grundversorgung gewährleisten. Anerkannte Einrichtungen der kommunalen Gebietskörperschaft sind Volkshochschulen (§ 5).

Bei der Erstellung des Mindestangebots sollen von Landkreisen und kreisfreien Städten eingerichtete Kuratorien für Erwachsenenbildung beratend tätig werden.

Der II. Abschnitt §§ 7-14 ThEBG befasst sich mit der Förderung. Gefördert werden Einrichtungen der Erwachsenenbildung gemäß § 3:

- Einrichtungen der Erwachsenenbildung, die in eigener Verantwortung handeln, sie können durch freie oder öffentliche Träger errichtet und unterhalten werden. Die Einrichtungen können Veranstaltungen organisieren, öffentlich anbieten und durchführen lassen.

- Volkshochschulen

- Heimvolkshochschulen

- Einrichtungen der Erwachsenenbildung, die auf örtlicher oder überörtlicher Ebene oder auf Landesebene tätig sind.

Voraussetzung für die Förderung einer Einrichtung der Erwachsenenbildung ist, dass die Bildungseinrichtung

1. ausschließlich und nicht nur auf Spezialgebieten Aufgaben der Erwachsenenbildung wahrnimmt,

2. nicht überwiegend der unmittelbaren beruflichen Aus- und Fortbildung dient,

3. von jedermann besucht werden kann, ohne Rücksicht auf Vorbildung, Religionszugehörigkeit, Nationalität, gesellschaftliche Stellung und Zugehörigkeit zu Vereinen,

4. planmäßig und kontinuierlich arbeitet und nach dem Umfang des Bildungsangebots, der Gestaltung der Lehrpläne, der Qualität der Lehrveranstaltungen, dem Teilnehmerschutz sowie nach ihrer räumlichen und sachlichen Ausstattung erwarten lässt, dass sie die Aufgaben der Erwachsenenbildung in eigener pädagogischer Verantwortung erfüllt,

5. ihren Sitz- und Tätigkeitsbereich im Land Thüringen hat und zur Offenlegung ihrer Lernziele, Organisations- und Arbeitsformen, Personalausstattung, Teilnehmerzahl und Finanzierung gegenüber dem Land bereit ist,

6. selbst eine juristische Person ist oder von juristischen Personen mit Sitz in Thüringen getragen wird,

7. – soweit sie oder ihr Träger nicht juristische Person des öffentlichen Rechts ist – die Anforderungen des Steuerrechts an die Gemeinnützigkeit erfüllt,

8. nach Ziel und Inhalt ihrer Veranstaltungen mit der freiheitlich demokratischen Grundordnung im Sinne des Grundgesetzes für die Bundesrepublik Deutschland im Einklang steht (§ 7 Abs. 2).

§ 8 „Anerkennung von Einrichtungen der Erwachsenenbildung" nennt weitere – über die in § 7 genannten acht Voraussetzungen hinaus – zu erfüllende Kriterien, um als förderungsberechtigt anerkannt zu werden.

Für *Volkshochschulen* wird in Abs. 1 festgelegt, dass für jeden Landkreis und jede kreisfreie Stadt jeweils eine Volkshochschule als förderungsberechtigt anerkannt wird, wenn

- sie die acht Voraussetzungen des § 7 erfüllt, das heißt gefördert werden kann, und von einer insbesondere nach Vorbildung und Werdegang geeigneten, in der Einrichtung hauptberuflich tätigen Person geleitet wird,

- sie für jeweils 10 000 Einwohner mindestens 300 Unterrichtsstunden im Jahr durchführt,

- die Dauer der Unterrichtsstunde mindestens 45 Minuten beträgt und

- von mindestens acht Teilnehmern/Teilnehmerinnen besucht wird.

Diese Ausführungen werden ergänzt durch Abs. 8, in dem es heißt: „Waren zum 1. Januar 1995 in einem Landkreis oder einer kreisfreien Stadt mehr als eine Volkshochschule anerkannt, so hat der Landkreis oder die kreisfreie Stadt dem Kultusministerium mitzuteilen, welche der Volkshochschulen ab dem 1. Januar 1998 als anerkannte Volkshochschule nach Absatz 1 Satz 1 (den o.g. Förderbedingungen, *d. Verf.*) fortgelten soll." (Näheres zu den Volkshochschulen und ihren Aktivitäten zur Qualitätssicherung siehe unter Punkt III. dieses Beitrags.)

Für *Heimvolkshochschulen* heißt es in § 8 Abs. 2, dass eine Heimvolkshochschule als förderungsberechtigt anerkannt wird, wenn

- sie mindestens drei Jahre seit Antragstellung die acht Voraussetzungen des § 7 erfüllt, das heißt gefördert werden kann, und von einer insbesondere nach Vorbildung und Werdegang geeigneten, in der Einrichtung hauptberuflich tätigen Person geleitet wird,

- sie von überregionaler Bedeutung ist und mindestens 3 000 Teilnehmertage im Jahr durchführt. Teilnehmertage werden nach der Dauer der Aufnahme von Teilnehmern in das Internat bei täglich mindestens achtstündigem Unterrichtsangebot berechnet,

- die Dauer der Unterrichtsstunde mindestens 45 Minuten beträgt. Bei der Berechnung gelten der Anreise- und Abreisetag als ein Teilnehmertag, wenn insgesamt mindestens ein achtstündiges Bildungsangebot durchgeführt wird.

Alle anderen Einrichtungen der Erwachsenenbildung werden als förderungsberechtigt anerkannt, wenn sie mindestens drei Jahre seit Antragstellung die acht Voraussetzungen des § 7 Abs. 2 erfüllen, das heißt gefördert werden können, und von einer insbesondere nach Vorbildung und Werdegang geeigneten, in der Einrichtung hauptberuflich tätigen Person geleitet werden. Darüber hinaus müssen sie auf Landesebene tätig sein und mindestens 3 000 Unterrichtsstunden (eine Unterrichtsstunde dauert 45 Minuten und muss von mindestens acht Teilnehmern/Teilnehmerinnen besucht werden) im Jahr in Thüringen durchführen (§ 8 Abs. 3).

Ebenfalls in § 8 geregelt ist, dass

- die Einrichtung auf schriftlichen Antrag vom zuständigen Ministerium anerkannt wird, wenn die Anerkennungsvoraussetzungen vorliegen,

- das Landeskuratorium für Erwachsenenbildung (§ 15) vor der Anerkennung zu hören ist,

- die Anerkennung als förderungsberechtigte Einrichtung der Erwachsenenbildung widerrufen werden kann, wenn eine der genannten Voraussetzungen für die Förderung nicht mehr vorliegt (auch beim Widerruf ist das Landeskuratorium für Erwachsenenbildung zu beteiligen),

- die als förderungsberechtigt anerkannten Einrichtungen der Erwachsenenbildung neben ihrer Bezeichnung einen Zusatz führen dürfen, der darauf hinweist, dass sie nach § 7 Abs. 2 und § 8 als förderungsberechtigt anerkannt sind.

Der III. Abschnitt des ThEBG befasst sich insbesondere mit dem Gremium *Landeskuratorium für Erwachsenenbildung*. Das vom zuständigen Ministerium berufene Landeskuratorium „hat die Aufgabe,

1. die Erwachsenenbildung durch Gutachten, Empfehlungen und Untersuchungen zu fördern und zu entwickeln,

2. die Landesregierung in Fragen der Erwachsenenbildung zu beraten,

3. Empfehlungen und Vorschläge zur Kooperation der Bildungseinrichtungen und Landesorganisationen zu unterbreiten und die Koordinierung ihres Bildungsangebotes zu fördern,

4. zur engen Zusammenarbeit zwischen den Bildungseinrichtungen im Sinne dieses Gesetzes sowie den Hochschulen, den Schulen, den Rundfunk- und Fernsehanstalten, den Einrichtungen der außerschulischen Jugendbildung, den zuständigen Stellen nach dem Berufsbildungsgesetz und anderen Institutionen beizutragen,

5. die ihm nach diesem Gesetz zugewiesenen Mitwirkungsrechte wahrzunehmen" (§ 15).

Die Zusammensetzung des Landeskuratoriums wird durch § 15 Abs. 2 geregelt. Es besteht aus

1. je einem Vertreter jeder anerkannten Einrichtung der Erwachsenenbildung auf Landesebene und jeder anerkannten Heimvolkshochschule sowie drei Vertretern des Thüringer Volkshochschulverbands,

2. je einem Vertreter des Thüringer Landkreistages, des Gemeinde- und Städtebundes Thüringen, der zuständigen Stelle nach dem Berufsbildungsgesetz, des Landesjugendringes Thüringen, der Thüringer Landeszentrale für politische Bildung, der im Landtag vertretenen Parteien, einem unabhängigen Medienexperten sowie einer auf dem Gebiet der Erwachsenenbildung ausgewiesenen Persönlichkeit.

Die vom Kultusministerium herausgegebenen **Regelungen zur Anerkennung von Einrichtungen der Erwachsenenbildung nach dem Thüringer Erwachsenenbildungsgesetz sowie zu den Auszahlungsmodalitäten, Leistungs- und Verwendungsnachweisen nach der Thüringer Erwachsenenbildungsförderungsverordnung**[12] enthalten im § 1 eine Auflistung der vom Antragsteller dem Antrag beizufügenden Angaben und Nachweise sowie eine Aufstellung der Themenkreise der förderungsfähigen Bildungsangebote. Darüber hinaus wird in § 3 die zusätzliche Förderung von Landesorganisationen konkretisiert, wenn diesen bei ihrer Arbeit für die anerkannten Einrichtungen Kosten entstehen, z. B. für Dienstleistungen wie die Entwicklung und Durchsetzung eines Qualitätsmanagementsystems.

Das Thema der „Qualitätssicherung" hat in der veränderten Fassung des ThEBG von 1997 nur geringfügige Ergänzungen erfahren.

In § 7 „Voraussetzungen für die Förderung" wird als Voraussetzung explizit aufgenommen, dass die Bildungseinrichtung nach „der Qualität der Lehrveranstaltungen und dem Teilnehmerschutz" erwarten lässt, dass sie die Aufgaben der Erwachsenenbildung in eigener pädagogischer Verantwortung erfüllt.

§ 8 „Anerkennung der Förderberechtigung" ist in der neuen Fassung ausgefeilter und differenzierter, insbesondere wird geregelt, unter welchen Bedingungen Volkshochschulen und Heimvolkshochschulen als förderungsberechtigt anerkannt werden. Neue Qualitätskriterien werden aber nicht eingebracht.

Die für die Förderungsberechtigung genannten Voraussetzungen im ThEBG sind als Anforderungen an die Einrichtungsqualität zu sehen: die Bildungseinrichtung soll planmäßig und kontinuierlich arbeiten und nach dem Umfang des Bildungsangebots, der Gestaltung der Lehrpläne, der Qualität der Lehrveranstaltungen, dem Teilnehmerschutz sowie nach ihrer räumlichen und sachlichen Ausstattung

---

[12] Vgl. Fn 7)

erwarten lassen, dass sie die Aufgaben der Erwachsenenbildung in eigener pädagogischer Verantwortung erfüllt.

Den als förderungsberechtigt anerkannten Einrichtungen werden – laut ThEBG – Zuschüsse für ihre Mitarbeiterfortbildung gezahlt; damit gibt das Land der Professionalisierung des Personals einen Stellenwert.

Im Freistaat Thüringen gibt es kein Bildungsurlaubsgesetz, auch im Thüringer Erwachsenenbildungsgesetzt finden sich keine Ausführungen zur Bildungsfreistellung. Die Arbeitnehmerinnen und Arbeitnehmer haben keinen gesetzlichen Anspruch auf Bildungsurlaub. Demzufolge entfallen die sonst in den Bildungsurlaubsgesetzen enthaltenen Anerkennungsvoraussetzungen für Bildungsveranstaltungen.

II. Förderung der (beruflichen) Weiterbildung aus Landes- und kofinanzierten ESF-Mitteln

1. Förderung aus Landesmitteln

1.1 Ausgangslage und Rahmenbedingungen

Die Anerkennung der Förderungsberechtigung von Einrichtungen der Erwachsenenbildung nimmt das Kultusministerium vor. So ist es auch zuständig für die Förderung der anerkannten Einrichtungen nach dem **ThEBG**. § 9 ThEBG legt den Rechtsanspruch der Einrichtungen der Erwachsenenbildung auf Förderung durch das Land fest. Hier werden Art und Höhe der Zuschüsse geregelt. Gewährt werden Zuschüsse für hauptberuflich beschäftigtes pädagogisches Personal und hauptberuflich beschäftigte Verwaltungskräfte, für die Bildungsarbeit, besondere pädagogische Aufgabenstellungen können bei der Förderung berücksichtigt werden. Darüber hinaus gewährt das Land Zuschüsse den Zusammenschlüssen von anerkannten Einrichtungen der Erwachsenenbildung bzw. den Zusammenschlüssen ihrer Träger auf Landesebene (Landesorganisationen), und zwar zu den bei ihrer Arbeit für die anerkannten Einrichtungen der Erwachsenenbildung entstehenden Kosten.

Laut § 10 ThEBG *Mitarbeiterfortbildung* gewährt das Land den als förderungsberechtigt anerkannten Einrichtungen und dem Landesverband der Volkshochschulen Zuschüsse für Maßnahmen zur Fortbildung des hauptberuflichen, nebenberuflichen und ehrenamtlichen pädagogischen Personals und der hauptberuflichen Verwaltungskräfte (Abs. 1), und zwar erhalten die anerkannten Einrichtungen für die Mitarbeiterfortbildung sechs vom Hundert ihrer Förderung nach § 9 Abs. 3. Die Förderung des Landesverbandes der Volkshochschulen nach Abs. 1 wird hierbei auf der Grundlage der an den Volkshochschulen in Thüringen im Jahresdurchschnitt je Einrichtung erteilten Unterrichtsstunden berechnet (Abs. 2).

In § 11 ThEBG werden *Sonstige Zuschüsse* genannt, die das Land im Rahmen der verfügbaren Haushaltsansätze anerkannten Einrichtungen oder deren Trägern nach Anhörung des Landeskuratoriums gewährend kann, insbesondere für:

1. die Errichtung von Gebäuden und Arbeitsräumen,
2. die Ausstattung mit Lehr- und Arbeitsmitteln,
3. die Durchführung von Sonderveranstaltungen,
4. die Durchführung von Bildungsmaßnahmen mit Modellcharakter,
5. die Herausgabe von Informationsmaterial, Dokumentationen und Orientierungshilfen zur Erwachsenenbildung,
6. die Schaffung von Bedingungen, die die Teilnahme von Behinderten erleichtern.

Heimvolkshochschulen können nach Maßgabe des Haushalts ebenfalls Zuschüsse zu den laufenden Betriebskosten erhalten. (§ 12)

Das Land gewährt darüber hinaus *Zusammenschlüssen* der als förderberechtigt anerkannten Einrichtungen der Erwachsenenbildung oder, sofern diese nicht selbst juristische Personen sind, den Zusammenschlüssen ihrer Träger auf Landesebene (Landesorganisationen) auf Antrag Zuschüsse zu den bei ihrer Arbeit für die anerkannten Einrichtungen der Erwachsenenbildung entstehenden Kosten. (§ 13 ThEBG)

Eine weitere Förderung wird in der *Bereitstellung von Räumen* (§ 14 ThEBG) für die Einrichtungen der Erwachsenenbildung gesehen. Hier sind die Schulträger staatlicher Schulen und staatliche Hochschulen aufgerufen, geeignete Räume für Veranstaltungen sowie Lehr- und Arbeitsmittel zur Mitbenutzung zur Verfügung zu stellen.

Die **Verordnungen** zur Förderung von Einrichtungen der Erwachsenenbildung, die vom zuständigen Ministerium erlassen wurden, enthalten Angaben zu Förderungshöhe und Pauschalierung der förderungsfähigen Kosten. Hier findet eine Aufschlüsselung nach Stellen, Unterrichtsstunden und Teilnehmertagen statt.

1.2 Förderkriterien und Qualitätskriterien des Förderers für Einrichtungen / Träger und / oder Weiterbildungsmaßnahmen bei der Vergabe von Landesmitteln

Die bei der Förderung von Einrichtungen der Erwachsenenbildung im ThEBG genannten *Voraussetzungen zur Anerkennung der Förderungsberechtigung* (siehe unter Punkt I. dieses Beitrages) sind als Mindeststandards der Qualität von Einrichtungen der Erwachsenenbildung zu sehen. Sie sind für das Kultusministerium bei der Vergabe von Landesmitteln für die institutionelle Förderung der Orientierungsrahmen. Ergänzend wirken die genannten Verordnungen und Regelungen.

1.3 Verfahrensweise bei der Vergabe von Landesmitteln

Angaben des Landes zur Verfahrensweise liegen nicht vor.

2. Förderung aus kofinanzierten ESF-Mitteln

2.1 Ausgangslage und Rahmenbedingungen

Die Vergabe der Landes- und ESF-Mittel zur Förderung der Berufsvorbereitung und Fortbildung – zuständig ist das Ministerium für Wirtschaft, Arbeit und Infrastruktur – erfolgt nach der **Richtlinie für die Gewährung von Zuschüssen des Freistaats Thüringen und der Europäischen Union zur Förderung der Berufsvorbereitung und Fortbildung**[13].

Hier werden folgende förderfähige Maßnahmen genannt:

- Gefördert wird die Durchführung von Fortbildungsmaßnahmen zur beruflichen Anpassungsqualifizierung sowie von Maßnahmen der Aufstiegsfortbildung, wie im Bereich der Außenwirtschaft, der Informations- u. Kommunikationstechniken von Arbeitnehmern und Inhabern Thüringer Unternehmen.

- Förderfähig sind auch die Nachqualifizierung von an- und ungelernten Arbeitnehmern ohne Berufsabschluss, die notwendige Fortbildung für von Arbeitslosigkeit Bedrohte in existenzgefährdeten oder von Umstrukturierung betroffenen Unternehmen.

- Gefördert werden Maßnahmen zur Berufsvorbereitung für Jugendliche ohne Schulabschluss bzw. für Jugendliche mit Schulabschluss, aber ohne Berufsreife. Diese Maßnahmen sollen auf die berufliche Praxis bzw. auf die Anforderungen einer nachfolgenden Berufsausbildung ausgerichtet sein.

- Zur Fortbildung von Existenzgründern und zur Entwicklung und Sicherung von Existenzgründungen können Maßnahmen für von Arbeitslosigkeit Bedrohte sowie vormals arbeitslose Hoch- und Fachschulabsolventen gefördert werden. Die Teilnehmer an der Maßnahme dürfen nicht im Rahmen vergleichbarer Maßnahmen aus öffentlichen Mitteln anderer Förderprogramme für den gleichen Zweck gefördert werden oder gefördert worden sein.

- Bei besonders begründetem Bedarf zur Entwicklung innovativer Aus- und Fortbildungskonzepte für Arbeitnehmer und Inhaber von Unternehmen in Thüringen bzw. der praxisorientierten Berufsvorbereitung von Jugendlichen für den

---
[13] Vgl. Fn 10)

Arbeits- und Ausbildungsstellenmarkt sind modellhafte Projekte in der beruflichen Aus- und Fortbildung förderfähig.

Durch die Förderung dieser Maßnahmen aus Landes- und ESF-Mitteln sollen – laut Richtlinie – die Beschäftigungschancen des Einzelnen auf dem Arbeitsmarkt erhöht, die berufliche Entwicklung verbessert und die Fachkräfteentwicklung unterstützt sowie das Konzept des lebensbegleitenden Lernens umgesetzt werden.

Ergänzend wird darauf hingewiesen, dass bei begründetem Bedarf modellhafte Projekte in der beruflichen Aus- und Fortbildung gefördert werden: „Dadurch können neue Konzepte und Bildungsinhalte mit dem Ziel der qualitativen Weiterentwicklung der beruflichen Bildung im Hinblick auf neue Techniken, neue Produktions- und Managementmethoden, neue Lernformen und wiederauflebende alte Handwerkstechniken und insbesondere in Branchen mit akutem Fachkräftebedarf, wie u. a. in der IT-Wirtschaft und Metall- und Elektrobranche, erprobt werden."

Das *Ministerium für Wirtschaft, Arbeit und Infrastruktur* sieht folgende Festlegungen in der Richtlinie als qualitätssichernd:

Antragsberechtigt sind öffentlich-rechtliche oder private Bildungsträger, welche die notwendigen organisatorischen und fachlichen Voraussetzungen für die Durchführung der förderfähigen Maßnahmen besitzen bzw. aufgrund ihrer nachweisbaren Erfahrung und Kompetenz für die Durchführung solcher Maßnahmen geeignet sind.

Die förderfähigen Fortbildungsmaßnahmen (Anpassungsqualifizierung) müssen konkret auf den Bedarf des Arbeitsplatzes bezogen sein. Sie sollen u. a. zur Anpassung an neue Techniken, neue Produktions- und Organisationsmethoden, zur Einführung bzw. Verbesserung des Qualitätsmanagements/der Qualitätssicherung oder zur Verbesserung kaufmännischer Kompetenzen führen.

Vom Bildungsträger ist in Abstimmung mit den Unternehmen der Bedarf hinsichtlich potenzieller Teilnehmer/innen sowie die Notwendigkeit für das/die Unternehmen bzw. die Branche (z. B. durch Stellungnahmen der Unternehmen, Teilnehmerlisten usw.) nachzuweisen.

Insbesondere förderfähig sind Maßnahmen für Frauen, wenn die Maßnahme der Verbesserung der Chancengleichheit am Arbeitsmarkt dienen.

Die Entscheidung über die Förderung erfolgt im Einzelfall auf der Grundlage eines Förderantrages und des Maßnahmekonzeptes. Es wird i. d. R. bei Fortbildungsmaßnahmen eine Beteiligung des Trägers oder der Teilnehmer bzw. Unternehmen in Höhe von mindestens 45 % und bei modellhaften Aus- und Fortbildungsmaßnahmen i. d. R. in Höhe von 20 % der anerkannten Gesamtausgaben vorausgesetzt. Eine Förderung kann nur gewährt werden, wenn die Maßnahme eine ordnungsgemäße und erfolgreiche Durchführung erwarten lässt und die Gesamtfinanzierung gesichert ist.[14]

In der **Richtlinie über die Gewährung von Zuwendungen aus Mitteln des Europäischen Sozialfonds und/oder des Freistaats Thüringen zur Förderung der beruflichen Qualifizierung**[15] wird als Gegenstand der Förderung „die Durchführung von Maßnahmen zur Stärkung der Beschäftigungsfähigkeit, zur Steigerung der Anpassungsfähigkeit sowie zur Nutzung der sich aus dem sozialen, technischen und wirtschaftlichen Wandel ergebenden Beschäftigungspotenziale" genannt.

Die *Zuwendungsvoraussetzungen* beziehen sich auf „förderfähige Personengruppen" und „zuwendungsfähige Maßnahmen". Besondere Aufmerksamkeit wird hierbei der Förderung von Frauen beigemessen.

Zu den förderfähigen Personengruppen zählen

- Arbeitslose, deren Wiedereingliederung in das Erwerbsleben durch Maßnahmen der aktiven Arbeitsmarktpolitik erleichtert werden kann;
- arbeitslose Jugendliche, denen eine Arbeitslosigkeit von mehr als sechs Monaten droht;
- Personen, die auf Grund des technischen und wirtschaftlichen Wandels Unterstützung beim Erhalt ihrer Beschäftigungsfähigkeit im Sinne eines lebenslangen Lernens bedürfen;
- Personen, denen bei der Steigerung der Anpassungsfähigkeit und der Etablierung einer Kultur des lebenslangen Lernens eine Rolle als Multiplikator zukommt.

Zuwendungsfähig sind z. B. Maßnahmen

- zur Vermittlung von Kenntnissen und Fähigkeiten, die zum Wiedereintritt in das Erwerbsleben beitragen;
- zur Verbesserung der Chancengleichheit aller, insbesondere der weiblichen Erwerbspersonen, im Arbeitsleben;
- die einen Beitrag zur Verbesserung der Anpassungsfähigkeit und zur Etablierung einer Kultur des lebenslangen Lernens leisten;
- die der konzeptionellen Weiterentwicklung bzw. der strukturellen Stärkung der arbeitsmarktpolitischen Förderung dienen und Konzepte, von denen ein besonderer Transfer- und Multiplikatoreffekt ausgeht, soweit sie im arbeitsmarktpolitischen Interesse des Landes liegen.

---

[14] Vgl. Fn 10) sowie Angaben des Ministeriums für Wirtschaft, Arbeit und Infrastruktur vom April 2001

[15] Vgl. Fn 8)

Eine weitere Zuwendungsbestimmung besagt, dass der Zuwendungsempfänger sich verpflichtet, der Bewilligungsbehörde die von ihr geforderten speziellen Angaben, die zur Kontrolle des Programms erforderlich sind, zur Verfügung zu stellen.

Das Ministerium für Wirtschaft, Arbeit und Infrastruktur macht zum **Operationellen Programm des Freistaates Thüringen für den Einsatz der Europäischen Strukturfonds in der Periode von 2000 bis 2006**[16] folgende Ausführungen:

„Mit der Genehmigung des Operationellen Programms Thüringen durch die Europäische Kommission wurde für die Intervention des Europäischen Sozialfonds eine erhebliche Stärkung der Fördermaßnahmen zur beruflichen Weiterbildung im Zeitraum von 2000 bis 2006 festgeschrieben. Schwerpunkte der Förderung stellen hierbei die Maßnahme 4.3 „Berufliche und allgemeine Bildung, lebenslanges Lernen" mit ihrem Systemansatz (Weiterentwicklung der Systeme der beruflichen Aus- und Weiterbildung) sowie der Maßnahmebereich 4.4.1 „Berufliche Weiterbildung, Information / Beratung, Organisations- / Arbeitszeitentwicklung" mit seinen konkreten Angeboten zur Unterstützung der berufsbegleitenden Weiterbildung bzw. zur Stärkung innerbetrieblicher Innovationspotenziale dar. ...

Zur Gewährleistung einer ziel- oder strategiekonformen Umsetzung des Operationellen Programms wurden durch die zuständigen Förderreferate 5.3 „Europäischer Sozialfonds" und 5.4 „Berufliche Bildung" eine Überprüfung der aktuellen Förderrichtlinien und erforderliche Anpassungen vorgenommen. So wurde insbesondere das Maßnahmespektrum der Richtlinie „... Förderung der beruflichen Qualifizierung" (s. o., *d. Verf.*) um

- „Maßnahmen, die einen Beitrag zur Verbesserung der Anpassungsfähigkeit und zur Etablierung einer Kultur des lebenslangen Lernens leisten" sowie

- „Maßnahmen, die der konzeptionellen Weiterentwicklung bzw. strukturellen Stärkung der arbeitsmarktpolitischen Förderung dienen und Konzepte, von denen ein besonderer Transfer- und Multiplikatoreffekt ausgeht, soweit sie im arbeitsmarktpolitischen Interesse des Landes liegen"

erweitert; im Hinblick auf die persönlichen Zugangsvoraussetzungen wurde dem mit einer Ausweitung auf „Personen, denen bei der Steigerung der Anpassungsfähigkeit und der Etablierung einer Kultur des lebenslangen Lernens eine Rolle als Multiplikator zukommt" entsprochen.

Sowohl das Operationelle Programm des Freistaats Thüringen 2000 bis 2006 als auch die zur Umsetzung der für Fragen der Weiterbildung relevanten Maßnahmebereiche bieten damit erhebliche Potenziale zur Verbesserung der Systeme der beruflichen Aus- und Weiterbildung sowie schließlich (immanent) zur qualitativen Weiterentwicklung der Förderung auf Projektebene.

---

[16] Vgl. Fn 9)

Im Rahmen der dritten Stufe des Programmplanungsprozesses für Europäische Strukturfondsinterventionen, der „Ergänzung zur Programmplanung", hat der Freistaat Thüringen für ESF-geförderte Projekte ferner eine *explizite Einbeziehung von Qualitätsaspekten in die Antragsprüfung und Projektauswahl festgeschrieben*. Eine Konkretisierung der hierbei zu berücksichtigenden Aspekte wird derzeit vorbereitet und, nach Annahme des Programmergänzungsdokumentes durch die Europäische Kommission, in enger Abstimmung mit den arbeitsmarktpolitisch relevanten Akteuren erfolgen."[17]

2.2 Förderkriterien und Qualitätskriterien des Förderers für Einrichtungen/Träger und/oder Weiterbildungsmaßnahmen bei der Vergabe von kofinanzierten ESF-Mitteln

Siehe unter 2.1

2.3 Verfahrensweise bei der Vergabe von kofinanzierten ESF-Mitteln

Zuwendungen sind – laut „Richtlinie für die Gewährung von Zuschüssen des Freistaats Thüringen und der Europäischen Union zur Förderung der Berufsvorbereitung und Fortbildung" – rechtzeitig vor Projektbeginn bei der Gesellschaft für Arbeits- und Wirtschaftsförderung des Freistaats Thüringen mbH (GFAW)[18] zu beantragen. Das Antragsverfahren ist formgebunden. Ein Antragsvordruck bzw. eine Diskette ist von der GFAW zu beziehen. Bezüglich der Modellprojekte sind entsprechende ergänzende Unterlagen als Entscheidungsgrundlage beizufügen. Antragsbearbeitende Stelle ist die GFAW. Bewilligungs- und Entscheidungsbehörde ist das Thüringer Ministerium für Wirtschaft, Arbeit und Infrastruktur.

Eine Prüfung der Ergebnisse der geförderten Projekte / Maßnahmen erfolgt im Rahmen der Verwendungsnachweisprüfung.[19]

In der „Richtlinie ... zur Förderung der beruflichen Qualifizierung" wird zum Antragsverfahren ausgeführt: Zuwendungen sind unter Verwendung des Antragsformulars vor Maßnahmebeginn bei der Bewilligungsbehörde zu beantragen. Der Antrag ist an eine vom Thüringer Ministerium für Wirtschaft, Arbeit und Infrastruktur zu benennende Stelle zu richten und sollte drei Monate vor Maßnahmebeginn vorliegen.

Die Bewilligung erfolgt durch das Thüringer Ministerium für Wirtschaft, Arbeit und Infrastruktur.

---

[17] Angaben des Thüringer Ministeriums für Wirtschaft, Arbeit und Infrastruktur vom Juni 2001 für diesen Übersichtsband

[18] Gesellschaft für Arbeits- und Wirtschaftsförderung des Freistaats Thüringen mbH (GFAW), Dalbergsweg 6, 99084 Erfurt

[19] Vgl. Fn 10)

III. Weitere Aktivitäten und Besonderheiten zur Qualitätssicherung auf Landesebene

- Die Aktivitäten des *Thüringer Volkshochschulverbandes e.V.* zur Qualitätssicherung beziehen alle Bereiche der Erwachsenenbildung ein. Qualität ist – laut Angaben des Verbandes – ein Kriterium nicht nur in der beruflichen Bildung, sondern auch in den Bereichen der allgemeinen, politischen, kulturellen, künstlerischen und gesundheitlichen Bildung. Dabei bezieht sich der Verband auf die im ThEBG umrissenen Bereiche der Erwachsenenbildung. Folgende Aktivitäten zur Qualitätssicherung im Volkshochschulbereich nennt der Verband[20]:

1. Erstellen eines *Qualitätsmanagementhandbuches* für die Volkshochschulen in Thüringen:

Qualitätssicherung und -entwicklung wird in den Einrichtungen der Erwachsenenbildung immer mehr als grundlegende Aufgabe erkannt und von dem in der Einrichtung vorhandenen Personal übernommen. Um diese Arbeit zu intensivieren und fachlich zu begleiten, wird im Rahmen der Verbandsarbeit der Thüringer Volkshochschulen ein Qualitätsmanagementhandbuch erarbeitet.

Folgende Arbeitsschritte wurden dafür durchgeführt:

- Tagung der Leiter/-innen der Volkshochschulen im Juli 1999 zum Thema „Qualitätssicherung"

- Präsentation des vorläufigen Handbuches zur Qualitätssicherung

- Weitere Arbeit an inhaltlichen Standards

- Entwicklung von Leitlinien für Volkshochschulen (Grundsätze der Erwachsenenbildung)[21]

2. *Grundqualifikation für Kursleitende*

Schaffung einer Fortbildungsreihe für Kursleiter/innen, um erwachsenenpädagogische Grundqualifikationen zu erwerben

3. *Mitarbeiterfortbildung* für hauptberuflich beschäftigtes Personal

Fortbildungsreihe „Bürgerfreundliche Volkshochschule"

Weiterbildungen, die die Inhalte Service, Anmeldung, Programmheftgestaltung, Öffentlichkeitsarbeit in Volkshochschulen zum Thema haben

---

[20] Angaben des Thüringer Volkshochschulverbandes e.V. vom Dezember 2000

[21] Auskünfte zu Leitlinien und Qualitätsmanagementhandbuch erteilt der Thüringer Volkshochschulverband e.V., Konrad-Zuse-Str. 3, 07745 Jena

4. *Mitarbeit in der Arbeitsgruppe* des Deutschen Volkshochschulverbandes e.V. *"Qualitäts-Testat für Weiterbildungseinrichtungen"*

Als Zielsetzung wird ein bundesweit für alle Weiterbildungseinrichtungen anpassbares System der lernerorientierten Qualitätsentwicklung angestrebt. Eine externe Testierung belegt die Qualitätsentwicklung der Weiterbildungseinrichtung.

Der Thüringer Volkshochschulverband beteiligte sich in der ersten Phase (Oktober 2000 bis Mai 2001) an dem im Rahmen des Modellversuchsprogramms „Lebenslanges Lernen" der Bund-Länder-Kommission für Bildungsplanung (BLK) derzeit laufenden Projekt *Lernerorientierte Qualitätstestierung in Weiterbildungsnetzwerken.* Acht weitere VHS-Landesverbände nehmen an der Entwicklung und Erprobung eines bundesweiten, einheitlichen und trägerübergreifenden Qualitätsentwicklungs- und Testierungsverfahrens teil.[22]

5. Beteiligung der Volkshochschule Arnstadt Ilmenau am Projekt *Qualitätsentwick-lung in Volkshochschulen durch wechselseitige Entwicklungsberatung.* Das Innovationsprojekt wurde vom Land Nordrhein-Westfalen gefördert und vom Landesverband der Volkshochschulen Niedersachsens mitfinanziert.[23]

- An der Förderung des BLK-Projekts *Qualitätssicherung in der Weiterbildung,* das 1999 abgeschlossen wurde, war auch der Freistaat Thüringen beteiligt. In das Projekt waren sieben weitere Bundesländer[24] einbezogen, das Deutsche Institut für Erwachsenenbildung (DIE) führte das Projekt durch. Während der Projektlaufzeit wurden in zehn unterschiedlich strukturierten Weiterbildungseinrichtungen Konzepte zur Qualitätsentwicklung erarbeitet und die Erfahrungen ausgewertet. Die Ergebnisse sind in zwei Publikationen dargestellt.[25] Im Projektzusammenhang entstand eine „Checkliste für Weiterbildungsinteressierte"[26], die im 2 Jahres-Turnus aktualisiert wird.

- Tagung *Qualitätssicherung im Bildungswesen. Problemlagen und aktuelle Forschungsbefunde,* veranstaltet von der Kommission Bildungsorganisation, Bildungsplanung, Bildungsrecht der Deutschen Gesellschaft für Erziehungswissenschaft (DGfE) vom 10.-11. März 1999 in Erfurt. Auf dieser Tagung wurden

---

[22] Näheres zu dem BLK-Projekt siehe im Beitrag zu Niedersachsen, Punkt III.

[23] Siehe dazu auch die Beiträge zu Niedersachsen und Nordrhein-Westfalen

[24] Siehe auch unter Punkt III. der Beiträge zu: Bayern (hier die ausführlichere Darstellung des Projekts), Hamburg, Mecklenburg-Vorpommern, Niedersachsen, Rheinland-Pfalz, Sachsen-Anhalt, Schleswig-Holstein

[25] Küchler, Felicitas von; Meisel, Klaus (Hrsg.): Qualitätssicherung in der Weiterbildung I. Auf dem Weg zu Qualitätsmaßstäben. Deutsches Institut für Erwachsenenbildung (DIE). Frankfurt/M. 1999 Küchler, Felicitas von; Meisel, Klaus (Hrsg.): Qualitätssicherung in der Weiterbildung II. Auf dem Weg zu besserer Praxis. Deutsches Institut für Erwachsenenbildung (DIE). Frankfurt/M. 1999

[26] Deutsches Institut für Erwachsenenbildung e.V. (DIE) (Hrsg.): Checkliste für Weiterbildungsinteressierte. Frankfurt a.M. o. J.

Erfahrungen mit Ansätzen zur Qualitätssicherung in der allgemeinen und beruflichen Weiterbildung sowie im Schulwesen und im Hochschulbereich vergleichend diskutiert.

- *Weiterbildungsberatungsstellen*: Von Juli 1991 bis März 1993 existierte in Weimar eine Beratungsstelle für Weiterbildung, deren Träger die Förder- und Beschäftigungsgesellschaft Weimar e.V. war und die aus ABM- und Spendengeldern finanziert wurde. Trotz eines hohen Bekanntheitsgrades und guter Akzeptanz bei Ratsuchenden und Bildungsanbietern musste die Beratungsstelle mit Auflösung des Trägervereins mangels Finanzierung geschlossen werden. Durch Unterstützung eines übergreifenden Modellprojekts des Bundesministeriums für Bildung und Wissenschaft (BMBW), das zu diesem Zeitpunkt wichtige Impulse für die Gründung von Weiterbildungsberatungsstellen in allen neuen Ländern gab, konnte im März 1993 in Erfurt eine kommunale Beratungsstelle eröffnet werden. 1993, 1994 und 1996 erschien der Weiterbildungskatalog für die Stadt Erfurt. Die Beratungsstelle arbeitete ein Jahr lang intensiv mit dem Arbeitsamt, dem Arbeitskreis Erfurter Bildungsträger, mit Erfurter Beschäftigungsgesellschaften usw. zusammen. Dennoch wurde sie mit Ablauf des BMBW-Projekts am 30.4.1994 wegen mangelnder Anschlussfinanzierung geschlossen. Im Oktober 1994 konnte die Arbeit für zwei Jahre als Modellprojekt des Landes Thüringen, unterstützt durch ESF-Mittel, erneut aufgenommen werden. Im Herbst 1996 wurde die Stelle abermals wegen fehlender Kofinanzierung des Landes zu den bereits zugesagten ESF-Mitteln geschlossen. Erst im April 1997 wurde in Erfurt unter neuer Trägerschaft, dem „Bildungsverbund in Thüringen BTV e.V.", eine neue Beratungsstelle, allerdings mit reduzierter Kapazität, eröffnet und wenig später eine weitere in Jena.[27]

Nach Angaben des Wirtschaftsministeriums erfolgt die Weiterbildungsberatung zum jetzigen Zeitpunkt im Rahmen der Selbstinformation in den BIZ der Arbeitsämter und durch Weiterbildungsberater der Industrie- und Handelskammern sowie der Handwerkskammern.

- *Qualitätsansprüche an Arbeitsbeschaffungsmaßnahmen für Jugendliche*: Der Landesjugendhilfeausschuss beauftragte im Rahmen der Thüringer Benachteiligtenförderung 1999 eine Expertengruppe mit der Erarbeitung von „Qualitätsmerkmalen für Jugend-ABM", die über SGB III-Standards hinaus gehen. In der Arbeitsgruppe waren neben Experten des zuständigen Landesarbeitsamtes vorrangig Akteure freier Jugendhilfeträger vertreten, deren Arbeitsfeld u.a. Maßnahmen des Zweiten Arbeitsmarktes sind.

---

[27] Harke, Dietrich; Krüger, Heinrich: Weiterbildungsberatung in den neuen Bundesländern. Entwicklung und Leistungen unterstützender Strukturen für die Weiterbildung. Bundesinstitut für Berufsbildung Der Generalsekretär (Hrsg.). Wissenschaftliche Diskussionspapiere Heft 45. Berlin und Bonn 1999, S. 134 f.

Die vom Landesjugendhilfeausschuss im Jahr 2000 beschlossenen „Qualitätsansprüche an Arbeitsbeschaffungsmaßnahmen für Jugendliche" richten sich an Träger der Jugendhilfe, die ABM für Jugendliche umsetzen und relevante Zuwendungsgeber, hier insbesondere die Arbeitsverwaltung und die Landesregierung. Sie geben Aufschluss darüber, welchen besonderen Ansprüchen ABM für Jugendliche gemäß o. g. Zielstellung genügen sollten und können zudem im Sinne von Förderkriterien Verwendung finden, um den effektiven Einsatz von Landeszuschüssen (hier v. a. die Finanzierung sozialpädagogischen Stammpersonals) zu erleichtern.

Der Katalog der Qualitätsmerkmale ist gegliedert nach

1. Ziele / Zielgruppen

2. Verfahren der TN-Auswahl

3. Gestaltung der Arbeit

4. Qualifizierung und Betreuung

5. Integration in Arbeit

6. Finanzielle und materielle Rahmenbedingungen.

Unter jedem Gliederungspunkt finden sich Qualitätsmerkmale und Instrumente zu ihrer Umsetzung und Überprüfung sowie Ausführungen zum zeitlichen Einsatz der Instrumente („Wie lange? Wie oft?").[28]

Stichworte: Thüringer Erwachsenenbildungsgesetz (ThEBG) von 1992 und Erstes Gesetz zur Änderung des ThEBG von 1997: Fördervoraussetzungen für Einrichtungen der Erwachsenenbildung als Mindeststandards der Qualität von Einrichtungen, Anerkennung von Einrichtungen der Erwachsenenbildung als förderungsberechtigt, Zuschüsse für Mitarbeiterfortbildung, Gewährung von „Sonstigen Zuschüssen", Bereitstellung von Räumen für die Einrichtungen der Erwachsenenbildung, Landeskuratorium für Erwachsenenbildung; Regelungen zur Anerkennung von Einrichtungen der Erwachsenenbildung (Verwaltungsvorschrift): Auflistung der zum Antrag beizufügenden Angaben und Nachweise, Aufstellung der Themenkreise der förderungsfähigen Bildungsangebote; Verordnungen zur Förderung von Einrichtungen der Erwachsenenbildung: Förderungshöhe, Pauschalierung der förderungsfähigen Kosten, Aufschlüsselung nach Stellen, Unterrichtsstunden, Teilnehmertagen; Richtlinien zur Vergabe von Landes- und ESF-Mitteln: Förderung der beruflichen Qualifizierung sowie der Berufsvorbereitung und Fortbildung, Förderung von modellhaften Projekten, Fördervoraussetzungen; Operationelles Programm (ESF); Aktivitäten des Thüringer Volkshochschulverbandes: Erstellen eines Qualitätshandbuches, Grundqualifikation für

---

[28] Der Katalog der „Qualitätsmerkmale für Jugend-ABM" kann unter der Internet-Adresse der „Jugendberufshilfe Thüringen e.V." eingesehen werden: www.jbhth.de (Publikationen / Veröffentlichungen)

Kursleitende, Mitarbeiterfortbildung für hauptberuflich beschäftigtes Personal, Mitarbeit beim „Qualitäts-Testat für Weiterbildungseinrichtungen", Beteiligung am Projekt „Qualitätsentwicklung in Volkshochschulen durch wechselseitige Entwicklungsberatung; BLK-Projekt „Qualitätssicherung in der Weiterbildung"; Tagung „Qualitätssicherung im Bildungswesen"; Weiterbildungsberatungsstellen; Qualitätsansprüche an ABM für Jugendliche (Katalog der Qualitätsmerkmale für Jugend-ABM)

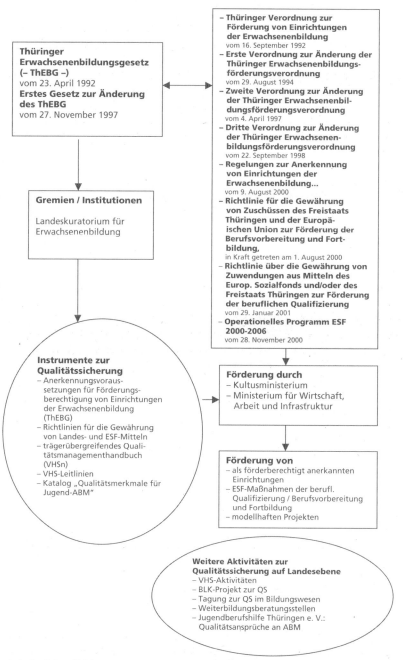

3 Workshop

Die folgenden fünf Vorträge wurden auf einem Workshop zum Thema „Relevanz rechtlicher Regelungen für die Qualitätssicherung in der Weiterbildung auf Länderebene" am 24. Oktober 2001 im Bundesinstitut für Berufsbildung, Bonn, gehalten.

Ziel des Workshops war

- die Rückkoppelung der Ergebnisse aus dem Vorhaben des Bundesinstituts für Berufsbildung auf Länderebene,
- eine kritische Reflexion dieser Ergebnisse aus Sicht von Experten/Expertinnen sowie die Präsentation einiger Beispiele der Umsetzung von Qualitätskonzepten auf Länderebene,
- die Diskussion von Perspektiven für die Qualitätssicherung in der Weiterbildung.

Die Redebeiträge sind in der Reihenfolge ihres Vortrags abgedruckt.

Christel Alt / Brigitte Melms

„Relevanz rechtlicher Regelungen für die Qualitätssicherung in der Weiterbildung auf Länderebene" am 24. Oktober 2001 im Bundesinstitut für Berufsbildung, Bonn

Die Qualitätsstrategien der Länder, wie sie in Weiterbildungsgesetzen, den dazu gehörigen Richtlinien und Durchführungsverordnungen sowie in Förderrichtlinien und -grundsätzen zum Ausdruck kommen, waren das Thema eines vom Bundesinstitut für Berufsbildung am 24. Oktober 2001 durchgeführten Workshops. Im Rahmen dieser Veranstaltung diskutierten Vertreter/innen aus den zuständigen Landesministerien sowie von Volkshochschulverbänden und Landesinstitutionen der Weiterbildung ausgewählte Qualitätssicherungsansätze, wie sie in den jeweiligen Ländern praktiziert werden. Dabei wurde deutlich, dass insbesondere in den Erwachsenenbildungs- bzw. Weiterbildungsgesetzen Qualitätsziele durch Anerkennungsvoraussetzungen für Einrichtungen oder Veranstaltungen der Weiterbildung ausgewiesen sind. Hier handelt es sich vorwiegend um Mindeststandards für die Einrichtungsqualität.

Etliche Länder sehen in der Weiterbildungsberatung und eigenen regionalen Weiterbildungsdatenbanken einen spezifischen Qualitätsbeitrag durch Schaffung von Transparenz und regionaler Akzentuierung des Angebots.

Die fachliche und pädagogische Kompetenz des Weiterbildungspersonals wird von den meisten Ländern als Fördervoraussetzung verlangt und durch Qualifizierungsangebote zur weiteren Professionalisierung des Personals gefördert.

Bei der Vergabe von Landesmitteln für Maßnahmen der beruflichen Weiterbildung nimmt der Förderer auf die Qualitätssicherung Einfluss durch Anwendung von Förderrichtlinien und zusätzlichen Qualitätskriterien, aber auch durch Verfahren der Qualitätssicherung wie begleitender und abschließender Evaluation, Monitoring und Controlling. Darüber hinaus findet z. B. im Rahmen von Arbeitsmarktprogrammen die Qualitätssicherung durch Programmsteuerung statt.

Die Strategien der Länder zur Qualitätssicherung in der Weiterbildung zeigen, dass sich kein Land nur auf einen Qualitätsansatz verlässt. Die Vorgaben von Mindeststandards, die Förderung von prozessorientierten Qualitätssicherungs- und Qualitätsmanagementverfahren sowie die Qualitätsentwicklung über Information, Transparenz und gute Beispiele laufen nebeneinander und ergänzen sich im Idealfall.

Eine deutlichere Vernetzung der Aktivitäten zur Qualitätssicherung auf Länderebene könnte – so das Fazit des Workshops vom 24.10.2001 – für die Zukunft ein Ziel sein. Die Akteure engagieren sich bisher meistens dezidiert für Qualitätsentwicklung in der Weiterbildung in ihrem Bereich. Interministerielle Arbeitsgruppen gibt es z.B. nur in einigen Ländern.

Ein weiteres Ziel zukünftiger Aktivitäten müsste nach Auffassung der Teilnehmer/innen des Workshops der Ausbau des Teilnehmerschutzes in Hinsicht auf Kompetenzentwicklung der „Kunden", besonders der Teilnehmer/innen, sein, damit diese in die Lage versetzt werden, ihre Interessen im Weiterbildungsprozess, z.B. unter dem Aspekt von Kundensouveränität und Transparenz des Weiterbildungsangebots, aktiv wahrnehmen zu können. Die Schärfung des Qualitätsbewusstseins der Teilnehmer/innen wird als wesentlicher Aspekt des Teilnehmerschutzes gesehen. Die Workshopteilnehmer/innen waren sich einig, dass es langfristig für alle am Weiterbildungsprozess Beteiligten die Arbeit erleichtern würde, wenn mehr Transparenz über die zur Qualitätssicherung eingesetzten Systeme und Maßnahmen geschaffen würde. Ein Einstieg dazu ist die vorliegende Dokumentation.

Nachstehend werden die im Rahmen des Workshops gehaltenen Referate dokumentiert.

Marion Seevers
Senator für Bildung und Wissenschaft Bremen

3.1 Staatliche Vorgaben vs. Deregulierung

– Erfahrungen mit dem Bremer Modell und Perspektiven –

1. Staatliche Vorgaben?
Große Teile der Fort- und Weiterbildung entstehen am Markt, regeln sich über Angebot und Nachfrage.

Worin besteht überhaupt die Möglichkeit des Landes, steuernd einzugreifen, wo liegen Interventionsmöglichkeiten und -interessen?

Steuerungsmöglichkeiten werden wahrgenommen, wenn die öffentliche Hand aufgrund ihres politischen, d.h. verfassungsrechtlichen, Auftrags Weiterbildung bezuschusst und damit als (Mit-) Financier zum Auftraggeber für Weiterbildung wird. Die Verantwortung, die sie auf Grund ihres Auftrags gegenüber dem Bürger hat, Bildung zu gewährleisten, begründet auch, dass sie bei der Gewährung der dafür notwendigen Gelder Ziele und Standards für die in Auftrag gegebenen Produkte festlegt. Nur so kann sie für den Bürger eine optimale Qualität der zu erbringenden Dienstleistungen erreichen.

Einfluss nehmen muss sie beispielsweise

- im Bereich von Weiterbildung als Standortfaktor – durch die Initiierung von wirtschaftsstrukturpolitisch relevanten Qualifizierungsangeboten,
- im Bereich von Qualifizierung und Arbeitsmarktstrukturpolitik – durch Ausschreibung hochwertiger zielgruppenspezifischer Angebote als Brücke zum ersten Arbeitsmarkt,
- durch Bezuschussung von Weiterbildungssegmenten, die zum Grundangebot der Bevölkerung mit allgemeiner, politischer und beruflicher Bildung beitragen und kundenorientiert und verlässlich durchgeführt werden müssen,
- bei der Unterstützung von Strukturen, die das lebensbegleitende Lernen ermöglichen, konkret: durchlässig sind und lebensphasenspezifisch, modularisiert und aufeinander aufbauend und ohne die verlässliche Qualität in den einzelnen Bestandteilen nicht funktionieren können.

Allein dieser Auszug zeigt, dass die Vielfalt staatlicher Ziele und Vorgaben und die Quantität der Weiterbildungsangebote eine Überprüfung im Einzelfall unmöglich macht. Es gilt, ein Steuerungssystem aufzubauen, dass „auf Distanz" steuert, transparente und verlässliche Kunden-Lieferanten-Ketten zwischen öffentlicher Hand und Weiterbildung einzurichten:

Wir sind beim Stichwort „Kundenorientierung", „Null-Fehler-Produktion" und „kontinuierlicher Verbesserung" – beim Qualitätsmanagement!

2. Das Bremer Modell der Qualitätssicherung

2.1

Bremen hat sich dieser Verantwortung gestellt und fördert nur noch Weiterbildungseinrichtungen, die den vom Land gesetzten Qualitätskriterien genügen. Die Einrichtungen, die nach dem Weiterbildungsgesetz durch den Senator für Bildung und Wissenschaft „anerkannt" sind, besitzen durch dieses „Gütesiegel" einen Marketingvorteil; einige von ihnen haben zusätzlich die Möglichkeit, auf Grund ihres spezifischen Angebotssegments institutionell gefördert zu werden. Ab 2002 werden auch die EU-kofinanzierten Qualifizierungsangebote des Beschäftigungspolitischen Aktionsprogramms des Senators für Arbeit nur noch an Einrichtungen vergeben, die über ein extern zertifiziertes Qualitätsmanagementsystem verfügen.

2.2

Die Vorgaben des Senators für Bildung und Wissenschaft umfassen zwei Bereiche:

Sie fordern erstens **Mindeststandards des Verbraucherschutzes** für den Teilnehmer, die Teilnehmerin. Dazu gehört eine Beratungsinfrastruktur, die es erlaubt, die Interessenten/Interessentinnen zu kundenfreundlichen Zeiten umfassend zu beraten. Dazu gehört eine seriöse Marketingstrategie, angemessene Preisgestaltung und Rücktrittsrechte, aber auch professionell ausgebildetes Fachpersonal, adäquate Fachräume etc. Dazu gehört nicht zuletzt ein funktionierendes Beschwerdemanagement, durch das die Einrichtung in der Lage ist, in kurzer Zeit auf Beschwerden zu reagieren, und die Verpflichtung, Programmplanung/-realisierung an Teilnehmerinteressen zu orientieren.

Zweitens aber muss eine anerkannte Weiterbildungseinrichtung den Aufbau eines prozessorientierten, extern zertifizierten **Qualitätsmanagementsystems** nachweisen. Die Einrichtung definiert und dokumentiert Leitbild und einrichtungsspezifische Ziele und regelt ihre Kernprozesse. Die Regelung muss sich dabei mindestens auf die Entwicklung neuer Angebote, die Vorbereitung und Durchführung von Beratung und Unterricht und deren Auswertung beziehen und alle Organisationsebenen des Betriebs berücksichtigen.

Die anerkannten Bremer Einrichtungen haben also inzwischen die für ihre Arbeit relevanten Prozesse identifiziert und geregelt. Sie wissen, wie sie Fehler in ihrer Ablauforganisation entdecken, wie sie sie korrigieren und wie sie sich vor einer Wiederholung dieses Fehlers schützen. Darüber hinaus muss die Informationsweitergabe zwischen den einzelnen Prozessteilen geregelt werden. Um eine kontinuierliche Verbesserung der Arbeit anzustoßen, führen die Einrichtungen kontinuierliche Teilnehmerbefragungen durch, die in pädagogischen Konferenzen und durch die Leitung ausgewertet werden müssen. Es gibt ein jährliches internes Audit aller qualitätsrelevanten Kernprozesse und ein dreijähriges externes Audit, das durch einen Gutachter durchgeführt wird.

2.3

Dieses Modell geht den Weg einer mittleren Systematisierung insofern, als die Landesvorgaben zwar im Interesse des Teilnehmers und der Angebotsqualität regulieren, die hohe Eigenverantwortung der Einrichtungen für die Qualität ihres Angebots aber berücksichtigt bleibt: Die oben genannten Essentials des Bremer Modells enthalten die Grundbestandteile eines prozessorientierten Qualitätsmanagementmodells, überlassen den Einrichtungen aber die Wahl des Darlegungsmodells. Einige Einrichtungen haben auf dieser Basis ein sozusagen „hauseigenes" QM-System entwickelt, andere haben sich entsprechend der DIN EN ISO zertifizieren lassen (und dabei die Bremer Vorgaben des Teilnehmerschutzes in die Prozesse eingespeist), dritte haben ein QM-System auf der Grundlage von EFQM etc. aufgebaut. In jedem Einzelfall unterstreicht das vorgeschriebene jährliche Managementreview die Verantwortung der Einrichtungsleitung für die Qualität ihrer Angebote. Das Land überprüft die Einhaltung der Landesvorgaben dagegen nur alle drei Jahre und stützt sich in seinem Urteil auf das extern erstellte Gutachten.

2.4

Für diese externe Überprüfung sucht die Einrichtung einen Gutachter, der als „Externer die Aussagen der Dokumentation (vergleichbar einem Qualitätsmanagementhandbuch) verifiziert und validiert (werden die Vorgaben des Ressorts berücksichtigt und wird danach gearbeitet?). Beim Audit spricht der Gutachter nicht nur mit der Leitung der Weiterbildungseinrichtung, sondern stichprobenartig mit Vertretern der anderen qualitätsrelevanten Mitarbeitergruppen. Die Ergebnisse der internen Audits werden ebenfalls in die Betrachtung einbezogen. Der Gutachter/die Gutachterin wertet die Fähigkeit der Einrichtung zu lernen, beurteilt ihre aktuellen Stärken und Schwächen und endet mit einer Empfehlung." (Anerkennung von Einrichtungen nach dem BremWBG, Vorlage L29/98)

2.5

Der Gutachter/die Gutachterin hat damit die Position einer „dritten Kraft" – neben Land und Einrichtung – und übernimmt eine hohe Verantwortung für die Qualitätssicherung innerhalb des Bremer Modells. Seine/ihre Unabhängigkeit und Kompetenz ist mitentscheidend für die Akzeptanz, die das Anerkennungsverfahren findet. Das Land kann deshalb auf die Festlegung formaler Kriterien nicht verzichten. In Abstimmung mit dem Landesausschuss für Weiterbildung ist deshalb folgendes Qualifikationsprofil für Gutachter festgelegt worden:

➢ Akademischer bzw. gleichwertiger Abschluss

➢ Mindestens zweijährige Erfahrung in der Organisation von Weiterbildungseinrichtungen und -prozessen (Leiter/in, Qualitätsbeauftragte/r) bzw. Evaluation von Weiterbildung oder anerkannter Auditor/anerkannte Auditorin mit Branchenerfahrung

➢ Erfahrungen als Gutachter/in oder Berater/in von Einrichtungen beim Aufbau eines Qualitätsmanagements.

Zusätzlich wurde dafür Sorge getragen, dass die Gutachter/innen, – die von den Einrichtungen ausgewählt und bezahlt werden – unabhängig von der zu begutachtenden Einrichtung sind. Er/sie darf z. B. bei der Einrichtung weder beschäftigt sein noch sie beraten haben und muss nach dem Wiederholungsaudit „ausgetauscht" werden.

3. Erfahrungen mit dem Bremer Modell

Die oben genannten Eckpunkte des Bremer Modells haben sich bewährt. siebzehn Einrichtungen gehören heute zum Kreis der „anerkannten" (eine Einrichtung hat diesen Status auf Grund mangelnder Qualität wieder verloren!); sie decken mit ihrem Angebotsvolumen über 50 % des Bremer Weiterbildungsmarkts ab. Der Kreis wird sich noch erweitern.

Bewährt hat sich der verpflichtende Aufbau von **prozessorientierten** Qualitätsmanagementsystemen und damit einher gehend die Möglichkeit, das QM-System am Leitbild der Einrichtung auszurichten, es als Leitungsinstrument einzusetzen und über Kennzahlen zu steuern.

Bremen hat dadurch eine Kompatibilität mit den international anerkannten Darlegungsmodellen der DIN EN ISO und EFQM hergestellt, die es den Einrichtungen ermöglicht, in den nötigen Stufen zum Ziel TQM aufzusteigen und ohne systembedingte Reibungsverluste von Zertifikaten mit regionaler Anerkennung zu international anerkannten Zertifizierungen zu kommen. Eine Entwicklung, die vor dem Hintergrund des Zusammenwachsens in Europa und der neuen internetbasierten Lernmöglichkeiten von den Einrichtungen bewältigt werden muss, und die eventuell auch die Frage beantwortet, wie lernortübergreifende Qualitätssysteme entwickelt werden können.

Die anerkannten Weiterbildungseinrichtungen arbeiten intensiv daran, die Qualität ihrer Angebote ständig zu erhöhen. Die Einrichtungen – auf dem Markt zum großen Teil Wettbewerber – unterstützen sich gegenseitig bei der Professionalisierung ihrer Systeme. Sie haben einen Arbeitskreis gegründet, der sich mit Leitungsprozessen, Kennzahlenentwicklung, Beschwerdemanagement u.ä. auseinandersetzt und sich über „best practice"- Modelle informiert.

Elf der Einrichtungen gaben im Rahmen einer anonymisierten Befragung durch das JES an (Institut für Entwicklungsplanung und Strukturforschung an der Universität Hannover), dass die Einführung von Qualitätsmanagementsystemen schon jetzt zu einer Arbeitserleichterung geführt hat. Besonders deutlich werde dies bei der Einarbeitung neuer Mitarbeiter und Dozenten, die gut in jetzt transparente Prozesse und Arbeitsabläufe eingeführt werden können; genannt wurden aber auch Effektivierung und Verschlankung (!) des internen Kommunikationsflusses.

Für viele Einrichtungen war überraschend, dass die Einführung des Qualitätsmanagementsystems und die damit verbundene Diskussion der Qualität der eigenen Arbeit von einer hohen Mitarbeiterbeteiligung getragen wurde.

Schlussendlich stellen die befragten Einrichtungen eine Qualitätssteigerung in ihrer Arbeit fest.

Der Nutzen für die Teilnehmer/innen liegt auf der Hand .... muss aber weiter optimiert werden! In nächster Zeit wird es darum gehen, den Bürger/die Bürgerin darauf hinzuweisen, welche Rechte er/sie als Kunde von Weiterbildung besitzt, und durch professionelles Marketing zu erreichen, dass das Gütesiegel des Bremer Modells noch stärker als Orientierung in der oft verwirrenden Vielzahl der Weiterbildungsangebote wirken kann.

Die Wertigkeit eines Gütesiegels wird sich u.a. zeigen, wenn es den Bundesländern gelingt (und dies ist wohl nur als gemeinsame Anstrengung denkbar), die Bundesanstalt für Arbeit und andere relevante Drittmittelgeber davon zu überzeugen, dass ein solches Gütesiegel förderungsrelevant ist (keine Förderung nicht zertifizierter Einrichtungen o.ä.). Dies kann nicht auf Länderebene gelingen. Aus diesem Grund unterstützt der Senator für Bildung und Wissenschaft das Vorhaben, einen bundesweiten Orientierungsrahmen für Qualitätsstandards in der Weiterbildung zu entwickeln.

Zusammenfassung

> Um seiner Verantwortung im Bereich Weiterbildung nachzukommen, hat sich der Senator für Bildung und Wissenschaft in Bremen zu einem Interventionsmodell entschlossen, das staatliche Vorgaben mit einer hohen Eigenverantwortung der Einrichtungen verknüpft.

- Die Bremer Regelung gibt im Sinne der Optimierung des Verbraucherschutzes qualitative und quantitative Mindeststandards vor, die dem/der Teilnehmer/in eine Orientierung bei der Auswahl individueller Lernprozesse bietet.
- Über diese Mindeststandards hinaus fordert der Staat den Nachweis eines prozessorientierten Qualitätsmanagementsystems (QMS), schreibt aber keine starre Norm hierfür vor.

Den Einrichtungen bleibt die Wahl des spezifischen Darlegungsmodells überlassen, so dass auf dieser Basis sehr unterschiedliche Modelle entwickelt werden können. Über die Ausrichtung der Prozesse an den individuellen Betriebszielen erhalten die Einrichtungen die Chance, ein entsprechend ihrem Angebotsprofil maßgeschneidertes QMS zu entwickeln.

- Die Überprüfung der Landesvorgaben erfolgt nicht über den Staat, sondern durch einen/eine externe/n Gutachter/Gutachterin.

Der Staat gibt hier ein direktes Prüfinstrument bewusst aus der Hand: Die eigene Wahl der begutachtenden Person erleichtert es den Einrichtungen, ihre Betriebsinterna offen zu legen; die Behörde tritt hier nicht als Kontrollinstanz vor Ort auf. Der hohen Verantwortung der begutachtenden Person für die Qualitätssicherung wird mit den hohen Qualifikationsanforderungen Rechnung getragen.

Die Basis für eine verlässliche Kunden-Lieferanten-Kette – nicht zuletzt im Interesse der Teilnehmer – ist geschaffen.

Rudolf Epping

Leiter des Referats Berufliche Bildung in der
Abteilung Weiterbildung des Landesinstituts für
Schule und Weiterbildung

3.2 Die Bedeutung von Gremien und Supportinstitutionen der Weiterbildung für die Qualitätssicherung

Die Anfang der 90er Jahre entstandene Qualitätsdiskussion hat sich nicht aus der Weiterbildung selbst heraus entwickelt, sondern sie ist aus der Wirtschaft kommend über die betriebliche und berufliche Weiterbildung in die Weiterbildung insgesamt gelangt. Wegen dieser Herkunft empfinden viele Beschäftigte in der Weiterbildung die Qualitätsdiskussion als etwas, was ihnen übergestülpt wurde.

Auf welche Weise aber ist die Qualitätsdiskussion in die Weiterbildung gelangt? Wer waren dabei die handelnden Akteure? Es gab einige einzelne Beschäftigte und Leitungskräfte, die die Begriffe Qualitätssicherung und Qualitätsmanagement kennen gelernt und aufgegriffen haben und erste Ansätze in ihren Einrichtungen erprobt und umgesetzt haben. Das aber waren nur sporadische Aktivitäten, und es wäre wohl dabei geblieben, wenn nicht bestimmte Institutionen – nämlich Gremien und Supportinstitutionen – die Aufgabe übernommen hätten, die Ideen der Qualitätssicherung in die Einrichtungen der Weiterbildung zu tragen.

Den Begriff Institution verwende ich in einem soziologischen Sinne und meine damit im hier vorliegenden Zusammenhang Gremien und Supportinstitutionen, die im und für das Weiterbildungssystem tätig sind. Zu analytischen Zwecken möchte ich im Folgenden zwischen Gremien und Supportinstitutionen unterscheiden. Zwar ist in der sozialen Realität eine trennscharfe Unterscheidung nicht möglich, weil beide Arten von Institutionen teilweise ähnliche Funktionen erfüllen; vom Grundsatz her sind die Aufgabenstellungen aber durchaus unterschiedlich.

Mit Gremien sind hier einrichtungsübergreifende Gremien gemeint, wie Landesbeirat, Kuratorium, Landesausschuss oder Arbeitskreis Weiterbildung, die z. T. in den Weiterbildungsgesetzen der Länder verankert oder auf Grund von Vereinbarungen zwischen Politik, Verwaltung und Weiterbildung entstanden sind. Ferner zählen hierzu trägerspezifische Zusammenschlüsse wie Landesverbände, Landesorganisationen, Landes- und Bundesarbeitsgemeinschaften.

Mit Supportinstitutionen sind wissenschaftliche oder wissenschaftsorientiert arbeitende Institute gemeint (wie z. B. das Bundesinstitut für Berufsbildung, das Deutsche Institut für Erwachsenenbildung, das Landesinstitut für Schule und Weiterbildung, das Pädagogische Landesinstitut Brandenburg u. a.), die den Anspruch haben, Weiterbildungseinrichtungen zu beraten und zu unterstützen, ferner Institute, die in oder an Universitäten angesiedelt sind, sowie Personen und Institutionen der Organisationsberatung und Qualitätssicherung.[1]

Aufgaben von Gremien sind vor allem Politikberatung und die Bündelung und Vertretung der Interessen der Weiterbildungseinrichtungen gegenüber der Politik.

Politik und Verwaltung hatten im Weiterbildungsbereich sehr schnell reges Interesse an dem Konzept der Qualitätssicherung entwickelt, versprachen diese Konzepte doch, den Einsatz öffentlicher Gelder gezielter vornehmen und kontrollieren zu können. Qualitätssicherung passte genau in das neue Verständnis vom Staat, nämlich die direkte Steuerung zurückzunehmen und gleichwohl durch Verstärkung indirekter Steuerungsmechanismen den Einfluss zu wahren. Auch schien es möglich, durch die Anwendung von Verfahren und Instrumenten der Qualitätssicherung endlich auch im Sozial- und Bildungsbereich zuverlässig zwischen guter und schlechter Qualität unterscheiden sowie die Erzeugung gleich bleibender Qualität sicher stellen zu können. Schließlich bot der Ansatz der Qualitätssicherung der Politik die Möglichkeit – den Zentralbegriff Kundenorientierung aufgreifend –, sich stärker auf die Seite der Bürgerinnen und Bürger als „Endverbraucher" von Weiterbildungsveranstaltungen zu stellen. Den Bildungspolitikern ist es zunehmend unbehaglich, dass sie, wenn sie mehr und bessere Weiterbildung wollen, Geldmittel in die Weiterbildungseinrichtungen fließen lassen und darauf vertrauen müssen, dass die Weiterbildungseinrichtungen etwas Gutes und Richtiges daraus machen. Mit Qualitätssicherung ist die Hoffnung verbunden, dass diese institutionelle Förderung auch tatsächlich zu den gewünschten Ergebnissen führt, nämlich zu gelungenen Lernprozessen, die den Bedürfnissen und Nutzenintentionen der Teilnehmenden entsprechen.

Die Gremien, die eine vermittelnde Funktion zwischen Weiterbildungspraxis einerseits und Bildungspolitik und -verwaltung andererseits haben, müssen einen schwierigen Balanceakt bewältigen: Sie müssen die Anforderungen der Politik und Verwaltung aufgreifen und die Praxis dazu bringen, Aktivitäten zur Qualitätssicherung zu ergreifen. Gelingt den Gremien dieser Transfer der politischen Anforderungen nicht, laufen sie Gefahr, dass die Weiterbildung an öffentlicher Akzeptanz und damit letztlich auch an öffentlichen Fördermitteln verliert. Die Gremien dürfen die Anforderungen in Sachen Qualitätssicherung aber auch nicht einfach an die Weiterbildungseinrichtungen durchreichen, denn dann besteht die Gefahr, dass ungeeignete, dem Bildungsprozess nicht adäquate Verfahren der

---

[1] Meisel; von Küchler unterscheiden Supportinstitutionen nach dem Ort ihrer Wirkung, d. h. innerbetrieblich, trägerspezifisch, regional, überregional, wissenschaftlich. Meisel, Klaus; von Küchler, Felicitas: Support für Qualitätsentwicklung in der Weiterbildung, in: von Küchler, Felicitas; Meisel, Klaus (Hrsg.): Qualitätssicherung in der Weiterbildung – Auf dem Weg zu Qualitätsmaßstäben, DIE, Frankfurt a. M. 1999, S. 206 f.

Qualitätssicherung zum Zuge kommen, die dann der Weiterbildung tatsächlich übergestülpt werden. Die Gremien müssen also die Anforderungen von Politik und Verwaltung abfedern, fachlich adäquat modifizieren und dabei darauf achten, dass die Weiterbildungseinrichtungen nicht durch zu aufwendige Verfahren der Qualitätssicherung überfordert werden.

Die Gremien sollten ferner mit dafür sorgen, dass die Zahl der Qualitätssicherungsverfahren in der Weiterbildung überschaubar bleibt. Es ist sicherlich nicht sinnvoll, wenn ein bestimmtes Verfahren sich durchsetzt und monopolartig die Qualitätssicherung in der Weiterbildung dominiert. Das Ziel, Transparenz und Vertrauen in die Qualität von Bildungsangeboten zu erhöhen, wird aber gefährdet, wenn viele verschiedene Verfahren und Modelle eingesetzt werden, deren Herkunft, Ansatz und Validität unbekannt und ungeprüft sind. Dann entsteht statt Transparenz eher Verwirrung durch Vielfalt. Gremien könnten und sollten also bei der Frage der Akkreditierung von Qualitätsmanagementverfahren und Zertifizierungsinstitutionen eine wichtige Rolle spielen.

Die Funktion der Zertifizierung von Bildungseinrichtungen selbst sollten Gremien nicht übernehmen. Einem Landes- oder Bundesverband wird es schwer fallen, einer Mitgliedseinrichtung das beantragte Qualitätszertifikat zu versagen. Hier steht zu befürchten, dass die Qualitätsansprüche so heruntergeschraubt werden, dass das Zertifikat wenig aussagekräftig ist. Die Glaubwürdigkeit eines Zertifikats ist sicherlich höher, wenn die zertifizierende Stelle eine gewisse Distanz und Unabhängigkeit zur Struktur der organisierten Interessenvertretung hat.

Das nordrhein-westfälische Gremium, der Arbeitskreis Weiterbildung, hat in den vergangen Jahren Fragen der Qualitätssicherung immer wieder intensiv diskutiert. Aus meiner Sicht hat dieser Arbeitskreis den beschriebenen Balanceakt beim Thema Qualitätssicherung gut bewältigt. Im Zuge der eingeleiteten Neustrukturierung des nordrhein-westfälischen Landesinstituts wurde die Arbeit des Arbeitskreises Weiterbildung eingestellt. Die durch das novellierte Weiterbildungsgesetz eingerichteten Regionalkonferenzen (§ 21 WbG NRW) sollen einen Wirksamkeitsdialog führen, indem insbesondere „Fragen der eigenverantwortlichen Qualitätssicherung und des Teilnehmerschutzes" erörtert werden sollen.[2] In der Praxis erweist sich dies als ziemlich schwierig. Bis heute, d.h. ca. 1¾ Jahre nach Inkrafttreten des novellierten Weiterbildungsgesetzes, sind hier nennenswerte Fortschritte nicht zu verzeichnen; der Wirksamkeitsdialog hat sich bisher vor allem auf die Beschreibung der neuen Förderbereiche konzentriert. Nur die Eltern- und Familienbildung hat begonnen, Fragen und Vorgehensweisen der Qualitätssicherung intensiv zu diskutieren.

Aufgabe von Supportinstitutionen ist es, im Bereich der Qualitätssicherung fachlich adäquate Verfahren aufzugreifen, zu adaptieren und ggf. neu zu entwickeln.

---

[2] Begründung bei der Einbringung des Gesetzes zur Modernisierung der Weiterbildung, Landtagsdrucksache NRW 12/3876 vom 22.04.1999, Einzelbegründung zu Artikel 1 Nr. 31 (§ 21 WbG).

Sie sollen praktische Erfahrungen in der Anwendung solcher Verfahren sammeln, wissenschaftlich reflektieren und publizieren, um dadurch die Verfahren und Instrumente der Qualitätssicherung weiter zu entwickeln. Ihre Aufgabe ist es ferner, Weiterbildungseinrichtungen bei der Einführung und dauerhaften Anwendung von Qualitätssicherungsverfahren zu beraten und zu begleiten.

Weil die Vertretung bildungspolitischer Interessen nicht zum Kern der Aufgaben von Supportinstitutionen gehört und weil sie fachlich und pädagogisch kompetent sind, sind sie im Prinzip besonders geeignet zu evaluieren, zu auditieren und zu zertifizieren. Allerdings entwickeln sich auch hier Abhängigkeitsverhältnisse, wenn nämlich die Bildungsinstitution die Zertifizierung bezahlt, also Kunde der Zertifizierungsinstitution wird. Eine Zertifizierungsinstitution, die darauf angewiesen ist, Aufträge am Markt zu akquirieren, wird nicht gern Entscheidungen treffen, die für die Kunden unbequem oder nachteilig sind. Wenn der Staat eine Zertifizierung verlangt, wäre es eigentlich konsequent, wenn er auch die Kosten dafür übernimmt. Die Kosten für die Beratung zum Aufbau eines Qualitätsmanagementverfahrens sollte die jeweilige Bildungsinstitution tragen, denn davon profitiert sie auch selbst am meisten.

Die Supportinstitutionen haben – ebenso wie die Gremien – in den vergangen Jahren viel für die Qualitätssicherung in der Weiterbildung getan: Es wurden Projekte und Modellversuche durchgeführt, Einrichtungen informiert, beraten, begleitet und Qualitätsbeauftragte qualifiziert. Zertifiziert aber wurde relativ wenig, und es ist erstaunlich, dass insgesamt wenig Neigung zu erkennen ist, die Funktion der Zertifizierung zu übernehmen. Ist die Interessenverschränkung mit der Weiterbildungspraxis doch zu eng? Kollidiert die Zertifizierung mit der – auch außerhalb von Qualitätssicherung angebotenen – Beratung? Ist Zertifizierung ein zu heißes Eisen? Oder gibt es – bundesweit gesehen – zu wenig Rückendeckung durch Gesetzgebung und Politik?

In den Ländern Bremen, Niedersachsen und Hamburg ist diese politische Rückendeckung gegeben und dementsprechend die Zertifizierung relativ weit vorangeschritten. (In den Referaten aus diesen Ländern wird das sicherlich noch ausführlich dargestellt.)[3]

Wer – so lässt sich argumentieren – öffentliche Zuschüsse erhält, ist auch verpflichtet darzulegen, ob und wie er für die Qualität seiner Angebote sorgt. Die alles entscheidende Frage aber lautet: Wird durch eine solche generelle Nachweis-

---

[3] Übrigens findet sich in § 80 des neuen Pflegequalitätssicherungsgesetzes des Bundes eine strukturell ähnliche, inhaltlich noch weitergehende Regelung wie in § 10 des neuen niedersächsischen Weiterbildungsgesetzes. Nach dem neuen Pflegequalitätssicherungsgesetz wird jedes Pflegeheim und jeder Pflegedienst „verpflichtet, ein umfassendes, einrichtungsinternes Qualitätsmanagement einzuführen. Unabhängige Sachverständige müssen in regelmäßigen Abständen die Qualität der Einrichtung nachprüfen." (vgl. § 80 in Verbindung mit § 72 und den §§ 113 ff. des Pflegequalitätssicherungsgesetzes, das am 01.02.2002 in Kraft tritt; vgl. Pressemitteilung des Bundesministeriums für Gesundheit Nr. 73 vom 13.07.2001

pflicht tatsächlich eine Verbesserung der Bildungsangebote und der Lernprozesse erreicht, oder entsteht nur ein zusätzliches bürokratisches Verfahren?

Oder anders formuliert: Was ist ein dem Lernen in der Weiterbildung angemessenes Verfahren der Qualitätssicherung?

Die meisten Verfahren und Modelle der Qualitätssicherung (z. B. ISO 9000, EFQM) konzentrieren sich auf die Bildungsinstitution und die Art, wie dort die organisatorischen Prozesse geregelt sind, die Voraussetzung für das Zustandekommen von Lernprozessen sind. Der Lernprozess selbst wird dabei zu wenig beachtet oder gar als Blackbox behandelt.[4] Am deutlichsten auf den Lernprozess fokussiert ist m. E. das „Lernerorientierte Qualitätsmodell für Weiterbildungsorganisationen", das im Rahmen eines BLK-Projekts vom ArtSet-Institut, Hannover, und dem Landesverband der Volkshochschulen Niedersachsen entwickelt worden ist.[5]

Auf die Grenzen der Messbarkeit von Lernergebnissen und auf die Tatsache, dass es „keine wirklich berechenbare Relation zwischen Ursache (also einer Bildungsveranstaltung) und Wirkung (dem Erfolg einer Bildungsveranstaltung)"[6] gibt, ist vielerorts hingewiesen worden.

Die aufgeworfene Grundsatzfrage kann ich hier selbstverständlich nicht abschließend beantworten. Ich möchte aber mit Rückgriff auf die Institutionstheorie von J. A. Schülein[7] eine Leitlinie aufweisen, die m. E. bei der Entwicklung und Anwendung von Qualitätssicherungsverfahren und -instrumenten für die Weiterbildung wichtig ist. Schülein unterscheidet bei dem, was innerhalb von Institutionen abläuft, zwischen dem produktiven und dem reproduktiven Prozess. Die Leistungen, deretwegen eine Institution eingerichtet wird, werden im produktiven Prozess erbracht. Der reproduktive Prozess sorgt dafür, dass die Institution erhalten, gepflegt und weiter entwickelt wird, damit der produktive Prozess möglichst störungsfrei ablaufen kann.

Was verschiedene Arten von Institutionen betrifft, unterscheidet Schülein u. a. zwischen instrumentellen Institutionen und reflexiven Institutionen. Charakteristisch für instrumentelle Institutionen (wie z. B. Fabriken) ist, dass produktive und reproduktive Prozesse sich zwar beeinflussen, aber doch relativ klar von einander getrennt sind. So beeinflusst z. B. in einer Fabrik zur Herstellung von Waschmaschinen das Betriebsklima die Fehlerquote, nicht aber die Art des Produkts Waschmaschine.

---

[4] vgl. Epping, Rudolf; Koerner, Sabina: Fazit und Ausblick, in: Landesinstitut für Schule und Weiterbildung (Hrsg.): Qualitätsentwicklung in der Familienbildung – das EFQM-Modell in der Praxis, Soest 1999, S. 74 f.

[5] Ehses, Christiane; Heinen-Tenrich, Jürgen; Zech, Rainer: Das lernerorientierte Qualitätsmodell für Weiterbildungsorganisation, Mai 2001. hrsg. vom ArtSet-Insitut, Ferdinand-Wallbrecht-Str. 17, 30163 Hannover

[6] Grilz, Wolfgang: Pädagogische Qualität – Widersprüche zwischen Theorie und Praxis, in: Die österreichische Volkshochschule, 200/Juni 2001, S. 36

[7] Schülein, Johann A.: Der Institutionsbegriff und seine praktische Relevanz, in: Pühl, Harald (Hrsg.): Supervision in Institutionen, Frankfurt a. M. 1996, S. 151 f.

Anders in reflexiven Institutionen, wie sie vor allem im Sozial-, Beratungs- und Bildungsbereich anzutreffen sind. In einer Schule beeinflusst das Arbeitsklima nicht nur den Krankenstand der Lehrkräfte oder die Fehlerquote beim Raumbelegungsplan, sondern die Art und Weise des Unterrichts, die Interaktion zwischen Lehrkräften und Schülern/Schülerinnen und damit den Lernprozess selbst.

Wenn wir nun Weiterbildungseinrichtungen den reflexiven Institutionen zuordnen und Verfahren der Qualitätssicherung als zum reproduktiven Prozess gehörig betrachten, wird deutlich, warum Qualitätssicherungsverfahren in Weiterbildungseinrichtungen andersartig wirken als in einer Fabrik. Wenn also Qualitätssicherungsverfahren in Bildungseinrichtungen nicht nur – wie in instrumentellen Institutionen – den Herstellungsprozess beeinflussen, sondern das „Produkt" selbst, also den Lernprozess, wird erkennbar, dass Qualitätssicherungsverfahren auf die Eigenart des „Produktes Bildung", d.h. auf das spezifisch Pädagogische, abgestellt sein müssen. Andernfalls besteht nicht nur die Gefahr, dass die Qualitätssicherungsverfahren ins Leere laufen, sondern – schlimmer noch – den Lernprozess und den Lernerfolg behindern.

Ich habe mehrmals die Erfahrung gemacht, dass diese Argumentation, also das Bestehen auf einem bildungsspezifischen Qualitätssicherungsansatz, nur schwer zu vermitteln ist. All zu schnell gerät diese Argumentation unter den Generalverdacht, wir Pädagogen wollten uns dem Gedanken der Qualitätssicherung, der doch sonst überall anwendbar sei, entziehen und uns – wieder einmal – nicht in die Karten gucken lassen.

Dieser Generalverdacht sollte uns herausfordern, die Argumentation immer präziser zu formulieren und zu konkretisieren. Letzteres möchte ich mit Hilfe eines Beispiels (aus eigener supervisorischer Tätigkeit) tun.

Eine Weiterbildungseinrichtung hatte im Rahmen der Installierung eines systematischen Qualitätsmanagementverfahrens das regelmäßige Einholen von Teilnehmerrückmeldungen in schriftlicher Form eingeführt. Die Dozenten wurden verpflichtet, am Ende eines jeden Lehrgangs von den Teilnehmerinnen und Teilnehmern Rückmeldebogen ausfüllen zu lassen und einzusammeln. Aus Gründen der Verwaltungsvereinfachung werden die eingesammelten Rückmeldebogen in die Zentralverwaltung gegeben und dort statistisch ausgewertet. Die Ergebnisse gehen an den zuständigen Fachbereichsleiter, der – wenn ein bestimmter kritischer Wert überschritten wird – den jeweiligen Dozenten zum Gespräch bittet. Nach einiger Zeit wird deutlich, dass die Dozenten diese zwecks Qualitätssicherung eingeführte Maßnahme nach Kräften und ideenreich boykottieren. Sie nehmen die statistischen Auswertungen auch gar nicht zur Kenntnis, obwohl ihnen die Auswertungsbogen offiziell zur Verfügung gestellt werden.

Was war der Grund für dieses Verhalten? Die Maßnahme wird von den Dozenten als Kontrolle und die – nur sehr selten anberaumten – Gespräche mit dem Fachbereichsleiter werden als Sanktion erlebt. Ein offenes Gespräch über mögliche Ursachen für kritische Rückmeldungen kommt nicht zustande. Aus einer institutionellen Perspektive betrachtet, stellt sich die Situation so dar: Im Bestreben, dem Prinzip Kundenorientierung mehr Gewicht zu verleihen, hat die Leitung der Institution die Kräfteverhältnisse im Dreieck Fachbereichsleitung, Dozenten und Teilnehmende zulasten der Dozenten verschoben. Die Einführung dieser Form der Rückmeldung bedeutet eine institutionelle Schwächung der Dozenten, die infolgedessen im Umgang mit den Teilnehmenden unsicherer werden. Damit hat die Leitung – in ökonomischen Begriffen gesprochen – die Einsatzbedingungen für das Humankapital ihrer Dozenten, also ihre wichtigste Ressource, beeinträchtigt. Aus einer Maßnahme, die der Qualitätsverbesserung dienen sollte, wurde eine Maßnahme, die die Qualität des Unterrichts negativ beeinflusste.

Wie aber sähe eine Rückmeldeform unter Einbeziehung der pädagogischen Perspektive aus? Die Sicht der Dozenten auf den Lehrgangsverlauf müsste systematisch in das Feed-back-Verfahren eingebaut werden, damit sie ihr eigenes pädagogisches Handeln unter Einbeziehung der Rückmeldungen durch die Teilnehmenden reflektieren können, und zwar nicht erst am Ende eines Lehrgangs.

Eine Möglichkeit dazu ist, dass die Dozenten eine Art Kurstagebuch führen, in dem sie ihre Wahrnehmungen, Sichtweisen, Probleme und Erfolge schriftlich festhalten. Diese Aufzeichnungen können dazu dienen, Rückmeldungen von Teilnehmenden im Kontext der Ereignisse im Kursverlauf genauer zu verstehen und ggf. zu relativieren. Solche Aufzeichnungen können für die Dozenten selber eine Informationsquelle sein, wiederkehrende Schwierigkeiten zu erkennen und durch Fortbildung zu bearbeiten. Ein solches Qualitätssicherungsinstrument wurde im Rahmen eines Projekts in Schleswig-Holstein erfolgreich eingesetzt.[8]

Eine andere Möglichkeit stellt das Konzept „Lernberatung" dar, wie es von Kemper/Klein entwickelt worden ist.[9] Durch die Instrumente Lerntagebuch, Lernkonferenz sowie Feed-back und Fachreflexion werden Teilnehmende und Dozenten in ein kontinuierliches Rückmeldesystem einbezogen, das die Selbststeuerung des Lernens durch die Teilnehmenden ebenso fördert wie eine teilnehmerorientierte Arbeitsweise und begleitende Reflexion der Dozentinnen und Dozenten. Soweit dieses Beispiel für die Bedeutung einer pädagogisch adäquaten Qualitätssicherung.

Ob Gremien und Supportinstitutionen ihrer Funktion beim Thema Qualitätssicherung gerecht werden oder nicht, entscheidet sich m. E. wesentlich daran, ob es ihnen gelingt, die fachlich-pädagogische Perspektive in die Diskussion einzubringen, zu begründen und schließlich auch durchzusetzen.

---

[8] Brödel, Rainer: Pädagogische Qualitätssicherung als reflexive Kompetenzentwicklung, in: von Küchler, Felicitas; Meisel, Klaus (Hrsg.): Qualitätssicherung in der Weiterbildung – Auf dem Weg zu Qualitätsmaßstäben, Deutsches Institut für Erwachsenenbildung, Frankfurt 1999, S. 193 f.

[9] Kemper, Marita; Klein, Rosemarie: Lernberatung – Gestaltung von Lernprozessen in der beruflichen Weiterbildung, Hohengehren, 1998, S. 82 f.

MR Michael Ranft

Referatsleiter Berufliche Bildung
Ministerium für Arbeit, Soziales,
Gesundheit und Frauen des Landes Brandenburg

3.3 Qualitätssicherung in der (beruflichen) Weiterbildung in den neuen Bundesländern

In den neuen Ländern genießen Qualitätsentwicklung und Qualitätssicherung in der beruflichen Weiterbildung mittlerweile hohe Priorität. Vorhandene Weiterbildungsgesetze sehen in der Regel über Mindestanforderungen an Einrichtungen und Maßnahmen sowie über regionale Gremien der Koordination von Weiterbildung mehr oder weniger wirksame Mechanismen der Qualitätssicherung in der Weiterbildung und damit zumeist in der beruflichen Weiterbildung vor. Von besonderer Bedeutung ist allerdings auch die Etablierung von Qualitätssicherungssystemen im Rahmen von arbeitsmarktpolitischen Landesprogrammen und bei geförderten Projekten.

Nachdem in einem ersten Schritt der Stellenwert beruflicher Weiterbildung in den neuen Ländern dargelegt wird, werden die Grundlagen der Qualitätssicherung in der Weiterbildung im Allgemeinen und in der beruflichen Weiterbildung im Besonderen kurz beleuchtet. In einem dritten Schritt werden sodann exemplarisch am Land Brandenburg die spezifischen Ansätze der Qualitätssicherung in der beruflichen Weiterbildung im Zuständigkeitsbereich des Ministeriums für Arbeit, Soziales, Gesundheit und Frauen skizziert. Abschließend werden einige gewonnene, aber auch weiterführende Thesen zur Qualitätssicherung in der beruflichen Weiterbildung zur Diskussion gestellt.

Basis der folgenden und sich auf wesentliche Elemente konzentrierenden Überlegungen sind die vom Bundesinstitut für Berufsbildung erstellten und für das Sachverständigengespräch „Qualitätssicherung in der Weiterbildung auf Länderebene" vorgelegten Länderberichte der Bundesländer Berlin, Brandenburg, Mecklenburg-Vorpommern, Sachsen, Sachsen-Anhalt und Thüringen. Weiterführende Recherchen wurden nicht angestellt. Ein Anspruch auf Vollständigkeit wird nicht erhoben. Insofern bleiben die im Bereich der beruflichen Weiterbildung angewendeten Qualitätsmanagementsysteme (und Zertifizierungsverfahren) nach DIN EN ISO 9000 ff. sowie die Qualitätssicherungspolitik der Bundesanstalt für Arbeit (Bildungsträger und Maßnahmen nach dem SGB III) weitgehend ausgeblendet.

I. Stellenwert beruflicher Weiterbildung in den neuen Bundesländern

In den neuen Ländern liegen mittlerweile seit über 10 Jahren Erfahrungen mit Arbeitsmarktpolitik und beruflicher Weiterbildung vor. In den neunziger Jahren und insbesondere in der ersten Hälfte dieses Jahrzehnts folgte die ostdeutsche Arbeitsmarktpolitik vielfach dem Leitziel, vorrangig aktive Fördermaßnahmen zu finanzieren als passive Leistungen zu gewähren. Damit ging eine Konzentration auf Arbeitsbeschaffungsmaßnahmen (ABM) sowie Strukturanpassungsmaßnahmen (SAM) einher. ABM und SAM verfolgten den Anspruch, den Erwerb respektive den Wiedererwerb von Schlüsselkompetenzen zu stärken, weshalb sich die Maßnahmen auch in einen Qualifizierungszusammenhang einordneten. Überdies gewannen Maßnahmen der Fortbildung und Umschulung und später der Förderung beruflicher Weiterbildung durch die Bundesanstalt für Arbeit immer mehr an Bedeutung.

Ohne die geleisteten Beiträge zur Verringerung der Arbeitslosigkeit und die sozialpolitischen Funktionen der Fördermaßnahmen zu vernachlässigen, können mit Blick auf die vergangenen 10 Jahre zwei weitere Schlussfolgerungen gezogen werden: Zum einen sind die Erfolgsergebnisse der mit bedeutenden finanziellen Mitteln der Bundesanstalt für Arbeit ausgestatteten Maßnahmen suboptimal. Besonders die Zahlen für ABM zeichnen ein ernüchterndes Bild. Im Jahr 1999 belief sich die Verbleibsquote bei ABM im Bundesgebiet Ost lediglich auf 37,9 Prozent, während sie im Bundesgebiet West 55,1 Prozent betrug. Für die Förderung beruflicher Weiterbildung war immerhin in Ostdeutschland eine Verbleibsquote von 57,7 Prozent zu verzeichnen. In Westdeutschland lag sie dagegen bei 75,2 Prozent. Lediglich bei SAM sind vergleichsweise bessere Verbleibsquoten festzustellen, denn im Bundesgebiet Ost waren 63,1 Prozent aller Teilnehmer sechs Monate nach der Maßnahme nicht mehr arbeitslos (Bundesgebiet West: 63,5 Prozent). Zum anderen darf nicht außer acht gelassen werden, dass in den neuen Ländern heute vielfach eine Weiterbildungsmüdigkeit beobachtet werden muss, die in einigen Fällen sogar in eine Art Weiterbildungsresistenz zu münden scheint. Viele Arbeitslose haben mittlerweile eine Reihe unterschiedlicher Maßnahmen durchlaufen, ohne dass die Eingliederung in der ersten Arbeitsmarkt gelungen sei. Viele Beschäftigte können von entsprechenden Erfahrungen aus ihrer Familie oder dem Bekanntenkreis berichten. Folge dieser Form von Weiterbildungskarrieren dürfte eine abnehmende Bereitschaft zur erneuten Teilnahme an auch erfolgversprechenden beruflichen Weiterbildungsveranstaltungen der Arbeitsämter und Betriebe sein.

Die deutsch-deutschen Unterschiede bei den Verbleibsquoten sind sicherlich auf die gravierend schlechtere Arbeitsmarktlage in Ostdeutschland zurückzuführen. Und vermutlich sind hier zur Erklärung multivariante Wirkungsanalysen erforderlich. Jedoch ist damit der auch von prominenten Wissenschaftlern vorgebrachte

Kritikpunkt der Fehlallokation nur bedingt zu entkräften. Die Ergebnisse der Arbeitsmarktpolitik in den neunziger Jahren in Ostdeutschland machen vor dem Hintergrund eingeschränkter Erfolgszahlen und rückläufiger Weiterbildungsbereitschaft in der Bevölkerung die hohe Bedeutung der Qualitätssicherung in der beruflichen Weiterbildung deutlich. Inwieweit die eher input-orientierte Qualitätssicherungspolitik der Bundesanstalt für Arbeit einer Revision bedarf, kann an dieser Stelle nicht beantwortet werden. Wichtiger erscheint, die Faktoren kurz zu beschreiben, die dafür verantwortlich zeichnen, dass der Stellenwert beruflicher Weiterbildung in den neuen Bundesländern weiterhin zunehmen wird, was die Qualitätssicherung weiter ins Zentrum der Weiterbildungspolitik rücken wird. Dabei handelt es sich um die steigenden Bedeutung lebenslangen Lernens sowie um die demographische Entwicklung und den erwarteten Fachkräftebedarf:

- Mit dem Übergang zur Wissensgesellschaft wird der Zugang zu Informationen und Wissen immer wichtiger. Die Befähigung zur intelligenten Nutzung und Verarbeitung der erworbenen Wissensbestände ist der Schlüssel zur Steigerung der Wettbewerbsfähigkeit der Wirtschaft, zur Verbesserung der Beschäftigungsfähigkeit und zur Stärkung der ständigen Anpassungsfähigkeit der Arbeitskräfte. Lebenslanges Lernen und kontinuierliche Weiterbildung sind sowohl in kleinen und mittleren Unternehmen als auch in Großbetrieben wesentliche Grundbedingung für wirtschaftliche Leistungsfähigkeit und die Sicherheit der Arbeitsplätze. Vor diesem Hintergrund ist die Weiterbildungsbereitschaft der Unternehmen und Beschäftigten stetig zu erhöhen.

- In den Neuen Ländern wird die demografische Entwicklung in wenigen Jahren einen Rückgang des Arbeitsangebots und Engpässe bei qualifizierten Arbeitskräften bewirken. So ist für Brandenburg nach einer vom Landesbetrieb für Datenverarbeitung und Statistik vorgelegten Prognose für den Zeitraum zwischen den Jahren 2005 und 2020 mit einem deutlichen Rückgang der Bevölkerung im arbeitsfähigen Alter zu rechnen. In der Altersgruppe der 16- bis unter 19-Jährigen zeichnet sich nach einem Planungsgutachten im Auftrag des Bildungsministeriums zwischen den Jahren 2004 und 2010 sogar eine Halbierung der Bevölkerungszahl ab. Ostdeutschland insgesamt steht vor dem Problem der „demographischen Falle". Die Betriebe sind danach gegenwärtig durch ein hohes Durchschnittsalter der Beschäftigten mit einem Übergewicht der Altersgruppe der 50-Jährigen gekennzeichnet. Nach der Wende fand zumeist ein starker Personalabbau statt, von dem insbesondere ältere Arbeitnehmer durch Frühverrentung und jüngere Mitarbeiter im Rahmen von Sozialplänen betroffen waren. Überdies hat die wirtschaftlich prekäre Lage vieler Betriebe dazu geführt, dass in den letzten Jahren nur eine relativ geringe Zahl junger Facharbeitskräfte neu eingestellt wurden. Wenn nunmehr die geburtenschwachen Jahrgänge in den Arbeitsmarkt eintreten, sind die Unternehmen vor ein Beschäftigungsproblem gestellt: Auf der einen Seite haben sie gestiegenen Bedarf an neuen Facharbeitskräften, auf der anderen Seite ist das Arbeitsangebot an Nachwuchskräften stark rückläufig. Die Betriebe müssen mit personalwirtschaftlichen Maßnahmen und insbesondere mit verstärkten Weiterbildungsanstrengungen auf die Herausforderungen des erwarteten Fachkräftebedarfs antworten und für die Schaffung ausreichender Kapazitäten an Fachkräften sorgen.

Parallel dazu muss sich die Angebotsstruktur der Bildungsträger verbessern. Entsprechende Untersuchungen machen beispielsweise für Brandenburg deutlich, dass das geschäftspolitische Hauptfeld der Bildungsträger zu etwa 60 Prozent auf Bildungsmaßnahmen zielt, die von der Bundesanstalt für Arbeit finanziert werden. Weiterbildungsangebote für Unternehmen rangieren mit ca. 10 Prozent des Trägerumsatzes erst auf dem vierten Platz. Die Weiterbildungslandschaft ist demnach noch zu wenig auf die spezifischen Bedürfnisse von Klein- und Mittelunternehmen ausgerichtet. Konsequenz ist, dass eine passgenaue Qualifizierung durch die Bildungsträger häufig nicht erfolgt.

Betrachtet man den Anteil der Unternehmen mit Weiterbildungsaktivitäten, dann ist in Ostdeutschland zwischen 1997 und 1999 zwar ein Anstieg der Weiterbildungsquote von 39 Prozent auf 42 Prozent zu verzeichnen, für das erste Halbjahr 2000 weist das Betriebspanel jedoch einen Rückgang auf 40 Prozent aus. Insofern ist in den neuen Ländern eher von einer Stagnation als von einem kontinuierlichen Anstieg der bei den betrieblichen Fort- und Weiterbildungsmaßnahmen zu sprechen. Zugleich sind deutliche Unterschiede zwischen den einzelnen Bundesländern festzustellen. So war im Jahr 1999 die Weiterbildungsquote im Ostteil Berlin mit 35 Prozent am Niedrigsten, während 47 Prozent der Betriebe in Mecklenburg-Vorpommern und Thüringen überproportional viele Weiterbildungsveranstaltungen aufwiesen.

Für die unzureichende Weiterbildungsbeteiligung vor allem in Klein- und Mittelunternehmen zeichnen eine Reihe von Ursachen verantwortlich. Da viele Arbeitnehmer – formal betrachtet – über höhere berufliche Bildungsabschlüsse verfügen, gehen viele Betriebe fälschlicherweise davon aus, dass ihre Beschäftigten ein ausreichendes Qualifizierungsniveau für die neuen Anforderungen hätten. Weitere Gründe sind die unzureichende finanzielle Ressourcen der Betriebe und organisatorische Probleme bei der Freistellung der Mitarbeiter. Zudem werden die Angebote der Bildungsträger häufig als ungeeignet für die betrieblichen Belange beurteilt. Schließlich werden flexible Lehr- und Lernformen, die den Kundenwünschen und Kundenbedingungen entsprechen (In-house-Veranstaltungen, Selbstlernprogramme mit neuen Medien, arbeitsplatznahe Weiterbildung), seitens der Bildungsträger nicht oder in nicht ausreichendem Maße angeboten.

II. Grundlagen der Qualitätssicherung in der Weiterbildung der Neuen Länder

Die Grundlagen der Qualitätssicherung in der beruflichen Weiterbildung der neuen Bundesländer sind einesteils abhängig von der Frage der Existenz eines Weiterbildungsgesetzes respektive Erwachsenenbildungsgesetzes. Sofern keine derartigen gesetzlichen Regelungen vorliegen, sind für die Qualitätssicherungspolitik der Länder anderenteils zumeist die jeweiligen arbeitsmarktpolitischen Programme ausschlaggebend.

Entsprechend den vom Bundesinstitut für Berufsbildung erstellten Länderberichten lassen sich in schematischer Weise für die Qualitätssicherung in der Weiterbildung der Neuen Länder drei Kategorien oder Modelle bilden:

1. Länder mit Weiterbildungsgesetzen und mit Landesarbeitsmarktprogrammen

Unter diesem Modell werden Länder subsumiert, die ihre Anstrengungen der Qualitätssicherung in der beruflichen Weiterbildung sowohl auf ein Weiterbildungsgesetz als auch auf arbeitsmarktpolitische Länderprogramme stützen. Dies ist im Prinzip in den Ländern Brandenburg, Mecklenburg-Vorpommern der Fall. Im Mittelpunkt der Qualitätssicherung nach den Weiterbildungsgesetzen stehen mehr oder weniger präzise Kriterien der Anerkennung von Einrichtungen der Weiterbildung nach den jeweiligen Weiterbildungsgesetzen. Die vorliegenden Länderberichte zeigen, dass Sachsen eher allgemeine Anforderungen für die Anerkennung von Landesorganisationen, Einrichtungen und Trägern formuliert, während in Mecklenburg-Vorpommern und in Brandenburg deutlicher auf personelle und organisatorische Mindeststandards gesetzt wird. In Brandenburg beispielsweise zielt das Anerkennungsverfahren im Weiterbildungsgesetz auf die Sicherung des Teilnehmerschutzes, die Garantie der Trägervielfalt sowie die Gewährleistung von Transparenz auf dem Weiterbildungsmarkt. Ein weiteres wichtiges Element der Qualitätssicherung besteht in zwei Ländern in der Einrichtung von Weiterbildungsbeiräten. Während sich Sachsen auf einen Landesbeirat für Erwachsenenbildung konzentriert, sieht Brandenburg eine Struktur von regionalen Beiräten und einem Landesbeirat für Weiterbildung vor. Weitere Differenzierungen treten mit Blick auf die jeweiligen Ressortzuständigkeiten zutage: In Mecklenburg-Vorpommern liegt die Zuständigkeit für das Landesprogramm Qualifizierung und Arbeit sowie für das Weiterbildungsgesetz beim Ministerium für Arbeit und Bau; lediglich die Grundversorgung und die Volkshochschulen sind beim Minister für Bildung, Wissenschaft und Kultur angesiedelt. Dahingegen sind in Sachsen und Brandenburg deutliche unterschiedliche Ressortzuständigkeiten festzustellen. So obliegt das Weiterbildungsgesetz dem Sächsischen Staatsministerium für Kultus respektive dem Brandenburger Bildungsministerium, während für die Qualitätssicherung in der primär beruflichen Weiterbildung die arbeitsmarktpolitischen Programme des Sächsischen Staatsministeriums für Wirtschaft und Arbeit bzw. das Ministerium für Arbeit, Soziales, Gesundheit und Frauen in Brandenburg verantwortlich zeichnen.

2. Länder mit Erwachsenenbildungsgesetzen und mit Landesarbeitsmarktprogrammen

Im Gegensatz zum ersten Modell, dass auf Landesprogrammen und Weiterbildungsgesetzen der Länder beruht, konstituiert sich dieses Modell aus der parallelen Existenz von arbeitsmarktpolitischen Programmen einerseits und den Erwachsenenbildungsgesetzen der Länder andererseits. Der qualitative Unterschied besteht darin, ob und inwieweit in den jeweiligen Gesetzen die berufliche Weiterbildung neben der allgemeinen, politischen und – so sei an dieser Stelle ergänzt – kulturellen Weiterbildung in der Zieldefinition und den materiellen Bedingungen Niederschlag findet. Erwachsenenbildungsgesetze konzentrieren sich in stärkerem Maße auf die nicht der beruflichen Bildung zuzurechnenden Bildungsbereiche. Dies gilt in besonderem Maße für Sachsen-Anhalt, trifft nach vorliegenden Informationen aber auch für das Land Thüringen zu, wenngleich hier die Förderung der beruflichen Weiterbildung im Erwachsenenbildungsgesetz nicht ausgeblendet wird. Aber auch in Thüringen kommt der gesetzlichen Verankerung von Volkshochschulen und Heimvolkshochschulen besondere Bedeutung zu. In beiden Ländern existieren Beiräte auf Landesebene und in beiden Ländern erfolgt die Qualitätssicherung nach den Erwachsenenbildungsgesetzen auf der Basis von Kriterien der Anerkennung der Förderfähigkeit. In Thüringen weist die Intensität der praktizierten Qualitätssicherung zwar Entwicklungspotenziale auf, ist im Vergleich zu Sachsen-Anhalt jedoch höher zu bewerten. Und schließlich sind in beiden Ländern für die arbeitsmarktpolitischen Aktivitäten die Arbeits- bzw. Wirtschaftsminister zuständig, wohingegen die Erwachsenenbildungsgesetze von den Kultusministerien verantwortet werden.

3. Länder nur mit Landesarbeitsmarktprogrammen

Für dieses Modell ist das Land Berlin stilbildend, das weder ein Weiterbildungsgesetz noch ein Erwachsenenbildungsgesetz verabschiedet hat. Lediglich die Volkshochschulen finden mit ihrer Aufgabenstellung der allgemeinen und beruflichen Fortbildung der Bürger Niederschlag in einem speziellen Paragrafen des Landesschulgesetzes. Bislang sind dort keine qualitätssichernden Maßnahmen verankert. Entscheidend für die Förderung von Maßnahmen beruflicher Weiterbildung ist hingegen das Arbeitsmarktpolitische Rahmenprogramm (ARP) der Senatsverwaltung für Arbeit, Soziales und Frauen. Hinsichtlich der Qualitätssicherung im Rahmen des Landesprogramms wurden Qualitätskriterien (In- und Output-Kriterien) definiert und eine prozessuale Begleitung (Coaching) festgelegt. Darüber hinaus muss – so die Senatsverwaltung für Arbeit, Soziales und Frauen – jede Bildungsmaßnahme den in Anlehnung an die im SGB III definierten Qualitätsstandards, den haushaltsrechtlichen Bestimmungen und den Regelungen des Europäischen Sozialfonds entsprechen.

Grundsätzlich sind in den Neuen Ländern (Ziel-1-Gebiete) sowie im Land Berlin die Anforderungen an die Qualitätssicherungspraxis aus dem Europäischen Sozialfonds zu berücksichtigen. Die Länder verweisen in diesem Zusammenhang zumeist auf ihre Operationellen Programme und Einheitlichen Programmplanungsdokumente. Im Länderbericht Brandenburg wird weiterhin ausgeführt, dass die Europäische Kommission den Anspruch erhebt, die Qualität der Programmplanung zu verbessern, und die Frage nach den Indikatoren in den Mittelpunkt rückt. Demnach sind alle Aktionen (Richtlinien/Programme) mit einem Bündel von Indikatoren (Ressourcen- oder Input-Indikatoren, Output-Indikatoren, Ergebnisindikatoren, Wirkungsindikatoren) zu koppeln, die über Effizienz und Qualität Aufschluss geben.

Fernerhin ist unter Qualitätssicherungsgesichtspunkten auf die existierenden und teils unterschiedlichen Bildungsurlaubs- und Bildungsfreistellungsgesetze bzw. entsprechenden Verordnungen der Länder hinzuweisen, wenngleich die Bedeutung Bildungsurlaub bei einer Inanspruchnahme von vielfach unter 2 Prozent nicht überbewertet werden darf: In zwei Bundesländern (Sachsen und Thüringen) gibt es keine gesetzlichen Regelungen zum Bildungsurlaub respektive zur Bildungsfreistellung. In den anderen Ländern sehen die Gesetze und Verordnungen zur Bildungsfreistellung und zum Bildungsurlaub in der Regel mehr oder – wie im Fall von Berlin – weniger detaillierte Voraussetzungen zur Anerkennung von Bildungsmaßnahmen vor. Diese Regelungen dienen der Sicherung der Qualität in der allgemeinen, politischen sowie gegebenenfalls in der beruflichen Weiterbildung. Während in Mecklenburg-Vorpommern das Bildungsfreistellungsgesetz in den Aufgabenbereich des Arbeitsministeriums fällt, sind in Berlin, Brandenburg und Sachsen-Anhalt die Bildungs- bzw. Kultusminister federführend. Das Bildungsfreistellungsgesetz des Landes Sachsen-Anhalt sieht als einziges der Neuen Länder einen Bildungsfreistellungsbeirat vor.

Es dürfte bereits deutlich geworden sein, dass die konkrete Qualitätssicherungspolitik und Qualitätssicherungspraxis in den Ländern in engem Zusammenhang mit den jeweiligen Ressortzuständigkeiten für die Weiterbildung im Allgemeinen und die berufliche Weiterbildung im Besonderen steht. Während die Zuständigkeit für die Weiterbildungs- und Erwachsenenbildungsgesetze zumeist bei den für Bildung respektive Kultus zuständigen Ministerien liegt, tragen die für Arbeit zuständigen Ministerien Verantwortung für den Einsatz der Mittel aus dem Europäischen Sozialfonds. Insofern zeichnen häufig die Bildungs- und Kultusressorts für die allgemeine, politische und allgemeine berufliche Weiterbildung verantwortlich, wohingegen die Arbeitsressorts in der Regel für die berufliche Weiterbildung im engeren oder besser eigentlichen Sinne zuständig sind.

Unterschiedliche Zuständigkeiten im Bereich der Weiterbildung in den Ländern bewirken – so die These – sui generis eine Vielfalt von Regelungen zur Qualitätssicherung im Weiterbildungsbereich, die sich zum Teil ergänzen, zum Teil parallel nebeneinander existieren, zum Teil sicherlich aber auch Redundanzen aufweisen. Entscheidend dürfte dabei sein, inwieweit auf Landesebene eine Koordination der mit Weiterbildung befassten Ressorts erfolgt. Eine abgestimmte Qualitätssicherungspolitik in den Ländern im Sinne eines geschlossenen Konzepts kann nach Sichtung der vorliegenden Unterlagen nicht festgestellt werden.

Im Land Brandenburg liegt die Zuständigkeit für die berufliche Weiterbildung beim Ministerium für Arbeit, Soziales, Gesundheit und Frauen (MASGF) und die Zuständigkeit insbesondere für die allgemeine und politische Weiterbildung beim Ministerium für Bildung, Jugend und Sport (MBJS). Demzufolge ist das MBJS für das Brandenburgische Weiterbildungsgesetz einschließlich der Bildungsfreistellung zuständig. Darüber hinaus sind die zumeist auf bestimmte Zielgruppen oder Teilbereiche der Weiterbildung bezogenen Zuständigkeiten zu beachten, die Zuständigkeiten weiterer Ressorts nach sich ziehen. Vor diesem Hintergrund erfolgte in Brandenburg vor kurzem die Einrichtung einer interministeriellen Arbeitsgruppe (IMAG) „Lebenslanges Lernen". In der Arbeitsgruppe arbeiten die mit unterschiedlichen Teilbereichen der Weiterbildung befassten Ressorts zusammen, um die Rahmenbedingungen für das lebenslange Lernen in Brandenburg zu optimieren. Ziel ist, die Weiterbildungsbereitschaft der Bevölkerung zu erhöhen, die Bildungsbereiche miteinander zu verzahnen und die Mittel zur Förderung der Weiterbildung effizienter einzusetzen. Die Koordinierung der IMAG erfolgt durch das MBJS, für die Berichterstattung sind MBJS und MASGF gemeinsam zuständig. Die IMAG "Lebenslanges Lernen" wurde für die Dauer von zwei Jahren einberufen. Indem die interministerielle Arbeitsgruppe "Lebenslanges Lernen" der Förderung, Koordinierung und Abstimmung der Weiterbildung im Land Brandenburg dient, ist sie ein wesentliches Element der Qualitätssteuerung und Qualitätssicherung, besonders in der beruflichen Weiterbildung, aber auch darüber hinaus.

III. Brandenburger Ansätze der Qualitätssicherung in der beruflichen Weiterbildung

In Brandenburg basiert die Qualitätssicherungspolitik in der beruflichen Weiterbildung auf der in der Arbeitsmarktpolitik des Landes praktizierten adressatenorientierten Evaluation. Zudem zeichnet sich mit der innovativen arbeitsmarktpolitischen Schwerpunktförderung (INNOPUNKT) eine neue Stufe des Qualitätssicherung in der Modellprojektförderung ab. Zentrale Bausteine der Qualitätssicherungspolitik des Ministeriums für Arbeit, Soziales, Gesundheit und

Frauen (MASGF) sind darüber hinaus die Informations- und Beratungsstellen für berufliche Weiterbildung und die Weiterbildungsdatenbank Brandenburg.

Adressatenorientierte Evaluation

Die Matrix für die Qualitätssicherungspolitik der arbeitsmarktpolitischen Förderprogramme des MASGF bildet die Konzeption der adressatenorientierten Evaluation. Die Adressatenorientierung erstreckt sich einerseits auf die an der Programmentwicklung und der Programmumsetzung beteiligten Akteure, das heißt in erster Linie auf das Ministerium und die LASA Brandenburg GmbH (Landesagentur für Struktur und Arbeit) als Umsetzer. Andererseits zielt die Adressatenorientierung auf die Nutzerinnen und Nutzer (Betriebe, Bürger) sowie die regionalen Arbeitsmarktakteure Brandenburgs.[1] Die Konzeption der adressatenorientierten Evaluation basiert auf einem mehrstufigen Ansatz, der die drei folgenden Elemente umfasst und systematisch aufeinander bezieht: a) Verwaltungsinternes Monitoring, b) vertiefende Evaluation durch Vergabe von Evaluationsstudien an Dritte sowie c) die gezielte Aufbereitung und Nutzung von Erkenntnissen aus der politikberatenden Arbeitsmarktforschung. Weiterführende Einzelheiten sind dem Länderbericht Brandenburg der (hier vorliegenden, *d. Verf.*) Studie des Bundesinstituts für Berufsbildung zu entnehmen.

INNOPUNKT

INNOPUNKT steht für „Innovative arbeitsmarktpolitische Schwerpunktförderung in Brandenburg" und ersetzt seit vergangenem Jahr die ESF-Förderung zur Schaffung und Stabilisierung erwerbswirtschaftlicher Arbeitsplätze. Das INNOPUNKT-Programm geht von einem arbeitsmarktpolitischen Ansatz aus, der die Qualifizierungspolitik in den Mittelpunkt stellt. Mit dem neuen Förderprogramm werden modellhaft Projekte zu vorgegebenen Themenschwerpunkten gefördert und dabei sehr hohe Qualitätsansprüche gestellt. Das Qualitätssicherungskonzept im Rahmen von INNOPUNKT wurde im Länderkapitel Brandenburg der Studie des Bundesinstituts für Berufsbildung ausführlich dargestellt.

Weiterbildungsberatung und Weiterbildungsdatenbanken

Die Qualitätssicherungspolitik und Qualitätssicherungspraxis des MASGF im Bereich der beruflichen Weiterbildung basiert weiterhin zentral auf einem seit Anfang der 1990er Jahre landesweit installierten Netz an Beratungsstellen, das mit

---

1 Siehe ausführlicher Bangel, Bettina: Evaluierung der Arbeitsmarktpolitik aus Ländersicht. Die Brandenburger Konzeption der adressatenorientierten Evaluation. In: arbeit und beruf, 12/1999, S. 353-357; Ministerium für Arbeit, Soziales, Gesundheit und Frauen (Hg.): Evaluierung der Arbeitsmarktpolitik aus Ländersicht. Konzepte, Möglichkeiten und Grenzen der politikberatenden Wirkungsforschung. Reihe Forschungsberichte Nr. 17. Potsdam 2000

einer mittlerweile auch im Internet eingestellten Datenbank lokaler und regionaler Weiterbildungsangebote verknüpft ist. Auf diese Art und Weise stellt das MASGF ein effizientes Angebot zu stärkerer Transparenz und höherer Passgenauigkeit auf dem Weiterbildungsmarkt bereit. Im Länderkapitel Brandenburg der Studie des Bundesinstituts für Berufsbildung wird hierzu hinreichend Stellung bezogen.

Weiterbildungsberatungsstellen und Weiterbildungsdatenbanken sind derzeit nicht in allen neuen Bundesländern für die Qualitätssicherungspolitik der Länder prägend. Entsprechende Projekte existieren in Berlin, Brandenburg und Mecklenburg-Vorpommern. Jedoch wurden in den neunziger Jahren in Sachsen, Sachsen-Anhalt und Thüringen diverse Projekte mit dem Ziel der Etablierung von Beratungsstellen und teilweise Datenbanken durchgeführt.

Abschließend ist auf weitere Aktivitäten der neuen Bundesländer zur Qualitätssicherung hinzuweisen. Im Mittelpunkt der Politiken der Qualitätssicherung sowie der Qualitätssicherungspraxis steht zumeist die Durchführung von Einzelprojekten, Workshops und Studien mit entsprechender Themenstellung. Zudem wird auf die Bedeutung von Arbeitsgruppen der zumeist nach den Weiterbildungsgesetzen geförderten Einrichtungen hingewiesen. In vielen Ländern kommt den Aktivitäten der Volkshochschulen eine besondere Bedeutung zu. Wichtig ist ferner, dass die zur Verbesserung der Qualitätssicherung in der Weiterbildung angelegten Projekte der Bund-Länder-Kommission für Bildungsplanung und Forschungsförderung (BLK) ins Zentrum der Qualitätssicherungspolitik der Länder gestellt werden.

IV. Drei Thesen zur Qualitätssicherung der beruflichen Weiterbildung in den Neuen Ländern aus Brandenburger Sicht

These 1: Qualitätssicherung gewinnt in den Neuen Ländern zunehmend an Bedeutung und ist durch eine große Heterogenität gekennzeichnet

In den Neuen Ländern wird Qualitätssicherung in der Weiterbildung und insbesondere im Bereich der beruflichen Weiterbildung zukünftig in noch stärkerem Maße als bislang geschehen die Aufgabe erfüllen müssen, Fehlallokationen beim Einsatz von Mitteln der Bundesanstalt für Arbeit, von Ländermitteln und von Mitteln der Europäischen Strukturfons entgegen zu steuern. Da für die neue Förderperiode der Europäischen Union ab dem Jahr 2007 nicht mehr damit gerechnet werden kann, dass die ostdeutschen Bundesländer weiterhin Ziel-1-Gebiete sein werden, gewinnt die Forderung von Qualitätsentwicklung an Gewicht. Zudem muss dem Umstand Rechnung getragen werden, dass sich die Anforderung an die

Qualitätssicherungspraxis mit dem Einzug neuer Lehr- und Lernformen in Richtung einer größeren Komplexität stetig verändern werden.

Demgegenüber erweist sich die derzeit praktizierte Qualitätssicherungspolitik in den neuen Ländern als wenig homogen. Eigentlich ist dieser Umstand für sich genommen noch nicht als problematisch anzusehen. Zugespitzt formuliert muss jedoch festgestellt werden, dass die Qualitätssicherungsverfahren der Länder vielfach eher als „low level" anstatt als „high level" zu klassifizieren sind, wenngleich eine Einschränkung dieser Kritik in einigen Fällen mit Blick auf den Zeitpunkt des In-Kraft-Tretens der Weiterbildungs- oder Erwachsenenbildungsgesetze koinzidiert werden kann. Als ein weiteres Beispiel können die für eine höhere Transparenz auf dem Weiterbildungsmarkt unverzichtbaren Informationssysteme (wie Beratungsstellen und Datenbanken) genannt werden. Insgesamt gesehen ist vor diesem Hintergrund der in naher Zukunft zu vollziehende Entwicklungsschritt der Qualitätssicherung der Länder im weiten Feld der Weiterbildung allerdings nicht als gering einzuschätzen.

These 2: Qualitätssicherung muss integrativer Bestandteil von Gesetzen und Förderprogrammen sein

Konsequenz der vorgenannten These ist, Qualitätssicherung zur obligatorischen Grundlage im Rahmen von gesetzlichen Bestimmungen und der Ausgestaltung von Förderprogrammen zu machen. Jede zielgerichtete Förderung bedarf der Einordnung in ein Gesamtkonzept, das eine praktikable Qualitätssicherung auf hohem Niveau einschließt. Damit gehen hohe Anforderungen an den Gesetzgeber und Programmentwickler einher. Zugleich sind die finanziellen Auswirkungen zu berücksichtigen. Summa summarum ist auf Länderebene ein geschlossenes und vor allem die unterschiedlichen Teilbereiche der Weiterbildung umfassendes Konzept der Qualitätssicherung zu entwickeln.

These 3: Qualitätssicherung bedarf länderübergreifender Lösungen und sollte zur Etablierung bundesweiter Standards führen

Die Qualitätssicherungsentwicklung in der Weiterbildung darf sich nicht nur auf eine größere Homogenität in den einzelnen Ländern beschränken, sondern muss auch zu einer stärkeren Abstimmung der Qualitätssicherungspolitiken der Länder untereinander führen. Diese Strategie hat dem föderalen Prinzip und der Länderzuständigkeit im Bereich der (beruflichen) Weiterbildung zu entsprechen. Unter diesen Prämissen sind die in der Arbeitsgruppe „Aus- und Weiterbildung" und im Bündnis für Arbeit, Ausbildung und Wettbewerbsfähigkeit vorgestellten Instrumente und Verfahren der Qualitätssicherung weiterzuentwickeln. Im Rahmen des Modellversuchsprogramms „Lebenslanges Lernen" der Bund-Länder-Kommission für Bildungsplanung und Forschungsförderung (BLK) ist die Durchführung von Modellprojekten zur Qualitätssicherung und Testierung von Bildungsangeboten und Bildungseinrichtungen vorgesehen. In den BLK-Aktivitäten zeichnet sich nach dem derzeitigen Informationsstand das Ziel der Schaffung länderübergreifender, elaborierter und vergleichbarer Verfahren der Qualitätssicherung ab. Summa summarum kann auf diesem Wege die autonome Etablierung bundesweiter Standards gelingen.

Thomas Krüger

Weiterbildung Hamburg e.V.

3.4 Es geht auch ohne Weiterbildungsgesetz – Das Modell Weiterbildung Hamburg e. V.

Qualitätssicherung durch Support

Weiterbildung Hamburg e. V. ist ein Verband von derzeit fast 200 Hamburger Weiterbildungseinrichtungen, der durch seine überwiegend staatlich gestützten Aktivitäten die Qualität des Hamburger Weiterbildungsmarktes in mehrfacher Hinsicht fördert.

Die von ihm geschaffenen Supportstrukturen sollen die in einem ungeregelten Markt vorhandenen Hürden überwinden helfen, die eine Bildungsteilnahme des Einzelnen behindern, sie sollen einen umfassenden Verbraucherschutz gewährleisten und darüber hinaus die Marktfähigkeit der Bildungseinrichtungen durch qualitätssichernde Maßnahmen – hier in der Form einer freiwilligen Selbstkontrolle – verbessern.

Da eine zunehmende persönliche Verantwortung für die Planung und die Organisation der eigenen Weiterbildung die Bildungsinteressenten in die Lage versetzen muss, souveräne Bildungsentscheidungen zu treffen, orientieren sich die im Verein installierten Instrumente der Weiterbildungsinformation und -beratung in erster Linie am Bedarf der Verbraucher:

Die Kursdatenbank WISY (**W**eiterbildungs**i**nformation**ssy**stem) mit laufend mehr als 10.000 Veranstaltungen von etwa 500 Anbietern der Region leistet nicht nur die angesichts großstädtischer Vielfalt unverzichtbare Markttransparenz, sondern ermöglicht verbraucherspezifische Auswahlkriterien und Angebotsvergleiche (siehe **www.weiterbildung-hamburg.de**). Weitere Medien, wie das jährliche Veranstaltungsverzeichnis 1001 MAL LERNEN, Internet-Informationen und diverse zielgruppen- und angebotsspezifische Veröffentlichungen ergänzen das einrichtungsübergreifende Informationsspektrum.

Weiterbildungsangebote vermitteln sich oft nicht von allein, und Selbstinformation stößt an ihre Grenzen, wenn individuelle Bedarfe Orientierung und Beratung einfordern. Daher bietet der Verein der Hamburger Öffentlichkeit eine neutrale, einrichtungsunabhängige Beratung zu allen Fragen und Bereichen der Weiterbildung sowohl im persönlichen Gespräch als auch über das „Weiterbildungstelefon" oder das Internet. Ein öffentlichkeitswirksames Angebot von Vortragsveranstaltungen zu nachgefragten übergreifenden Bildungsthemen sowie ein regionales internetgestütztes Expertennetzwerk werden als weitere Orientierungshilfen zur Zeit ausgebaut.

Das Qualitätsmodell

Eine verbraucherorientierte Markttransparenz ist auch Funktion des Prüfsiegels von Weiterbildung Hamburg e. V., mit dem seit 1993 ein Qualitätskonzept umgesetzt wird, das inzwischen für ca. 80 % aller öffentlich zugänglichen Weiterbildungsangebote Hamburgs verlässliche und offen liegende Mindeststandards sichert.

Zuvor hatte der Hamburger Senat sein Vorhaben aufgegeben, die Qualität und den Verbraucherschutz in der Weiterbildung staatlich zu regeln, und den 1991 vorgelegten Gesetzesentwurf zur „weiteren Verbesserung didaktischer und technischer Standards der Weiterbildungseinrichtungen in Hamburg" zurückgezogen. Allein die Ankündigung einer gesetzlichen Lösung genügte als Impuls, sich auf Alternativen zu besinnen. Und so einigten sich die beteiligten gesellschaftlichen Institutionen und politischen Gremien in der Hansestadt sehr bald, von staatlichen Eingriffen absehen zu wollen und gemeinsam ein Instrumentarium zur Qualitätssicherung und zum Teilnehmerschutz auf Basis einer freiwilligen Selbstverpflichtung der Bildungseinrichtungen zu entwickeln.

Dieser Weg kam letztlich auch den Interessen des Staates entgegen: Eine gesetzliche Regelung hätte die Bereitstellung zusätzlichen Behördenpersonals sowie die dauerhafte Finanzierung externer Sachverständiger erfordert. Ein von den Bildungseinrichtungen getragenes Modell jedoch konnte eine notwendige staatliche Zuschussfinanzierung kalkulierbar begrenzen sowie auf das Potenzial ehrenamtlich engagierter Experten und die Akzeptanz eines großstädtischen Anbieterspektrums setzen. Denn gemessen an dem beschränkten Aktionsradius einer womöglich nur im Rahmen staatlicher Förderung wirksamen gesetzlichen Regelung hatte eine von vielen Bildungsanbietern akzeptierte Initiative der Selbstverpflichtung und der Selbstkontrolle eine wesentlich größere Ausstrahlungskraft.

Das Projekt konnte im Rahmen bereits etablierter Strukturen realisiert werden. Seit 1987 hatten sich Hamburger Weiterbildungseinrichtungen in dem Verein *Weiterbildungsinformation Hamburg e. V.* zusammengeschlossen, dessen alleinige und von der Stadt finanzierte Aufgabe darin bestand, über die Datenbank *WISY* den regionalen Weiterbildungsmarkt zu erschließen. Die Bildungseinrichtungen als Mitglieder und die im „Gesamtvorstand" bereits wirkenden gesellschaftlichen Institutionen integrierten mittels Satzungsänderung und Umfirmierung in *Weiterbildung Hamburg e. V.* 1992 die neuen Aufgabenbereiche der Qualitätssicherung und des Teilnehmerschutzes in den Verein und installierten ehrenamtliche Gutachterausschüsse. Ihre Aufgabe bestand zunächst in der Erarbeitung von allgemein verbindlichen Qualitätsstandards, die Anfang 1993 durch den neuformierten Beirat verabschiedet werden konnten.

(Aktuelle Fassung der Qualitätsstandards siehe **www.weiterbildung-hamburg.de**)

Ziele und Strukturen

Die 1992 beschlossene Satzung stellt die Weiterbildungsinteressenten und -teilnehmer ins Zentrum der Vereinsaktivitäten. Unterhalb der allgemeinen Zielsetzung, die Weiterbildung in Hamburg zu fördern, werden explizit folgende Aufgaben genannt:

- Informationen und Beratung zu allen Bereichen der Weiterbildung anzubieten und zu verbreiten mit dem Ziel, mehr Transparenz hinsichtlich der Weiterbildungsangebote für alle an Weiterbildung interessierten Personen zu schaffen,

- für Weiterbildung in Hamburg zu werben,

- Qualität in der Weiterbildung zu fördern und zu sichern und

- Teilnehmer und Teilnehmerinnen vor unangemessenen Vetragsbedingungen zu schützen.

Als oberstes Organ des Vereins wählt die Mitgliederversammlung zweijährlich die ehrenamtlichen Gremien von Weiterbildung Hamburg e. V.:

Ein fünfköpfiger *Vorstand* (mit mindestens zwei Vertretern aus der beruflichen Weiterbildung und mindestens einem Vertreter der allgemeinen oder politischen Weiterbildung) vertritt den Verein rechtlich, bestellt die hauptamtliche Geschäftsführung und beschließt über die laufenden Geschäfte.

Mittlerweile vier *Gutachterausschüsse* (zwei für die berufliche Weiterbildung und jeweils einer für die sprachliche und die allgemeine/politische Weiterbildung) sind vorwiegend mit der Weiterentwicklung der Qualitätsstandards, der Begutachtung von Antragstellern sowie der Kontrolle hinsichtlich der Einhaltung der Standards befasst.

Aus namentlich benannten Vertretern weiterbildungsrelevanter Institutionen in Hamburg setzt sich der *Beirat* zusammen (Arbeitsamt, Schulbehörde, Handels- und Handwerkskammer, DGB und DAG, Arbeitgeberverband, Hochschulen, Landeszentrale für Politische Bildung, Vertreter der Ausschüsse und des Vorstands). Er verabschiedet die Qualitätsstandards, fördert den Kontakt zu weiteren Institutionen und berät den Vorstand in Bildungsfragen.

Zu Gunsten einer effektiven Zusammenarbeit und direkter Informationsflüsse sieht die Satzung eine personelle Verzahnung aller Gremien vor, in denen derzeit 35 ehrenamtliche Weiterbildungsexpertinnen und -experten die Vereinsarbeit entscheidend mitgestalten; 20 hauptamtliche Mitarbeiterinnen und Mitarbeiter sind in den Arbeitsbereichen Weiterbildungsinformation und Weiterbildungsberatung, Qualitätssicherung und Teilnehmerschutz sowie in neuen Förderprojekten tätig.

Dem öffentlichen Interesse an Weiterbildungsinformation (WISY-Datenbank) und Weiterbildungsberatung entsprechend finanziert die Hansestadt Hamburg diese Bereiche allein. Die Aktivitäten der Qualitätssicherung und des Teilnehmerschutzes decken sich – neben einem öffentlichen Zuschuss – inzwischen überwiegend aus Mitgliedsbeiträgen.

Aufnahme- und Begutachtungsverfahren

Mitglied des Vereins können nur „juristische Personen des öffentlichen oder privaten Rechts, Personengesellschaften oder Einzelunternehmen werden, die in Hamburg eine oder mehrere Einrichtungen der allgemeinen, beruflichen oder politischen Weiterbildung unterhalten und durch Selbstverpflichtung erklären, die vom Verein entwickelten Qualitätsstandards einzuhalten" (§ 4 der Satzung des Vereins).

Eine der Satzung folgende nähere Definition des Begriffs „Weiterbildungseinrichtung", die die Gutachterausschüsse zusätzlich präzisierten, verwehrt zu Gunsten eines funktionierenden Teilnehmerschutzes und einer praktikablen Qualitätsprüfung sowohl Einzeltrainern als auch Organisationsformen der ausschließlich betrieblichen Weiterbildung die Aufnahme in den Verein.

Bereits mit dem Mitgliedsantrag verpflichten sich die Antragsteller verbindlich zur Einhaltung der Qualitätsstandards, sie erklären schriftlich, nicht nach der Technologie der Scientology-Sekte zu arbeiten, ordnen sich je nach Schwerpunkt des Bildungsangebots einem Weiterbildungsbereich zu und setzen ihren Mitgliedsbeitrag im Rahmen der Beitragsordnung fest.

Die Mitgliedsbeiträge beruhen auf Selbsteinschätzung der Einrichtungen und staffeln sich nach den Einnahmen aus den Hamburger Weiterbildungsaktivitäten. Acht Beitragsgruppen reichen vom zur Zeit jährlichen Mindestbeitrag von 560 DM (Umsatz bis 600.000 DM) bis zum Höchstbeitrag von 15.150 DM (Umsatz über 10 Millionen DM). In Härtefällen kann der Vorstand auf Antrag eine Verringerung des Mindestbeitrags beschließen.

Nach Vorabprüfung formaler Kriterien (Struktur, Rechtsform und Sitz der Einrichtung, Kontinuität und Offenheit des Angebots) durch die Geschäftsführung wird der Antragsteller vom Vorstand gemäß Satzung als zunächst vorläufiges Mitglied aufgenommen.

Etwa ein Drittel der Interessenten nutzt schon im Vorwege des regulären Aufnahmeverfahrens das Beratungsangebot des Vereins, um Schwachstellen vorab ohne Kontrolldruck oder Sanktionsandrohung beseitigen zu können.

Sowohl die Beratungsleistungen des Vereins als auch das gesamte Aufnahmeverfahren und der sonstige Mitgliederservice des Vereins, wie Informationen und Veranstaltungen zu aktuellen Weiterbildungsthemen, sind für die Einrichtungen mit dem Mitgliedsbeitrag abgegolten.

Mit der Aufnahme als vorläufiges Mitglied setzt der eigentliche Begutachtungsprozess ein. Die einzelnen Gutachterausschüsse haben hierfür die Qualitätsstandards in bereichsspezifische „Checklisten" umgesetzt und diese nach ihren Bedarfen mit zusätzlichen Fragestellungen und internen Wertungskriterien versehen. Die im Rahmen der Begutachtung von den Einrichtungen auszufüllenden Checklisten erlauben damit eine wesentlich differenziertere Abfrage und Wertung der Standards.

Nach Rücklauf der Checklisten und weiterer Unterlagen (Programmausschreibungen, Geschäftsbedingungen, Verträge etc.) vereinbart die Geschäftsführung zusammen mit mindestens einer Person des betreffenden Gutachterausschusses einen Besuchstermin beim Antragsteller. Neben der Möglichkeit, sich einen Eindruck vor Ort zu verschaffen, dienen diese Besuche der Klärung offen gebliebener Fragen und der Erörterung individueller Gegebenheiten.

Im gesamten Aufnahmeverfahren können die ehrenamtlichen Vereinsgutachter bei Bedarf externe Sachverständige zu Rate ziehen.

Nach eingehender Erörterung der Begutachtung beschließt der Gutachterausschuss über eventuelle Auflagenerteilungen, oder er votiert gleich für die Aufnahme des Antragstellers als endgültiges Mitglied – oder dessen Ausschluss. In der Regel folgt der Vorstand in seinen abschließenden Entscheidungen den Empfehlungen der Ausschüsse. Verbunden mit einer endgültigen Aufnahme in den Verein erhält das Mitglied das Siegel „Geprüfte Weiterbildungseinrichtung".

Seit 1998 wird auf Beschluss der Mitgliederversammlung eine Nachbegutachtung aller Mitgliedseinrichtungen jeweils im Dreijahresrhythmus umgesetzt, deren Ablauf dem vorgestellten Begutachtungsverfahren entspricht.

Die Möglichkeit, eine erfolgreiche Qualitätsbegutachtung durch das Prüfsiegel nach außen dokumentieren zu können, hat nicht unwesentlich zur Akzeptanz des Hamburger Verfahrens beigetragen, auch wenn die Beteiligten die Vorteile dieser „Vermarktung" mit dem Blick entweder auf Teilnehmerschutzaspekte oder auf die Werbewirksamkeit durchaus unterschiedlich akzentuieren.

In der Mitgliederentwicklung spiegelt sich jedenfalls die Bereitschaft des Marktes, das inzwischen etablierte Qualitätssicherungsmodell mitzutragen:

Seit Sommer 1993 haben sich insgesamt 287 Antragsteller (Stand Oktober 2001) um Aufnahme in den Verein bemüht, der derzeit 190 Mitglieder zählt (176 Prüfsiegelträger sowie 14 vorläufige Mitglieder). Weitere fünf Antragsteller befinden sich noch in der Vorprüfung oder sind bis zum Nachweis einer kontinuierlichen Weiterbildungsdurchführung zurückgestellt. Insgesamt 69 Mitglieder traten bisher aus dem Verein wieder aus – etwa die Hälfte von ihnen im Verlaufe des Begutachtungsverfahrens; neun Einrichtungen zogen noch vor Beginn des Verfahrens ihren Mitgliedsantrag wieder zurück. Der Vorstand musste sieben endgültige Mitglieder ausschließen und ebenfalls sieben vorläufigen Mitgliedern die Prüfsiegelvergabe verwehren und sie damit gemäß Satzung ebenfalls aus dem Verein ausschließen.

Interessant ist ein Blick auf die aktuelle Mitgliederstruktur: 74 % sind schwerpunktmäßig in der beruflichen, 15 % in der allgemeinen und politischen und 11 % in der sprachlichen Weiterbildung tätig; ca. 75 % sind, zumindest nach Selbsteinordnung in die untersten Beitragsgruppen, Klein- und Kleinstbetriebe.

Teilnehmerschutz

Nach Installation des Qualitätssicherungsverfahrens wurde in einem zweiten Schritt die Funktion des Vereins als Verbraucherschutzstelle für die Hamburger Weiterbildungsteilnehmer ausgebaut. Eine intensive Öffentlichkeitsarbeit nach innen, mehr aber noch nach außen, sorgte dafür, dass das Prüfsiegel auch als Teilnehmerschutzmerkmal angenommen wurde.

Parallel dazu wurden Strukturen aufgebaut, die den Konfliktparteien in einem außergerichtlichen, vereinsinternen Verfahren ein kontrollierbares und einforderbares Vorgehen sichern.

Für eingehende Beschwerden über Bildungseinrichtungen stehen mittlerweile drei Instanzen zur Verfügung: In einem ersten Schritt moderiert die hauptamtliche Teilnehmerschutzreferentin zwischen den Beteiligten, was bereits in über 90 % der Fälle entweder zum Konsens führt, aber auch – da z. B. keine Zugriffsmöglichkeiten auf Nichtmitglieder bestehen – mit dem Verweis an andere Institutionen oder dem Rechtsweg enden kann.

Sollte es zu keiner Einigung kommen oder ist die mangelnde Einhaltung von Qualitätsstandards durch eine Mitgliedseinrichtung feststellbar, wird die Angelegenheit dem zuständigen Gutachterausschuss übergeben, der gegebenenfalls qualitätssichernd eingreift.

Einen abschließenden und den Verein und seine Mitglieder bindenden Schiedsspruch kann letztendlich eine satzungsrechtlich verankerte und mit neutralem Vorsitz ausgestattete Beschwerdeschiedsstelle fällen, der bislang allerdings noch kein Fall zugewiesen werden musste.

Mit seinem Anspruch, Beurteilungs- und Entscheidungskompetenz fördern zu wollen, beschreitet der Teilnehmerschutz aber auch präventive Wege: Verbrauchercheckslisten, die Vergleichskriterien transparent machen, und Veranstaltungen für Teilnehmervertretungen sollen das Qualitätsbewusstsein der Kundschaft schärfen.

Über 300 Beschwerdeverfahren gegen Hamburger Bildungseinrichtungen wurden bislang überwiegend von Weiterbildungsteilnehmern, vereinzelt aber auch von Bildungspersonal oder Wettbewerbern eingeleitet. Dabei ist zu berücksichtigen, dass dem Verein die Absicht fernliegt, Beschwerden zu evozieren. Er wirbt vielmehr für einvernehmliche Lösungen bereits vor Ort, wird sich aber auch künftig der dort nicht klärbaren Fälle annehmen.

Ausblick

Qualitätssicherung und Teilnehmerschutz sind Teil der Gesamtkonzeption von Weiterbildung Hamburg e. V., in der die Weiterbildungsinformation und die Weiterbildungsberatung einen nicht minder wichtigen Stellenwert haben, zumal diese Bereiche zu Gunsten eines effektiveren Service für die Weiterbildungsnachfrager und -anbieter in den letzten Jahren eng miteinander verzahnt werden konnten. Neue Projekte, die dem Vereinsziel einer Förderung der Weiterbildung vor Ort entsprechen und die regionalen Supportstrukturen verbessern sollen, werden zur Zeit installiert oder konzipiert.

Mittlerweile hat sich die Hamburger Weiterbildung größtenteils auf die Standards des Vereins verpflichtet. Nur eine sehr geringe Zahl von Anbietern installierte stattdessen oder zusätzlich andere Qualitätssicherungssysteme (z. B. DIN ISO 9000 ff.).

Die Ziele einer allgemeinen qualitativen Grundsicherung – und nur diesen Anspruch erheben die im Konsens der Institutionen und Gremien entwickelten Standards – und eines sich darauf gründenden Verbraucherschutzes hinsichtlich seriöser und einforderbarer Bedingungen sind damit in Hamburg weitgehend verwirklicht.

Für die Zukunft wird es darauf ankommen, das geschaffene Fundament und die kooperativen Strukturen des Vereins zu nutzen, um die Qualitätsentwicklung in den Bildungseinrichtungen zu forcieren. Der Verein wird seine Mitglieder, vor allem die vielen kleineren Unternehmen, noch mehr als bisher bei der Umsetzung von Qualität unterstützen müssen – und das mit Modellen, die einerseits die Ressourcen dieser Einrichtungen nicht überfordern, die aber auch imstande sind, die sich verändernden Qualitätsansprüche der Verbraucher im Wandel von einem angebotsgeleiteten zu einem kundenbestimmten Nachfrageverhalten zu integrieren.

Jürgen Heinen-Tenrich

Landesverband der Volkshochschulen Niedersachsens e. V.

3.5 Selbst- und Externevaluation von Weiterbildungseinrichtungen und Vergleichbarkeit zwischen Einrichtungen durch Qualitätstestat (BLK-Projekt)

Weiterbildungseinrichtungen in Deutschland praktizieren in unterschiedlicher Weise Verfahren und Instrumente der Qualitätssicherung und Qualitätsentwicklung. Dabei sind eine Reihe von Konzepten und Strategien entwickelt worden, die mit dem hier vorzustellenden Modell zu einem für alle vergleichbaren und transparenten Testierungsverfahren gebündelt und verdichtet werden. Bereits praktizierte Ansätze und Prozesse von Qualitätsentwicklung können in ein solches Verfahren eingebracht und berücksichtigt werden.

Das Konzept wurde im Rahmen des Modellprogramms „Lebenslanges Lernen" der Bund-Länder-Kommission als Teilprojekt unter dem Titel „Lernerorientierte Qualitätstestierung in Weiterbildungsnetzwerken" entwickelt und befindet sich in der Erprobung. Das Niedersächsische Ministerium für Wissenschaft und Kultur hat bereits mitgeteilt, dass Einrichtungen, die diese Testierung erfolgreich abgeschlossen haben, die Anforderung der externen Evaluation gem. § 10 des Niedersächsischen Erwachsenenbildungsgesetzes erfüllt haben.

Die Qualitätstestierung beruht auf Erfahrungen, die der Landesverband der Volkshochschulen Niedersachsens e. V. und ArtSet Institut für kritische Sozialforschung und Bildungsarbeit e. V., Hannover, in vorherigen Qualitätsprojekten gemeinsam gemacht haben. Der vom Landesverband entwickelte und im Qualitätsring Niedersächsischer Volkshochschulen seit 1997 eingesetzte Fragenkatalog zur Selbstevaluation (Landesverband 1997, Heinen-Tenrich, 1999) sowie ein mehrjähriges Forschungs- und Beratungsprojekt von ArtSet zur Organisations- und Qualitätsentwicklung an Volkshochschulen (Ehses, Zech, 2000) haben deutlich gemacht, dass einrichtungsindividuelle und vorwiegend selbstevaluative Prozesse ihre Stärke vor allem nach innen haben, während eine Außenwirkung und die Entwicklung und die Einführung verbindlicher überörtlicher und einrichtungsübergreifender Qualitätskriterien dabei häufig zu kurz kommen. Zwar ließen sich Problemfelder und Entwicklungsbedarfe für Weiterbildungseinrichtungen verallgemeinern, für einen qualitätswertenden Vergleich reichen diese Verfahren allein nicht aus. Zudem gab es keine förmliche Bestätigung oder Anerkennung gelungener Qualitätsprozesse, die immer wieder eingefordert wurde. Auch vor diesem Hintergrund wurde das Testierungsverfahren entwickelt.

Bei diesem Modell handelt es sich nicht um ein aus anderen Branchen übertragenes System, sondern um ein für die Weiterbildung und deren erwachsenenpädagogische Aufgabenstellung spezifisches Konzept.

Bei aller Anerkennung unterschiedlicher Strukturen, spezifischer Arbeitsprofile, regionaler und trägerspezifischer Besonderheiten geht es um ein für alle Weiterbildungseinrichtungen offenes und adaptionsfähiges System, das

- Prozessorientierung und Standardsicherung verknüpft

- das Lernen der Organisation fördert und nicht bloß Erreichtes bestätigt

- einen Kernkatalog verbindlicher Mindest-Qualitätsanforderungen vorsieht

- Verbindlichkeit und Offenheit verbindet

- vor allem ein Entwicklungsmodell und weniger ein Prüfmodell darstellt

- einrichtungsspezifisch umzusetzen ist

- interne und externe Evaluation kombiniert

- eine öffentliche Anerkennung vorsieht.

Mit der Entwicklung einrichtungsübergreifender Mindestanforderungen, der Einführung von Verfahrenssteuerungen, dem Einüben von strukturierten Entwicklungsprozessen und der externen Evaluation mit einem abschließenden Testat werden sowohl in die Einrichtungen hinein als auch nach außen für die Öffentlichkeit und den Weiterbildungsinteressierten verbindliche und deutlich erkennbare und überprüfbare Qualitätsleistungen ausgewiesen.

Da Bildung letztendlich immer das Werk des einzelnen Menschen ist, sind alle Qualitätsbemühungen darauf zu richten, entsprechende Lernprozesse zu unterstützen und zu fördern. Das Konzept der lernerorientierten Qualitätstestierung konzentriert sich daher auf die Herstellung und Sicherstellung entsprechender Kontexte und Bedingungsfelder gelingenden Lernens.

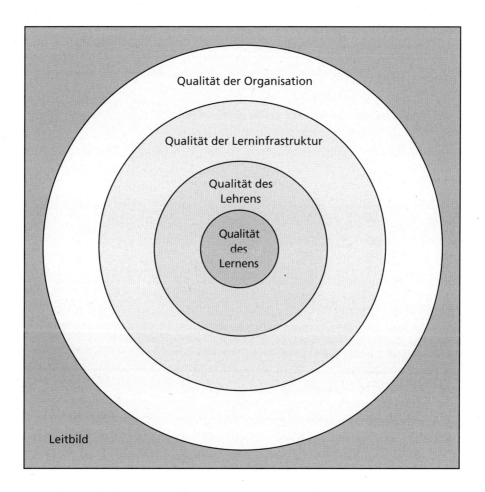

In einem Leitbild erarbeitet die Weiterbildungseinrichtung u. a. ihre Konzeption gelingender Lernprozesse als regulative Leitidee und weist dementsprechend ihre Aufgaben und Leistungsbeiträge aus. Sie entwickelt damit zugleich den Ausgangspunkt ihres eigenen Lernprozesses, der sie befähigen soll, den Anforderungen „ihrer" Lernenden gerecht zu werden.

Der Qualitätskreislauf liefert das Arbeitsmodell für den Entwicklungsprozess der Weiterbildungseinrichtung. Das Einüben der damit verbundenen Verfahrensweisen und der Umgang mit den entsprechenden Instrumenten bilden das Fundament für Qualitätsentwicklung und zielen auf die Befähigung zum selbstgesteuerten Organisationsentwicklungsprozess. Die Einrichtung und ihre Mitarbeiterinnen und Mitarbeiter werden zu Autoren ihres eigenen Qualitätslernens.

Die Gegenstände und Themen der Qualitätsentwicklung ergeben sich aus dem Bedingungsgefüge gelingenden Lernens. Hierzu sind folgende zwölf verpflichtende Qualitätsbereiche vorgegeben:

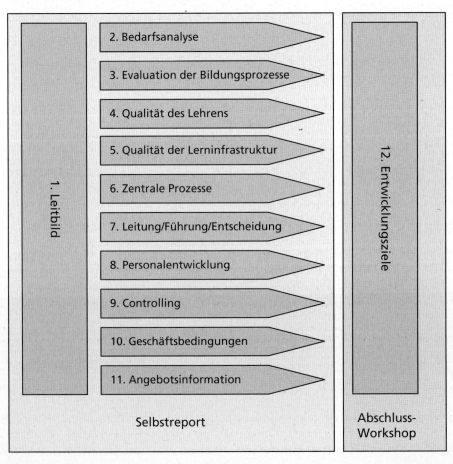

Für jeden dieser zwölf Qualitätsbereiche ist ein Arbeitsblatt entwickelt, das nach dem gleichen Schema aufgebaut ist:

In einer **Beschreibung** ist zunächst festgehalten wie der jeweilige Qualitätsbereich zu verstehen ist. Damit werden die inhaltlichen Grundlagen gelegt und der Rahmen für ein gemeinsames Arbeitsverständnis geschaffen.

Diese Beschreibung wird verdeutlicht und konkretisiert durch eine Aufzählung von **Komponenten**. Dies sind aus dem definierten Qualitätsbereich herausdestillierte Einzelelemente, die strukturbildend und handlungsweisend für eine Bearbeitung sind. Es handelt sich gewissermaßen um Arbeitsfelder und Baustellen, auf denen bei der Entwicklung von Qualität zu arbeiten ist. Die vorgelegte Liste umfasst unverzichtbare Kernkomponenten, kann aber auch ergänzt werden.

In einem weiteren Schritt des Kleinarbeitens sind zu einzelnen Komponenten konkrete Verfahrensweisen und Standards zur praktischen Umsetzung ausgewiesen. Sie stellen die **Mindestanforderungen** dar, die von der Einrichtung im Testierungsverfahren erfüllt werden müssen und Gegenstand des Selbstreports und der externen Evaluation sind. Die Mindestanforderungen weisen im einzelnen unterschiedliche Operationalisierungsgrade auf. Diese reichen von offenen Vorgaben, zu denen die Einrichtung in begründeter und nachprüfbarer Weise Stellung nehmen und die Art und Weise der Ausgestaltung bzw. der Bearbeitung nachweisen muss, bis hin zu eindeutig festgelegten Leistungen und Kriterien, die erfüllt werden müssen. Die Mindestanforderungen sind gewissermaßen die Gefäße, die gefüllt werden müssen, wobei es unterschiedliche Inhalte und Füllmengen geben kann.

Als Beispiel ist hier das Arbeitsblatt zum Qualitätsbereich Controlling wiedergegeben:

Qualitätsbereich 9:
Controlling
Das Controlling umfasst sämtliche Maßnahmen, die dazu dienen, den Grad der Erreichung der Ziele einer Organisation zu überprüfen und auf dieser Grundlage Steuerungsentscheidungen zu erarbeiten. Es werden quantitative und qualitative Kennziffern und Kennzahlen sowie Indikatoren ermittelt, mit denen die effektive und effiziente Leistungserbringung der Gesamtorganisation und einzelner Programm- und Arbeitsbereiche analysiert, bewertet und Konsequenzen gezogen werden können.

Komponenten	Mindestanforderungen	Nachweismöglichkeiten
Wirtschaftliche Ressourcen	Dokumentiertes Berichtswesen zu allen Komponenten liegt vor	Kostenrechnung
Bildungsprogramm		Statistik
Serviceleistungen		Erhebungen
Kunden, Adressaten, Teilnehmende	Deckungsbeitragsrechnung ist eingeführt	Geschäftsberichte
Mitarbeiterinnen und Mitarbeiter	Kennzahlen zu Finanzierung und Programm werden gebildet und bewertet	Kooperationsvereinbarungen
Zielvereinbarungen		Beschwerdemanagement
	Außenperspektiven werden regelmäßig ermittelt	Benchmarking

Mit diesen Arbeitsblättern wird nochmals das besondere Merkmal des Testatmodells deutlich: Es wird ein verbindlicher Rahmen geschaffen, innerhalb dessen aber einrichtungsspezifische Justierungen und Ausgestaltungen erforderlich sind und entsprechende selbst entwickelte Qualitätsleistungen erbracht und nachgewiesen werden müssen.

Dies verweist auf das dritte Bauelement der Testierungsarchitektur. Die Einführung des Qualitätskreislaufes sowie die Entwicklung und Erfüllung der Qualitätsanforderungen unterliegen einer externen Evaluation durch Gutachterinnen/ Gutachter einer unabhängigen, nicht-staatlichen Testatinstanz. Sie evaluieren den Qualitätsentwicklungsprozess der Einrichtung auf der Grundlage der von dieser selbst erarbeiteten, im Selbstreport dokumentierten Ergebnisse. Die Weiterbildungsorganisation vereinbart zum erfolgreichen Abschluss weitere Entwicklungsziele für die nächsten drei Jahre, die dann wiederum in der Re-Testierung evaluiert werden. Die Testierung ist kostenpflichtig.

Die Testatinstanz ist aber nicht nur Evaluationseinrichtung, sondern berät und unterstützt die Einrichtungen auch in ihrer Qualitätsentwicklung. Prozessbegleitung und Begutachtung werden allerdings streng getrennt und sind nicht von der gleichen Person wahrzunehmen. Weiterbildungseinrichtungen können auch andere Formen der Prozessbegleitung beispielsweise durch wechselseitige Kollegialberatung praktizieren (VHS Beckum-Wadersloh, 2000).

Ausführlicher ist das Konzept dargestellt in:

Ehses, Christiane; Heinen-Tenrich, Jürgen; Zech, Rainer:

Das lernerorientierte Qualitätsmodell für Weiterbildungsorganisationen, Hannover 2. Aufl. 2001

(Zu beziehen zum Preis von 3,50 Euro bei ArtSet Institut, Ferdinand-Wallbrecht-Straße 17 in 30163 Hannover, Fax: 05 11 - 90 96 98 55, E-Mail: kontakt@artset.de)

Ehses, Christiane; Zech, Rainer: Organisationale Entwicklungsbedarfe in der Erwachsenenbildung, in: dies. (Hrsg.), Organisation und Innovation, Hannover 2000

Heinen-Tenrich, Jürgen: Niedersächsische Volkshochschulen erproben Qualitätsentwicklung durch Selbstevaluation, in: von Küchler, Felicitas; Meisel, Klaus: (Hrsg.), Qualitätssicherung in der Weiterbildung. Auf dem Weg zu Qualitätsmaßstäben, Frankfurt 1999

Landesverband der Volkshochschulen Niedersachsens e. V. (Hrsg.): Qualitätssicherung in der Volkshochschule . Fragenkatalog zur Selbstevaluation, Hannover 2. Aufl. 1997

VHS Beckum-Wadersloh (Hrsg.): Mein Kollege, mein Berater. Qualitätsentwicklung durch Wechselseitige EntwicklungsBeratung WEB, Beckum 2000

ABSTRACT

This documentation focuses on the question whether legal regulations are relevant for quality assurance in general and further vocational training at state level. In order to record the strategies used by the federal states to assure quality in further training, the following regulations were analysed: laws on adult education and on further training, implementation decrees, promotion principles and guidelines, as well as conceptions for further training. Additionally, this documentation describes measures for quality insurance that are supported by more than one supplier (such as quality groups, quality societies, or conceptions for self- and external evaluation), to convey a comprehensive picture of the situation at state level. Under the aspect of transparency on the further education market, the work of further education advisory centres and further education databases is also documented.